成人の
アタッチメント
理論・研究・臨床

W・スティーヴン・ロールズ＋ジェフリー・A・シンプソン 編
遠藤利彦＋谷口弘一＋金政祐司＋串崎真志 監訳

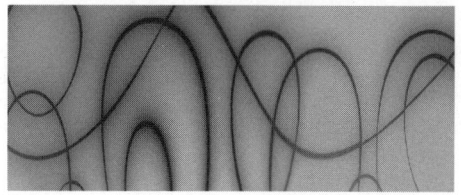

Adult Attachment
Theory, Research, and Clinical Implications
Edited by W. Steven Rholes, Jeffry A. Simpson

北大路書房

ADULT ATTACHMENT: Theory, Research, and Clinical Implications
by
W.Steven Rholes and Jeffry A.Simpson

Copyright © 2004 The Guilford Press
A Division of Guilford Publications, Inc.
Japanese translation published by arrangement with
Guilford Publications, Inc. through The English Agency (Japan) Ltd.

監訳者まえがき

　元来，精神分析に与し種々の臨床的観察の中からBowlbyが拓いたアタッチメントへの注視は，その後，彼自身によって，実証的な比較行動学や認知科学などとの邂逅(かいこう)を通して人の生涯にわたるパーソナリティ発達についての包括的な一大理論へと仕立てられ，そして，今なお成長を続け多方向的に発展している。その進展の軌跡を辿ると，そこにはいくつかの重要な分岐点があったと考えられる。

　1つは言うに及ばず，Ainsworthらによるストレンジ・シチュエーション法（SSP）の開発と乳幼児のアタッチメントを回避，安定，アンビヴァレントの3タイプに類型化する枠組みの確立であり，それによって，主に健常な子どもを対象とするアタッチメントの個人差と養育環境の質および様々な社会情緒的発達との連関を問う研究が量産されることになる。その意義はきわめて甚大であるが，研究の多くは，あくまでも人生の比較的早期に焦点化したものであり，Bowlbyが仮定したアタッチメントの生涯にわたる連続性を真の意味で明らかにし得るものではなかった。その問いに本格的に着手するには，乳幼児期におけるSSPと同じ原理で異なる発達期におけるアタッチメントそのものの個人差を体系的に把捉する必要があったのである。

　そこに，もう1つの大きな分岐点として登場したのがMainらによるアダルト・アタッチメント・インタビュー（AAI）であった。それは，両親（やそれに代わる主要な養育者）との関係について子ども時代のことを想起し語ってもらう中で，個人のアタッチメント・システムの活性化を促すよう工夫されており，「無意識を驚かす」ことで，被面接者自身も通常，意識化し得ないアタッチメントに関する情報処理過程の個人的特性，すなわち内的作業モデルの特質を抽出するよう仕組まれている。乳幼児期におけるSSPが実際にその場にいる養育者に対する「物理的な」近接の仕方を問題にするものであるとすれば，このAAIは記憶の中にある過去の養育者に対する「表象的な」近接のあり方を問題にする手法であると言え，両者は同じく養育者に対する近接可能性やそこに伴う葛藤や不安等の感情を巧みにすくい上げるという意味において，その間には明確な理論的対応性が仮定されるのである。

　そして，これまでに，多くの研究者がBowlbyにおけるアタッチメントの連続性の仮説を検証すべく，長期縦断的研究の中で，乳幼児期のSSP分類と成人期になってからのAAI分類との対応性を吟味し，少なからずそこに理論的に想定される通りの連続性が見いだされること，さらに同じくBowlbyの重要な仮説の1つであるアタッ

チメントの世代間伝達についても，養育者のAAI分類とその子どものSSP分類の対応性を問うことで，その仮説がかなりのところ妥当であることを確かめている。この流れは，Bowlbyの中核的仮定の直接的検証を目指すという意味においてアタッチメント研究の本流をなしていると考えることができ，最近ではとみに，新たに導入された第4のアタッチメント・タイプ，すなわち無秩序・無方向型が特に密接に臨床群に関わるということもあって，一度は訣別した精神分析との歩み寄り（例えば，Fonagy, 2001）やBowlby本来の臨床的志向性（例えば，Brisch, 2002）を強めるに至っていると言える。

　このAAIはある意味，いち早く，成人のアタッチメントに関する実証的追究の道を切り拓いたと言い得る訳であるが，読者もお気づきのように，それに関わる研究は本書においてはきわめて周辺的にしか言及されていない。実のところ，アタッチメント研究には，新たな分流をつくる契機となったもう1つ重要な分岐点があったのである。それがAAIの開発にわずかに遅れて世に登場した，HazanとShaverによる恋愛関係についてのアタッチメント理論の視座からの研究である。それがいかに記念碑的意味合いを持つかについては，本書の様々なところでくり返し強調される通りであり，本書のすべての章がこれを事実上の源流としていると言っても過言ではない。

　AAIは確かに成人期のアタッチメントの質を問うものではあるが，それは基本的に乳幼児期以来の養育者との連綿たる関係性を問題にしている。すなわち，個人が自らでは選び変えようがない養育者とのいわば「強制された」関係性の下で構成された最も基底的な内的作業モデルの質の抽出を目指し，なおかつそれを通して，その養育者との関係についての表象が，それそのものとしてどれだけ時間的安定性を有するのか，また，同じく「強制された」関係性として在る子どもとの間でいかに再現されるのかを主に吟味しようとするのである。それに対してHazanらがつくった流れが中心的に問おうとするのは，そうした養育者との間で構成したはずの，原基となる内的作業モデルが，仲間や恋人あるいは配偶者などの，今度は個人によって「選択された」関係性にいかに及び，そこで現にどのようなアタッチメント上の帰結を生み出すのか，また，その関係性に特化した新たな内的作業モデルの構成にいかなる影響を及ぼすのかということなのである。

　この「強制された」関係性か「選択された」関係性かというところ，そしてまた，Bowlbyが仮定したアタッチメントの階層的組織化における原基（過去）の質を問うのか，それともそれが派生的に生み出した様々な関係上の結果（現在）を問うのかというところに大きな違いが潜んでいることに注意されたい。実のところ，Bowlbyによって，内的作業モデルは個人が生涯に経験し得る多くの対人関係のテンプレートと

なり，自己確証的に近似した関係性のパターンを次々と再演させると想定されながら，その直接的な実証は十分にはなされてこなかった。また，もっと基本的なことを言えば，アタッチメントは，揺りかごから墓場までの全生涯を通じて，人の心理社会的適応を支える中核的な役割を果たすと仮定されながら，大人におけるアタッチメント行動および表象の実態的な性質や機能はほとんど解明されていなかったのである。そうした意味において，Hazanらが立ち上げた研究プログラムもまた，広くは，対人関係とパーソナリティ発達の総合理論たらんとするBowlby理論の検証と発展とを企図するものであったと言い得るのである。

　HazanとShaverが提示した研究の方向性は，その自己報告的質問紙という方法の簡便さも手伝って，その後，友人関係や恋愛・配偶関係およびそれらの中における孤独や葛藤あるいは感情調節などに関心を有していた社会人格心理学の研究者の間に瞬く間に拡がっていくこととなる。その理由としては様々なことが考えられるが，少なくともその主立ったものの1つは，それまで個々ばらばらな理論枠に依拠し相互独立的にあった種々の社会人格心理学の領域を，内的作業モデルあるいはアタッチメントのタイプや次元という共通の枠組みをもって，有機的につなぎ得るようになったということであろう。それは，それこそ，まさに本書の内容がきわめて多岐にわたることを見てもらえれば体感できるに違いない。そこにはきわめて多様なトピックが含まれていながら，本書が1冊の書としての高い凝集性と整合性を失わないのは，共通の理論的筋立てと方法論とに貫かれているからに他ならない。

　こうした1980年代の後半から始まったアタッチメント研究の新たな流れは，従来の研究に比して，様々な特質を有していると言える。例えば，SSPやAAIを用いる研究では，基本的にアタッチメントの質を個人の特性とみなす傾向が強いが，この流れにおいては（むろん，内的作業モデルは概念的に個人内に在るものと仮定されるが）相対的にアタッチメントを2者によって成り立つ関係の特質あるいは状態と考える向きが強いように思われる。ある意味，当然のことではあるが，相手あってこそ関係は成立するわけであり，相手がどのような人で何をするかということを問わずに，個人のみに焦点を当てても関係の実態は一向につかめないところがある。それならば，現に関係のただ中にある2人を同時にターゲットとして，個人がどのような相手を選び取るか，そしてその相手との関係によってその個人がどのように変質したかといったことを2人それぞれの視点から双方向的に詳（つまび）らかにしたほうがはるかに有用な情報が得られることになる。最近の成人アタッチメント研究では，こうしたペアを単位とする研究が確実に増えてきており，個人内表象を問題にすると同時に，2人の人間のそうした表象が現にどのような相互的言行となって現われ，そして結果的にいかなる関

係性を構築・維持し，また破壊するのか，そのダイナミズムを明らかにしつつある。

その一方で，本質的に個人内のものとして在る内的作業モデルの，まさに「作業（working）」のプロセスをより微視的に明らかにしようとするところにも大きな価値が潜んでいると言える。Bowlby 自身の言にも揺れがあり，その定義は容易には定まらないが，そもそも認知科学の術語として始まった内的作業モデルが本来，意味するところは，ある問題状況に接した時に，その状況がいかなるものであり，どのような行動を起こせばどのような帰結に結びつくのかについてのシミュレーションを可能にする，個人がその表象空間内に一時的にあくまでも作業用として構成する認知モデルというものである。すなわち，原義に立ち帰れば，それは，時々刻々と変化する状況に対して，適宜，修正・更新される必要のある高度に力動的なものなのである。しかし，SSP や AAI を中心的な方法とする研究の流れでは，理論的にそうした仮定を保持しているものの，実質的には，それを（「私は困った時に人から助けてもらえる存在である」「他者は望めば容易に近づくことができる存在である」といった）自己や他者に関する一般化された命題的表象，あるいは精神分析における「内的対象」にきわめて近い意味で用いる場合が多く，その対人的情報処理のプロセスに直接，分析のメスを入れることはまずない。それに対して，近年の成人アタッチメントの研究では，本書の一部でも紹介されているように，厳密な認知心理学の実験手法を用いて，例えば，異なるアタッチメント・タイプの個人がそれぞれ実際に，どのような対人的情報に対していかなる情報処理のバイアス（排除や歪曲など）を見せるのかといったことを解明しつつあり，その意味で，Bowlby のアタッチメント表象に関する仮定を実証的に精緻化する作業を着実に進めていると言えるのである。

また，アタッチメントの質の測定に関する心理測定学的な吟味がきわめて厳しくまた分厚くなされているところも現今の成人アタッチメント研究の大きな特徴と言えよう。それは，元々，子ども期の各アタッチメント・タイプの特徴を成人期に置き換え構成した3つの要約文の中から自身に当てはまるもの1つを調査協力者に強制選択させるという Hazan らの至極簡便な方法から出発したわけであるが，その後，膨大な知見が積み上げられ，より信頼性と妥当性の高い種々の多項目的な測度が開発されるに至っている。そして，今では，回避と不安（あるいは他者信頼と自己信頼）という2次元に沿って，個人のアタッチメントの特質を量的に表現することが主流になってきている。これは，SSP や AAI を主たる方法とする流れが，近年，新たに進展著しい進化心理学的発想なども基礎に据え，3～4のアタッチメント・スタイルを環境条件の特質に応じた代替的な適応戦略とみなし，測定に関してはあくまでもカテゴリカルなアプローチを貫こうとするのとは著しい対照をなしている。もっとも，Hazan ら

の研究に基礎を置く新興の流れがアタッチメントのカテゴリカルな表現を一切捨てたかというとそうではなく，本書でも度々ふれられるように，2次元の値の組み合わせによって，個人を，SSPやAAIに概念的に相当する4タイプに振り分けるということも合わせて行なうことがむしろ一般的であると言える。

　そこでしばしば問題にされるのが，同じく成人のアタッチメントを測定するとされる，こうした質問紙法による結果とAAIの結果とがいかに合致するかということであり，その対応を検討したいくつかの研究は，それについてどちらかというと否定的な見解を多く導き出しているようである。そして，これについてはよく質問紙法と面接法による無意識への近接の度合いが問題にされ，AAIの方が，内的作業モデルの意識下における自動化された対人処理プロセスをより反映し得るのだと結論されることが多い。しかし，例えば本書の2章が指摘しているように質問紙法が無意識的過程にふれないわけではなく，両者の差異は，むしろ，先に述べたように，それぞれが元来，アタッチメントの異なる側面（例えば，強制された関係か選択された関係か）あるいはレベル（例えば，原基か派生的な帰結か）に焦点化して構成されているところから発しているとみなすのが妥当であると考えられる。両者が食い違っているからと言ってどちらかの妥当性が否定されるという性質のものでは決してなく，端から私たちが成人のアタッチメントの「何」を取り出そうとするのかということに対して概念的に自覚的であることが重要なのだろう。

　これに関連して指摘しておくべきは，最初，Bartholomewによって導入された恐れ・回避型（fearful-avoidant）の位置づけである。その特徴づけは，私たちの人間関係に関する日常的直観に適うものであり，2次元の概念的な組み合わせから新たにこのタイプを従来の拒絶・回避型（dismissing-avoidant）とは分けて設定したことの意義は相当に大きいものと考えられる。それは，近接と回避とが同時に活性化され，そこに大きな心理的葛藤が生じるという意味で，SSPにおける第4のアタッチメント・タイプ，すなわちD：無秩序・無方向型に暗黙裡に準えられることが多い。そして，このことは，概念的に見ればたしかにある程度，理に適ったことと言える。しかし，個体発生の視点から見た場合に，乳幼児期にDタイプだった子どもが大人になってから確率的に多く，この恐れ・回避型になり得るかというと，現段階でそれはかなり訝しい。それというのは，Dタイプの子どものその後を追った多くの研究は，これらの子どもが徐々に，自らに危険が及ぶのを予め回避するために，養育者および様々な他者に対して統制的にふるまう，具体的には懲罰的あるいは過剰に世話焼き的な行動を多くとるようになることを明らかにしているからである。こうした対人的態度は，必ずしも恐れ・回避型の特徴にそぐわないのである。いずれにしても，恐れ・回避型の創出は

成人アタッチメント研究の大きな成果だと言い得るが，その理論的位置づけについては，今後，さらに精緻な検討が必要であると言えるだろう。

　Hazanらから発した成人アタッチメント研究の流れには，この他にも考察に値する魅力的な特徴が多々あると言えるが，その一方で，この領域の研究者が心しておくべき陥穽（かんせい）もいくつか存在する。その１つは，ややもするとアタッチメントを成人の愛情関係一般の特質と汎化して考えてしまいがちだということである。本書の複数の章でも取り上げられるところであるが，成人間の親密な関係性には，アタッチメント以外の様々な心理行動システムが，子どもの養育者に対する関係性よりもはるかに多く混在した形で関与し得る。Bowlbyが示したアタッチメントの原義は，あくまでも，個人が危機に接し，恐れや不安などのネガティブな感情を経験した時に，他者との近接を通して安心感を回復・維持しようとする傾性であり，本来，別種の動機づけに由来し異種の機能を果たす親和・提携（affiliation），性（sexuality），世話（care-giving）などとは明確に分けられるべきものとして在る。現今の，殊に日本の成人アタッチメント研究には，これらの別をあまり考慮せず，異性や配偶者との関係の良好性をすべてアタッチメントという観点から説明しようとする向きも少なからず見られるが，本書でもしばしば指摘されるように，本来，問われるべきは１つの関係性の中で，アタッチメントを含む異なる心理行動システムが相互にいかに関連し合ってその全般的な適応性を支えるのかということであることをここで確認しておくべきであろう。

　もう１つ嵌（はま）ってはいけない陥穽は，安定型があたかもすべての心理社会的適応性を占うかのように，それをある意味，「神格化」してしまうということである。実のところ，Bowlbyにしても，また，Hazanにしても，安定型を自然のプロトタイプであると位置づけているところがあり，そこには，少なくともヒトが進化してきた本来の環境においては，安定型以外のアタッチメント行動は非適応的で，生き残りや繁殖にあまり寄与しなかったはずであるという暗黙の前提が潜んでいる。しかし，こうした考えには近年，様々な批判が向けられるようになってきており，現在ではむしろ，回避型やとらわれ・アンビヴァレント型なども，少なくとも，ある特定の条件下においては十分に高い機能性を有するという見方が一般的になってきていると言える。また，心理学の研究においては，心理社会的適応性を，多くの場合，研究者が心身の安寧（well-being）に関して理論的に設定した基準に従って判じることが多いが，それが個々人の主観的な意識と必ずしも合致するとは限らない。いつもある人との関係に思い悩み，それに巻き込まれていることを自分の常とし，そうしていることに生き甲斐を感じている人があるかもしれないし，また，他者との親密な関係を持たず孤高の立場を貫き続け得ることに高い自尊心を覚える人もいるかもしれないのである。さら

に，そうした心理的行動的基準ではなく，進化論的に遺伝子の論理で考えれば，ある特定の成育環境およびライフコースにおいては，安定型以外のタイプの生物学的適応度（fitness）のほうがむしろ高まるという可能性も十分に存在するのである。現今の研究の多くに，端から，安定型以外を非適応性・反適応性に結びつけて仮説設定するという傾向があることは否めない。今後の課題は，こうした暗黙の仮説設定の枠組みから脱し，回避型やとらわれ型などが，いかなる条件の場合にどのような適応性を発揮し得るのかを正当に検証していくということであろう。

とはいえ，本書に示されるように，成人アタッチメント研究には，可能性豊かな興味深いトピックが数多く含まれている。現今の研究は，成人とは謳（うた）っても，まだ実質的には若年成人，それも多くは大学生を主たる対象とするに止まっているが，逆に言えばこのことは，今後，成人アタッチメント研究が，人生後年までの幅広いタイム・スパンにわたって，ますます多方向的に発展し得るということを意味する。読者は，本書を通して，必ずやそうした可能性の一端を実感するに違いない。本書は学術的専門書であり，決して平易な内容とは言えない。そのため，読者は1章で基本的な概念整理を行なったあと，場合によっては，まず関心のある章から読み始め，研究の具体的な感触がつかめたところで，今度は章順に従って本書を読み通してみるとよいかもしれない。

この翻訳は，2005年の春に，琵琶湖畔にある同志社大学施設での読書会に参加した若いメンバーを中心になされた。各章，注意深く作業が行なわれたが，もしかすると，所々に文意が伝わりにくいところが残ったかもしれない。その責は，すべて最終チェックを行なった監訳者にあるとして，ご寛恕いただければ幸いである。なお，本書の翻訳は，福井義一先生（東海学院大学）と河合三奈子先生（八幡市福祉センター）を代表とするグループも進めておられたが，先生方のご厚意により，我々のメンバーがこうして出版する運びとなった。ここに記して感謝を申し上げたい。最後に，今回の翻訳にあたり，多大なご尽力をいただいた北大路書房の柏原隆宏氏に厚く御礼を申し上げたい。

2007年の大晦日に

監訳者を代表して　遠藤利彦

<文献>

Brisch, K. H. (2002) *Treating Attachment Disorders: From Theory to Therapy*. New York: Guilford Press. 数井みゆき・遠藤利彦・北川　恵（監訳）2008　アタッチメント障害とその治療　誠信書房

Fonagy, P. (2001) *Attachment Theory and Psychoanalysis*. New York: Other Press. 遠藤利彦・北山　修（監訳）2008　愛着理論と精神分析　誠信書房

目　次

監訳者まえがき　　i

第Ⅰ部
導　入　−成人アタッチメントにおける新たな方向性と課題−

1章　アタッチメント理論
　　−その基礎的概念と現代的諸問題−……………………………………2

アタッチメントの基礎的概念　　3
現代的諸問題　　9
結び：これから注目される研究テーマ　　13

第Ⅱ部
生涯を通じたアタッチメント・プロセス　−連続性，不連続性，変化，測定問題−

2章　自己報告式アタッチメント測度は何を測定しているのか……………16

アタッチメント・スタイルの自己報告と潜在的・無意識的レベルで関連するもの　　22
アタッチメント軽視型やとらわれ型の情報処理方略　　27
アタッチメント対象，相互作用，そして関係性についての語り　　33
アタッチメント・スタイルにおける自己報告の個人差についての社会的に観察可能な性質　　37
アタッチメント・スタイルの自己報告式測度の弁別的妥当性　　41
自己報告されたアタッチメント・スタイルの発達的起源　　43
結　論　　47

3章　アタッチメントが形成されるということは何を意味しているのか………51

理論的背景　　54
行動レベルのアタッチメント　　57
認知レベルのアタッチメント　　63
生理レベルのアタッチメント　　68
情動レベルのアタッチメント　　76
結　論　　79

4章　アタッチメントの持続性と変化を概念化し検討するためのダイナミックシステムアプローチ …………………………………………………………… 80

　発達の道筋と水路づけについての概念　82
　持続性と変化のダイナミクスのモデル化　85
　人格発達におけるホメオレーシス過程のモデル化　94
　Bowlby のダイナミックメカニズムの実証研究　107
　結　論　115

5章　成人期のアタッチメント・セキュリティの変化についての予測因 …… 124

　幼年期のアタッチメント・セキュリティにおける変化　125
　成人期のアタッチメント・セキュリティにおける変化　127
　成人アタッチメント・セキュリティにおける変化の予測変数に関する現行のモデル　133
　将来的な研究のための問題点　142
　臨床的介入のためのアタッチメント変化モデルの意味　144
　結　論　147

第Ⅲ部
アタッチメントの個人内側面　－認知組織，構造，情報処理－

6章　成人期におけるアタッチメントの安定性を基盤とした自己表象
　　　　－内容とプロセス－ …………………………………………………… 150

　アタッチメント対象の利用可能性とアタッチメントの安全性の感覚，そして感情制御　152
　アタッチメント対象の利用可能性と安定性を基盤とした方略，そして自律的な自己　157
　アタッチメントの安定性を基盤とした自己表象：定義と基本的前提　159
　アタッチメント対象との関係における安定性を基盤とした自己表象　165
　安定性を基盤とした自己世話の表象　172
　結論と課題　178

7章　アタッチメント作業モデル
　　　　－新たな展開と課題－ ………………………………………………… 184

　幼児期から成人期までの作業モデル　185
　作業モデルの内容　188
　作業モデルの構造：複雑な表象的ネットワーク　198
　成人期における作業モデルの機能　206
　結　論　218

8章　アタッチメントにおける精神生物学的観点
　　　―生涯にわたる健康への示唆― ……………………………………… 220

Bowlbyとアタッチメントの精神生物学　221
アタッチメントと健康を結びつける情動　222
経路1：初期のアタッチメントの関係性がストレス統制システムを「調律」する　224
経路2：アタッチメントと長期的な情動経験の生理機能に及ぼす影響　229
結　論　235

第Ⅳ部
アタッチメントの個人間側面　―親密性，葛藤，ケアギビング，満足感―

9章　成人の親密な関係における葛藤
　　　―アタッチメントの視点から― ………………………………………… 238

成人アタッチメントに対する葛藤の重要性：アタッチメント過程　239
理論的予測と実証知見　245
関係的文脈の緩和効果　261
今後の研究に向けた考察と結論　264

10章　成人期における対人関係上の安全な避難場所と安全な基地としてのケア
　　　ギビング・プロセス ……………………………………………………… 268

アタッチメント・探索・世話の相互作用　268
安全な避難場所としてのケアギビング・プロセス　272
安全な基地としてのケアギビング・プロセス　275
総合的モデル　277
安全な避難場所のプロセスに関する実証的知見　282
安全な基地のプロセスに関する実証的知見　296
今後の研究に向けて　301
結　語　303

11章　ストレス状況下における成人アタッチメントと関係機能
　　　―葛藤や攻撃に対するパートナーの反応の理解― ……………………… 304

葛藤や関係上の違反に対する対処　306
困難な状況に対する対処　317
一般的考察と結論　327

第Ⅴ部
臨床的・応用的課題 —心理療法,精神病理,精神的健康—

12章 アタッチメント理論
—カップルの関係性を癒すための指針— 330

アタッチメント理論はカップルセラピストに何を教えるのか　334
変化のスナップショット　340
アタッチメントの傷つき：アタッチメント再形成の行きづまり　343
アタッチメントの傷つきを癒す　345
関係の科学から関係を修復する科学へ　348

13章 アタッチメント関連性トラウマと心的外傷後ストレス障害
—成人期の適応に及ぼす影響— 349

アタッチメント関連性トラウマの発達的視点：アタッチメント対象のアヴェイラビリティに対する脅威を感じること　350
トラウマティックな出来事の解決の失敗　355
アタッチメントとトラウマの解決　363
要約と将来の方向性　365

14章 不安的アタッチメントと抑うつ症状
—対人関係の展望— 367

成人のアタッチメント志向　368
成人のアタッチメントと抑うつ　370
アンビヴァレンスの対人関係モデルと抑うつ症状　371
親とのアタッチメント経験と大学生活への適応　378
親への移行　381
結論　393

15章 アタッチメント・スタイルと個人内適応
—青年期から成人期前期への長期研究— 395

アタッチメント理論とアタッチメント・スタイル　396
アタッチメント・スタイルの個人差と個人内適応　396
本研究の目標　399
本研究の背景と方法　401
研究課題と分析の概観　407
要約と議論　415

文　献　421
人名索引　463
事項索引　465

〔凡例〕
★は原注。訳注は適宜，文中に挿入した。

第 I 部

導 入
― 成人アタッチメントにおける新たな方向性と課題 ―

1章

W. Steven Rholes & Jeffry A. Simpson

アタッチメント理論
― その基礎的概念と現代的諸問題 ―

　アタッチメント理論は，今日の心理学において最も広範で包括的な理論の1つである。この理論は，親密な関係性がいかに形成，維持され，また崩壊に至るのか，そして，そうした関係性はどのように，時に恒久的に，その中にある個に影響を及ぼすのかということについて生物社会的および生涯発達的な説明を付与するものである（Bowlby, 1979）。それは，生理，情動，認知，行動を含む，多様な視点から，こうした問題に迫ろうとする。また，それは，社会的発達，対人行動，関係性の機能，心理社会的適応，臨床的障害に絡む諸要素を理解するのに必要な構成概念とプロセスを統合するものであるとも言える。本書では，こうした多面的問題の多くを扱う。

　この導入の章は，2つのセクションに分かれている。前半では，アタッチメント理論の根幹に関わる基礎的概念のいくつかを概観する。このセクションは，これから新たにアタッチメントの研究領域に参入しようとする読者をターゲットとしている。それは，かなりのところ，その後に多大な影響を及ぼした，乳児に関する理論的および実証的なアタッチメント研究に焦点を当てるが，成人におけるアタッチメント・プロセスの主要原理のいくつかについてもレビューすることにしたい。既にアタッチメントの理論や研究に精通している読者ならば，ここをとばして，後半のセクションから読み始めることも可能であろう。後半では，本書の様々な章で取り扱うことになる，きわめて重要な問題や，現在生じつつある新たな論点のいくつかについて，特に光を当てることにしよう。

アタッチメントの基礎的概念

　論を始めるにあたって，まず，術語についていくつかコメントをしておこう。本書全体を通して，アタッチメント行動とは，アタッチメント対象に物理的あるいは心理的コンタクトを図ろうとするふるまいを指して言う。アタッチメントの絆とは，個人とそのアタッチメント対象との間の情動的結びつきを意味する。アタッチメント・スタイルとアタッチメント志向性という術語は，全章を通して互換的に用いられる。手短に言えば，それらは，①アタッチメントの絆を形成している他者から慰撫と情動的サポートを求め，経験しようとする傾向，または②自らの慰撫やサポートの求めに対してアタッチメント対象がいかに応答してくれるかということに関する主観的確信，に現われる持続的で包括的な個人差のことを指す。

　自己報告式の成人アタッチメントの測度では，スコアに基づき，個人のアタッチメントの特徴を，安定型（secure），不安型（anxious），拒絶・回避型（dismissing-avoidant），恐れ・回避型（fearful-avoidant）という，4つのアタッチメント・カテゴリーのいずれかで表現する。通常，回避と不安（あるいはアンビヴァレンス：ambivalence）と言われる2つの連続的な次元軸を直交的に組み合わせることによって，これら4つのカテゴリーは定義される（Brennan et al., 1998）。回避という次元は，例えば，結婚といった緊密な関係性の中においてさえも，心理的親密性に対する不快と心理的独立性を維持しようとする欲求によって大部分が規定されるものである。それに対して，不安あるいはアンビヴァレンスという次元は，アタッチメント対象からケアと注意を求めようとする強力な欲求と，そうした欲求にアタッチメント対象が応じ得るだけの力があるのか，あるいは応じようとする意思があるのか，といったことに関する深く広範な疑念とが結びついたものと考えられる。安定型というアタッチメント・スタイルのカテゴリーは，回避次元の程度の低さと不安次元の程度の低さとが組み合わさったものである。それに対して，不安型は，回避次元低と不安次元高との組み合わせであり，また，拒絶・回避型は，回避次元高と不安次元低の組み合わせ，さらに恐れ・回避型は，回避次元と不安次元とも高程度の組み合わせとして表現される。現今の成人アタッチメント研究は，4カテゴリーよりもむしろ回避と不安という2次元に焦点化したものが多くなっている。

　成人のアタッチメントに関して最も広く用いられている面接測度であるアダルト・アタッチメント・インタビュー（Adult Attachment Interview: AAI）（Main & Goldwyn, 1994）は，子どもの頃のアタッチメント対象にまつわる経験がいかに心的

に組織化されているかを測定するものである。AAIは個人を，アタッチメント軽視型（dismissive），安定自律型（secure/free/autonomous），とらわれ型（preoccupied）という3つの主要カテゴリーのいずれかに振り分ける。AAIにおける軽視型は，概念的に自己報告式の測度における拒絶・回避型に近似し，そしてまたその基底に横たわる回避次元の高さに関わるものと言える。それは，子ども期における自らの脆弱性やアタッチメント対象からの拒絶にまつわる記憶を抑圧することによって，またアタッチメント関係の重要性を否定することによって，アタッチメント対象からの慰撫とサポートに対する欲求を不活性状態に保とうとするところに顕著な特徴を有している。AAIにおけるとらわれ型は，概念的に，自己報告式測度における不安型に近く，そしてまたその基底にある不安次元の高さに関連するものと言える。それは，子ども期および青年期におけるアタッチメント対象にまつわる不遇な経験を心理的に受け入れることができず，結果的に親や他のアタッチメント対象に長く，場合によっては終生，心的に絡みつき，根深い怒りを抱き続けるという特徴を持っている。AAIにおける安定型は，概念的に，自己報告式測度における安定型に最も近く，また，回避，不安両次元のスコアの低さと関連している。安定型の個人は，個の自律性の感覚に富み，抑圧や纏綿（てんめん）（感情的なとらわれ状態），あるいはまた未解決の感情や思考がなく，過去から現在に及ぶアタッチメントに関わる事柄を客観的に見ることができるという特徴を有している。このタイプの多くはアタッチメント対象との間に良好な関係性を享受してきているが，中には拒絶，ネグレクト，身体的虐待等の経験を有しながらも，その悪しき影響から脱してきた者もいる。

　アタッチメント理論は，最初にBowlby（1969, 1973, 1979, 1980）が定式化し，その後，Ainsworthら（1978）が重要な方向性へと発展させていったものである。この理論の出発点となる前提は，他の多くの生物種と同じように，人には，他者との社会的生活を希求する生得的な志向性があるということである。もっと明細に言うならば，アタッチメント理論は，人には，主要な養育者として機能し得る人物に対して種々のアタッチメント行動（例えば，そうした人物に対する探索行動，身体接触行動，注視行動，追従行動，視覚的追跡行動など）を起こそうとする，進化論的に基礎づけられた生物学的傾性があることを主張するのもである。アタッチメント行動システムとは，主要な養育者に対する物理的および心理的近接を増大させるべく，種々の行動の背後にあって，それらをゆるやかに組織化しているものである。このシステムは，脆弱な乳児や子どもと，より強く賢明な彼らの養育者との間の物理的な近接関係を強化すべく，進化してきたものと仮定される。アタッチメント・システムは，Bowlbyが問題にした3つの生物学的基礎を有するシステムの1つである。ちなみに他の2つはアタ

ッチメント・システムほどに注目されてはいないが，探索システムと養育・世話システムである。

　アタッチメント理論によれば，主要な養育者は，子どもが生後1年の間に，しだいに，その心の中で，明らかに他の人物とは異なる特別な存在になっていく。乳児は，例えば長期間の社会的隔離や頻繁な養育者の交替といった極端に厳酷な条件下にでも置かれない限り，主要な養育者との間にアタッチメントの絆を形成するものと考えられている。アタッチメントの絆が存在しないということは，すべての養育者あるいは社会的パートナー間に差異がなく，等価であるということを意味する。そこでは，1人が特別な存在として選び出されることはないのである。こうしたアタッチメント対象との情動的絆の形成プロセスは，たとえ，細部に文化的変異が存在し得る可能性があるにしても，本源的にヒトという種に普遍的なものであると想定される。アタッチメント理論の中核的仮定によれば，自然選択は，特定の養育者との間に緊密な絆を形成し得る乳児を好んだのである。なぜならば，祖先が生きた古環境ではそうした絆を形成することによって，乳児が，危機や捕食から自らの身の安全を護り得る確率が最も高かったと考えられるからである。

　アタッチメントの絆はすべて等質なわけではない。アタッチメント理論によれば，養育者が乳児のアタッチメント行動にいかに反応するかに応じて，異なるアタッチメント・パターンが出現するということになる（Ainsworth et al., 1978）。子どもは，養育者が，自らのアタッチメント行動に対して良好で受容的なターゲットとして機能する時，その養育者に対して安定したアタッチメントを形成する。子どもにより大きな安心感をもたらし得る養育者は，子どもの苦痛の手がかりを適確に読み取り，効果的に慰撫する方法を心得ている。また，そうした養育者は，子どもが苦痛状態にない場合，決して阻害的あるいは侵入的にはふるまわず，ただ物理的，情動的に利用可能（available）な存在としてあり続ける。さらに，子どもの安心感を促し得る養育者は，注意深い子どもの世話が彼らの生活に様々な制約を課すということも含め，そうした世話に絡む種々の困難やストレスを受け容れることができる。アタッチメント対象に対して安定したアタッチメントを築き得る子どもは，不安定なアタッチメントを形成する子どもと多くの点で異なっている。例えば，彼らは，苦痛状態に瀕した時に容易にアタッチメント対象から慰撫を引き出し，そしてそのアタッチメント対象によって速やかに，また完全に静穏化されるのである（Ainsworth et al., 1978）。

　Ainsworthら（1978）によれば，不安定なアタッチメントには，不安・アンビヴァレント型と回避型という2つの主要タイプが存在する。Ainsworthのこうした分類は，ストレンジ・シチュエーション法（Strange Situation Test）によって測定されるが，

それは，母親とその 12 〜 18 か月の乳児との間における，一連の，苦痛をもたらす分離と再会からなるものである。安定した関係性を有していると分類される子どもは，母親から直接的に慰撫を引き出し，また容易に回復し，そのうえで，すぐに他の活動を再開させることができる（例えば，遊んだり部屋を探索したりする）。不安・アンビヴァレント型の関係性を有していると分類される子どもは，再会場面で母親に対して近接行動と回避行動とが混合したような反応を見せ，混乱を長く引きずる結果，通常の活動をなかなか再開できない。回避型と分類される子どもは，母親の存在を気にかけず，母親からの情動的撤退や引きこもりの徴候を示すとともに，彼らが潜在的に感じている苦痛から気を逸らしてくれるような行動に従事する。ストレンジ・シチュエーション法は，乳児個人の特性というよりも，むしろ乳児とその主要な養育者との**関係性**の特質を測定していると言い得るものであり，したがって，テクニカルなレベルで言えば，乳児や子ども個人を安定型，回避型，不安・アンビヴァレント型と呼ぶのは不正確ということになる。

　成長し成熟するにつれて，個人はアタッチメント対象とのそれぞれ独自の関係性の歴史に応じて，アタッチメント対象に対してより全般的な対人志向性を発達させるに至る。ごく限られた少数のアタッチメント対象を有し，かつそうした対象の行動が乳児期から青年期に至るまで相対的に一貫しており，良かれ悪しかれ，シンプルであまり錯綜していない成育史を持つケースもあれば，より複雑な成育史を持つケースもある。例えば，父母からそれぞれ異なるパターンの養育を施され，それぞれに別種のアタッチメント・タイプを形成したり，成育過程の中で主要なアタッチメント対象の行動が劇的に変化し，アタッチメントのタイプを安定から不安定，さらに再び安定へと，大きく変動させてしまったりするというような場合である。あるいは，アタッチメント対象から長期間，引き離されたり，また，アタッチメント対象との恒久的な別離，死別，離婚などを経験したりして，結果的に，そうした喪失に対する反応として，新たなアタッチメント対象が，個人の生活の中に参入してくるというケースもあろう。こうした成育史の差異および，まだ十分には理解されていないが，何らかの複合的なプロセスを通して，一般化されたアタッチメント志向性，すなわち，アタッチメント・スタイルが発達してくるのである。

　子どもに関しては（特定の対象との関係に限定されない）一般的なアタッチメント・スタイルの個人差を測定する測度はいまだ開発されていない。子どもに関するアタッチメントの測定法は基本的にある関係性に特異的なアタッチメント・パターンを測定するものと言える。しかし，乳児期の段階において既に，アタッチメント対象に対してそれぞれ異なるアタッチメント・パターンを見せる子どもは，その後の種々の発達

時点において，アタッチメント対象および他者に対して，特異的に異種の行動を示す。例えば，1歳時にストレンジ・シチュエーション法において母親に対して安定，回避，不安・アンビヴァレントとそれぞれに分類された子どもは，小学生になった段階において，クラスメートに対して異なる反応を示し，また彼らとの間に異質な関係性をつくり上げるのである（Thompson, 1999 を参照）。一般的なアタッチメント・スタイルがいつの段階で成立すると言い得るのかはいまだ定かではないが，10代の早い段階には既に測定可能であり，それを活用して，理論的に有意味な形で社会的行動を予測することができる（Crowell et al., 1999; Feeney, 1999 を参照）。

異種のアタッチメント・スタイルを支える心理学的構造が，いわゆる「作業モデル」(working models) である（Collins & Read, 1994; Collins, Guichard, Ford & Feeney, 本書7章）。こうした構造は，アタッチメント対象との様々な相互作用において何が期待され，またそこで何が生じ得るのかといったことに関して大雑把な青写真を提示するものである。それは意識的要素と無意識的要素からなり，それゆえに意識的に統制された心的処理と無意識的に自動化された心的処理の両方に作用すると考えられている。また，作業モデルは，親密な関係性における行動，認知，感情を調整し，そこでいかにふるまうべきか，何が予期され，また期待されるのか，さらにはあいまいな対人的事象の意味をいかに解釈すべきかといったことについてガイダンスを与える。そして，それはまた，アタッチメントに関連する情報に関して注意や記憶のコントロールを司り，さらにアタッチメントに関わるストレッサーに遭遇した時に，感情，特にネガティブな感情の制御に関わる。Bowlby（1980）によれば，作業モデルは，個人がアタッチメント対象との間で現実に持った経験を，かなりのところ正確に反映しているはずだという。

作業モデルに「作業（working）」という術語が含まれているのは，これが修正や改訂に対して開かれているからである。それは，個人の成育史によって不変的に固定化されてしまうものではない。それは，科学理論のように，人が，期待を形成したり，仮説を立てたり，関係性の帰結を説明することを可能にするが，まさに科学理論と同じで，既存モデルを新情報に合わせて調節するよりも，むしろ新情報を既存情報に同化させてしまうことが多く，その意味で保守的であると言える。そうした意味において，作業モデルは，既存の諸前提（その多くは対人的事象を説明し，行動をガイドするうえでよく機能する）と新情報（その中のあるものは既存の諸前提に挑み，矛盾し，反駁する）との接合点に位置するものと言える。新たな情報は，それまでにはない新しい関係性，異なる洞察（例えば，過去のアタッチメント関係の意味についての再解釈），個人を急激に新たな状況や経験へと導く主要なライフイベントなどから発する

可能性がある。このように，作業モデルは，過去の経験，現在の経験，そして過去の改訂された概念化の交錯点で機能すると言えるのである。

本節の最後に，アタッチメント理論の中核的前提や仮定の中でも，特に重要な5つを示しておくことにしたい。

1．アタッチメント関係の形成に向かわせる動因は基本的に生物学的なものであるが，子どもが養育者との間に形成する絆は，対人的経験によって形づくられる。

　この前提は，幼い子どものアタッチメント・パターンは単に気質の随伴物にすぎないと主張する論者からの批判にずっと耐え，持ちこたえてきている（Vaughn & Bost, 1999 参照）。

2．早期の関係性における諸経験は内的作業モデルとアタッチメント・スタイルの形成に関わり，それらはその後のアタッチメント関係に一貫した影響をもたらす。

　したがって，成人期のいかなる時点であれ，子ども期，青年期，成人期前期の諸経験は，作業モデルやアタッチメント・スタイルへの影響を通して，その時点における個人のアタッチメント関係の質を規定するということになる。このいわゆる「プロトタイプ」仮説は，なぜそうなるかというメカニズムについてはさらなる吟味が必要であるが，これまでの成人アタッチメントの研究において，かなりのところ，支持を得てきたと言える（Feeney, 1999 を参照）。もっとも，この仮説は，アタッチメント・スタイルが全的にアタッチメント関係を規定するということを主張するものではない。アタッチメント・スタイルが，現在のアタッチメント対象との経験によって影響を受けることもある。したがって，不安定なアタッチメント志向性を有する個人が，安定したアタッチメント関係を築くことも可能なのである。作業モデルやアタッチメント・スタイルは基本的に親密な関係性において機能するものであるが，その個人の基本的価値観やパーソナリティの中に統合され，他の文脈における行動に影響を及ぼすこともある。

3．成人の養育者のアタッチメント志向性は自らの子どもとのアタッチメントの絆の形成にも影響を及ぼす。

　この仮説は，アタッチメントは，社会的経験の産物であり，また，成人のアタッチメント志向性は，乳児や子どもに対する行動も含む，親密な関係性におけるふるまいに影響を及ぼすという前提に由来するものである。この「世代間伝達」仮説は，特に Main らの研究において，これまでに明確な支持を得てきている（Hesse, 1999

を参照)。

4．作業モデルとアタッチメント志向性はかなりのところ時間的に安定しているが，変化を被らないわけではない。

　変化は，アタッチメント対象との新奇な経験，あるいはアタッチメント対象との過去の経験に関する再概念化の結果として生じるということが想定される。本書で提示されている証左は，この見解を支持するものである（Davila & Cobb, 5章；Fraley & Brumbaugh, 4章を参照）。

5．ある種の心理的不適応や臨床的問題は，一部，不安定な作業モデルやアタッチメント・スタイルによる影響を受けていると考えることができる。

　成人のアタッチメントの志向性は，様々な臨床的あるいは準臨床的な問題と関連性を有している（Dozier et al., 1999を参照）。もっとも，それが，いかなるプロセスで，異なる心理的問題を引き起こしたり，悪化させたりするのかについては，さらなる説明が必要と言える。

現代的諸問題

　本書は4つの大きなセクションからなっている。第1セクションになる第Ⅱ部では，生涯にわたるアタッチメント志向性の変化およびその測定にまつわる理論的問題を扱う。第2セクション（第Ⅲ部）では，アタッチメントの個人内的な側面，特に作業モデル概念とアタッチメント志向性の生理的側面に焦点を当てる。第3セクション（第Ⅳ部）では，アタッチメントの個人間的な側面（対人行動），とりわけ養育・世話およびカップルのストレスや葛藤に対する反応について考察を行なう。そして，第4セクション（第Ⅴ部）では，アタッチメント・スタイルと臨床的，準臨床的問題に対する脆弱性との関連および治療的変化のプロセスについて取り上げることにする。

　測定の問題というと一見あまりおもしろみがないもののように思えるが，実はそこに，現代の成人アタッチメント研究における最もホットな論争点の1つが存在している。1980年代半ばに，成人のアタッチメント志向性に関する2種の測度が開発された。Mainら（1985）は，AAIを創出し，子ども期のアタッチメント対象との経験にまつわる記憶想起に基づきながら，成人の全般的なアタッチメント志向性を測定しよ

うとした。ほぼ同じ時期に，HazanとShaver（1987）は，成人アタッチメントに関する初の自己報告式測度を開発した。その測度の目的は，Ainsworthが子どもにおいて同定した，主要な養育者に対する安定，回避，不安・アンビヴァレントのアタッチメントにおける情動的・行動的特徴が，成人では，いかに見いだされ得るのかを測ることであった。これら2つの測度の間にいかなる関連性があるかについての理論的および実証的問題が，ほぼ20年間にわたって主要な関心事であり続けてきたのである（Shaver et al., 2000を参照）。

アタッチメント理論は，内的作業モデルに意識，無意識両面の構成要素が存在することを明確に述べている。それゆえに，そこで1つの重要な問いとなるのは，自己報告によって見いだされるアタッチメント・スタイルは，はたして，無意識的要素を含んでいるのかということである。ShaverとMikulincerは，2章で，この問題，およびAAIの信奉者と自己報告式測度の支持者の間における，より広い意味での論争を取り上げ論じている。そして，自己報告式測度によって同定されるアタッチメント・スタイルが，自動化され意識的統制を受けない無意識のプロセスにも連関していることを立証している。そして，そうすることで，自己報告式測度の構成概念的妥当性に関して新たな証左を付加しているのである。

アタッチメント理論は，個人差の理論であると同時に，いかに個人と個人の間にアタッチメントの絆が形成されるかについても説明を与えるものである。しかし，このトピックは相対的に注意を払われなかったと言える。アタッチメント・スタイルの個人差がはるかに多く研究されてきたのである。Hazan, Gur-Yaish, Campaは，3章で，このアンバランスを正そうと試みている。彼らは，そこで，アタッチメントの絆の発達を認知，情動，行動，生理の観点から描出しているのである。そして，アタッチメント研究が，専らアタッチメント志向性の個人差ばかりに焦点化し，こうした，アタッチメント理論のもう1つの重要な側面を軽視してきたことの問題を説得的に指摘している。

FraleyとBrumbaugh（4章）およびDavilaとCobb（5章）によって報告されている研究は，縦断研究が突きつけた難題を取り上げて論じている。この2つの章は，アタッチメント志向性における長く持続する変化が，いかに，なぜ，またいつ生じるのかに関して考察を試みているのである。アタッチメント研究史の初期段階においては，アタッチメント理論は，アタッチメント・スタイルは発達早期に形成され，それがほとんど不変のまま成人期へとつながることを主張するものと誤解されていた。こうした誤解は，Bowlbyの理論が，元来，ネオ・フロイディアン的心理学とのつながりを有していたことに由来するものと言える。こうした由来はさておき，アタッチメント

理論に対する初期段階の批判は，作業モデルが依拠するところの諸前提を適切な形で揺るがすような状況下において，アタッチメント志向性に一貫した変化が生じ得るということを説明できないという点を突くものであった。

　こうした変化に関わる仮定を支持する証左を集めることは，縦断研究が複雑であり，また変化の測定が困難であるため，相当に難しいことがわかってきている。しかし，Fraley と Brumbaugh は 4 章で，Bowlby の時間的安定性や変化に関わる発想を，数学的に検証可能な形に翻訳することを試みている。彼らの研究は，Bowlby の記述に由来している諸仮定の性質を明晰化することに役立つものと言える。また，Davila と Cobb は 5 章において，アタッチメント志向性の変化を生じさせるプロセスについて記述している。彼らは，また，変化がいかに自然に進展するかを理解することが，対人的不適応行動を助長している心的構造をどのように修正し得るかということに焦点化した臨床的介入に対して，重要な示唆を有することを示している。

　アタッチメント理論における，個人内に関わる最も重要な構成概念は，作業モデルである。Bowlby は，その 1980 年刊行の書において，精神医学や心理学から得られた証左に基づいて，こうしたモデルの構造と機能の輪郭を描いたわけだが，ここ 10 年くらいの間に，いかに作業モデルが関係性のプロセスやその帰結に影響を及ぼすかについての理解に，重要な進展があったと言える。こうした進展の多くを統合する形で，Collins, Guichard, Ford, Feeney は 7 章で，作業モデルの構成要素を記述し，記憶におけるそれらの組織化を説明したうえで，さらにそれらが行動，感情，認知を導くプロセスを統合的に描き出している。Mikulincer と Shaver も 6 章において同様の問題を扱っている。彼らは，アタッチメント対象との間における安定性を引き上げ得るような相互作用が，いかにして自律性の強力な感覚と健康的な自己静穏化および自己制御の能力を伴う自己概念の生成に通じるのかを描出するモデルを提示している。Diamond と Hicks は 8 章で，アタッチメントの個人内要素を，認知的観点というよりは，むしろ生理的観点から記述している。8 章は，アタッチメントのプロセスが，心理的障害や身体的健康に関与する生物学的諸条件を，少なくとも部分的に説明し得るということを示唆している。

　アタッチメント理論における最も重要な対人的な（個人間に関わる）仮定は，プロトタイプ仮説である。これがないと，アタッチメント理論は関係性の理論ではあり得ても，その中にある個人のそれではあり得ず，とても包括的なものとは言えなくなる。この仮説に合致する証左が，アタッチメント研究の増大を招来する中心的牽引役となったのである。Pietromonaco, Greenwood, Feldman Barrett による 9 章，Judith A. Feeney による 11 章，Brooke C. Feeney と Collins による 10 章は，この仮説を新

しい方向に拡張している。Pietromonaco らは，関係性における葛藤がその関係性にとって脅威にも好機にもなり得る道筋について焦点を当てている。彼らはまた，こうした葛藤解決の知覚が，長期的な関係性の機能にいかに関わり得るかということについても議論している。Judith A. Feeney による 11 章は，アタッチメント・スタイルとストレスおよび関係性の機能との連関に関わるものである。彼女は，異なるアタッチメント・スタイルを有する個人がストレスフルな事象をいかに知覚し，またそれに対処するかといったところに現われる差異について概観している。Brooke C. Feeney と Collins は，成人のアタッチメント関係における養育・世話（caregiving）について探究している。彼らは，養育・世話，アタッチメント，探索という 3 つのシステム間にいかなるつながりがあるのかについて新しいモデルを提示しているが，それは，この長らく等閑視されてきたトピックについてのこれからの研究を導き得るものと言える。これらの章での葛藤，ストレス，養育・世話といったトピックは，親密な関係性における長期的な幸福感と安定・持続性において，きわめて重要なものである。

　本書の最終セクション（第Ⅴ部）の章は，アタッチメント志向性が，いかに健康および心理的安寧と関連するかということについて取り上げている。成人アタッチメントと心的健康に関する研究の第一世代は，アタッチメント志向性が，Bowlby が記述した臨床的あるいは準臨床的障害と，現に相関性を有するのかどうかを問うていた。そして，不安定なアタッチメント志向性を有する個人は，様々な心理的問題に対してより脆弱であることを明らかにした。最終セクションの章は，第二世代の研究を代表するものと言える。それらは，単にアタッチメント志向性と臨床的問題との連関を問うのみならず，それを超えて，なぜ，不安定なアタッチメントを有する個人が，そうした問題に対して脆弱なのか，そのプロセスの解明を試みている。これらの章の多くは，また，アタッチメントに関連する障害を問題にする際に，アタッチメント理論の諸概念をいかに適用し得るかを明確化している。

　アタッチメント理論に基づく実証研究と臨床的な事例研究に依拠しながら，Johnson は 12 章において，カップルセラピーについて新しく，きわめて有用なモデルを提示している。Kobak, Cassidy, Ziv は 13 章で「アタッチメント・トラウマ」という概念を，心的外傷後ストレス障害（PTSD）に関連づける形で提示し，両者の間に重要な並行関係を見いだしている。Simpson と Rholes は 14 章において，不安・アンビヴァレント型の個人が，特にストレスフルな状況において，抑うつの徴候を悪化させるような形で，いかにパートナーを知覚し，また相互作用するのかを枠付けるプロセス・モデルを示している。Cooper, Albino, Orcutt, Williams は 15 章で，アフリカ系アメリカ人青年とヨーロッパ系アメリカ人青年における適応とリスク・テイキング

行動とを検討した大規模な縦断プロジェクトの結果を報告している。そして，各種アタッチメント・スタイルがそれぞれ特異的にある種の問題行動のタイプと連関することを見いだしている。

結び：これから注目される研究テーマ

　本書で報告されている研究知見は，およそ30年間に及ぶ人間のアタッチメントに関する研究の延長線上にある。アタッチメント研究の第一ステージは，ほとんど，乳児の主要な養育者に対するアタッチメントをいかに測定するか，またその起源はどのようなもので，それはいかなる発達的帰結をもたらすかということに焦点化していた。第二ステージでは，理論を成人へと拡張する試みが始まり，アタッチメント・スタイルの差異が対人関係や精神的健康にいかなる帰結をもたらすのかということを主に問うてきたと言える。

　それでは，次世代では，いかなる種類の研究が行なわれ得るのだろうか。本書に基づき，私たちは，新たな研究には，いかにアタッチメント・スタイルが変化するのか，また成人間の関係性がいかにしてアタッチメント関係に発展するのか，すなわちアタッチメントの絆はいかにして形成されるのか，ということに関わるより縦断的な調査が含まれるだろうことを信じるものである。また，次世代では，養育・世話システムと探索システム，およびそれらとアタッチメント・システムとの相互作用に関する理論的，実証的研究が進展することが期待される。これまで，臨床的な問題に関するほとんどの研究は，不安定なアタッチメント志向性が，障害に対する脆弱性を増大させることがあるのかを問うてきたと言える。しかし，アタッチメント志向性がいかに精神的・情動的な病理に通じるのか，そのプロセスに関する解明は，かなりのところ無視されてきたのである。こうしたプロセスに関する研究が，臨床的方向づけを持った研究において，今後，重要なテーマになるだろうことを，私たちは確信している。最後に，作業モデルの，情報処理過程や自動化され意識的統制を受けないプロセスに対する影響を検討する研究，それ自体は決して新しくはないのだが，それがアタッチメントの研究領域において，いまだきわめて初歩的レベルに留まっていることは否めず，そのさらなる研究の展開が重要な課題となろう。

　結論として，本書の諸章はいくつかの重要なゴールを達成したと言える。全体として，これまで既に確立された理論的な構成概念をさらに明確化し拡張するとともに，

新たな理論的構成概念を提示したと考えられる。また，アタッチメントの時間的安定性と変化に関する問題を扱い，アタッチメント・スタイルがいかに成人の関係性における行動を導き，制御するかを精細に説明し得たと言える。さらにアタッチメント・スタイルがいかに心理的問題あるいは健康に関連する障害に通じ得るのかについて，いくつかの新たなプロセス・モデルを提示し得たということにおいても成果があったと言えよう。こうした問題に，進化論的，生物学的，生理的，認知的，情動的，行動的，対人的といった様々な立場からアプローチすることによって，本書の各章は，今日の成人のアタッチメントにおいて，最も重要な新しい方向性と，今後課題となり得ることのいくつかを，披露してみせたと考えられる。私たちは，本書を通して，読者がこうした知的冒険を大いに楽しんでくれることを切望するものである。

<謝辞>

　W. Steven Rholes と Jeffry A. Simpson は，本章の記述において同等の役割を果たした。本章の執筆にあたっては，アメリカ国立健康研究所の研究補助金（No. MH49599-05）による支援を得た。

第Ⅱ部

生涯を通じたアタッチメント・プロセス
— 連続性,不連続性,変化,測定問題 —

第Ⅱ部 生涯を通じたアタッチメント・プロセス ― 連続性，不連続性，変化，測定問題 ―

2章

Phillip R. Shaver & Mario Mikulincer

自己報告式アタッチメント測度は何を測定しているのか

　成人アタッチメント・パターンの測定は，1980年代においてまるで勢いよくスタートを切ったかのごとく始まった。Georgeら（1985）は「アタッチメントに関する現在の心的状態（current state of mind）」を査定するためにアダルト・アタッチメント・インタビュー（Adult Attachment Interview: AAI）を考案し，そしてMainら（例えば，1985）は親のAAI分類（安定自律型：secure/autonomous，とらわれ型：preoccupied，アタッチメント軽視型：dismissing，あるいは未解決型：unresolved）がその子どものアタッチメントの質を予測することを実証した（AAIの包括的記述や歴史については，Hesse, 1999を参照）。上記の流れと独立して研究を行なっていたHazanとShaver（1987）は，ロマンティック・アタッチメントについての理論を提案し，自己やパートナーについてのメンタル・モデル，恋愛についての信念，そして両親との幼少期の関係性の記憶と体系的に関連する反応を捉えるために，簡便な自己分類式尺度を考案した。ArmsdenとGreenberg（1987）は，複数項目・複数の下位尺度からなる自己報告式の親・友人へのアタッチメント目録（Inventory of Parent and Peer Attachment: IPPA）を開発したが，その尺度は友人や両親との青年の関係性における安心感，あるいは知覚された質を査定するために使用することが可能であった。Westら（1987）は特定のアタッチメント対象との成人の関係性を臨床的に分析するために，複数項目・複数の下位尺度からなる測度を考案した。BartholomewとHorowitz（1991）は，両親と友人のそれぞれに対するアタッチメントの個人史についてのインタビュー測度を考案した。そしてPottharstとKessler（Pottharst, 1990にて引用）は，成人の幼少期におけるアタッチメントに関する経験の記憶（例えば，両親からの分離，両親の喪失，そして両親や他のアタッチメント対象との関係性の質）を査定するためのアタッチメントの個人史質問紙（Attachment History Questionnaire:

AHQ) を考案した。

　これら初期の労力から，2つのいくぶんか独立した研究の流れが出現した（記述と要約については，Bartholomew & Shaver, 1998; Crowell et al., 1999a; Shaver & Mikulincer, 2002 を参照）。一方の流れは主に AAI に基礎をおいており，そこでは発達心理学者や臨床心理学者が，両親の AAI 分類が彼らの子どものストレンジ・シチュエーションにおける（乳幼児アタッチメント）分類を予測し得るということをくり返し示してきた。詳細にはいまだにいくぶんか不明な点もあるが，この世代間伝達プロセスの本質についていくつかの洞察が得られている（例えば，George & Solomon, 1999; van IJzendoorn, 1995）。また，この流れにおける研究者は，ある種の精神病理が AAI 分類と体系的に関連することを示している（例えば，Lyons-Ruth & Jacobvitz, 1999）。査定に対するこのアプローチは恋愛・結婚の領域へと拡張され（Crowell et al., 2002a, 2002b; Simpson et al., 2002; Waters et al., 2002），AAI はカップル関係における行動と関連するということが明らかになりつつある。

　成人アタッチメント研究における，Mikulincer と Shaver（2003）によるレビューの2つめの流れでは，パーソナリティ心理学者，社会心理学者，そして臨床心理学者の一部が，いわゆる「成人アタッチメント・スタイル」（安定型，アンビヴァレント型，回避型）についての Hazan と Shaver（1987）の非常に簡便な自己報告式測度，もしくはその測度をいくらか拡張あるいは洗練した測度（例えば，Bartholomew & Horowitz, 1991; Collins & Read, 1990; Feeney et al., 1994; Simpson, 1990）のいずれかを用いてきた。測度の中には，Hazan と Shaver によって査定された3カテゴリーではなくアタッチメント・スタイルの4カテゴリー類型論（安定型，とらわれ型，恐れ・回避型，拒絶・回避型）に基づいたものもあれば，2次元，3次元，あるいは5次元の尺度得点を生み出すものもある。

　1998 年に Brennan らは，この時点までに考案された既存の存在するすべての英語版アタッチメント・スタイル次元尺度に対して因子分析を行ない，Bartholomew と Horowitz（1991）によって提案された2次元モデルの流れに沿って，それらすべての尺度が直交する2次元，すなわちアタッチメント不安（分離や見捨てられることへの恐れ）とアタッチメント回避（例えば，親密性や依存性への不快感）へと集約できることを示した。1998年以降，彼女たちが作成した親密な対人関係体験尺度(Experiences in Close Relationships scale: ECR）は多くの研究において用いられ，そして ECR には高い信頼性と高い構成概念妥当性や予測的妥当性があるということが見いだされた（Shaver & Mikulincer, 2002）。

　研究者を動機づける異なったリサーチ・クエスチョン（アタッチメント・パターン

第Ⅱ部　生涯を通じたアタッチメント・プロセス ― 連続性，不連続性，変化，測定問題 ―

の世代間伝達 対 親密な対人関係，特に恋愛・夫婦関係における情感（feelings）や行動に影響を与える社会認知的ダイナミズム）のために，そして AAI と自己報告式アタッチメント測度は無関係であるという信念のために，2つの流れのアタッチメント研究は分離したままである。この信念は，対象となる関係性（親子の関係性 対 成人どうしの関係性），方法（徹底的にコード化されたインタビュー・トランスクリプト 対 簡潔な自己報告），分析の焦点（アタッチメント経験の語りにおける首尾一貫性，確からしさ，そしてあいまいさという構造的属性 対 個人の知覚，情感，および自己観察された行動の内容）における AAI と自己報告式測度との間の根本的な違いに基づいている。

　2つの非常に異なった領域が測定されているという信念はまた，アタッチメント不安および回避の自己報告は AAI 分類と有意に関連しないということを示唆する近年の知見（Crowell et al., 1999b; Simpson et al., 2002; Waters et al., 2002）に基づいている。しかし，アタッチメント・パターンの自己報告とインタビューとの間に有意な関連を見いだした研究もまた存在する（Bartholomew & Horowitz, 1991; Bartholomew & Shaver, 1998; Griffin & Bartholomew, 1994; Shaver et al., 2000）。例えば，Shaver ら（2000）は，AAI のコーディング尺度が重相関係数 R = .48, .52 という値で自己報告式のアタッチメント得点を予測し得るということを見いだした。

　アタッチメント研究の2つの流れを統合するうえでの他の障害は，自己報告式測度は AAI で精査される心理力動的な深みを綿密に調べることができないという AAI 研究者の想定である。Jacobvitz ら（2002）が近年の論文において「AAI 分類のコーディング・システムは，**情動制御のための成人の無意識的プロセスを査定している**……AAI とは異なり，アタッチメントの自己報告式測度は成人の恋愛関係における自身に対する**意識的評価をタップする**（訳注：tap とはコンコンと叩き活性化させること）」（p. 208，強調はオリジナルどおり）と述べている。そのような研究者は，自己報告式測度は顕在的な問いへの意識的・意図的回答を伴うので，それらはおそらく意識的な心的プロセスを示すにとどまるだろうと推論する傾向がある。この想定では，自己報告式測度は Bowlby（1969/1982）や他の臨床家，特に精神分析的志向性のある臨床家が興味を持つ心理力動的プロセスとは関連しないだろうという結論に容易にたどり着いてしまう。

　アタッチメント・スタイルの自己報告式測度によって何がタップされるのかという見解へ挑戦するために，そして研究においてそれらの測度を用いた時に何を成し遂げ得るのかということを実証するために，私たち（Shaver & Mikulincer, 2002）は，自己報告式測度が行動観察や潜在的プライミング・テクニックのような他の種類の測度と

ともに用いられた際に，それが潜在的・無意識的プロセスについて多くのことを明らかにし得るということを示すターゲット論文を公刊した。その論文において，私たちは次のように述べた。

> ［近年の研究のレビューを通して私たちは］アタッチメント理論に由来する中心的仮説を検討することにおいて，そして情動制御やアタッチメント・システムの活性化に関する無意識的，心理力動的プロセスを探索することにおいて，研究上の進展がかなり得られているということを示した。アタッチメント・スタイルの自己報告式査定と理論的に関連のある他の変数の実験的操作を組み合わせることで，研究者は因果仮説を検討することが可能である（p.133）。

ターゲット論文において，私たちはまたアタッチメント・スタイルの自己報告式測度から得られた知見が成人期におけるアタッチメント行動システムの活性化およびダイナミクスに関する理論モデルへと首尾一貫して統合し得ることを示した（Shaver & Mikulincer, 2002）。このモデル（図2.1参照）には，3つの構成要素が含まれている。第一の構成要素は，アタッチメント・システムの活性化を導き得る脅威的な出来事へのモニタリングや評価である。第二の構成要素は，アタッチメント対象の利用可能性に対するモニタリングや評価であり，それはアタッチメントの安定化・安定性（attachment security）の感覚における個人差の原因となる。第三の構成要素は，アタッチメントの不安定化・不安定性（attachment insecurity）へ対処する方法として近接性探索が実行可能かどうかについてのモニタリングや評価である。この構成要素は，情動制御の過活性化方略（hyperactivating strategies）あるいは不活性化方略（deactivating strategies）の使用における個人差の原因となる。このモデルはまた，過活性化方略あるいは不活性化方略をくり返し使用する結果として生じる興奮性や抑制性の「神経回路」（図式の左側の矢印）を含んでおり，そしてそれらは次に脅威やアタッチメント対象の利用可能性・利用不可能性に対するモニタリングへと影響を与える。

このモデルによれば，アタッチメント不安および回避の自己報告における個人差は，過活性化方略や不活性化方略の根底にある活動を反映している。まず，アタッチメント不安は，近接性探索が実行可能な選択肢であるという評価を反映しており，この評価は，脆弱性，欲求，そして不安を執拗に示すことによって，親密性やサポートを獲得しようとする活動を増大させることを導く。これらの活動の主たる目標は，アタッチメント対象，すなわち十分に関心を寄せてくれない，そして利用可能ではないとみ

第Ⅱ部 生涯を通じたアタッチメント・プロセス ― 連続性，不連続性，変化，測定問題 ―

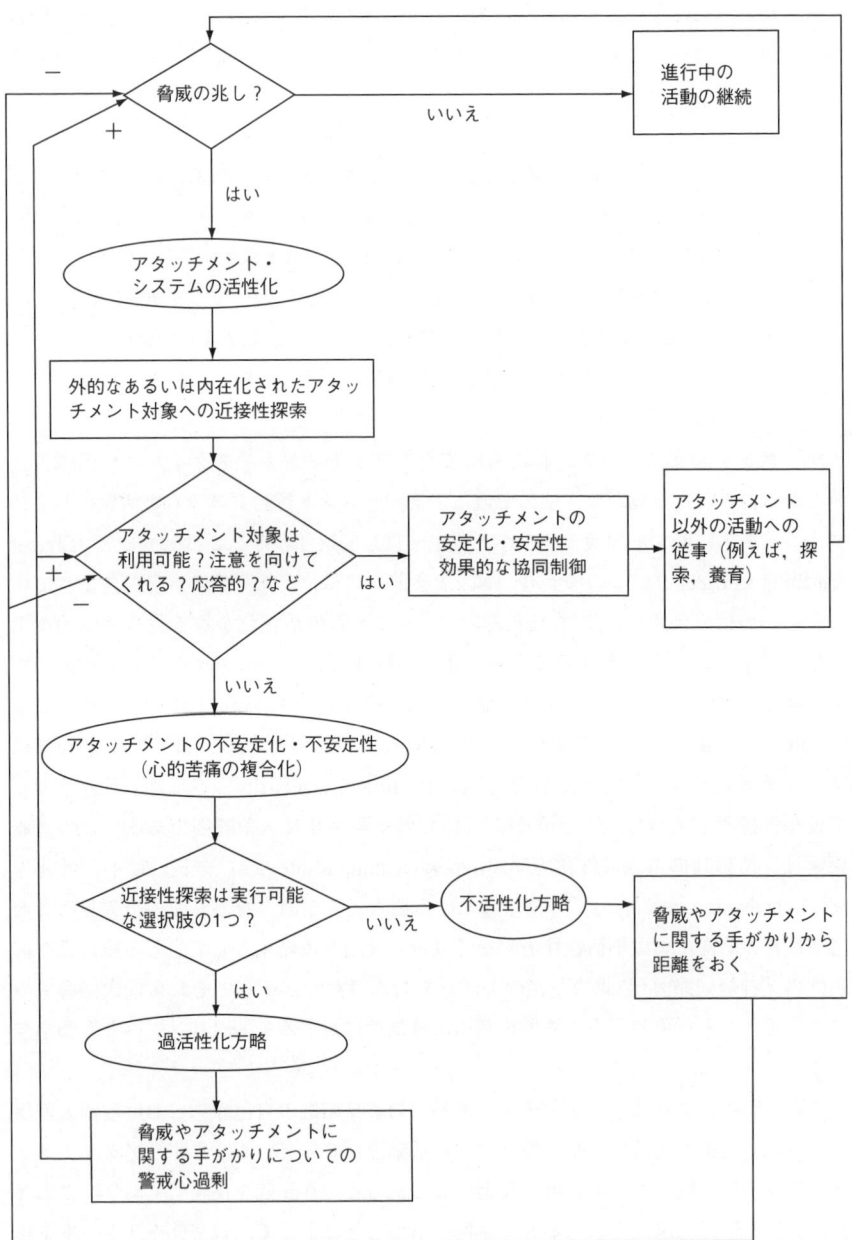

■ 図2.1 成人期におけるアタッチメント・システムの活性化やダイナミクスに関する Shaver と Mikulincer（2002）の統合的モデル

なされている対象に注意を払わせ，保護を提供させるというものである。この目標を達成するための基本的手段は，アタッチメント対象が利用可能であり，そして応答的であると知覚されるまで，アタッチメント・システムを活性化させた状態に保つというものである。これらの方略には物理的および心理的な近接性探索，実際の脅威や潜在的な脅威に関して警戒心を高めること，そしてアタッチメント対象の利用可能性・利用不可能性についての集中的なモニタリングが含まれているが，それはそれらの手がかりが安心感の獲得と非常に関連しているためである。他方，アタッチメント回避の自己報告は，近接性探索が実行不可能な選択肢であるという評価を反映しており，この評価は，防衛的独立や自力本願，アタッチメント欲求の否定，そしてアタッチメントに対する奮闘の抑制あるいは不活性化を導く。脅威あるいはアタッチメント対象について考えることはアタッチメント・システムを再活性化するかもしれないため，この不活性化の活動には実際のあるいは潜在的な脅威への軽視やアタッチメント対象の利用可能性・利用不可能性をモニターすることへの拒否が含まれる。

　私たちの論文（Shaver & Mikulincer, 2002）に対する11のコメントのうちのいくつかは支持的であったが，残りは懐疑的あるいは批判的であった。AAIの流れになじみの深い著者の何人か（Belsky, 2002; Bernier & Dozier, 2002; Jacobvitz et al., 2002; Waters et al., 2002）は，自分たちのアプローチのほうが，①無意識的プロセスをタップしていること，②アタッチメント軽視型やとらわれ型の成人の情報処理方略を正確に描き出していること，③インタビューされる人の内的作業モデルを直接的に反映したアタッチメント関係への豊かな語りを喚起していること，④アタッチメントの作業モデルと社会的行動が関連していること，そして，⑤どのようにしてアタッチメントの個人史から成人アタッチメント・パターンが出現するのかが見いだされていること，という点において勝っていると思い続けている。これらの批判者はまた，⑥抑うつや特性不安のような他の心理学的構成概念の自己報告式測度と関連する傾向があるので，アタッチメント・スタイルの自己報告式測度には弁別的妥当性が欠如しているという難点がある，と主張する。

　本章の目的は，AAI研究者の批判が証左に耐え得るものかどうかを調べるために，自己報告の流れにおける調査研究を検討することによって，この重要な対話を継続することである。後の各セクションにおいて，私たちはAAI研究者から提出された6項目の批判それぞれについて取り組み，そしてその批判と関連する実証的証左についてレビューしていく。

第 II 部 生涯を通じたアタッチメント・プロセス ─ 連続性，不連続性，変化，測定問題 ─

アタッチメント・スタイルの自己報告と潜在的・無意識的レベルで関連するもの

　かなり多くの研究者が，アタッチメント・システムの機能における潜在的・無意識的側面を査定する際にアタッチメント・スタイルの自己報告式測度を用いることが妥当かどうかという疑問を持った（例えば，Crowell & Treboux, 1995; Hesse, 1999; Jacobvitz et al., 2002）。彼らの観点からすると，自己報告式測度は，親密な関係における情感や行動に対する人の意識的評価だけをタップしており，またそれはアタッチメント・システムの根底にあるダイナミクスの不正確な反映にしかすぎないのである。私たちは，拒絶や分離について実際には心配していたとしても心配していないと防衛的に述べる人もいれば，そのような心配が実際に存在していたとしても意識的にアクセスしていない人もいるということに同意はする。そのような問題のために，批判者たちは，アタッチメント・スタイルの自己報告式測度が自己および他者についての「真の」作業モデルあるいは情動制御におけるアタッチメントに関する方略（CassidyとKobak（1988）はそれを過活性化および不活性化方略と呼んだ）についての妥当な測度であるとは考えられないと主張する。批判者の多くがAAIを好んで使用している。彼らはAAIが無意識的プロセスに対して信頼性と妥当性の高い測度であると考えている。無意識的プロセスは，ある人がアタッチメント対象からの分離のような幼少期におけるアタッチメント関連の経験を思い出して語る時に明らかとなる（Hesse, 1999）。

　あらゆる自己報告式測度と同じように，アタッチメント・スタイル尺度は社会的望ましさに関することや，他の動機づけ的および認知的な傾向によってバイアスを受ける可能性があるが，Crowellら（1999a）が説明しているように，それらをアタッチメント・システムの機能における潜在的側面を示す指標として用い続けているのにはいくつかの理由がある。第一に，大部分の成人は，親密な関係において十分な経験を積んでいるので，自身の関係性における認知，情動，そして行動について価値のある情報を提供し得る。それゆえ，無意識的プロセスを直接的に知覚できなかったとしても，彼らに特徴的な情感や行動はそれらのプロセスを有用な形で反映しているであろう。第二に，意識的および無意識的プロセスは，典型的には，目的を達成するために同じ方向で作用しており，そして無意識的動機はしばしば意識的評価の中に現われる（Chartrand & Bargh, 2002）。第三に，アタッチメント欲求を防衛的に否定する，あるいは不安定型アタッチメントの被害を被っていないと主張する人の場合であっても，「防衛的な人が自分自身について抱くであろうある種の意識的信念を導き出すために，

アタッチメント理論を用いることは可能であろう」(Crowell et al., 1999a, p.453)。このように，たとえ予測の内容は違うとしても，人が特定の状況下でどのようにふるまう可能性があるのかについて自己報告から予測することは可能である。この種の予測は，自己愛の測定の場合と同じように（Morf & Rhodewalt, 2001によるレビューを参照），他の種の自己報告式尺度に基づく研究においても共通に行なわれている。すなわち，それはアタッチメントの領域に特異的なわけではない。

　これらの概念的に考慮すべき事柄を超えて，アタッチメントの自己報告式測度を用いた研究では既に，アタッチメント・スタイルと潜在的・無意識的プロセスの指標との間に理論的に予測できかつ論理的に整合する多くの関連があることが明らかになっている。「物は試し」という慣用句にあるように，理論的に重要な知見を生み出すかどうかによって測度の妥当性を確認できるのであれば，アタッチメント・スタイルの自己報告式測度の価値はしっかりと実証されていることになる。

　研究の1つの流れは，特定の瞬間におけるアタッチメントに関連する表象への認知的アクセシビリティ，すなわち情報処理において用いられるレディネスに焦点を当てている。WegnerとSmart（1997）によれば，概念あるいは思考の活性化を経験している人が自身の意識の流れの中においてそのことを認識する前に，概念や思考は活性化されており，そして心的プロセスに影響を与え得る。したがって，概念あるいは思考が認知課題のパフォーマンスに影響を与える程度というものは，認知的活性化の測度として用いることができる。私たちの場合は，そのことはアタッチメント・スタイルの自己報告と潜在的レベルで相関関係にある妥当な指標を提供し得る。

　自己報告されたアタッチメント・スタイルと関連する潜在的な心的プロセスについて検討を行なうアタッチメント研究の多くでは，語彙決定課題（lexical decision task）（Meyer & Schvaneveldt, 1971）が用いられている。この課題において実験参加者は，文字列を見て，その文字列がきちんと単語になっているかどうかをできるだけ速く決定しようとする。その反応時間（reaction times: RTs）がターゲットとなる単語に関する思考へのアクセシビリティの測度として用いられる。すなわち，RTsが速ければ速いほど，推論されるアクセシビリティもまた高くなる。この方法を用いて，6つの研究がアタッチメント・スタイルの自己報告は潜在的・無意識的なアタッチメントに関する思考と理論的に首尾一貫した形で関連するということをはっきりと実証している (Baldwin et al., 1993; Baldwin & Meunier, 1999; Mikulincer, 1998a, 1998b; Mikulincer et al., 2000, 2002b)。これらの研究では，自己報告において安定型アタッチメント・スタイルである人は，ポジティブで，パートナーからの関係性を深めるような反応に関する単語（例えば，養育，受容），近接性に関する単語（例えば，愛，

親密性），そして安心感を高めるアタッチメント対象の名前に対して，語彙決定潜時が比較的短かった（このことはアクセシビリティの高まりを示す）。自己報告においてアンビヴァレント・アタッチメント・スタイルである人は，AAIにおいて「とらわれ型」と分類される人のように，関係性パートナー側のネガティブな反応（例えば，傷つけ・傷つく：hurt，拒絶）や他のアタッチメントに関する懸念といった意味を持つ概念へのアクセシビリティの高まりを示していた。

語彙決定の研究はまた，回避型の個人のネガティブな他者モデルやアタッチメントに関する懸念への防衛的抑制を明らかにしている。具体的には，自己報告において回避型アタッチメント・スタイルである人は，ネガティブなパートナーの反応という意味を持つ単語には容易にアクセスするが，分離や見捨てられることについての懸念に関する単語へのアクセスは遅くなる。彼らはまた，「死」，すなわち他の人にとってはアタッチメントに関する恐れを強く活性化させる単語を閾下でプライムしたあとでさえ，アタッチメントについての懸念に関する単語へのRTsは遅くなる。しかし，同じ回避型の個人は，「認知的負荷」が語彙決定課題に加わったとき（実験参加者が追加で要求された認知課題を遂行する時，つまりは回避型の人が普段用いる防衛的排除プロセスから心的資源を割く時），アタッチメントについての懸念に関連した単語に素早くアクセスする。これらの知見は，回避型アタッチメントの自己報告が分離や見捨てられることに関する懸念を無意識的に抑制することへの有用な予測変数になるということを示唆している。言い換えると，自己報告式測度は意識的自己観察に左右されるが，それらはまた無意識的心的プロセスにおける個人差をも指し示しているのである。

第二の研究の流れとして，Dolev（2001）は，自己報告式測度によって同定されたアタッチメント・スタイルの潜在的・自動的特徴を検討するために，よく知られたストループ・カラー・ネーミング課題（Stroop color-naming task）を用いた（Stroop, 1938）。この課題では，実験参加者は単語を見てそれがプリントされている色をできるだけ早く同定するよう求められる。これまでの研究では，特定の思考の活性化はその思考に一致する刺激や心的表象（例えば，単語）への注意を増大させるので，それゆえストループ課題では思考と関連する単語に対するカラー・ネーミング（色名呼称）のRTsはより遅くなるということが首尾一貫して示されている（例えば，Mathews & MacLeod, 1985）。すなわち，ストループ課題における色名呼称反応への干渉は，認知的アクセシビリティの指標として妥当である。Dolevは，分離や見捨てられることへの懸念という意味を持つ単語においては，アタッチメント不安の自己報告が色名呼称におけるRTsの遅延（アクセシビリティの高まり）と関連していることを見いだした。

彼女はまた，アタッチメント回避の自己報告はアタッチメントに関する懸念へのアクセシビリティとは関連がなかったが，しかしそれは「認知的負荷」がカラー・ネーミング課題に加えられた時には，これらの懸念へのアクセシビリティの高まりと関連するようになるということを見いだした。

したがって，くり返し述べるならば，アタッチメント不安が自己報告はアタッチメントに関する懸念への自動的なとらわれを予測することにおいて妥当であるのに対して，アタッチメント回避はそれらの懸念に対する防衛的抑制を予測することにおいて妥当であった。この抑制は，防衛的抑制に干渉する認知的負荷を加えることによって無力化することが可能であった。これらの結果は，アタッチメント理論におけるアタッチメント不安および回避の理論的概念と非常に密接に関連していることから，その全体を他の理論によって説明することは困難であろう。

近年，Zayas ら (2002) は，潜在連想テスト (Implicit Association Test: IAT) (Greenwald et al., 1998)，すなわち対象概念（例えば，恋人）と属性（例えば，ポジティブあるいはネガティブな特性）との間の自動的な連想の強さを測定するよう企図された分類課題を用いた。この課題では，対象概念と属性との間の強い自動的連想は，対象概念が自動的に活性化されると，その属性もまた容易に活性化され得るということを意味する（このことは，その属性が他の概念とともに呈示される場合に比べて，対象概念とともに呈示される場合に，分類への RTs がより速くなることによって示される）。Zayas らは，ネガティブな他者モデルを反映すると仮定されているアタッチメント回避の自己報告が，2つの対象概念（すなわち，現在の恋人と母親）とネガティブな個人的属性との間により強い自動的連想を持つことと関連しているということを見いだした。すなわち，アタッチメント回避の自己報告は，重要な他者がその人のネガティブな属性についての表象を自動的に活性化する程度を正確に反映していると言える。この活性化が恋人と母親という大部分の成人にとってアタッチメント対象になるであろう対象の両方において起こったことは特に興味深い。

研究の他の流れにおいては，研究者たちはアタッチメント・スタイルの自己報告と生理学的レベルで相関関係にあるものを査定している。具体的には，彼らはアタッチメント・スタイルがどのように自律神経系 (Autonomic Nervous System: ANS) の活性化と関連しているのかを明らかにするために，生理学的覚醒（例えば，心拍，血圧，そして皮膚伝導）の測度を用いている。その結果，アタッチメント・スタイルの自己報告が単なる意識的な構成物ではないということが示唆されている。例えば，Carpenter と Kirkpatrick (1996)，Feeney と Kirkpatrick (1996) は，アンビヴァレント型あるいは回避型のアタッチメント・スタイルであると自己報告した女性は，安

定型アタッチメントの女性に比べて，ストレスフルな状況下において恋人が目の前にいる時，心拍や血圧がより高くなるという反応を示すことを見いだした。さらに，Mikulincer（1998a）は，アンビヴァレント型あるいは回避型の人は，安定型アタッチメントの人に比べて，パートナーのネガティブな行動のあとに心拍がより高くなるということを示している。これらの知見は，回避型アタッチメント（前述したが，私たちはそれを防衛的であると捉えている）を含む不安定型アタッチメントとして私たちが理論的に捉えているものに対する自己報告が，現在の親密な関係における不快感についての妥当な指標であるということを示唆している。それらの知見はまた，不安定型アタッチメントの人はしばしば親密な関係におけるパートナーによってなだめられるというよりはむしろ苦痛を感じるというBowlby（1988）の仮説を立証している。

FraleyとShaver（1997）は，恋人が自分の元を離れて他の誰かのところに行ってしまうということについての思考を抑制している間の皮膚電気反応（galvanic skin response: GSR）あるいは（発汗の増加によって引き起こされる）皮膚伝導を測定した。これらの研究者は，アタッチメント・スタイルの自己報告が情動制御におけるアタッチメントに関する方略の潜在的活性化を予測するということを見いだした。具体的には，アタッチメント回避の自己報告は，抑制課題後の喪失に対する思考頻度の少なさ，そして課題中の皮膚伝導の低さと関連していた。この研究は，回避型の個人の苦痛を誘発する構成要素への防衛的排除（不活性化方略）をかなり直接的に測定しており，そしてまた情動制御（自動的覚醒の減少）についても間接的に測定していた。アタッチメント回避とは対照的に，アタッチメント不安は抑制課題後の喪失に対する思考頻度の多さ，そして課題中の皮膚伝導の高さと関連していた。この知見は，アンビヴァレントな個人がアタッチメントに関するプロセスを過活性化させ，そして分離に関する懸念が顕著になったあとでは自分自身をなだめることに苦心するという理論的見解と一致する（Shaver & Mikulincer, 2002）。

アタッチメント・スタイルの自己報告と無意識的に関連するものを検討する他の有望な方略は，Gal（2002）の最近の研究において用いられており，それは72名のイスラエルの大学生がアタッチメント・スタイル尺度ならびに有名なRorschach（1942）のインクブロット・テストに回答するというものであった。ロールシャッハテストは，潜在的認知表象，無意識的動機，そして潜在的な心的組織化を査定するために最もよく用いられる投影法の1つである（Exner, 1993）。

Gal（2002）の研究では，ロールシャッハ・プロトコルはExner（1993）の包括的な得点化システム，すなわち信頼性が広範囲において実証された方法を用いて分析され，そして分析結果はアタッチメント理論によく適合していた。第一に，アタッチメ

ント不安の自己報告はネガティブ情動の過活性化，苦痛に関する思考の反芻，そしてネガティブな自己モデルを反映すると仮定されているが（Shaver & Mikulincer, 2002），実際にそれは Exner 得点での苦痛や情緒的暴発，人－環境の相互規定的作用に対して強い情動を伴って反応する傾向，情緒的経験を制御・統御する能力の欠如，そして自己を無力で，弱く，また嫌悪の対象であり，好ましくないものとして歪めて知覚することと関連するということが示された。第二に，アタッチメント回避の自己報告は，ネガティブ情動の不活性化や自尊感情を防衛的に保持することを反映すると考えられているが（Shaver & Mikulincer, 2002），それは Exner 得点での情動表出の抑制，見かけの背後にある本心を隠そうとする傾向，誇大的でかつ肥大化した自己表現を保持するということに関連することが見いだされた。したがって，くり返し述べるならば，臨床場面においてしばしば用いられている測度，すなわち無意識的プロセスをタップするよう企図された測度は，アタッチメント理論とアタッチメント・スタイルの自己報告式測度の妥当性のかなり矛盾のない結果を生み出したのである。

いまだに決定的であるというわけではないが，このセクションにおいてレビューした研究は，アタッチメント・スタイルの自己報告が潜在的・自動的な心的プロセスをタップする測度との間に首尾一貫した関連性を持つということを強く示唆しているであろう。それゆえ，アタッチメント・スタイルの自己報告式測度が，主に反応バイアスあるいは意識的態度を反映しており，そしてアタッチメント・システムの機能における潜在的・無意識的側面とは関連を持ち得ないという批判を私たちは却下する。

アタッチメント軽視型やとらわれ型の情報処理方略

アタッチメント・スタイルの自己報告式測度への他の批判は，それらが AAI によって査定される情報処理方略と同じものをタップしていないというものであった（例えば，Bernier & Dozier, 2002; Crowell & Treboux, 1995; Hesse, 1999; Jacobvitz et al., 2002）。特に，Main ら（1985）がアタッチメントに関する「アタッチメント軽視型」や「とらわれ型」の心的状態と呼んでいるものを査定する際には，自己報告式尺度は有用でない測定具として捉えられていた。この批判は，アタッチメント軽視型の心的状態（親についての理想化，アタッチメント経験についての想起の欠如，アタッチメント経験の蔑視）やとらわれ型の心的状態（怒りや受動性）を特徴づける AAI 尺度とアタッチメント・スタイルの自己報告との間には，弱い程度から中程度の相関しか

ないということに基づいている（例えば, Shaver et al., 2000）。Bernier と Dozier（2002, p.173）は，例えば，「AAI と成人アタッチメントの自己報告は，関連があるが異なったアタッチメント・システムの発現をタップしている」と結論づけていた。

私たちは，アタッチメント・スタイルの自己報告は AAI と同一のものではないということには同意する。前述したように，それらの測定具は，方法論（コード化されたインタビュー 対 自己報告式質問紙）やそれらが査定している心的表象の焦点（親子関係 対 成人どうしの恋愛関係）という点で異なっている。しかし，このことは，アタッチメント・スタイル尺度が AAI によって査定される情報処理方略と関連を持ち得ないということを意味してはいない。実際，AAI のコーディング・スケールとアタッチメントの自己報告式測度との間には弱い程度から中程度の相関しかないが，AAI 以外の方法を用いてアタッチメント軽視型やとらわれ型のアタッチメントに特徴的な方略を査定した最近の研究では，それらと自己報告式尺度との間に理論的に首尾一貫した関連があるということが示されている。これらの研究は後のパラグラフにおいてレビューするが，そこでは，アタッチメント・スタイル尺度と AAI は内容や方法という点では異なっているが，それらが示すアタッチメントに関する中核的なプロセスにおいては異なっていないという私たちの主張が裏づけられている。

アタッチメント軽視型の心的状態を同定する重要な AAI のコーディング・スケールの1つは，「主たるアタッチメント対象についての理想化」（Main et al., 1985）と呼ばれているものである。Hesse（1999）によれば，「この尺度は，抽象的あるいは意味的レベルでの調査対象者の語りから得られた親の全体的印象と，親が行ないそうな行動に関する読み手（コーダー）の推論との間の矛盾を査定している」（p.403）。すなわち，親の理想化は，調査対象者が母親あるいは父親との幼少期の関係性を述べるために用いた特性のポジティブ度と，彼らがインタビューの間に思い出して語り，その後，彼らの実際の個人史を知らないコーダーによって評価された幼少期の経験のポジティブ度との間の矛盾として操作的に定義される。

最近の研究において私たちは，Hesse（1999）のガイドラインに基づいて親の理想化を操作的に定義し，そしてそれとアタッチメント回避の自己報告との関連を検討した。具体的には，イスラエルの大学生60人は，授業時間中に簡便な10項目のアタッチメント・スタイル尺度（Mikulincer et al., 1990）に回答するよう求められ，そして2週間後に別の研究者によって個別にインタビューされた。このインタビューにおいて，彼らは「幼い頃の母親との関係性」を表わした5つの形容詞あるいは特性を回答するよう求められた。調査対象者が5つの形容詞を記入したあと，実験者は彼らに「それぞれの特性を選択するきっかけとなった記憶あるいは経験」を想起するよう求めた。

それから実験者は5つの形容詞を読み上げ，それぞれについて調査対象者にターゲットとなった形容詞が幼少期の母親との関係性に当てはまるということを示し得るような物語を書くよう求めた。

調査対象者の形容詞と語りについて内容分析が行なわれた。第一に，調査対象者のアタッチメント得点や語りについては何も知らされていない心理学専攻の大学院生2名が，すべての回答された形容詞を読み，そして1（**非常にネガティブである**）から7（**非常にポジティブである**）の7段階尺度でそれぞれの快・不快度の評定を行なった。2人の評定者の評定は相関が高かったので（$r = .75$），それらの評定は1つの得点を作り出すために平均された。それから私たちは，調査対象者が回答した5つの形容詞に対する評定を平均することによって，それぞれの調査対象者の総得点を算出した（クロンバックの$α = .71$）。得点が高ければ高いほど，調査対象者が母親との関係性を描写するために回答した特性のポジティブ度は高くなる。第二に，調査対象者のアタッチメント得点や彼らが回答した形容詞については何も知らされていない先程とは異なる大学院生2名が，すべての語りを読み，そして1（**非常にネガティブである**）から7（**非常にポジティブである**）の7段階尺度でそれぞれの語りの快・不快度の評定を行なった。2人の評定者の評定は相関が高かったので（$r = .78$），それらの評定もまた1つの得点を作り出すために平均された。それから私たちは，5つの物語に対する評定を平均することによって，それぞれの調査対象者の総得点を算出した（$α = .82$）。得点が高ければ高いほど，調査対象者が母親との関係性を描写する際に用いた形容詞をサポートするあるいは例示するために想起した記憶のポジティブ度は高くなる。第三に，それぞれの形容詞について，私たちは形容詞のポジティブ度評定とそれに対応する語りのポジティブ度評定との間の矛盾度得点を算出した。それから私たちは，5つの形容詞とそれらについての語りのペアにおける矛盾度を平均することによって，それぞれの調査対象者の矛盾度の総得点を算出した（$α = .73$）。得点が高ければ高いほど，形容詞のほうがそれをサポートしているであろう語りに比べて，そのポジティブ度が高くなる。

表2.1は，調査対象者のアタッチメント不安および回避の自己報告と幼少期における母親との関係性の描写の諸特徴との間のピアソン相関を示している。アタッチメント回避ではなくアタッチメント不安のほうが，幼少期の母親との関係性を描写する際にポジティブな形容詞をあまり回答しないということと有意に関連していたが，しかしアタッチメント不安と回避の双方が母親との関係におけるポジティブな記憶をあまり想起しないということとは有意に関連していた。結果として，アタッチメント回避だけが，母親との関係性における形容詞的描写と語り的描写との間の矛盾度と有意に

■ 表2.1　自己報告式アタッチメント得点と幼少期における母親との関係性描写の諸特徴との間のピアソン相関

幼少期における母親との関係性の描写	アタッチメント回避	アタッチメント不安
意味的記述のポジティブ度	-.08	-.31*
語り的記述のポジティブ度	-.38**	-.33**
意味レベルと語りレベルでの矛盾度	.39**	.09
エピソード記憶を想起するまでの時間	.36**	-.05

*$p < .05$, **$p < .01$

関連していた。すなわち，アタッチメント回避の自己報告得点が高くなればなるほど，形容詞的描写と語り的描写との間の矛盾度は（より形容詞的描写のほうが）ポジティブになるという方向性へと向かい，そのことは母親との関係を防衛的に理想化するということを示すものとして AAI 研究者が解釈するパターンと一致するのである。

　アタッチメント軽視型の心的状態を定義する際に用いられる第二の AAI のコーディング・スケールは，「幼少期の記憶の欠如」（Main et al., 1985）である。Hesse (1999) によれば，「このスケールは，話し手の自身の幼少期を思い出せないという主張，特にさらなる質問あるいは話を妨害しようとして用いられるこの種の主張を査定している」(p.403)。認知心理学から借りた方法を用いることで（例えば，記憶検索時間，忘却曲線），アタッチメント・スタイルの自己報告式測度を用いる研究者は，アタッチメント回避の自己報告が幼少期の経験やアタッチメントに関する情報の乏しさと関連するということを見いだしている。例えば，Mikulincer と Orbach (1995) は，自分自身を回避型として特徴づける人は悲しみや不安についての幼少期の記憶を想起するまでに長い時間を要するということを示している。また，Mikulincer (1998b) は，回避型の人はアタッチメント対象（母親，父親，そして恋人）が信頼できる態度でふるまった個人的経験を再生するのに長い時間を要するということを報告している。先のパラグラフで述べた研究では，私たちは，調査対象者が幼少期の母親との関係性に関する 5 つの語りそれぞれを想起するまでにかかった時間を測定した。予測されるように，自己報告されたアタッチメント回避とエピソードを想起するまでに長い時間を要することとの間には有意な相関があった（表 2.1 参照）。同様に，Fraley ら（2000）は，アタッチメント回避の自己報告が分離や喪失というアタッチメントに関する脅威についての情報に対する直後再生の乏しさと関連するということを見いだした。

　アタッチメント軽視型の心的状態を定義する第三の AAI のコーディング・スケー

ルは、「アタッチメントに関する経験、あるいは関係性の積極的な蔑視・軽視」である。Hesse (1999) のことばによれば、「このスケールは、アタッチメント関係あるいは経験そのものやそれらの重要性を冷淡にそして侮蔑的に低く認識することを取り扱っている」(p.403)。このスケールに関連して述べるとするならば、アタッチメント回避の自己報告が親密な関係性やそのパートナーに対する蔑視的でネガティブな評価と関連するという証左は拡張しつつある(例えば、Bartholomew & Horowitz, 1991; Collins & Read, 1990; Feeney & Noller, 1991)。Mikulincer ら (2002a) は、夫婦が自分たちの関係を毎日3週間にわたって評定するという日記研究において、アタッチメント回避の自己報告が関係についての毎日のネガティブな評価や情感と関連するということを示した。さらに重要なことには、配偶者の行動が利用可能あるいはサポーティブであった日でさえ、アタッチメント回避はなお関係へのポジティブな評価や情感の低さと関連していた。すなわち、アタッチメント回避の自己報告は、アタッチメントに関する手がかりから注意をそらすことや配偶者のポジティブな行動を無視することを促すといったようなアタッチメント経験の蔑視・軽視を反映していると考えられるのである。

同様の蔑視・軽視は、Rom と Mikulincer (2003) のアタッチメントに関するグループ・プロセスについての研究においても触れられていた。この研究では、アタッチメント回避の自己報告は、小集団における社会情緒的機能の乏しさ(外的観察者による査定)やグループに対するネガティブな態度や情感と関連していた。興味深いことに、集団凝集性、すなわち集団が安心感の拠り所や安全基地として機能する程度を反映した集団レベルの構成概念が、成員の社会情緒的機能を改善し、そして集団に対するポジティブな態度や情感を育むということが見いだされた。しかし、集団凝集性はアタッチメント不安のネガティブな影響を緩和していたが、その一方ではアタッチメント回避のネガティブな影響を調整することはできなかった。言い換えると、凝集性が高い集団、すなわちサポート、慰め、そして情緒的安心感が成員に提供されていた集団においてでさえ、アタッチメント回避の自己報告はなおも社会情緒的機能の乏しさ、そして集団に関するネガティブな態度や情感と関連していたのである。くり返し述べるが、アタッチメント回避の自己報告は、人が安心感を高める経験を軽視することについてのかなり正確な指標のようであった。

成人アタッチメント研究はまた、アタッチメント不安の自己報告が Main ら (1985) が定義したとらわれ型の心的状態の特徴、すなわちアタッチメント対象に対して非機能的な怒りを経験したり表出したりするということと関連しているという一貫した証左を提供する。例えば、Mikulincer (1998a) は、アタッチメント不安の自己報告が、

①アタッチメント対象に対して怒りを経験しやすい傾向，②怒りの情感への統御不可能なアクセスおよび表出，③怒りに関する思考を過度に反芻すること，④関係性パートナーへの敵対的な態度，⑤怒りを喚起するエピソードの間に非常に強い苦痛を体験することと関連するという報告を行なった。さらに，Woike ら（1996）は，自己報告されたアタッチメント不安が，主題統覚検査（Thematic Apperception Test: TAT）のカードに対してより暴力的な物語を書く傾向，すなわち敵対的な幻想のパターンを示唆するような傾向と関連することを見いだした。アタッチメント不安の自己報告は，過活性化方略や Bowlby（1973）が「絶望への怒り」と呼んだ非機能的な経験の根底にある活動を反映しているようである。

また，恋人どうしにおける実際の相互作用についての 2 つの観察研究は，アタッチメント不安の自己報告式測度がアタッチメント対象への非機能的な怒りを予測し得るという確固たる証左を提供している（Rholes et al., 1999; Simpson et al., 1996）。Simpson ら（1996）の研究では，恋人どうしが自分たちの関係性における未解決の問題を同定し，議論し，そして解決しようとすることが求められる葛藤的相互作用における怒り反応が観察された。アタッチメント不安の自己報告は，話し合いの間に，怒り，敵意，そして苦痛をより表出・報告することと関連していた。Rholes ら（1999）の研究では，不安喚起活動へ携わることを待っている間に，女性が恋人と相互作用する中で表出した怒りが評定された。この研究では，アタッチメント不安の自己報告は，女性がストレスフルな活動を遂行しなくてよいということがカップルに対して告げられたあとで，女性がパートナーに対してより強い怒りを向けることと関連していた。この関連は，女性が待っている間により動揺していた時，あるいは彼女たちがパートナーに対してよりサポートを求めた時に，特に強いものとなっていた。概して 2 つの研究は，葛藤的相互作用やストレスフルな状況では，アタッチメント不安の自己報告が親密な関係性のパートナーへと向けられた怒りや敵意のかなり正確な指標であるということを示唆している。

本節においてレビューした研究は，アタッチメント回避および不安の自己報告測度が AAI によって査定されるアタッチメント軽視型やとらわれ型の心的状態における最も重要な定義的特徴のいくつかと関連しているという私たちの主張を支持している。「アタッチメントの問題に関する語りの受動性やあいまい性」，すなわち，とらわれ型の心的状態の指標の 1 つ（Hesse, 1999）に関してのみ，それがアタッチメント不安の自己報告と関連するかどうかの検討がなされていない。今後は，調査対象者にアタッチメントの経験や関係性について言語的説明を求め，そして彼らの語りの構造的側面（例えば，質，あいまい性，明瞭性）を分析し，それらの関連を検討する必要があ

ろう。私たちは，アタッチメント不安の自己報告との関連性が見いだされるだろうと予測している。

アタッチメント対象，相互作用，そして関係性についての語り

　アタッチメントの経験や関係性についての語りの中に現われる豊かで多面的な構成要素を引き出すことができないという理由で，自己報告式測度の使用に対して異を唱える批判的研究者もいる（例えば，Crowell & Treboux, 1995; Hesse, 1999）。彼らの観点においては，自己報告式アタッチメント尺度は人の防衛あるいは特異的なアタッチメントの個人史を精査することができず，そして自己報告式測度を用いる研究者は，個々人によって重要な違いがある文脈や経験，そして記憶の中においてアタッチメントに関するプロセスが揺れ動くということを認識できていないというのである。無論，私たちは人が受け取る自己報告式アタッチメント・スタイル尺度の得点が，その人のアタッチメントの対象や関係性の詳細な記述あるいはその人のアタッチメント経験に対する特異的な解釈から派生していないということには同意する。私たちは，AAIや現在関係性インタビュー（Current Relationship Interview: CRI）のようなコード化されたインタビューが，簡便な質問紙に比べて，その人に独特の語りや固有の心的表象を特徴づける際により有用であるということを認識している。しかし，このことは，アタッチメント・スタイル尺度がそのような語りとは無関係であり，そしてアタッチメントに関する描写や物語を自発的に物語る際のかなり正確な指標とはなり得ないということを意味しない。実際，アタッチメント・スタイル尺度と重要な他者や対人的経験についての語りにおけるテーマの内容や構造との間に理論的に一貫した関連があるという証左が蓄積しつつある。

　2つの成人アタッチメント研究（Levy et al., 1998; Priel & Besser, 2001）では，Blattら（例えば，1992）が開発した得点化の手続きを用いて，主たるアタッチメント対象についての自由記述の内容と構造について検討を行なっている。Levyら（1998）がアメリカの大学生のサンプルにおいて母親と父親の両方の心的表象を査定したのに対して，PrielとBesser（2001）はイスラエルの妊娠している女性のサンプルにおいて母親についての表象を査定した。このような違いがあるにもかかわらず，知見はかなり一致したものであった。アタッチメント理論に沿って述べるならば，アタッチメント不安および回避の自己報告は主たるアタッチメント対象についてのネガティブで，ま

とまりがなく，そして未分化な表象と関連していた。具体的には，アタッチメント不安あるいは回避の得点が高い人は，両親をあまりやさしくなく懲罰的であると見る傾向や，自分自身をより矛盾したことばで描写する傾向があった。加えて，彼らの語りは，安定型アタッチメントの人の語りに比べて，概念的にあまり複雑ではなく，そしてより分化していないとして得点化されていた。すなわち，アタッチメント・スタイル尺度は，人々が自分自身のことばでアタッチメント対象について表現する際の理論的に重要な違いを予測し得ていたのである。

　FeeneyとNoller（1991）は恋愛関係に焦点を当て，そしてアタッチメント・スタイルの自己報告と現在の恋愛関係の自由記述との関連を検討した。その語り的記述は，アタッチメントに関する問題への自発的言及や関係の質という点においてコード化された。その結果，自己報告式測度は恋愛関係やパートナーについてのその人独自の表象に関する重要な情報と関連があるということが示された。アンビヴァレント型の個人によって述べられた関係性が，関わりすぎ，依存，そして楽しみや友情の欠如によって特徴づけられるのに対して，回避型の個人によって述べられた関係性は，情緒的距離の隔たりと相互性や親密性の欠如によって特徴づけられていた。興味深いことに，自己報告において安定型であった人は，自分たちの恋愛関係をよりバランスのとれたことばで述べる傾向があった。「安定型の人は自分たちの関係性において考えや感情をオープンにすることや親密性の重要性を強調する傾向があるが，その一方で同時に自分の個としてのアイデンティティを保とうとする」（Feeney & Noller, 1991, p.208）。この結果は，Mainら（1985; Hesse, 1999）がAAIの安定型の回答者を「アタッチメントに関して自由で自律的である」として特徴づけしたことと非常によく一致する。

　アタッチメント・スタイルの自己報告と対人的な語りとの間の対応性はまた，Raz（2002）の近年の研究において報告されており，そこでは語りに含まれる関係葛藤の中心的テーマ（Core Conflictual Relationship Themes: CCRT）（Luborsky & Crits-Christoph, 1998）がコード化された。調査対象者は関係性尺度（Relationship Questionnaire: RQ，アタッチメント・スタイルの測度）（Bartholomew & Horowitz, 1991）に回答し，そして関係性逸話パラダイム（Relationship Anecdotes Paradigm: RAP）（Luborsky & Crits-Christoph, 1998）を遂行した。具体的には，調査対象者は重要な他者との3つの重要な相互作用を想起し，そしてそれぞれについて何が起こったのかを自分や相手が言ったことや行なったことを含めて描写するよう求められた。語りは，関係性エピソードの内的表象における主要な心理力動的構成要素を3つ抽出するために，2人の独立した評定者によって，CCRTのコーディング体系を用いて分析された。すなわち，それらは，①**願望**（他者との相互作用をガイドする基本的な欲求，

動機，そして意図），②**他者からの反応**（相互作用における重要な他者についての表現の仕方），③**自分からの反応**（相互作用における自分自身についての表現の仕方）である。加えて，Raz（2002）はそれぞれの対象者の語りの中で言及された主な葛藤的情感や情動を得点化した。

　アタッチメント不安がより高い個人によって語られた語りは，MikulincerとShaver（2003）のアタッチメント不安に対する理論的記述，すなわち過活性化方略とかなり一致していた。具体的には，アタッチメント不安の自己報告は，安心感や時間的安定性についての願望，すなわち，重要な他者から愛されたい，尊重されたい，受け入れられたい，そして他者から傷つけられたくないという願望と関連していた。これらは過活性化方略を用いる人たちに特異的な目標である。また，自分自身をアンビヴァレントなアタッチメントを有するとして特徴づけることは，重要な他者のことを人を傷つけやすく，拒絶的であり，距離が遠く，非難がましいと表現することと関連しており，さらに，自分自身を不安で，弱者であり，愛されないとして表現すること，つまりは，過活性化方略を定義づけるネガティブな自己および他者モデルと関連していた。Raz（2002）はまた，アタッチメント不安が高い人の語りにおける葛藤的テーマは，自己価値について疑いを持つこと，親密性や保証を過度に求めること，依存，対人的葛藤への対処や葛藤の高まりを回避できないこと，すなわち過活性化方略の問題をはらんだ主たる帰結が中心であるということを見いだした。

　アタッチメント回避が高い個人についての知見は，MikulincerとShaver（2003）によってなされたアタッチメント回避の概念化，すなわち不活性化方略とかなり一致していた。具体的には，アタッチメント回避の自己報告は，2つの主な願望と関連していた。すなわち，①自己主張を行ないたい，そして独立的でありたいという願望，②距離を取りたい，そして葛藤を避けたいという願望である。これらは，不活性化方略の目標である。アタッチメント回避の自己報告はまた，重要な他者を嫌悪的で，人を傷つけやすく，拒絶的として表現することと関連しており，さらに，自己を受容的でない（距離を取る，情緒的表出が少ない）として表現すること，つまりは，不活性化方略を特徴づけるネガティブな他者モデルや脱愛着した自己モデルと関連していた。アタッチメント回避が高い人における葛藤的テーマでは主に，関係に情緒的に巻き込まれることや関係へコミットすることから自分自身を保護することや葛藤の高まりからの回避傾向，すなわち不活性化方略の主たる帰結が強調されていた。

　他の研究はまた，アタッチメント・スタイルの自己報告とTATや分離不安テスト（Separation Anxiety Test: SAT）のような投影法において語られた語りとの間において理論的に予測される関連を見いだした。例えば，Mikulincerら（1990）は，アンビ

ヴァレント型や回避型の人は，安定型アタッチメントの人に比べて，死への不安を喚起する TAT カードへの反応として彼らが書いた物語において，不安，抑うつ，敵意をより表現するということを見いだした。そして，前述したとおり，Woike ら（1996）は，アタッチメント不安の自己報告がより暴力的な TAT の物語を書くことと結びつくということを報告している。さらに，Mayseless ら（1996）は，自己報告においてアンビヴァレント型あるいは回避型のアタッチメント・スタイルの人は，分離を想起させるもの（SAT カード）への反応として彼らが書いた物語において，より建設的でないコーピング反応を表現するということを示した。この研究において，不安定型アタッチメントの自己報告は分離エピソードを処理する能力の欠如や自己信頼と他者信頼との間のバランスを確立する能力の欠如を反映した物語と結びついていた。加えて，自己報告されたアタッチメント不安が分離エピソードへの反応におけるネガティブ情動の過活性化を含んだ物語を予測していたのに対して，自己報告されたアタッチメント回避は根底にある不活性化志向や分離への脅威を効果的に処理できないということによって特徴づけられた物語と結びついていた。

近年の研究において Gilad（2002）は，TAT の物語において他者がどのように描かれるのかをアタッチメント・スタイルの自己報告が予測する程度を検討した。イスラエルの高校生はアタッチメント尺度である ECR（Brennan et al., 1998）に回答し，そして 6 枚の TAT カードに対する反応として物語を書いた。書かれた物語は，社会的認知・対象関係尺度（Social Cognition and Object Relation Scales: SCORS）（Westen, 1991）に従って得点化された。SCORS は対象関係（人々に対する心的表象そして重要な社会的相互作用や社会的関係性の諸側面）における 4 つの次元を測定している。すなわち，①**人に対する表象の複雑性**（複雑な動機や主観的経験を持つ者として自己および他者を捉えながら，自他の視点を定義し区別している程度），②**対人関係の枠組みにおける感情値**（個人が関係性を破壊的，有害的，あるいは脅迫的なものとしてではなく，安全で，愛情に満ちており，そして相互報酬的なものとして表現する程度），③**情緒的投資能力**（親密な関係性が手段というよりはむしろ目的として描かれる程度および親密な関係性が欲求充足というよりはむしろ相互性という点で解釈される程度），④**社会的因果関係の理解**（対人的出来事の因果的帰属が，思考や活動が複雑な意識的および無意識的な心的操作とどのように結びついているのかということに対する評価や理解を反映する程度）である。

Gilad（2002）は，アタッチメント・スタイルの自己報告が TAT 物語において示される他者についての心的表象の構造や内容の重要な特徴を予測するということを見いだした。第一に，自己報告されたアタッチメント回避は，「対人関係の枠組みにおけ

る感情価」があまりポジティブでないことや情緒的投資が低いことと関連していた。すなわち，アタッチメント回避が高い人のTAT物語には，親密な関係性についてのよりネガティブな表象（脅迫的そして有害なものとしての記述）が含まれており，相対的な情緒的投資の低さを示していた。これらの知見は，MikulincerとShaver（2003）のアタッチメント回避が高い人の不活性化方略についての概念化，すなわちネガティブな他者表象を信じ，そして親密な関係性における情緒的投資を踏みとどまらせるということと合致する。対照的に，アタッチメント不安の自己報告は関係性表象の複雑性の低さ，「関係性の感情価」があまりポジティブでないこと，そして社会的因果性への理解の乏しさと関連していた。すなわち，アタッチメント不安が高い人のTAT物語は，全体的で未分化な他者表象，親密な関係性についてのネガティブな表象（脅迫的そして有害なものとしての記述），対人的出来事の歪められた自己中心的な因果帰属によって特徴づけられていた。これらの知見は，MikulincerとShaverのアタッチメント不安が高い人の過活性化方略についての概念化，すなわちネガティブな（不安定な）他者表象，自他の分化を妨害すること，関係性の正確な理解を妨げる混沌としており無秩序な心的構造と合致する。

　以上のことを整理すると，これまでに列挙した知見は，アタッチメント・スタイル尺度が人の持つ対人的表象の内容や構造，そしてアタッチメント対象やアタッチメントに関する経験についての語りと適切に関連するということを強く実証している。ここにおいて実証したことは，重要な他者（両親，恋人）についての記述のコード化，対人的相互作用における語りのコード化，そして投影法に対する反応として語られた物語についてのコード化というように，種々の質的方法に基づいている。さらに，Blattら（1992）の対象-表象尺度，CCRTの得点化システム，そしてSCORSといった種々の得点化システム，すなわち，自己，重要な他者，そして親密な関係性における表象の内容や構造という側面を測定するシステムにわたって，知見は一致しかつ首尾一貫している。個人的な語りや心的表象について理論から引き出された予測を検討するということにおいて，これらの研究は自己報告式アタッチメント尺度の妥当性にとって非常に支持的な証左を提供しているのである。

アタッチメント・スタイルにおける自己報告の個人差についての社会的に観察可能な性質

　自己報告式アタッチメント尺度に対して向けられた別の攻撃は，そこで得られた得

点が実際の社会的行動からはかけ離れているというものである（例えば，Crowell et al., 1999b）。すなわち，アタッチメント・スタイルの自己報告は主観的なものであり，そして行動的なものではないので，親密な関係性における実際の行動の指標とはなり得ないというものである。対照的に，AAIコーダーは，自分たちが人々の心的および行動的反応を分類しているだけでなく，そのことを人々が自分自身ではどれかの分類には意識的に合わせることができないような，そして時には，意識的にこの分類だと思うものとは違うものに分類が可能な手続きを自分たちが行なっていると信じている。この主張はとりわけ，「記憶，情感，意図，そして選択肢への再認に対するアクセスを歪めたり，混乱させたり，あるいは制限したりする」（Main, 1991, p.146）と信じられているアタッチメントにおいて軽視的で回避的な人に関しては活発なものとなる。この観点によれば，アタッチメント回避はアタッチメント・スタイルの自己報告へバイアスをかけることが可能であり，そしてこれらの報告と実際の行動との対応性を減少させる。例えば，親密な関係性において回避的にふるまう人は，自分のアタッチメント回避に気づいていないかもしれないし，あるいは自身の脱愛着や冷淡さを防衛的に否定するかもしれないので，それゆえ彼らはアタッチメント回避を検出するであろう自己報告項目において，本来評定すべき値よりもより低く評定するかもしれない。同様の批判は，アンビヴァレントなアタッチメントを持つ個人の場合においても適用できるかもしれない。すなわち，そのような個人は，アタッチメント不安を弱者的なものとしてそして社会的に望ましくないものとして捉えているかもしれないので，自身のアタッチメント不安について正直に回答することをためらうかもしれない。

　この批判は，アタッチメント・スタイルの研究がアタッチメントの自己報告式測度と同じ個人から得られた他の自己報告式測度との間の関連を検討する相関的研究によって占められているという事実によって増幅される。結果として，アタッチメント尺度と他の自己報告式測度との高い相関のいくぶんかは，共有された社会的望ましさのバイアスや他の共有された反応におけるバイアスを含むような，方法の共通性のために生じる分散に帰属されるのかもしれない。この批判のもっともらしさにもかかわらず，アタッチメント・スタイルの自己報告が対人行動と関連するという証左は蓄積しつつある。さらに，成人アタッチメント研究の中には自己報告に加えて観察者による評価を実施しているものもあり，そこでは2つの情報源からの情報間にはかなりの対応性があることが実証されている。

　いくつかの研究ではアタッチメントに関する行動についての組織的観察が実施され，そしてそれらの観察結果とアタッチメント不安および回避についての自己報告式測度との間に理論的に首尾一貫した関連があるという結果が得られている。例えば，アタ

ッチメント回避の自己報告は不安喚起状況において実際にサポート・シーキング行動をあまり行なわないこと，すなわち，不活性化方略の中核的な指標の1つと関連していた（Collins & Feeney, 2000; Simpson et al., 1992, 2002）。さらに，アタッチメント回避の自己報告は，空港で恋人どうしが分離する時に実際に近接性探索をあまり行なわないこと，すなわち不活性化のもう1つの指標と関連していた（Fraley & Shaver, 1998）。回避的であると自己報告した人々の距離を保つ，そして情緒的にあまり関わらないというスタンスは，関係性パートナーと実際に話す際に親密性やコミットメントを言語的および非言語的にあまり表現しないこと（例えば，Grabill & Kerns, 2000; Guerrero, 1996; Mikulincer & Nachshon, 1991），また，パートナーの苦痛に対する反応として実際にケア・ギビングをあまり行なわないこと（例えば，Collins & Feeney, 2000; Feeney & Collins, 2001; Simpson et al., 1992）と関連していたのである。

　アタッチメント不安の自己報告は，過活性化方略の帰結として起こるアタッチメントについての特異的な行動と関連している。前述したとおり，それらの自己報告は不安喚起状況や葛藤的な対人相互作用において実際に示される強い怒りや敵意の表出と関連している（Rholes et al., 1999; Simpson et al., 1996）。さらにアタッチメント不安の自己報告は，空港でパートナーから分離する際において（Fraley & Shaver, 1998），そして親密性や互いに距離をおくことについて恋人と話し合う際において（Feeney, 1998），実際に苦痛や不安を表出する頻度の高さと関連している。夫婦についての最近の研究では，FeeneyとHohaus（2001）は，アタッチメント不安の自己報告が必要な時に配偶者をケアすることについて話している際に，品位を傷つけるあるいは他者のことを軽んじるような声のトーンと関連するということを見いだした。

　他の一連の研究では，アタッチメント・スタイルと調査対象者の特性についての外的観察者の評定はかなり類似しているということが明らかになった（例えば，Banai et al., 1998; Bartholomew & Horowitz, 1991; Griffin & Bartholomew, 1994; Onishi et al., 2001）。例えば，Banaiら（1998）は，調査対象者自身のアタッチメント・スタイルの評定と，その人に対して行なわれた同性の友人2名の評定，異性の友人2名の評定，そして調査対象者と5分間のお互いに知り合うための会話に参加した見知らぬ人の評定とを比較した。この研究では，アタッチメント不安および回避に対する離散的自己評定および連続変量的自己評定の両方が，同性の友人，異性の友人，そして新しい知り合いによって提供されたその人についての評定と有意な関連があった。さらに重要なことは，5名の外的観察者の評定においてもまた高い相関が見いだされたということである。加えて，自己評定と他者によって提供された評定との間の相関の強さは，他のよく知られた特性についての研究で見いだされた結果（例えば，Funder &

Colvin, 1988) と類似していた。これらの知見は，アタッチメント不安および回避の自己報告が実際のそして社会的に観察可能な個人的態度を反映しており，そしてそれらの状態は他の観察可能なパーソナリティ特性と類似しているということを示唆している。さらに，自己報告式尺度によって測定されるアタッチメント志向性が関係性の非常に初期段階においてでさえ相互作用のパートナーには明らかに認識できるということを，それらは示している。

　以上のことを整理すると，本節においてレビューした知見は，アタッチメント・スタイルの自己報告の特徴は実際の行動においては表われず，むしろそれは自己および観察者の歪んだ想像の産物に過ぎないという主張を却下する。実証的証左を超えて，自己報告に対してなされた批判者の主張の論理は，一般的に受け入れられているアタッチメントに関する情動制御方略の概念化（Cassidy, 1994）からしても奇妙なものである。第一に，回避的な個人が社会的に望ましくないのでアタッチメント回避の項目を是認することに気が進まないということについての論争は，不活性化方略をガイドする対人的距離をとることや情緒的脱愛着という回避的な人の持つ目標（Mikulincer & Shaver, 2003）とは一致しない。回避的な人にとって，距離が離れていることや関係性パートナーに冷淡であることは問題となるわけではなく，むしろ親密な対人関係を思い通りに動かす望ましい方法なのである。実際，アタッチメント回避尺度において得点が高い人は，冷たく関わりの少ない関係性に満足し，そして理想的な関係性というものを適度な距離や脱愛着という点で表現する傾向があるという証左がある（例えば，Collins & Read, 1990; Feeney & Noller, 1990）。第二に，アンビヴァレントなアタッチメントを持つ個人がアタッチメント不安を示唆する項目を是認することに気が進まないということについての論争もまた，過活性化方略についての理論的説明，すなわち過活性化方略は関係性パートナーからの愛情とサポートを引き出すために，自分自身を弱く，苦痛を感じており，そして脆弱的な存在として提示しやすいということ（Mikulincer & Shaver, 2003）からしても奇妙である。アタッチメント不安尺度の得点が高い人は，関係性パートナーと相互作用する時に，問題，疑惑，そして心配を過度に強調するということが実証研究においては示されているのである（例えば，Feeney & Ryan, 1994; Simpson et al., 1996）。

アタッチメント・スタイルの自己報告式測度の弁別的妥当性

　アタッチメント・スタイル尺度の構成概念妥当性を確立する理論的に首尾一貫した実証的関連性の「法則定立的ネットワーク」（Cronbach & Meehl, 1955）を描き出すだけでなく（訳注：ここでは，アタッチメント・スタイルと他の構成概念群との間に理論的に予想されるつながりが網目状に張りめぐらされていることを意味する），アタッチメント研究者はまたそれらの尺度の弁別的妥当性に関心を寄せる必要がある。アタッチメント・スタイル尺度は，アタッチメントの組織化とは理論的に無関係であると考えられている構成概念の測度とそれほどオーバーラップしているのだろうか。もし仮にそうであれば，アタッチメント・スタイルの自己報告式測度が実際にはアタッチメント・システムの機能における個人差以外の何かを測定しているということを主張できるであろう（例えば，Waters et al., 2002）。BernierとDozier（2002）は，「おそらくアタッチメント研究に関して最も広く蔓延している懸念は，アタッチメント理論の豊かで他とはニュアンスの異なる発達的概念化を説明する際に必要としない一般的なパーソナリティ概念を私たちはタップしているのではないかということである」（p.176）と述べている。

　幸運なことに，弁別的妥当性の問題は，成人アタッチメント研究において実証的な検討が行なわれている（例えば，Griffin & Bartholomew, 1994; Shaver & Brennan, 1992）。今までに行なわれた研究では，アタッチメント不安および回避の自己報告が過活性化方略や不活性化方略の認知的，情緒的，そして行動的指標の幅広いネットワークと関連しているが，アタッチメント不安や回避は単純にそれらの概念と重なり合うわけではないということが明らかに実証されている。アタッチメント・スタイルの自己報告と他の理論的あるいは記述的な枠組みに由来する構成概念との間の相関が.50を上回ることはまれである（このことは共有分散が25％以下であることを示す）。この結論には，アタッチメント不安が，自己愛，特性不安，全般的な苦痛，情緒的強度，情動焦点型コーピング，自尊感情，自己効力，脅威に対する評価，関係の質や関係への満足，他者についての認知的表象，そして集団間態度（他者が属するグループへの態度）についての測度と関連するということが含まれている（Feeney, 1999; Shaver & Mikulincer, 2002のレビューを参照）。またそこには，自己報告されたアタッチメント回避は，防衛性，社会的望ましさ，距離をおくようなコーピング，サポート・シーキング，自他の心的表象，関係の質，他者の欲求への反応，そして探索や認知的開放性についての測度との間に関連があるということも含まれている（Feeney, 1999;

Shaver & Mikulincer, 2002 のレビューを参照）。

いくつかの研究はまた，アタッチメントに関連のない構成概念を統計的に統制したあとでさえ，アタッチメント不安および回避の自己報告が理論的に関連のある認知，情動，行動を説明するということを示している。例えば，Shaver と Brennan（1992）は，「ビッグファイブ」パーソナリティ特性，すなわち，外向性，情緒不安定性，経験への開放性，協調性，そして良識性の寄与を統制したあとでさえ，アタッチメント・スタイルの自己報告が，関係の長さ，満足，コミットメントのような関係性変数と予測される方向性で関連するということを見いだした。他の研究では，そのような関連が，抑うつ，非機能的信念，自尊感情，あるいは性役割への志向性によっては説明されないということが示された（例えば，Carnelley et al., 1994; Jones & Cunningham, 1996; Whisman & Allan, 1996）。さらに，Simpson と Rholes の研究チームによって実施された行動観察研究では，アタッチメント・スタイルの自己報告とサポート・シーキング，サポート・ギビング，葛藤解決といった対人的行動との間の関連は，ビッグファイブ特性，自尊感情，あるいは関係の質によって説明されないということが示された（例えば，Simpson et al., 1992, 1996, 2002）。

私たちの研究の多くにおいても，ポジティブな気分，自尊感情，あるいは特性不安を統制したあとでさえも，アタッチメント・スタイルの自己報告は，創造的問題解決，集団間敵意（相手が属する集団への敵意），他者の欲求への反応，アタッチメント対象についての心的表象へのアクセシビリティ，拒否への感受性，対人コンピテンスの評価のすべてと有意に関連している（例えば，Mikulincer et al., 2001, 2002b; Mikulincer & Shaver, 2001）。これらの知見は，アタッチメント・スタイルと理論的に首尾一貫して関連がある変数の法則定立的ネットワークが，アタッチメントのプロセスや組織化とは理論的に遠い位置にある他の構成概念によっては説明できないということを示唆する。

アタッチメント対象についての表象へのアクセシビリティに関する私たちの最近の研究は（Mikulincer et al., 2002b），アタッチメント・スタイル尺度の弁別的妥当性について強力な検定を提供する。これらの研究で私たちは，実験参加者が近接性探索，安全な避難場所，あるいは安全な基地の機能を提供する人としてあげた名前（安心感を高めるアタッチメント対象の名前），アタッチメントの機能を提供する人としてはあげられなかった親密な他者の名前（親密な人），また，知ってはいるが親しくはない人の名前（知り合い）への認知的アクセシビリティを査定した。アタッチメント対象についての心的表象へのアクセシビリティは，脅威刺激や非脅威的刺激をプライムしたあとに認知課題（語彙決定，ストループ・カラーネーミング）によって査定された。

私たちは，**全般的不安傾向を統計的に統制した**あとでさえ，アタッチメント・スタイルの自己報告は安心感を高めるアタッチメント対象の名前へのアクセシビリティを有意に予測しているが，親密な他者や知り合いの名前についてはそうではないということを見いだした。すなわち，自己報告測度によって査定されるアタッチメント・スタイルの違いは，特定のアタッチメント対象についての表象へのアクセシビリティにおいてのみ示され，そしてそのことはアタッチメントに関連のない不安によっては説明できなかったのである。したがって私たちは，アタッチメント・スタイル尺度が全体的・全般的な認知や情動というよりはむしろアタッチメントに特異的な個人的態度をタップしていると強く考えるに至った。

自己報告されたアタッチメント・スタイルの発達的起源

　自己報告を用いたアタッチメント研究に対してしばしば向けられる他の批判としては，アタッチメント不安および回避における個人差の発達的起源を検討できていないというものがある（例えば，Belsky, 2002; Bernier & Dozier, 2002）。すなわち，これらの研究は成人期において自己報告されたアタッチメント・パターンが認知的，情緒的，そして行動的側面においてどのように現われるのかについては重要な情報を提供しているが，それらの自己報告における個人差が幼少期の経験と体系的に関連しているかどうかを検証できていないというものである。私たちは，Bowlby (1969/1982) がパーソナリティ発達に対してかなりの興味を持っており，そしてアタッチメント理論の中核的主張はアタッチメント・パターンが実体験の機能，特に人生初期の数年間における源家族（family of origin）での実際の経験の機能であるということに同意する。したがって，アタッチメント・スタイル尺度の構成概念妥当性については，厳密には，成人のアタッチメント不安および回避における違いを幼少期の経験にまで遡って検討すべきである。

　成人アタッチメント研究は，成人アタッチメント・スタイルの自己報告と乳幼児期のアタッチメント志向性あるいは幼少期早期におけるアタッチメントに関する経験の測度との関連についてあまり多くのデータを提供していない。AAI 研究の中には数少ないが生後1年目から開始された縦断研究（例えば，Hamilton, 2000; Waters et al., 2000; Weinfield et al., 2000）が存在するものの，そのような研究は非常に数少なく，結果は一貫しておらず，そしてこれらは幼少期の経験からどのようにして成人のアタ

ッチメント・パターンが生じるのかについては十分な証左を提供していない（Fraley, 2002 のレビューとメタ分析を参照）。Bowlby の理論が単なるパーソナリティ構造と機能についての理論ではないため，すなわちこの理論がまたパーソナリティ発達についての理論でもあるため，このことは重要な問題である。

アタッチメント不安および回避の自己報告の発達的軌跡についての体系的データはほとんどないが，青年期と成人期においてそれらの自己報告の連続性や変化を検討した縦断研究はいくつか存在する（4 章の Fraley と Brumbaugh の要約を参照）。例えば，Kirkpatrick と Hazan（1994）は，異質的で大きな成人サンプルにおいては，自己報告されたアタッチメント・タイプには 4 年間で約 70％の連続性があるということを見いだした。加えて彼らは，自己報告の不連続性は関係性の状態の変化と関連するということも見いだしている。Davila ら（1997）はリスクの高い青年女性のサンプルにおいて同程度の連続性を報告しており，そして不連続性のいくぶんかはアタッチメントに関する出来事の経験あるいはパーソナリティ傾向の点から理論的に予測可能であることを示した。Klohnen と Bera（1998）は，バークレーのミルズ大学において得られた縦断データ，すなわち 21 歳から 52 歳にかけて綿密に研究された女性グループについて検討し，そして 52 歳時におけるアタッチメント・スタイルの簡便な自己報告式測度は，21 歳時における理論的に関連のある変数と体系的に関連するということを見いだした。Collins ら（2002）は，青年期におけるアタッチメント・スタイルの自己報告（平均年齢 16.8 歳）が 6 年後すなわち成人期早期の恋愛関係における特徴や質を予測するということを見いだした。最近の研究において私たちは，85 名の母親に対して，自身の赤ちゃんが先天的な心臓病を持つと診断された時およびその 7 年後に，同じアタッチメント・スタイル尺度に回答することを求めた。その結果，7 年間におけるアタッチメント・スタイルの時間的安定性はかなり高いということ，すなわちピアソン相関がアタッチメント不安および回避についてそれぞれ .58 と .56 であるということが明らかになった。

近年の研究はまた，成人期におけるアタッチメント志向性の変化パターンについて重要な情報を提供した。例えば，Simpson ら（2003）は親への移行期に焦点を当て，そして第一子が生まれる予定の夫婦それぞれに，生まれる 6 週間前と生まれてから 6 か月後にアタッチメント志向性を報告するよう求めた。その結果，女性は概して親への移行期においてアタッチメント回避が低くなり，そして子どもが生まれる以前において配偶者から向けられるサポートや怒りについての評価は，この移行期におけるアタッチメント志向性の自己報告の変化の様相を説明していた。具体的には，妊娠期間中に配偶者からのサポートをあまり知覚せずそして配偶者から怒りをより向けられた

と知覚していた女性は移行期においてよりアンビヴァレントなアタッチメントを持つようになったが，妊娠期間中にあまり配偶者に対してサポートを求めず，そして自分の夫のアタッチメント回避得点が高かった女性は移行においてより回避的になっていた。加えて，妻の妊娠期間中に自分はよりサポートを提供していると知覚していた夫は親への移行においてあまり回避的ではなくなっていた。これらの知見は，アタッチメント志向性の自己報告における変化は，アタッチメントに関するライフイベントに遭遇する際に，人々の自分自身そして関係性パートナーについての知覚の仕方と体系的にそして首尾一貫して関連するということを明らかに示唆していた。

5章でDavilaとCobbはまた，成人期におけるアタッチメント志向性の自己報告の変化を説明するうえでライフイベントに対する主観的解釈の重要性を強調する。彼らによれば，ライフイベントは，人がそのイベントを自分自身のアタッチメントに関連した予測を確証しないと解釈する程度に応じてアタッチメント志向性の自己報告を変化させることができる。この観点を支持するものとして，DavilaとCobbは，8週間毎日実施した日記研究，すなわち人が毎日のライフイベントと日々のアタッチメントの安定性のレベルを報告するという研究から得られた知見を示した（Davila & Sargent, 2003）。その期間中，毎日のライフイベントと日々のアタッチメントの安定性のレベルは共変していたが，この関連は人がそのイベントを対人的喪失に関わるものとして評価する程度によって説明されていた。DavilaとCobbの結論によれば，「このことは，変化に影響するものはライフイベントそのものではなく，アタッチメントモデルに修正を生じさせるような対人的文脈の変化についての個々人の知覚であることを示唆していると考えられる」（本書5章 p.137）。

成人期のアタッチメント・スタイルの自己報告における個人差が，アタッチメントに関する特定の幼少期の経験と関連する程度を査定した回顧的研究もまた数多く存在する。例えば，これらの研究は，臨床群や一般群において，幼少期あるいは青年期に性的もしくは身体的虐待を受けたと回顧的に報告することが，高いアタッチメント不安および回避の報告と関連するということを首尾一貫して見いだしている（例えば，Mallinckrodt et al., 1995; Roche et al., 1999; Shaver & Clark, 1994; Swanson & Mallinckrodt, 2001）。また，成人期における高いアタッチメントの不安定性の報告は，親の飲酒問題（Brennan et al., 1991），親の死（Brennan & Shaver, 1998），そして親の離婚（Brennan & Shaver, 1998; Lopez et al., 2000）といったようなアタッチメントの安定性の発達に長期的な悪影響を及ぼすと理論的に予測される幼少期の経験の有無と関連するという証左も存在する。だが，親の離婚と成人期において自己報告されたアタッチメント・スタイルとの間に関連を見いだせなかった研究もまた存在している（例

えば，Brennan & Shaver, 1993; Tayler et al., 1995）。

　イスラエルの Mikulincer の実験室で行なわれた研究では，4歳未満の時点で父親の死あるいは両親の離婚を経験していた青年は，両親がそろっている家庭や4歳以降に両親が離婚した家庭で育った青年と比べて，アタッチメント不安および回避をより高く報告するということが明らかになった（表2.2参照）。加えて，イスラエルで集団就寝形態のキブツ（これは，幼少期において安定型アタッチメントを崩壊させることで知られている生態学的要因である；Sagi et al., 1994）において育った青年は，家庭就寝形態を基本とするキブツで育った青年に比べて，アタッチメント不安および回避の尺度得点が高かった（表2.2参照）（訳注：キブツとは，イスラエルにある共同体（村）のことであり，乳児は生後1，2か月から「乳児の家」において集団保育される。日中は他国の集団保育と大きな違いはないが，夜間の就寝形態に特徴がある。すなわち，親の元で一緒に寝るキブツだけでなく，親と離れて子どもどうしで寝るキブツもまた存在するのである）。同様のパターンの知見は，近年のイスラエルの青年女性における研究（Sharabany et al., 2001）でも報告されている。

　これらの研究は，成人アタッチメント・パターンの自己報告における連続性，変化，あるいは発達的起源について必ずしも強く実証し得たというわけではない。しかし，それらは（既に継続的に実施中の）回顧的ではなく未来をたどる前向きな研究においても，成人のパターンに関する理論的に意義深い幼少期の先行現象を見つけようとすべきであると提案しているのである。近年の学会発表（Sampson, 2003）はその一例であろう。すなわち，2歳時点で観察された親の子どもへのサポートと，その子どもの青年期における恋人への依存に対する抵抗のなさの自己報告，すなわち Collins と Read（1990）の回避的アタッチメントの低さを示す自己報告式測度との間の20年間にわたる相関係数は .44 であることを報告していた。

　それにもかかわらず，さらなる縦断研究がアタッチメント不安および回避の自己報告の起源を幼少期の経験へと遡らせる時でさえ，私たちはそれらの自己報告の発達的軌跡が単純なものであると予測しているわけではない（Fraley と Brumbaugh が4章で述べているそれらの軌跡のダイナミクスについての体系的モデリングや議論を参照）。私たちの観点においては，成人のアタッチメント・パターンは，幼少期の経験，青年期の経験，成人期の関係性における最近の経験，そして過去の経験の内在化された表象の作用を修正したりあるいは覆したりさえする非常に多数の文脈的要因から影響を受けるであろう。実際 Bowlby（1988）は，作業モデルは生涯を通してアップ・デートが可能であり，そして成人期のアタッチメント関係はアタッチメント・システムの組織化や機能に影響を与え得ると主張していた。仮にそうではないとしたら，心

■ 表 2.2 研究対象群における自己報告式アタッチメント得点の平均値と標準偏差

研究対象群	n	アタッチメント回避		アタッチメント不安	
		M	SD	M	SD
<親の死研究>					
子どもが4歳未満での父親の死	50	3.76	1.24	3.87	1.25
両親が健在な家庭	50	3.02	1.27	3.09	1.24
F (1, 98)		8.57**		9.79**	
<親の離婚研究>					
子どもが4歳未満での離婚	40	3.89	1.29	3.96	1.38
4歳から9歳の間での離婚	40	3.01	0.97	3.27	1.31
10歳以後での離婚	40	2.88	1.20	3.18	1.32
離婚していない家庭	40	3.05	1.26	3.13	1.25
F (3, 156)		6.02**		3.53*	
<就寝形態>					
集団就寝形態	55	3.58	1.32	3.79	1.17
家庭就寝形態	55	2.94	1.23	3.16	1.15
F (1, 108)		6.80*		8.12*	

*$p < .05$, **$p < .01$

理療法（Bowlby 自身によって実施された療法を含む）は，無益なものとなってしまうであろう。アタッチメント・スタイルの発達に関する個々の縦断研究は有益であるが，1つの研究のみでは，この構成概念に対する複雑で多数の規定因を明らかにすることはできないであろう。とりわけ，成人期のような変動の多い環境ではなおさらである。

結 論

AAI の流れの研究者によって述べられた自己報告式アタッチメント測度についての批判は，全く妥当でないというわけではないが，それが誇張されたものであるという証左はこれまでに十分にあり，また増大しつつある。実証的データについての私たちのレビューは，自己報告式測度が，①無意識的・潜在的なアタッチメントに関するプ

ロセス，②情報処理についてのアタッチメント軽視型的およびとらわれ型的方略，そして③アタッチメントの経験や関係性に関する語りにおける意味的および構造的属性についての理に適った正確な指標であるということを示唆している。私たちのレビューはまた，自己報告されたアタッチメント得点における個人差が，観察可能な対人的行動と関連しており，またアタッチメント・システムの組織化や機能と関連のない代替的な構成概念や理論によっては説明できず，そしてそれは関連する幼少期の経験（例えば，虐待，喪失）によって予測されるということを明らかにしている。これらの知見は自己報告式アタッチメント測度の構成概念妥当性を高め，そしてそれらの測度がアタッチメント理論の取り組む心理力動的および対人的プロセスを検討する際の適切な測定具であるという私たちの確信を強めている。

自己報告アプローチを軽視することに対する実証的根拠は欠如しているものの，自己報告式測度を改善するためにはさらなる研究が必要である。第一に，自己報告式アタッチメント測度の根底にある次元についてはいまだにいくつかの議論がある。近年の成人アタッチメント研究の大部分は，アタッチメント不安（あるいは自己モデル）およびアタッチメント回避（あるいは他者モデル）からなる2次元モデルに基づいているが，測定空間における軸を回転させ，安定性－不安定性，および不安－回避という軸において個人差を査定することが有用かもしれないと提案する研究もまた存在するのである（例えば，Asendorpf et al., 1997; Banse, 2004; Elizur & Mintzer, 2003）。例えば，Asendorpfら（1997）は，夫婦を含む様々なサンプルにおいて，収集されたデータが安定型－恐れ型（安定性－不安定性）という第1軸とそれに直交する不安－回避（あるいはとらわれ型－アタッチメント軽視型）という第2軸によって構成されるモデルにフィットすることを首尾一貫して見いだした。このモデルにおいては，不安定型スタイルのすべては，安定型スタイルとネガティブに相関していた。このような測定軸を45度回転させたものは，ShaverとMikulincer（2002）によって提案されたプロセスモデル（図2.1において再現されている），すなわち脅威の評価，アタッチメント対象の利用可能性，そして過活性化方略や不活性化方略の実行可能性が相次いで起こるというモデルによくフィットする。回転された軸はまた，Kobakら（1993）やFyffeとWaters（1997）のAAIのための2次元得点化システムとも矛盾しないものである。

第二に，研究者は関係特異的なアタッチメント・スタイルと一般化されたアタッチメント・スタイルの自己報告の両方を査定し，さらにまたCollinsとRead（1994）によってはじめて提唱されたアタッチメント作業モデルの階層的配列を検討するよう試みるべきである。近年の研究においては，Overallら（2003）がアタッチメント表象

の認知的組織化に関する証左をはじめて提供した。彼らは調査対象者に，家族関係，友人関係，恋愛関係という3領域に関して1領域あたり3つの特定的関係性（計9関係）に対するアタッチメント・スタイルを自己報告により回答するよう求めた。そして彼らは，それらすべての測度が，①関係性や領域にわたるアタッチメント志向性をまとめるような単一の全体的作業モデル，②家族関係，友人関係，恋愛関係の領域それぞれについての3つの独立した作業モデル，③関係特異的作業モデルと全体的な作業モデルについての階層的配列モデル，のどれに沿って組織化されているのかを検討した。確証的因子分析は，階層的モデルがデータに最もフィットすることを実証した。すなわち，特定の関係についてのアタッチメント志向性の評定は関係性領域の表象の元に張り巡らされるあるいは組織化されており，そして今度はそれらの関係性領域の表象が単一の全体的アタッチメント作業モデルの元に張り巡らされるあるいは組織化されているということが示唆された。今後，この先駆的研究を展開するさらなる研究が必要であろう。

　第三に，今後の研究においては，アタッチメント・スタイルの自己評定における教示が異なることの影響を検討することは有用であろう。教示においては，特定の関係性に言及すべきであろうか，それとも恋愛関係の個人史，あるいはすべての親密な関係性に言及すべきであろうか。私たちの研究のいくつかでは，集団間耐性（他者が属するグループへの耐性），他者の欲求への反応，そして対人的行動に対して予測的な関連があるという点において，アタッチメント・スタイルをかなり抽象的なレベルで測定することが有意義であるということが示されている（例えば，Mikulincer & Nachshon, 1991; Mikulincer et al., 2001; Mikulincer & Shaver, 2001）。したがって，安定型および不安定型のアタッチメント志向性は主たるアタッチメント関係という範囲にとどまらないより広範囲な変数と関連しているようである。この発見は，限られた非常に親密な関係性の特徴としてアタッチメントをとらえる研究者（例えば，Waters et al., 2002）を困惑させるようであるが，私たちにとってはアタッチメント理論と社会心理学者にとって興味のある他の現象との間に重要な概念的つながりを見つけるための扉を開くことになるのである。

　第四に，研究者は，自己報告式アタッチメント尺度の使用を異年齢集団（子ども，壮年）や異なった文化へと拡張すること，また異なった文化での使用に合わせて既存の測度を変化させることを試みるべきである。乳幼児－親のアタッチメント理論の非西欧文化圏への適応については既に報告され，そして議論を生んでいるが（例えば，Rothbaum et al., 2000; van IJzendoorn & Sagi, 1999），成人アタッチメントの比較文化的研究はあまり行なわれていない。

最後に，研究者は，コーダーの評定スケールや安定型－不安定型および拒絶型－とらわれ型の次元得点を含む AAI 得点とアタッチメント回避および不安の得点との間の詳細な関連をもっと注意深く調査すべきである。さらに言えば，これら2種類の測度と他の実験的，生理学的，そして行動的測度との関連を検討すべきなのである。このようにして，私たちはアタッチメント・システムのダイナミクスやそのダイナミクスを様々な種類の測度によって明らかにすることが可能な方法論についてより多くのことを学べるであろう。

<謝辞>
　本章の執筆は，フェッツァー研究所の援助を受けて行なわれた。

3章

Cindy Hazan, Nurit Gur-Yaish & Mary Campa

アタッチメントが形成されるということは何を意味しているのか

　アタッチメント理論の多くの注目に値する長所のうちの1つは，標準的発達と個人差の両方についての綿密な説明をしていることである。Bowlbyは，不適応のバリエーションを十分に理解するためには，まずは標準的なアタッチメントが機能していることを説明する必要があることを早い段階で認識していた。標準的なアタッチメントの個体発生は，彼の3部作の第1巻（Bowlby, 1969/1982），および初期のアタッチメント研究の主要な焦点であった。

　実験パラダイムの導入と，乳幼児のアタッチメントの「安定型（secure）」「アンビヴァレント型（ambivalent）」「回避型（avoidant）」というパターンの発見（Ainsworth et al., 1978）に伴い，重点は個人差に移行した。このアプローチは，乳幼児と児童のアタッチメントに関する研究において優勢であり続けている。それは前世紀の発達心理学への最も重要な貢献の1つとなるばく大な発見を生み出してきた。しかし，このようなほとんど排他的とも言える個人差への焦点化の結果として，標準的な側面については相対的にほとんど進展がなかった（Marvin & Britner, 1999）。

　成人アタッチメントの領域は，Bowlbyの理論よりもAinsworthの研究から発展した。それは，乳幼児のパターンの成人版を捉えるためにデザインされた自己報告や面接の尺度に基づいていた（Bartholomew & Horowitz, 1991; Brennan & Shaver, 1995; Collins & Read, 1990; George et al., 1985; Hazan & Shaver, 1987; Levy & Davis, 1988; Simpson, 1990）。多くの研究が成人アタッチメント「スタイル」の相関を報告しており，それらの発見は重大な理論的進歩を導いてきた（Feeney, 1999のレビュー参照）。しかし，一方で，その進歩はほとんど完全に個人差の領域に限定されていた。標準的な成人アタッチメントに関する多くの基本的な疑問は，いまだ解答も研究もされていないままであり，何人かの研究者が指摘しているように限界がある（Berlin

& Cassidy, 1999; Diamond, 2001; Fraley & Shaver, 2000; Hazan & Zeifman, 1994; Kobak, 1999; Main, 1999; Simpson & Rholes, 1998)。

　成人アタッチメント研究の新しい方向性を考える際に，この領域は標準的モデルの発展についての仕事によって先に述べたような不均衡に取り組む必要があることに私たちは同意している。私たちは，標準的なアタッチメントの形成と機能を十分に理解することが，標準のバリエーションを解釈するために必要不可欠であるというBowlbyの視点を共有している。論理的なスタート地点は，アタッチメントが形成されるということが何を意味しているのか，という疑問に取りかかることである。Ainsworthら（1978）は，幼児のアタッチメントの主要な3パターンを記述する際に，それらが量でなく質における差異を反映していることを強調した。回避型とアンビヴァレント型の幼児は，養育者に対して不安定的にアタッチメントが形成されているが，それでもなおアタッチメントが全く形成されていないというわけではない。たとえネグレクトや虐待をする養育者のもとに生まれるという不運に見舞われた乳児であっても，それでもなおその養育者にアタッチメントが形成されるようになる（Crittenden, 1995）。これらの観察は，アタッチメントが形成されるということが何を意味するのかという問いに対する根本的な解答の存在を示唆している。言い換えると，アタッチメントの本質をとらえると同時に，個人差をも許容し，それを解釈する文脈を提供するようなやり方でアタッチメントを定義することが可能であろう。

　アタッチメントが形成されるということが何を意味するか，特にそれが成人期においては何を意味するか，という疑問に答えるためには，アタッチメントの形成者を同定する必要がある。研究者にとっては，実践的に，自分の研究の参加者はアタッチメントが形成されているのか否かを決めるための客観的な基準を持つことは有益であることがわかるだろう。そのような形成者を見つけることは，アタッチメントの到達点にたどり着く基本的プロセス，およびその道筋におけるいくつかの識別可能な移行点を明らかにするのに役立つであろう。それに加えて，絆の形成プロセスを強調することは，アタッチメントの個人内の側面から個人間の側面に注意を向け直すことにつながるであろう。成人アタッチメント研究の大多数は，対人関係のより広範な領域の中で行なわれており，それゆえに関係のプロセスのさらなる強調は，アタッチメント理論とその発見を，この分野における他の理論や研究の伝統と統合することを促進するであろう。

　私たちは，本章が章題の疑問「アタッチメントが形成されるということは何を意味しているのか」に対して明確な回答を出していないことを最初に述べておかなければならないと思う。私たちは，この疑問がこの領域にとって基礎的で実りの多いもので

あると考えているが，現在わかっている範囲では，決定的な答えを出すことができない。その代わりに，私たちは様々な可能性を探究するために既存の理論と研究を利用して，見込みのある将来的な方向性を提案する。私たちの分析は，2つの前提に基づいている。それは，①アタッチメントは時間とともに進展するプロセスであり，それはおそらく弁別可能な段階の連続である，②アタッチメントは，行動，認知，生理，情動を含む複数のレベルで生じ，顕在化する，という2点である。

標準を強調することは，個人差の重要性を軽視することではない。個人差の効果は十分に証明されているし，個人差の影響はアタッチメントの形成において，すべてでないにしても，多くのレベルや段階で重要であろうと私たちは予想している。それにもかかわらず，私たちは，標準的モデルの文脈の中で個人差を理解することが重要であると思う。例えば，回避型の成人が恋人との短い分離に影響されないように見えるという発見を考えてみよう。この発見は，現在の恋人へのアタッチメントの質を反映しているのであろうか，もしくは個人がこの関係に持ち込んだ既存のアタッチメント・スタイルを反映しているのだろうか，関係の発達に伴う分離反応の標準的な変化を反映しているのであろうか，それともこれらの要因の組み合わせを反映しているのであろうか。アタッチメントができあがったかどうかを決める方法がなければ，関係が機能している中で観察された差異を解釈することは難しい。さらに，アタッチメントの絆がどのように形成，維持されるかを知ることは，個人差の傾向（アタッチメントの個人差）がどのように関係を形成するか，またそれが関係によってどのように形成されるのかの理解を促すであろう。

抽象的に言うと，アタッチメントは，時間とともに複数のレベルで機能する複数の個人内および個人間のプロセスの相互作用の結果として生じる。より理解されなければならないことは，関連するプロセスは**何なのか**，それらは時間とともに**どのように**変化するのかということである。これがここでとられるアプローチである。私たちは，まずBowlbyのアタッチメントの定義と絆の形成の標準モデルに焦点を当てた簡潔な理論的背景を述べる。その後，アタッチメントの研究がなされてきた異なるレベル，つまり行動，認知，生理，情動に対応する4つの主要な節へと続く。それぞれの節は，代表的な研究の発見で始まり，私たちが関連するプロセスと考えるもの，並びにそれらがアタッチメントの絆が発達するにつれてどのように変化するかについての議論でまとめたものである。

第Ⅱ部 生涯を通じたアタッチメント・プロセス ― 連続性，不連続性，変化，測定問題 ―

理論的背景

　Bowlby（1969/1982）は，4つの異なっているが相互に関連した行動の分類，つまり，**近接維持**（proximity maintenance），**安全な避難場所**（safe haven），**分離苦悩**（separation distress），**安全な基地**（secure base）によってアタッチメントを定義した。これらの行動は，健常な1歳の幼児において主要な養育者（通常は母親）との関係の中で容易に観察される。幼児は，常に養育者の所在をモニターし，望ましい程度の近接を維持するために必要な調整を行ない，また，脅威を感じる出来事の際に安全な避難場所として養育者のところに逃げ帰ったり，養育者からの分離に激しく抵抗するとともに，苦痛を感じ，さらに，環境を探索するための安全の基地として養育者を利用する。幼児は，しばしばアタッチメントが形成されていない相手に対してもこれらの行動の1つまたはいくつかを向けることがある。重要なのは，アタッチメントを定義することは，特定の個人に対してこれらの行動のすべてを選択的に向けることである。

　理論的には，アタッチメントと探索行動システムの動的なバランスは，成人を含めたすべての発達段階におけるヒトの特徴である。それにもかかわらず，成熟とともに，予測可能な変化が生じる。距離的にも時間的にもより大きな分離が苦痛でなくなり，近接維持と安全な避難場所行動が新しく多様な形態をとる。そのような変化は，幼児期以降のアタッチメントの指標を見つけることに関心のある研究者に特別な課題を突きつける。

　Bowlby（1969/1982）は，養育者に対する乳幼児のアタッチメントの発達には4つの段階があると提唱し，後にAinsworth（1972）が次のように精緻化し命名している。**前アタッチメント期**（preattachment）（およそ，0～2か月）においては，乳児は生得的にほとんど誰に対しても，興味を示し，反応し，ほとんど誰からも社会的接触を引き出すことに長けており，相互作用に対して比較的開放的で，世話を受け入れる。**アタッチメント形成期**（attachment-in-the-making）（2～6か月）においては，幼児は特定の人に対して選択的に社会的なシグナル（微笑，発声，泣き）を向けたり，他とは異なった反応（より熱烈に歓迎する，より早く落ち着く）をしたりすることで養育者を区別し始める。**明確なアタッチメント期**（clear-cut attachment）（6～7か月に始まる）においては，アタッチメントを定義する行動のすべてが見られるが，より重要なのは，それらの行動が特定の養育者を中心として組織化されることである。これは，幼児が積極的に近接を維持したり（分化されたあと追い），養育者を安全な避難場所（分化された慰め求め）や安全な基地（分化された探索）にしようとする時や，分離によ

って混乱している（分化された苦痛）際にはっきりとする。最後の段階，つまり**目標修正パートナーシップ**（goal-corrected partnership）（およそ36か月）までに，子どもは物理的近接への切迫した要求を低減させ，分離と有効性に関して養育者たちと交渉ができるようになる。

　アタッチメントについての分離苦悩の特徴は，理論的および歴史的理由から非常に重要である。1940〜1950年代の間に，多くの報告が（例えば，Burlingham & Freud, 1944; Robertson, 1953），主要な養育者から長期にわたって分離した乳幼児や児童が，一様に一連の反応を経験することを示唆している。はじめに，彼らは接触を回復しようとして，泣いたり，捜したり，叫んだりというように，分離に対して積極的に抵抗をする。やがて，動揺や不安は静まり，無気力，抑うつの雰囲気，食欲の低下，睡眠障害を含むより深く広範囲にわたる苦痛のサインを表わし始める。そのうちに彼らは回復し始める。目に見えない分離の残効が，不安な執着や完全な情動的な引きこもりの入りまじった怒りという形で現われるのは，彼らが養育者と再会した時だけである。この一連の反応は，**抵抗**（protest），**絶望**（despair），**離脱**（detachment）として知られている。アタッチメント理論は，比較的慣れた環境において，適切な代理母の世話があるにもかかわらず，特定のアタッチメント対象からの分離がそのような苦痛を引き起こすのはなぜかという疑問を説明する必要から展開されたものである。

　成人アタッチメントは，人生初期の相補的なアタッチメント，つまり，安全や保護を，乳幼児や児童が求め，養育者が提供するものといくつかの点で異なっている。Bowlbyによると，ペアボンド（pair bond：性的パートナーがお互いに世話の受容者と提供者となるような関係）は，成人期におけるアタッチメントの典型的な例であるとされる。すなわち，標準的な発達コースにおいては，アタッチメント・システム，親／世話システムならびに繁殖／性システムは統合されるようになる（Ainsworth, 1990; Bowlby, 1969/1982; Hazan & Shaver, 1994; Shaver et al., 1988）。長期的配偶関係をアタッチメントの絆とみなす最も初期の証拠は，配偶者の死を悲嘆する成人は，抵抗，絶望，離脱と同様の一連の反応が生じるという報告から来ている（Parkes, 1972; Weiss, 1975）。分離苦悩は，乳幼児と児童におけるアタッチメントの標準的な指標であり（Ainsworth et al., 1978; Sroufe & Waters, 1977a），それゆえに成人における指標を探す時に特に注目に値する行動である。

　成人アタッチメントが乳幼児のアタッチメントの形成と類似した発達をするのかどうかは，その解答が待たれる実証的な疑問であるが，ZeifmanとHazan（1997）は，Bowlbyの4段階モデルが暫定的な研究の指針として役立つことを提唱した。彼らは，乳幼児の前アタッチメント期に対応する成人の段階を，Eibl-Eibesfeldt（1989）が「知

覚的プログラム（proceptive program）」と呼んだものになぞらえている。生殖可能な年齢の男女は，生得的に潜在的な配偶者との社会的相互作用に関心を持ち，ある程度無差別に誘いのシグナルを出す。カップルが初めて関わるようになる時には，いちゃつきや，性的で刺激的なやりとりが続き，これらのやりとりは彼らの相互作用においてアタッチメント行動そのものよりも特徴的になりやすい。対照的に，恋愛に夢中になっているカップルの行動は，長い見つめ合いや，寄り添い，抱擁，「幼児語」を含めて，幼児－養育者の相互作用と多くの類似点がある（Shaver & Hazan, 1988）。Zeifmanと Hazan は，このようなタイプのやりとりは，第2段階のアタッチメント形成期を表わしているのであろうと主張している。これは，「主観的経験に関して言えば，絆の形成は恋に落ちることとして記述される」（Bowlby, 1979, p.69）という Bowlby の視点と一致している。幼児期においては，第3段階である明確なアタッチメント期の始まりは，新しいアタッチメント行動の出現によって，また，特に近接維持行動，安全な避難場所行動の対象として，および安全な基地行動，分離苦悩行動の誘発者として好まれる1人の養育者へのこれらの行動の組織化によって示される。Zeifman と Hazan は，パートナーへのこれらの4つの定義された行動の選択的な志向が，成人期においても明確なアタッチメントの指標であると提唱している。第4段階の目標修正パートナーシップについての児童期における指標は，主に3歳までの認知発達の変化を反映している。それにもかかわらず，Zeifman と Hazan は，アタッチメント行動のあからさまな表出の減退によって特徴づけられる成人アタッチメント形成においても同等の最終段階があると仮定している。

　以下の節において，私たちは，成人アタッチメントの絆の形成と維持に関して重要と思われる行動的，認知的，生理的，情動的プロセスについて考察する。私たちは，それらのレベル間の境界が不明確で複雑な相互作用があることをわかっているが，この方法でアタッチメントプロセスを説明するのに，理論的かつ実践的な価値があると信じている。分析の各レベルにおいて，私たちは，アタッチメントが形成されるとは何を意味するのか，アタッチメントが形成されるプロセスはどのように解明されるのか，安定（security）や不安定（insecurity）と交絡しないアタッチメントの指標を同定することが可能であるかどうか，といった疑問に取り組んでいく。

行動レベルのアタッチメント

　個人差へのほとんど排他的な注目は，アタッチメント理論の多くの基本的見解がいまだに実証的に検討されていないことを意味している。これらの基本的見解の中でも特筆すべきは，アタッチメントは他の社会的絆よりも強いというだけでなく質的に異なっているという主張である。これが正しいのであれば，アタッチメント関係とそうでない関係を見分けるためのいくつかの基準を持つことはアタッチメント研究者にとって重要である。この方向の最初のステップとして，Hazan と Zeifman（1994）は，Bowlby（1969/1982）の行動に基づく定義をベースにした手法を発展させた。それは，回答者に4つの定義された行動のそれぞれについて**主要な**対象となる人をあげてもらう。それら4つの定義された行動とは，近接維持（最も近くにいたい，最も一緒に過ごしたい人），安全な避難場所（動揺した時や落ち込んだ時に頼りたい人），分離苦悩（離れたくない，離れている時寂しい人），安全な基地（近くにいて，必要な時に助けてくれることを期待する人）である。その尺度（WHOTO）は，数百名の児童，青年，成人への面接や質問紙の形式で実施された。私たちは，成人サンプルの結果だけを報告しており，それは Fraley と Davis（1997）によって再現され，後に Trinke と Bartholomew（1997）によって拡張されている。

　近接維持と安全な避難場所の尺度に関しては，ほとんどすべての成人がそれらの行動の主要な対象として恋人か親友をあげていた。それに対して，分離苦悩と安全な基地の項目については，恋人か親をあげる傾向があった。調査時点で恋人がいると報告していた参加者において，分離苦悩と安全な基地の項目で恋人か親のどちらをあげるかの違いは，恋愛関係の長さに依存していた。恋愛関係がアタッチメントの定義基準（すなわち，4つの行動要素のすべてに含まれる）を満たす人の80％以上が，2年以上その相手とつきあっているのに対して，つきあった期間が2年以下の人ではその基準を満たすのは30％であった。

　これらの発見は，標準的なアタッチメントに関するBowlbyの全般的な主張と一致する。第一に，成人期において恋人は主要なアタッチメント対象として親にとって代わるという仮説を初めて支持するものである。第二に，乳幼児期と同様に，成人期においてもアタッチメントの絆を形成するためには時間がかかることを示している。第三に，それらの発見は，アタッチメントの存在が恋愛関係にあるということだけからでは仮定することはできないという警告的な注意となる。

　Hazan と Zeifman（1994）の研究は，Bowlby がアタッチメントを定義するために

提唱した行動に注目しているが,彼らの発見は自己報告だけに基づいていた。成人アタッチメントの2つの研究（1つは実験室で行なわれた研究,もう1つは自然状況で行なわれた研究）は,実際の行動の観察を含むものであった。

Simpson ら（1992）は,幼児のアタッチメントを測定するために Ainsworth ら（1978）によってつくられた実験手続きといくつかの点で類似した実験パラダイムを発展させた。女子大学生は,男性の恋人から分離させられると,ストレスがかかる経験をすると予測された。パートナーとの再会は,気づかれないように録画されて,後にコード化された。実験操作は,アタッチメント行動を引き出すように計画されており,安定的な女性は,実際にアタッチメント行動を行なっていた。彼女たちは不安が高まるほど,恋人に接触を求め,恋人から慰めを得ようとしていた。

Simpson ら（1992）の研究は,成人期においてアタッチメント行動がどのように研究されうるかについてのすばらしい例である。近接要求と安全な基地という彼らが観察した特定の行動を成人アタッチメントの潜在的な指標であると考えた時,関係要因,文脈要因を考慮に入れることは重要であろう。ゆえに,Simpson らは,アタッチメント対象に対するアタッチメント行動を引き出すような文脈をつくった。しかし,すべての年齢の人々は,不安を喚起する状況において比較的知らない人からさえも慰めを得ようとすることが示されている（Shaver & Klinnert, 1982）。理論的に,アタッチメント対象が区別されるのは,苦痛の軽減の対象として,アタッチメント対象が他の対象より好まれているという点である。

自然文脈での研究としては,Fraley と Shaver（1998）は,空港のロビーで一緒に旅行に出かける,または（どちらかが出かける場合）離ればなれになってしまう（分離）カップルを気づかれないように観察した。この研究においては,分離が差し迫っていることがアタッチメント行動を引き出すと予測された。全体として,接触要求(例えば,抱きしめる,キスをする,なでる,手を握る)の生起数は,一緒に旅行に行くカップルより,分離に直面したカップルのほうが有意に高かった。これらの行動の生起数は,関係の長さの関数としても変動していた。つまり,アタッチメント行動の明確な表出は,つきあいの長いカップルにおいてはあまりみられなかったのである。

Fraley と Shaver（1998）の研究は,成人期のアタッチメント行動を研究するためのもう1つの独創的なアプローチを示している。その結果は,アタッチメント対象からの分離が（それが現実であろうと,予期であろうと）,接触維持行動を活性化するという理論的な予測とうまく一致している。そして,つきあいの長いカップルでの接触維持行動の低い発生数は,養育者へのアタッチメントの第4段階にある子どもにみられるようなアタッチメント行動の減少を思い出させる。そのような自然発生的な分

離は，分離苦悩を調べるための理想的な状況を提供する。今後の研究では，分離後のパートナーの反応が，分離前の行動と同じように関係や分離の長さの関数として異なっているかどうかを調べることになるであろう。

　乳幼児期や児童期初期における分離反応は，分離が十分に長い場合には質的な変化を受けることを思い出していただきたい。分離直後の（抵抗）反応は，不安や高められた活動，動揺であり，それに対して，その後の（絶望）反応は，抑うつ，活動の減少，広汎性行動障害である。分離への反応を成人アタッチメントの潜在的な指標と考える時，直後の反応とその後に起こる反応とを区別することは重要となるであろう。また，分離苦悩の性質と表出が，絆の発達プロセスにおいてどのように変化するかを考慮に入れることも重要と考えられる。アタッチメント形成における目標修正段階の子どもが，アタッチメント対象からの予定された短い分離には過度の動揺を示すことなく耐えることができるのであれば，おそらく恋愛関係にある成人においても同様であろう。ただ，つきあいの長いカップルの場合，測定可能な不安を引き出すためには，数日以上の分離が必要となるかもしれない。

　夫婦の分離に関するVormbrock（1993）の研究レビューは，立ち去るほうなのか，残されるほうなのかによっても反応が違うことを明らかにした。ここでの分離とは，ほとんどのカップルが時々対処しなければならないような，学術会議への出席のためとか，あるいは病気の親類の見舞いのためとかの日常的な3日から5日の分離ではなく，むしろパートナーの不在が数週間か数か月続くものであるということを心に留めておくことが重要である。家に残された配偶者の反応は，子どもに見られる抵抗－絶望－離脱の行動の多くと似ていたが，出かけたほうの配偶者の分離への反応はそうではなかった。すなわち，関係の長さや分離の長さに加えて，立ち去るほうなのか，残されるほうなのかも，分離への反応に影響するもう1つの要因であり，結果的に，そのような反応をどのように解釈するべきかについての要因にもなり得るのである。

成人アタッチメントにはどのような行動プロセスが重要なのか

　アタッチメントの行動指標として最も明らかな候補は，当然のことながらBowlbyが人と人との絆の特殊なタイプを定義するため用いたものである。ある人が他の人にアタッチメントを形成している行動的な目安は何であろうか。仮説的には，人物Aが人物Bに対して近接を維持し，Bを安全な避難場所と探索の基地として利用し，Bからの分離によって苦痛を感じるのであれば，AはBに対してアタッチメントを形成しているといえる。ここで，これらの行動を成人アタッチメントの指標として用いるの

であれば，取り組まなければならないと思われる課題が少なくとも2つある。

 1つめの課題は，それらの行動がアタッチメントの絆の存在を表わす文脈を決定することである。実験での不安の導入は，近接要求と安全な避難場所行動を効果的に誘発することがSimpsonら（1992）によって示されている。しかし，前述のように，ある状況では，これらの行動はアタッチメント対象でないと思われる人物に向けられる。アタッチメントの指標として用いるためには，1人または数人の特定の人物が一貫して好まれる相手であることを証明する必要があるだろう。FraleyとShaver(1998)は，間近に迫った分離が同様の2つのタイプのアタッチメント行動を引き起こすことを発見した。しかし，彼らが注目した特定の行動（例えば，キスをする，手を握る）は，他人との相互作用においては観察されないようである。そのような身体的な親密さは明らかに特別な関係を表わすものであり，特別な人が一時的に不在になりそうであるために，予期された分離は不安を喚起していた。それでもなお，これがアタッチメントの絆の証拠として解釈できるのかどうかはわからない。恋人たちは関係の後期よりも初期においてずっと身体的には愛情深い傾向がある。FraleyとShaverは，カップルのつきあいが長いほど様々な近接維持の行動を表わさなかったと報告している。つきあいの長いカップルはつきあいの短いカップルよりもアタッチメントを形成していると仮定するのなら，近接維持行動と安全な避難場所行動だけに基づいて（たとえそれらが親密性が高そうに見えても）アタッチメントを推測することの危険性は明らかであろう。もしこれらの行動を単独で成人アタッチメントの指標として用いるのであれば，つきあいの短いカップルは長いカップルよりアタッチメントを形成していると分類されることが多くなってしまうであろう。

 それでは，アタッチメントの絆をよりよく表わしているアタッチメント行動はあるのだろうか。HazanとZeifman（1994）は，分離苦悩の主な相手として恋人をあげている成人は，他の3つのアタッチメント行動の主な相手としても恋人をあげる傾向にあることを見いだした。幼児期においては，分離苦悩はアタッチメントの標準的な指標であったが，それは他のアタッチメント行動より重要だからではなく，アタッチメント対象との関係においてのみ表出されるからである。しかし，成人アタッチメントの全行動指標の中で，分離苦悩はおそらく最も複雑である。分離への反応は，関係の長さ（Fraley & Shaver, 1998），分離の長さ（Robertson, 1953），そして立ち去る時や残される時の状況（Vormbrock, 1993）の関数として異なっているという証拠がある。分離苦悩は実証的に調査することが最も難しいだろうが，アタッチメントの最も確かな指標であるかもしれない。

 2つめの大きな課題は，関係の質やアタッチメント・スタイルと交絡しない成人

アタッチメントの指標を同定することであろう。Simpsonら（1992）の実験においては，回避型の女性の行動は，安定型の女性の行動とは対照的であった。彼女たちは，最も不安になった時，つまり最もサポートを必要としている時に恋人に頼らず，近接要求や安全な避難場所行動の表出が最も少なくなった。このことは，回避型の幼児はストレスが低い状況よりも高い状況で養育者との接触を避ける傾向があるというAinsworthら（1978）によって報告された発見を想起させる。それはFraleyとShaver（1998）の空港の研究からの結果とも一致する。回避型の女性は，2人で一緒に出かける時，パートナーにより多くの接触を求め，分離が差し迫っている時，最も接触を求めなかった。

アタッチメントの指標がなければ，観察された行動が現在の関係を反映しているのか，個人が現在の関係に持ち込んだ特性的な傾向を反映しているのか，あるいはその両方なのか，判断することができない。もしパートナーとの接触を通した苦痛の軽減を成人アタッチメントの指標として用いるのであれば，たとえ行動の差異がアタッチメント・スタイルに正確に帰属されるとしても，安定型の人は不安定型の人よりアタッチメントを形成しているとみなされることが多くなるであろう。

成人アタッチメントの指標として確信をもって示すことができるアタッチメント・スタイルから独立した行動はあるのだろうか。幼児と児童のアタッチメントの研究者は，アタッチメントの質と量との混同に対して忠告をし続けている（Main, 1999）。くり返しになるが，不安定型の幼児や子どもは，安定型の幼児や子どもと異なったアタッチメントを形成しているのであって，程度として少なくアタッチメントを形成しているのではない。それならば，彼らに共通しているものは何であろうか。それは，すべてのアタッチメントを定義する行動は，特定の個人を中心として組織化されているということである。その特定の人は，確実に応答的な場合もあれば，そうでない場合もあり，苦痛の軽減に有効な場合もあれば，そうでない場合もあり，また，脅威のある状況で接触による慰めを得るために近づける場合もあれば，そうでない場合もある。しかし，それにもかかわらず，その人はアタッチメント行動が向けられる選択的な相手である。Bowlby（1969/1982）によると，これがアタッチメントの証明なのである。

成人でも同じような選択的な志向のパターンが，おそらくアタッチメント行動においてスタイルで調整された，平均レベルの変化の中にみられるだろうか。回避型の成人は，安定型の成人ほど簡単には関心を共有したり，安心感を与える抱擁を求めたりしないだろうが，にもかかわらず，不安になった時に安全な避難場所行動の自分自身のバージョン（例えば，アタッチメント対象への近接による自己鎮静）を増加させる

かもしれない。回避型の幼児は，アタッチメント対象からできるだけ遠くに離れようとしているのではなく，むしろ「安全な」距離を保っているのである（Ainsworth et al., 1978）。それと類似の成人の方略，つまり，はっきりとした不安の表出や，積極的に接触による慰めを得ようとしたりする代わりに，コミュニケーションのより末端の形態（例えば，一緒にいるが話をしない，電話をするが自己開示しない）をとるという方略を想像することは容易である。もしアタッチメント行動がかなり柔軟に概念化されるのであれば，アタッチメント・スタイルに取って代わるような指標が将来的に明らかになっていくであろう。

成人アタッチメントの絆が発達するにつれて行動はどのように変化するか

現在までのところ，恋愛関係の発達コースにおけるアタッチメント行動の記述的な縦断研究はない。Zeifman と Hazan（1997）は，Bowlby（1969/1982）と Ainsworth（1972）による乳幼児のアタッチメント形成のモデルに基づいて，恋人間のアタッチメントの絆の発達段階はアタッチメント行動の変化として表われるだろうという仮説を立てた。とりわけ，アタッチメントを形成するプロセスは，時間の経過によるアタッチメント行動の組織化と表出の質的な変化とともに，特定のアタッチメント行動の出現による論理的な発展を含むものであるということを彼らは提唱している。

仮想的なペアにおいて，そのプロセスはおよそ次のようであろう。前アタッチメント期においては，性的な魅力や恋愛の関心，あるいはその両方が，2人を誘うような刺激的な相互作用に引き込む。この期間に，選択的な近接要求が増加するが，他の形態のアタッチメント行動はまだはっきり表われてこない。もし排他的な関係が生じ，2人が恋に落ち始めたなら，その段階はアタッチメント形成期の始まりである。この段階の間に，身体的な接触は最高水準になる。それに加えて，恋人たちは様々な形の安全な避難場所行動（すなわち，不安になった時の近接性の増加）を示し始める。彼らはお互いの存在によって刺激され続けているが，そのバランスはお互いの存在によって落ち着く方向に移行し始めている。覚醒を鎮める親密な身体的，言語的やりとりのくり返しは，アタッチメントの絆の発達を促す。恋人は，慰めや不安の軽減のよりどころとして他の人より好まれるようになる。恋愛に夢中になった状態の必然的な衰退のあとも関係が続いているのなら，その関係は明確なアタッチメント期にあるのだろう。彼らは，お互いの存在に慣れ，それゆえにもはやお互いによっては興奮しない。彼らはあまりセックスをしなくなり，身体的接触への差し迫った欲求を経験することも少なくなるが，今や分離が苦痛となるほどに，お互いに十分に依存するように

なっているのである。関係が継続することで信頼を育てていくと，その関係はアタッチメントの最終段階の目標修正期に入る。つくりあげられた安全の基地から，注意は関係の外の義務や機会に向け直される。パートナー間の相互作用は，アタッチメント行動の明確な表出が減少するとともに，より日常的なものとなっていく。

認知レベルのアタッチメント

　標準的な発達プロセスにおいて，個人はアタッチメント対象の物理的な存在に頼らなくなり，しだいにその心的表象に頼るようになる。アタッチメント形成の最後の目標修正段階は，分離や有効性に関して子どもが養育者と交渉し始める時期であるが，それは認知発達における進展によって可能になる。しかし，アタッチメント表象の構造は，幼児期における養育者との日々の相互作用を基礎として始まる。確かに，オリジナルの「ストレンジ・シチュエーション」実験（Ainsworth et al., 1978）において観察された異なるアタッチメント・パターンは，幼児がそれまでの12か月間に内在化した養育者の応答性の違いに帰属されていた。「ある人がつくり上げる世界についての作業モデルにおいて重要な点は，誰がアタッチメント対象であるのか，どこにアタッチメント対象がいるか，そしてアタッチメント対象はどのように応答すると思うのか，ということについてのその人の考えである」（Bowlby, 1973, p.203）。

　成人アタッチメントに関する最も刺激的な新しい仕事のいくつかは，表象レベルへのこの標準的な移行をうまく利用している。研究者たちは，認知心理学の分野から方法を借用することで，感情的な結びつきとアタッチメントのダイナミクスについての基本的な疑問を探求し始めている。この領域でのアタッチメント研究についてはBaldwin（1992, 1994），Baldwinら（例えば，1993, 1996）が，その道を開いた。彼らの発見によると，ほとんどの成人は，プライミングによって活性化され得る従属的なメンタルモデル（subsidiary mental models）と同様に，Bowlbyの考えと一致するような社会的情報処理に影響する「常にアクセス可能な」アタッチメント・スキーマを持っていることが明らかになった。この研究において同じくらい重要な副産物は，成人アタッチメント現象を調査するための新しい方法の導入であった。

　Mikulincerら（2002）は，プライミング課題を用いて，脅威に対する反応としてのアタッチメント・システムの活性化が，アタッチメント対象の心的表象へのアクセス可能性を増加させる，という仮説を検証した。彼らは，（アタッチメント対象の名前

を得るために）HazanとZeifman（1994）のWHOTO尺度の短縮版（Fraley & Davis, 1997）を参加者に答えてもらい，さらに，それ以外の人（例えば，親しいがアタッチメント対象でない人，知り合いだが親しくない人）のリストを提供してもらった。その際，Baldwinら（1993）がアタッチメント表象を調査するために効果的であることを見いだした語彙判断課題と同様の課題が用いられた。実験参加者はコンピュータの画面上で，脅威語（「失敗」「分離」）か中立語（「帽子」）のどちらかを閾下で呈示された。このプライムの後に，個人リストにある名前もしくは無意味語が呈示された。参加者の課題は，ターゲットの文字列が有意味語であるかどうかをできるだけ速く判断することであり，彼／彼女らがキーを押した反応が記録された。従属変数は，反応時間（RTs）であった。

結果は，主要な仮説を明らかに支持していた。脅威プライムのあとには，参加者はWHOTOで挙げた人の名前，つまりアタッチメント対象を認識するのが，他のリストからの人の名前より速かったが，中立語ではそうでなかった。このことは，脅威は，たとえそれが意識的に知覚されてなかったり，現実的な危険がなくても，アタッチメント対象の心的表象を自動的に活性化することの強力な実証である。重要なのは，この効果がすべてのアタッチメント・スタイルでみられたことである。安定型（secure）であろうと不安定型（insecure）であろうと，すべての人が脅威に反応してアタッチメント対象を心の内に想起していたのである。

この方法の組み合わせは，標準的なアタッチメント形成の理解を進めるのに非常に期待できる。例えば，いくつかのアタッチメントの特徴が他のものよりアタッチメントの絆の指標となり得るのか，という問題を扱うために用いることができるであろう。Mikulincerら（2002）の研究においては，ほとんどの参加者がWHOTOで同じ人を2回以上挙げていたのだが，いずれかの項目で名前が挙がった人がアタッチメント対象とみなされていた。そのような効果が特定のアタッチメントの特徴の関数として異なっているのか，HazanとZeifman（1994）が議論したように，安全な基地と分離苦悩は，近接要求や安全な避難場所よりもアタッチメントの指標となり得るのかを確かめることは，将来的な研究において有益であろう。

この方法は，アタッチメント表象の組織化についての疑問，特にそれらが階層的に組織化されているかどうか（Pietromonaco & Feldman Barrett, 2000）という未解決の問題を扱うのに有効であろう。例えば，実験参加者が何人かのアタッチメント対象の名前を他の人よりも速く認識するかどうか，いくつかのアタッチメント表象が他のものよりも頻繁に活性化するのかどうか，また，恋人の名前への反応は，関係の進展に伴って変化するのかどうかを検証することができるであろう。

3章 ■ アタッチメントが形成されるということは何を意味しているのか

　アタッチメント現象を調べるのに見込みのあるもう1つの認知的方法としては，Andersenらの研究がある（例えば，Andersen & Glassman, 1996; Andersen et al., 1997）。彼らの研究プログラムは，転移についての臨床的概念，つまり重要な対人関係についての心的表象は，未知の人物についての情報の処理のされ方に影響するという考えに基づいている。この概念を探求するために，彼らは法則定立的な実験デザインの中に個性記述的な方法を組み込んだパラダイムを発展させてきた。例えば，文章完成課題において，実験参加者は「重要な」関係にある知り合いについての記述を行なった。数週間後のフォローアップにおいては，彼／彼女らはいく人かの新しいターゲット人物の記述が呈示された。テストセットは，それぞれの参加者の重要他者に類似するように作成された記述を含んでいた。その後，参加者には，いくつかのフィラー文とともにテストセットに含まれていたもの（と含まれていなかったもの）で構成された刺激文，さらに参加者自身が先の文章完成課題で記述した重要他者に関する記述から作成されたもの（とそうでないもの）から構成されていた刺激文が呈示される標準的な再認記憶課題を行なった。一連の研究を通して（Andersen & Berk, 1998でレビューされている），結果は転移仮説と一致していた。主な発見としては，参加者の重要他者の記述から得られた文章であった場合，彼／彼女らは呈示されていない文章を見た，と誤って「記憶する」傾向があるということである。

　このパラダイムは，成人アタッチメント形成の研究で用いるのに適しているであろう。例えば，見知らぬ人についての情報の処理のされ方に影響するぐらいに，恋人の表象が「重要に」なるポイントを探すといった研究が考えられる。恋人についての表象の相対的な影響とアタッチメント階層の全体的な組織構造の変化を調べる方法として，恋人と親といった恋人以外のアタッチメント対象とされる人物との比較が可能であろう。

　社会的認知の方法は，アタッチメントの安全な基地の構成要素を調べるためにも有意義に用いられてきた。幼児期においては，アタッチメントのこのような特徴は探索行動において表出される。特定の養育者への明確なアタッチメントがいったん確立されると，その人物への近接は幼児の探索活動を主に決定するものとなる。より年長の児童にとっては，必要な時にアタッチメント対象が見つけられて，また，アタッチメント対象が応答的であるという安定した期待は，探索への豊かな取り組みを支えるのに十分なものとなる。

　理論的には，アタッチメントと探索のダイナミックなバランスは，生涯を通じて本質的に同じである。成人におけるこの関連を調べるためにデザインされた最近の1つの研究として，GreenとCampbell（2000）は，参加者が様々な新奇な活動に取り組む

ことへの興味と可能性を評定する自己報告型の「探索指標」を開発した。最初の研究において，これらの評定はアタッチメント・スタイル尺度との関連について評価された結果，仮説どおり，安定性はより高い探索得点を予測していた。次の研究において，意味プライミング課題が用いられた。その方法は，Baldwin ら（1993）から借用したものであり，その手続きは，アタッチメント・スタイルに関係なくほとんどの人がアクセス可能な安定型の表象と不安定型の表象の両方を持っているという彼らの発見に基づいている。安定型の表象をプライミングするために，参加者は，登場人物が信頼感を表現したり，慰めを提供したり，感情を共有するといった成人アタッチメントの安定性の典型的な記述から得られた文章セットを記憶することを求められた。

　結果は，理論的な予測と一致していた。アタッチメントの安定性をプライムされることは，新しい場所へ出かけるとか，新しい人に出会うとか，（バンジージャンプのような）新しいことに挑戦するといった新奇で刺激的な探索活動に対する開放性の大きさと関連していた。この方法と手続きは，成人アタッチメントについての基本的な疑問を調べるために様々な方法で応用することが可能であろう。例えば，アタッチメント対象の表象をプライミングすることが探索への開放性に影響するかどうか，そして，もしそうであるなら，アタッチメント形成のどのポイントにおいてパートナーの影響が観察されるのかを検証することも可能であろう。

成人アタッチメントにおいてどのような認知プロセスが重要なのか

　アタッチメント理論の基礎は，アタッチメント経験が内在化されるという考えである。生得的なアタッチメント・システムは，固定的で柔軟性のないやり方ではなく，その場の養育環境に適応したやり方で行動を制御することによって生存を高める。アタッチメント表象とは，そのような適応が生じるメカニズムである。人生の最初の1年間の数え切れない相互作用をとおして，乳幼児は養育者から何が期待できるのかを学び，それに応じてアタッチメント行動を調整する。これらの経験に基づいた期待は，理論的には社会的情報が処理されるフィルターとなるアタッチメント表象の基礎を形成する。Bowlby（1988）によると，アタッチメント表象は，どのような情報が注目されたり，（防衛的に）排除されたりするのかということを含めた情報処理のすべての側面に影響する。すべての認知スキーマのように，アタッチメント表象は新しい情報を調整するのではなく，同化する方向にバイアスをかける（Piaget, 1951）。

　アタッチメントの「内的作業モデル」に関する成人の研究のほとんどは，認知プロセスにおける個人差を調べるためにデザインされている（Pietromonaco & Feldman

Barrett, 2000のレビュー参照)。アタッチメント表象は主として経験の個人差の産物であると仮定するのであれば，すべての人が同じ記憶や期待，解釈バイアスを持っているとは考えないのである。個人のアタッチメント表象は異なるがゆえに，その影響も確かに異なっている。標準的モデルを開発する研究者にとっての課題は，個人差と交絡しないアタッチメントの指標を同定することである。それでは，ある人が別の人にアタッチメントを形成していることの証拠を示す認知プロセスの側面はあるのだろうか？

この疑問については，すでに現実的な解答がある。Mikulincerら(2002)は，個人のアタッチメント・スタイルにかかわらず，閾下の脅威が自動的にアタッチメント対象の表象へのアクセス可能性をより高めることを示した。もし研究者が参加者に不安喚起場面で最初に思いつく人を報告することを求めていたなら，その結果はこれまで十分に示されてきたアタッチメント・スタイルの効果を再現したであろう。転移パラダイム(Andersen & Berk, 1998)は，もう１つの見込みのある方略を提供している。このアプローチにおいても，参加者は，日常生活における重要人物の表象が彼らの情報処理のやり方に及ぼす効果に気づいていなかった。

これらの方法は，意識的なプロセスをうまく回避しているので，成人アタッチメントの基本的な認知的指標を発見するのに有益であろう。個人差の観点から，他者が有効で応答的だと認知されているかどうかといった人々の表象の内容は興味深いが，それはアタッチメントの絆が存在することの決定的な証拠ではない。パートナーが拒否的であると個人が予期していることを知るだけでは，その人がパートナーにアタッチメントを形成しているかどうかを決定するのに十分ではない。標準的な観点からすると，パートナーの表象が適切な状況下で選択的に活性化するのかどうか，また，それが情報処理に選択的な効果を持つのかどうかがより大きな関心事なのである。

成人アタッチメントの絆が発達するにつれて認知はどのように変化するのか

ほとんどのつきあいの長いパートナーは，最初に出会った時にはなかったはずのお互いの表象を持っていると推測されるので，その表象の発達をたどることは可能なはずである。パートナーの表象がアタッチメント形成の認知的指標であるかどうかを決めることとは別の問題である。私たちの知る限りでは，恋愛パートナーについての心的表象の発達に関する研究はこれまでのところ行なわれていないので，妥当なシナリオを考えることは有益であろう。

前アタッチメント期において，パートナーの表象の構成が始まる。この時点では，

どのようなプライミングもスキーマの活性化も前述のような効果を期待できないであろう。アタッチメント形成期において，カップルの相互作用の性質は，スキーマの構築に大いに貢献する。パートナーは，お互いの顔や身体，行動や反応を知るために長い時間を費やす。彼らは，パートナーの有効性や応答性についての期待を発達させるのに十分な機会を持つ。ある時点において，パートナーの表象はアタッチメントに関連する状況において選択的に活性化され，情報処理に選択的に影響し始める。これらの効果の出現は，カップルが明確なアタッチメント期に入ったということを示しているのであろう。パートナーの表象は，より速い活性化やより広範囲にわたる情報処理への影響といった目標修正段階を表わすさらなる精緻化や組織的な変化を受けることであろう。

生理レベルのアタッチメント

アタッチメント理論は，幼児が短期的にも長期的にも主要な養育者との関係から広範な影響を受けるということについて述べている。アタッチメント理論が過小評価していることは，幼児の生理機能に対するアタッチメント対象の影響であると指摘する意見もある（Kraemer, 1992; Polan & Hofer, 1999; Reite & Capitano, 1985）。現在，幼児-養育者のアタッチメントの心理生理学に関するかなりの数の実証研究があるように（Fox & Card, 1999でレビューされている），この問題における関心は近年増大してきている。このような研究の主な焦点は，個人差，つまり，主に幼児の反応性における気質とアタッチメント・パターンの違いにある。

生理学的測度を組み入れた成人アタッチメント研究はあまり見られず（例えば，Feeney & Kirkpatrick, 1996; Mikulincer, 1998），ここでも強調点は個人差，主にアタッチメント・スタイルが様々な実験状況下で覚醒にどのように影響するかにある。健康心理学の領域では，多くの研究が社会的相互作用の生理学的要因を調べており（Uchino et al., 1996でレビューされている），そして，その報告の多くが情動的絆についての問題に関連しているが，それらの研究はこの問題を扱うようにはデザインされていない。標準的アタッチメントの生理学的基礎となるような体系的な研究が，全体として人間科学から欠落しているのである（Diamond, 2001）。

対照的に，動物研究者は，様々なほ乳類の種における標準的なアタッチメントの神経生理学的，神経解剖学的基質を同定することにおいて大きな進歩をしてきた（Carter et al., 1997 参照)。これらの研究者の何人かは、ヒトのアタッチメント研究への彼らの発見の意味あいを明確に議論している（例えば、Carter, 1998; Hofer, 1994; Reite & Boccia, 1994; Suomi, 1999)。

それらの中で卓越しているのは、1987年にラットの子どもにおける分離苦悩の研究をまとめたHoferである。その仕事は、子どものラットは、母親からの分離中に、母親についての何が厳密に不足しているのかという疑問に動機づけられていた。それを発見するために、Hoferらは、不在の母親のある特徴を1回に1つずつ導入して、子ラットの苦悩へのその特徴の効果を測定するという一連の研究をデザインした。彼らは、母親の柔らかい毛に似た毛皮のマットを加えたり、ケージを母親の体温に温めたり、胃へのチューブを通して母乳を投与したりして、母親のにおい、感触、動きを模造する方法を考案した。彼らの研究は、子ラットのそれぞれの苦痛症状が特定の母親の特徴と結びついていることを明らかにした。例えば、母親不在時に、子ラットは力なく不活発になったが、ケージを温めることで活動は通常どおりになり、胃が母乳で満たされた時には心拍数は通常に戻り、周期的な動きのある母親の毛づくろい行動をまねることで睡眠障害は治った。主要な発見としては、それぞれの母親の特徴は1つの苦痛症状を軽減したが、それ以外のものには効果がなかったことである。

Hoferは、その発見を母親のある特徴が子ラットの生理システムを制御している証拠であるとみなしている。彼の見解では、子ラットがヒトの幼児や児童において絶望と呼ばれるような一連の症状を示した理由は、母親の不在時にこれらの「隠れた」制御因のすべてについても欠如していたためであるとしている。驚くことに、分離苦悩の激しい抵抗の段階に関する発見は、全く異なっていた。どのような母親の特徴であっても、ほぼすべての抵抗をある程度減少させており、同時に生まれたきょうだいの存在は効果的に抵抗を除去していた。しかし、抵抗の除去は絶望を特徴づける行動的、生理的な混乱を防がなかった。

Bowlby (1973) は、抵抗と絶望を相互依存した反応として概念化した。活発な泣きと積極的な捜索は、分離直後の反応としては適応的であるが、アタッチメント対象を連れ戻すという目標を達成することに失敗した時には、静かにして、エネルギーを節約し、捕食者を引き寄せるのを避けることがより適応的になる。Hofer (1987) の実験結果は、抵抗と絶望は2つの独立したプロセスであるということを示すものであり、後者は生理的共制御を含んでいるとする別の概念化への強い支持を提供している。長く続く分離が行動的、生理的な混乱を引き起こすという事実は、アタッチメントが存在している証拠として広く受け入れられている。Hoferによると、逆に言うならば、アタッチメントとはこれらのシステムを組織化し、制御し続けているものなのである。

第Ⅱ部　生涯を通じたアタッチメント・プロセス ― 連続性，不連続性，変化，測定問題 ―

ラットにおける抵抗と絶望の表面的な（行動的な）症状は，養育者から分離させられたヒトの幼児と児童において観察される症状や，親密な人を亡くした成人にみられる症状と実質的には同一である（Hofer, 1984）。これは，根底にある生理的機能も類似しているという興味深い可能性が生じる。言い換えると，種や年齢を超えて，生理的共制御は，生得的な要素であり，アタッチメントの信頼できる指標かもしれない。

1つの種の発見から別の種について推定することは危険であろうが，種の比較は新しい考えの貴重な源でもあろう。アタッチメント理論を形づくる時に，Bowlbyはアカゲザルにおける情動的絆に関するHarlowの実験や，ガチョウの子どもの刷り込みに関するLorenzの研究から着想を得ており，それらのいずれもアタッチメント行動を制御する生得的なシステムの仮定に彼を導いた。

無力な生まれたばかりのラットの生理的機能が，世話をしたり，なめてきれいにしたり，暖かくしたりする母親によって制御されている，ということは理解しやすい。しかし，これは私たちの種における，特に幼児期を越えたアタッチメントの妥当なモデルなのであろうか。実際に，ヒトの成人における生体リズムの社会的エントレインメント（同調）について多くの証拠がある。生体システムには，視床下部の2つのペースメーカーによって作動する24時間の機能リズムがある。これらのペースメーカーは，日々の同期を必要としており，すべての種においてリズムを同調させるための環境的特性がある（タイムキーパーという意味のドイツ語，**ツァイトゲーバー：Zeitgeber**として知られている）。昆虫においては，タイムキーパーは，環境の温度と明暗のサイクルである。ヒトにとっての主要なツァイトゲーバーは，社会的相互作用である。

時間生物学の分野にはこの現象の例が豊富にある。Vernikos-DanellisとWinget（1979; Hofer, 1984に引用されている）は，通常の環境から移動させられて同居させられた成人は，24時間周期の同期を示し，別の集団に移されると，その新しい集団のリズムにすぐに同調するようになることを発見した。別の論文の例には，同居している女性たちの月経の同期（McClintock, 1971）や，血縁関係にない成人男性と同居している少女における思春期の早期の開始（Moffitt et al., 1992; Surbey, 1990），恋人として男性の性的パートナーを持つ女性のより規則的な排卵（Vieth et al., 1983）といった証拠がある。つまり，成人でさえ，私たちの生理システムは外界の社会的環境に「開かれて」いる。そして，個人の社会的環境における恋人の重要性と，互いに接する時間の並外れた長さを考慮すると，恋人は互いに主要な生理的制御因となっているといえよう。

様々なほ乳類において，幼児と親の絆や成人の生殖パートナー間の絆は，同様の

精神神経内分泌の核，つまり，視床下部−下垂体−副腎皮質系（HPA）と自律神経系（ANS）と関連しているという証拠によって（Carter, 1998; Carter et al., 1997; Hennessy, 1997），異なる種類の共制御が提案されている。この核の主要な機能は，潜在的に有害な状況において生体が行為をする準備のためにシステムの活動を上方制御すること，および後に脅威が過ぎたあとでホメオスタシスを回復するためにシステムの活動を下方制御することである。この生理的な核がアタッチメントに関連するという証拠は，ヒトと動物両方の研究から得られている（Carter, 1998 にレビューされている）。

Gump ら（2001）は，結婚または同棲しているカップルについて，ANS 活動（特に，交感神経系）の指標として血圧を用いた。すべての参加者は，活動している時間に携帯型のモニターを1週間身につけた。45分ごとに血圧が記録され，その時彼らが何をして何を感じていたか，誰と一緒にいたのかを報告してもらうために日誌を書いてもらった。パートナー以外の人との1対1の相互作用をしている時や，1人での活動をしている時よりも，パートナーが存在している時には，血圧が有意に低いことがわかった。パートナーとのやりとりはより親密であると評定されていたが，このことは血圧との関連を媒介していなかった。この結果は，アタッチメント対象が，関係の親密さに依存しないで覚醒の生理的指標に特有の効果を有するかもしれないことを示唆している。

Mason と Mendoza（1998）は，ペアの絆を形成するめずらしい種の1つであるティティモンキーにおけるアタッチメントの生理的指標の証拠を発見した。ティティのつがいは，しばしば長いしっぽを絡ませながら数時間肩を寄せ合って座り，近接を維持しており，そして，互いがひき離されるとひどく動揺し苦痛を示す。ヒトと同様に，ティティの親は子どもにアタッチメント行動を向けないが，ヒトとは違って，ティティの子どもは主に父親にアタッチメントを形成する傾向にある。分離に対する HPA 反応における違いは，それらの社会的構造の違いと対応している。特に，つがいは引き離された時に HPA の活性の増加を示すが，子どもから引き離された時はそうではなく，また，ティティの子どもは，父親からの分離に対する反応として HPA の活性の増加を示すが，母親からの分離ではそうでない。

Carter（1998; Carter et al., 1997）の研究における被験体は，アメリカ中西部原産の小さな齧歯類である草原ハタネズミである。草原ハタネズミは，つがいの相手に対してアタッチメント行動を示し，その相手と長期的な絆を形成する。同じケージに暮らすペアは結果としてアタッチメントを形成するが，ペアに性的接触があった場合や，一緒にストレスのある経験をした場合には，そのプロセスは早くなる。

Carterは，ANSの副交感枝と密接に関連し，覚醒に関して下方制御の効果を持つホルモンであるオキシトシンとバソプレシンに注目している。一連の実験を通して（Carter, 1998; Carter et al., 1997），彼女たちは，オキシトシンとバソプレシンは，ペアの絆の形成と維持において中心的な役割を果たしていることを実証してきた。草原ハタネズミは，つがいの相手の関係において近接維持と分離苦悩を典型的に示し，新奇な性的パートナーよりつがいの相手を好むが，これらの標準的な行動傾向は，拮抗物質の投与によって妨げられる（Insel, 2000 も参照）。両方のホルモンを合成する細胞の配分は雌雄二形的であり，当初の結果は，オキシトシンはメスにおいてペアの絆の形成を媒介する一方で，バソプレシンはオスにおいてこの機能を果たしていることを示唆していた。しかし，後に，それらのホルモンのいずれかを相対的に多く投与することは，両性においてペアの絆の形成を引き起こすことが見いだされた。すなわち，先のような差は相対的な感受性の一種であると考えられる。

これらの発見に基づいて，Carter（1998）は，アタッチメント形成の標準的モデルを提唱している。すなわち，それは，HPAの活性化や社会的なはたらきかけのきかっけとなるような継続的な近接や性的接触，ストレスによって開始する。HPAの活性化は脳下垂体に信号を送り，その次にオキシトシンやバソプレシンを放出する脳下垂体後葉に信号を送る。その後に続いて起きるホルモンが誘発する鎮静の状態が，社会的接触の文脈において経験される。この接触と鎮静が十分な回数，十分な強さで同時に生じた時，条件づけが生じる。つまり，特定の個人が安全感と結びつけられるようになるのである。

ヒトにおいて，オキシトシンは妊娠中の女性の陣痛時の子宮収縮や，子育て中の母親の乳汁排出の引き金となることでよく知られており，同様のメカニズム，つまり，母親と安全感の条件づけられた連合（Uvnäs-Moberg, 1994, 1998）によって幼児の絆の形成を促進していると考えられる。オキシトシンは，親密な身体接触がその放出を刺激するのに必要であるために，「抱擁物質」といわれることがあり，その存在は親密な接触の欲求を高める。重要なことは，その効果は幼児や養育者に，または出産前の経験に限定されないということである。オキシトシンのシステムは，生涯を通じて活性化されている。実際に，（オキシトシンの）成人のレベルは性的オーガズムの瞬間に男女とも最も高い（Uvnäs-Moberg, 1997）。これは，成人アタッチメントの形成に対する親密な身体接触の効果もホルモンに媒介されており，同様の条件づけメカニズムを含んでいることを示唆している。

成人アタッチメントにおいてどのような生理的プロセスが重要であるか

　ペアの絆の形成についての神経生理学に関する動物の研究は，結果としてヒトへの応用に大きな可能性があるほ乳類のつがいのアタッチメントの標準モデルを生みだした。それに加えて，ヒトの社会的相互作用の生理的効果の研究は，ヒトの標準的モデルの発展に有益となるであろう手がかりや方法を提供している。これらの論文は，恋愛アタッチメントの指標となり得るであろう2つのプロセスを強調しており，それぞれが異なるタイプの共制御を含んでいる。1つのタイプは，個人が特定の状況においてお互いの生理的覚醒を調節する時に顕著になる。アタッチメントに最も関連のあることは，様々なストレッサーに対する覚醒反応を弱めることである。この形の共制御を成人アタッチメントの可能性のある指標と考える時，2つの問題に取り組まなければならない。その1つは，ストレス反応性を緩衝することにおける，（仮定された）アタッチメント対象とその他の対象の効力とを比較する研究の結果の不一致である。Gumpら（2001）の研究では，参加者は友人がいる時よりパートナーがいる時に有意に血圧が低かったが，他の研究では（例えば，Fontana et al., 1999），支持的な他人は，ストレスへの生理的反応を弱めることにおいて親友と同じくらい効果的であった。

　もう1つの問題は，個人差の複雑な効果に関連する。ある研究において（Carpenter & Kirkpatrick, 1996），女子大学生は，1回は恋人の在席時に，もう1回は1人で心理的ストレッサーを別々の機会に経験した。安定型の女性は，パートナーの在不在にかかわらず生理的反応に違いはなかった。それに対して，回避型の女性は，1人の時よりパートナーといる時に血圧が高かった。この発見は，1歳児の心拍数を母親からの分離再会時に測定した研究（Sroufe & Waters, 1977b）の結果と一致している。安定型であろうと不安定型であろうと，すべての幼児は，心拍数の加速によって示されたように，分離によって苦痛を感じているようだった。しかし，再会に対する反応には著しい個人差があった。安定型の幼児の心拍数は，母親との接触の1分後までには分離前のレベルに戻った。定義的にはストレスが高い時に接触を避ける傾向を持つ回避型の幼児は，再会中に心拍数の増加を示し続けた。

　そのような発見を考慮に入れると，パートナーがお互いのストレス反応性を制御している方法の中に，成人アタッチメント形成の標準的指標を探し出すための基礎があるのだろうか？　おそらくそうであろう。SroufeとWaters（1977b）の研究においては，回避型の幼児は，母親の在不在のどちらにおいても苦痛を感じていた。私たちは，これらの反応はアタッチメント対象ではない人物との関係の中では観察されないので

はないだろうかと考えている。CarpenterとKirkpatrick（1996）の研究では，回避型の女性はパートナーがいない時よりいる時にストレスを感じていた。再度，私たちは，彼女たちが他者との関係においても同じような反応を示したか疑問に思う。パートナーがいる時に安定型の女性に反応がなかったのは，比較的ストレスの低い課題（すなわち，暗算）を用いたためかもしれない。Simpsonら（1992）の研究では，安定型の女性は不安が高い場合のみ慰めを求めていたことを思い出してみてほしい。

　生理的なストレス反応性においてみられる標準的なアタッチメントの指標があるのかどうかという疑問に戻ると，その答えは，パートナーが**どのように**お互いを制御しているのかでなく，実際に制御**している**という事実にあるだろう。ストレスが高い状況において，パートナーの存在が鎮静効果を持つのか，より覚醒させる効果を持つのかどうかは，パートナーがいずれにしても重要な効果を持つかどうかということ以上にアタッチメントの状態について明らかにするものではないであろう。

　アタッチメントの指標として有益であると思われる共制御の第2のタイプは，多様性に富んだ生理システムへの長期的で相互的な影響を含むものである。成人のパートナーが生理レベルでアタッチメントを形成するようになるという考えは実証されていないが，それと一致する間接的な証拠はある。Hofer（1984）が言及したように，長期にわたるパートナーの喪失に悲嘆する成人において生じる心臓血管や内分泌，免疫の変化は，ラットやリスザルの子どもの長期的な分離においてみられる生理的症状に似ている。彼の観点では，アタッチメント対象の長期の不在が確実に複数の生理システムの制御不全を導くのであれば，アタッチメント対象はそれらのシステムの制御に主要な役割を果たしていることを意味する。彼の実験は，そのような共制御がラットで生じていることを納得のいくように証明した。アタッチメント研究の将来の方向性についての最近の提案としては，Main（1999）は，ヒトのアタッチメントの絆における隠れた生理的制御因を探し始めることが必要であると主張している。

　成人のカップルにおいてこのような制御プロセスはどのように現われるのであろうか。また，アタッチメントの指標とみなすためには，どの程度の，またどのような形式の共制御が必要なのであろうか。いくつかの状況において，単純な近接が事実上の他人どうしの生理リズムの同期を引き起こすことが示されている。したがって，生理的同期だけでは，アタッチメントの証拠として不十分であろう。しかし，Hofer（1984，1987）が強調しているように，ヒトの心的表象の能力は，生物行動的制御が，発達コースを通して，だんだんと内在化され，直接の感覚運動的入力に依存しなくてもよくなっていくことを意味している。つまり，1つの可能性は，アタッチメントを形成したペアの間の生理的共制御は拡張され，実際の相互作用を越えてみられるというもの

である。別の明らかな可能性としては，おそらく共制御が確立している場合にのみ生じるであろう生理的制御不全のサインを求めて分離への反応を調べることである。このレベルのアタッチメントが長期にわたる親密な身体的近接と相互作用から生じているのなら，そして，それが無意識に生じているのなら，それはアタッチメント・スタイルのカテゴリーを超えた絆の形成の指標として役立つであろう。

　成人アタッチメントの絆における隠された生理的制御因を見つけることは容易ではないだろう。現時点では，どのようなプロセスが研究の対象になるのか，またどのような形の共制御が行なわれているのか明確でない。そうは言っても，この問題に関する研究がアタッチメント現象の理解を高める可能性は非常に大きいため，そのことが研究の妨げにはならないであろう（さらなるアタッチメントの生理学に関するものは，本書の8章，Diamond & Hicks を参照）。

成人アタッチメントの絆が発達するにつれて生理機能はどのように変化するか

　生理的共制御がアタッチメントの絆に本来的に備わっているのなら，おそらくそれは追跡可能な発達コースをたどるであろう。恋人は最終的にはそのような状態に到達するのであろうが，それはどのように到達するのであろうか。長期にわたり同居すれば十分なのであろうか。もし測定可能な移行があるのなら，どのようなことが生じているのだろうか。この問題に関する研究は現在のところ存在しないため，私たちは推測的な可能性しか提供できない。

　前アタッチメント期には，恋人たちは，知人や他人との間において観察されるもの以外には，生理的共制御のどのようなサインも示さないであろう。アタッチメント形成期には，恋人たちは頻繁に相互作用し，苦痛の軽減と関連する複数の生理システムでの共制御の発達を促すような身体的に親密で覚醒を調整するやりとりを行なう。ある時点において，カップルはお互いにストレスへの反応に重要で選択的な効果を持ち始め，広範囲にわたる生理的共制御にも達する。これらの文脈特有な，または全般的な効果は，明確なアタッチメント期の開始の指標である。目標修正期には，それらはさらに強化され，内在化されるだろう。

情動レベルのアタッチメント

　情動はアタッチメント理論やアタッチメントの絆において中心的な位置を占める。「最も強い情動の多くは，アタッチメント関係の形成，維持，崩壊，そして更新の時期に生じる」(Bowlby, 1979, p.130)。アタッチメントをあらわにし維持する情動反応は，進化的圧力から生じたと考えられている。保護者が一緒にいる時にポジティブな情動を，不在の時にネガティブな情動を経験する乳幼児は，保護者との近接を維持するように動機づけられており，結果としてより生存しやすかったのである。

　Bowlby (1969/1982) は，彼の3部作の第1巻で，アタッチメント対象への物理的近接の重要性を強調している。第2巻 (Bowlby, 1973) で，Bowlbyはアタッチメント対象の有効性についての子どもの評価により大きな強調点をおいている。その考えは，安全感や非安全感は，特定の個人の物理的存在や不在からというよりも，その人の有効性や非有効性の感覚からきているということである。「子どもや成人が安全または不安，苦痛の状態にあるかどうかは，主要なアタッチメント対象のアクセス可能性と応答性によって大部分決定される」(Bowlby, 1973, p.23)。アタッチメント・システムの設定目標についての新しい考え方は，SroufeとWaters (1977a) による「安全感」の概念の中によく表現されている。

　アタッチメントの絆の近接の機能（proximal function）は，どの年齢においても，効果的な対処と十分な探索への取り組みを促す形で，つまり，不安を減少し安全感を引き起こすような形で，個人の情動状態と情動反応を調整することである。安全感の主要な源は，アタッチメント対象がアクセス可能で応答的であるという認知である。そして，アタッチメント対象への近接を維持することはそれを達成するための主要な方略である。成人アタッチメントの研究者は，恋愛関係の中核的な特徴として，情動制御に注目するようになってきた（例えば，Brennan & Shaver, 1995; Feeney, 1995; Simpson & Rholes, 1994）。

　これまでに紹介してきたいくつかの報告は，これと関連している。Simpsonら (1992) の実験において，安定型の女性の行動は間近に迫ったストレッサーについての不安を示しており，彼女らはおそらく不安を軽減するために，パートナーとの接触を求めていた。FraleyとShaver (1998) の空港の研究では，不安が喚起されていると思われる分離を待つカップルは，パートナーとの接触を求めていた。観察された行動は，不安を調整するための取り組みとして捉えられた。Mikulincerら (2002) の実験では，アタッチメント対象の表象は，閾下での脅威の後に，おそらく不安を軽減させる手段

として，アクセス可能性が高くなった。Gumpら（2001）の研究では，参加者の血圧は，パートナーとの接触が鎮静効果を持つことを示唆するように，パートナーとの相互作用の間に低下した。

　これらの研究のすべてが，アタッチメント関係は情動制御機能を持つというBowlbyの概念化を支持している。それぞれのケースにおける内的な情動状態とその変化は，行動や認知，生理から推測されたという点に注意が必要である。このアプローチは，現代の情動の理論（Ekman, 1994; Frijda, 1986; Izard, 1994）と一致している。

　情動は，本質的に複数のレベルの，複数の要素からなるプロセスである（Frijda & Mesquita, 1998）。限られた刺激だけが特権的に情動と関連づけられてきた。例えば，暗闇やぼんやり見える対象と恐怖反応との関連のようにである。しかし，たいていの場合，たとえ必ずしも熟慮したり意識したりすることがなかったとしても，かなりの部分で**認知的評価**を含んでいるのである。一般に，情動は，個人的に関連のあるものと評価された出来事によって引き起こされる（一次評価）。喚起された情動のタイプは，引き金となった出来事に対する反応への実現可能な選択肢としての二次評価によって決定される。情動はまた，**生理的**要素も持っている。覚醒は，情動と共通点を有するが，これまでのところ特定の情動と生理的反応の特定のパターンとの間には明確な関連性は立証されていない（Cacioppo et al., 1993）。情動のもう1つの要素は，**行動的傾向**または「行為のレディネス」であるが，たいていそのような性質（例えば，恐怖で逃走する，怒りで殴りかかる）は抑制されているものである。もちろん，情動は表情とも関連している。情動の表情は，生得的で，普遍的なものであり，偽ることが難しいという強力な証拠がある（Ekman, 1994; Izard, 1994）。しかし，例えば個人的成功の喜びや死別に関連する悲しみの公での表現といったような情動の表出に関する社会的なルールにおいてはかなりの文化的なバリエーションがある（Ekman & Friesen, 1969）。これまで言及されてきたように（Russell, 1994），同じ表情でも，ある状況では内的な情動状態を反映し，別の文脈では全く異なる意図を持つ社会的なシグナル（例えば，幸福から生じる笑顔と人をなだめるための笑顔）として用いられるかもしれない。

　情動の行動，認知，生理レベルの間にあまり一貫性がないことは，それらの1つのレベルから内的な情動状態についての明確な推断をすることを非常に難しくさせている。しかし，アタッチメント関係における情動制御の理論的重要性のため，情動プロセスは成人アタッチメント研究の主要な焦点でなければならない。幸運なことに，情動研究者が直面している問題に向き合ったり，解決したりすることなしに，アタッチメントと非常に関連の深い情動についての問題を探求することができるかもしれない。例えば，情動研究者は，ある情動が「基本的」であるかどうか，またそれぞれの情動

と関連する特定の生理的特徴があるかどうかを判断するための基準に関する問題に心を悩ませる傾向がある。アタッチメント研究者が知りたいことは，何よりもまず，情動が特定のタイプの他者との関係性によってどのように影響されるかということである。

どのような情動プロセスが成人アタッチメントにおいて重要なのか

情動制御が成人アタッチメント研究の中心を占めるようになってきたという事実は，Bowlbyの理論とのより緊密な整合に，そして，標準的なアタッチメント現象を探求するためのよりよい位置に，この領域を至らせるような強調点の変化を示すものである。アタッチメントの情動的指標は，アタッチメント対象が持っている情動を制御する隠された能力において見いだされるであろう。そして，情動の多次元的な性質のため，これらの制御効果は行動的あるいは認知的，生理的指標を用いて調査することができる。つまり，ここで注目してきたすべてのプロセスは，このような分析レベルと関連している。2者がアタッチメントを形成しているかどうかを，情動に基づいてどのように判断するのか。その答えは，彼らがどのようにお互いに対して行動し，お互いのことを考え，お互いに対して生理的に反応するかにある。

成人アタッチメントの絆が発達するにつれて情動はどのように変化するか

前アタッチメント期においては，目新しさと性的魅力によるお互いの覚醒という形を除いては，恋人間の情動制御が観察されることは期待できない。アタッチメント形成期においては，恋人たちはお互いを刺激的だと感じ続けているが，徐々にお互いの存在によって覚醒の下方制御を経験するようにもなる。この時期には，お互いにアタッチメント行動を向け，お互いの心的表象を形成し，生理的共制御を促進するような方法で相互作用をする。明確なアタッチメント期の開始は，選択的にパートナーに向けられ，パートナーを中心として組織化された情動制御（行動，認知，生理レベルでの）によって特徴づけられる。そして，パートナーに向けられた情動制御のさらなる内在化が最後の段階，つまりアタッチメント形成の目標修正期の構成要素となる。

結論

　個人差に関する20年間の研究のあとで，成人アタッチメントの領域は標準モデルを発展させ始め，アタッチメントを形成することは何を意味するのか，またどのようにしてアタッチメントの絆は確立されるのかといった基本的な疑問についての答えを探求する時期に来ている。これらの問題に取り組むための私たちの提案が意味することは，縦断研究の要求である。縦断研究に関連する論理的な問題を考慮に入れると，研究者が他のアプローチを選択してしまうことは驚くべきことではない。しかし，標準理論の枠組みなしに個人差についての関連性からわかることは限界があり，この領域はその限界に近づいているのかもしれない。よい情報としては，アタッチメント形成を実証することは，長期の縦断研究を必要としない。恋愛における最初の1,2年におけるお互いへの関わり方の著しい変化は，アタッチメントに関連する発達は比較的短い期間のうちに生じることを示唆している。このことは，恋愛関係の最初からアタッチメントプロセスを追跡することを可能にするが，縦断デザインは，アタッチメントプロセスに特に大きな影響を持つと予想される関係の転機，例えば恋愛において夢中になった状態の低下や同棲への移行，をどのように乗り越えるのかを調べるのにも有益であろう。アタッチメント形成に時間がかかるということは，避けられない事実である。したがって，そのプロセスの完全な理解は，それが時間とともにどのように変化するかについての観察に基づいていなければならない。

　行動，認知，生理，そして情動レベルでのアタッチメント研究についての私たちのレビューと，それぞれのレベルでのアタッチメント形成の見込みある指標と段階についての私たちの提案は，解答よりも多くの疑問を生んでいる。これは，成人アタッチメントの領域の現在の状況，および標準的，発達的，そして関係指向的なアプローチが提供する多くの新しい問題や話題を探求することによって促進されると思われる刺激的な将来を反映しているであろう。

第Ⅱ部　生涯を通じたアタッチメント・プロセス ── 連続性，不連続性，変化，測定問題 ──

4章

R. Chris Fraley & Claudia Chloe Brumbaugh

アタッチメントの持続性と変化を概念化し検討するためのダイナミックシステムアプローチ

　Bowlby は 1973 年に刊行された著書『**分離不安**（*Attachment and loss*）』において，複雑な鉄道システムという比喩を用いながら発達経路についての考えを詳細に検討した。読者に，大都市の中心部から始まる線路を思い浮かべるよう求めた。旅行者が幹線から旅を開始することを選ぶと，やがて線路が複数の行き先に向かって分岐する地点に至る。遠く離れた見知らぬ土地に続く線路もあれば，幹線から離れるもののおよそ並行して走るものもあるだろう。旅行者が旅を続けるにつれ，各分岐点において新たな選択を強いられる。旅行者が行なう選択によって，たどりつきやすい場所や遠く離れた場所ができるなど，行き先に重要な影響をきたす。

　Bowlby は線路という比喩が人格発達の特徴を示すのに適切だと考えた。例えば，人生の早期には，その人が進み得る数多くの発達経路があり，様々な到達先がある（Sroufe & Jacobvitz, 1989 を参照）。「先行き」には，家族，仲間，パートナーとの良く機能した関係が含まれる場合もあれば，そうではない場合もある。選んだ道を進むにつれ，ある程度の推進力が生成され，人生の軌跡が定まり，変えることが難しくなる。Bowlby の見解によれば，発達研究の主目的の１つは人間の発達の経路の地図を描くことであり，とりわけ重要なのは，特定の発達のコースをたどり続けたり，あるいは，すでにたどった道から離れられたりする過程を明らかにすることである。

　発達心理学は，他でもないある道筋を人が歩むように人生の出来事を実証することにかなりの成果を上げてきたが，これらの人生の出来事が人格発達を形づくる力動的な過程はいまだ明らかにできていない。本章の目的は，発達，持続性，変化についての Bowlby の考えを，ダイナミックシステム（Smith & Thelen, 1993; van Geert, 1994 を参照）の見地から検討するという新たな一歩を踏み出すことである。簡単に述べると，発達についての**ダイナミックシステムアプローチ**においては，協調変数のシステ

ムが時間とともにどう展開するかを強調する。このアプローチの主題の1つは，関心を寄せる行動特性が，システムのルール自体には明らかに表われていない過程から生じ得るということである。例えば，記憶システムの全体的なスキーマ特性は，相互につながった神経がその局部で相互作用をすることから生じるのであり，神経がスキーマの役割をとるようにデザインされているのではない（Rumelhart et al., 1986）。全体の根底にあるルールと，そうしたシステムに現れる特性とを理解することが，ダイナミックシステムアプローチの主要な目的の1つである。

　ダイナミックシステムの見地を当てはめることで，現在のアタッチメント理論や研究の未解決の問題のいくつかに答えてみたいと思う。1番めの問題は，アタッチメント組織の持続性と変化の両方に関わるダイナミックなメカニズムとは何であるかということである。私たちは，アタッチメントの安定性を変化させ得るものとして，**特定の種類の出来事**（離婚など）にはあまり注目せずに，むしろ，そうした出来事が人格のダイナミクスを支え貢献するような，より**全般的な過程**を強調する。そうすることにより，特定の人生の出来事がアタッチメントのダイナミクスに影響する仕組みを後の研究者が概念化できるような全般的枠組みを提供したいと思う。2番めの問題は，アタッチメント・パターンが長期間持続する仕組みを説明するために，ダイナミックメカニズムの何が密接に関わっているのかということである。アタッチメント・パターンにどの程度の持続性があるかという問題は，現在の研究で熱く議論されている（例えば，Lewis et al., 2000; Waters et al., 2000）。本章で私たちが検討したいことの1つとして，Bowlbyが持続性と変化についての考えを提示した際には，アタッチメント・パターンが異なる発達段階にわたって高く持続することを必ずしも予測するものではなかったということがある。Bowlbyの考えには，私たちが持続性を概念化するための興味深い含蓄があるが，Bowlbyが意味していたことは，これまでみなされていた以上に複雑な微妙さを持つのである。

　本章を，まず，発達，持続性，変化性についてのBowlbyの考えを概観することから始める。私たちが論じる通り，Bowlbyの考えの多くは，Waddingtonの著作によって形づくられた。この人物は，発達科学や生物システム研究に重大な影響を与えた発達発生学者である。私たちはWaddingtonの考えをいくぶん深く概観し，彼の考えとBowlbyの連続性，変化，人格発達についての考えとの関係を要約する。次に，ダイナミックシステムアプローチの一般的な方法論的道具であるシミュレーション技術と数学的分析を用いて，Bowlbyが論じた理論的メカニズムをモデル化する。私たちが実例で示す通り，これらのメカニズムに形を与え，そこから現われる持続性についての形態は，アタッチメント研究者が生涯にわたるアタッチメントの持続性を概

念化したり測定したりする方法への重要な含蓄を持つ。最後に，持続性と変化性についての実証研究を概観し，成人の関係性に影響する発達初期の経験の役割についてのBowlbyの考えに関して，これらのデータが含蓄するものを考察する。人生の経過を通して観察できるであろう（かつ，できないであろう）持続性の程度について，アタッチメント理論が予見することを明確にし，それと同時に，アタッチメントや人間発達の理解を前進させるような革新的な研究手段のいくつかを明らかにすることに，本章が役立つことを私たちは願っている。

発達の道筋と水路づけについての概念

　Bowlbyの線路の比喩は，Waddingtonが行なった細胞発達の人工頭脳学についての考察に奮起されたものである。Waddingtonの考えは，Bowlbyやその他の発達学者に深い影響を与えたため，本章でこの考えについていくぶん奥深く詳述する。Waddingtonは20世紀半ばの著名な発達発生学者で，細胞が，外部から妨害を受けても特定の発達軌道を維持できるのはなぜかを解明しようとした。Waddingtonたちが観察した結果，細胞は一度特定の機能を担い始めると（例えば，目に見えるシステムの一部となるような構造へと細胞が統合されると），実験的に弱い介入を加えても発達軌道を変えることは起こりにくいことがわかった。細胞も発達初期には多様な運命を担う潜在可能性はあるが，ひとたび発達軌道が確立されると，軌道がある程度**水路づけられたり緩衝が働いたりする**ようになり，発達の道筋から外れていきにくいとWaddingtonは論じた。

　このダイナミクスをより具体的に実例で示すためにWaddingtonは，発達の道筋を，丘を転がり落ちるビー玉の動きに喩えた（図4.1）。Waddingtonのこの喩えにおいて，ビー玉は細胞を，地形の果てにある様々な谷は細胞が担った選択的な発達的機能もしくは「運命」を表わしている。地形の特有の形状は，遺伝子の複雑な相互作用によって制御されると考えたため，**後成的地形**とWaddingtonは呼んだ。

　ビー玉が坂を下り始めると，後成的地形の谷底によって輪郭がはっきり示される複数の経路の1つに落ち着く。少し押すと，ビー玉は道筋を外れるかもしれないが，そのうち軌道を自ら再確立する。ビー玉が特定の谷間のくぼみに沿って進むにつれ，外から力を加えても，今の谷間から隣の谷間へと飛び移ることが起きにくくなる。なめらかであるとか勢いがつくといった，ビー玉そのものが有する一定の特質によっても，

4章 ■ アタッチメントの持続性と変化を概念化し検討するためのダイナミックシステムアプローチ

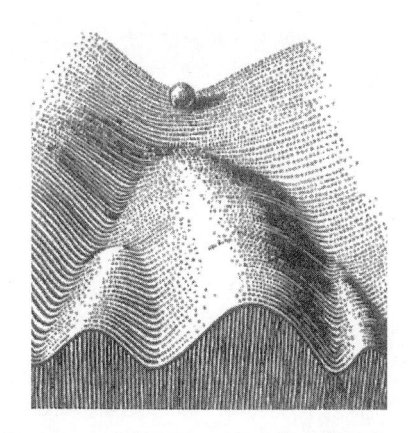

■ 図 4.1　Waddington（1957, p.29）の後成的地形

最初に確立した道を進み続けることになりやすい。地形そのものに備わっている特徴によっても、ビー玉は元の道を維持しやすくなる。例えば、丘の険しさや湾曲がビー玉を抱え込み、外からの力を緩衝する役割を果たす。

　Waddington（1957）は、外圧を受けても最初のコースを維持することになりやすいビー玉の傾向が、細胞発達における根本的な自己制御の過程に類似すると考え、これを**ホメオレーシス**と呼んだ。ホメオレーシスとは、外からの妨害を受けても、特定の発達軌跡、あるいは、特定の発達的先行きに向かう道筋を維持しようとするシステムの傾向である。多くの生物学者は類似した概念である**ホメオスタシス**について論じたが、Waddington は、発達の確かな特徴を理解するためにホメオスタシスは不適切な概念であると考えた。Waddington の見解によると、ホメオスタシス概念は、システムによって調整される一定で変わらない状態を強調しすぎている。例えば、体温を生理学的に調整する際、「望ましい」温度と現在の体温との差を最小化するように働く、ある生理的過程を、神経システムが活性化させたり終了させたりする傾向がある。ホメオスタシス過程のダイナミックな性質は、生理的機能のある特徴を理解するには重要であるが、一定の変わらない状態そのものによってというよりも、自己組織的な発達過程によって、特定の**最終状態**に向かう**経路**や**軌跡**を維持する働きが生じるとWaddington は主張した。「我々が議論しているのは、一定の変わらない状態の維持ではなく、そこに向かう途中で一時的に道からそれたとしても、ある特定の結末状態に到達することについてである」（Waddington, 1957, p.42）。

　Waddington（1957）によると、発達初期の細胞が利用できる経路は、遺伝子が相

互作用しながら生化学反応を開始したり制御したりするやり方によって決定される。さらに，図4.1.に表われているとおり，こうした反応によって，後成的地形の谷間が時間とともにどんどん深くなると彼は考えた。そのため，細胞は，利用可能な複数の経路のうちの1つにひとたび落ち着くと，その特定の経路にますます沿いやすくなる。

　細胞の発達がある程度緩衝されたり水路づけられたりするという考えは，Waddington（1957）の類推の重要な側面であった。しかしながら，Waddingtonは，生理学システムの種類によって，水路づけを必要とする程度が異なることも認識していた。システムによっては，適切な機能を果たすようシステムを組織化するために，外界からの作用が重要なものがある。例えば，視覚システムにおける皮質細胞は，外界から特定の形態のフィードバックがないと適切に発達できない（O'Leary et al., 1994）。しかしながら，システムによっては，外から力が加えられても，かなり固有の方式に従って発達するものもある（Geary & Huffman, 2002; Rakic, 1988）。

人格発達におけるホメオレーシスのメカニズム

　「水路づけられる程度」という考えはBowlbyの思考に強く影響し，水路づけを被りにくい特質について言及するために，「環境的に変わりやすい」状態という記述をしばしば行なっている。例えば，Bowlby（1969/1982）は，子どもが親との距離をうまく調節するのに必要な，一連の原初的な制御メカニズムや行動プログラムが，環境経験の多様さによらず出現するという意味で，アタッチメント行動システムの発達はきわめて水路づけられていると考えた。しかしながら，子どもがアタッチメント行動を制御するようになる**特定の方法**は，対人関係の経験によって強く影響を受けるということ，また，システムが特定の養育環境で適切に機能するためには，多かれ少なかれその環境に見合うよう調整される必要があることをBowlbyは確信した。家族における幼い頃の経験，とりわけ分離や喪失の恐れに関する経験が，個人にとってアタッチメント・システムがいかに組織化されるかを方向づけるのに影響すると考えた。彼が用いた線路の比喩によると，家族内の初期経験によって，進みうる多くの線路のうち，どの道を個人が旅するかという決定が促進される[★1]。

　人格発達の文脈において，最初の経路が確立されたら，多くのホメオレーシス過程

[★1] Bowlby（1973）は，鉄道の行き先が何を表わしているのかを正確には述べていないが，アタッチメント安定性や適応の異なる状態を意味していたと仮定するのが無難であろう。本章の目的のために，鉄道の行き先を，Waddington（1957）の地形における谷と同様に，異なる程度のアタッチメント安定性を表わしていると私たちは仮定する。

によって個人はその経路にとどまるとBowlbyは考えた。彼は，これらのホメオレーシス過程を大きく2種類に分けた。1つは，**養育環境**そのものに関するものである。個人を取り巻く環境が変わらない限り，自身が持つ世界についての表象の正当性を疑うような相互作用を経験しにくい。養育環境というこの変数の強力な性質は，子どもは長期にわたって，同じ両親，同じ地域，同じ環境を有するような家族に生まれるのが典型的であるというBowlby（1973）の観察によって強調された。発達の進路変更が余儀なくされやすいのは，変化の時期（両親の離婚，新しい町への転居，悲劇，幸運など）であろうとBowlbyは考えた。

　Bowlby（1973）はまた，連続性を促進するものとして，**個人内部**の，あるいは，**心理力動的**ホメオレーシス過程について論じている。人は，状況の心理学的特質と個人が抱く期待や好みとの重なりが最大になるように，環境を選択することが多いことにBowlbyは注目した。さらに，心は，新しい情報を既存のスキーマに同化させやすい働き方をすると論じている（社会的認知の理論と研究という文脈からの，この点についてのすばらしい議論はCollins & Read, 1994を参照）。こうした考えと一致するものとして，実証研究によって次のようなことが示された。つまり，個人が有する作業モデルによって，その個人が他者から引き出す反応の種類が影響を受けるということ（Arend et al., 1979; Troy & Sroufe, 1987; Water et al., 1979），また，実験的文脈でその個人が他者の意図について行なう推論の種類に影響すること（Brumbaugh & Fraley, 2004; Collins, 1996; Pierce et al., 1992; Pietromonaco & Carnelley, 1994）が実証された。そのようなダイナミズムによって，作業モデルは個人が経験する相互作用の種類を形づくり，関連して，個人がこれまで旅してきた経路を維持するよう助長する。その経路から大きくそれるほどに，遠くさまようことはなさそうである。

持続性と変化のダイナミクスのモデル化

　心理発達を理解しようとするうえで課題となることの1つは，ダイナミクスが伴う再帰的，反復的な性質である。例えば，子どもの作業モデルは発達初期に家族環境における経験に基づいて構築されるのだが，そうした経験の性質は，部分的に，子どもが持つ作業モデルに基づくものであるとBowlbyは考えた。この観点から考えると，子どもの信念と，子どもが遭遇する社会的環境とは，相互に影響しあう。こうしたダイナミクスが，アタッチメント表象の時間とともに発達するあり方に及ぼす影響を推

測することは可能だが，こうした過程にはフィードバックメカニズムが伴うために，直観だけに基づいては推測し難いパターンを形成するかもしれない（再帰の性質や理論的モデリングのすぐれた議論については van Geert, 1997 を参照）。こうした過程の正確な影響をより良く理解するために，私たちはダイナミックモデル化技法を用いて Bowlby の考えを形式化し，コンピュータシミュレーションと数学によってそれらのモデルを検討する。

Waddington の後成的地形のダイナミクスについてのシミュレーション

　私たちは Waddington の後成的地形のコンピュータシミュレーションから始める。というのも，それが，持続性と変化についての Bowlby の考えに理論的基盤を与えたからである。先述した通り，ホメオレーシス過程のおかげで，動揺があったとしても特定の発達の道筋に個人が保たれる仕組みを説明するために，Waddington の類推がしばしば用いられる。残念ながら，Waddington の類推をよく考えてみると，ビー玉に及ぼす外的影響の役割を見逃していることが多い。ビー玉を違う経路に向かって強く押せば，明らかに，ビー玉は谷間の壁を飛び越えて新しい運命を担うであろう。しかしながら，Waddington の類推を思い起こしてみると，外的要因はめったに作用しないか，作用するとしても，それが及ぼす力が弱く重要ではないと仮定されていることが多い。外的要因は実際に弱いものであっても，応分な力であれば，ビー玉が新しい谷間へ押しやられることは**起こりうる**ため，モデルは持続性を**保証**するものではないと認識しておくことが必要である。

　このことがなぜ問題となるのだろうか？　作業モデルは一度構築されると個人を特定の発達軌道に維持する強い傾向があると Bowlby が考えたことは明らかである。しかしながら，同時に，適応的であるためには，作業モデルは変化に開かれている必要があるとも Bowlby（1969/1982, 1973, 1980）は強調した。実際，精神病理学の多くの知見において，矛盾する証拠があるのに既成の信念や期待に固執することは，心理的適応が乏しい指標とされている（例えば，Horowitz, 1991）。理論が人の変化を見越している事実が意味することは，私たちがたとえホメオレーシスメカニズムの存在を前提としても，Bowlby の基本的なモデルは，Waddington のもののように，持続性を保証するものではないということである。これが真実なら，心理学者が，アタッチメント・パターンの長期持続性について，アタッチメント理論からしばしば引き出す仮説は，過度に単純化されているかもしれない。

　もちろんこれが真実かどうかは，公式的な方法で実証する必要がある。引き続く一

連の研究において，人格が時間とともに盛衰するあり方について，この類推の意味するところを良く理解するために，後成的地形をコンピュータシミュレーションで検討した。第1段階は，後成的地形のシミュレーションである。私たちは，Waddingtonが説明した地形と，いくつかの重要な点で類似する地形を生成した。図4.2にある通り，シミュレートされた表面は傾斜に配置され，そのため，ビー玉は矢印で示された方向に下方に動かざるを得ないことになる。さらに，ビー玉が表面の上方から下方に動くにつれ，各種の谷間が深くなるよう（経路がより水路づけられるよう）にした。

次に，ビー玉の動きを支配する物理的法則をプログラムした。特に，時間内のどの一時点においても，ビー玉が旅する方向は，次の3要因の関数となるように，シミュレーションを構築した。すなわち，①地形の局部（真周囲）の傾斜，②ビー玉の目下の動きの方向と勢い，③これら2要因の相対的大きさ（つまり，ビー玉の勢いに対する地形の傾斜）という3要因である。

シミュレーションがいかに作動するかは，図4.2を考えるとわかる。シミュレートするビー玉を表面の左上部に置くと，最初の最も左の谷間に落ち，谷間の谷底が形づくる軌道に落ち着く（図4.2の左手のパネルを参照）。ビー玉を別の場所に置くと，違う経路に落ち着く（図4.2の右手のパネルを参照）。

持続性と変化についての全体的で創発的なパターンを理解するために，このダイナミックシステムの基本「ルール」はどういう予測をもたらすのだろうか？　この問題を体系的に検討するため，ビー玉を表面に落とし，時間とともにその経路をたどるという多数の試行をシミュレートした。表面の左端に置かれたビー玉は最小の特性を示し，表面の右端のビー玉は特性による定義づけが増すというような，特性の段階的な差異を，図4.2の左から右へと移る個々のタイルによって表わすよう私たちは概念的

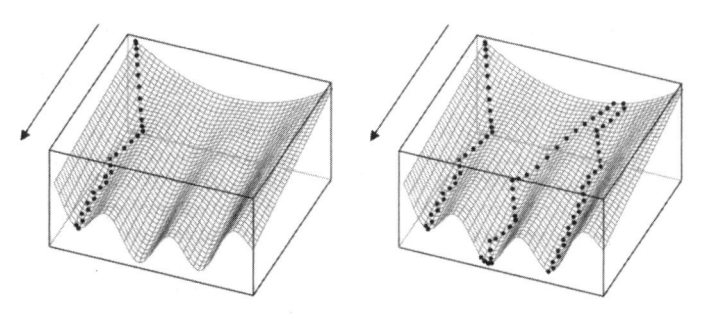

■ **図4.2　Waddingtonの後成的地形における発達軌道の水路づけ**　矢印は時間の流れを示す。

に説明した。表面をこのように概念づけすることで，最初の位置と終わりの位置との相関をビー玉の数だけ計算し，特性の持続性を数量化できた。人格発達への類推は明白である。特性や性質をアタッチメント安定性と概念化するなら，時間経過に伴うビー玉の軌道はアタッチメントに関する個人の発達経路を表わし，時点1と最終時点でのビー玉の場所の相関は乳児期から成人期へとアタッチメント安定性が持続する程度である[★2]。

この実例において，ビー玉の始点と終点の相関は極めて高い（$r > .90$）。相関が1より低いのは，始点と比べて，終点たり得る地点が確実に少ないという地形の形状による。実際，ビー玉の始点を**正確**に知ったところで（ビー玉の**およその**始点周辺とは対照的に），ビー玉の運命を予測するのに役立たないような状況を，この地形の特徴が形成している。タイル（図4.2の右手のパネルの3つの点）の1つめから3つめまでの間のどこにビー玉を置いても，すべて同じ地点（最初の谷間の終点）に行き着くため，正確な始点についての情報は重要ではない。表面が織り成す**分岐点**と関連づけて始点を数量化すると（つまり，正確な位置というより，システムによって提供される発達経路という観点から，個人の始点を分類すると），最初の状態がわかるだけで，ビー玉の最終状態を完全に知ることができた（つまり，$r = 1.00$）。

表面には，ビー玉の経路に及ぼすこうした**水路づけ効果**があるという事実により，試行－再試行相関に興味深いパターンが得られた。**持続性関数**を用いて，これらのパターンを図4.3に示す。時間内の多数の地点にわたって測定される特性の，試行－再試行相関に含まれる情報をグラフで描写する効果的な方法を，持続性関数は提供してくれる（Fraley, 2002; Fraley & Roberts, 2005を参照）。k時点の持続性関数とは，k時点と他のすべての時点とに観察される持続性の程度を特徴づけている。例えば，時点1の持続性関数は，時点1と時点1，時点1と時点2，時点1と時点3といった間での持続性を表わしている。同様に，時点25の持続性関数は，時点25とすべての時点（時点1から時点50）との間の持続性を表わしている。図4.3.は，先述したシミュレーションにおける，時点1，時点25，時点50の持続性関数である。

これらの関数には，注目すべき特徴が2つある。第一の特徴は，時点1の持続性関数は，最初に急降下するが，きわめて高い値（$r \cong .94$）で横ばい状態になるということである（図4.3の(a)）。こうした現象が起こるのは，ビー玉が一度経路に落ち着くと，左右軸の位置が変わらないためである。その結果，時点1でのビー玉の位置

[★2] 私たちは，「特性」という用語を最も広い意味で用い，あらゆる種類の生物学的，心理学的特質，特徴，性質について述べる。

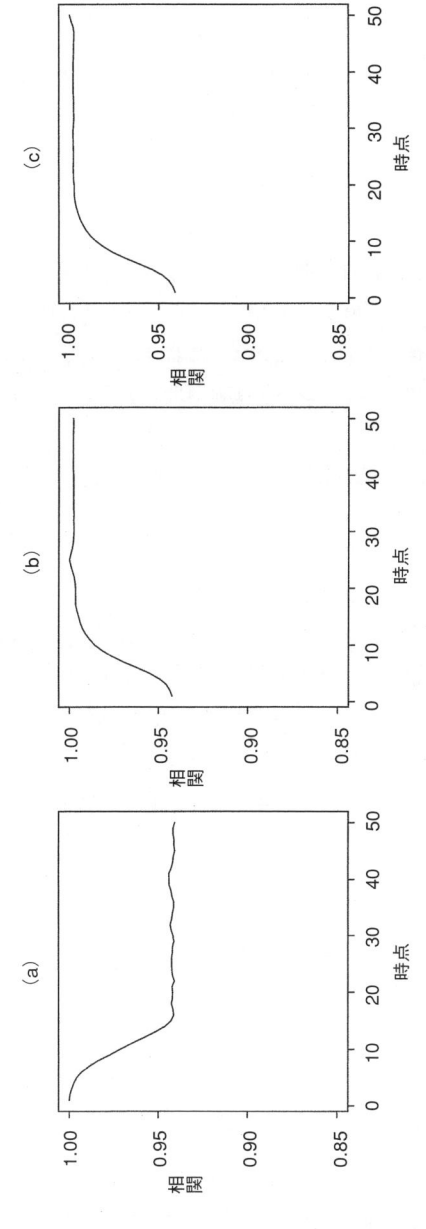

4章 ■ アタッチメントの持続性と変化を概念化し検討するためのダイナミックシステムアプローチ

■ **図 4.3 異なる時点で期待される，試行ー再試行相関に及ぼす水路づけの効果** （a）は時点1の持続性関数を，（b）は時点25の持続性関数を，（c）は時点50の持続性関数をそれぞれ表わす。

がわかると，時間範囲がかなり異なっているという事実にもかかわらず，時点25を予測できるのと同程度の正確さで時点50のビー玉の位置を予測できる。何の意味もないかに見える曲線が持つ第二の特徴は，ビー玉の位置を，時間的に将来に向かって予測する際と，時間的に過去に向かって予測する際とに，必然的に生じる非対称性である。例えば，時点25において，時点50のビー玉の位置を予測するほうが（$r \cong .99$），時点1の位置を予測するより（$r \cong .94$；図4.3の（b）を参照）容易である。どちらの時点も時点25からちょうど25単位時間離れているのだが，予測可能性は同程度でない。

この結果については次節でより詳細に述べることとする。しかしながら，ここでは，これまで要約してきたWaddingtonのシステムのダイナミクスが，実際に人格発達に当てはまるのであれば，持続性についてのこのような特色ある**パターン**（必ずしも正確な量的**数値**ではなく）が，アタッチメントの実証研究にも認められるはずであることに留意すべきである。

ここまでは，外部からの影響がない状態で，後成的地形のビー玉の動きをシミュレーションしてきた。では，システムに妨害を加えるとどうなるだろうか？　単一試行を図示したものとして，図4.4の左手のパネルを考えてみよう。この図は，地形の右上方あたりから始まるビー玉の軌道を図示している。旅程のおよそ中ほどで，ビー玉は突然谷間の壁に向かって押される。しかしそれでも，あまり強い力でなかったので，ビー玉は谷の先端には届かず，システムのホメオレーシスな特徴によってビー玉はもともとの軌道へと導かれる。対照的に右手のパネルは，外部からの力が強く，ビー玉は丘を越えて新しい谷間へと押された場合を図示している。ひとたび谷の先端を越えると，ビー玉は，越える前の軌道に戻るよりも，新しい軌道を確立しやすくな

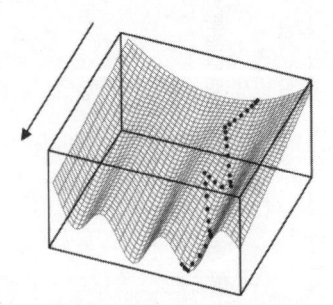

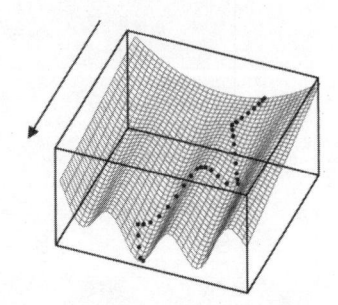

図 4.4. Waddingtonの後成的地形を渡るビー玉の軌道に及ぼす外的影響の効果　矢印は時間の流れを示す。

る。Waddington のことばを用いると，ビー玉は新しい最終状態を確立し，それゆえに，新しい発達軌道を確立したのである。

　ホメオレーシスな過程によって長期的な持続性を見込めるのかどうかは，ビー玉が乱暴に扱われる回数や，押される力の程度によって決まるということが，この単純な図示から明白であろう。ビー玉が静かに軽く一突きされるだけなら，ホメオレーシスな力が妨害を乗り越え，ビー玉をもとの軌道に戻すであろう。しかしながら，ビー玉が「常軌を逸した運命の一撃」にさらされると，長い目で見たビー玉の運命を測定するのは不可能になるかもしれない。

　外からの動揺の影響をより体系的に検証するために，先と同様のシミュレーションを，今回は外的動揺を加えて行なった。システムに妨害を導入するため，時間内の様々な地点で，多様な力で，ランダムな方向にビー玉が押されるようにした。しかしながら，これらの妨害の性質に，一定の制約を課した。例えば，ビー玉が後ろ向きに押されることはないようにし，ビー玉が後成的表面から落ちてしまうほどには決して押されないようにした。

　図 4.5 に，動揺の力をかなり強くしてシミュレーションを行なった結果の，時点 1，時点 25，時点 50 における持続性関数を曲線で表わした。時点 1 の持続性関数から見て取れるように，時点 1 でのビー玉の位置がわかるだけで，時点 2 のビー玉の位置は容易に断定できる。しかしながら，**時点 1 から時間的に隔たるほど，ビー玉の運命を予測するのが困難になる**。実際，このシミュレーションで，ビー玉の最終地点を予測できる可能性は偶然に等しい。時間の経過に伴う，相関の極限値は 0.00 である。

　注目すべきは，先のシミュレーションで観察された時点 25 の持続性関数と比べて，このシミュレーションの結果生じた時点 25 の持続性関数はずっと左右対称的であることである。この場合，時点 25 からのビー玉の位置を，時間的に将来を見る場合（例えば，時点 30），もしくは，時間的に過去を見る場合（例えば，時点 20）にかかわらず，ほぼ同程度の正確さ（あるいは不正確さ）でもって予測できる。

　Waddington のシステムが示すダイナミクスの幅を固定するために，私たちは意図的に 2 つの極端な状況（すなわち，妨害が全くない状況と強い妨害がある状況）を提示した。推測のとおり，持続性関数のパターンは，妨害の程度の段階的操作に伴って，既に図示された 2 つの極端の間を移動することになる（持続性関数のいくつかの実例は，図 4.6 を参照）。

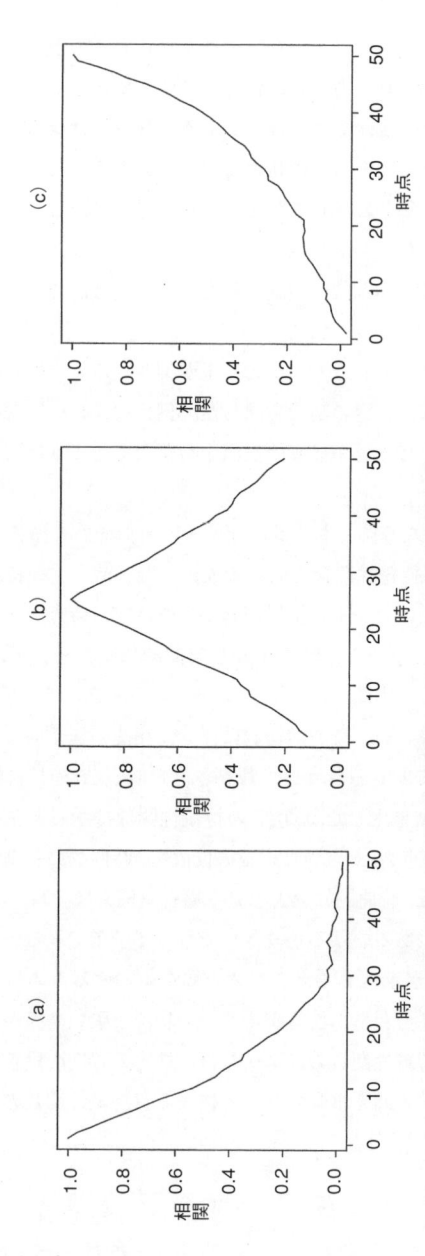

図 4.5 Waddington の類推で期待される持続性関数に及ぼす強い外的影響の効果 (a) は時点 1 の持続性関数を，(b) は時点 25 の持続性関数を，(c) は時点 50 の持続性関数をそれぞれ表わす。

4章 ■ アタッチメントの持続性と変化を概念化し検討するためのダイナミックシステムアプローチ

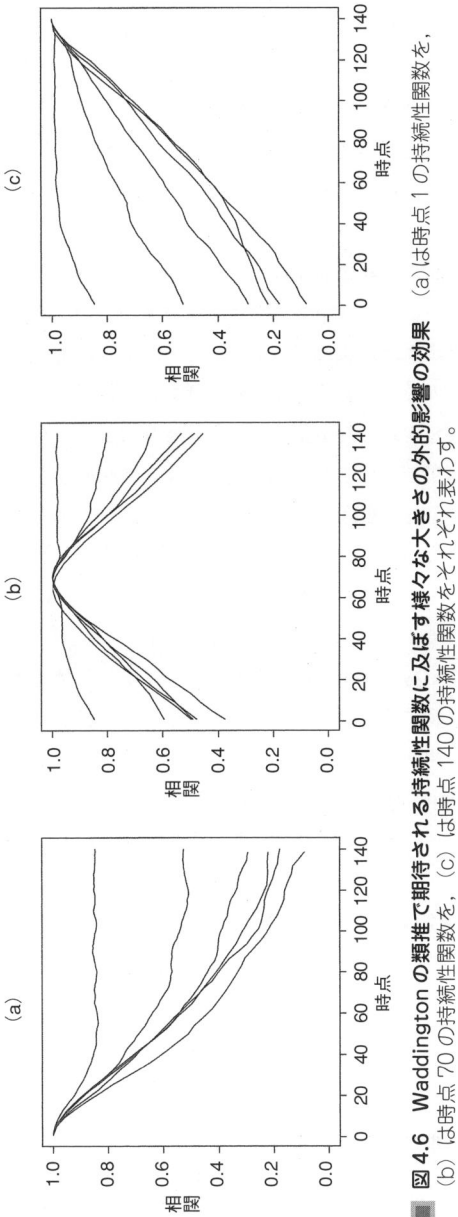

■ 図 4.6 Waddington の類推で期待される持続性関数に及ぼす様々な大きさの外的影響の効果　(a) は時点 1 の持続性関数を，(b) は時点 70 の持続性関数を，(c) は時点 140 の持続性関数をそれぞれ表わす。

Waddington の後成的地形の類推が，人格発達に意味すること

　これらのシミュレーションから，2つの重要な結論を引き出すことができると私たちは考える。まず，Waddington が示した理論上の過程が，長期にわたって観測される試行－再試行相関の**パターンへの具体的な含み**を持っているということである。この発見は重要である。というのも，Waddington のダイナミクスの結果を，様々な生物学的システムにおける持続性を定量化するために利用できるような形式へと移す方法がなかったとしたら，その類推は，理論的な道具としての力を失うことになるからである。私たちが，システムを操作したり，異なる状況下で観測される試行－再試行相関を検証したりすることが可能であるという事実のおかげで，持続性と変化を概念化するために，その類推が意味していることについて，理解を増すことができる。さらに重要なのは，このことが発見されたおかげで，これらのダイナミクスが人格発達に現われる程度を決定する手段が私たちに提供されるということになる。つまり，アタッチメントの実証的データを，Waddington のモデルから予測できるパターンと比較することで，人格発達の根底にどの程度のホメオレーシス過程があるかを見つけ始めることができる。この点については，本章の後半で再び述べる。

　これらのシミュレーションから受け取るべき2つめの要点は，私たちが，人格発達の根底にあるダイナミクスに，Waddington の類推に伴うダイナミクスをメタファーとして用いるつもりであるなら，**これらのダイナミクスは持続性を生み出すものではあるが，持続性を保証するものではない**ことを認識する必要があるということである。システムに及ぼす外的な力の影響が重要であると仮定すると，システムから予測できる持続性の程度は究極的にはゼロになる。もちろん，ホメオレーシス過程によって，外的影響を受けてもビー玉の軌道は維持されやすくなるが，この過程がもたらす抵抗力より外的影響の力が大きければ，維持できなくなる。ひとたびこの理論的な閾値を越えたら，ビー玉の運命を理解することは，ホメオレーシス過程そのものの性質を理解することよりも，ビー玉が受けた外的影響力の歴史を理解することに関わる問題となる。

人格発達におけるホメオレーシス過程のモデル化

　これまで，私たちは Waddington の類推（Bowlby らが人格発達を概念化するやり

方に重要な影響を与えた類推）が意味するところは，一般的に認識されているよりもずっと複雑であるということを見てきた。外から加わる強い力がない場合，長期にわたるビー玉の位置が高い程度の持続性を持つと，その類推は暗示する。しかしながら，強い妨害が加わる状況では，持続性の程度が弱いということだけでなく，それが時間とともに漸近的にゼロに近づくということを，その類推は暗示する。つまり，Waddington のダイナミクスは，持続性への説明を提供し得るのだが，必ずしも**高い程度の持続性**を予測するものではないということである。

次なる課題は，アタッチメント組織における持続性と変化とを生じさせる特定の過程についての Bowlby の考えを取り上げ，それらを形式化し，これが Waddington の類推によるものと同様の連続性を予測するかどうかを究明することである。私たちは以下の 2 つの主要な問題に焦点づける。

① アタッチメント組織の持続性と変化との両方に寄与するような，概念化されたダイナミックメカニズムとは何であろうか？
② 長期にわたるアタッチメント・パターンの持続性を私たちがいかに理解するかということに，これらのダイナミックメカニズムが意味することは何であろうか？

アタッチメントの持続性と変化のメカニズム

Bowlby（1973）は 3 種類のホメオレーシスメカニズムについて論じた。それは，① 個人と環境の相互作用，② 作業モデルが環境から影響を受ける感受性が時間とともに減少すること，③ 人生初期のアタッチメント経験についての持続した表象（すなわち**プロトタイプ**：引き続く経験の土台としての役割を果たす表象）が形成されることである。これら持続性のメカニズムについてそれぞれ簡単に述べてから，各メカニズムについての数学的モデルを作成し，長期にわたって観測されるべき持続性と持続のパターンに，それらの理論モデルが意味することを吟味する。

▶ 相互作用過程

Bowlby によると，アタッチメント・パターンが長期にわたって比較的持続している理由の 1 つは，個人が構築した表象モデルと，個人を取り巻く養育環境の質とが相互に影響するためである。作業モデルは社会的経験に基づいて構築されるのだが，そのモデルが結局は，子どもが持つ社会的相互作用の質に影響するようになる。人間と環境とが互いを制約するというこの一般的主題は，人格発達についての今日的な捉え方の多くに共通している（概観は，Caspi & Roberts, 1999; Fraley & Roberts, 2005 を

参照)。個人が有する作業モデルによって社会的な環境が制約されるという事実は,作業モデルは発達経過にわたって正当性を疑われにくいということを意味している。

▶ 感受性の減少

Bowlby (1973) が論じたホメオレーシスの2つめの原因は,後成的な感受性であった。Waddington の「水路づけされる程度」という考えを活用しながら,Bowlby は,アタッチメント・システムが発達初期ほど環境の影響に敏感であると考えた。「人格構造をもたらす心理学的過程には,人生の最初の数年の間は,環境,とりわけ家族環境へのかなりの程度の感受性が授けられているが,感受性は,子ども時代を通して減少し,青年期の終わりには既にとても限られたものとなるということを,提示したモデルは前提としている」(Bowlby, 1973, p.367)。Bowlby は,感受性の減少につながり得る明確なメカニズムを特定しなかったが(神経の変化,社会的認知的メカニズム,環境の変化など),彼の主張は,社会的環境が人生後半にはあまり影響しなくなることを意味している。

▶ プロトタイプ表象

Bowlby が論じた3つめのホメオレーシスメカニズムは,発達初期の経験についての表象が持つ永続的な性質に関するものであった。

> 「子どもが自分の家族で持つ経験ほどに,人格発達に遠く将来まで広く影響を及ぼす変数はない。というのも,生後最初の数か月間の母親人物との相互作用から始まり,子ども時代や青年期という期間にかけての両親との関係をとおして,どんな様々な状況でもアタッチメント人物が自分にいかにふるまいそうであるかについての,作業モデルを子どもは形成する。そして,それらのモデルに基づいて,子どもはあらゆる期待をするようになり,それゆえ,今後の人生はずっと,すべての計画が,このモデルに基づくようになる。」
> (Bowlby, 1973, p.369)

Bowlby によると,個人を取り巻く発達初期の養育環境への適応に役立つような,非言語的な表象,情報処理手続きの「ルール」,ならびに行動方略のシステムが,発達早期に構築される。しかしながら,複雑な認知能力の発達に伴い,意識的に接近可能で現在進行形の関係性経験を反映させながらの修正が容易な表象モデルが発達する。それでも,初期に形成した表象それ自体は変わらないままである。こうした初期の「プ

ロトタイプ」は，自律的なままであり，さらに，養育環境の質を形づくる持続的な役割を果たし続ける。

　プロトタイプ概念は，持続性のパターンを説明する有力な理論的メカニズムを提供する。子どもが発達初期に獲得した行動や信念のパターンに頼り続けるなら，アタッチメント・パターンは，異なる発達時期にわたっての一貫性を多少とも示すだろう（Sroufe, 1979; Sroufe et al., 1990）。例えば，Sroufeら（1990, p.1364）は，次のように主張している。「環境のさらなる変化に直面する場合や，特定の重要な発達上の問題に直面する場合，といった特定の状況で，発達初期に形成したパターンが再び現われるかもしれない。おそらく潜在的で，場合によっては，二度と再び現われることがないかもしれないが，それでも発達初期のパターンは消失するのではない」。作業モデルの一面は他より原初的で，他のアタッチメント表象よりも重要度が高いという見解は，アタッチメント表象の階層的構造を強調する作業モデル組織についての現代の観点と一貫している（例えば，Collins & Read, 1994）。例えば，CollinsとRead（1994）の階層モデルにおいて，関係特異的な表象は，既存の表象に影響を受けながらも，階層的に重要度が高い表象に影響を及ぼさずに，構築されたり修正されたりするという。つまり，個人が形成する種々のアタッチメント表象にはある程度の一貫性があるが，発達初期に構築された表象は，子ども時代後期や成人期初期において，とりわけ影響的であり続けるだろう（プロトタイプ仮説についてのさらなる議論は，Fraley, 2002; Owens et al.,1995; Sroufe et al.,1990; van IJzendoorn, 1996 を参照）。

アタッチメントの持続性と変化のダイナミクスのモデル化

　次節では，これらのホメオレーシスメカニズムのそれぞれについて，公式的な数学モデルを検討する。これらの過程は協調的に働くように構築されている可能性があるが，安定したアタッチメントの持続性と変化を理解するために，各メカニズムが持つ特有の意味合いを強調する目的で，私たちは各過程を個別にモデル化し考察することから始める。これらダイナミックプロセスをモデル化するために，差分方程式を用いた（行動科学において差分方程式を用いるための明確で簡潔な概論は，Haefner, 1996とHuckfeldt et al., 1982を参照）。**差分方程式**では，ある時点 t の変数を，直前の時点 $t-1$ での変数それ自身と，変化に寄与するあらゆる要因との関数でモデル化する。例えば，$P_t = P_{t-1} + \triangle P_{t-1}$ という等式において，人格特性である変数 P は，直前の時点（$t-1$）での P それ自身と，P に変化をもたらすあらゆる変数（$\triangle P_{t-1}$）との関数としてモデル化される。次節では，こうした過程のダイナミクスが，アタッチメ

ントに観測されるであろう持続性と変化のパターンに，いかに影響するかを示す。こうした分析やシミュレーションの数学的な詳細に関心のある読者は，Fraley（2002）やFraley と Roberts（2005）を当たるとよいだろう。

▶ アタッチメント発達における相互作用過程のモデル化

これまでと同様に，まずは4つの仮定を明らかにすることから始めよう。1つめは，アタッチメント理論や研究に基づいて，個人が持つ作業モデルの安定性には多様性があり，人によっては他の人より安定的な作業モデルを持つといったことが予測できる（Fraley & Spieker, 2003; Fraley & Waller, 1998を参照）。安定性の根底には2つの次元があることを，現代の個人差モデルは強調しているのだが（Fraley & Shaver, 2000; Griffin & Bartholomew, 1994），本章の目的のために，これらの次元は同じダイナミック特性を示すと仮定する（この仮定が真実かどうかは，今後の研究や議論で展開されている）。2つめの仮定は，個人が社会的環境を舵取りするのと同様に，その個人の作業モデルは社会的環境の質（他者が，個人の欲求に敏感で応答的であるかなど）（Ainsworth et al., 1978を参照）によって影響を受けるということである。言い換えると，冷たく無関心な態度で扱われた場合，その人物の安定性はいくぶんか減少すると予期できる。逆に，重要な他者から温かく応答的な世話や支持を経験する場合，その人物の安定性はいくぶんか高まると予測できる。3つめは，重要な他者から誘い出される応答が，既存の作業モデルと一貫しやすいと私たちは仮定する。すなわち，作業モデルは，養育環境の質を反映するだけでなく，養育環境の質を具体化するのに積極的な役割を果たすということである。作業モデルが，関係性の出来事を，偏見を持ったりゆがめたりして解釈する仕方（Collins, 1996など）や，人々が選択する相互作用パートナーの種類（Frazier et al., 1996）に，こうした過程が現われている。4つめの仮定は，Lewis（1997）が主張したように，これらのダイナミクスには，いくぶんかの確率論的な過程があるということである。換言すると，作業モデルは養育環境の質によって100％予測することはできないし，作業モデルの安定性から養育環境の質を100％予測することもできない。

相互作用モデルにおいて，理論的な過程は完全に相互依存的である。それはつまり個人が関係性の文脈に影響し，関係性の文脈が個人に影響するということである。この過程は，長期にわたる持続性の形態や大きさについてどのような予測をするのだろうか？　この問いを検討するため，様々なパラメーター値のもとで，相互作用モデルによって暗示される持続性関数を検証した。異なるパラメーター値のもとで，相互作用モデルによって暗示される典型的な持続性関数のいくつかを図4.7に示す。図に示

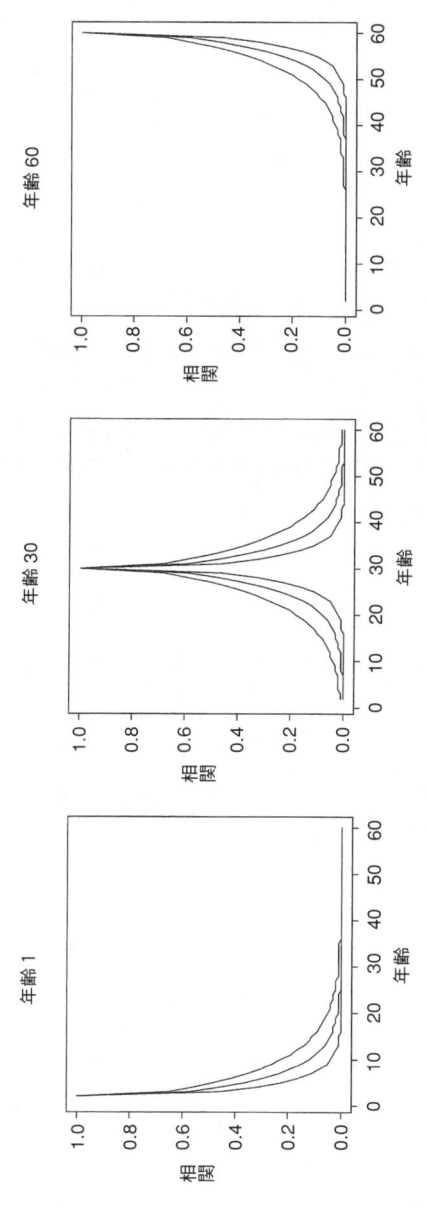

図 4.7 相互作用モデルによって予測される年齢 1、30、60 それぞれの持続性関数 異なる曲線は、異なるパラメーター値でのモデルの動きを示す。

すように，年齢1の持続性関数は，高い値で始まり（変数が自ら相関する値は必然的に1となる），急減し，期待される試行－再試行相関がゼロという水準まで徐々に下落する。年齢30と年齢60の関数は類似している。当該の年齢との隔たりが大きくなるに伴い，相関値の曲線は急降下しており，年齢30の関数にとってはどちらの方向にも（時間的に遡っても先に進んでも）ゼロに向かい，年齢60の関数にとっては時間的に遡る方向にゼロに向かっている。

　モデルにおいて異なるパラメーターに選ばれた値は，曲線が急激に減少する程度に影響することに注意をしてほしい。例えば，環境要因が人に大きな影響を及ぼすことを可能にすると，変化は一層急激に起こり，曲線は急減する。環境要因が人に小さな影響しか及ぼせないとすると，あるいは，作業モデルが，個人の経験する社会的環境に有力影響を及ぼせるとすると，アタッチメント安定性の変化はずっと緩やかなものとなる。しかしながら，いずれの場合でも，時間の隔たりが大きくなるのに伴って，持続性関数がゼロに近づくことに注意してほしい。言い換えると，確率論的な影響力を伴う相互作用過程がアタッチメント発達に影響する唯一の過程であるならば，人に及ぼす環境要因の大小にかかわらず，子ども時代のアタッチメント安定性と，時間的に隔たったあらゆる年齢でのアタッチメント安定性との期待される相関値はゼロになるということである。

　要するに，相互作用モデルによると，アタッチメント安定性の最初の状態と後続の状態との相関は，徐々にゼロに近づく。このことは重要な発見である。というのも，相互作用プロセスがアタッチメント・ダイナミクスの根底にあるならば，乳児期から成人期にかけての高い程度の持続性を必ずしも期待できないためである。相互作用プロセスは，曲線の極限値を変えるのではなく，持続性関数の「減衰率」に影響を与えるので持続性を促進する。人が社会的環境を形づくるのに積極的で強力な役割を果たす場合でさえ，人生初期と人生後期のアタッチメント安定性の相関は，最終的にはゼロに近づくであろう。

　人が自身の環境を形づくるのに積極的な役割を果たしているとしたら，なぜ相互作用ダイナミクスは時間とともにゼロに向かうような持続性関数を予測するのだろうか？　この問いへの答えは，剰余変数がモデルのダイナミクスに影響するあり方による。各時点で，一部のランダム変数がアタッチメント安定性に影響する（Fraley, 2002を参照）。これらの確率論的な要因が人格発達形成に役割を果たす程度に応じて，人の発達軌道は予期しないほうにはじき出されることが保証される。実際，モデルが暗示する個人の発達軌道は，**ランダムウォーク**と表現できる。各人がどこから出発するかを知るだけでは，その人が結局はどこに行き着くのかを知ることはほとんど不可

能である（図4.5の，Waddingtonの2つめのシミュレーション（b）を参照）。ここで重要な点は，推測されたダイナミクスにおいて，人を「地面に置きとどめる」ものは何もないということである。発達的空間の囲われた区域内に人を引きとどめる，いわゆる，発達のつなぎ綱のようなものは全くない。そういうものとして，人のアタッチメント安定性のレベルは，環境に影響を及ぼしながらも，ランダムな環境的出来事が起こることに伴って変動する。相互作用ダイナミクスは，こうしたランダム要因の影響の大きさを制限することはできるが，完全に除外するものではない。モデルから確率的な要因を除外すると，相互作用モデルはすべての年齢にわたって完全なアタッチメント安定性（つまり，$r = 1.00 －$測定誤差）を示すことになる。

▶ 環境からの感受性減少のモデル化

　時間とともに作業モデルが環境要因から受ける感受性が減少するというBowlbyの考えと一致させるために，先のシミュレーションにあった拘束をいくぶんか緩めた。特に，環境要因がアタッチメント安定性に及ぼす影響が時間とともに小さくなるようにした。感受性減少モデルの典型的な持続性関数を図4.8に描写する。図に示されたとおり，このモデルによって予測される持続性関数は，いずれも漸近線ゼロに近づくという点で先の観測結果と似ている。しかしながら，先に観測したものと今回の曲線とには，注目すべき違いがある。時間的に後ろに進むよりも，先に進んだほうが，曲線がずっと急激に「衰える」ことに注目してほしい。言い換えると，年齢1の持続性関数にとっての変化率は，年齢30の持続性関数の変化率より急激である。一方，先に検討した相互作用モデルでは曲線は左右対称であった。

　この発見が意味する興味深い点は，年齢30の測定結果から，何らかの時点でのアタッチメント安定性を予測する場合，昔その人物がどのようであったかを推測するより，将来その人物がどのようになるかを予測するほうがしやすいということである。様々なパラメーター値のもとで，持続性関数の非対称性が現われていることに注意を向けてほしい。

　注目すべきことに，環境からの感受性が時間とともに減少しても，曲線は極限にある0.00に近づいていることである。それゆえ，作業モデルの感受性が減少することにより，乳児期から成人期にかけてアタッチメントが持続する程度は促進されるかもしれないが，このメカニズムは，長期にわたる高い程度の持続性を保証するように推進できるものではない。つまり，人の発達に伴って作業モデルがますます変化しにくくなったとしても，乳児期のアタッチメント・パターンから成人期のアタッチメント・パターンを予測できない事態が依然生じうる。この法則の例外は，作業モデルの可塑

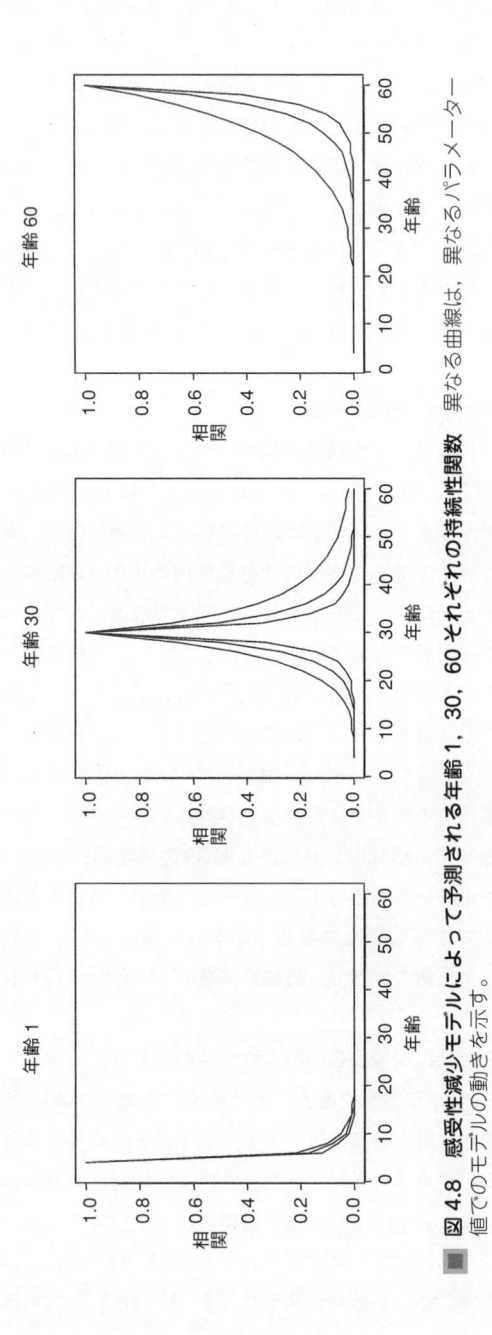

図 4.8 感受性減少モデルによって予測される年齢 1，30，60 それぞれの持続性相関関数　異なる曲線は，異なるパラメーター値でのモデルの動きを示す。

性をゼロに設定した場合に起きる。この場合，作業モデルが全く変化しない時期が来て，完全な持続性を持つものとなる。

　要約すると，アタッチメントの作業モデルは，発達経過とともに，環境から入力されることに徐々に反応しにくくなるだろうと，感受性減少モデルは暗示している。公式化すると，生涯の様々な時点で観測されるであろう持続性関数における興味深い非対称性を，このモデルは予測した。例えば，モデルによると，子ども時代の5年間にわたる子どものアタッチメント安定性の程度を予測することよりも，成人期の5年間にわたる成人のアタッチメント安定性の程度を予測することのほうが容易であろう。

▶ プロトタイプ過程のダイナミクスのモデル化

　プロトタイプ仮説によると，潜在要因（つまり，表象的プロトタイプ）が生涯にわたってアタッチメント・ダイナミクスに一貫した影響を及ぼす。先述した相互作用モデルを修正することで，この考えを公式化することができた。とりわけ，初期の原初的表象モデルを代表する変数を加え，これが引き続く人生の時点で作業モデルに影響し得るようにすると，プロトタイプは，アタッチメント・ダイナミクスの発達に直接的かつ間接的影響を及ぼすようになる（Fraley, 2002を参照）。このモデルの数学的構造は，Kennyらが詳細に説明した特性−状態−誤差モデルの拡張である（例えば，Kenny & Zautra, 2001; 同様の適用については，Lemery et al., 1999を参照）。

　このモデルはどのようなパターンの持続性を暗示するのだろうか？　この問いを検討するため，プロトタイプ効果の大きさを変えながら，持続性関数の結果を検証した。図4.9に持続性関数の例をいくつか示す。図のとおり，このモデルで予測される持続性関数は，発達の他のモデルが暗示した結果と劇的に異なる。とりわけ，持続性関数は，ゼロでない漸近線を持っている。例えば，この特定のシミュレーションにおいて，年齢1の最上部の持続性関数は極限値が.65である。つまり，年齢1と年齢11との間（10年の期間）に予測される相関と，年齢1と年齢21との間（20年の期間）に予測される相関が同じである。プロトタイプの影響が大きくなるにつれ，漸近線が高くなることに注意してほしい。曲線がゼロに近づく唯一の条件は，アタッチメントの安定性に及ぼすプロトタイプの影響をゼロに設定した場合である（最下部の曲線を参照）。しかしながら，このようなパラメーター条件を当てはめると，そのモデルは厳密には発達のプロトタイプモデルとみなせなくなり，より単純な相互作用モデルと化す。

　このモデルはなぜ持続性関数の非ゼロ漸近線を予測するのだろうか？　プロトタイプが，人の持ち得るアタッチメント安定性の値の幅を制限する。プロトタイプそのものは変わらないため，また，プロトタイプがアタッチメント・ダイナミクスに長期に

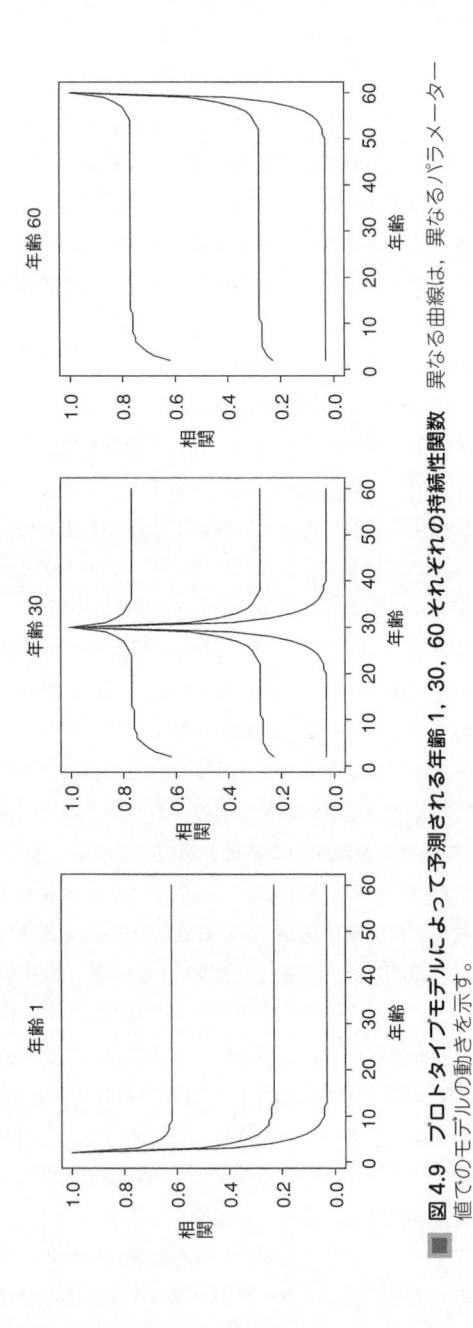

第Ⅱ部 生涯を通じたアタッチメント・プロセス ― 連続性，不連続性，変化，測定問題 ―

図 4.9 プロトタイプモデルによって予測される年齢 1，30，60 それぞれの持続性関数 異なる曲線は，異なるパラメーター値でのモデルの動きを示す。

わたって影響を及ぼすため，不変の制約がシステムに取り入れられた。この制約により，個人の発達軌道についてのいくつかの興味深い予測が導かれる。とりわけ，アタッチメント安定性が変化することは，個人のプロトタイプ表象によって決定される理論的な中心的傾向からの逸脱のようである（この点は，Fraley, 2002 によってより詳細に論じられている）。要するに，これらのプロセスが個人に**ダイナミック均衡**を生じさせ，養育環境の統計的な変動にもかかわらず，その地点へと個人を引き寄せるようになる。対人的な要因によって一時的に別の方向へ引っ張られたとしても，個人はプロトタイプ経路に戻ろうとするために，このダイナミック均衡は，明らかなホメオレーシス特徴を持つ。この発見の意味することについては本章の後半で詳しく述べる。

要約すると，相互作用過程や感受性減少過程によって予測されたモデルと比べて，プロトタイプモデルは顕著に異なる連続性の形態を予測する。とりわけ，予測された持続性関数は，非ゼロ漸近線へと減少した。モデルが暗示する重要なことは，古い表象が発達に影響し続けるとしても，持続性は必ずしも高くないことである。このモデルと他のモデルとの重要な違いは，観測される持続性の程度が，高いものであっても低いものであっても，例えば，10年期間にわたっても30年期間にわたっても同じであることを，このモデルは暗示しているということである。

あるパラメーター値のもとでは，年齢1から年齢5の間の過去に向かう持続性関数の下落を，プロトタイプモデルが予測することに注意してほしい（図4.9を参照）。こうした下落が生じるのは，最初の（時間1）での，人，プロトタイプ，環境の間の共分散が，システムのダイナミクスが長期にわたって自然につくり出す共分散よりも小さい場合である。これらの特定のシミュレーションにおいて，最初の時点での共分散はゼロに設定されており，それゆえ，人，プロトタイプ，環境の間に最初は相関がなかった。しかしながら，人と環境との相互作用が起こるにつれて，プロトタイプが人に影響し，人は環境に影響し，環境が人に影響するために，これらの変数の共分散は増加した。これらの間接的な影響が蓄積されるにつれ，プロトタイプ表象，環境，アタッチメント安定性の間の共変動が増加する。

このダイナミクスの興味深い帰結は次のようなことである。つまり，このモデルは，感受性減少モデルのように，年齢1の持続性関数の極限値が年齢15の持続性関数の極限値より低いといったように，持続性関数における**非対称性**を予測するということである。重要なことに，可塑性を増減させる明白なメカニズムがなくても，プロトタイプモデルはこうした予測をすることが可能である。本章のこれから先では，感受性減少メカニズムそのものを詳細には述べない。というのも，アタッチメント・ダイナミクスのプロトタイプモデルに，そういった効果が自然に流れているからである。

第Ⅱ部　生涯を通じたアタッチメント・プロセス ― 連続性，不連続性，変化，測定問題 ―

要　約

　要約すると，プロトタイプのような過程は，発達初期と後のアタッチメント・パターンの間にゼロではない程度の持続性を予測することができることを，プロトタイプモデルの分析が示した。プロトタイプ過程が存在するのなら，たとえ発達初期のプロトタイプが社会的相互作用にささやかな影響しか及ぼさないとしても，乳児から成人期にかけての持続性の証拠が存在するはずである。こうした予測は，持続性が結局はいつでもゼロに向かうことを示したような，相互作用や感受性減少メカニズムのみによってなされた予測と鋭く対照をなす。

　作業モデルの感受性が時間とともに低くなるであろうことを，プロトタイプモデルは明白には示唆していないのだが，モデルの分析によって，モデルに内在するダイナミクスからそうした現象が自然に現われることが明らかになった。このことが示唆するのは，時間の経過とともに感受性が減少することを説明するために，明白な構成概念を前提とする必要は必ずしもないということである。プロトタイプ，環境，アタッチメント安定性の間の最初の相関は低いということ，しかしながら，これらの変数間には因果関係があるということを仮定しておけば，プロトタイプ，環境，アタッチメント安定性とは，最終的に，ともに正の共変をするようになる。これら3変数間の最初の共分散が，それらの間のダイナミクスによって暗示される共分散ほどに高くない場合，アタッチメントの持続性は，後の子ども時代や成人期においてより，幼い子ども時代に弱い値になる。このモデルで変化への抵抗が起こるのは，作業モデル自体が柔軟性を減じるためではなく，人が抱く期待を形成するのに関わる変数間での共分散が増すためである。**これらのダイナミックな力の相互作用によって，人の発達経路は時間とともに水路づけられる。**

　これらのシミュレーションと分析に基づいて，アタッチメント・パターンを維持したり変容させたりするメカニズムに関するBowlbyの理論的考えは，乳児期と成人期のアタッチメント・パターンの間に高い持続性が観測されることを必ずしも意味していないと私たちは確信する。Bowlbyが論じた3つのホメオレーシスメカニズムのうち，最初の2つ，つまり相互作用ダイナミクスと発達にわたっての敏感性減少を伴うダイナミクスとは，長期にわたる持続性の程度はゼロになると予測した。これらの過程は，それらが作動していない場合に比べると，持続性を促進する役割を果たしているのではあるが，アタッチメント安定性が発達経過にわたってきわめて持続しているという推測を支持するために，これらの過程は利用できない。極限にある持続性がゼロでないことを可能にした唯一のメカニズム（プロトタイプ過程）は，観測される持

続性の程度（高低）に関しては中立的である。つまり，このメカニズムは，安定的な子どもは安定的な成人へと成長する傾向はあるが，この関連が大きさにおいて必ず高い値であることは意味していない。

　Bowlbyが論じた3つのホメオレーシス過程のいずれもが，それがない場合よりは高いレベルの持続性を導いたのだが，初期の養育経験に基づいて個人の発達軌道を容易に予測できることを保証するものが，これらの過程のダイナミクスに何も内在していない。プロトタイプモデルが暗示するホメオレーシスダイナミクスは，Waddingtonの後成的地形におけるビー玉が暗示した結果のように，環境からの影響の程度が強すぎれば「破綻する」。システムは特定の発達経路を維持する「試み」を続けるのだが，発達的持続性を生じさせるにはあまりに急激に，維持された特定の経路が変わってしまうのである。

Bowlbyのダイナミックメカニズムの実証研究

　人間の発達はホメオレーシスな特徴を持つというBowlbyの考えは，どのようにして実証的に検証できるだろうか？　アタッチメント・パターンの長期にわたる持続性に取り組む研究は増加しているが（概観はFraley, 2002を参照），持続性と変化についての典型的な研究は2時点のみでのアタッチメント安定性を測定している。残念ながらこの種の情報では，アタッチメント発達の根底にあると考えられているホメオレーシスダイナミクスを評価できない。2年の期間をあけて測定されたアタッチメント安定性のレベルの試行−再試行相関が.30であったことを示すような仮の研究を考えれば，その理由がわかるだろう。このデータは，アタッチメント・ダイナミクスに，例えば，相互作用過程が重要な働きをしているという考えを支持もしくは棄却しているだろうか？　少なくとも2つの理由によって，この問いに答えるのは難しい。まず第一に，相互作用ダイナミクスについてのBowlbyの著作も含めて，どの著作にも，こうした過程が作動していた場合に2年にわたって観測されるべき試行−再試行係数の大きさについて，**時点予測**（つまり量的な予測）が行なわれていない。私たちがすでに論じたことに基づいて，予測値は0.00であると仮定する人がいるかもしれないが，図4.7に示された曲線が衰退していく性質からわかるとおり，この仮定は当てはまらない。たとえ相互作用モデルが起こっていたとしても，2年の間の試行−再試行相関はかなり高いものとなる。第二に，.30という係数は明らかに**ある程度**の持続性

を示しており，そしてこの特定の値が，持続性（Waters et al., 2000 など）よりも非持続性（Lewis, 1999 など）を強調する見解により一致するのかどうかが明らかでない。つまり，Bowlby が予測したようなホメオレーシスな仕方でアタッチメント・ダイナミクスが作用しているのかどうかを決定づけるのには，2つの時点にわたる持続性の大きさを単に知るだけでは不十分である。

　先のシミュレーションで示したように，これらの理論的メカニズムにおけるホメオレーシスな性質を評価するためには，単一の試行－再試行係数の大きさではなく（それがアタッチメント縦断研究で一般的なのだが），時間の経過とともに観測される試行－再試行係数の**パターン**や**形**を研究する必要がある。次節では，アタッチメントの持続性について様々な縦断研究を集合させながら，持続性のパターンを検証する。とりわけ，乳児期から成人期に至るアタッチメントの持続性について，元は Fraley（2002）が報告したメタ分析を要約する。私たちは，これらのデータに，社会－人格研究様式における成人のアタッチメントについての実証的文献を選択し，成人期にわたるアタッチメントの持続性についてのデータを補足する。

乳児期から成人期に至る持続性についてのデータ

　乳児期から成人期にかけて，アタッチメント・パターンはどれほど安定しているのだろうか？　今ではこの問いを扱うことができる縦断研究が増加しているが，これらの研究によって提供される答えにはかなりの多様性が存在する。最初の 19 年間にわたって，安定的な子どもが安定的な成人になりやすいといったように，アタッチメントには強い持続性があることを示す研究もある（Waters et al., 2000 を参照）。対照的に，それほど長い期間にわたる持続性は事実上ないことを表わす研究もある（Lewis et al., 2000 を参照）。

　Fraley（2002）は，持続性についての，二者択一的な研究の本質的に異なる結果を解決するために，メタ分析手法を採用した。Ainsworth ら（1978）のストレンジ・シチュエーション法で測定した 12 か月という年齢と，その後の年齢との間での，アタッチメント・パターンについての，試行－再試行データを含むすべての研究を，彼は 1999 年に同定した。PsycINFO というコンピュータ検索，アタッチメント研究者への相談，データベースの発展につれての論文の相互参照をとおして，27 サンプルを獲得した。ひとたび研究が同定されると，各研究結果の持続性を共通の計量に変換した。アタッチメント安定性についての連続評定ではなく，アタッチメント分類を採用した研究に対して，Fraley（2002）は，3 カテゴリーないし 4 カテゴリー分類（つまり，

A, B, C もしくは A, B, C, D) の持続性よりもむしろ安定型－不安定型アタッチメント分類の持続性に注目した。このようにした理由の1つは，どの研究においても，安定型と不安定型との識別は，測定時期や方法にわたって，明白になされていることにある（つまり，アタッチメント安定性は，乳児期と成人期において，表現型は似ていなくても，機能的には類似した様式で現われる）。この識別を，アタッチメント安定性の潜在的な連続体についてのおおよその近似とみなすことができる。また，2カテゴリーの試行－再試行効果は，好都合なことに，ピアソンの積率相関，厳密にはファイ相関に要約できる。これにより，先に報告したシミュレーションで私たちが採用したのと同じピアソンの相関計量で，様々な研究にわたる持続性についての発見を評価できる。

5つの時間間隔，年齢1と年齢1（すぐさまの試行－再試行），年齢1と年齢1.5，年齢1と年齢4，年齢1と年齢6，そして年齢1と年齢19にとっての，メタ分析による持続性の結果を，表4.1に報告する。係数が，きわめて高い値から始まり（年齢1での試行－再試行相関は1.00），いくぶんの変動はあるが，急減してゼロではない水平状態（プラトー）に至るようである。これらのデータは単一の実証的持続性関数（年齢1での持続性関数）しか反映していないため，持続性関数に予測された非対称的な性質を評価するために用いることはできない。しかしながら，これらのデータから，試行－再試行相関は，極限的にゼロに近づかないことが明らかであろう。実際，データはプロトタイプモデルでかなりうまく説明される。プロトタイプモデルを測定するためにこれらのデータを利用すると，推定される漸近的な試行－再試行相関は.39となる（Fraley, 2002を参照）。これにより，根底にあるモデルが正しい場合，年齢1とその後の人生のあらゆる時点で測定されるアタッチメント安定性について期待される相関値は，およそ.39であろう。

■ 表4.1 乳児期から成人期にかけてのアタッチメント連続性についてのメタ分析データ

比較した時間群	相関係数	合計 n
年齢1－年齢1	1.00	9
年齢1－年齢1.5	.32	896
年齢1－年齢4	.35	161
年齢1－年齢6	.67	131
年齢1－年齢19	.27	218

注) これらのメタ分析データはFraley (2002) による

このことは、乳児期から成人期に至るアタッチメントの持続性について何を暗示しているのだろうか？　まず1つめに、これらのデータは、高い程度の持続性がないということを示している。試行－再試行相関が.39ということが意味しているのは、実験参加者に安定的な子どもがいた場合、およそ70％が安定的な成人になり、30％が不安定な成人に成長するということである。他の人格特性で観測される持続性の程度（$r \cong .20$, Fraley & Roberts, 2005 を参照）に比べると、この程度の持続性は印象的ではあるが、このデータでもって、幼い子ども時代の経験が成人アタッチメント・パターンの発達に有力な基盤の役割を果たすとは主張できない。

　これらのデータが暗示する2つめの重要な点は、アタッチメントの持続性と変化の実証的なパターンの根底に、プロトタイプ様の仮定が存在するだろうということである。この見解が正しければ、発達初期のアタッチメント・パターンは、成人への発達に強い影響はなくても、人生の様々な時期にわたって幅広い影響を及ぼすということになる。実証された曲線は漸近線に急速に近づくので（およそ2歳）、初期の経験がアタッチメントを形づくる程度は、年齢2歳時点でも年齢19歳時点でも同様であると推測できる。これが意味することの詳細は後に詳述する。しかしながら、ここでは、初期のアタッチメントは後のアタッチメント・パターンを**強く**は予測しないものの、年齢4でのアタッチメントと年齢19でのアタッチメントとを同じ程度の正確さで予測するのに利用可能であるという意味で、発達初期のアタッチメントは後のアタッチメント・パターンを**遠く将来**まで予測する、ということに注目しておく。

成人期におけるアタッチメントの持続性についてのデータ

　持続性と変化についての実証的なパターンをさらに吟味するため、成人におけるアタッチメント安定性についてのデータをプロトタイプモデルで説明できる可能性を検証した。ますます多くの社会・人格心理学者が、成人のアタッチメントの縦断研究を行なっている（例えば、Baldwin & Fehr, 1995; Klohnen & Bera, 1998; Scharfe & Bartholomew, 1994）。多くの研究で得られた実証的データを照合することで、アタッチメント安定性に存在する持続性と変化のより広いパターンの再構築に向けて小さな、しかし重要な、一歩を踏み出すことができる。

　成人アタッチメント・パターンについての試行－再試行データを含む縦断研究（つまり、18歳以降に測定された研究）を特定するために、PsycINFO コンピュータ検索を行ない、データベースの増加に伴って論文を相互参照した。24の実験参加者群／測定地点が得られた。研究の多くが、連続評定値よりも、アタッチメントをカテゴリ

一化する測定を用いていた。これらの研究結果を標準的なピアソン相関の計量に変換するため，安定型－不安定型分類の試行－再試行持続性をファイ相関で計算した。基礎的な比率が報告されていない場合や，同じ分類を保ち続けた者のパーセンテージだけが報告されている場合には，安定型の基礎的な比率は50%であると仮定し，この比率をもってファイを計算した（違った仮定をしても，私たちが報告するデータのパターンはさして影響を受けない）。

これらのデータを表4.2に整理した。これらのデータで注目すべきところは，1年を超える期間にわたるアタッチメントの持続性を検討した研究がほとんどないことである。例外として注目すべきは，KlohnenとBera（1998）による研究で，ミルズ大学（Mills College）のサンプルのアタッチメント・パターンを，27歳，43歳，52歳において検討している。

概して，試行－再試行の相関値の大きさは，子ども時代の研究結果よりも高い傾向にある。Fraley（2002）が報告した相関値は平均およそ.39であり，成人の相関平均値はおよそ.54である。データについての注目すべき特徴の2つめは，相関が究極的にゼロに近づいてはいかないということである。例えば，KlohnenとBera（1998）のデータによると，アタッチメントの持続性は，27歳から52歳（$r \cong .55$）の値と，27歳から43歳（$r \cong .58$）の値とがほぼ同じである。

図4.10に，持続性のパターンを示すために，1年ないしそれ以上の期間での試行－再試行研究のデータを要約した。そこに，プロトタイプモデルから予測できる持続性関数を重ねて表示した。これらのグラフには，いくつかの注目すべき特徴がある。まず，プロトタイプモデルは，1歳時点での持続性関数（$r \cong .39$）より，成人の持続性関数の漸近値（例えば，30歳の持続性関数は$r \cong .50$）を高く予測することに注目できる。2番めに，成人のデータポイントが理論的に導かれる曲線に近似していることにも気づくことができる。データは予測される曲線に正確に合致してはいないが，理論値と実測値との隔たりはきわめて小さい。

先述した子どものデータとあわせて，これらのパターンが意味することは，持続性と変化の根底にあるメカニズムについてのどのような性質であろうか？　1年以上の期間を隔てた測定値の相関が，子ども時代より成人期において高いという事実は（つまり，プロトタイプモデルが予測する非対称性の特徴があるということは），ある程度の水路づけが起きていることを示す。相関値が究極的にゼロに近づいていくのではないという事実は，持続性と変化の実証的パターンの根底にプロトタイプ様のダイナミクスがあることを示唆している。

私たちはまた，1年未満の間隔での試行－再試行を測定した研究で報告されたアタ

■ 表4.2　成人アタッチメントの試行－再試行データを含む縦断研究

研究	研究参加者数	第1回測定時の年齢	試行－再試行の間隔（週）	相関値測定（連続数）	持続パーセント測定（カテゴリー）	ファイ（カテゴリー）測定
Baldwin & Fehr（1995）	221	20.5	16.0		67.4	0.35
Baldwin, Fehr, Keedian, Seidel, & Thomson（1993）	16	20.9	16.0		43.7	-0.13
Barnes（1991）a	46	18.0	12.0		67.4	0.35
Benoit & Parker（1994）						
Test-retest1	84	29.2	54.0		77	0.54
Test-retest2	84	29.2	54.0		90	0.80
Collins & Read（1990）	101	18.8	9.0	0.64		
Cozzarelli, Karafa, Collins, & Tagler（2003）	442	24.1	108.0	0.38		
Davila, Burge, & Hammen（1997）						
Test-retest1	155	18.0	27.0	0.52		
Test-retest2	155	18.0	108.0	0.48		
Davila & Cobb（2003）	86	18.0	54.0	0.63		
Davila, Karney, & Bradbury（1999）						
Test-retest1	344	26.8	27.0	0.68		
Test-retest2	344	26.8	54.0	0.71		
Test-retest3	344	26.8	81.0	0.58		
Test-retest4	210	26.8	108.0	0.61		
Feeney & Noller（1992）	172	17.9	10.0	0.67		
Feeney, Noller, & Callan（1994）	70	23.7	40.5	0.62		
Fuller & Fincham（1995）	44	31.8	108.0	0.62		
Hammond & Fletcher（1991）	102	20.0	18.0	0.47		
Keelan, Dion, & Dion（1994）	101	19.0	18.0		80.2	0.60
Kirkpatrick & Hazan（1994）	172	39.1	216.0		70.0	0.40
Klohnen & Bera（1998）						
Test-retest1	142	27.0	864.0	0.58		
Test-retest2	142	27.0	1350.0	0.55		
Test-retest3	100	43.0	486.0	0.71		
Levy & Davis（1988）	63	20.0	2.0	0.58		
Lopez & Gormley（2002）	207	18.0	31.5		57.0	0.14
Pistole（1989）	67	18.0	1.0		76.1	0.52
Ruvolo, Fabin, & Ruvolo（2001）	322	19.7	22.5	0.49		
Scharfe & Bartholomew（1994）	144	24.5	36.0	0.51		
Senchak & Leonard（1992）	335	23.8	52.0		74.2	0.48
Shaver & Brennan（1992）						
Test-retest1	127	19.0	36.0	0.60		
Test-retest2	242	19.0	36.0	0.68		
Smith, Murphy, & Coats（1999）	60	18.0	13.0	0.77		
Tinio（1992）a	12	18.0	16.0		83.3	0.67
Wieselquist et al.（1999）	130	32.5	54.0	0.56		

注）成人アタッチメントをカテゴリーのみで測定した研究については，時点1と時点2とで同じカテゴリーに分類された参加者のパーセント，ならびにピアソン相関計量で表わすためにファイ係数を記した（本文を参照）。成人アタッチメントの数値測定を含む研究については，試行－再試行の相関値を記した。参加者の平均年齢が述べられていない場合には，平均年齢18歳とみなした。
a：BaldwinとFehr（1995）によって，報告された未公刊の研究。

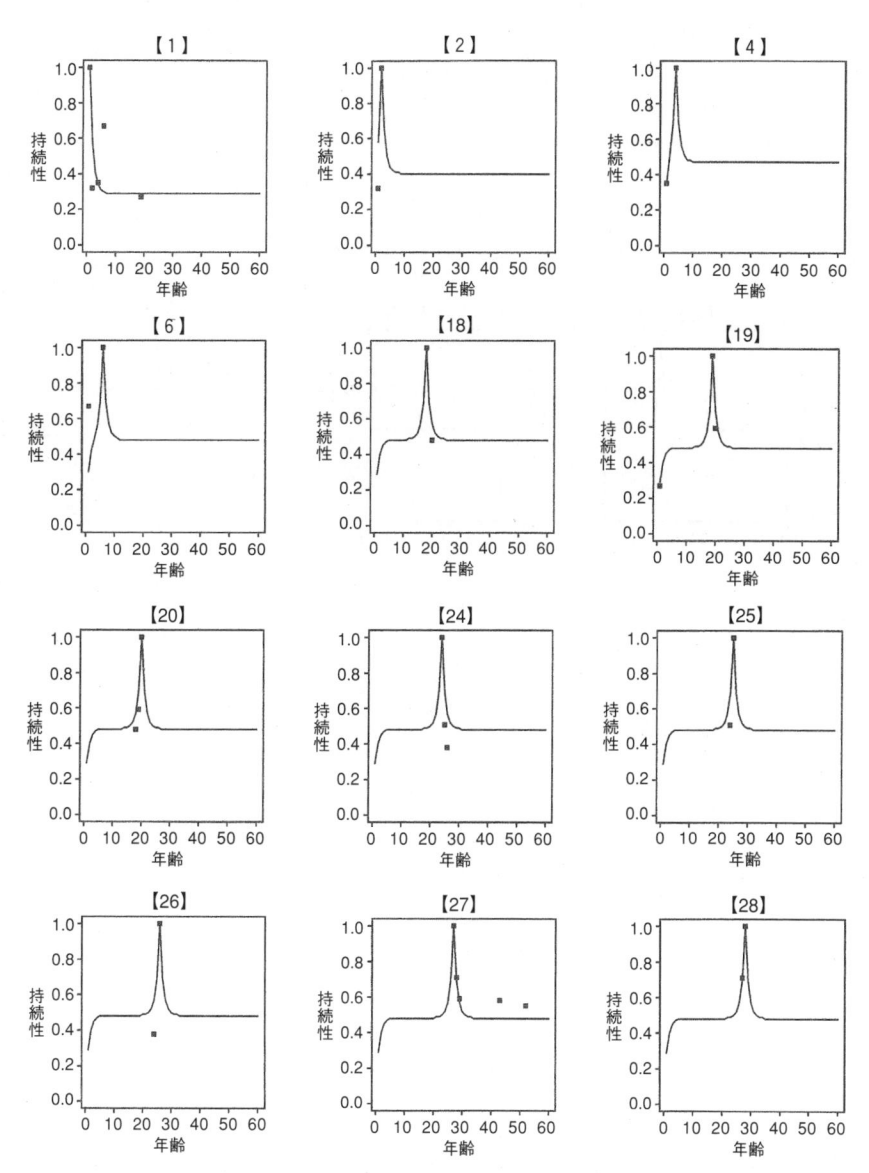

4章 ■ アタッチメントの持続性と変化を概念化し検討するためのダイナミックシステムアプローチ

■ 図 4.10　1 歳から 52 歳の様々な年齢での持続性関数　点は，メタ分析のデータ測定時点を表わす。曲線はプロトタイプモデルで予測される持続性関数を表わす。

113

図 4.10 (続き)

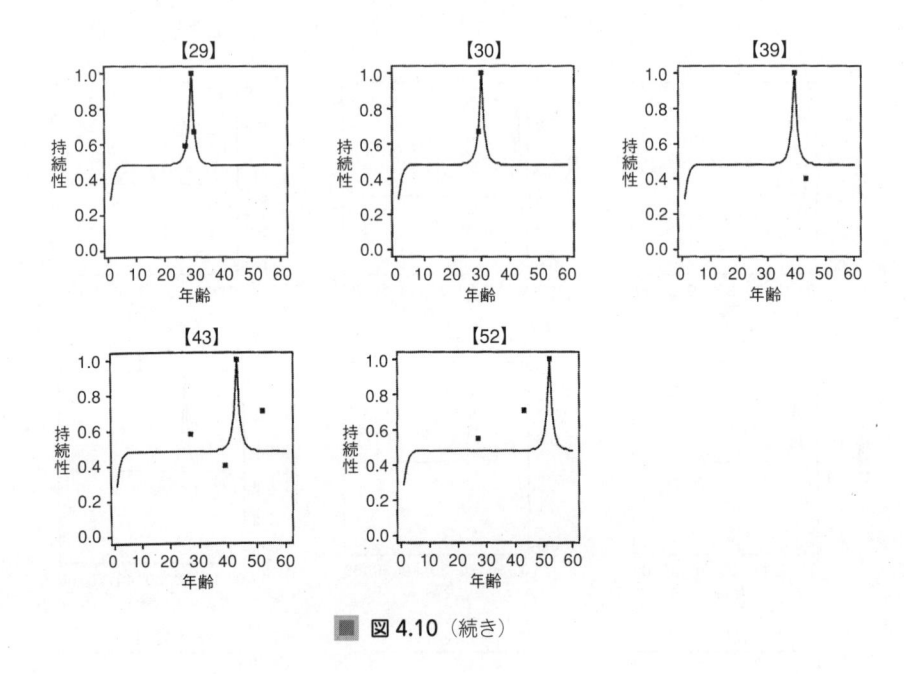

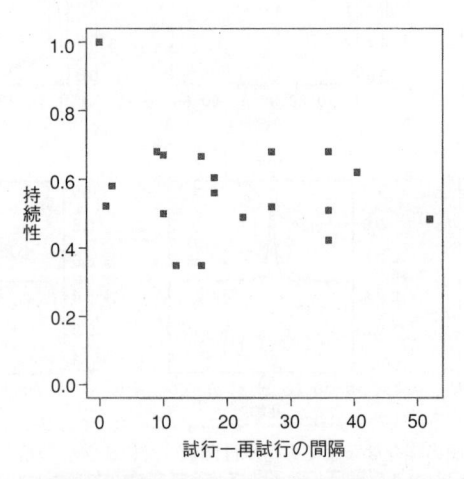

図 4.11 1 年未満の間隔での試行－再試行を評価した研究における成人アタッチメントの持続性　これらのデータが示す漸近線はゼロより大きい値であり，2，3 週の間に漸近値となることに注目されたい。

ッチメントの持続性を，別途分析した。試行－再試行の間隔を横軸に，アタッチメントの持続性を図4.11にプロットした（ここでの成人サンプルにおいて，試行－再試行の間隔の長さと年齢は無相関であったため，これらのデータを年齢ごとには示していない。また，Baldwinら（1993）のサンプルは図から除外した）。試行－再試行相関は漸近値にほぼ瞬時に近づいていくことに注目してほしい（1週間以内）。また，これらのデータが示す漸近値はゼロよりずっと大きく，1年以上の間隔をあけて持続性を測定した他の研究結果の漸近値ととても近い。

結　論

本章では，長期にわたってアタッチメント・パターンを支える基本過程についてのBowlbyの見解を公式化するためにダイナミックモデリングテクニックを用いた。本節では，私たちのシミュレーションと分析から推測できることを，次の3点について考察する。①生涯にわたるアタッチメントにどの程度の持続性を研究者は仮定できるか，②アタッチメント・パターンの個人内の変動性についての議論，③持続性と変化のダイナミクスを研究するために用いられる方法について，である。

持続性についての仮説

アタッチメント理論は発達初期とその後のアタッチメント・パターンとの間の強い関連を予測するという見解に暗に先導されている研究者が多い（例えば，Duch, 1994; Lewis, 1997; Westen, 1998）。実際，アタッチメント理論が示唆している面白い点の1つに，ロマンティックな関係性で個々が考え，感じ，行動するあり方が，最早期のアタッチメント関係に起源を持ち，発達経過にわたって組織化してきた個人のアタッチメント・システムにおけるあり方を反映しているという考えがある。初期の養育経験が生涯にわたる他者との関係様式に影響するという考えが説得力を持つ理由はたくさんある。まずそのうちの1つには，関係性において比較的安定した人もいれば，敏感で防衛的で引きこもった人もいるのはなぜかについて，単純明快な説明を与えてくれるからである。加えて，子どもが幼い時に心理学者が介入することができれば，子どもの心理的発達を永続的に改善できるかもしれないという可能性を提起するからである。

第II部 生涯を通じたアタッチメント・プロセス ― 連続性，不連続性，変化，測定問題 ―

　初期の養育経験が成人への発達を予示するという仮定は，魅力的な考えではあるが，現代の心理学ではかなり議論の余地がある（Duck, 1994; Kagan, 1996; Lewis, 1997 を参照）。もし，ロマンティックな関係性におけるアタッチメントに関わる感情や行動の調整様式が，幼い頃の養育経験に強く影響を受けるとしたら，私たちの関係性の運命は，人生最初の数年によって密閉されてしまうことになる。そうなると，乳児期以降の心理的成長，変化，介入への余地がほとんどないことになる（Lewis, 1997）。これらの理論的問題に加えて，持続性についての仮定は，アタッチメント・パターンの非持続性についての実証的データベースが増えていることにより異論が唱えられている（例えば，Baldwin & Fehr, 1995）。アタッチメント・パターンは短い時間間隔においてさえ中程度の持続性しかないとすれば，初期のアタッチメント経験が引き続く発達への強固な基盤を提供することが可能であろうか？

　本章で展開したモデルは，初期のアタッチメント・パターンが，低い程度の持続性でありながらも生涯にわたる影響を持ち続ける有様を理解する方法を提供できるだろう。私たちが概観した実証データは，乳児期から成人にかけて弱い程度から中程度の持続性を持つということ，1歳からその後の年齢への持続性は試行－再試行の間隔が長くなっても減少しないことを示した。私たちの理論的かつ実証的分析によると，1歳から2歳にかけてと，1歳から20歳にかけてとでは，アタッチメントは同程度に持続性を持つのである。それゆえ，発達早期のアタッチメントが後の発達に**強い影響**を及ぼすということは当てはまらず，むしろ，**長期的な**影響があるということになる。プロトタイプ的アタッチメント表象の役割についてと，それが人格発達に及ぼすホメオレーシスな影響についてのBowlbyの考えによると，初期のアタッチメント・パターンは，人生における様々な発達時期にわたって，程度は小さいかもしれないが，何らかの形や様式で現われるということである。

　Bowlbyは，初期のアタッチメント・パターンが引き続くアタッチメント関係の基盤になると信じていたのだが，長期にわたって期待できる持続性の程度について量的な予測を決して行なっていない。彼が論じたメカニズムは，Waddingtonと同様，持続性が認められる理由を説明したのであり，持続性が例外なく起こるルールであると保証したのでない。これらを考慮すると，研究者が，Bowlbyの理論に基づいて，高い程度の持続性を仮定することは適切ではない。もちろん，長期にわたるアタッチメント・パターンの持続性の程度を知ることは理論的に大変関心が持たれることであるが，実際の持続性の程度を測定しても，それはアタッチメント・ダイナミクスを概念化する際の情報や制約を提供してはくれるが，理論の検証とはならない。後に説明するとおり，理論を検証するためには，持続性係数の**純粋な大きさ**ではなく，発達に伴

う持続性と変化のパターンを研究することが必要である。

アタッチメント・パターンの個人内変動

近年，アタッチメント・パターンには個人内変動があることを実証した研究者が増加している（Baldwin & Fehr, 1995; La Guardia et al., 2000; Pierce & Lydon, 2001 を参照）。例えば，Baldwin と Fehr（1995）は，研究参加者のおよそ30%が測定時点によって異なるアタッチメント・スタイルであったと報告している。この研究は，アタッチメント・スタイルを，人間の特性様特質，もしくは，流動的で文脈特有の性質を持つ現象の，いずれとみなして概念化するのが適切かという問いを研究者に生じさせた。長年にわたり，研究者たちはこの問題に様々な見解を採用してきた。例えば，Fraley と Waller（1998）は，特性とみなすアプローチに賛同し，Baldwin と Fehr（1995）が認めた非持続性は，連続値データをカテゴリー化した際のある種の測定誤差として説明するのが最適であろうと主張している。La Guardia ら（2000）は，アタッチメントの個人内変動のうちのかなりの割合は，現在進行形の対人関係ダイナミクスによるものだと説明できると述べている。例えば，自律性，コンピテンス，関係性への基本的欲求が満たされる程度が様々であるといったことが影響すると考えた。アタッチメントが特性のような作用をする程度についての実証的かつ理論的探求は進展しているのだが，アタッチメントの変動が意味することやそれがアタッチメント・ダイナミクスの理解に含む意味合いについて，この領域ではいまだ合意に基づく解釈は得られていない。

アタッチメント・パターンにおいて実証されてきた個人内変動や変化の両方を概念化するのに，本章で議論したホメオレーシス過程が新しくて有力な方法を与えてくれると私たちは信じている。そうなるであろうことを示すため，アタッチメント・ダイナミクスの根底にあると考えられている基本方程式の1つを検討してみる（Fraley, 2002 を参照）。それはこのような式である：$dS/dT = \eta (E_t - S_t)$。この等式によると，ある時点 t での作業モデルの変化量は，t 時点のアタッチメントの安定性である S_t と，t 時点での養育環境の質である E_t との差に比例する。E_t と S_t が等質であれば安定性は変化しない（$dS/dT = 0$）。養育環境が予測されるより厳しく拒絶的であるなら，作業モデルは安定性を減じる方向に変化する。同様に，養育環境が作業モデルによる予測より応答的であれば，安定性は増加する。パラメーター η は，作業モデルの変動もしくは柔軟性を制御する。

この基本等式は，持続性と変化という個人内変動について2つの重要な意味合いを持つ。まず，環境は持続的な表象的プロトタイプ（P）の関数であると考えると，そ

のプロトタイプ表象の安定性に一致するような値に個人は引きつけられるだろう。この結果を検証するために，E に変わって P を単にあてはめ，導関数をゼロに設定し，S を求めた（Huckfeldt et al., 1982）。単純な代数的手続きによって，システムのアトラクター状態（つまり，システムが引きつけられる値）は P と等しくなることが示された。言い換えると，個人のアタッチメント安定性のレベルは，結局はプロトタイプの質に収束するように調整されていく。このことは，当初の個人のアタッチメント安定性の程度にかかわらずあてはまる（図 4.12 の (a) を参照）。

　この過程は，Waddington や Bowlby が論じた種類のホメオレーシス持続性を示しているだろうか。図 4.12 の (b) は，個人の長期的アタッチメント安定性を図示したものである。時点 390 で養育環境が一時的に妨害され，当初よりもかなり拒絶的なものとなった（例えば，個人が愛する者に拒絶された場合などがあてはまる）。時点 391 で動揺は取り除かれた。個人の長期にわたるアタッチメント安定性はどうなるであろうか。動揺によって個人は経路から叩き出されるのだが，既に確立された経路に素早く戻る（そして，表象的プロトタイプに導かれる）。かなり多数の環境要因が個人に影響を与えている場合，個人の軌道は日々かなりの程度跳ね返るが，そうした変化は同じプロトタイプ値の周辺を変動することになりやすい（図 4.12 の (c) を参照）。

　このとても単純な等式は，Waddington や Bowlby が論じたホメオレーシス過程の重要な特徴を捉えている。とりわけ，プロトタイプとは後成的地形の重要な要素を反映するものであると概念化すると，外的環境からの妨害があったとしても，最終状態に向かって個人は引きつけられることがわかる。重要なことは，人は環境に影響されないということではない。しかしながら，それらの経験による影響は一時的なものにすぎず，個人は結局は自身のもともとの軌道を再び確立するだろう。

　このことは，個人内変動の性質について何を意味するのだろうか。アタッチメントの安定性が特性的な変数としても文脈的な変数としても作用しうることを示唆している。言い換えると，アタッチメント安定性を特性的に解釈したり文脈的に解釈したりすることを対極的に捉える必要がない。アタッチメント・パターンにはかなりの個人内変動があるかもしれないが，そうした変動は，**ダイナミック**に持続的な値からの一次的な逸脱と考えられる。こうした推測は，本章で私たちが検討してきたプロトタイプモデルから自然に行き着くものであるが，この仮説への厳密な検証を提供するものとして用いることができる既存の実証研究を私たちは知らない。この推測を検証するためには，La Guardia ら（2000）や Pierce と Lydon（2001）がしたような，理にかなった個人内変動を実証する研究だけでなく，重要な他者と口論するといった特定の関係性の出来事が，永続的ではない，一時的なアタッチメント安定性の変化を招くか

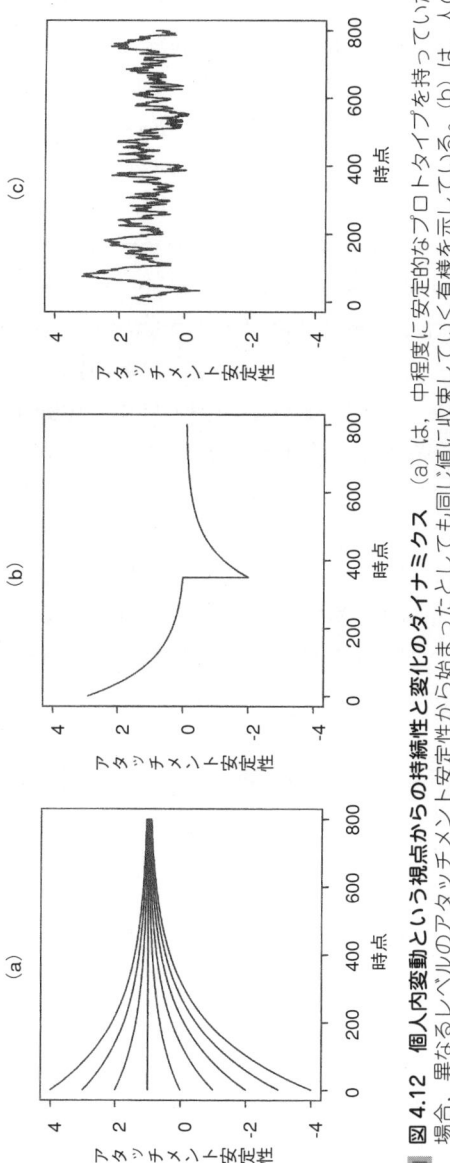

4 章 ■ アタッチメントの持続性と変化を概念化し検討するためのダイナミックシステムアプローチ

■ **図4.12 個人内変動という視点からの持続性と変化のダイナミクス** (a) は、中程度に安定的なプロトタイプを持っていた場合、異なるレベルのアタッチメント安定性から始まったとしても同じ値に収束していく有様を示している。(b) は、人の発達軌道に妨害が加わった時の一時的な影響を示している。(c) は、確率的な妨害にもかかわらずシステムがダイナミックな均衡を維持することを図示している。

119

どうかを検証するような研究が今後必要であろう。

Baldwinら（Baldwin & Fehr, 1995; Baldwin et al., 1996）は，アタッチメント・パターンには個人内変動があるというだけでなく，こうした変動が起こる理由の1つとして，人々は異なる関係性ごとに自分自身についての複数の作業モデルを持ち，それらの各々が文脈によって様々な程度に活性化され得ると論じている。そうすると，人々は彼らの生活における異なる重要な他者に基づいて，複数のプロトタイプを持つことが可能となる。この考えを，既に論じた基本モデルに組み入れると，システムにホメオレーシスダイナミクスがいかに生じるかということについて興味深い意味合いを持つようになる。先に示した等式をこの可能性に適合するよう拡張するため，私たちはダイナミクスの等式に複数のプロトタイプ状態を単に加えた：$dS/dT= \eta (P_1 - S)(P_2 - S)(P_3 - S)$。代数的にはこの等式は三次方程式であるため，3つのプロトタイプ表象の安定性によって与えられる3つのアトラクター状態を持つ（図4.13の(a)を参照）。1番めと3番めのアトラクターはいわゆる**沈み**である（Blanchard et al., 1996）。沈みの近くで始まる値はある時点で収束しやすい。概念的に，沈みはWaddingtonの後成的地形の谷底にきわめて類似している。谷底にある程度近い場所に置かれたビー玉は谷底に向かって引きつけられる傾向があった。対照的に2番めのアトラクターは，いわゆる**源**である。源の近くで始まる値はその地点から離れる傾向がある（Blanchard et al., 1996）。源は，Waddingtonの類推における2つの谷壁がつくり出す先端部にきわめて類似している。ビー玉を先端部の正しい位置に置くと動きを止めるかもしれない。しかしながら，その位置から動き始めるとすぐに，極小の動きであっても，必ず丘を落ちる。

既に論じた最初の等式のように，この等式もホメオレーシス過程を示している。とりわけ，個人の発達軌道を妨害したとして，もともとの経路に戻るすべを見つける（図4.13の(b)を参照）。しかしながら，このシステムのホメオレーシス特徴は先に述べたものよりも複雑である。妨害が先端部分を越えさせるほどに強いと，個人の経路は変わり，新しい発達軌道が確立される。こうした場合について，図4.13の(b)の下の軌道に図示されている。この個人は当初，きわめて不安定な方向に向かう軌道に乗っていたのだが，時点200で，外的力が作用し，一時的にアタッチメント安定性を押し上げた。この変化によって，その人物の現在のアタッチメント安定性のレベルがダイナミックな表面の先端を越えることになり，一層高いアタッチメント安定性に向かう新しい軌道を確立することとなった。

精神システムの複数のプロトタイプが存在する場合，先の等式で捉えられたような形で，発達空間に複数のアトラクター地点（つまり，後成的地形上の複数の谷）がつ

4章 ■ アタッチメントの持続性と変化を概念化し検討するためのダイナミックシステムアプローチ

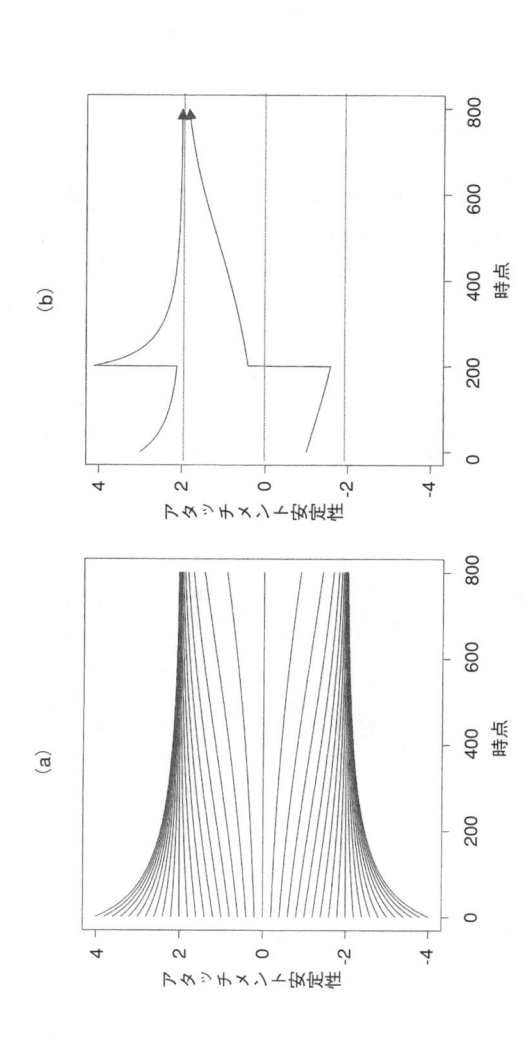

■ **図 4.13 複数のプロトタイプもしくは複数のアトラクター状態を含むダイナミックシステムの持続性と変化のダイナミクス**
(a) は複数のアトラクターシステムにおける代替的な発達軌道を図示している。(b) は同じ種類の妨害であっても、同じシステム内の人々に異なる影響を与えうる様子を示している。

くり出されるように結びつくかもしれない。そうである場合，個人の現在のアタッチメント安定性の状態が源に近いと，環境からのちょっとした妨害でも新しい軌道へと押しやられることになりやすい。これが示唆するのは，ちょっとした出来事が人格組織に重要な変化をもたらす人もいれば，同じような出来事に遭遇しても一時的な変化しかもたらさない人もいるということである[★3]。私たちがシステムには1つないしそれ以上のアトラクター地点があるとみなすかどうかにかかわらず，この基本的な概念化により，アタッチメント安定性は特性的変数としても文脈的もしくは状態的変数としても**いずれにも**作用しうることが，同じダイナミックメカニズムに導かれていることを示唆できる。そのようなものとして，アタッチメント・スタイルが他ではないどんな種類の変数であるのかという目下の論争に，このモデルが有力な解決を提供している。

変化の研究方法

私たちの分析により，Bowlby の理論が予測するアタッチメントの持続性の程度は 0.00 から 1.00 の間のいずれかであることが示唆された。これを派生させると，現代の研究で多くなされているように，2時点間のアタッチメント・パターンの持続性を研究することで，アタッチメント理論の実証的検証はできない。理論的に，どんな試行－再試行相関もゼロより大きければ理論と一貫することになり，そうした実証的検証はきわめて弱くあいまいなものとなってしまう。乳児期から成人期にわたって観察される持続性の**程度**を予測することだけでなく，長期にわたって観察される持続性の**パターン**についても，Bowlby の理論は有効である。とりわけ，持続性と変化のダイナミクスが，ホメオレーシスでプロトタイプ的な過程と特徴づけることができるなら，次のような予測ができる。

★3　Davila らは，不安定型アタッチメントの人には，心理的に傷つきやすく，その結果，長期にわたるアタッチメント安定性のレベルの持続性が低い人がいると論じている（Davila et al., 1997; Davila & Cobb, 本書の5章を参照）。この観察をプロトタイプモデルで説明できる方法はたくさんある。まず，Davila と Cobb（本書，5章を参照）が論じているとおり，きわめて不安定型の個人は自分自身や関係性についての複数の作業モデルを持っている可能性がある。その場合，不安定型の人々は，図 4.13 で示されるダイナミックな空間により多くの平衡を有している可能性がある。そうした平衡の頻度が高い個人は，些細な環境の揺れであっても，軌道が簡単に押しやられるため，変化を起こしやすい。あるいは，環境の揺れに比較的反応しやすい人たちがいて，こうした反応性がアタッチメント安定性と負の相関を持つという可能性もある（不安定なアタッチメントと非持続性との関連についての心理統計的解釈については，Fraley et al., 2000 を参照）。

① 1歳と他の年齢で測定されたアタッチメント安定性の相関は非ゼロに向かって徐々に減少するだろう。
② 子ども時代の試行－再試行相関は，成人期に観察される同様の相関よりも平均的に低いであろう。
③ 人生後半の持続性関数は非ゼロ値へと減少するであろう。

　持続性と変化についてアタッチメント理論が仮定していることを適切に実証的に検証するためには，連続性のパターンを検証しないといけないと考える。そのためには，個人を長期間くり返し測定できるような方法論的パラダイムを協力して開発することが必要である。例えば，成人期の短期間にわたる持続性と変化のパターンを，ウェブに基づいた方法，日記研究，あるいは出来事抽出技法によって検討することで，Bowlbyの考えを検証することが可能かもしれない。そうした研究によってのみ，Bowlbyの理論が示唆する実証的パターンを実証したり評価したりすることができる。私たちは，アタッチメントの試行－再試行持続性を検討した様々な研究結果をまとめることによって，そうしたパターンを明らかにする最初の試みを行なった。これらのデータは，Bowlbyの理論に伴うダイナミック過程を裏づけるようであるが，明らかな限界もある（つまり，測定方法や実験参加者が異なる）。この先の研究者が，本章で要点を整理した仮説を有効に利用し，人間の発達についてのBowlbyの考えを一層評価することを願う。

第Ⅱ部　生涯を通じたアタッチメント・プロセス ― 連続性，不連続性，変化，測定問題 ―

5章

Joanne Davila & Rebecca J. Cobb

成人期のアタッチメント・セキュリティの変化についての予測因

　成人アタッチメント・セキュリティ（訳注：ここでのアタッチメント・セキュリティとは，他章でのアタッチメント安定性もしくはアタッチメント・スタイルや次元といったものとほぼ同意と考えてよいであろう）の文献の多くは，本書も含めて，個人的幸福や対人的幸福に対するアタッチメント・セキュリティの関連性やその重要性に焦点を当てている。この文献は，成人期のアタッチメント・セキュリティが長期的に思考や感情，行動を方向づける安定した個人差であるという仮定に向けられている。実際に，このことはBowlby（1969）が仮定したものである。彼は，人生早期のアタッチメント関係が，自己や他者，関係性に関する情報を含んだ内的作業モデルの発達をもたらすと示唆した。彼は，これらのモデルが人生全般を通じて，特に対人的機能をガイドし，それであるがゆえに，パーソナリティの基盤を形成すると提唱した。文献の大部分は，暗黙のうちに，成人期のアタッチメント・セキュリティの安定性を証明しており，これらの見解を支持するものであった。

　しかしながら，Bowlby（1969）はまた，人というのは現在のアタッチメント・モデルに新しい情報を同化させることが多いが，現在のアタッチメント・モデルをアップデートすることで，新しい情報を調節することも可能であると提唱している。それゆえに，人は時間の経過とともにアタッチメント・セキュリティのレベルやパターンを変化させるという能力も持っていると考えられる。この変化させるという能力が，本章の焦点となっている。本章の目的は，アタッチメント・セキュリティが成人期（特に青年期後期，成人期初期と中期）に変化するかどうか，また，するのであればその理由は何か，ということに関する最近の理論と研究について議論することである。そして，解決されていない概念的問題と方法論的問題を同定し，さらなる研究への示唆を与えること，また，臨床的介入を通じたアタッチメント・セキュリティの変化のた

めに,その自然な変化に関するモデルの意味を述べることである。アタッチメント・セキュリティの変化に興味がある読者は,本書で示された変化に関する予測因への焦点づけを補完するような時間とともに生じる変化パターンを理解するためのフレームワークを示した本書4章のFraleyとBrumbaughについても参照されたい。

　幼年期のアタッチメント・セキュリティや,幼年期から成人期へのアタッチメント・セキュリティの変化に関する文献と同様に,成人期のアタッチメント・セキュリティの変化に関する文献もしだいに増加している。本章が明らかにするように,これらの文献は多少複雑であり,いつも知見に一貫性があるとは限らない。私たちがこれらの文献をレビューする時には,その一貫性のない結果が生じる理由を理解するために有用な多くのテーマが生じる。特に,変化について理解するために重要な意味合いを持つアタッチメント構造に関する定義と測度における数多くの違いに私たちは焦点を当てる。それは,アタッチメント・セキュリティの要素に関する特性と状態の違い,および,その意識的要素と潜在的要素の違い,カテゴリカルな現象としてのアタッチメント・セキュリティと次元的な現象としてのアタッチメント・セキュリティの違い,さらに,関係特有の現象としてのアタッチメント・セキュリティと一般的な現象としてのアタッチメント・セキュリティの違いを含むものである。

幼年期のアタッチメント・セキュリティにおける変化

　私たちは成人期の変化を議論する前に,幼年期における変化に関する文献をレビューする。この短いレビューは,成人期の研究で見られる文脈を理解することと関連し,それは変化プロセスに重要な洞察を与える。先に述べたように,Bowlby (1969) は,人が自分の作業モデルに情報を同化させることと調節すること,また,それは時系列的に変化への機会になるということを提唱した。幼年期のアタッチメントに関する2つの知見は,この仮説と関連する。第一に,一連の縦断研究では,子どもが養育者から分離し,再会することが観察され,子どものアタッチメント行動のコード化が,2度の別々の機会で行なわれた(それはAinsworthのストレンジ・シチュエーションパラダイムで測定された;Ainsworth et al., 1978)。その2度にわたって測定されたアタッチメント分類の一致率が評価された。これらの研究は,アタッチメント分類における安定性は生活環境が安定している時には確保されるが,生活環境が安定していない時には変化が生じるということを示した(例えば,Egeland & Farber, 1984; Egeland

& Sroufe, 1981; Vaughn et al., 1979)。

　例えば，Egeland と Farber (1984) は，経済的に不利のある母親のサンプルにおいて，12 か月時に安定型から 18 か月時で不安－抵抗型に変化した乳児を持つ母親は，その間，ストレスを伴うライフイベントの増加を報告し，また，その間，乳児が安定型のままであった母親は，ライフストレスの減少を報告していたことを見いだした。また，安定型から不安－抵抗型に変化した乳児の母親は，一貫して安定型のままである乳児の母親より，日常的な取り決めにおいて多くの変化を報告した。特に，アタッチメント・スタイルが変化した乳児の母親のうち 30％は，その変化期間の間に，恋愛パートナーとの生活を始めていた。さらに，12 か月時に不安－抵抗型から 18 か月時に安定型へ変化した乳児の母親は，乳児が不安－抵抗型のままであった母親と比べて，その間，あまり乳児から離れないようにしていた。母親とのインタビューで聞いた話を用いて，Egeland と Farber は，安定型から不安定型に変化した乳児の母親はしだいに神経質傾向や不快感が増加し，乳児への関心の喪失を述べる傾向があることを示した。また，時系列的により安定型になった乳児の母親は，母親である自信を増加させると報告する傾向があった。このため，母親の生活環境における変化は，子どもの養育環境における変化と同様に，子どものアタッチメント・セキュリティレベルの変化と共変する。この知見は，アタッチメント・パターンが，幼年期の間，必ずしも固定されているわけではなく，環境の変化（主に，対人的環境や養育環境）に敏感であることを示唆する。

　第二に，他の一連の研究では，子どもが，異なる養育者（例えば，母親と父親）に対して異なるアタッチメント分類を示すかどうかを調べるためにストレンジ・シチュエーション法を用いた。実際に，子どもは異なる人たちに対して異なるアタッチメント・パターンを示した（Bridges et al., 1988; Lamb, 1977; Main & Weston, 1981）。この知見はまた，アタッチメント・パターンが対人環境の特別な側面に敏感であるということを示唆しており，これは少なくとも幼年期では，アタッチメント・モデルが多様な対人関係情報を調節するという考えを支持するものであった。

　要約すると，幼年期のアタッチメントに関する文献は，幼年期の間に，時系列的にアタッチメント・スタイルを変化させたり，異なるアタッチメント・モデルを持ったり，また，異なる人へのアタッチメント・モデルを持つという見解や，主に，このような現象は，自分の対人環境での経験によるものであるという見解を支持するものである。このことは，同様に成人期においても該当するだろうと示唆している。一方，人が年をとり成熟するほど，環境からの刺激に対して，自分のモデルがより固定したものになり，あまり柔軟でなくなり，あまり反応的ではなくなるということもあり得るであろう。このようなケースでは，成人は自分のアタッチメント・モデルの変化をあまり

示さないだろう（Bowlby, 1973；より広くパーソナリティに関連させたものとしてこれらの問題の議論は Caspi & Roberts, 2001; Helson et al., 2002 を参照）。

成人期のアタッチメント・セキュリティにおける変化

実験的証拠

　3つの一連の研究知見は，成人期におけるアタッチメント・セキュリティの変化に関する問題について触れている。最初のものは，乳幼児のアタッチメント分類（ストレンジ・シチュエーション法で測定されたもの）と，成人のアタッチメント分類（特にアダルト・アタッチメント・インタビュー「AAI」で測定されたもの；George et al., 1985）との間の一致率を検討した長期縦断研究である。多くの研究が既に公刊され，それらはすべて変化が可能であることを示している。2つの研究では，変化が広く生じる出来事であることを示唆するように，幼年期のアタッチメント分類と成人期のアタッチメント分類との間にごくわずかな一致率しか現われなかった（Lewis et al., 2000; Weinfeld et al., 2000）。他の2つの研究では，幼年期のアタッチメント分類と成人期のアタッチメント分類との間には，有意な一致率は示しているが，完全な一致を示しておらず，それは，多くの人は変化しないものの，変化する人もいるということを示唆するものである（Hamilton, 2000; Waters et al., 2000）。これらの研究の多くは，家族の主なライフイベント（例えば，親の喪失，親の離婚，親の精神病理，幼児虐待）のような変化の予測要因を探ることで，不安定型への変化が，これらのネガティブな生活経験と関連していることを見いだした（例えば，Waters et al., 2000; Weinfeld et al., 2000）。重要なこととして，これらの研究では，主に幼年期の生活経験に焦点が当てられ，アタッチメント分類の変化がいつ起こるかということについては（例えば，幼年期なのか，成人期なのか），正確に指摘されていなかったため，成人期における変化が可能かどうかという疑問は残されたままである。

　第二の知見は，アタッチメント・セキュリティレベルについての信念を測定するために自己報告式の質問紙を用いた，成人ロマンティックアタッチメントの研究から得られたものである。これらの質問紙によって，人は，先のアタッチメント・パターンのうちの1つに分類されるか，もしくは一般的には，自分のアタッチメント・パターンの根底にあると考えられている2つのアタッチメント次元（親密性回避と見捨てられ不安）に沿って評価される。これらの分類や次元の安定性を測定する試み（測

度の信頼性の検討）では，安定性に関しては中程度の信頼性があるものの，多くの人（約30%）は異なったアタッチメント・スタイルを報告しており，時間とともにアタッチメント・セキュリティのレベルが変動性を示すことが明らかになった（例えば, Baldwin & Fehr, 1995; Baldwin et al., 1996; Davila et al., 1997; Davila et al., 1999）。アタッチメント・モデルと行動について浸透性のある長期的な再構造化の根拠があるかどうかは，まだ明らかになっていない。いく人かの人々についてはそうであろうが，後にレビューするように，アタッチメント・セキュリティにおける頻繁な変動性を報告する人もいれば，自己認知の一時的変化を反映している人もいる。

　第三の知見は，比較的短期間のインタビューアセスメントによる青年期後期と成人期のアタッチメント・セキュリティに関する研究から得られている。この研究についてもまた，変化の証拠を示している。例えば，青年期後期の1年間の縦断研究において，DavilaとCobb（2003）は，Bartholomewのインタビュー法（Bartholomew, 1998; Bartholomew & Horowitz, 1991）を用いてアタッチメント・セキュリティを測定した。次元的アタッチメント・セキュリティ評価は1年間でほんの中程度の相関しか得られず（$r = .53, p < .01$），これは，人が時間とともに変化するということを示唆している。Crowellら（2002）は，結婚への移行を経て生じるAAI分類の安定性について調べた。彼らは，夫婦の78%は同じ分類のままであるということを見いだした。これは，ほとんどの夫婦は，アタッチメント・セキュリティは安定したままであるが，その中には，変化した人もいるということを示している。重要なこととして，変化を示した人々の顕著な変化はアタッチメント・セキュリティの増加であった。先述した長期的縦断研究とは違い，この短期的縦断研究では，成人期において変化が生じ，人々はアタッチメントに関する心の状態（state of mind）の主要な変化を経験する能力を持つということを示唆している。

　要約するならば，長期的縦断研究が変化の正確な時期を突き止めることに失敗したが，青年期や成人期の短期的縦断研究は，自己報告式やインタビュー法で測定されたアタッチメント・セキュリティが，それらの発達時期に変化する能力を持つということを示唆するものであった。このため，ある生活環境では，少なくともいく人かの人々は成人アタッチメント・モデルの変化を示す。しかし，これらの変化が，アタッチメント・モデルや行動の長期的な再構成化であるのかどうかという問題は，依然残されたままである。

変化の測定や概念化に影響する測定の問題

　主に，自己報告式測度を用いて成人アタッチメント・セキュリティの変化を調べている研究は，多くの深刻な測定の問題に直面する。第一に，自己報告式質問紙に関して，研究者は示された変化が測定エラーのためではないかと懸念している。この可能性は多くの重要な概念的問題とアセスメント的問題を生じさせる。概念的な観点からは，変化が「本当の」心理学的現象を表わすかどうか，すなわち，変化が心理的意味合いを持つのかどうか，また，もし心理的意味合いを持つならば，その意味はいったい何なのかという問題が生じる。いったい何が人を変化させるのであろうか？　アセスメントの観点からは，自己報告式測度が信頼できるかどうかという問題が生じてくる。

　自己報告式アタッチメントの持続性に関する知見によって生じたこれらの問題に加えて，もう1つの懸念がすべての自己報告式アタッチメント手法に関して増大してきている。特に，インタビュー測度や行動測度を用いてアタッチメント・セキュリティを測定しているような多くのアタッチメント研究者は，成人アタッチメント・セキュリティの自己報告式測度に関する構造的妥当性について懸念している（しかし，本書2章のShaverとMikulincerを参照して考慮されたい）。その問題は，自己報告式測度が行動測度やインタビュー測度と同じ構造を表わしているのかどうかというものである。この問題に答えるためにデザインされた研究は初期段階において行なわれていたが，現時点では，その論争は，大部分解決されていないままである。

　例えば，自己報告式アタッチメント測度とインタビューアタッチメント測度は，同じ関係領域を測定する時を除いて関連しない傾向があり，たとえ相関を示す時でさえ中程度のものである（例えば，Bartholomew & Shaver, 1998; Crowell et al., 1999; Shaver et al., 2000; Simpson et al., 2002）。一方，いかなるアタッチメント測度を用いたとしても，成人アタッチメント・セキュリティの相関とその意義を調べる研究は，しばしば同じような結論を生み出す。しかし，測定法によって，アタッチメント・セキュリティが異なった関連性を持つという証拠も出始めている。例えば，Watersら（2002）は，成人の既婚者サンプルにおいて，インタビュー評定がアタッチメント関連行動についての行動測度と関連する一方，自己報告測度は関係満足度や関係の質についての報告と関連することを見いだしている。また，FurmanとShaffer（2002）は，青年期のつきあっているカップルのサンプルにおいて，同様の結果を見いだしている。Simpsonら（2002）は，インタビュー法で評定されたアタッチメント・セキュリティと自己報告式測度で評定されたアタッチメント・セキュリティの双方が，カップル間

のサポート行動を予測するが，それらは異なっていることを示した。例えば，インタビューによるアタッチメント・セキュリティは敏感なサポート供給（パートナーが最もサポートを必要とする時にそれを与える）と関連する一方，自己報告式のアタッチメント・セキュリティはすべての状況におけるサポート供給の増加と関連していた。私たちは後により詳細に述べる予定にしているが，アタッチメントの変化に関する文献は，同様な非一貫性を反映する。自己報告式，および，インタビュー式のアタッチメント・セキュリティの変化は，同じ要因と関連しているという知見もあれば，それらは関連していないという知見もある。それらの知見を生み出すのはいったい何なのか？ また，自己報告式アタッチメント・セキュリティの信頼性と妥当性に関して，先に提起された問いに対する答えは何なのであろうか？

　自己報告式質問紙の信頼性における問題について，また，それらの問題が心理学的に意味のある変化をとらえているかどうかということについて，多くの現存する研究が，自己報告式アタッチメント・セキュリティにおける変化が心理学的に意味のあるものであるということを示している。多くの学者は変化の概念的モデルを開発し（詳細は後に述べる），その研究は，変化が理論的に関連のある変数から確かに予測されることが示された（例えば，Baldwin et al., 1996; Davila et al., 1997, 1999; Davila & Cobb, 2003; Davila & Sargent, 2003; Simpson et al., 2003）。しかし，自己報告式測度の構造的妥当性に関する問いに対する答えは，あまり明確ではない。ShaverとMikulincer（本書2章）は，自己報告式測度の妥当性のための有力なケースを提示しているが，先述の一貫性のない証拠を挙げている多くの研究者は，自己報告式アタッチメント・セキュリティとインタビュー式アタッチメント・セキュリティは，異なる構造，もしくは，少なくともアタッチメント・システムの異なる側面にアクセスしていると示唆している。研究者は，ShaverとMikulincerの先例にならい，自己報告式，ならびに，インタビュー式の測度が評定しているものについて正確に記述することが重要となってくる。なぜなら，それらの方法が，アタッチメント・システムの異なる構造や異なる側面にアクセスしているとする限り，それぞれの測度におけるアタッチメントの変化に関する解釈の仕方に重要な意味が存在するかもしれないからである。

　例えば，インタビュー測度（特にAAI）の提唱者は，インタビューが認知や感情，行動パターンのような意識的プロセスと，防衛方略のような無意識的プロセス，ならびに，アタッチメント情報の組織化と一貫性に関するデータを測定していると述べている。インタビューは，人が話す内容とその語りの一貫性，人が表出する言語や情動についての行動を調べるために，時間と状況のいたるところに目を向けるように訓練された評定者によってコード化される。このようにインタビューデータからのコード

は，客観的なコーダーによって統合化され，広範囲のチャンネル（意識と無意識の）から集められた多くの情報を反映している。それゆえ，インタビューの信頼できるコード化を仮定するためには，アタッチメント・セキュリティのレベルやパターンにおいて時系列的な変化を導くかもしれない種類の変数は，意識レベルと無意識レベルの両方で特定のアタッチメント関係に関する思考，感情，行動の取り方の変化に影響を及ぼすものである必要があったのであろう。

自己報告式アタッチメント・セキュリティが，インタビュー法よりもアタッチメント・システムの様々な側面を評定する限り，異なる変数がその変化を導くはずである。自己報告式測度が測定しているものを概念的に説明する1つの方法は，私たちが自己報告測度についてより一般的に何を知っているかということを考えることである。自己報告測度は，人々が客観的に定義された標準化尺度を用いて自己に関する記述を提供するため，客観的評定として最もよく考えられているものであろう。多くの研究者によると，客観的測度に関する重要な特質の1つは，その自己報告式測度が，意識的に持っている情報に大部分を頼ってしまっているということである。すなわち，人々は意識にアクセスできる情報だけを報告する。このため，自己報告式アタッチメント・セキュリティは，意識的に持っている信念や感情の反映であると考えるのが最も良いであろう。これが真実であるならば，自己報告法とインタビュー法は，異なるタイプのアタッチメント情報を引き出し，その結果として，アタッチメント情報の異なるタイプがそれぞれの方法の結果において現われてくることを示唆している。また，異なる変数が変化の原因であることも示唆している。特に，自己報告式の信念の変化は，意識的に持っている考え方の変化を導くような変数と関連している。しかし，私たちは，自己報告式アタッチメント・セキュリティが，無意識情報と関連しないということを示唆してはいないことに注意しなければいけない。自己報告式アタッチメント・セキュリティと無意識情報が関連するという証拠は増加してきている（例えば，Shaver & Mikulincer, 本書2章参照）。それよりもむしろ，私たちは，自己報告式アタッチメント・セキュリティの**変化**が，自己報告に最も影響を与えると思われる要因を含めて概念的に説明されなければならないことを示唆している。それには，私たちが後述する無意識情報を含むような様々な要因があるのであろう。

社会認知心理学での研究は，人が帰属や信念，見解の変化を意識的にどのようにとらえているのかということに関して，広範囲に焦点を当てており，少なくともいく人かの人々にとっては，変化が定期的に生じている経験であることを示唆している。信念の変化の良い例は，プライミングの研究から得られている。そうした研究では，ほとんどすべてのものを，それらが意識化されるプロセスに気づくことなく，人に考

えさせることができるということが示されている（例えば，Nisbett & Wilson, 1977; Wegner & Bargh, 1998 参照）。したがって，意識されている信念の内容は，絶えず変化しているのかもしれない。実のところ，それは，自分自身が気づいていないものに応じても変化する可能性がある。意識されている信念は，気分に応じて変動する（例えば，Bower, 1981）。例えば，抑うつ気分は，ネガティブな思考を導き，またそれは，いったん抑うつ気分が和らげられると，再びポジティブになる（Segal, 1988 参照）。また，意識的にとらえている自己像は，現在の社会的環境に応じて変化する。自発的な自己概念に関する研究（例えば，McGuire et al., 1978）は，社会的比較プロセスに関する研究（例えば，Morse & Gergen, 1970）と同様に，上記のことを示している。つまり，人の意識的にとらえている信念は，一時的である様々な内的・外的環境に応じて規則的に変化するという多くの証拠がある。この変化は持続的なものではないということも事実である。意識的にとらえている信念は，比較的短時間でさえも，かなり変動しているのかもしれない。

　前述の議論に内在しているものは，成人アタッチメント・セキュリティが意識的な顕在的構成概念と，あまり表面化しない潜在的構成概念の両方を持つ可能性である。その議論はまた，成人アタッチメント・セキュリティは特性的構成概念と状態的構成概念の両方を持ち（Fraley & Brumbaugh, 本書4章参照），状態的構成概念は，特性的構成概念よりも様々な出来事に応じてより変動性を持つであろうという可能性も内在している。特性的構成概念と状態的構成概念や，意識的構成概念と潜在的構成概念が，成人アタッチメント・セキュリティを測定するために異なる手法として位置づけられるかどうかは知られていないが，変化を概念化する時，この可能性を考慮することは役に立つであろう。本章の後半で，私たちがさらなる研究方針を討議する際に，この問題に立ち戻るとしよう。その時，アタッチメント・セキュリティの特性的－状態的構成概念あるいは意識的－潜在的構成概念の間に相違点があるかどうかということばかりでなく，成人アタッチメント・セキュリティが実際にカテゴリー，もしくは，次元として考えられるかどうか，また，それは関係特有のものか，関係全般のものとして考えられるかどうかということも私たちは考慮する。異なるアタッチメント測度は，異なるアタッチメントアプローチを用いる傾向がある。例えば，自己報告式測度が，事実上，次元的であるという一方，AAIのようなインタビュー法は，主に人をアタッチメント・パターンにカテゴリー化する。また，自己報告式測度が関係特有アプローチと一般的アプローチの両方を用いている一方，AAIのようなインタビュー法は関係特有アプローチを用いる傾向がある。これらのさらなる相違点は，変化が観察されるかどうか，またどの要因が変化を予測するかについて考慮する場合には，心に留めて

おくことが重要である。

　要約すると，自己報告式とインタビュー式は，異なるタイプの変数に対応するアタッチメント・システムや，変化の異なった側面を評定するばかりでなく，その変化の持続期間やタイプも異なるのかもしれない。そのため，アタッチメント・セキュリティの変化や持続性に関する私たちのモデルにおいて，それらの問題を考慮し，成人アタッチメント・セキュリティに関する異なる側面間の変化，ならびに，自己報告式とインタビュー式成人アタッチメント・セキュリティ間の変化との潜在的な相違点に関する実験的研究を行なうことは意味深い。これらの見解は本章の後半で再考するが，まず，成人アタッチメント・セキュリティにおける変化の予測変数に関する現行のモデルの説明を行なうことにする。

成人アタッチメント・セキュリティにおける変化の予測変数に関する現行のモデル

　現在，成人アタッチメント・セキュリティにおける変化の予測変数には3つのモデルがある。私たちはこのセクションでそれぞれをレビューする。Fraley と Brumbaugh（本書4章）が変化のモデルを提唱したことを思い出してほしい。しかしながら，それは，変化に関する予測変数よりも時系列的な変化パターンに焦点を当てていたため（例えば，人生において変化の最も起こりそうな時），彼らのモデルはここではレビューしない。彼らのモデルに内在されているのは，対人的／養育的環境の変化がアタッチメント・セキュリティの変化を促進するという見解である。それは，私たちが以下で述べるライフストレスに関するモデルと同様である。

ライフストレス・モデル

　変化に関するライフストレス・モデルやライフイベント・モデルは，アタッチメント・セキュリティのレベルやパターンの変化が，重大なライフイベントや生活環境の変化に応じて生じることを提案している。このモデルは，名づけられていないものの，元来，Bowlby（1969）によって提唱されたものである。彼は，比較的に永続するアタッチメント・モデルの変化が，継続的で，情緒的に重要な対人的に関連のある生活環境への適応として生じると提唱した（Collins & Read, 1994 参照）。先述したように，アタッチメント・セキュリティの行動的測度とインタビュー式測度を用いた幼年期や，

幼年期から成人期へのアタッチメント・パターンの変化に関する研究は，このモデルの証拠となっている。あまり良くない生活環境で育っている子どもは最もよく変化を示しており，また，彼／彼女らは，特に不安定型になりやすい（例えば，Waters et al., 2000; Weinfeld et al., 2000）。

しかし，自己報告式測度を用いた成人アタッチメント・セキュリティにおける変化に関する研究は，ライフイベントに応じて一貫した結果を示していない。これまでは，数個の研究だけがライフストレス・モデルを支持する証拠を与えている。Kirkpatrickと Hazan（1994）は，4年の間に，恋愛関係の崩壊を経験した人は，経験してない人より，不安定型になることが多いことを見いだした。Davila ら（1999）は，新婚者サンプルにおける2年間の縦断研究において，アタッチメント・セキュリティが結婚への移行の過程を経て増加すると見いだした。特に，人は親密さに対してより快適さを感じることが多くなり，見捨てられ不安が少なくなっていた。Simpson ら（2003）は，妻が（夫では見られないが），親になることへの移行とともに親密さに対してより快適さを感じるようになると見いだした（見捨てられ不安は少なくならない）。一方，他の研究では，これらの知見を再現することに失敗している。例えば，Baldwin と Fehr（1995），Scharfe と Bartholomew（1994），Davila ら（1997）は，（広く定義づけされた）対人ライフストレスと4か月から2年の測定期間を経て生じるアタッチメント変化との関連を調べたが，関連があるという証拠は示されなかった。

これらの一貫性のない知見は，多くの重要な問題を生じさせる。その最もわかりやすい問題は，ライフイベントは，どのような環境のもとで自己報告式アタッチメント・セキュリティの変化を予測し，どのような環境のもとでは，その予測に失敗するのか，そして，それらはなぜなのか，ということである。私たちは，自分自身の研究で示された3つの可能な答えを討議する。

第一に，自己報告式アタッチメント・セキュリティ（もしくは，他のあらゆる方法で測定されたアタッチメント・セキュリティ）は，ある特定のイベントタイプに応じてだけ変化するという可能性である。先述したように，継続的イベントや，対人的，情緒的に重要なイベントはその最適の候補であるかもしれない。さらに，成人の恋愛関係は，成人期の主たるアタッチメント関係であると考えられる。そのために，人生の恋愛領域に影響を与えるイベント，特に関係の性質を変化させるイベントや，関係ステータスに作用するイベントは，最も変化と関連するかもしれない。新婚への過程を経たアタッチメント・スタイルの変化に関する私たちの研究を駆り立てたのは，これらの見解によるためであった（Davila et al., 1999）。結婚への移行は，確かに，継続的に，また，情緒的に重要な関係ステータスの変化である。他の研究はライフイベ

ントの様々なタイプを用いたが，最も重要なイベントの影響を不明確にしていたため（例えば，ストレッサーの数についての一般的な測度を作成するため）に失敗していた。

しかし，私たちもまた，自己報告式アタッチメント・セキュリティの変化に関連するイベントを同定するということに完全に成功しているわけではない。最近の研究において，私たちは，アタッチメント・セキュリティの変化における恋愛ストレス，葛藤イベント，喪失イベント，分離イベントの役割を調べた（Davila & Cobb, 2003）。アタッチメント理論や先述した基準に基づいて，これらのイベントは特にアタッチメント・セキュリティのレベルと関連すると考えられる。しかし，それらのイベントはアタッチメント・セキュリティのインタビュー測度を用いた不安定性の増加を予測していたものの，1年間における自己報告式アタッチメント・セキュリティの変化については予測していなかった。

他の例では，アタッチメント・セキュリティの変化について，継続的で，情緒的に重要であり，恋愛関係に関連するような上述以外のイベントとして，第1子を持つ既婚のカップルに関する調査が行なわれた。先述したように，Simpson ら（2003）は，妻が第1子の妊娠期に親密さへの快適性の増加を報告すると見いだした。この知見と一貫して，私たちがこの期間に生じる家族構造や役割の重要な変化を考慮に入れるならば，親になることへの移行を経験している配偶者は，子どもを持っていない配偶者より，その期間内にアタッチメント・セキュリティがより変化するであろうと予測した。しかし，結婚期間が同じぐらいの自発的に子どもを持たないことを選択したカップルと比較した結果，親になったカップルは，この親になっていないカップルと同様に，アタッチメント・セキュリティのレベルの変化をあまり経験していなかった（Cobb et al., 2003）。これらの2つの研究知見の違いは，Cobb ら（2003）の研究では，親にならなかった統制グループを含んでいるということによって説明されるかもしれない。親になることへのストレスフルな移行を経験するカップルでは，それを経験しないカップルよりも，アタッチメントがより変化するのかどうか，さらに，親になったサンプルでのアタッチメントの変化がソーシャル・サポートの変化によって予測されるかについて，私たちは比較を行なった。変化の割合は，親になった人と親になっていない人とで有意な違いはなかったが，アタッチメントは確かに変化し，それは，親になることへの移行期に受けたソーシャル・サポートとともに変化するという証拠がある（これについては本章で後に述べる）。

ライフイベントが，自己報告式アタッチメント・セキュリティの変化と関連する際の環境に関する第二の可能性は，自己報告式アタッチメントの変化とライフイベントとの関連が，長期間よりも短期間で，その証拠を最も示すかもしれないということで

ある。もし，自己報告式アタッチメント・セキュリティが意識として持っている信念を反映し，そのような信念が，環境要因に対して，比較的簡単に，素早く，定期的に変化するならば，私たちは，個別で特別なライフイベントに対して，比較的長い期間を経て生じるような変化とはあまり関連を示すことができず，それよりも生活環境の変化に応じて，短期間で一時的な変化をより示すことになるであろう。私たちは，人々に日々のライフイベントと日々のアタッチメント・セキュリティのレベルを報告してもらう8週間の日記研究でこの可能性を評価した（Davila & Sargent, 2003）。私たちは，日々のイベントと日々のアタッチメント・セキュリティが時系列的に共変する（事前のアタッチメント・セキュリティレベルを統制しても）ということを見いだした。これは，人々の自己報告式のアタッチメント・セキュリティに関する信念が，一貫して生活経験に応じて変動するということを示唆している。それゆえ，自己報告式アタッチメント・セキュリティに関するライフイベントの影響は，短期間の，また，一時的な変化に目を向けられた時，最もよく観察されると言えるであろう。

　ライフイベントが，いつそしてどのように，自己報告式アタッチメント・セキュリティの変化を予測したり，予測できなかったりするかという疑問に対する第三の可能な回答は，人がイベントをどのように見ているかということと関連している。現在までのところ，アタッチメントの変化に関するライフイベント・モデルの検証は，変化へのイベントの客観的な特徴（例えば，タイプや数）の直接的影響だけが考慮されてきた。しかしながら，Bowlbyの変化に関する説明には認知的媒介という考えが含まれていると言われている。Bowlbyは，ライフイベントが現在のアタッチメント・モデルと整合しない時に変化を導くと主張した。変化が生じるためには，人は，自分のモデルと整合しないものとしてイベントを経験する必要がある。このため，アタッチメント・モデルを否認するかどうかに寄与するイベントの客観的特徴があるかもしれない一方，人は否認の証拠を提供するものとしてイベントを解釈する必要があるだろう。それゆえ，アタッチメント・モデルの変化に関するイベントの影響は，主観的な知覚を通じて認知的に媒介されるであろう。私たちは，先述した日常の日記研究において，この予測を支持するということを見いだした（Davila & Sargent, 2003）。日々のイベントと日々のアタッチメント・セキュリティのレベルとの関連は，日々のイベントをどの程度対人関係の喪失に至るものとしてみなすかということによって説明されていた。イベントを対人関係の喪失を含むものとしてみなすかぎり（イベントのタイプや数にかかわらず），不安定型の傾向を報告していた。

　また，私たちは，先述した親になることへの移行の研究において，ライフイベントに関する人々のとらえ方の役割を支持する結果を見いだした（Cobb et al., 2003）。親

のサンプルにおいて，親になることへの移行期におけるソーシャル・サポートの認知の変化は，アタッチメント・セキュリティの変化と関連していた。その移行期において，他者の援助がほしい時により支援的であり，利用可能であると認知した親は，出産前から生後1年までに，アタッチメント・セキュリティの増加を示した。Simpsonら（2003）も，同様な結果を報告している。配偶者のソーシャル・サポートと怒りの認知は，親への移行期においてアタッチメント・セキュリティの変化の予測要因であった。くり返しではあるが，変化に影響を及ぼすのは，ライフイベント自体ではなく，アタッチメント・モデルの媒介において生じる対人的文脈の変化についての個人の認知であろうということを，このことは暗に示している。

これゆえに，私たちが，成人アタッチメント・セキュリティの変化におけるライフイベントの役割を理解しようとする時，変化（客観的特徴）の結果として生じるイベントの特別なタイプや，変化が生じ，持続すると予測されるような時間的枠組み，起こったイベントに関する人々のとらえ方，特に，人々がイベントに割り当てる対人的意義のようなものを考慮することは重要であるかもしれない。そのようにすることは，自己報告の性質を考慮すれば，自己報告式アタッチメント・セキュリティの変化を理解するために最も適切であるだけではなく，それはまた，インタビューによって測定されたアタッチメント・セキュリティの変化を理解するためにも適切であると考えられる。また，それは，アタッチメント・セキュリティ状態の変化と，より浸透力があり，長期的に続くアタッチメント・モデルの再構成化との間の潜在的違いを整理しようと試みる時にも重要となるであろう。Bowlbyの述べる反確証的プロセスを解明するための可能性を持つものとして，イベントのとらえ方を測定することは，将来的な発展のために特に有望な手段であるかもしれない。それはまた，文献で正確に述べられていない他の問題（ネガティブなイベントと同様に，ポジティブなイベントがアタッチメント・セキュリティの変化を導くのかどうかという問題）について言及するための可能性も持つであろう。

結婚への移行や親になることへの移行に関する研究以外のほぼすべての先行研究は，アタッチメントの変化に関して，客観的に定義されたネガティブなイベントの役割を調べている。そのために，ポジティブなイベントがアタッチメントの変化に役割を担っているのかどうか，人が時系列的に不安定型になるのと同様により安定型になるかという点に関して，私たちはほとんど知らない。このため，ポジティブな結果とネガティブな結果の両方を説明するためには，研究はポジティブなイベントとネガティブなイベントの両方を含む必要がある。また，イベントのとらえ方に焦点を当てることによって，広範囲なストレスに対するアタッチメント関連の適応性は検討できるであ

ろう。例えば，客観的に定義されたネガティブなイベント（例えば，恋愛パートナー間の葛藤）が，適応的に解決された時（例えば，パートナーによってポジティブな結果を持つように経験させられた時），それは，どのようにポジティブな経験や成長と関連するのかを理解することが可能となる。それゆえに，イベント自体を調べるよりむしろ，イベントの結果として生じる自己と他者のとらえ方を調べることは，イベントがアタッチメントの変化にどのように影響を与えるかということに関して，より特定的な予測を可能にするであろう。

社会的認知モデル

このモデルは，なぜ人が異なる時に異なるアタッチメント・パターンを報告するのかを説明するための方法として，もともと，Baldwin ら（例えば，Baldwin & Fehr, 1995; Baldwin et al., 1996）によって発展させられた。このモデルは，アタッチメント・セキュリティのレベルやパターンの変化が心の状態の変化の結果であることを示す。すなわち，人は，自分の心で現在活性化されたものに依存して，異なる時にアタッチメント・セキュリティの異なるレベルやパターンを報告するのである。このモデルによると，人は，長期的に安定した常時アクセス可能なアタッチメント・モデルを持つかもしれないが，同時に，特別な環境によって活性化されるいくつかの異なるアタッチメント・モデルや，関係スキーマをも持っている（Bawldwin et al., 1996; Davila et al., 1999）。それゆえに，アタッチメントの変化というのは，人が現在の環境によって（例えば，環境的要因，人が想起するための手がかりとなるものや，プライムされたもの），異なる時に異なったモデルにアクセスするために生じる。このため，このモデルはアタッチメント・セキュリティの最も一時的に変化しやすい部分について言及している。現在の環境が変化する時，アタッチメント・セキュリティも変化すると考えられるのである。

このモデルに関する最初の検証は，直接的にアタッチメント・セキュリティの変化を調べることではなかった。むしろ，異なるアタッチメント経験がプライムされ，人の行動はプライムされたものに応じるのかどうかを見るために調べられた（Baldwin et al., 1996, 第 3 研究）。確かに，そのとおりであった。人はプライム刺激に応じた対人情報に，別々に反応した。他のプライミング研究は，アタッチメントの変化を研究するためにデザインされていないものの，様々なタイプのアタッチメント情報がより顕著になる，もしくは，あまり顕著にならないことで，感情や行動に影響を与えるということを立証した（例えば，Mikulincer & Arad, 1999; Mkulincer et al., 2002）。

多くの研究は，実験的ではないが，特別な対人関係の経験について現在の心的状態を表わすものとして解釈される変数を用いて，直接的にアタッチメント・セキュリティの変化を調べている。例えば，Davila ら（1999）は，結婚満足度が結婚環境によって比較的定期的に変化する結婚についての心的状態を表わしているという見解に基づいて，それを社会的認知変数として概念化した。私たちは，結婚初期の数年間，配偶者は平均的により安定型傾向になるにもかかわらず，実験参加者内レベルで，結婚満足度がその期間内のアタッチメント・セキュリティのレベルの変化を予測することを示した。驚くべきことではないが，配偶者は結婚が幸せである時，夫婦はより安心感を感じる。一方，幸せでない時には，夫婦はあまり安心感を感じない。先述したように，ライフイベントの見解に関する私たちの研究（Davila & Sargent, 2003）は，実質上，少なくとも大まかに言えば，社会的認知として解釈されるはずである。日々のライフイベントが，人々に喪失感をもたらす限り，人々は以前感じたより多くの不安を感じるようになるのである。

　これらの知見は，社会的認知モデルによって予測されたアタッチメント・セキュリティにおける比較的一時的な変化に焦点を当て，アタッチメント・セキュリティが状態的なものであるという点を強調する。重要なこととして，言及したすべての研究は，先述したように，状態のような性質を持つであろう自己報告式の成人アタッチメント・セキュリティ測度が用いられていた。しかし，社会的認知モデルが自己報告式アタッチメント・セキュリティだけに適用するのかということについては，それが他の測度を用いてテストされていないため，いまだにわかってはいない。例えば，インタビューで測定されたアタッチメント・セキュリティが，異なるタイプのアタッチメント関連情報でプライムされた人々のグループ間を，体系的に弁別するかどうかを調査することは有益であろう。

個人差モデル

　このモデルは，異なる時に異なったレベルやパターンのアタッチメント・セキュリティを報告する人もいるという理由を説明するものとして提唱された。すべての人に適用するような標準的な認知活性化プロセスに焦点を当てる代わりに，このモデルは，他の人たちよりも異なったアタッチメントのレベルやパターンを報告しやすい集団を形成させてしまうような病理学上の個人差に焦点を当てている。ある脆弱性要因（例えば，親の離婚，親の精神障害，人格障害，個人の精神障害）を持つ人は，明確ではない自己と他者のモデルを発達させ，アタッチメント・モデルを不安定にさせる。そ

のような人がアタッチメント・レベルやパターンをより変える傾向があるということを，このモデルは言明している（Davila et al., 1997）。

このため，個人差モデルは，1つ以上の脆弱性の存在で始まるような媒介モデルである。これらの脆弱性は，対人関係の発展にネガティブな影響力を持つ要因である。例えば，親の離婚は，対人機能や関係の成就に対してネガティブな影響を持ちやすく（例えば，Amato, 2000），親の精神障害は，親子関係，および，他の対人関係のセキュリティや性質にしばしば影響を与える（例えば，Eiden et al., 2002; Hammen & Brennan, 2001; Teti et al., 1995）。個人の精神障害や人格障害もまた，主としてすべてのタイプの対人関係を害する。これらの脆弱性は，明確な安定した自己と他者のモデルの発達を妨げると仮定される。もし，自己や他者の理解における明確さが欠けているならば，そのような人は，引き出すことのできる一貫したモデルを持っていないため，異なる時に異なるアタッチメント・セキュリティのレベルやパターンを報告しやすい。その代わりに，そのような人の明確さの欠如は，ある時にはある方法で考え，感じ，他の時には他の方法で考え，感じるという結果を生じさせる。

個人差モデルは，異なる時に異なるアタッチメント・レベルやパターンを報告する傾向が不安定型の反映であるかもしれないと仮定されている。このため，アタッチメント学者（例えば，Main, 1991）が，不安定型の人々の特徴として述べる認知的プロセスと感情的プロセスの矛盾したタイプ同様に，異なるアタッチメント・レベルやパターンを報告することは不安定型特有のプロセスとしてみられる。それゆえに，そのモデルは，脆弱性の観点から，時間とともにアタッチメント・パターンが変化する人々が，長期的に継続して不安定である人々のように見えるはずであると予測している。

多くの研究は，個人差モデルの予測を支持している。例えば，青年期の女性に関する2年間の縦断研究において，個人の脆弱性要因は自己報告式アタッチメント・パターンと関連していた（そして，ライフイベントよりもすぐれた予測要因であった；Davila et al., 1997）。さらに，アタッチメント・パターンが変化する人は，継続して不安定型の人と類似した脆弱性のレベルを持ち，また，その脆弱性は，安定型の人のものよりも継続して高いレベルにあった。それは，異なるアタッチメント・パターンを報告することが不安定型を反映するプロセスであるという見解を支持するものである。青年期後期の男女を対象とした1年間の縦断研究において，完全な媒介モデルは検証され，支持された。個人の脆弱性（個人の精神障害と人格障害）は，自己と他者のモデルの明確さの欠如と関連しており，それは，言い換えれば，アタッチメント・セキュリティレベルの時系列的な減少と関連していた（Davila & Cobb, 2003）。

要約すると，個人差モデルの有用なところは，アタッチメント・セキュリティのレ

ベルやパターンを他の人よりも変動すると報告しやすい人々のグループを同定することである。しかし，多くの問いは残ったままである。例えば，脆弱性のある人が特別な時に異なるアタッチメント・セキュリティのレベルを報告するという正確な理由は不明確である。それはランダムなのか，もしくは，そのような人が，直接環境（例えば，プライミングやライフイベント）にある何かに反応するのか，加えて，自己報告式アタッチメント・セキュリティのレベルやパターンが変動することが不安定型傾向の特性レベルを代表しているのかという点は，今後さらなる研究が必要である。もしアタッチメント・セキュリティのレベルやパターンが変動することが不安定型傾向の特性レベルを代表するのであれば，人々は複数回測定された自己報告に基づいてより正確に分類され，また，それは，自己報告式測度の使用における信頼を強めるものとなるであろう。

モデル間の類似性と相違点

　読者もおそらく気づいたように，ここで述べられた3つのモデルは，アタッチメントのレベルやパターンの変化について提案された原因において大きく異なっている。しかし，それらはまた，いくつかの重要な類似点をも共有する。例えば，ライフイベント・モデルと社会的認知モデルの両方は，アタッチメント・セキュリティの変化が生活環境に応じて生じると提唱する。その相違点は，ライフイベント・モデルが，元来，対人世界の重要な変化への比較的長期の適応について理解するための方法として提唱された一方，社会的認知モデルは，環境の一時的な変化に応じて，セキュリティを感じることへの短期的な変化を理解する方法として提唱されたということである。また，ライフイベント・モデルは，外的イベントに焦点を当てているが，社会的認知モデルは外的環境と内的環境（例えば，人の考え方や感じ方）の両方に焦点を当てている。先述したように，外的経験に対応した内的環境といったイベントのとらえ方への焦点化は，社会的認知モデルとライフイベント・モデルでともに持ち出される。個人差モデルと社会的認知モデルについても，重要な類似性を持っている。それら両モデルは，アタッチメント・セキュリティの変化がかなり一過性のものであり，くり返し起こる事象であると提唱する。しかし，その両モデルは変化に関して異なった原因に焦点を当てている。個人差モデルは，遠位の，すなわち，素因的原因に焦点を当てる。社会的認知モデルは，環境起源でより近位の資源に焦点を当てる（ライフイベント・モデルもそうである）。私たちが残りのセクションで探索するトピックである臨床的介入と同様に，異なるモデルが一般的に多くの共通した構成概念を持つという事

実は，アタッチメント・セキュリティの変化に関するさらなる研究のために重要であると，私たちは信じている。

将来的な研究のための問題点

　成人アタッチメント・セキュリティの変化に関する研究は，最も単純に，現在までの研究で浮かびあがった2つの問題に対して焦点を当て続けるべきである。つまり，最も変化しやすいのはどのような人か，どのような状況の下でそれは起きるのか，という問題である。個人差モデルは，主に誰が変化するのかという第一の問題について言及している。社会的認知モデルとライフストレス・モデルは，変化に導く状況に関する第二の問題について述べている。現在のモデルを洗練し，2つの問いに対する新しい答えを展開し続けることに加えて，将来的に重要な方向性は，既存のモデルの類似性と相違点を考慮し，異なる構成概念を統合する変化モデルを発展させていくことであろう。

　例えば，そのような統合の1つは，**素因-ストレスモデル**の枠組みにおいて現われる。一般的に，素因-ストレスモデルによると，脆弱性（もしくは，素因）を持つ人は，脆弱性を持たない人より，重大な生活環境（ストレス）に直面した際，ある方法（例えば，自分の信念を変化させる，症状を進展させる，など）で反応しやすい。これらは本質的に，ある脆弱性を持つ人が持たない人よりも，ある生活状況に対して，より反応的であるというような反応性モデルであると言えよう（例えば，Bolger & Schilling, 1991; Bolger & Zuckerman, 1995）。

　アタッチメント・セキュリティに関していくつかの可能性のある素因-ストレスモデルがある。例えば，Simpsonと共同研究者（Simpson et al., 2003）は，結婚関係において先在する欠陥（素因：例えば，低く認知された配偶者のソーシャル・サポートと高く認知された配偶者の怒り）が，親になることへの移行（ストレス）の間に，配偶者をアタッチメント・セキュリティの減少に対して脆弱にさせるであろうことを示唆している。素因-ストレスモデルの他のバージョンは，個人の脆弱性や自己モデル，ならびに他者モデルの明確さの欠如（素因）が，当面の問題と関連する生活状況に応じて人々にアタッチメント・セキュリティのレベルやパターンの変化を経験させると示唆している（Davila et al., 1999）。この素因-ストレスモデルは，社会的認知モデルやライフイベント・モデルと個人差モデルを結合させることで，先述した個人差モデ

ルの重要な問題（脆弱性を持つ人は特定の時に異なるアタッチメント・セキュリティのレベルを報告するのはなぜだろうか？）を解決する。上述した2つの素因－ストレスモデルは，現在の環境に応じて誰でも同等にアタッチメント・セキュリティの異なるレベルを報告するわけではないということを示唆することで，社会的認知モデルとライフストレス・モデルをも洗練する。このため，素因－ストレスモデルは，アタッチメント・セキュリティの報告が時間的に変化する際に，周辺にある素因的要因（また結婚の質のような先在する文脈的に安定した要因）が中心にある文脈的要因とどのように相互作用するかを説明することが可能である。もちろん，このモデルは現在思索的であり，実験的証明を待つものである。

　成人アタッチメント・セキュリティの変化に関するより統合されたモデルの研究に加えて，さらなる研究のために重要な他の問題は，例えば，人がより回避型傾向，もしくは，よりアンビヴァレント型傾向になるというような環境を説明する変化についての特別なモデルがあるかどうかということを，より綿密に検討することであろう。すなわち，人はなぜ，他の変化のタイプではなく，ある変化のタイプを示すのか？　それは特別なタイプのイベントや環境的手がかりによって生じるのか？　また，それは気質的なバイアスや現存のコーピングスタイルの産出物があるのか？　現在のところ，これらの問いに対する答えはない。

　最後に，おそらく最も重要なこととして，変化に関するさらなる研究は，成人アタッチメント構造の概念化や測定に関連する多くの相違点を考慮する必要があるだろう。これらは，アタッチメント・セキュリティの状態的構成概念と特性的構成概念間の違い，アタッチメント・セキュリティの意識的構成概念と潜在的構成概念間の違い，一般的アタッチメント・モデルと個別的アタッチメント・モデル間の違い，人々を表現する際のカテゴリカル法と次元法との間の違いを含んでいる。各相違点は，変化を概念化し理解することへの課題を表わしている。例えば，状態－特性の相違点に関して，成人アタッチメント・セキュリティの特性的構成概念と状態的構成概念の両方が存在するのであれば，それらは互いにどのように関連しているのであろうか？　また，一方の変化がもう一方の変化をもたらすのだろうか？　例えば，ライフイベントのとらえ方が，アタッチメント・セキュリティにおける日々の変動性を予測するならば（Davila & Sargent, 2003），その際，特に，そのとらえ方が既存のモデルを確証しない場合には，そのような状態の変動が時間とともにアタッチメント・モデルのより全面的な再組織化に導くのであろうか？　同様の問いは，アタッチメント・セキュリティの意識的，潜在的側面の相違にも当てはまるのだろうか？　また，もし異なった要因が異なったレベルの変化をもたらすならば，各レベルでの変化は他のレベルでの変化

とどのような関連があるのだろうか？

同様に，一般的アタッチメント・モデルと個別的アタッチメント・モデルの相違点に関して，一般的アタッチメント・モデルの変化と個別的アタッチメント・モデルの変化は，どのように関連するのだろうか？　個別的なアタッチメント・モデルの変化を経験する際，人は安定した一般的アタッチメント・モデルを維持するのだろうか？

一般的モデルは，個別的モデルより変化するのが難しいのだろうか？　また，カテゴリーと次元の相違点に関して，それぞれはどのように変化し，また，それぞれの変化はどのように関連するのかという問いに加えて，アタッチメント次元に沿った変化の「臨床的重要性」はどこにあるのだろうか？　カテゴリー分類では，ある人が不安定型から安定型へと変化したことが容易にわかるかもしれないが，次元による評定では，少なくとも各次元が個別に（主効果的に）分析される場合には，アタッチメント・セキュリティの変化がわかりにくい。そのため，次元的変化に関する分析は，アタッチメント・モデルの主要な再組織化について私たちに語りかけてくれるのだろうか？

答えは不明である。

要約するならば，発展すべき成人アタッチメント・セキュリティの変化に関する研究のために，研究者は，現在の変化についてのモデルを洗練し，拡張するという文脈において，それらの重要な概念的，方法論的相違点に注意を払い，明らかにするという難題に取り組まなければならないであろう。

臨床的介入のためのアタッチメント変化モデルの意味

これまで，私たちはアタッチメントの変化に関するいくつかの異なるモデルについて，それぞれに関して述べた現存の研究やさらなる研究のための多くの課題について言及してきた。しかし，私たちの分析は，主に，社会人格心理学の観点や発達心理学の観点から引き出された基礎的な研究視点からなっている。臨床心理学者にとって大きな関心のある問題は，意図的に，セラピストの介入を通じて変化をもたらすことである。変化が自然に生じる場合の変化プロセスを理解するため，私たちのモデルを発展させ，洗練させることは重要ではあるが，臨床心理学者もまた，介入を重要視するため，変化モデルに関心がある。望まれた結果が，アタッチメント・セキュリティを増加させることで個人のメンタルヘルスや対人関係を改善することであるならば，これらの変化モデルはセラピストの介入に対してどのようなものを吹き込むのだろう

5章 ■ 成人期のアタッチメント・セキュリティの変化についての予測因

か？

　乳児研究の文献では，不安定型アタッチメントの乳児とその養育者への介入に応じてアタッチメント・セキュリティがどのように変化していくのかについて，いくつかの限られた研究がある。例えば，Lieberman ら（1991）は，1年間にわたって母親と子どもの間の相互作用の質を改善することが，治療を受けていない乳児－母親の二者関係と比べて，回避や抵抗，怒りを有意に低め，母親との関係性を有意に向上させるということを見いだした。彼らは，アタッチメントの変化に特に焦点を当てたわけではないが，いくつかのアタッチメントをベースにした介入が，うまく青年期の抑うつを治療し（Diamond et al., 2002），投獄された青年の感情制御を改善すること（Keiley, 2002）を示した。成人を対象とした心理療法に関する文献では，アタッチメント・プロセスが対人関係の改善を目的とした介入の焦点にどの程度なりうるかということに関して様々な理論化がなされてきた。特に，Johnson ら（本書12章参照）は，アタッチメントに関連する問題へ焦点を向けることで，関係の質を改善するという目的を持つ情緒的中心型のカップルセラピーを開発している（Greenberg & Johnson, 1988; Johnson, 1996; Johnson et al., 1999; Johnson & Talitman, 1996）。アタッチメント・セキュリティを増加させることが治療の主な目的ではないが，たとえ一般的でなくても，おそらく，少なくともある特定のカップル関係の文脈内では，関係の改善は，アタッチメント・セキュリティを増加させる間接的効果をかなり持ちやすいようである。治療の経過を経てアタッチメントの変化を証明する研究は不足しているものの，Travis ら（2001）は，時間的制約のある個人的な心理療法の経過を通じて，クライアントはアタッチメント・セキュリティの有意な増加を示し，大多数は，不安定型アタッチメント・パターンから安定型アタッチメント・パターンへの変化を示すと見いだしている。

　ほとんどの場合，セラピーを通じたアタッチメント・セキュリティの変化への見解は，個人の継続する生活環境を変えるイベントとして議論されてきている。言い換えれば，このような変化はライフストレス・モデルに対応している。しかし，セラピーにおける変化は，いくつかの異なる方法を通じて達成されるかもしれない。例えば，親になることへの移行のように変化が自然に生じる時や，継続的なセラピーでの関係のように変化が意識的に引き起こされる時，変化は異なるレベルで生じるかもしれず，また，異なる原因に起因するものだと考えられるであろう。このように，本章で示した各モデルのレンズを通して，セラピーにおけるアタッチメントの変化を解釈することが可能なのである。

　第一に，ライフストレス・モデルにおいて，Bowlby（1969）は，セラピーがアタッチメント・モデルにおける適応や変化に伴う重要なイベントであるかもしれないと提

唱した。このように，不安定型アタッチメント・モデルと一致する方向で反応しないセラピストや，他者や自己の対人関係での行動の意味を探求する際にサポートを与えることのできるセラピストと新しい関係を発達させていくことは，アタッチメント・モデルの更新や適応をもたらすような種類の経験を生じさせるかもしれない。

　第二に，社会的認知モデルは，アタッチメント・モデルが活性化されるものや，その瞬間，最もアクセスできるものに応じて相互作用するような異なるモデルを個人が持っているということを示唆している。これは，クライアントが自身のモデルを強めるか，もしくは，より顕著にするため，頻繁にそれが活性化されるといったように，より「安定型」アタッチメント・モデルを，行動や解釈をガイドするために用いるという経験についての治療を考慮する可能性を与える。異なる状況や異なる関係における異なる行動パターンの意識や理解を通じて，それらの安定型モデルをより頻繁に活性化することによって，より習慣的で顕著な安定型モデルを形成することで持続的な変化を誘導することは可能であるかもしれない。

　第三に，個人差モデルは，自己報告によって測定されたアタッチメントにおける変化が，不安定もしくは不明瞭なアタッチメント・モデルを反映する潜在的な不安定型を表わすということを前提にしている。社会的認知モデルのように，それは，アタッチメントの変化がより一時的であり，表面的であることを意味する。しかし，アタッチメント・モデルのより持続的な変化は，クライアントの自己と他者の視点の明確さや鮮明さの増大を通して達成されるはずであった。クライアントが，自分の対人的スタイルや，自身の信念やパターンの起源へのより深い理解を得るための援助をすることで，それらを変え始めることは可能となるだろう。

　要約すると，自然な変化を概念化する時，ここで表わされた3つのアタッチメントの変化のモデルを統合することは可能であろうことから，治療を通じたアタッチメントの変化に対する統合されたアプローチを用いることも可能である。セラピーは，クライアントの現存する関係から非常に異なっているであろう新しい経験や関係を含んでいる（ライフストレス・モデル）。クライアントの実社会におけるセラピストや他者との相互作用が，クライアントの不安定型アタッチメント・モデルと適合しないという例は数多くあるだろう。これらの経験についての議論を通じて，現存する安定型モデルを活性化することは可能であるかもしれない（社会的認知モデル）。また，他者の行動に関する仮定や解釈を理解することは，人間関係についてのよりポジティブな適応的視点を促進するかもしれない。この進展した意識や理解は，クライアントの自己や他者の視点に関する明確さを増大させるのに役に立つであろうし，それらの視点の起源に関する議論は，変化に関する別の観点を提供するであろう（個人差モデル）。

結 論

　本章において，私たちは，アタッチメント・セキュリティが成人期に変化するのかどうか，また，変化するとすればどのようにするのかということに関して，最近の理論と研究を述べ，未解決の概念的問題と方法論的問題を明らかにすることで，さらなる研究への示唆を提供し，臨床的介入を通じたアタッチメント・セキュリティの変化のために，自然な変化に関するモデルの意味合いを議論してきた。私たちは，このレビューが研究者や臨床家の人たちにとって，既存の知識に基づき関連のある変化プロセスをより理解するために，成人のアタッチメント・セキュリティの変化の仕方に対して興味を抱かせるものであることを望んでいる。成人アタッチメント・セキュリティの変化に関する研究は，基礎理論や応用問題に関して，社会人格心理学，発達心理学，ならびに，臨床心理学での側面にとって多数の意味合いを持つものではあるが，そこには難問がないわけではない。私たちが関連のある概念的問題や方法論的問題に直面し，検討し続けることによって，人々が，程度の差こそあれ，成人期にどのようにして，そして，なぜ安定型になるかということについてより洗練された理解は浮かび上がってくることであろう。

第 III 部

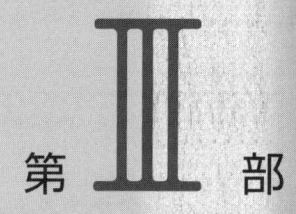

アタッチメントの個人内側面
― 認知組織，構造，情報処理 ―

第Ⅲ部　アタッチメントの個人内側面 ― 認知組織，構造，情報処理 ―

6章

Mario Mikulincer & Phillip R. Shaver

成人期におけるアタッチメントの安定性を基盤とした自己表象
―内容とプロセス―

　アタッチメント理論によれば（Bowlby, 1969/1982, 1973, 1980），人の自己概念（**自己のモデル**）と情動を制御する能力（**感情制御**）は，乳児期に養育者との間で始まり，その後，生涯を通じて新たな対象との間で持続していくことになる，アタッチメント関係の所産であるという。精神分析の理論家は，「同一化」や「投影」，そして「変容性内在化（transmuting internalization）」（例えば，Blatt & Behrends, 1987; Kohut, 1971; Schafer, 1968）という術語を用いて，自己構成のプロセスや感情制御方略の獲得について述べてきた。一方，社会人格心理学者および発達心理学者は，それに対して「モデリング」や「社会化」，そして「反映された評価（reflected appraisals）」（例えば，Andersen & Chen, 2002; Bandura, 1986; Deci & Ryan, 1991）といった用語を当ててきた。アタッチメント理論（臨床観察，精神分析，認知心理学，発達心理学，人格心理学，そして社会心理学という広範な基盤に依拠した概念的枠組み）では，保護的で支持的な他者とのくり返された相互作用が，比較的安定したアタッチメントの安全性の感覚（すなわち，親密な関係のパートナーに保護と支持を求めることができる，安全に効果的に環境を探索することができる，他者と効果的に関わることができるといった感覚）を生み出すと言われており，そしてこのことが，何らかの形で，安定したポジティブな自己モデルの発達や，一連の効果的でかつかなり自律的な感情制御方略の発達をもたらすことになるのである（Mikulincer & Shaver, 2003）。このミステリアスな「何らかの形で」というところを説明することが本章の焦点である。

　アタッチメント理論によれば（例えば，Bowlby, 1988），安全性の感覚が自己構成や感情制御に貢献し，そのことによって，人は，ストレスや苦痛時に，愛する関係のパートナー（**アタッチメント対象**）から与えられる保護や支持，慰め，安心によって利益を得ることができるという。Bowlby（例えば，1969/1982, 1973）は，どち

らかというと，主に乳児期や子ども時代の早期における発達について書いていたために，情緒的に利用可能で，敏感で，応答的なアタッチメント対象への**実際**の近接ということの制御的な重要性を強調していた。しかし，より最近では，対象関係論者（例えば，Fairbairn, Guntrip, & Winnicott/Buckley, 1986 によって編集された作品集および Greenberg & Mitchell, 1983 による概観を参照）が開拓した道筋に従って，成人アタッチメント研究者は，安全性を高めるようなアタッチメント対象についての**内的・心的表象**の制御的な影響を強調している（例えば，Baldwin & Meunier, 1999; Mikulincer et al., 2002; Pierece & Lydon, 1998）。Bowlby（1969/1982, 1980）は，これらの表象を「内的作業モデル」と呼んだ。アタッチメント理論によれば，外在のもしくは内在化されたアタッチメント対象に頼る能力は，安定したアタッチメントの最も重要な帰結であり，それによって，個人的スキルや社会的スキルおよび感情制御のスキルの漸次的な獲得が可能になり，そしてまた，これらが組み合わさることで，適応的で自律的なパーソナリティが生み出されることになるのだという（Bowlby, 1988）。

　Bowlby（1969/1982）は，初期の理論的著書の中では，乳児期に焦点を当てていたため，「自分よりも強くて賢い」アタッチメント対象への実際の依存についてより明細に記述していた。それに対して，そうした依存の結果として，おそらくは逆説的にも（むろん「強迫的に自恃的」とまではいかない程度の）相対的に自律的なパーソナリティへとつながる個人的な強さ，すなわち，それによって，アタッチメントの安定した成人が外在的なパートナーや特定の内在化された対象に絶えず依存しなくても自身を護ることができるようになる一連のスキルや特質，についてはあまり明確には記述していないのである。Bowlby の著書，そしてまた彼の理論構築のパートナーであった Ainsworth（例えば，1973）の著書におけるこの重要な空洞は，アタッチメント対象との経験，アタッチメントの安全性の感覚，そして自律的な自己制御スキルの獲得，の間の関連性に関する，いまだ答えの出ていない重要な問いを研究者に残している。

　安定した個人は，自己慰撫（self-soothing）や自己ケアの手続きを伴う自己モデル，すなわち部分的にはアタッチメント対象との相互作用の質に基づくモデルを構築し，維持することができるのだろうか。どれくらい，安定した成人は，ケアされ，価値があり，支持されているという自己イメージ（アタッチメント対象との実際の経験に基づくイメージ）を伴う自己モデルを保持しているのか。どれくらい，安定した成人は，外在的あるいは内在的なアタッチメント対象にサポートを求めることなく，自律的に対処することができるのだろうか。どのような条件下で，安定した個人は，自律的に対処するというよりも，むしろアタッチメント対象に助けを求めることがあるのだろうか。

本章では，アタッチメントの安全性の感覚が自己構築にいかに寄与しているかについて焦点を当て，また，アタッチメント対象に関する内的表象がいかに自己表象と関連するのかについて検討する。私たちは，成人期のアタッチメント・システムの活性化とダイナミクスについての最近のモデル（Mikulincer & Shaver, 2003; Shaver & Mikulincer, 2002）に要約された考えを拡張し深め，さらにはアタッチメントの安全性と自律的な自己の発達についての新たなデータを提示する。そして，アタッチメント対象との安全性を高めるような相互作用についての表象が個人の自己表象に統合され，自己慰撫や自己制御の実行に作用しうるという諸前提がどれだけ妥当なのかを評価することとしたい。

アタッチメント対象の利用可能性とアタッチメントの安全性の感覚，そして感情制御

アタッチメント理論によれば（Bowlby, 1969/1982, 1973），人間の乳児はアタッチメント対象への近接の獲得や維持を目指した行動のレパートリーを持って生まれてくるという。この行動レパートリーの進化論的機能は，物理的・心理的脅威から乳児を保護し，苦痛を軽減することであり，生存の可能性や繁殖の成功を高めるという最終的な目標がある。生得的で生物学的に進化した制御システム（**アタッチメント行動システムあるいはアタッチメント・システム**）によって組織化されている，こうした近接希求的行動は，脅威との遭遇によって自動的に活性化される。結果として，乳児は，アタッチメント対象に対する近接を維持するよう駆り立てられる。理想的には，そうしたアタッチメント対象は，近接希求のうえで利用可能で応答的なターゲットとなり，支持や慰撫，安心，安堵を与える**安全な避難場所**として，そしてまた探索や遊びへの関与を促進する**安全な基地**として機能するのである。Bowlby（1988）は，アタッチメント・システムは生涯にわたって活性化するものであり，近接や支持の希求と関連した思考や行動に表われるとしている。

Bowlby（1973）はまた，アタッチメント・システムの機能における個人差について概説しており，彼はそれを自身の臨床活動の中で明確に観察したのである。彼は，これらの変異は実際のアタッチメント対象との相互作用に由来しており，結果として内在化，すなわちこれらの相互作用についての心的表象，自己や他者についての**作業モデル**になると理論化している。一方で，利用可能で個人の要求に対して応答的なアタッチメント対象との相互作用は，アタッチメント・システムの最適な機能を促進し，

アタッチメントにおける安全性の感覚の形成を促す。この感覚は，脅威となる状況での他者の利用可能性についての肯定的な期待や，有能で価値ある存在としての自己についての肯定的な見方，そして，保護的な装置としてサポートを要求し得るという豊かな信頼感から成り立つ。アタッチメントの安全性の感覚はまた，探索や遊びへの関わりも促進する（Bowlby, 1988）。アタッチメント研究は，アタッチメントの安全性の感覚が，主観的な幸福感，自己評価，ポジティブな他者知覚，そして適応性を高めるような対人的な認知や行動に寄与することを確かめている（レビューとして，Collins & Read, 1994; Mikulincer & Shaver, 2003 を参照）。

一方，アタッチメント欲求に対して非応答的な重要な他者との相互作用は，他者の好意についての不安定さや近接探求の効果についての疑念を刺激する。これらの痛々しい相互作用時には，苦痛は適切に処理されず，アタッチメントの安全性の感覚が得られず，自己や他者についてのネガティブなモデルが形成され，サポートの希求は，Main（1990）が二次的なアタッチメント方略と呼ぶものに取って代わられる。Mainの先導以後のアタッチメント理論家は，2つの主要な二次的方略，すなわちアタッチメント・システムの**過活性化**と**脱活性化**について述べている（例えば，Cassidy & Kobak, 1988）。過活性化とは，アタッチメント対象からの距離を最小化し，ぴたりと密着し，怒った，そして統制的な（controlling）反応を用いて，彼らのサポートを引き出し，確かめようとする頻繁な試みによって特徴づけられる。反対に，脱活性化は，アタッチメント対象からの距離を最大化し，自恃（self reliance）的な態度を適用しようとする試みから成り立つ。

アタッチメント理論によれば，アタッチメントの安全性の感覚における個人差は，感情制御のモデルに表われる（Magai, 1999; Mikulincer & Shaver, 2003; Shaver & Mikulincer, 2002; Sroufe, 1996）。一方，安全性を高めるようなアタッチメント対象とのくり返された相互作用は，MikulincerとShaver（2003）が安全性を基盤とした方略と呼ぶものや，アタッチメントの安定性における「拡張・構築（broaden and build）」のサイクル（Fredrickson, 2001 のポジティブ感情の理論に基づく）を育成する。私たちの見方では，このサイクルは3つの方略から成り立っている。1つめは，脅威の認識がアタッチメント・システムを活性化し，そのことによって，安全性を高めるようなアタッチメント対象についての内在化された表象へのアクセスビリティが高められ，そして外在的なアタッチメント対象への近接や支持に対する希求が促される。2つめに，外在のあるいは内在化したアタッチメント対象がいずれも慰撫する効果を持っており，効果的なコーピングや気分の回復を促進するような，慰安や安心の源泉となる。3つめに，苦痛の緩和が，他の行動システム（例えば，探索や親和）の活性

化に寄与し，そのことによって，個人の能力や視野が広げられる。一方で，アタッチメントの不安定性は，人が心地よく外在のあるいは内在化されたアタッチメント対象に頼ることを阻み，こうしたアタッチメント対象が持っているかもしれない慰撫的で制御的な影響を軽減する（Mikulincer & Shaver, 2003）。

成人を対象としたこれらの考えについての実証的な検証の大部分は，**アタッチメント・スタイル**，すなわち重要な他者との相互作用における特定の歴史に由来する，関係性の期待や行動のパターン（Fraley & Shaver, 2000）に焦点を当てている。当初，アタッチメント・スタイルの研究は，Ainsworthら（1978）の，乳児の3つのアタッチメント・パターン（安定型，不安型，回避型）の分類に基づいていた（Hazan & Shaver, 1987）。しかしながら，後の研究では（例えば，Bartholomew & Horowitz, 1991; Brennan et al., 1998; Fraley & Waller, 1998），成人のアタッチメント・スタイルは，2つの連続的な次元（アタッチメント関係の**不安**と**回避**の観点）から最もよく特徴づけられることが明らかとなった。アタッチメント不安が，親密さへの強い欲求，関係性の不安，過活性化した方略への依存によって特徴づけられるのに対して，アタッチメント回避は，強迫的な自恃，他者との間に情緒的な距離を置くのを好むこと，脱活性化した方略への依存によって特徴づけられる。このモデルでは，1つあるいは両次元の高い得点がアタッチメントの不安定性を示しており，両次元の低い得点がアタッチメントの安定性を示している。

成人アタッチメント研究は，一貫して，スタイル（分類）あるいは次元のいずれかの自己報告式測定で評定された安定したアタッチメントが，脅威となる状況下でサポートを求める傾向（例えば，Larose et al., 1999; Ognibene & Collins, 1998），そしてまたアタッチメントに関する脅威あるいはアタッチメントに関しない脅威いずれについても，それらに対するコーピング手段として効果的にサポートに頼る傾向（例えば，Berant et al., 2001; Birnbaum et al., 1997; Mikulincer et al., 1993）と正に関連していることを示している。この安定－不安定の差異は，自己報告式の測定を用いた研究だけでなく，実際のサポート希求行動についての観察研究でも記されている（例えば，Collins & Feeney, 2000; Simpson et al., 1992）。

最近の研究は，アタッチメントの安定性が，脅威となる文脈において安全性を高めるようなアタッチメント対象についての表象の認知的活性化と関連していることを示している（Mikulincer et al., 2000, 2002）。これらの研究では，協力者は語彙判断課題を行なっており，それぞれの一連の文字の綴りがきちんとした単語であるかどうかを決定するのである。各試行において，脅威単語（例えば，「failure（失敗）」）あるいはニュートラル単語（例えば，「hat（帽子）」）がまず潜在的にプライミングされた。

Mikulincerとその同僚の研究（Mikulincer et al., 2000）では，「単語か否かの判断を求められる」可視的な文字の綴りに，非単語，アタッチメント対象の利用可能性に関する単語（例えば，「love（愛）」），アタッチメント対象の非利用可能性に関する単語（例えば，「rejection（拒絶）」），そして明らかにアタッチメントを連想させない単語を含んでいた。またMikulincerとその同僚の研究（Mikulincer et al., 2002）では，文字の綴りは，非単語，安全性を高めるようなアタッチメント対象の名前，他の知り合いの名前，あるいは知り合いでない人物の名前から成っていた。これらの研究では，アタッチメントの安定した参加者は，非脅威ではなく脅威の文脈において，アタッチメント対象の利用可能性に関わる語や，アタッチメント対象の名前に対して，より素早く的確なアクセスを示した。さらに，アタッチメントの安定した個人における脅威のプライミング刺激に対する反応は，アタッチメント対象の利用可能性を示唆する単語にのみ認められた。アタッチメントが不安定な参加者とは異なり，これらの個人は，分離や拒絶を示唆する単語へのアクセスが比較的ゆっくりであった。

　ストレス時のアタッチメント対象についての心的表象へのアクセシビリティにおけるアタッチメント・スタイルの差異は，ヨム・キッパー戦争後18年経ってから評定された，イスラエルの元戦争捕虜（Prisoners Of War: POWs）による投獄生活の回顧的な説明においてもまた明らかであった（Solomon et al., 1998）。これらの説明の内容分析によって，アタッチメントが不安定な元戦争捕虜と比べると，アタッチメントが安定した元戦争捕虜は，ポジティブな関係性の記憶を集めたり，愛する人とのポジティブな想像上の出会いをつくり出したりすることで投獄生活に対処したと報告することが多いということが明らかとなったのである。すなわち，アタッチメントが安定した軍人は，内在化されたアタッチメント対象からの象徴的なサポートを求めることによって，投獄生活や孤独，拷問に対処したのである。

　成人アタッチメント研究はまた，アタッチメント対象の利用可能性のポジティブな情緒的帰結についても重要な情報を与えている。結果は，人が直感的に，またテレビで放映された再会を見ておそらくはそう考えるのと同じように，戦争あるいは任務に絡む分離の後の配偶者との再会が，しばしば非常に興奮した，うきうきさせるような出来事として経験されるということを示していた（例えば，Gerstel & Gross, 1984）。しかしながら，Medwayら（1995）は，安定したアタッチメントの人は，不安型や回避型の人よりも，再会においてよりポジティブな感情を強く経験し，より葛藤が少ないことを見いだした。同じようなアタッチメント・スタイルによる結果のパターンの差異が，2つの実験的な研究においても認められた（Carpenter & Kirkpatrick, 1996; Feeney & Kirkpatrick, 1996）。そこでは，女性のストレスとなる出来事への生理学的

な反応が，恋愛のパートナーの存在あるいは不在の時に検討された。恋愛のパートナーの存在がアタッチメントの安定した女性の苦痛に関わる生理学的反応を減衰させたのに対して，アタッチメントが不安定な女性では，パートナーの存在が，逆に生理学的反応を高めたのである。すなわち，外在的なアタッチメント対象との近接による落ち着きの効果は，安定したアタッチメントの人々にのみ生じたのである。アタッチメントが不安定な人にとっては，近接は，落ち着かせるというよりも，むしろ苦痛になるようであった。

　最近の一連の研究は，アタッチメント対象の利用可能性についての表象の文脈的な活性化が，また，ポジティブな感情の反応を引き起こすことを明らかにした（Mikulincer et al., 2001a, 2001b; Mikulincer & Shaver, 2001）。アタッチメント対象の利用可能性に関する表象の文脈的な活性化は，人々の気分を改善させ，無意識裡に，それ以前はニュートラルであった刺激にポジティブな感情を伴わせたのである。例えば，Mikulincer ら（2001b）は，安全性を高めるようなアタッチメント対象の名前の閾下プライミングが，その後，未知の漢字に対するより好意的な評価をもたらしたことを明らかにした。しかしながら，McGowan（2002）は，アタッチメント対象についての内在化された表象は，比較的，アタッチメントが安定した人に対してのみ，静穏化の効果を持つと述べている。彼女の研究では，参加者は，ストレスとなる課題の遂行を待っている間，重要な他者や知人について考えるよう求められた。McGowanは，単なる知人ではなく重要な他者について考えることが，安定したアタッチメントの人においてのみ，苦痛レベルの低下をもたらすということを見いだした。反対に，不安定な人は，実際にこれらの考えに対して高い苦痛で反応したのである。

　全体として，多くの証拠が，アタッチメントの安定性が，アタッチメント理論に適合する形で，感情制御に寄与するということを示唆している。アタッチメントが安定した個人は，アタッチメント対象への近接およびアタッチメント対象からのサポートを求めることで，そしてまた，支持的なアタッチメント対象についての内在化された表象に頼ることで，ストレスや苦痛に対処する傾向がある。結果として，彼らは，アタッチメント対象の物理的存在あるいはアタッチメント対象の利用可能性についての思考のいずれかによって，感情的に慰撫されたり，なだめられたりするのである。これらの感情制御の方略は，アタッチメントが不安定な個人にとっては，それほどうまく働かないのである。

アタッチメント対象の利用可能性と安定性を基盤とした方略，そして自律的な自己

　アタッチメント理論による，外在のあるいは内在化されたアタッチメント対象の役割の強調は，アタッチメントの安全性の感覚，安定性を基盤とした方略，そして自律的な自己制御の発達の間における力動的な相互作用について重要な問題を提起する。まず，第一に，外在のあるいは内在化されたアタッチメント対象からの助けやサポートに頼ることを促すアタッチメントの安全性の感覚は，自己に対する信頼感や自律的な自己の発達の妨げになるのではないかと思われるかもしれない（例えば，Kirkpatrick, 1998）。すなわち，アタッチメント対象が利用可能であるということは，苦痛が発生した際に，それに対して自律的な自己制御をしないで，他者に共制御してくれるよう寄りかかること，場合によっては過剰依存してしまうようなことさえも助長してしまうのではないかということである。結果として，安定したアタッチメントの個人は，依存的なパーソナリティを持ち，苦痛を制御するためにサポートを絶えず求めるよう動機づけられてるという可能性も考えられるのである。

　しかしながら，安定したアタッチメントと過剰依存を同等視することは，アタッチメント理論（例えば，Bartholomew, 1990; Bowlby, 1969/1982）とも，安定したアタッチメントの発達に関する実証的知見（例えば，Sroufe et al., 1983）とも食い違っている。最近，Mikulincerら（2003）は，アタッチメント対象の利用可能性が，外在のあるいは内在化されたアタッチメント対象への依存を強化するだけではなく，自己制御的なスキルの発達的基礎をも与えるという発達の道筋について提言している。この発達の道筋において，生後1年におけるアタッチメントの安全性の感覚の現われが，子どもが，アタッチメント対象からの一時的な分離に耐えること（12か月から30か月の月齢の間）や，環境を探索するための安全基地としてアタッチメント対象を用いること（幼児期以降）を可能にするのである。この自信に満ちた環境への探索が，自律的な自己の発達において決定的なステップとなる。アタッチメントが安定した子どもは，ある程度アタッチメント対象から離れて，能力や制御的なスキルを豊かにする自己や世界について新しいことを学習し，そして，1人でもいることができ，他者の助けなく新しいことができるのだということを発見する（この初期の依存から，相対的に自律的になることへの移行は，発達心理学における大部分のアタッチメント研究の焦点となっている。レビューとして，Thompson, 1999; Weinfield et al., 1999を参照）。

　児童期においては，アタッチメントの安全性の感覚によって，子どもは苦痛の共制御においてより能動的で責任を負えるようになり，また他者と効果的に関わるこ

とができるようになる（例えば，Rubin et al., 1998; Weinfield et al., 1999; Zeifman & Hazan, 1997）。この親和的な活動での関わりが，自律的な自己の発達においてさらにステップとなる。そのことが，対人関係の興味を探索したり，スキルを発達させたり，自己知覚を広げたりするための社会的な選択肢の範囲を広げるのである（Berlin & Cassidy, 1999）。青年期や若年成人期では，アタッチメントが安定した個人は，特別な仲間との間で相互的で対等な関係を築くことができ，パートナーにとって自分が慰安の源泉となり，いかにパートナーの苦痛を制御し得るかについて悟るようになる（Allen & Land, 1999; Furman & Wehner, 1994; Zeifman & Hazan, 1997）。こうした学習が，達成の感覚を強め，自分自身の苦痛の制御において用いられるスキルを増やすことにつながるのである。このように，安定したアタッチメントは，苦痛に対処するために自己制御的なスキルに頼ることができるという子どもや青年の自信を高めるのである。

　アタッチメントの安定性と過剰依存との同等視は，安定したアタッチメントを持つ成人の特徴に関する実証的な知見とも食い違っている。まず，第一に，アタッチメントが安定している成人は，不安定なアタッチメントの人よりも，高い自己評価のレベルを報告し，よりポジティブな言葉で自分自身を描写し，また脅威に対処するために高い対人関係の資源のレベルを有していることを自認しているということが認められている（例えば，Bartholomew & Horowitz, 1991; Mikulincer, 1995; Mikulincer & Florian, 1995, 1999）。第二に，アタッチメントの安定性に関する自己評定が，ストレスとなる出来事への対処において他者の助けを必要としない，道具的な問題解決や能動的で変形的な（transformational）対処法を用いることと正に関連している（例えば，Birnbaum et al., 1997; Mikulincer & Florian, 1998, 2000）。第三に，アタッチメント不安や回避の得点が低い人は，情緒的および道具的な依存性を測る尺度だけでなく，依存的な人格障害の尺度においても，最も得点が低かった（Alonso-Arbiol et al., 2002; Brennan & Shaver, 1998）。第四に，安定したアタッチメントの人は，相対的に不安定なアタッチメントの人と比べて，仕事や自律的な探索に対して，よりポジティブな態度を抱いていた（例えば，Green & Campbell, 2000; Hazan & Shaver, 1990; Mikulincer, 1997）。これらの結果はすべて，安定したアタッチメントの個人を，アタッチメントに関して自律的な人，すなわち，アタッチメント関係を重要視し，アタッチメントに関わる諸経験の影響を大きいものとしてとらえはするが，それでいていかなる特定の関係性の経験に関しても比較的独立して自律的に把捉し得る個人であるとするMainら（1985）の定義と合致している（Hesse, 1999）。

　こうした知見は，安定したアタッチメントが，サポート希求だけではなく，心の主要な実行的主体としての自己というものの確立とも関連していることを含意している。

6章 ■ 成人期におけるアタッチメントの安定性を基盤とした自己表象 ― 内容とプロセス ―

　安定したアタッチメントの人は，脅威に対処する時に，アタッチメント対象および自身の資源やスキルいずれにも頼ることができるようにみえる。すなわち，彼らは，脅威に対して自律的に対処することを選択することができたり，サポートを求めることが個人の無力さや傷つきやすさを表わしていると感じることなく他者に頼ることができたりするのである。ここでの主要な問いは，どのようにして安定したアタッチメントが自律的な自己の発達や強化に関連するのかということである。私たちの暫定的な答えは，アタッチメントの安定性の構成要素たる，アタッチメント対象との関係の安全性を高めるような相互作用が，自己内の特定の慰安プロセスの構築を促進するというものである。私たちの見方では，こうしたアタッチメントの安定性を基盤とした自己表象や手続きが，脅威となる出来事が生じた時に慰安の源泉となり，そのことによって，外在のあるいは内在化されたアタッチメント対象への依存を減少させ得るのである。

■ アタッチメントの安定性を基盤とした自己表象：定義と基本的前提

　安定性を基盤とした自己表象は，アタッチメント対象との間の安全性を高めるような相互作用に由来する心的構成体であると言える。そのような相互作用においては，自己についての表象と他者についての表象は互いに類似していたり，重なり合っていたりし，心の意味論的ネットワークにおいて，他のアタッチメントに関連した表象と相互に関連するのである。結果として，個人の自己モデルにおける，安定性を基盤とした自己表象の強さや中心性は，アタッチメント対象との間で経験してきた安全性を高めるような相互作用の数や質と正に関係することになるはずである。さらに，これらの自己表象は，アタッチメント・システムの活性化において文脈的にアクセス可能となり，安全性を高めるようなアタッチメント対象と同じような心理学的効果をもたらし，慰安や安心を与えたり，さらにアタッチメントの安定性を促したり，価値あるアタッチメント以外の活動に従事させたりするはずである。すなわち，アタッチメントの安定性を基盤とした自己表象は，現に安全性を高めてくれるアタッチメント対象への依存を補完したり，それに取って代わることができたりするはずなのである。

　本章では，アタッチメントの安定性を基盤とした自己表象の性質や機能について述べたい。これらの表象は，不安定な個人においては，ある特徴的な形で，不安定性を基盤とした自己表象によって取って代わられたり，塞がれたりするのかもしれない。

第III部 アタッチメントの個人内側面 ― 認知組織，構造，情報処理 ―

ここでは主に，安定したアタッチメントの個人と，彼らのその安定性を基盤とした自己表象の活用について焦点を当てる。時に，それらと，特異な不安定性を基盤とした表象や心的プロセスとを明示的に対比することもしてみよう。私たちの安定性を基盤とした自己表象の概念化は，以下の4つの主要な理論的前提に基づいている。

前提1

最初の前提は，自己の多くの側面が，重要な他者との内在化された相互作用のパターンの観点から解釈される。この前提は，自己のモデルは，実際のあるいは予想されたアタッチメント対象との経験に由来するとするBowlby (1973) の言説に基づいている。彼の分析によれば，安全性を高めるようなアタッチメント対象との相互作用は，こうした対象との実際の相互作用のポジティブで慰撫的な帰結を含み込んだ，あるいはまたそれを引き起こす自己表象の形成に寄与するという。反対に，非応答的で拒絶的な対象との相互作用は，こうした対象との実際の相互作用の欲求不満で痛々しい帰結を含んだ，またはそれを引き起こす，不安定性を基盤とした自己表象の形成に寄与する。

自己構成にとって重要な他者との相互作用の重要性は，精神力動論者や対象関係理論家によって長い間認識されてきた（例えば，Blatt & Behrends, 1987; Kohut, 1971, 1977; Schafer, 1968）。彼らの理論は内在化のプロセスを強調しており，そのことによって，人は，関係性や関係のパートナーにかつて存在していた特徴を，自分自身のものとして，取り入れるのである。Schafer (1968) によれば「内在化とは，対象が，現実のあるいは想像された環境との制御的相互作用や，現実のあるいは想像された環境の特徴を，内的な制御や特徴へと変容させるすべてのプロセスを指して言う」(p.9)。同じような考えは，古典的な自己理論（例えば，James, 1890; Rogers, 1951; Sullivan, 1953）や，より最近では自己についての社会的認知の観点（例えば，Aron et al., 2001; Baldwin, 1992; Higgins, 1987）にも現われている。最近，AndersenとChen (2002) は「関係的な自己」についての概念を提唱しており，「人生における重要な他者の深い重要性があるとしたら，自己やパーソナリティは重要な他者との経験によって大部分，形成される」(p.621) といった主張を展開している。

前提2

2つめの前提は，安定性を基盤とした自己表象は，あまり安定していない自己モデ

ルと意味論的なネットワークにおいて共存しており，こうした表象のいずれが相対的に強いか（すなわち，意味論的ネットワークにおける利用可能性）は，個人のアタッチメントの歴史の関数として在る，というものである。Bowlby（1973）によれば，アタッチメント対象との相互作用は，自己についての作業モデルに影響し，そのことは，アタッチメント対象との矛盾した相互作用を経験することによって，人は異なったあるいは矛盾さえした自己表象を形成しうることを示唆する。すなわち，特定の関係性や異なる関係性に関して，人は安定した自己モデルや不安定な自己モデルをともに形成し，それゆえに，時に自己に関して安定した観点から，あるいは不安定な観点から考えることがあり得るのである（Baldwin et al., 1996）。

　そうすると，問いとして，これらの自己モデルのうち，どれが意味論的なネットワークにおいて，最も利用可能なものとして在る可能性が高いのか，ということが浮上してくる。他の心的表象と同じように，それぞれのモデルの強さや利用可能性は，その基盤となる経験の量や，過去に適用された回数や，他の認知的表象との関連性の密度によって決定される（例えば，Baldwin, 1992; Collins & Read, 1994; Higgins, 1987）。私たちの考えは，安定性を基盤とした自己表象の相対的な強さは，個人のアタッチメントの相互作用の歴史（アタッチメント対象との安全性を高めるような相互作用の数や顕在性）や，結果として生じるそれらと関連した他の認知的表象（すなわち，アタッチメントの安全性の感覚，アタッチメントの安定性を基盤とした方略，ポジティブな他者モデル）の形成に依存している。安全性を高めるようなアタッチメント対象（例えば，親，夫婦）との相互作用を多く経験するほど，またその結果としてアタッチメントの安定性の感覚が強くなるほど，意味論的なネットワークにおいて，安定性を基盤とした自己表象が，最も利用可能なモデルを構成する可能性が高まる。結果的に，安定したアタッチメントの人は，あるいは安定したアタッチメントの歴史を持つ人は，不安定なアタッチメントの人や不安定なアタッチメントの歴史を持つ人よりも，より利用可能な安定性を基盤とした自己表象を持っているはずである。

前提 3

　3 つめの前提は，安定性を基盤とした自己表象は，アタッチメント・システムの活性化によって，文脈的にアクセス可能なものとなる，というものである。社会的認知研究が示すところでは，個人の自己表象の全体的プールが利用可能なもので全般的に意味論的ネットワークにおいてよく組織化されていても，ある限られた時間のワーキングメモリにおいては，このプールのごく一部分のみが利用可能なものとなる（すな

わち，情報処理に作用を及ぼす準備状態となる）ということが示されている（例えば，Higgins & Bargh, 1987; Mischel & Shoda, 1995）。また実証研究では，社会的役割や関係性といった即時的な状況における文脈的手がかりが，特定の自己表象の一時的活性化に寄与する（例えば，Baldwin, 1992）。文脈的な手がかりはまた，個人の現在の動機を含んでおり，それはしばしば特定の自己表象と関係している（例えば，Cantor et al., 1986; Chartrand & Bargh, 2002）。例えば，気分修復動機は，慰撫的な自己表象を活性化するかもしれず，一方，達成動機は，達成に関係した自己知識を活性化させるかもしれない。AndersenとChen（2002）は，そこに，特定の重要な他者表象の活性化を含めて考えており，彼らによれば，その活性化が，特定の人との相互作用時に形成された自己表象を，ワーキングメモリへと呼び込むのだという。

　私たちは，安定したアタッチメントの個人におけるアタッチメント・システムの活性化は，自動的に安定性を基盤とした自己表象のアクセス可能性を高めるということを仮説とする。こうしたアクセス可能性は，連想－転移的（associative-transferential）プロセスと戦略的な方策，両方の帰結である。最初に述べたように，アタッチメント・システムは通常，脅威となる出来事の認識によって活性化され，引き続き内在化されたアタッチメント対象への探求が生じる。安定した人にとって，脅威と関連した思考の活性化は，安全性を高めるようなアタッチメント対象の表象に対するアクセス可能性の高まりを伴い，そして，それは安定性を基盤とした自己表象をワーキングメモリへと呼び込む文脈的な手がかりとして作用しうる。こうした自己表象は，安全性を高めるようなアタッチメント対象によって軽減された脅威と関連して，もともとは形成されたものと想定される。結果として，それらは脅威に関連した表象やアタッチメント対象に関連した表象となり，それゆえに，脅威と認識された新しい状況においても自動的に活性化されうるのである。こうした連想的なプロセスのみならず，アタッチメント・システムの活性化は，特定の動機を含み，人の思考を安全性の獲得や苦痛の軽減，脅威の除去などへと志向させるのである（Bowlby, 1969/1982）。それゆえに，それは戦略的に安定性を基盤とした表象を呼び起こし，そのことによって，以下のセクションで説明するように，安定したアタッチメントの人を慰撫し，安心や安全の感覚を回復させることができるのである。

前提4

　4つめの前提は，アタッチメントの安定性を基盤とした自己表象は，ストレスや苦痛時に，制御的な自己慰撫機能を達成するというものである。社会的認知研究はすで

に，自己表象が重要な情緒的，動機づけの帰結を伴うことを確証している（例えば，Bandura, 1986; Higgins, 1987; Markus & Nurius, 1986）。例えば，Bandura（1986）と彼に続く研究者たちは，セルフ・エフィカシーの表象が，情動や行動の制御に強い効果を持っていることを示している。MarkusとNurius（1986）は「可能自己」（自分がどのようになりたいか，どのようになりたくないと思うか，どのようになりうるかということについての考え）に関する心的表象の情動的帰結について述べている。Higgins（1987）は，包括的な理論を提唱し，自己基準（理想自己や当為自己）の表象と現実の自己表象との矛盾による情動的な影響に関する研究プログラムを実施した。私たちは，安全性を高めるようなアタッチメント対象とのポジティブな相互作用時に形成された安定性を基盤とする自己表象が，そうした相互作用から生じるポジティブな感情（例えば，慰安，安全，安心）と連合しているということを提唱する。結果として，こうした表象の文脈的な活性化が，自動的にポジティブな感情を引き出し，慰安の源泉として働きうるのである。

モデルの拡張

これらの前提に基づいて，アタッチメント・システムの活性化と機能についての私たちのモデル（Mikulincer & Shaver, 2003）に以前含まれていたものに，補足的なパスを付け加える（図6.1参照）。脅威やストレス時のアタッチメント・システムの活性化が，外在的なアタッチメント対象への探求やアタッチメント対象の内的，心的表象の活性化に関連するというパスに加えて，安定性を基盤とした自己表象が活性化されることによって，安心が得られたり，安全性の感覚が高められたりするという可能性も存在する。この新しいパスによれば，脅威時におけるアタッチメント・システムの活性化が，もともとはアタッチメント対象との安全性を高めるような相互作用時に形成された自己表象への探求をもたらす。もしこれらの表象が意味論的なネットワークにおいて容易に利用可能なものであれば，それらは文脈的にアクセス可能なものとなり，慰撫機能を果たし，個人の安全性の感覚を高めたり，安定性とコンピテンスと自律性の「拡張・構築」サイクルに貢献したりすることになる。しかしながら，もし安定性を基盤とした自己表象が，アタッチメント対象との安全性を高めるような相互作用の不足によってアクセス可能なものとならなければ，制御的なパスは利用可能ではなくなり，結果的に人はもっぱら過活性化あるいは脱活性化の方略に依存せざるを得ないことになる。

以下の節では，この制御的なパスの議論を広げ，その性質に関する予備的なデータ

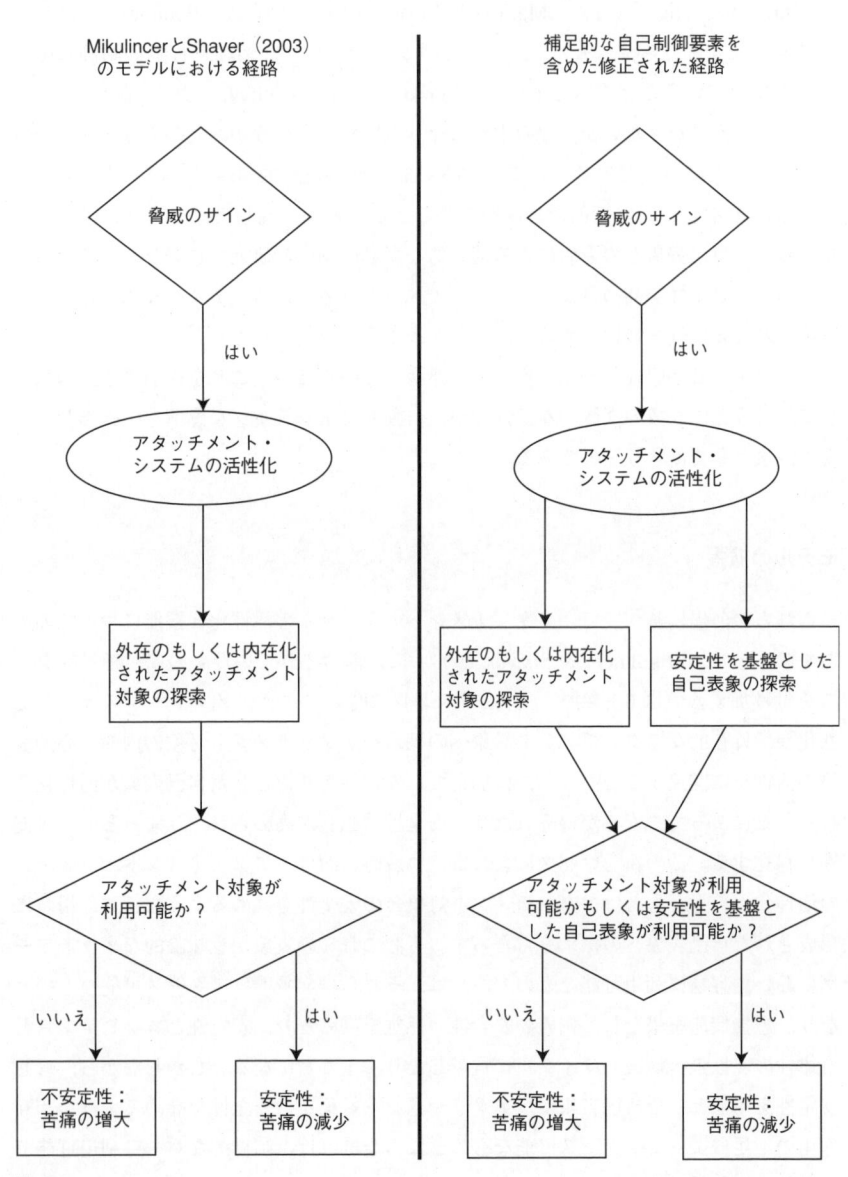

第III部 アタッチメントの個人内側面 ― 認知組織，構造，情報処理 ―

図6.1 MikulincerとShaver（2003）のアタッチメント・システムの活性化と機能のモデル部分の拡張

を提示する。私たちは，どのようにして安全性を高めるようなアタッチメント対象との相互作用が自己の側面として表われるのかを明らかにしようと試みる。特に，2つの密接に関連した，安定性を基盤とした自己表象に焦点を当てる。①アタッチメント対象との相互作用時に自分自身を見つめ評価する，そのやり方に由来する自己の表象（アタッチメント対象との関係における自己）と，②アタッチメント対象の特徴や特性との同一視に由来する自己の表象である。

アタッチメント対象との関係における安定性を基盤とした自己表象

ある種の重要な，安定性を基盤とした自己表象は，アタッチメント対象との安全性を高めるような相互作用時に符号化された自己の側面（例えば，役割，特性，行動，期待）に関して組織化される。アタッチメント理論によれば（Bowlby, 1973），これらの相互作用は，自分自身についてのポジティブな情報の重要なソースとなる。そのような相互作用においては，人は自分自身を，根源的にアタッチメント・システムを活性化するような，脅威となる出来事に効果的に対処することができたということに基づく，活発で，強健で，有能な存在として解釈することができるようになる。人は「自分よりも強く賢い」他者が情緒的に利用可能であることによって，落ち着き，鎮静，安心を感じることができる（Bowlby, 1973）。さらに，人は思いやりのあるアタッチメント対象によって，大事にされ，愛され，受容されていると感じることによって，自分自身を価値のある特別な存在として理解し，また他者との親密で満足いく関係を形成し，維持することができ，必要な時には他者からのサポートを引き寄せることができる。

こうした自己の側面は，アタッチメント対象との関係における自己（self-in-relation-with-an-attachment figure）表象に統合されるようになると考えられる。アタッチメント対象との関係における自己表象とは，アタッチメント対象との安全性を高めるような相互作用中に，人が自分自身について抱く概念のことである。これらの表象は，意味記憶に貯蔵され，利用可能なアタッチメント対象についての表象や，こうした対象との相互作用に由来する，気持ちを落ち着かせてくれるような感情と相互に強く関連している。他の自己モデル（Collins & Read, 1994）と同じように，こうした表象は，おそらく関係特異的なもの（特定のアタッチメント対象との関係における自己についての安定性を基盤としたモデル）から，抽象的で一般的なもの（一般的なアタッチメント対象との関係における自己についての安定性を基盤としたモデル）にまで及ぶ。

こうした推論の道筋は，3つの検証可能な仮説を示唆する。1つめは，脅威の認識やそのことによるアタッチメント・システムの活性化が，利用可能なアタッチメント対象についての思考だけでなく，それと密接に関連した，このアタッチメント対象との関係における自己表象へのアクセス可能性を高めうるというものである。すなわち，脅威となる出来事にさらされることが，個人の自己概念の中の，特にこうした表象へのアクセス可能性を高めるということである。2つめに，こうしたアクセス可能性は，安定したアタッチメントの人（アタッチメント不安や回避次元における得点が相対的に低い人）において，最もはっきりと認められるはずであるというものである。これらの人々は，不安定型の人々よりも，アタッチメント対象との安全性を高めるような相互作用をより多く経験していると推測される。そして，そのために，意味論的なネットワークの中のアタッチメント対象との関係におけるポジティブな自己表象をより容易に見いだしやすい。3つめに，アタッチメント対象との関係における自己表象は，アクセス可能で，情緒的および認知的処理における利用の準備ができている時はいつでも，気持ちを落ち着かせてくれる心地よい感情と関連した心的状態をもたらしうるはずである。そのため，この表象の高いアクセス可能性は，脅威となる状況における苦痛の低減やより効果的な機能と関連することになるのだと言える。

これらの仮説を検証するため，私たちは，64人のイスラエル大学の学生（43人の女性と21人の男性）に，探索的な2つの実験室的研究（研究1）を行なった。私たちは，アタッチメント志向性において異なる参加者を脅威条件と非脅威条件に割り当てた。それから，実験セッション中の情緒的・認知的状態のみならず，参加者の活性化された自己概念のうち，アタッチメント対象との関係における自己表象へのアクセス可能性を測定した（ここでは，表現を簡潔にするために，この活性化された自己概念というものを，単に「自己概念」ということにしておくが，それは文脈的に影響を受けた心的構成体として概念化されるものであるということを記憶に留めておくことが重要である）。

研究1の最初のセッションでは，参加者のアタッチメント志向性を評定し，参加者各自のアタッチメント対象との関係における自己表象に相当する，個人ごとに特化した特性リストを作ることが計画された。具体的に，参加者は，①フィラー尺度，②アタッチメント不安と回避を把捉する尺度（親密な対人関係体験尺度「Experience in Close Relationships scale: ECR」の36項目；Brennan et al., 1998）そして，③重要な他者との関係における自己表象を評定するためのHinkleyとAndersen（1996）の手続きを遂行した。尺度の順番は，参加者によってランダムに呈示された。

自己描写課題では，参加者は，①安全性を高めるようなアタッチメント対象，②協

同的な学習や作業を一緒に楽しむ人（すなわち，探索パートナー），③一緒にいて楽しい人（すなわち，親和パートナー）といる時に，自分がどのようであるかを記述するよう求められた。アタッチメント対象との関係における自己についての描写が研究の主要な焦点であった。他の2つの自己描写は，保護や慰撫の機能としては働かない，探索や親和といった他の行動システムの活性化を含めた，対人関係の相互作用時に内在化されたものである自己特性のアクセス可能性を統制するために集められた。現実的には1人の個人が1つ以上の機能を果たしていたとしても，参加者は，それぞれの機能に関して，3人の異なる人物の名前を挙げるよう求められた。

　アタッチメント対象に関して，接近や安全な避難場所といったアタッチメント機能を果たしている重要な他者の名前を挙げるよう参加者に求めた。具体的には，参加者は，「必要な時にサポートや慰めを求めたり受けたりする人や，気持ちを落ち着かせたり，問題を解決したり，困難な状況に耐えたりすることを助けてくれる人」について名前を挙げるよう求められた。探索パートナーに関しては，参加者は，「新しいことを一緒に学習したり，作業したりするのが楽しい人や，新しいプロジェクトや課題を実行する時に特に気分がよくなる人」について，また別の名前を挙げるよう求められた。親和パートナーに関しては，「一緒にいて楽しい人，すなわち，パーティーや映画，レストランに行ったり，おしゃべりをしたりするのが楽しい人」について，また別の名前を挙げるよう求められた（この研究はイスラエルで行なわれたので，実際の教示はヘブライ語で書かれてあった）。

　3人の重要な他者についてそれぞれの名前を挙げてもらったあと，参加者は，これらの人々がいる時の自分自身をイメージしてもらい，次にそれぞれの人と相互作用している時の自分自身について描写するよう求められた。これら3つの課題を実行する際に，参加者は，「○○と一緒にいる時，私は……」（○○は名前）で始まる10の文章を完成した。3つの課題の順序は，参加者によってランダムに呈示された。

　どの参加者も指示された3人のパートナーを挙げるのに問題はなかった。描写されたすべての重要な他者のうち，28％は家族成員で（12％が母親，6％が父親，10％が姉・妹，兄・弟，いとこ，おじ等），そして他は親友（47％），恋愛のパートナー（25％）であった。両親は，探索や親和パートナーよりも，アタッチメント対象として挙げられることがより多かった（それぞれ，14％，3％，1％）。アタッチメント対象として両親を挙げた参加者を除いても結果に変わりはなく，このことは，観察されたアタッチメント対象との関係における自己表象へのアクセス可能性というものが，単にこれらの対象が参加者の両親にすぎなかったという事実に帰属されるわけではないことを示している。

2つめのセッションでは，異なる実験者によって2週間後に行なわれ，参加者は，4つの認知課題に回答したが，そのうちの半分の人は，自我に関連した脅威，すなわち失敗のフィードバック（ego-relevant threat-failure feedback）を受けた。具体的に，参加者は，4つの課題の間に受け取るフィードバックの違いによって，2つのグループにランダムに分けられた。脅威条件では（$N = 32$），参加者は4つの解答不可能な課題を課せられ，そしてすべてにおいて失敗したと告げられた。統制できない失敗にさらされることは，一貫して，自我に関連し，苦痛をもたらすということが明らかにされている（レビューとして，Mikulincer, 1994を参照）。もう1つの非脅威条件では（$N = 32$），参加者は，4つの解決可能な問題を課せられ，その成績については何もフィードバックを受けなかった。

そのあと，私たちは，個人の活性化した自己概念うち，アタッチメント対象との関係における自己表象についてのアクセス可能性を評定した。具体的に，参加者は，50の特性リストを与えられ，「各特性が今ここにいるあなたをどれだけ描写しているか」を評定するよう求められた。評定は，5件法の尺度で，1（まったく当てはまらない）から5（まったくそのとおり）までであった。それぞれの参加者に関して，私たちは，個人ごとに特別に作られた50の特性リストを作成した。リストには，最初のセッションで，3つの重要な他者との関係性における自己についての表象の中で記述され，いずれも重複しない特性を含んでいた。残りの特性は，最初のセッションで，他の参加者が記述した特性から抽出され，それは，参加者本人が記述した特性とは意味的に相応しなかった。特性の順序は，参加者によってランダムに呈示された。

それぞれの参加者に関して，①アタッチメント対象との関係における自己についての描写からの特性，②探索パートナーとの関係における自己についての描写からの特性，③親和パートナーとの関係における自己についての描写からの特性，④他の参加者の自己描写からの特性についての平均値をそれぞれ算出した。これらの得点が高いほど，参加者の現在活性化された自己概念の中で，それぞれの特性カテゴリーのアクセス可能性がより高いと判断された。

この手続きに従って，私たちは，実験セッション時の参加者の情緒的・認知的状態を評定した。参加者は，実験セッション時の感情について4件法（**よい，悪い，悲しい，嬉しい**）の尺度で，1（まったく当てはまらない）から4（まったくそのとおり）まで評定した。彼らはまた，実験セッション時に，干渉的に作用する，課題に関連した心配や課題に関連しない思考の頻度を評定する21項目の認知的干渉質問紙（Cognitive Interference Questionnaire: CIQ）（Sarason et al., 1986）に回答した。これらの評定は4件法の尺度で，1（まったく当てはまらない）から4（まったくそのとおり）まで

あった。それぞれの参加者に関して，①4つの情動評定を平均したネガティブ気分得点（ポジティブ感情項目を逆転，$a = .87$）と，②21のCIQ項目を平均した認知的干渉得点（$a = .93$）を算出した。

参加者の自己概念のうち重要な他者との関係における自己表象のアクセス可能性における差異を検証するために，脅威の誘導，アタッチメント不安，アタッチメント回避を予測変数として，3ステップの階層的重回帰分析を行なった。これらの重回帰の最初のステップでは，脅威の誘導（脅威条件，非脅威条件を比較したダミー変数），アタッチメント不安，そしてアタッチメント回避の独自の主効果を検証するため，これらの変数をブロックとして投入した。2つめのステップでは，脅威の誘導×アタッチメント不安，脅威の誘導×アタッチメント回避，アタッチメント不安×アタッチメント回避の2要因交互作用を追加的な予測因子として投入した。重回帰の3つめのステップにおいて，3要因交互作用の項が付加された。

探索パートナーとの関係における自己特性と，親和パートナーとの関係における自己特性，そして，他の参加者の自己特性について実施した重回帰では，有意な効果は認められなかった（表6.1参照）。しかしながら，アタッチメント対象との関係における自己描写から抽出された特性に関して実施された重回帰は，脅威の誘導の有意な主効果が示された。非脅威の誘導と比較すると，脅威の誘導は，自己概念の中のアタッチメント対象との関係における自己特性へのアクセス可能性を高めた。アタッチメント不安の主効果は，統計的有意性に近かった（$p = .06$）。アタッチメント不安が低いほど，特性へのアクセス可能性が高まるのである。

重回帰分析はまた，アタッチメント不安と脅威誘導の有意な交互作用を示した（表6.1参照）。他の効果は有意でなかった。有意な交互作用の検証（Aiken & West, 1991の手続きを用いて）は，脅威誘導によって予測されたアタッチメント対象との関係における自己へのアクセス可能性の重回帰が，アタッチメント不安が平均よりも1標準偏差低かった時に有意であった（$\beta = .53$, $p < .01$）が，アタッチメント不安が平均よりも1標準偏差高かった時は有意でなかった（$\beta = .05$）。すなわち，脅威の誘導は，主にアタッチメント不安が低い人において，自己概念の中のアタッチメント対象との関係における自己表象へのアクセス可能性を高めたのである。

アタッチメント対象との関係における自己表象の慰安効果を検証するために，自己概念の中のこの表象へのアクセス可能性と，ネガティブ情動や認知的干渉の報告との間のピアソンの相関係数を算出した。アタッチメント対象との関係における自己特性へのアクセス可能性が高いほど，報告されたネガティブ情動の強さが低く，干渉的思考の生起頻度が少ないことが認められた（それぞれ $r = -.30, -.26$, $p < .05$）。予想さ

■ 表 6.1　脅威誘導とアタッチメント得点によって予測された重要な他者との関係における自己についての表象へのアクセス可能性の標準回帰係数

効果	アタッチメント対象との関係における自己	探索パートナーとの関係における自己	親和パートナーとの関係における自己	他の参加者の表象
脅威誘導	0.28 *	0.03	-0.10	-0.08
アタッチメント不安	-0.23 [a]	0.04	-0.01	0.08
アタッチメント回避	-0.03	-0.17	-0.01	-0.13
脅威 × 不安	-0.39 *	0.02	-0.01	-0.03
脅威 × 回避	-0.05	0.16	0.14	-0.01
不安 × 回避	-0.06	0.01	-0.01	0.08
3要因交互作用	-0.23	0.26	0.05	0.19

*$p < .05$; [a]$p = .06$

れたように，アタッチメント対象との関係における自己表象へのアクセス可能性が慰安効果を持っているようである。これらの関連性は，脅威条件のみで統計的に有意であり（それぞれ $r = -.55, -.46, p < .01$），非脅威条件では有意でなかった（それぞれ $r = -.21, .18$）。しかしながら，統計的検定によれば，現在のサンプルサイズでは，これらの相関の条件間での差は有意ではなかった。また他の特性カテゴリーへのアクセス可能性とネガティブ情動や認知的干渉の報告とのピアソンの相関は有意でなかった。このことは，アタッチメント対象との関係における自己の情緒的，認知的影響が，他の重要な他者との関係における自己表象にまで一般化はできないことを示唆している。

ネガティブ情動や認知的干渉の報告で実施された階層的重回帰分析は，脅威の誘導がネガティブ情動の強さ（$\beta = .32, p < .01$）や干渉的思考の頻度（$\beta = .41, p < .01$）を高めたことを示した。さらに，アタッチメント不安が，ネガティブ情動（$\beta = .30, p < .01$）と認知的干渉（$\beta = .25, p < .05$）と正に関連していた。アタッチメント回避は，ネガティブな感情，認知的干渉いずれとも有意に関連しなかった。

興味深いことに，脅威条件におけるアタッチメント不安のネガティブ情動や認知的干渉への寄与（$\beta = .43, .51$）は，追加的変数として，アタッチメント対象との関係における自己の特性へのアクセス可能性を投入することによって，顕著に弱められた（$\beta = .09, .32$，それぞれ79%と37%の説明力の減少を示している）。媒介変数が等式に投入されたあとでは，アタッチメント不安はもはやネガティブ情動や認知的干渉と有意には関連しなかった。この結果は，アタッチメント対象との関係における自己特性へのアクセス可能性が，脅威誘導後のアタッチメント不安の情緒的・認知的影

響を媒介していたことを示唆している（媒介のパターンは，図 6.2 に示されている）。すなわち，アタッチメント不安の得点が低い参加者は，脅威誘導後にアタッチメント対象との関係における自己特性へのアクセス可能性を高め，ひいてはネガティブ情動の強さや干渉的思考の頻度を減少させるのである。反対に，非脅威条件では，重回帰式での予測因としてアタッチメント対象との関係における自己特性へのアクセス可能性を導入しても，アタッチメント不安の情緒的・認知的影響は変わらなかった。

　全体として，結果は，アタッチメント対象との関係における自己表象の制御的機能を支持するような予備的証拠をもたらしたと言える。予想されたように，自我に関連する脅威にさらされることが，この表象へのアクセス可能性を高め，ひいては，ネガティブな気分の強さや干渉的思考の頻度の減少に関連した。この制御的なパスは，特にアタッチメント不安や回避の得点が低い人で活性化するだろうと予想したのだが，結果は，回避次元の得点にかかわらず，不安の低い個人（すなわち，Bartholomew & Horowitz, 1991 が安定型と拒絶・回避型と呼ぶ人のことである）において活性化したことを示した。そのため，拒絶・回避型の個人でも，安全性を高めるようなアタッチメント対象との相互作用時に利用可能な自己の表象を持っており，そして脅威の文脈においてそれらを用いることができるように思われる。回避的な脱活性化の方略は，それは自惚や自己の防衛的な解釈を助長するものだが（Mikulincer & Shaver, 2003），自己が強く有能なものとして構成されている時の記憶に残されたエピソードへのアクセス可能性を高め，ひいては，ポジティブなアタッチメント対象との関係における自己表象への活性化を強めるのかもしれない。安全性を高めるような自己表象の形成や使用における安定型の個人と拒絶・回避型の個人の類似と差異について検討するために，さらなる研究が必要とされる。

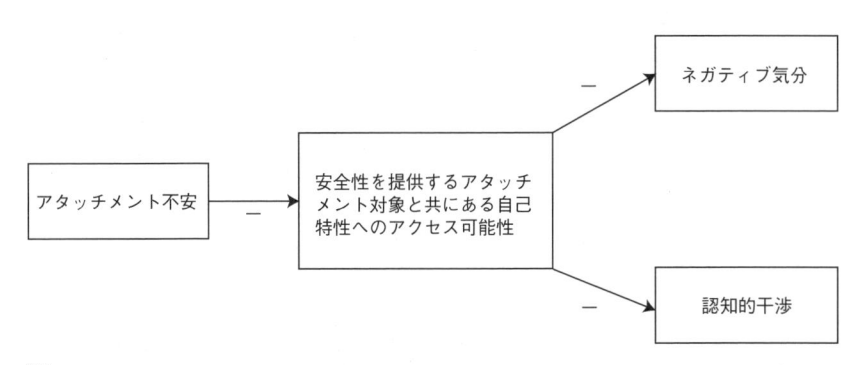

図 6.2　脅威条件での安全を高めるアタッチメント対象との関係における自己表象の媒介的役割

安定性を基盤とした自己世話の表象

　もう1つの重要な安定性を基盤とした自己表象は，内在化された特定の支持的なアタッチメント対象の特徴を含んだものである。アタッチメント理論によれば（Bowlby, 1973），アタッチメント対象との安全性を高めるような相互作用は，対象の意図や反応についての重要な情報源であり，他者についての肯定的な見方の重要な基盤となる。これらの相互作用時に，人はアタッチメント対象を利用可能で，敏感で，共感的で，思いやりがあり，親切な存在としてみなすのである。さらに人は，このアタッチメント対象の，支持的で，慰めとなる，気持ちを落ち着かせるような特定の性質や行動について学習するのである。これらのアタッチメント対象の学習された特徴や特性が，ひいては肯定的で思いやりのある自己特性としての自己へと統合されるのかもしれない。

　自己表象が重要な他者についての表象と近似し得るという考えは，精神力動や対象関係理論においてはごく一般的なもののように思われる（Blatt & Behrends, 1987; Greenberg & Mitchell, 1983; Sandler & Rosenblatt, 1962; Schafer, 1968）。これらの理論は，飲み込みや取り込み，同一化のプロセスを強調しており，そこでは，他者から与えられた制御機能が，内的な制御メカニズムに変容すると考えられている。乳児期では，この変容が，飲み込みの形をとると考えられており，そこではほとんどあるいは全く自己‐他者の分化を含んでいない（Meissner, 1981）。高次の自己‐他者分化では，自己の外部にあるとみなされた特徴や特性を取り込むことができるが，これらの特徴を内在化された他者の一部として経験し続けるように思われる（Schafer, 1968）。その最も成熟した形では，このプロセスは同一化の1つであり，そこではよく分化された他者が自己表象へと変容し，自己の統合的な一部として同一化されるのである（Schafer, 1968）。結果として，この同一化のプロセスが，安全性を高めるようなアタッチメント対象の特徴や特性に近似した，安定性を基盤とした自己表象の形成をもたらすものと私たちは仮説を立てる。

　重要な他者との同一化のプロセスは，Kohut（1971, 1977）の自己心理学における中核となる発達的プロセスの1つである。Kohut（1971）は，このプロセスを「変容性内在化」すなわち，重要な他者によってもともとは形成された制御機能の内在化で，しだいに個人がこれらの機能を自律的に遂行できる能力を獲得していくとした。Kohut（1971, 1977）は，養育者の子どもの要求への共感的な応答が，安定性（stability），安全性（security），自己凝集性（self-cohesion）といった内的状態の発達を促進し，

ひいては外的な制御をあまり必要としなくなると主張している。Kohut の見方では，自己は，外在的人物の特性や特徴を取り入れ，そのことによって，しだいに自己慰撫，自己承認，自己制御能力を獲得していくのである。特に，人は，他者からの賞賛を獲得する代わりに，内的に自尊心や野心を制御することができる。人は，自分独自の考えのシステムを発達させることができ，外在的な導きに頼る必要なく，人生の方向づけの感覚を維持することができるのである。このように，人は，外在的な制御の源泉にあまり依存しなくなり，より自律的で互恵的な形で，他者と関係することができるのである。

他にも関連するプロセスとして，Aron ら（2001）が「自己の拡大（expansion of the self）」と呼んでいるものがある。彼らは，親密な関係性の重要な認知的帰結の1つが，自己概念におけるパートナーの資源や特徴の包含であると主張している。私たちは，この自己拡大のプロセスは，安全性を高めるようなアタッチメント対象との相互作用時に始まり得ると考える。これらの肯定的な相互作用では，パートナーの応答は，個人の要求となめらかに同期し（Tronick, 1989），そしておそらく，パートナーが自己の一部として経験され得るのである。結果として，人はパートナーの特徴や特性を自己に取り入れることができ，ひいては，もともとはアタッチメント対象の特質として経験された，世話を与え慰撫する能力を自己が持っているという信念の発達を促進するのである。

私たちはさらに，新しい提案となるであろう仮説を推し進めたい。その仮説とは，アタッチメント対象との同一化のプロセスによって，アタッチメント対象の特徴や特性が自己の特定の構成要素，すなわちサブルーティン（自己への関わりや自己対処を特徴づける構成要素）に内在化されるというものである。つまり，鍵となるアタッチメント対象の特徴や行動が自己に統合され，自己への関わりや対処の仕方を特徴づけるようになるのである。このように，ストレスや苦痛時における自己への関わりや対処は，アタッチメント対象から受けた対処と近似している傾向があるのである。具体的には，アタッチメント対象が，愛情深く，敏感で，思いやりがあり，懲罰的で，拒絶的，あるいは寛容であった個人は，自分自身を慰めたりあるいは罰したりするのに，その対象と近似した関わり方を見せ，慰められたり懲罰を受けたりするといった自己についての表象を抱くであろう。仮にこれらの心的プロセスを**自己世話表象**（representations of self-caregiving）と呼ぶことにしよう。これらの自己表象は，多かれ少なかれ，アタッチメント対象の特徴や行動の直接的な内在化であり，自分自身の世話や感情制御をもたらす。

私たちの自己世話表象の概念化は，Bollas（1987）の「対象としての自己（self as

object)」という精神力動的な概念と似ている。母親や父親が子どもにそうするのと同じように，大人は自分自身に関わったり自分自身をいたわったりするのだというWinnicott（1965）の発想に従って，Bollasは以下のように主張している。「個人の対象関係の道筋において，人は，現に生きられた経験という歴史的劇場の中で，母親や父親，そして子どもとしての自己という要素間を行ったり来たりしながら，様々な立ち位置を再現する（re-present）。表象の1つの形式は，個人が対象としての自己に関わるということであり，それは，人が，まさにその当該の課題に携わってきた多くの他者との同一化を通して，自己を対象化し，想像し，分析し，統御するという，1つの対象関係のあり方なのである」（Bollas, 1987, p.41）。

安全性を高めるようなアタッチメント対象の場合，同一化のプロセスは，安定性を基盤とした自己世話表象，すなわち安全性を高めるようなアタッチメント対象の特徴や特性に基づいた表象の形成を促進するのである。これらの自己表象は，必要な時に，自己に対して，利用可能で，敏感で，愛情深く，思いやりがあって，慰めとなるような方略を含んでおり，そして，それらは，個人が以前に安全性を高めるようなアタッチメント対象によって対処されたやり方と似ているのである。これらの安定性を基盤とした自己表象は，他の自己世話表象とともに，意味論のネットワークに貯蔵され，そして，特に利用可能なアタッチメント対象の表象と関わっているのである。この考えは，前述したKohut（1971）の変容性内在化の考え，すなわち，慰めとなるような気持ちを落ち着かせてくれる重要な他者（例えば，親や恋人）によってもともとは達成された機能を自己が引き継ぐプロセスとまさに合致している。また，自己の基準（理想的な自己，当為自己）は親の導きとの同一化から生じるとするMorettiとHiggins（1999）の考えや実証とも合致している。

この推論の路線に基づいて，私たちは3つの検証可能な仮説を引き出した。第一に，脅威の認識や，その結果としての利用可能なアタッチメント対象の内在化された表象の活性化が，人の自己世話表象の中のこれらの対象の特性へのアクセス可能性を自動的に高めるであろう。すなわち，脅威となる出来事にさらされることが，安定性を基盤とした自己世話表象へのアクセス可能性を高めるであろうというものである。なぜなら，現在の個人の自己への関わり方や対処の仕方に関する描写は，安全性をもたらすようなアタッチメント対象についての特性と類似するであろうからである。第二に，この高められたアクセス可能性は，アタッチメントが安定した人の中で最も深まるであろう。おそらく，彼らは，不安定なアタッチメント対象よりも，安全性を高めるようなアタッチメント対象との相互作用をより経験しているため，彼らの意味論のネットワークにおいて，より安定性を基盤とした自己世話表象が利用可能となるはずであ

る。第三に，安定性を基盤とした自己世話表象が，情緒的・認知的処理に利用でき，あるいはその準備ができている時はいつでも，それらは役に立つアタッチメント対象がかつてそうしてくれたのと同じように，人を落ち着かせ，慰めるはずである。

　これらの仮説は，60人のイスラエル大学の学生（39人の女性と21人の男性）を対象とした，もう1つ別の2セッションの実験（研究2）で評価された。研究2では，アタッチメント志向性の異なる参加者を脅威状況もしくは非脅威状況に割り当て，自身の自己世話表象のうち，特定のアタッチメント対象についての表象へのアクセス可能性を評定した。さらに，実験セッション時の参加者の情緒的・認知的状態を評定した。

　最初のセッションでは，参加者はECRに回答し，3人の重要な他者についての記述を行なった。すなわち,安全性を高めるようなアタッチメント対象,探索パートナー，親和パートナー（方法の詳細については研究1を参照）のことである。参加者は，研究1と同じような教示を受け，それから，3人の重要な他者の名前をそれぞれ同定したあと，「一般的に○○は……」で始まる10の文章を完成させることによって，3人それぞれについて記述するよう求められた。3つの課題の順番は，参加者によってランダムに呈示された。どのような人物がパートナーに同定されたかは，研究1のそれと似ていた。

　セッション2では，異なる実験者によって2週間後に行なわれ，参加者は，研究1で示されたような2つの条件にランダムに分けられた。

①脅威条件（30人）：4つの解決不能な認知課題に失敗する。
②非脅威条件（30人）：4つの解決可能な認知課題後にフィードバックがない。

　手順と素材は，研究1で使用されたものと同じであった。その後，参加者自身の自己世話表象内のアタッチメント対象の特性へのアクセス可能性を測定した。具体的には，参加者は50の特性リストを与えられ，それぞれの特性が，実験セッション時での感じ方や自分自身への関わり方をどれだけ描写しているかを評定するよう求められた（自己世話表象）。評定は5件法尺度であり，1（まったく当てはまらない）から5（とても当てはまる）までであった。

　それぞれの参加者に対して，個人ごとに特別に作成された50の特性リストを実施した。このリストは，最初のセッションで，参加者が3人の重要な他者について記述した，いずれも重複しない特性を含んでいた。残りの特性は，最初のセッションで，他の参加者が記述した特性から抽出され，それは，参加者本人が記述した特性とは意味的に相応しなかった。特性の順番は，参加者によってランダムに呈示された。それ

ぞれの参加者に関して、4つの平均値の得点を算出した。①アタッチメント対象についての記述から抽出された特性、②探索パートナーについての記述から抽出された特性、③親和パートナーについての記述から抽出された特性、④他の参加者の重要な他者についての記述から抽出された特性である。これらの得点が高いほど、参加者の自己世話表象において、それぞれの特性カテゴリーへのアクセス可能性が高いということを示す。

この手続きに従って、実験セッション時に、研究1で用いた同じ尺度を用いて、参加者の情緒的・認知的状態を評定した。具体的には、参加者は実験セッション時の感情を評定し（良い、悪い、悲しい、幸せ）、そしてCIQを算出した。研究1のように、ネガティブ気分得点（$a = .85$）と認知的干渉得点（$a = .94$）を算出した。

探索パートナーの特性、親和パートナーの特性、他の参加者の重要な他者の特性へのアクセス可能性に関して実施された階層的重回帰分析では、脅威誘導、不安、アタッチメント回避の有意な主効果および交互作用効果は認められなかった。しかしながら、アタッチメント対象の特性に関して実施された重回帰分析では、統計的に有意性に近いアタッチメント回避の主効果が認められ（$p = .07$）（表6.2参照）、回避得点の高さが、参加者の自己世話表象内のこれらの特性へのアクセス可能性の低さと関連していた。すなわち、回避次元の得点が高い人は、回避次元の得点が低い人と比べて、実験状況時での感じ方や自分自身への関わり方を記述するのにアタッチメント対象の特性を評定することが少なかったのである。

この重回帰分析では、脅威×不安×回避の有意な3要因交互作用だけでなく、脅威

■ 表6.2 脅威誘導とアタッチメント得点による自己世話表象内の重要な他者の特性へのアクセス可能性の標準回帰係数

効果	アタッチメント対象の特性	探索パートナーの特性	親和パートナーの特性	他の参加者の表象
脅威誘導	0.18	-0.14	-0.01	-0.15
アタッチメント不安	-0.13	0.15	0.12	-0.01
アタッチメント回避	-0.24 [a]	0.19	0.08	0.18
脅威 × 不安	-0.33 *	0.03	-0.04	0.17
脅威 × 回避	0.01	-0.15	0.12	0.19
不安 × 回避	0.29 *	-0.12	0.12	-0.01
3要因交互作用	0.34 *	0.16	-0.18	-0.05

* $p < .05$; [a] $p = .07$

6章 ■ 成人期におけるアタッチメントの安定性を基盤とした自己表象 ― 内容とプロセス ―

×不安と不安×回避の有意な2要因交互作用もまた認められた（表6.2参照）。さらなる重回帰分析（Aiken & West, 1991の手続きを用いた）では，アタッチメントの安定した人でのみ（アタッチメント不安と回避の次元の平均が1標準偏差以下），脅威の誘導がアタッチメント対象の特性へのアクセス可能性を高め（$\beta = .52, p < .01$），BartholomewとHorowitz（1991）が「とらわれ型」「拒絶・回避型」「恐れ・回避型」と名づけた3グループの人では（不安次元あるいは回避次元の平均が1標準偏差以上），そうではなかった（$\beta_s < .23, p_s < .15$）。すなわち，アタッチメントの安定した参加者のみが，アタッチメント対象が自分を扱ってくれたのと同じように自分自身に関わることによって，脅威となる出来事に反応したのである。

アタッチメント対象の特性へのアクセス可能性とネガティブ情動や認知的干渉とのピアソンの相関係数は，有意な関連を示した（$r = -.28, = -.39, p < .05$）。私たちの仮説を支持するとおり，参加者の自己世話表象の中でアタッチメント対象の特性へのアクセスが可能であるほど，報告されたネガティブ情動の強さが低く，干渉的な思考の頻度が少なかった。これらの関連性は，脅威条件でのみ有意であり（$r = -.44, -.53, p < .01$），非脅威条件では有意でなかった（$r = -.08, -.28$）。しかしながら，統計的検定によれば，現在のサンプルサイズでは，これらの相関の条件間での差は有意ではなかった。またピアソンの相関は，他の特性カテゴリーが，ネガティブ情動や認知的干渉と有意に関連しなかったことを示した。

研究1のように，追加的階層重回帰分析では，脅威の誘導がネガティブ情動の強さ（$\beta = .25, p < .05$）や干渉的思考の頻度を高めた（$\beta = .27, p < .05$）。さらに，アタッチメント不安がネガティブ情動（$\beta = .29, p < .05$）や認知的干渉（$\beta = .36, p < .01$）と正に関連した。さらに，脅威条件におけるアタッチメント不安と報告されたネガティブ情動や認知的干渉との有意な関連性（$\beta = .35, .43$）は，追加的予測因子としてアタッチメント対象の特性へのアクセス可能性を投入したところ，顕著に弱められた（$\beta = .14, .17$，両ケースにおいて60%の説明率の減少）。アクセス可能性の媒介要因が回帰式に投入されたあとでは，もはやアタッチメント不安は，ネガティブ情動や認知的干渉の報告と有意に関連しなかった。この結果は，以下の媒介的連続性を支持する。すなわち，アタッチメント不安の得点の低い参加者は，相対的に自己世話表象においてアタッチメント対象の特性へのアクセス可能性の高さを示し，ひいては，実験状況時のネガティブ情動の低さや干渉的思考の頻度の少なさをもたらしたのであった（この媒介パターンは，図6.3参照）。

全体として，研究2の結果は，安定性を基盤とした自己世話表象の制御的機能についての私たちの考えを支持している。まず第一に，自己に関連した脅威にさらされる

第Ⅲ部　アタッチメントの個人内側面 ── 認知組織，構造，情報処理 ──

```
アタッチメント不安 ──(−)──→ 自己世話表象内のアタッチメント対象の特性へのアクセス可能性 ──(−)──→ ネガティブ気分
                                                                          ──(−)──→ 認知的干渉
```

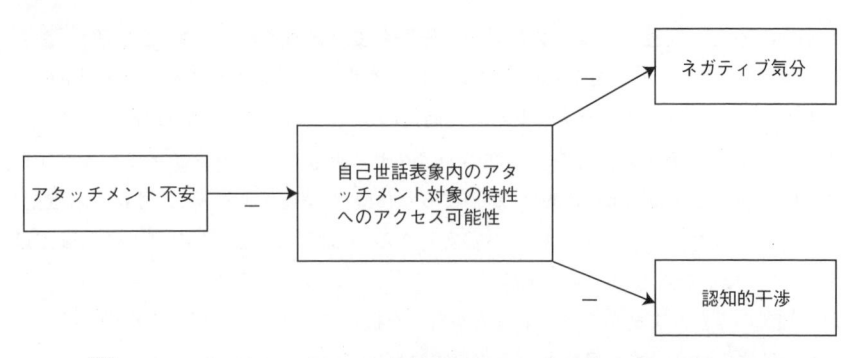

■ 図6.3　脅威条件における安定性を基盤とした自己世話表象の媒介的役割

ことが，参加者の自己世話表象内の安全性を高めるようなアタッチメント対象の特性へのアクセス可能性を高めた。第二に，安定性を基盤とした自己世話表象へのアクセス可能性の高さが，脅威遭遇時のネガティブ情動の低さや干渉的思考の頻度の少なさと関連した。第三に，この制御的連続性が，アタッチメント不安や回避の得点の低い人において最も強まった。すなわち，脅威に対処するための制御的装置としての安定性を基盤とした自己世話表象への信頼は，特にアタッチメントが安定した人たちにおける特徴であるように思われる。

結論と課題

　本章では，私たちは，安全性を高めるようなアタッチメント対象との相互作用が，どのようにして個人の内的な制御能力を高め，感情制御のために他者に頼る必要性を減らすのかを説明しようとしてきた。アタッチメント対象の利用可能性が，自己内の特異的な慰安的なサブルーティンの発達，すなわち，ストレスや苦痛時にアクセス可能となり，慰撫や安心の内的源泉となる，安定性を基盤とした自己表象と関連しているという考えを発展させ検証した。具体的には，プロトタイプ的な安全性を高めるようなアタッチメント対象との相互作用が，個人の自己表象内で再生産され，そして，アタッチメントの安定した人々は，こうした自己表象を活性化させて，脅威に反応する傾向があることを提唱した。
　図6.4は，プロトタイプ的な安全性を高めるようなアタッチメント対象との相互作

6章 ■ 成人期におけるアタッチメントの安定性を基盤とした自己表象 — 内容とプロセス —

```
┌────────────────────────────────────────────────┐
│  安全性を高めるようなアタッチメント対象との実際の相互作用  │
│                                                │
│    ┌アタッチメント┐  慰安,      ┌      ┐      │
│    │   対象    │  落ち着かせる │ 個人 │      │
│    └        ┘ ─────────→ └      ┘      │
└────────────────────────────────────────────────┘

┌────────────────────────────────────────────────┐
│ 安全性を高めるようなアタッチメント対象との相互作用の内在化 │
│                                                │
│    ┌アタッチメント┐           ┌アタッチメント┐   │
│    │ 対象の表象  │           │対象との関係における│
│    └        ┘           │  自己表象    │   │
│                          └        ┘   │
└────────────────────────────────────────────────┘

┌────────────────────────────────────────────────┐
│        内在化された表象の自己モデルへの統合          │
│                                                │
│   ┌ 自己世話表象 ┐         ┌ 現実自己表象 ┐     │
│   │┌アタッチメント┐│         │┌アタッチメント┐│    │
│   ││ 対象の表象 ││         ││対象との関係における││    │
│   │└        ┘│         ││  自己表象  ││    │
│   └        ┘         │└        ┘│    │
│                        └        ┘    │
└────────────────────────────────────────────────┘

┌────────────────────────────────────────────────┐
│     脅威遭遇時の安定性を基盤とした表象の活性化        │
│                                                │
│   ┌ 自己世話表象 ┐ 慰安,    ┌ 現実自己表象 ┐    │
│   │┌アタッチメント┐│落ち着かせる│┌アタッチメント┐│   │
│   ││ 対象の表象 ││────→  ││対象との関係における││   │
│   │└        ┘│        ││  自己表象  ││   │
│   └        ┘        │└        ┘│   │
│                       └        ┘   │
└────────────────────────────────────────────────┘

     ▓▓▓  自己表象のアクセス可能性
```

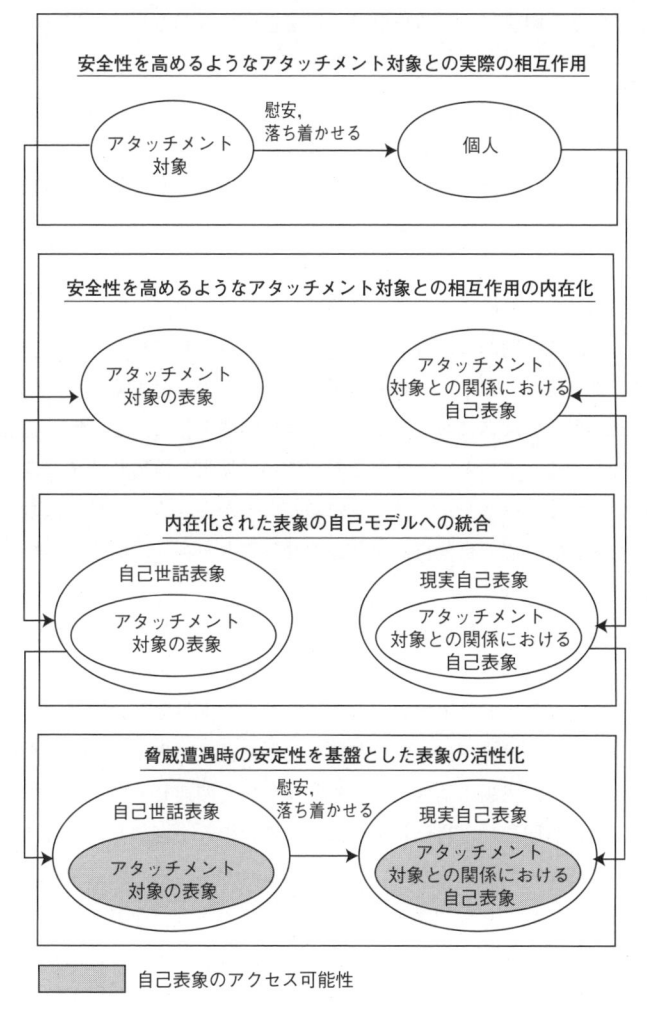

■ 図 6.4 安定性を基盤とした自己表象の活性化の構成

用が，脅威の遭遇時に自己制御機能を遂行する自己表象へと統合される，仮定された媒介的プロセスを要約している。最初の段階は，実際のアタッチメント対象との慰安的な相互作用が，安全性を高めるようなアタッチメント対象についての表象や，こうしたアタッチメント対象との関係における自己表象への内在化を含んでいる。第二の段階は，意味論的なネットワークにおけるこれらの表象の貯蔵や個人の自己モデルへの統合を含んでいる。特に，アタッチメント対象は自己世話表象へと統合され，アタ

179

ッチメント対象との関係における自己は，現実自己に統合される。第三の段階は，アタッチメントに関連した慰安の源泉を求めるプロセスの一部としての，ストレス時のこれらの表象の再活性化を含んでいる。この再活性化の結果，世話や慰安的なプロセスが内的に再生産され，もはや外的支援を必要としなくなるのである。すなわち，自己のある部分が，別の部分に対して敏感で思いやりのあるものとして表象され，その別の部分は，安全かつ穏やかで，脅威に対処しうるものとして表象されるのである。

図6.4で示された心的プロセスのすべては，安全性を高めるようなアタッチメント対象との相互作用を一般的にくり返し経験した人々を特徴づけているように思われる。こうした人々は，意味論的なネットワークにおいて，非常に利用可能な安定性を基盤とした自己表象を持っており，脅威の遭遇時にこれらの自己表象に頼ることができる。脅威となる出来事への反応におけるこれらの表象の活性化は，安定性を基盤とした重要な方略として，そしてアタッチメント安定性の「拡張・構築」サイクルの統合的部分としてみなされる。そうした自己表象に頼ることができる人々は，探索や親和，自己実現のラインに沿って，自分自身を発達させることが容易にできるとわかるはずである。

私たちの結果は，不安や回避といった種類のアタッチメントの不安定性が，安定性を基盤とした自己表象のアクセス可能性にそれぞれ異なる効果を持つことを明らかにした。アタッチメントにおける不安が，アタッチメント対象との関係における自己についてのポジティブな表象や安定性を基盤とした自己世話表象の活性化を抑制し，あるいはまた，そうした表象の活性化の相対的な欠如と関連していたのに対して，アタッチメントにおける回避は，自己世話表象の活性化のみを抑制し，もしくはその表象の活性化の相対的な欠如と関連していたのである。そのため，回避型の人々も不安型の人々も，世話モデルとして機能する，安全性を高めるようなアタッチメント対象についての利用可能な表象を欠いており，そのため，彼らはまた，自己のある部分に対して敏感で，思いやりがあり，親切であるような自己の別の部分の表象をも欠いているように見える。しかしながら，アタッチメント不安の次元のみが，アタッチメント対象との関係におけるポジティブな自己表象の相対的な欠如と関連し，そのことが，脅威に対処する際に，安全で，平静で，効果的であると感じることができる能力を減少させているように思われる。反対に，回避型の個人は，現実の自己についてのモデルを報告する時に，アタッチメント対象との関係におけるポジティブな自己表象に頼ることができた。この能力は，アタッチメント対象との実際の相互作用を反映しているのか，それとも自尊を高めるための，あるいは自己価値の感覚を維持するための防衛的手段なのかはわからない。安定型の個人が有するアタッチメント対象との関係に

おける自己表象と，回避型の個人が有するアタッチメントとの関係における自己表象の内容と発達的基盤の違いについて，今後の研究で明らかにすることが必要とされている。

　私たちの予備的研究は，安全性を高めるようなアタッチメント対象との相互作用の自己表象への内在化について，新しく刺激的な結果を生み出したわけであるが，私たちの研究はまだ，これらの表象の制御的な機能を検討するための最初のステップにすぎないことも自覚している。まず1つめに，安定性を基盤とした自己表象へのアクセス可能性が，特性を手がかりとした自己評定課題の中で評定されたものであり，その課題は，参加者が最初のセッションで挙げた特定の特性をもとに，それらと同じ特性が，ある時点で，自分自身をどれだけ表わしているかを尋ねたものであった。今後の研究では，参加者の現在の自己についてのオープンエンドな描写や，そこで抽出された特性とアタッチメント対象やアタッチメント対象との関係における自己表象で現われる特性との意味論的に類似した得点の算出を含むべきである。2つめに，安定性を基盤とした自己表象とネガティブ情動や認知的干渉との関連性の強さは，非脅威状況よりも脅威状況でのほうがより高かったが，その差異は統計的に有意なほどではなかった。こうした差異を確かめるためには，サンプルサイズを広げることが必要であろう。3つめとして，安定性を基盤とした自己表象へのアクセス可能性と参加者の情緒的・認知的状態との関連性について，それらの相関データを示したにすぎなかった。将来的には，安定性を基盤とした自己表象への文脈的なアクセス可能性を操作し，この操作による情緒的・認知的影響を検証するつもりにしている。4つめとして，それぞれの研究で，参加者のアタッチメント対象の1人にのみ焦点を当てた。すなわち，脅威となる状況における安全性は，おそらく，1人以上のアタッチメント対象との相互作用についての心的表象の機能であろう。

　これらの方法論的課題を超えても，いくつかの概念的な課題がまだ十分に解決されていない。まず第一に，私たちは，アタッチメント対象が自己世話表象に統合されることを想定した。しかしながら，アタッチメント対象はまた，現実自己に統合されるかもしれない。特に，初期に自分との関わりの中でアタッチメント対象を知覚していたのと同じように，人は他者との関係の中で自分自身を知覚するかもしれない。例えば，アタッチメント対象を敏感で思いやりのある存在として知覚していた人は，また，必要な時に，他者に対して，敏感で思いやりのある存在として自分自身を見るかもしれない。この同一化のプロセスやアタッチメント対象の表象の現実自己への内在化は，安定したアタッチメントを持つ個人の他者の要求に対する敏感で共感的で利他的な態度を理解するうえで，非常に決定的となるかもしれない（例えば，Collins & Feeney,

2000; Kunce & Shaver, 1994; Mikulincer et al., 2001a)。これらの心的プロセスはまた，アタッチメントが安定した人々の敏感な育児，子どもに安全基地を提供することの能力，アタッチメント安定性の世代間伝達の基礎となるかもしれない（レビューとして，De Wolff & van IJzendoorn, 1997 を参照）。今後の研究で，アタッチメント対象の表象の現実自己への取り込みや，それによる他者の要求への個人の反応の影響を検討すべきである。

第二に，私たちは，アタッチメント対象の利用可能性が，安定性を基盤とした自己表象の形成の基礎となる決定的な要因であることを想定していた。しかしながら，安全性を高めるようなアタッチメント対象との相互作用の他の特徴や要素がまた，これらの自己表象の形成に寄与するかもしれない。例えば，よい養育者が，子どもの健全な自己表象の発達を促進するために提供する理想化や鏡映機能についてのKohut (1971) の考えを思い出してほしい。子どもは，自分を誉め，成長を祝い，達成を賞賛してくれる養育者を必要とする。Kohutによれば，子どもはまた，彼ら自身が賞賛の感情を抱くことができ，その人の賞賛すべき特質を分かち持っていると感じるくらいに同一化しうるような，理想化された養育者のイメージを持つ必要があるという。私たちの見方では，理想化の要求を実現させるアタッチメント対象や同一化の理想的モデルとして機能するアタッチメント対象は，望ましい養育の特質の自己世話表象への伝達を促進すると考えられる。さらに，鏡映的経験を与えるアタッチメント対象（例えば，子どもの望ましい，賞賛できる特質や達成を述べて祝う）は，アタッチメント対象との関係における自己の現実自己への統合を促進しやすいと考える。

第三に，本章の主要な目的は，どのようにして安定したアタッチメントが，自律性や自己制御を促進するかを理解することであった。しかしながら，私たちの考えはまた，アタッチメント不安定性や不安定な個人の自己表象への重要な示唆も持っている。例えば，私たちの結果は，アタッチメント不安定性が，脅威の遭遇時に安定性を基盤とした自己表象に相対的にアクセスできないことと関連していることを示している。さらに，私たちの研究は，信頼できない，あるいは拒絶的なアタッチメント対象との不安定な相互作用を経験していると考えられる，アタッチメント不安型や回避型の人々は，ネガティブなアタッチメント対象の表象を自己世話表象に統合するかもしれないことを示唆する。結果はまた，アタッチメント不安の人々は，アタッチメント対象との関係におけるネガティブな自己表象，すなわち脅威経験時に非常にアクセス可能となる表象を持っており，そのことによって，アタッチメント不安の人に緊張や苦痛を与えるのかもしれないことを示唆している。今後の研究では，これらの自己表象を評定し，脅威の遭遇時にそれらのアクセス可能性や効果を検討するつもりである。

第四に，私たちの先行研究で（Mikulincer & Shaver, 2003）概説されているアタッチメント安定性の「拡張・構築」サイクルを通して，新しい制御的なパスを付け加えた。しかしながら，この自律性のパスが，他の安定性を基盤とした方略にどのように統合されるのかについてはいくつかの疑問が残されたままである。例えば，どのようにして様々なパス（アタッチメント対象への現実的な近接を求めたり，ワーキングメモリにおけるアタッチメント対象の表象へのアクセス可能性を高めたり，安定性を基盤とした自己表象へのアクセス可能性を高めたり）が，ストレス経験時に，互いに補完したり，相互作用するのだろうか？　どれくらいまで，安定した大人は，現実のアタッチメント対象からの外在的支援なしに対処できるのだろうか？　またどのような状況で，そうした人が，現実の物理的に存在するアタッチメント対象という形で，安定性避難や安定性基地を必要とし，活発に求めるのだろうか？　どれくらいまで，安定した大人は，神や守護天使や故人となったアタッチメント対象の霊といった，象徴的な対象に，「心的には現実の（mentally actual）」安全な避難場所や安全な基地として頼ることができるのだろうか？　様々な安定性を基盤とした方略の相互作用や統合を検討するために，さらなる研究が必要とされている。

<謝辞>

　本章を準備するにあたっては，フェッツァー研究所からの助成を受けた。

第Ⅲ部 アタッチメントの個人内側面 ― 認知組織，構造，情報処理 ―

7章

Nancy L. Collins, AnaMarie C. Guichard, Maire B. Ford & Brooke C. Feeney

アタッチメント作業モデル
―新たな展開と課題―

> 私たちが人生で出会うすべての状況は世界や私たち自身について私たちが持っている表象モデルによって構成されている。感覚器官を通して私たちに届く情報はそのモデルによって選択され，解釈され，私たちや私たちが気にかけている人々にとっての重要性はそのモデルによって評価され，そのモデルを用いて行動プランを心の中で考え，実行する。さらに，私たちがどのようにそれぞれの状況を解釈し，評価するかは私たちがどのように感じるかにも通じる。
> (Bowlby, 1980, p.229)

　アタッチメント理論の基本的仮定は，成人は白紙もしくは空白の状態で対人関係に入るわけではないということである。そうではなく，成人は他者とどのように相互作用するのか，また社会的世界をどう解釈するかを左右するような自分自身の社会的経験や独自の記憶セット，期待，目標，行動傾向を持ち込んでいる。これらの心的表象は人生を通じて新しい関係を発展させるたびに変化し続けるが，アタッチメント理論は個人史の初期に発達した表象モデルは影響力を維持し続けると仮定している。アタッチメントの内的**作業モデル**は，アタッチメントに関連した文脈において認知・感情・行動反応パターンを方向づけることによってどのようにアタッチメント・システムが表現されるかを決定する，パーソナリティの中核であると考えられている。さらに，子どもや大人において観察される**アタッチメント・スタイル**の個人差はその背後にある自己と他者についてのモデルの系統的な違いに帰属され，これらのスタイルに存在する生涯を通じた連続性の大部分は，これらのモデルの長期にわたって変化することのない質の機能によるものであると考えられている（Bowlby, 1973; Bretherton, 1985; Collins & Read, 1994; Main et al., 1985）。

そのため，作業モデル概念はアタッチメント理論の土台であるといえる。作業モデルはアタッチメント行動を構成し，アタッチメント・スタイルの個人差を媒介し，アタッチメント機能の生涯にわたる安定性を説明すると仮定される。この中心的な理論的関連のため，研究者は近年，成人期の作業モデルの特質を探ることに大きな注意を向けている。こうした努力によって作業モデルの内容や機能についてのより詳細な理論や，それらを研究するためのより洗練された方法論を含む研究が発展してきた。重要な知見は得られたものの，依然として解答の得られていない問題や理論的，実証的解明が必要な問題もたくさん残っている。本章の目標は成人期のアタッチメント作業モデルの理論的，実証的研究を詳細にレビューし，検証されていない仮定や私たちの知識の隔たりや最近の傾向を同定することである（Pietromonaco & Feldman Barrett, 2000 も参照）。アタッチメント表象に関する以前の研究で，私たちは心的表象の特質とその社会的経験における役割に関してアタッチメント理論と社会的認知の領域における理論や研究を統合することによって，作業モデルの内容・構造・機能を理解するという枠組みを提案した（Collins & Allard, 2001; Collins & Read, 1994; Shaver et al., 1996）。このアプローチはアタッチメント研究者には有用であることが証明されたことから，私たちは今回の議論を構成するためにその枠組みを使用し続けることにする。

私たちは，初期発達や作業モデルの特質についての Bowlby や他の研究者によって示された主要命題の簡単なレビューから始めることにする。次に，作業モデルの構成要素を特定し，それらの要素が成人のアタッチメント・スタイルの違いを描き出すためにどのように役立つかを議論する。続いて作業モデルが記憶内にどのように構築されるのかを，アタッチメント表象の複雑で多元的な特質と全体および関係固有の作業モデルの区別に焦点を当てて議論する。最後に作業モデルがどのように機能するのか，それを通して成人の認知・感情・行動の反応パターンはどのように形成されていくのかについて検討する。

幼児期から成人期までの作業モデル

Bowlby（1973）は世界やその中にいる自分を含む重要な人々について子どもが発達させる内的な心的表象を記述するために「作業モデル」という語を用いた（Bretherton, 1985）。これらの表象はアタッチメント対象との経験によって発達し，アタッチメント欲求の制御と充足，つまり主要な養育者との近接維持や安心感の調節に中心的な役

割を果たす (Bretherton, 1985; Sroufe & Waters, 1977)。もちろん, すべての乳児が彼らの要求に一貫して愛情を持って応答してくれる養育者を持っているわけではない。したがって, 乳児－養育者関係の質と作業モデルの特質は養育者の子どもの要求に対する情緒的利用可能性と応答性によって大部分決定される。作業モデルは2つの相補的な要素を含んでいると仮定される。その1つはアタッチメント対象に関するもので, もう1つは自己に関するものである。前者は必要な時に養育者は利用可能であるか, 応答的であるかを表わし, 後者は自分が愛とケアを受ける価値があるかどうかということを表わしている。

したがって, 初期の作業モデルは子どもの快適さと安全を得ようとする試みと, それらの試みの典型的な結果を反映したスキーマによって構成され (Main et al., 1985), そしてそれらは発達途上の子どもが経験している社会的現実をかなり正確に反映しているものと思われる (Bowlby, 1973)。Bowlby によって採用された作業モデルの中心的側面の1つは, 作業モデルは社会的相互作用において他者の行動を予測し, 自己の行動を計画するために用いられるという考えである。作業モデルはアタッチメント行動システムがどのように表現されるかを決定するものであり, ダイナミックで機能的なものである。こうした理由から, 診断的な状況で示される乳児の**行動パターン**の個人差は背後にある内的作業モデルの違いを推測するために用いられ (Main et al., 1985), 乳児を安定型と様々な不安定型のアタッチメント・スタイルに分類する基礎を提供する (Ainsworth et al., 1978)。

幼児期初期には, アタッチメント・モデルは養育の質が変化するのであれば, 変化に対して比較的開かれているようである (Bretherton & Munholland, 1999 によるレビューを参照)。しかし, 幼児期から青年期にかけてかなり一貫した養育を受けると, 作業モデルはくり返しの経験によって固定化され, 時とともにますます一般化されていく。すなわち, 特定の子ども－養育者関係のスキーマとして始まったものが, 自分自身や社会的世界のより抽象的な表象を形成するようになるのである (Shaver et al., 1996)。一度形成されると, これらの表象は自動的, 無意識的に作用するようになり, それによって劇的な変化に対しての抵抗力を持つようになる (ただし全く変化しないわけではない) (Bowlby, 1979)。したがって, 幼児期・青年期に定着した自己と他者についての作業モデルは成人期まで持ち越されるパーソナリティの中核的特徴となり, 親密な関係における社会的認知や行動を方向づけしていく。

この仮定に基づいて, アタッチメント理論は成人の親密な関係における対人行動や恋愛経験を理解するモデルとして広く用いられるようになった (レビューとして Feeney, 1999a を参照)。恋愛はアタッチメント過程であるとした Hazan と Shaver

(1987) の独創的な研究に触発されて、多くの実証的研究が成人の**アタッチメント・スタイル**の個人差に焦点を当ててきた。これらのスタイルは親密な関係における思考・感情・行動の慢性的な違いを反映し、それらは自己と他者についての作業モデルの系統的な違いに基づいていると考えられている。

　成人アタッチメント研究者は、一般的に2つの潜在的次元から導かれる4つの典型的なアタッチメント・スタイルを定義している（Bartholomew & Horowitz, 1991; Brennan et al., 1998）。その第一の次元は**不安**と名づけられており、重要な他者から拒絶されること、見捨てられること、愛されないことに対する心配の程度を反映している。第二の次元は**回避**と名づけられており、他者との親密さや依存を制限する程度を反映している。**安定型**（secure）は不安も回避も低い。彼らは他者から尊重され、愛情を受ける価値があると感じており、アタッチメント対象は概して応答的で、養護的で、信頼できると認知している。彼らは親密な関係を発展させることや、必要であれば他者に依存することに快適さを感じる。**とらわれ型**（preoccupied／**不安・アンビヴァレント**：anxious-ambivalent ともいう）は不安が高く回避が低い。彼らは親密さへの過剰な欲求を持っているが、他者の利用可能性や要求に対する応答性への信頼が欠けている。自身の個人的幸福感は他者からの評価に強く依存するが、拒絶されることや見捨てられることに対する心配が強い。**恐れ・回避型**（fearful-avoidant）は不安も回避も高い。彼らは他者に対して拒絶されるという予測と結びついた強い対人不信感を経験しており、それが親密さに対する不快感や親密な関係の回避につながっている。最後に、**拒絶・回避型**（dismissing-avoidant）は不安が低く回避が高い。彼らはアタッチメント対象は概して信頼できず、応答的でないと認知しているが、自分に自信があり、ネガティブな感情に対して傷つきにくいと考えている。彼らはアタッチメント欲求を最小化し、他者から距離をとり、情動表出を抑制することで潜在的な拒絶に対抗してポジティブな自己イメージを維持しようと試みる。

　これらのアタッチメント・スタイルは個人を異なった類型に近似させることができるという理論的枠組みを示しており（Griffin & Bartholomew, 1994）、個人差は類型の背後にある2つの連続した次元（不安と回避）によって最もよく測定されるという合意がなされつつある（Brennan et al., 1998; Crowell et al., 1999; Fraley & Waller, 1998）。しかし、以前の研究者たちはアタッチメント・スタイルの概念化と測定に様々な方法を用いているため、私たちの文献レビューでは必然的に一貫しない用語を用いることになる。

　アタッチメント・スタイルの概念化や測定の違いにもかかわらず、成人アタッチメントの研究者はアタッチメント・パターンの個人差が作業モデルの特質と内容に基づ

第III部 アタッチメントの個人内側面 ― 認知組織，構造，情報処理 ―

いていると考えることでは一致している。私たちは成人の作業モデルの構成要素を同定することから議論を始め，アタッチメント・スタイルの異なる成人ではそれらがどのように異なっているのかを探っていく。

作業モデルの内容

　作業モデルとは何であろうか。アタッチメントの作業モデルはスキーマ，スクリプト，プロトタイプなど社会心理学者によって研究されている他の認知構造体と多くの点で類似している。それらすべての構成概念と同様に，作業モデルも長期記憶に貯蔵され，アタッチメントに関連した手がかりに反応して活性化されると考えられている仮説的な認知－感情的構造体である。作業モデルは過去の経験を構造化し，新奇経験を理解し，社会的相互作用を導く枠組みを提供する（Bretherton & Munholland, 1999; Collins & Allard, 2001; Shaver et al., 1996）。しかし，意味的知識や言語命題に焦点を当てる傾向にあったスキーマに対する伝統的アプローチとは異なり，アタッチメント理論は動機や行為傾向についての表象に重点を置いている。さらに，作業モデルは重要な他者との情動経験という文脈の中で形成され，情動欲求の充足を中心として展開するため，社会心理学者によって研究されてきた他の知識構造体よりも非常に情動的であり，明らかに対人的である。これらの違いにもかかわらず，作業モデル概念は他者との関係における自己の認知－動機的表象の重要性を強調している現代の社会人格心理学の多くの理論と矛盾しない（例えば，Andersen & Chen, 2002; Baldwin, 1992; Mischel & Shoda, 1995）。実際，アタッチメント理論は，対人関係の経験を方向づける認知過程に関心を示しつつある親密な関係についての研究（例えば，Berscheid, 1994; Holmes, 2002），および重要な関係における心的過程に関心を示しつつある社会的認知の領域（例えば，Fitzsimons & Bargh, 2003; Moretti & Higgins, 1999; Shah, 2003）との間に重要な接点を提供している。

作業モデルの基礎的要素

　作業モデルはアタッチメント行動システムの文脈の中で構築されたため，CollinsとRead（1994）は4つの相互に関連する要素を含まなければならないと提案した。それは，①アタッチメントに関連した経験の記憶，②アタッチメント過程に関連した

自己と他者についての信念・態度・期待，③アタッチメントに関連した目標と欲求，④アタッチメント目標を達成することと関連した方略と計画，である。

▶ **アタッチメントに関連した記憶**

　アタッチメントに関連した経験についての記憶と報告は作業モデルの重要な要素である。これらは特定の相互作用や具体的なエピソードだけでなく，経験の評価，自分自身や他者の行動についての説明といったそれらのエピソードに基づいた解釈をも含んでいる。これらの記憶は部分的には実際の経験に基づいているため，安定型の人は不安定型の人よりも主要なアタッチメント対象とのポジティブな関係の経験を報告するだろう。この仮定に関する証拠は両親との関係についての回顧的報告も含めて多くの研究で得られている（Collins & Read, 1990; Feeney & Noller, 1990; Hazan & Shaver, 1987; Rothbard & Shaver, 1994）。例えば，Hazan と Shaver（1987）は，安定型の人が回避型・不安型の人よりも両親との関係をより愛情があり温かいものであったと想起することを示した。一般女性を対象としたより最近の研究では，Shaver ら（2000）はアダルト・アタッチメント・インタビュー（Adult Attachment Interview: AAI）（George et al., 1984）からコーディングされたアタッチメント経験の記憶について検討した。全体として，不安定型の女性は安定型の女性よりもネガティブなアタッチメント記憶を持っていた。例えば，回避型の女性（他者との近接と依存に不快を示す人）は，母親は愛情が少なく養育をせずネグレクト的であり，父親は養育をせず拒絶的であり，母-娘関係には役割逆転（母がケアを求めて娘に頼る）がある，と描写していた。

　アタッチメント記憶の**内容**の違いに加えて，安定型と不安定型ではどの程度効果的に過去のアタッチメント経験を処理できるかも異なる。安定型の人に比べて，不安型・回避型の人はより統合・構造化されていないアタッチメント記憶を持っているようであり，それが初期のアタッチメント経験に一貫した説明を与えるのを困難にしている（Shaver et al., 2000）。安定型と不安定型ではアタッチメントに関連した記憶に対する認知的**アクセシビリティ**にも違いがある。回避型の人はアタッチメントに関連した記憶の想起に強い困難さがあり（Mikulincer & Orbach, 1995; Shaver et al., 2000），とらわれ型の人はポジティブな記憶よりもネガティブな記憶にアクセスする傾向がある（Mikulincer, 1998b, Study 1; Mikulincer & Orbach, 1995）。例えば，Mikulincer と Orbach（1995）は，青年に特定の感情（怒り，悲しみ，不安，喜び）を感じた幼児期の経験を想起するように求め，それぞれのエピソードが想起されるのにかかった時間を記録した。とらわれ型（不安・アンビヴァレント型）の人は悲しみと怒りの記憶に対して最も速い反応（最も高いアクセシビリティ）を示し，回避型の人は最も遅い反

応（最も低いアクセシビリティ）を示した。さらに，とらわれ型の人はポジティブな記憶よりもネガティブな記憶をより速く想起し，安定型の人は逆のパターンを示していた。

▶ **アタッチメント過程に関連した信念・態度・期待**

自己や他者，またその関係性についての知識構造は成人においては非常に複雑である。知識構造には静的な**信念**（例えば，「関係には多大な努力が必要である」）だけでなく，**態度**（例えば，「関係に努力を払う価値はない」）や**期待**（例えば，「私は私のことを完全に愛してくれる人を見つけられそうもない」）も含まれる。この知識構造は主要なアタッチメント対象との具体的な経験からある程度抽象化されたものであり，その抽象化のレベルにはばらつきがある。それには特定のアタッチメント対象と結びついたものもあるし（例えば，「私の母は情緒的に疎遠である」），関係性（例えば，「友人にサポートを期待できる」）や人（例えば，「人は信頼できる」）についてより広く一般化されたものもある。

実証研究はまだ初期段階にあるが，自己報告によるアタッチメント・スタイルと自己や社会的世界に対する全体的信念との間には重要な関連が見いだされている。全体として，回避型や不安型の人と比べて安定型の人は他者との関係で自己についてよりポジティブな信念を持っている（Collins & Read, 1990; Hazan & Shaver, 1987; Mikulincer, 1995, Studies 1 & 2）。例えば，Collins と Read（1990）は不安型の人と比べて安定型の人は全体的自己価値感が高く，社会的状況において自信を持っており，また，対人志向的で主張的であることを示した。回避型の人は全体的自己価値感と主張性では安定型の人と差はないが，社会的状況において自信がなく，対人志向的ではなかった。拒絶・回避型と恐れ・回避型を分離したその後の研究では一貫して拒絶・回避型の人は安定型の人と同程度の高い自己価値感を示したが，恐れ・回避型の人は非常に低い自己価値感を示していた（Bartholomew & Horowitz, 1991; Brennan & Bosson, 1998; Brennan & Morris, 1997; Griffin & Bartholomew, 1994）。しかし，安定型の人と拒絶・回避型の人は同じ**レベル**の全体的な自尊感情を報告したが，自己価値感の**源**として重視しているものは異なっていた（Brennan & Bosson, 1998; Brennan & Morris, 1997）。拒絶・回避型の人は有能感に基づいた自尊感情（例えば，「自律性，環境統制」）を重視しているのに対して，安定型の人は対人関係を源とするもの（例えば，「他者との肯定的な関係」）を重視しているのである。今後の研究では自己価値感に付随する他の変数（Crocker & Wolfe, 2001）や自己価値感は安定したものなのか不安定なものなのか（Kernis & Waschull, 1995）に関して，アタッチメントの違いを

検討するのも興味深い。

　自己知識の内容を同定するのに加えて，安定型と不安定型では自己知識がどのように構造化されているのかも異なる。例えば，安定型の人は不安型や回避型の人よりもバランスのとれた，複雑で一貫した自己構造を持っている（Mikulincer, 1995, Studies 3 & 4）。また，安定型の人は**現実**自己と**理想**自己，現実自己と**当為**自己との間のずれが小さいことも示されている（Mikulincer, 1995, Studies 5 & 6）。さらに，安定型の人の自己概念はポジティブとネガティブ双方の特性を含むが，ポジティブな特性はネガティブな特性よりも中心的であり，その一方，恐れ・回避型の人は安定型と反対のパターンを示す（Clark et al.,（Shaver & Clark, 1996）より引用））。

　他者や社会的世界への信念についてのアタッチメント・スタイルによる違いはあまり研究されてはいないが，それらの研究では一貫して安定型の人は関係性や他者の一般的な善意に対して楽観的な期待を持っていることを明らかにしている（Collins & Read, 1990; Hazan & Shaver, 1987; Mikulincer, 1995, Studies 1 & 2）。例えば，CollinsとRead（1990）は，安定型の人は一般的に人を信頼でき，頼ることができ，愛他的であるとみなしていることを示した。一方，回避型の人は他者の動機に懐疑的で，信頼できず頼ることもできないとみなし，また，両親のような社会的役割の担い手の親切心や誠実さにも疑いを持っている。不安型の人は他者を複雑で理解しがたいものと考え，日常の中で生じる結果について統制することができないと考えている。Baldwinら（1993）は関係性についてのアタッチメントに関連した信念は，他者との社会的相互作用についての期待を反映した「if-then」命題として貯蔵されているであろうことを示した。1つめの研究では，彼らは参加者に仮想的なアタッチメントに関連した行動（例えば，「もし私がパートナーに頼ったら，……」）を考えるように求め，パートナーが様々なポジティブもしくはネガティブな反応（例えば，「私を置き去りにするだろう」，あるいは「私を助けてくれるだろう」）をどの程度すると思うかについての見込みを評定してもらった。その結果，安定型の人は回避型や不安・アンビヴァレント型（とらわれ型）の人よりもポジティブなif-then期待を持っていることが示唆された。2つめの研究では反応時間データによって不安定型の人は安定型の人よりも悲観的な対人関係への期待を持っていることを示すさらなる証拠が提供された。例えば，回避型の参加者は恋愛パートナーに対する信頼に関するプライムを呈示されると，ネガティブな結果を表わす語である「傷つける（hurt）」に対して特に速い反応を示した。

　最後に，ある研究では関係性についての知識の複雑さに関するアタッチメントの違いが検討されている。Fishteinら（1999）は強い葛藤状態の関係にあるとらわれ型の

人は葛藤の少ない関係にあるとらわれ型の人よりも複雑な知識構造を持っていることを示した。これらの違いは主に明確でポジティブな帰属を用いているためであろう。この研究の著者らは，葛藤は近接と親密さを進展させる機会を提供するため，このようなパターンは，葛藤の強い相互作用をポジティブもしくはネガティブ双方に符号化するとらわれ型の傾向によるものではないかとしている（Pietromonaco & Feldman Barrett, 1997）。今後の研究では関係性についての知識の別の構造的特徴（例えば，一貫性，統合，差別化，精緻化，分類）に関する調査を行ない，それらが情報処理や関係の復元力へ持つ意味合いを検討することが重要である（例えば，Murray & Holmes, 1999; Showers & Kevlyn, 1999）。Holmes（2002）は関係についての期待の特質に関する重要な洞察や，安定型と不安定型で他者についての心的モデルの構造がどのように異なるのかについてのいくつかの示唆を提供している。

▶ アタッチメントに関連した目標と欲求

アタッチメント行動システムは安心感を維持するという広範な目標を提供するが，この目標の達成についての成功と失敗の個人史はアタッチメントに関連した社会的，情動的欲求についての特徴的な階層をもたらすことになる。例えば，人は親密な関係の発展や拒絶の回避，プライバシーの維持，他者からの承認などに動機づけられる程度が異なる。このように，安定型と不安定型では目標の構造はかなり異なるのである。例えば，安定型の人は他者との親密な関係を求め，関係の中で親密さと自律性のバランスを得ようとする。とらわれ型（不安・アンビヴァレント型）の人は同様に親密な関係を望むが，余分な承認への欲求と拒絶の恐れが彼らに過度の親密さと低い自律性を求めさせることになる。回避型の人は距離を維持する欲求に導かれる。拒絶・回避型の人は自分自身の自律性と独立への欲求を満たすために，また，恐れ・回避型の人は拒絶を避けるために，親密さを制限しようとする（Bartholomew & Horowitz, 1991）。

これらの仮説を直接扱った実証研究はほとんどないが，いくつかの研究が異なったアタッチメント・スタイルにおける目標の構造について検討している（Collins et al., 2003; Feeney, 1999b; Mikulincer, 1998b）。例えば，Collins ら（2003）は参加者に慰め，サポート，近接性といった特定のアタッチメントに関連した欲求を恋愛パートナーに満たしてもらうことの重要性の評価を求めた（例えば，「あなたが落ち込んでいる時にパートナーが慰めてくれることはあなたにとってどのくらい重要ですか」）。とらわれ型と恐れ・回避型の人（アタッチメントに関連した不安の高い人）はこれらの欲求は非常に重要であると評定したが，拒絶・回避型の人は比較的重要ではないと評定した。また，安定型の人はこれら2つの中間であった。同様にFeeney（1999b）は恋愛

中のパートナーが彼らの関係について記述するように求められると、拒絶・回避型の男性は自己信頼感を守り、距離を維持し、彼らの関係性の情緒的傾向を統制することへの欲求に基づいて、自発的に目標の葛藤について言及し、不安型の女性はより親密さを必要として目標の葛藤の言及を行なっていた。安定型ととらわれ型の人に比べて、回避型の人は学業や職業の達成などアタッチメントと無関連の目標や欲求に重きを置くが（Brennan & Bosson, 1998; Brennan & Morris, 1997; Hazan & Shaver, 1990）、これはおそらくアタッチメントへの関心を最小化し、社会的距離を調整するための1つの方法なのであろう。

　最後に、最近の2つの研究がより広範な動機づけシステムを研究することの重要性を指摘している。欲求（接近）と嫌悪（回避）の異なった動機づけシステム（例えば、Gray, 1987）の存在を仮定したモデルに基づいて、FeeneyとCollins（2003）はカップル内でケアギビング行動を促進あるいは抑制する特定の動機を調べた。全体として、安定型と不安型の人は回避型の人よりも接近動機を肯定する傾向にあるが、個々の接近目標は異なっていた。安定型の人（不安も回避も低い人）は比較的愛他的な理由でケアを提供していた。それは、彼らがパートナーの幸福感の増大を望み、パートナーを助けることに喜びを感じるためである。不安型の人は比較的独善的な理由でケアを提供していた。それは、彼らが親密さをつくり出し、パートナーを依存させ、統制感を得たいためである。対照的に、回避型の人は嫌悪（回避）動機を肯定した。特に、回避型の人はパートナーの苦痛に対して不快さを感じ、手助けはネガティブな結果（例えば、パートナーとは相互作用しにくく、正しく理解されないといった状況）をもたらすと認識しており、パートナーは依存しすぎであるといったことから、パートナーにケアを提供し**ない**こともしばしばあった。別の研究では、ElliotとReis（2003）が達成の領域で接近動機と回避動機の関連について調査した。一連の研究で、安定型の人は達成動機が高く、失敗への恐れは低いこと、また、彼らはより接近 対 回避目標（例えば、「コースの内容を理解することを求める」対「悪い成績を避ける」）を採用し、特定の達成課題（例えば、差し迫った試験）を脅威ではなくポジティブな挑戦として評価していたことが示された。対照的に、不安型の人は回避目標を採用し、課題を脅威として評価していた。安定型のアタッチメントは個人にサポートや受容は必要であれば利用可能であるという信念を持たせて、快適に目標を追いかけることを可能にさせるため、それは**すべての**領域の機能において接近志向動機づけ過程を促進すると私たちは推測している。対照的に不安定型のアタッチメントは拒絶や見捨てられるといった危険に陥るかもしれないネガティブな結果を防止する方向に個人の関心を向けさせるため、回避志向動機づけ過程を促進する。これらの過程についてはさらに研究を

進めていく価値があるだろう。

▶ **計画，方略，行為傾向**

　個人は自分のアタッチメントに関連した欲求を調整するための一連の計画や方略として作業モデルの一部を符号化しており，それらの方略は少なくとも部分的には主要なアタッチメント対象との経験の個人史に付随している（Main, 1981）。したがって，アタッチメント・スタイルの違いは情動的苦痛の制御（Kobak & Sceery, 1988）や必要な時の慰めの獲得，自律性の維持，他者との親密さの発展や他者への慰めの提供，などの社会情動的欲求や目標に対処するための計画や方略に現われる。

　計画や行為傾向の表象は言語化するのが難しい手続き知識として貯蔵されており，意識外で作用するため，個人差を同定することは困難である。計画や方略を同定するための1つの方法は，同じように統制された社会的状況の中で異なった個人がどのように反応するかを調べることである。例えば，一連の研究でCollinsら（Collins, 1996; Collins et al., 2003）は対象者に様々なアタッチメントに関連した事象を想像するように求め（例えば，「あなたが落ち込んでいる時に，あなたのパートナーが慰めてくれなかったことを想像してください」），それぞれの状況でどのように反応するかを記述させた。これらの記述の内容の分析によって，行動方略の重要な違いが明らかになった。全体として，不安定型の人と比べて安定型の人はパートナーを非難するような行動方略は少なく，葛藤につながりにくかった。別の研究では，OgnibeneとCollins（1998）が青年に仮想的ストレスフル・ライフイベントに対してどのように対処するのかを記述するように求めた。結果はアタッチメント・スタイルごとに対処方略に系統的な違いがあることを明らかにしていた。例えば，安定型ととらわれ型の人は回避型の人よりも社会的サポートを求めるという傾向があった。最後に，PierceとLydon（1998）は常に，あるいは一時的にプライムされたアタッチメント・スキーマはともに対処行動と関連していることを示した。異なったアタッチメント・スタイルの参加者は閾下で受容的もしくは拒絶的な対人関係への期待をプライムされたあとで，ストレスフルな状況を想像するように求められ，その状況でとるであろう対処行動を報告した。長期的に安定型の女性は受容的な対人関係への期待をプライムされた人と同様に社会的サポートを求め，自己中傷的な対処を行なわない傾向があった。

　もう1つの有効な研究方略は，特定の対人関係の文脈と結びついているであろう無意識の行為傾向を明らかにするために反応潜時パラダイムを用いることである。例えば，Mikulincer（1998b, Study 5）は裏切られたことに対する対処方法のアタッチメント・スタイルによる違いを調べるために語彙判断課題を用いた。安定型ととらわれ型

(不安・アンビヴァレント型)の人は「話す(talk)」に速く反応したが,回避型の人は「逃げる(escape)」に速く反応した。最後に,行為傾向というのはあたりまえのことではあるがアタッチメントに関連した文脈における実際の行動を観察することで明らかにされる。サポート希求やケアギビング(Collins & Feeney, 2000; Feeney & Collins, 2001; Simpson et al., 1992),葛藤と問題解決(Feeney et al., 1994; Simpson et al., 1996),自己開示(Mikulincer & Nachshon, 1991),パートナーからの分離(Fraley & Shaver, 1998)など,様々なアタッチメントに関連した行動の違いを明らかにする研究が増えてきている。

作業モデルの内容についての最近のテーマ

既存の文献は,異なったアタッチメント・スタイルを持つ人は作業モデルの内容が異なっているという強い証拠を提供している。それにもかかわらず,多くの問題がさらなる調査を必要としている。ここでは私たちが特に重要であると考える2つの問題に焦点を当てる。

▶ 潜在的作業モデルと顕在的作業モデル

さらなる研究が必要な重要な問題の1つは,作業モデルの**潜在的**側面と**顕在的**側面の区別に関するものである。最近まで作業モデルの内容に関する研究の多くは顕在的な自己報告尺度に頼ってきた。そのような測度は人が内省でき,言語化できる作業モデルの意識的特徴を同定するにはきわめて有効であるが,作業モデルの多くの側面は自覚意識の外にあると考えられており,したがって内省と報告には利用できない。そのうえ,自分の作業モデルを正確に報告できるとしても自己制御と自己呈示のために真の思考や感情を隠すように動機づけられることもある。また,作業モデルの潜在的特徴と顕在的特徴の両方を測定する重要な理論的理由もある。Bowlby (1973) は,ある個人が持つ作業モデルの潜在的要素と顕在的要素は一致しておらず,その不一致がアタッチメント経験に重要な結果を与えうることを示唆している(Crittenden, 1990; Main, 1991 も参照)。したがって,今後の研究において研究者はアタッチメントに関連した潜在的表象の妥当で信頼できる査定法の開発と,顕在モデルと潜在モデルが矛盾する人と矛盾しない人を同定する方法を開発することが重要である。

現在のところ,作業モデルの潜在的特徴を直接査定した実証研究はほとんどなく,顕在的内容と潜在的内容を系統的に比較したものは1つもない。幸運にも,成人アタッチメントの研究者は作業モデルの無意識的側面を調べるために認知社会心理学

のツールを利用し始めている。例えば，Baldwinら（1993）やMikulincer（1998b）によって使用された反応潜時パラダイムは特に有効である。もう1つの有望なツールはターゲット概念（例えば，**自己**）と帰属（例えば，**良い**）の間の自動的連合（連想）の強さを測定する潜在連想テスト（Implicit Association Test: IAT）である（例えば，Greenwald et al., 1998）。最近の研究では，Zayas（2003）はIATを用いて3つのターゲット（自己，母親，恋愛パートナー）に対する自動的感情連合についてのアタッチメント・スタイルによる違いを検討した。安定型ととらわれ型の人は恐れ・回避型と拒絶・回避型の人よりも恋愛パートナーと母親に対して強いポジティブな連合を示した。さらに，拒絶・回避型の人は恋愛パートナーよりも自己に対して比較的強い自動的ポジティブ連合を示したが，他のすべてのグループは逆のパターンを示した。この知見は，拒絶・回避型は他者よりも自己に対して高い自動的関心を持っていることを示唆している。

　これらの社会認知パラダイムに加えて，作業モデルの潜在的特徴は無意識的思考や感情を推測するために用いられる生理学的反応（Diamond & Hicks，本書8章を参照）や非言語行動，非構造的あるいは投影的課題でも明らかにされるであろう。そしてもちろん，アダルト・アタッチメント・インタビュー（AAI）（George et al., 1984）や現在の関係インタビュー（Current Relationship Interview: CRI）（Crowell & Owens, 1996）のような成人アタッチメント・パターンを査定するインタビューも作業モデルの潜在的・顕在的特徴を同定する価値あるツールである。AAIとCRIは言語報告に依存しているが，安定モデルと不安定モデルを区別するために用いられる重要なコーディングの次元（例えば，語りの一貫性，心的一貫性）は，反応者のアタッチメント記憶の明示的な内容に基づくのではなく（例えば，アタッチメント対象との良い関係を報告するか悪い関係を報告するか），アタッチメント問題について一貫して語ることができるか，またはアタッチメント経験の記憶に効果的にアクセスできるかに基づいている。もう1つの有望な新しいツールは，個人が効果的な安全基地スクリプト・ダイナミクスについての知識をどの程度持っているかを測定する安全基地スクリプト・アセスメントである（Waters, 2003を参照）。安全基地スクリプトは，苦痛状況においてアタッチメント対象（母親もしくは恋愛パートナー）がアタッチメントを形成した者の要求に応答的であることを含む一般的な対人関係のスクリプトとして定義される（Waters & Rodrigues-Doolabh, 2001）。**スクリプト化**されている程度を測定するため，実験参加者は手がかり語を呈示され，物語を構成するように求められる。これらの語りはプロトタイプ的な安全基地ダイナミクスの知識の程度を示すものとして評定される。この測度は異なったタイプのアタッチメント関係や特定の関係にも当て

はまるように改変することもでき（Wais et al., 2003），構成概念妥当性および予測妥当性を示す証拠が蓄積されつつある（Waters & Rodrigues-Doolabh, 2001）。

最後に，潜在測度についての注意を挙げておく。潜在測度は意識的統制の外にあり，虚偽反応によって容易に歪められることもないため，顕在測度よりも妥当である，つまり，個人の**真**の思考や感情をより反映していると考えられがちである。私たちはそのような論法に警告を発する。人は社会的情報を顕在レベルと潜在レベルの両方で処理しており，潜在的・顕在的な心的過程は社会的判断や行動に独自の影響を与えていることを示す多くの証拠がある（Bargh, 1997; Greenwald & Banaji, 1995 を参照）。例えば，SpaldingとHardin（1999）は実験室インタビューにおける**顕在的**自尊感情は意識的（自己報告）な不安経験を予測し，**潜在的**自尊感情は（意識的覚知と統制の外にある行動形態である）不安の非言語的表出（観察者による評定）を予測することを示した。これらの知見に基づくと，潜在的，顕在的アタッチメント・モデルは異なってはいるが，しかし**同程度に有効な**影響力を持ってアタッチメント行動を形成していると考えるのが適切である。したがって，アタッチメント研究者にとって重要な問いは，作業モデルのどちらの特徴がより妥当なのかではなく，顕在的・潜在的特徴はどのように連合してアタッチメント経験に寄与するかというものである。

▶ **作業モデルのアクセシビリティ**

アタッチメント・モデルの内容を調べるのに加えて，今後の研究にとってもう1つの重要な問題はアタッチメントに関連した表象へのアクセシビリティに関するものである。コンストラクト・アクセシビリティとは心理学的コンストラクトが活性化されやすいか，もしくは心に浮かびやすいかの程度を表わす。コンストラクトへのアクセシビリティは最近の活性化（**一時的にアクセス可能な**コンストラクト），もしくは長期的で頻繁な活性化（**常にアクセス可能な**コンストラクト）によって高められる。ステレオタイプや態度のような心的コンストラクトに関する先行研究では，一時的な活性化と長期的な活性化はともにコンストラクトが社会的判断（例えば，Fincham et al., 1995; Higgins et al., 1982）や行動（例えば，Bargh et al., 1996; Fazio & Williams, 1986）に影響を与える可能性を高めることが示されてきた。

コンストラクト・アクセシビリティを研究することは少なくとも2つの理由で重要である。第一に，アタッチメント・スタイルの個人差は内容などよりもコンストラクト・アクセシビリティとより強く結びついているかもしれないからである。つまり，安定型の人と不安定型の人は同じ知識や目標を共有しているが，それらのコンストラクトに容易にアクセスできる程度が異なるのかもしれない。例えば，多くの人は受容

されたいという欲求を持っていると考えられるが，この目標はとらわれ型で最も恒常的に活性化されているであろう。このようにして，アタッチメント・スタイルの違いは**常にアクセス可能な心的表象の違い**として概念化され得るのである。第二に，同じアタッチメント・スタイルを持つ人でも，そのモデルに対して現在アクセス可能である程度が異なり，知識へのアクセシビリティはアタッチメント・モデルが社会的認知や行動を形成する程度を調節するであろう。特に，アタッチメント・スタイルと重要な個人的もしくは対人関係的な結果の関連はアタッチメント・モデルが長期的であろうと，一時的であろうとよりアクセス可能である時に強まる。この考えと一致して，Whitakerら（1999）は長期的関係における将来の満足度への期待と問題解決の効力感に関するアタッチメント・スタイルによる違いは内的モデルへのアクセシビリティによって調節されていることを示した。例えば，アタッチメントに関連した不安の高い人は結婚満足度が低く夫婦間の問題解決への効力感も低い。しかし，このような影響はアタッチメント・コンストラクトへのアクセシビリティが高い人のほうが強かったのである。

作業モデルの構造：複雑な表象的ネットワーク

　最近まで，作業モデルとアタッチメント・スタイルは単一のものであり，あたかも1人の人は1つしか持てないと議論する強い風潮があった。しかし現在では，多くのアタッチメント研究者はアタッチメントの表象モデルは複雑で多面的であることに同意している（Baldwin et al., 1996; Bretherton et al., 1989; Crittenden, 1990; George & Solomon, 1999; Pierce & Lydon, 2001; Trinke & Bartholomew, 1997）。CollinsとRead（1994）は，作業モデルは**デフォルトの階層**として大まかに構成された，相互に関連のあるネットワークとして最もよく概念化されると示唆している。階層の最上部は主要なアタッチメント対象との経験史が抽象化された，自己と他者についての最も全体的な表象に対応したデフォルトモデルである。その階層の下部には特定の種類の関係（親子関係，恋愛関係）に対応した**領域固有**モデルがあり，階層の最下部には特定の関係に対応した**関係固有**モデルがある。ネットワーク内のモデルは概念的には区別されているが，それらは数多くの連合セットによって結びついていると考えられている。
　これらの考えと一致して，ますます多くの研究が成人期のアタッチメント表象の多元性を示す証拠を提供している。いくつかの研究では，成人は異なった関係**領域**に

おいては異なった作業モデルを持っていることが見いだされている。例えば，両親についてのアタッチメント表象は友人 (Bartholomew & Horowitz, 1991) や恋愛パートナー (Shaver et al., 2000; Simpson et al., 2002) についてのアタッチメント表象と中程度もしくは弱い相関しかない。別の研究では**全体**（もしくは領域固有）作業モデルと**関係**固有作業モデルは関連するが，それらは冗長な概念ではないことを見いだしている (Baldwin et al., 1996; Cozzarelli et al., 2000; Crowell & Owens, 1996; Pierce & Lydon, 2001)。さらに，いくつかの研究は異なった作業モデルが対人関係での行動や関係の結果についての独自の分散を予測することを示している。例えば，結婚直前の若いカップルを対象とした縦断研究では (Crowell et al., 1999 による要約)，婚約者へのアタッチメント安定性 (CRI で測定) はコミットメント感や親密さ，18 か月後の攻撃性を独自に予測したが，両親へのアタッチメント安定性 (AAI で測定) は親密さ，パートナーを見捨ててしまうことへの恐れ，パートナーの身体的攻撃を独自に予測していた (Bartholomew & Horowitz, 1991; Cozzarelli et al., 2000; Pierce & Lydon, 2001; Simpson et al., 2002 も参照)。まとめると，これらの研究は個人が抽象的表象（全体モデルあるいはスタイル）と特殊事例（関係固有モデル）を含むような作業モデルの複雑な連合ネットワークを持っているという考えと一致しているのである。

　他の研究者たちはアタッチメント安定性についての個人間・個人内分散を調べる洗練された統計技法を用いてアタッチメント表象の多元性を検討している (Cook, 2000; La Guardia et al., 2000; Pierce & Lydon, 2001)。これらの研究は，特定の関係で人が安全であると感じる程度が，その一部は安全もしくは危険と感じる全体的傾向（全体的なアタッチメント・スタイル）によるものであり，またその一部は特定の関係によるものであることを示唆している。しかし，これらの研究は一貫してアタッチメント安定性の分散の大部分が関係（個人内）レベルにあることを示している。例えば，La Guardia ら (2000) は青年に様々な特定の関係（母親，父親，恋愛パートナー，親友）についてのアタッチメント安定性尺度へ回答するよう求めた。これらのサンプルを通じて階層線型モデリング分析を行ない，安心感の分散の 21 〜 44％は個人間レベル（全体アタッチメント・モデルの個人差を反映している）で生じ，残りの分散は個人内レベル（関係固有レベル）で生じていることを明らかにした。あとでより詳細に議論するように，これらの研究は特定の関係におけるアタッチメントのダイナミクスを理解することの重要性に焦点を当てている。

　これまでに引用した研究は，成人が複数のアタッチメント表象を持っている証拠を提供しているが，これら様々な表象モデルの背後に存在する構造的関連については直接言及していない。アタッチメント表象の階層性についてのより直接的な証拠は

Overallら（2003）による最近の研究で示されている。この研究では，回答者は3つの領域（親密な家族，親密な友人，恋愛関係）についてアタッチメント・スタイル尺度に回答した。それぞれの領域の中で回答者は最も重要な3つの関係についてもアタッチメント測度に回答した。確認的因子分析の結果，データに最もよく適合した構造モデルはもともとCollinsとRead（1994）が提案したようなデフォルトの階層と一致していた。関係固有モデルは領域固有モデル（家族，友人，恋愛パートナー）の下に収まり，それは包括的な全体作業モデル下に収まることを示唆するものである。

作業モデルの構造についての最近のテーマ

先の議論が明らかにしたように，現在では成人は特殊性のレベルの異なる豊富なアタッチメント表象のネットワークを持っているという多くの証拠がある。しかし，全体モデルと関係固有モデルの関連や，これらのモデルがどのように連合して親密な関係における社会的認知や行動を形成するのかについてはいまだ比較的わずかしかわかっていない。関係固有作業モデルへの関心の高まりを考え，ここでは検討する必要のある2つの問題に焦点を当てる。

▶関係固有モデルはどのように発達し，全体モデルとどのように関連するのか

関係固有モデルが機能的であるためには，人が経験する対人相互作用やその関係性の特徴に基づいていなければならない。親子関係がアタッチメントの質によって異なるのと同じように，成人の親密な関係についてもパートナーに慰めや安心感を与える安全な避難場所と，関係外の関心を探索するための安全な基地を提供できる程度に応じて異なる。したがって，特定の関係の中での安心感はその大部分をパートナーがアタッチメントに関連した文脈における欲求に対して応答する意志と能力の両方があるかどうかに依存している（Collins & Feeney, 2000）。

成人期の安心感が何を意味するのかを明らかにすることは重要である。CollinsとFeeney（2004a）は2つの異なるが矛盾しない用語を用いて区別している。第一に，**状況固有**の安心感というのは，人が身体的・情動的脅威を感じていないかどうか，その程度を表わしている。安心感が自己への脅威やアタッチメント関係への脅威によって脅かされるとアタッチメント・システムは活性化され，アタッチメント対象との現実もしくは想像上の接触，あるいは他の対処行動を通して安心感を取り戻すための処置を取る。したがって，安心感への突然の脅威はアタッチメント・システムの引き金となり，アタッチメント行動を動機づける（Mikulincer et al., 2002）。この形態の

安心感は，パートナーの愛やコミットメントへの全体的な信頼感や欲求に対するパートナーの応答性への期待についてのものである**関係固有**の安心感とは区別される。人は情緒的に利用可能で欲求に対して応答的であるパートナーから認められ，ケアされると感じれば，その関係においてより安心を感じる。この観点と一致して，Murrayら (2001) は安心感には2つの連合した信念が必要であると主張している。すなわち，①パートナーは自分自身を愛し，受け入れること，ケアすることを**喜ぶ**，②パートナーは欲求を満たすことが**できる**ような良い，応答的な人物である，という信念である。したがって，安定した関係固有作業モデルは，自分は愛される存在であることと，パートナーは信頼でき頼ることのできる人であるということを同時に評価することになる。

　関係固有の安心感にはパートナーが欲求に応答的であり，自分に独自にコミットしていると信じることが必要であるなら，そのような推測はパートナーの動機や態度の推測を可能にする診断的状況における過去の経験に基づいている必要がある (Holmes & Rempel, 1989; Wieselquist et al., 1999)。Collins と Feeney (2004a) は，パートナーが自分自身のプライベートな側面を明らかにするような親密な相互作用は，そのような推測を導くのに必要な，重要な診断的状況を提供することを示唆している。結局，人がパートナーの愛に安心を感じるためにはパートナーが本当の彼ら自身を知り，理解し，価値を認めていると認識しなければならない。安心感はまた，パートナーが欲求に応答する意志と能力があるという証拠をも必要とする。したがって，親密な相互作用の特別な形態であるケア希求とケアギビング相互作用は，特に情報量が豊富である必要がある。そのような相互作用を通して，人はパートナーを自分の欲求を理解し，幸福感のための応答を受容し，共同の規範に従い，情緒的（そして身体的）に利用可能であるものとして信頼できるのかどうかを学習していく。さらに言えば，ケア希求相互作用が安心感の診断的状況となるのは，そうした相互作用が脆弱性（例えば，恐れ，弱さ，悲しみ，痛みの表出）を含んでいるからである。つまり，それらは最も弱っている状態（例えば，情緒的に傷つきやすくなっている，社会的に孤立した，病気になった，つきに見放された）や，ほとんど返報できない時にパートナーがケアをしてくれる意志があるのかどうかの証拠を提供する。このような状況下でのパートナーの継続した受容とケアは私たちの幸福感に対する深い関与についての診断的証拠を提供する (Tooby & Cosmides, 1996)。

　これらの仮説は文献では直接扱われてはいないが，いくつかの研究は関係固有の安定性がパートナーの応答性に左右されることを示している。例えば，La Guardia ら (2000) はいくつかの特定の関係（例えば，母親，父親，恋人，親友）における関係固

有の安定性と欲求の満足度との関連を調べた。その結果，安心感は関係ごとに異なっていることが示され，さらに重要なことに，個人は関係があるということ（パートナーから受容やケアされている感覚）やコンピテンス（パートナーが自分の自信や自己効力感を支持してくれているという感覚），自律性（パートナーが自分の独立した活動を行なうという望みを支持してくれているという感覚）についての欲求を満たしているような関係において，より安心を感じていた。

別の研究では，関係固有の安定性は実験室内での相互作用におけるパートナーの感受性や応答性と関連することが示された。例えば，KobakとHazan（1991）は関係固有作業モデルを測定するためにQ分類法を用い，葛藤的な議論ならびに開示的／サポート的な議論を行なっているカップルを観察した。結婚生活について安定的な作業モデルを持っている夫（パートナーは心理的に自分を受け入れてくれると感じている）の妻は問題解決課題においてより多くのサポートの確認を行ない，またあまり拒絶感を表出していなかった。加えて，安定的な作業モデルを持つ妻（夫に頼ることができ，夫は心理的に自分を受け入れてくれると感じている）の夫は開示的な課題でより多くの受容を示していた。同様に，CollinsとFeeney（2000）は自分たちの関係がより安定的であると認識しているカップルは，カップルの一方が個人的なストレスについて話をしている時に効果的なサポートとケアを提供するような相互作用を行なっていたことを示した。これら実験室内での相互作用行動はある程度は実験室外での行動を代表しており，これらの研究は関係固有の安定性がパートナーの受容性と自分の幸福感へのパートナーの関心を推測することができるような診断的状況に基づいているという考えと一致している（Wais et al., 2003 も参照）。

関係固有モデルは関係経験の生のデータと結びついているという証拠を示しているが，それでも関係固有モデルはより全体的なアタッチメント・モデルの影響を受けているであろうという主観的な解釈であると言える。実際，アタッチメント理論は新奇経験が少なくともある程度は既存の期待に同化されることを明示的に仮定している。この仮定と一致して，全体モデルと関係固有モデルの両方を測定した研究では2つの概念は中程度に相関していた（Baldwin et al., 1996; Cozzarelli et al., 2000; Pierce & Lydon, 2001, Study 1）。しかしこれらの研究では全体モデルと関係固有モデルは同時点で査定されていたため，全体モデルが固有モデルを形成したのか，固有モデルが全体モデルに寄与したのかは明らかではない。もちろん，どちらの過程も働いている可能性があり，いくつかの縦断研究はこの仮定を支持している（Murray et al., 1996; Pierce & Lydon, 2001, Study 2; Simpson et al., 2003b; Wais et al., 2003）。

議論に結論を出す前に，測定の問題について触れておく。現在，関係固有モデルを

測定するための合意された測度はない。研究者たちは、もともとは全体アタッチメント・スタイルを査定するために開発された尺度を修正し、回答者に特定のパートナーを思い浮かべて回答するように求めることで関係固有モデルを測定している（例えば、La Guardia et al., 2000; Pierce & Lydon, 2001）。この方法は有益ではあるが、研究者はカップル間のアタッチメント・ダイナミクスと関連する対人期待、目標、行動傾向により正確に焦点を当てた関係固有アタッチメント表象を査定する別の方法を考えようとしている。例えば、慰めとサポートのための安全な避難場所として、もしくは探索のための安全基地としてパートナーを頼ることができると感じている程度を査定することは有効かもしれない。さらに、全体アタッチメント・スタイルの個人差を概念化する際には有効であったアタッチメントの2次元（不安と回避）が関係固有レベルでも同様に適切であるのか、あるいは特定の不安定パターンは、親子パターンと対応するような、特定のパートナーの応答性のパターンと結びついているのかは明らかになっていない。例えば、パートナーの感情や応答性に一貫性がないが、それが必ずしも無視的・拒絶的でない場合、私たちはその人は比較的とらわれ型（不安が高く回避が低い）の関係固有パターンを発達させたと考える。このようにして、関係固有アタッチメント・スタイルは乳児のアタッチメント・スタイルが様々なケアギビング環境への適応であると考えられるのと同様に、アタッチメントに関連した文脈におけるパートナーの応答性についての機能的適応を反映しているのであろう。

▶ 全体モデルと関係固有モデルはどのように連合して対人経験を導くのか

もし人が全体作業モデルと関係固有作業モデルの両方を持っているとしたら、それらはどのように連合して特定の関係における思考や行動を形成するのだろうか。現在のところ、研究者は異なったアタッチメント表象の独自の、もしくは共通の役割を説明する明確なモデルあるいはモデルのセットを示していない。全体モデルと関係固有モデルが（既存のデータが示唆するように）関連するが冗長な概念ではないと仮定すると、アタッチメント行動に対する連合した影響力を説明する複数の因果モデルが考えられる。図7.1に単純化した3つのモデルを示した。モデル1は全体モデルと関係固有モデルが独立の経路を通してアタッチメントの結果に影響を与えるとする独立モデルである。このモデルによると、全体モデルと関係固有モデルは行動に対して付加的影響を持ち、これらの影響は収束しなくてもよい。例えば、人がサポートを求める程度は、全体的に回避的である程度と特定のパートナーが情緒的に利用可能で応答的であると考える程度の双方から独立に影響を受ける。したがってモデル1はより固有な関係モデルが存在しても、全体作業モデルは活性化され続け、行動を方向

づけるために用いられていると予測する。例えば，全体モデルと結びつき，意識的覚知の外にある十分に学習された行動ルーティンは自動的に活性化され，現在の関係に最適ではなかったとしても修正するのは難しいと考えられる。モデル1と一致して，Cozzarelli ら（2000）や Pierce と Lydon（2001）は全体アタッチメント表象と固有アタッチメント表象は生活満足度や社会的相互作用の結果を独立に予測することを示した。

2つめの可能性は，全体モデルと関係固有モデルは交互作用的な影響を持つという

モデル1：独立モデル

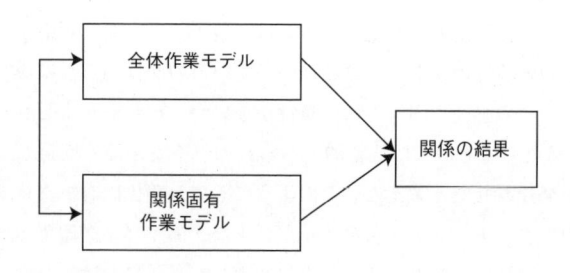

モデル2：調整モデル

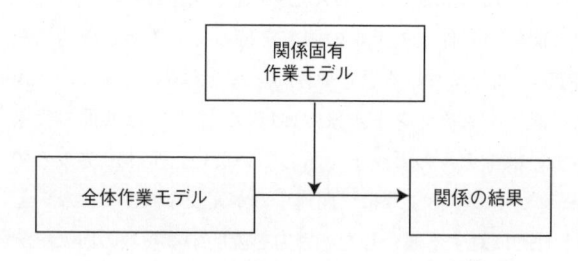

モデル3：媒介モデル

■ 図7.1　**全体作業モデルと関係固有作業モデルが関係結果に影響する可能モデル**

ものである。モデル2は全体作業モデルの影響が関係固有モデルによって調整されるという調整モデルである。言い換えると，このモデルは全体アタッチメント表象の影響力は現在の関係の状況に依存することを仮定している。例えば，全体的には不安定な人でもパートナーが自分の欲求に対して非常に応答的で自分に対して深くコミットしてくれていると認識するような関係にあれば比較的うまくいく。したがって，不安定な長期的モデルは現在の状況に依存してそれが表出されるか否かが変化する，傷つきやすさの要因を表わしていると言える（Collins et al., 2003）。モデル2と一致して，Pierce と Lydon（2001, Study 2）は全体モデルと関係固有モデルが日常的社会的経験を予測する際に交互作用していることを示した。特に，長期的に不安定な人は応答的であると認知したパートナーと相互作用しているとうまくいくが，パートナーが応答的でないと社会的相互作用の質は低下し，安定型よりも社会的相互作用が親密ではなくなる。同様のパターンは親への移行期におけるアタッチメント過程を調査した Simpson と Rholes ら（Rholes et al., 2001; Simpson et al., 2003a）による2つの縦断研究でも得られている。これらの研究では，長期的不安が高い女性と妊娠中に夫がサポート的でなく怒りを認知した女性は産後6か月でのうつ症状の上昇（Simpson et al., 2003a）と結婚満足度の低下（Rholes et al., 2001）を経験した。しかし，配偶者のサポートが高く認知されると，不安傾向の高い女性も不安傾向の高くない女性と同じように機能していた。モデル2は安定した個人と状況の交互作用を研究することの重要さを強調したパーソナリティ（Andersen & Chen, 2002; Mischel & Shoda, 1995）と関係の相互依存（例えば，Holmes, 2002）についての理論と矛盾せず，長期的な恋愛パートナー（およびパートナーについての期待）は対人的な環境の安定した特徴を表わしている。

　モデル1と2は全体モデルと関係固有モデルは相関しないか，もしくは弱い相関を仮定している。しかし，中程度か強い相関があり，全体モデルが関係固有モデルの発達を促進すると仮定すると，それらの連合の影響は媒介モデルとして表わされる。モデル3は全体アタッチメント・モデルが行動に与える影響は関係固有モデルによって完全に媒介されるという媒介モデルである。例えば，このモデルは常にアタッチメントに関連した不安が高い人は現在のパートナーの愛を疑う傾向にあり，それが彼らを高いレベルの安心希求行動を行なってしまうようにさせると予測する。したがって，このモデルでは全体モデルは関係固有モデルの発達を促進することで現在の機能に対して影響力を行使することが仮定される。現在，直接的あるいは間接的に媒介モデルを検証した研究を私たちは知らない。

　もちろん，これらのモデルは実際にはもっと複雑な過程を単純化したものであり，

全体作業モデルと関係固有作業モデルの関連の背後にあり得る因果モデルの網羅的なリストを提示するものではない。私たちの目標は単に，アタッチメント研究者に全体モデルと関係固有モデルの連合の影響を調べる際には自分たちの仮定を明示することを奨励し，この問題に対して思索に富む研究を刺激することにある。

成人期における作業モデルの機能

　作業モデルは人が自らの関係をどのように扱い，社会的世界をどのように解釈するのかを決定するのに重要な役割を果たすと考えられるアタッチメント行動システムの中心的要素である。しかし，これがどのようなメカニズムで起こるのかは十分にはわかっていない。これらのメカニズムを理解する1つの方法は，アタッチメントの作業モデルを人が自分の経験を意味づけ，個人的欲求を満たすように機能させる非常に大きな認知-動機づけ過程の一部として位置づけることである（Collins & Read, 1994）。私たちはアタッチメントの作業モデルはアタッチメントに関連した事象が生起した時に自動的に活性化される，高度にアクセス可能な認知-感情コンストラクトであると仮定する。一度活性化されると，それらは認知・感情・行動反応パターンを形成するのに重要な役割を果たす。そのうえ，人が意識的にこれらの過程を方向づけているか，またはそれらに気づいているかを仮定する必要はない。このシステムの大部分は自動的に，つまり，自発的でほとんど労力を必要とせず，意識外で働くようである（Bargh, 1997）。後の節ではこれらの過程をより詳細に記述し，関連する実証研究についてレビューしていく。

認知反応パターン

　アタッチメントの作業モデルは人が自分自身や関係性についてどのように考えるのかを決定するのに中心的な役割を果たす記憶・信念・目標についての豊富なネットワークを含んでいる。この仮定は情報処理や社会的判断における先行知識の役割に関する社会心理学の多くの研究と一致している。このような研究は，社会的認知というのは既存の目標やスキーマ，期待が新奇情報をどのようにとらえるかを決定するというトップダウンあるいは概念駆動的な過程に強い影響を受けていることを示している。ここでは，私たちは作業モデルの影響を強く受けており，個人的，対人的機能に重要

な示唆があるであろう4つの認知過程を検討する。

> ▶ **選択的注意**

逸話的なものと同様に，実証的研究でも，ある2人の人物が同じ事象を経験しても何が起こったかについて一致することはめったにないことが示されている。実際，Bargh（1984）は，社会的知覚は「現在呈示されている環境刺激と，他のものよりもあるものを知覚しやすいという個人のレディネスの相互作用」（p.15）を含むと結論づけている。しかし，特定の特徴を持つ環境に注意を払い，他のものを無視するレディネスを決定するのは何であろうか。人は現在活性化されている目標と関連し，また，既存の態度や期待と一致した情報に注意を払う傾向があるという証拠がある（Bargh, 1984; Roskos-Ewoldsen & Fazio, 1992; Srull & Wyer, 1986）。

目標や期待が個人を環境内の特定の特徴に注意を払うように仕向けるとしたら，アタッチメントの作業モデルは心的資源をアタッチメントに関連した状況に向けるのに重要な役割を果たしているはずである。そしてその結果としてさらなる処理が可能な情報は目標と関連し，期待と一致した方向にバイアスがかかる傾向にあるだろう。例えば，不安・アンビヴァレント型（とらわれ型）の人は「承認欲求」と「拒絶回避」を常に活性化した目標として持っていると考えられる。その結果，彼／彼女らは他者からの非承認の徴候を警戒し続けるような脅威志向的な焦点化をしがちである。さらに，彼らは最悪の事態を期待するので，自らの恐れを確証するような証拠には容易に気づく。回避型の人は非常に異なったパターンで特徴づけられる。彼らの自律性を維持しようという動機は他者からの侵入や統制に敏感で，アタッチメントへの関心を最小化しようという願望は，アタッチメント欲求が顕著になる環境的特徴から注意を遠ざける（Fraley et al., 1998）。

これら特定の仮説は直接検討されてはいないが，いくつかの研究で異なったアタッチメント・スタイルを持つ人は脅威刺激に対する注意制御能力が異なることが示唆されている。FraleyとShaver（1997）はアタッチメントに関連した望まない思考を抑制する能力にアタッチメント・スタイルによる違いがあるかどうかを，思考抑制パラダイムを用いて検討した。パートナーを失うことについての思考を抑制するように求められると，拒絶・回避型の人はその後の望まない思考を思い浮かべてしまうのを抑えることに成功し，心理的覚醒も低かった。対照的に，とらわれ型の人はパートナーを失うことについての思考のリバウンドを経験し，心理的にもより覚醒した。これらのデータは，拒絶・回避型の人がアタッチメント・システムを不活性化し，アタッチメントに関連した思考へのアクセシビリティを低減することでネガティブな感情を調節

することを可能にする，非常に発達した防衛システムを持っていることを示唆している。対照的に，とらわれ型の人は明示的に試みた時であってもそのような思考から注意をそむけることが困難で，それがアタッチメント・システムの過剰な活性化とネガティブな感情の上昇につながるのであろう。これらの知見と一致して，Baldwin らは不安傾向の高い人は拒絶的な手がかりの活性化を抑制することが困難であることを示している（Baldwin & Kay, 2003; Baldwin & Meunier, 1999）。ある研究で，Baldwin と Kay（2003）は参加者に対人的拒絶（しかめ面）や対人的受容（笑顔）を表わす記号と音を対呈示した。その後の語彙判断課題で，安定型と，特に拒絶・回避型の人は（中性音と比べて）拒絶音や受容音がしていると拒絶ターゲット語に対する反応が遅くなった。対照的に恐れ・回避型ととらわれ型の人（不安の高い人）は先に受容と結びつけられた音がプライムされても拒絶語に対する反応が速かった。反応の遅さは拒絶思考の抑制を反映するが，これらの知見は安定型と拒絶・回避型の人は脅威刺激から注意をそむけることができるが，不安傾向の高い人はそのような手がかりに過度に敏感であり，受容されることへの潜在的脅威に対する閾値が低いことを示唆している。

別の研究は，アタッチメントに関連した目標は人が自身の注意を社会的課題と非社会的課題にどのように振り分けるかに影響を与えうることを示している（Mikulincer, 1997; Miller & Noirot, 1999）。例えば，Mikulincer（1997, Study 2）は参加者に新製品についてどのくらいの情報を聞きたいかを選択させた。参加者はこの課題に要した時間が第2の課題（社会的相互作用もしくは感性テスト）に残される時間に影響すると伝えられた。回避型の人は第2課題が社会的課題であった場合にはそれが非社会的課題であった場合よりも第1課題で多くの情報を求めた。一方，不安・アンビヴァレント型の人は逆のパターンを示した。これらのデータは不安定型の参加者は彼らの個人的目標を満たすように注意を分配していることを示唆している。社会的つながりと社会的承認に価値を置く不安・アンビヴァレント型は社会的課題と干渉する場合には対立課題への注意を制限する。対照的に，社会的距離に価値をおく回避型は非社会的課題に対する注意を上昇させ，したがって社会的課題に利用できる注意を減少させる。最後に，個人差とは独立に，成人は一般的に脅威手がかりに反応してアタッチメント対象に注意を向ける。一連の研究で，Mikulincer ら（2002）は脅威刺激をプライムされるとアタッチメント対象の心的表象は記憶内でよりアクセス可能になる（そしてこれは個人の長期的アタッチメント・スタイルにかかわらず当てはまる）ことを示している。

▶ 認知的開放性

効果的なパーソナリティ機能の特徴の1つは新奇情報に対して開放的な，柔軟な認知システムである。異なったアタッチメント作業モデルを持つ人は自己と他者についての心的表象を更新し，変化する環境に対処し，適応できるように新奇情報を統合しようとする意志と能力が異なっている（Kobak & Hazan, 1991）。認知的開放性とは，少なくともある程度は危険を冒して新奇刺激を探索しようとする傾向を反映し，安定型の人は危機回避的な不安定型の人よりも開放的で柔軟な認知システムを持っている。この考えと一致して，いくつかの研究で安定型の人は固くない認知スタイルを持ち，新奇情報を他者についての既存の期待に統合しようとする傾向があることが示されている（Green-Hennessy & Reis, 1998; Mikulincer, 1997; Mikulincer & Arad, 1999）。安定型の人はまた自分自身についての情報にも開放的でよりポジティブに応答的である（Brennan & Bosson, 1998）。例えば，安定型の人と比べて恐れ・回避型と拒絶・回避型の人はパートナーからの自分についての正直なフィードバックを望まない傾向があり，また，恐れ・回避型の人はうそであってもポジティブなフィードバックを好む。さらに，安定型の人と比べてとらわれ型と恐れ・回避型の人はパートナーのフィードバックに対して苦痛を感じ，拒絶・回避型の人はそれに無関心である。

▶ 記 憶

社会的認知の文献で最も頑健な知見の1つは，既存の知識構造が何を記憶に貯蔵し，何が後に想起され，再構造化されるかを決定するというものである（Srull & Wyer, 1986）。一般に，容易にアクセス可能なコンストラクトによって解釈されうる経験的側面は記憶に符号化されやすい。結果として，よく構築されたスキーマは「スキーマに関連し，しばしばスキーマと一致した」情報に合わせるように，記憶にバイアスをかける。さらに，一度情報が記憶内に貯蔵されると，その後の処理は不一致素材よりも一致素材に対して有利に働く。既存の表象は一度も起こっていないような経験の特徴を想起したり，再構造化したりすることを引き起こすかもしれない。この結果の1つの理由は，ある事象についてのエピソード記憶が時とともに薄れるにつれて，人は特定の経験ではなく一般的なスキーマに頼るようになるからである（Graesser & Nakamura, 1982）。

これらの過程についての証拠がアタッチメント領域でも得られつつある。スキーマ駆動記憶モデルと一致して，常にもしくは一時的に活性化されたアタッチメント・モデルが新奇情報についての記憶を形成し（Rowe & Carnelley, 2003），偽陽性記憶の侵入を導く（Mikulincer & Horesh, 1999）。スキーマ駆動記憶効果は時間を越えて出現す

るという証拠もある。FeeneyとCassidy（2003）は高校生の，両親との実験室内での相互作用についての認知を相互作用の直後と6週間後に査定した。時がたつと高校生は自身の作業モデルを確証する方向に特定の相互作用についての記憶を**再構成**していた。両親についてポジティブなモデルを持っている高校生は相互作用直後よりもよりポジティブな，もしくはあまりネガティブでない相互作用を行なったと想起した。これらの知見は特定の対人関係のやりとりに関する記憶がどのように関係固有の期待に沿うように変更されるかを示している（Collins & Feeney, 2004b も参照）。別の研究では，PietromonacoとFeldman Barrett（1997）は参加者に典型的な社会的または情動的経験（これらは長期的な意味記憶を反映している）の全体報告を求め，その後それぞれの社会的相互作用の直後にそこでの経験を記録する相互作用記録（これらは短期エピソード記憶を反映している）を1週間つけてもらうように依頼した。その結果，意味に基づいた報告とエピソードに基づいた報告は重要な分岐を示した。とらわれ型の人は全体報告では他の人よりも強い感情経験を報告したが，日常の相互作用直後にはあまり極度な情動反応を報告しなかった。同じように，拒絶・回避型の人は全体報告では比較的弱い感情経験を報告したが，日常の相互作用直後には少なくとも他の不安定型の人と同程度に強いネガティブな情動を報告していた。これらの知見は，確たる証拠はないが，対人関係の経験についての記憶は時がたつとよりアタッチメント・モデルと一貫したものになり，不安定型の人は，新奇情報を全体表象に同化するのに失敗しているであろうという間接的な証拠を提供している。この研究は，エピソード記憶が抽象化された意味記憶に一般化されていく過程や異なった記憶システムに作業モデルが与える影響について調査することの重要性をも指摘している（Klein et al., 1997）。

スキーマ駆動過程に加えて，動機づけられた記憶過程の証拠を提供する研究もある（Fraley et al., 2000; Miller, 2001; Miller & Noirot, 1999）。例えば，Fraleyら（2000）はアタッチメント経験についての記憶の違いを説明するために注意分離の役割を調査した。回避型の人は過去の情動経験の想起が困難であったことを思い出してほしい（Mikulincer & Orbach, 1995; Shaver et al., 2000）。Fraleyらは回避型の人が，①情動情報への注意と，したがってその符号化を制限する（「先行防御」と呼ばれる），もしくは，②符号化した情動情報の精緻化，リハーサル，処理を制限する（「後行防御」と呼ばれる）ために上記のようなことが生じると理由づけた。これらの代替仮説を検討するために，参加者は情動的に繊細なアタッチメント経験について女性が語るインタビューを聞くよう求められ，課題の直後と様々な間隔をあけた再生が測定された。回避型の人は課題直後には悪いことを再生したが，時とともにそれを忘却する程度は他

の人と変わらず，これは物語事象の初期の符号化は異なるが，その後情報を処理する程度には差がないことを示唆している。したがって，回避型は現在起こっている情動的事象にはあまり注意を払わないため（先行防御），利用可能な情報をあまり符号化できない。これらの知見と一致して，Miller（2001）は，回避型の人（特に拒絶・回避型の特徴に対応する人）は観察した会話について，特にそれが異性の友人を含むような場合に，全体的な想起が悪いことを示した。

▶ 社会的解釈

　社会心理学の膨大な研究は既存の概念や期待が他者認知や社会的経験の解釈に積極的な役割を果たしていることを示唆している。社会的情報は既存のスキーマやステレオタイプによって色づけされ，それが社会的推測過程を引き起こす。他の知識構造と同様に，アタッチメントの作業モデルも人が対人経験をどのように解釈し，関係をどのように理解するのかを方向づけるのに重要な役割を果たしているはずであろう。

　関係の機能に特に重要で作業モデルから強く影響されていると思われる1つの過程は，説明と帰属の構成である。この考えと一致して，いくつかの研究でアタッチメント・スタイルの異なる成人は関係事象を自分自身や他者についての期待と一貫するように説明する傾向があることが示されている（Collins, 1996; Collins et al., 2003; Gallo & Smith, 2001）。全体として，不安定型の人と比べて安定型の人はパートナーの背信行為に対して寛大な帰属をする傾向がある。例えば，Collins（1996）は，参加者にパートナーの潜在的にネガティブな一連の行動を説明するように求めた。その結果，安定型の人はパートナーの行動をパートナーの愛と応答性への信頼を反映するような形で説明を行なったが，不安・アンビヴァレント型の人は，低い自己価値と自己信頼，パートナーの愛や信頼への確信の欠如，パートナーがわざと近接を拒絶しているという信念を明らかにするような方法で説明を行なっていた。Collinsら（2003, Study 2）はアタッチメント・スタイルの異なる成人はパートナーのサポート的，ケア的行動の説明についても異なっていることを示した。全体として，不安定型の人はパートナーの善意を傷つけるような帰属をする傾向があった。これは特に回避型に当てはまり，彼／彼女らはパートナーのケア的行動を愛他的動機ではなく利己的動機に帰属する傾向にあった。

　これらの研究は，参加者に統制された社会的刺激セットを呈示することで，社会的解釈の過程は自己や他者についての既存の期待によって特徴づけられるという強い証拠を提供している。しかし，参加者は非常に少ない情報に基づいて仮想的事象を説明するように求められているため，これらの研究から得られた結果はより自然な状況に

第Ⅲ部 アタッチメントの個人内側面 ― 認知組織，構造，情報処理 ―

一般化できないかもしれない。この限界に取り組むために，私たちは恋愛関係のパートナー間での実際の社会的相互作用の認知のアタッチメント・スタイルによる違いを調べるためのいくつかの研究を行なった。1つめの研究では（Collins & Feeney, 2000），カップルの1人が個人的問題あるいはパートナーへの心配事を開示する場面をビデオで撮影した。アタッチメント・モデルは開示者の認知を予測し得なかったが，パートナーの認知については予測した。特にアタッチメントに関連した不安と回避が高いパートナーは，開示者の認知と外部観察者の評定を統制しても，相互作用をよりネガティブに認知していた。次に，バイアスのかかった解釈をより厳格に検証するために，私たちはパートナーの行動のサポートの程度を**実験的に操作**し，安定型と不安定型の受け手が**同じ**ソーシャル・サポートメッセージに対して異なった解釈をするのかを判定した（Collins & Feeney, 2004b, Study 1）。この研究のために，カップルの1人に録画用のスピーチを依頼するというストレス経験をつくり出した。カップルが5分間自発的に相互作用したあとで，パートナーに2つの**サポート的**もしくは2つの比較的**非サポート的**なメモを写させることでソーシャル・サポートを操作した。従属変数はスピーチを行なう者のこれらのメモに対する評定ならびに自発的相互作用におけるパートナーの行動に対する評定であった。結果は，アタッチメントの作業モデルは認知に影響するが，それは非サポート的メモに対する反応においてのみであるという明確な証拠を提供した。比較的非サポート的なメモを受け取ると，不安定型はそれらをよりサポート的でないと認知し，パートナーはわざと彼らを傷つけようとしていると推測する傾向があった。驚くべきことに，相互作用はサポートを操作する**前**に行なわれたもので，メモ条件（ランダムに割り当てられた）とは無関係であったにもかかわらず，彼／彼女らは先の相互作用をよりサポート的でないと評定していた。このように，不安定型の受け手は**回顧的汚染**を示したのである。彼らは介入ピリオドにおいて非サポート的メモを受け取ることでパートナーの先行行動を誤想起あるいは再解釈したのである。私たちは，同様のパラダイムであるが，パートナーは真実のメモを書くことが許されており，それは後に3人の独立した観察者によって評定されるという手法を用いて，概念的再構成においてバイアスのかかった解釈のさらなる証拠を見いだした（Collins & Feeney, 2004b, Study 2）。安定型と比べて不安定型のサポートの受け手は独立した観察者によって判断されたメモの客観的内容を統制しても，パートナーのメモをよりサポート的でないと評定し，よりネガティブな動機を推測した。さらに，この効果はメモが客観的にあまりサポート的でなく，よりあいまいになるにつれて顕著になっていた。まとめると，これらの研究では不安定型の作業モデルは社会的経験を悲観的に解釈しやすくするが，それは主にあいまいあるいは潜在的にネガティブな相

互作用においてであるという注目すべき証拠が提供された。おそらくこれは，それらの相互作用は解釈の自由度が大きいため，あるいは不安定型の潜在的疑いや恐れを活性化しやすいためであろう。また，これらのデータは人と状況の交互作用を研究することの重要さをも指摘している。

　先に示したスキーマ駆動過程に加えて，**動機づけられた解釈過程**を調査することも重要であろう。徐々に戦略的な社会的解釈がアタッチメント・スタイルによって異なるという証拠が蓄積されつつある。例えば，誤ったフィードバックを受けると，回避型の人は自己観を膨張させるが不安・アンビヴァレント型の人は自己のネガティブな側面を強調する傾向がある（Mikulincer, 1998a）。同様に，脅威状況において不安・アンビヴァレント型の人は自他の類似性の認知を上昇させるが回避型の人は自他の類似性認知を低下させる（Mikulincer et al., 1998）。Mikulincer は，これらの戦略的パターンというのは，回避型の人は自己の弱さを認識することを避け，他者から距離を置くことで脅威に対処し，不安・アンビヴァレント型の人は内在する苦痛源に過度に注意を払い，他者との近接とつながりを求めることで脅威に対処するという長期的な情動制御方略を反映しているということを示唆している。動機づけられた解釈過程についてのさらなる証拠は共感的正確さのアタッチメント・スタイルによる違いを調べることで，Simpson ら（1999）によって提供された。共感的正確さとは人がパートナーの思考や感情を正しく推測する程度を表わす。先行研究は共感的正確さが完全に良いものでも完全に悪いものでもないことを示している。それは，より深い理解と親密さの進展をもたらす時にはポジティブな結果を生むが，自分や関係性に脅威をもたらす時にはネガティブな結果にもつながる。Simpson らは，不安定型の人は安定型の人よりも関係性に脅威をもたらすかもしれない状況においてでさえも戦略的に正確さを低減することができないという仮説を立てた。この考えを検証するために，カップルはパートナーがいる前で異性ターゲットの魅力と性的魅力を評定するよう求められた。その結果，アタッチメントに関連した不安の高い人は高い共感的正確さを持っていることが示された。つまり，彼らは評定過程でのパートナーの思考や感情により正確であった。しかし，不安傾向の高い女性では，正確性の高さはパートナーとの近接感の減少と関連し，不安傾向の高い男性では正確性の高さは4か月後の関係崩壊の可能性の増大と関連していた。したがって，不安傾向の高い人はパートナーの真の思考や感情を読み取るのには成功しているが，強い洞察はネガティブな結果をもたらすのである。対照的に，不安傾向の低い人は関係に脅威をもたらすかもしれない状況において，あまり正確でなくなることで自分自身を守ることができると言えよう。

　最後に，動機づけられた対人認知にはアタッチメント・スタイルによる違いがあ

るといういくつかの証拠がある。例えば，回避傾向の高い人は他者のパーソナリティを推測する時にはより保守的（危機回避的）であるが，不安傾向の高い人は不安定な認知をし，ポジティブもしくはネガティブな推測の双方を早急に導き出そうとする（Zhang & Hazan, 2002）。特に，潜在的恋愛パートナーやクラスメートの印象を形成するよう求められると，回避傾向の高い人はその人がポジティブな特性を持っているか，あるいはネガティブな特性を持っていないかを確認するための証拠をより多く求める。言い換えると，回避傾向の高い人はその人が良い人であると結論づけるのにより多くの証拠を必要とする。対照的に，不安傾向の高い人はポジティブあるいはネガティブな特性を確認するためにあまり情報を必要としないが，その印象を変更する場合にも多くの情報を必要としない。別の研究では，Niedenthalら（2002）が安定型と不安定型の人はアタッチメントに関連した対人目標を反映しているであろう表情表出の認知が異なることを示した。例えば，ストレス状況下で不安定型（特に，恐れ・回避型）の人は安定型の人よりもネガティブな表情のオフセットを遅く見る傾向があった。この知見は，苦痛下で不安定型の人は潜在的な受容や拒絶の情動的手がかりに対して警戒していることを示唆している。

情動反応パターン

作業モデルの2つめの全体的機能は情動反応パターンを方向づけるというものである。情動反応パターンはアタッチメント理論の中心的関心事であり，アタッチメント・スタイルの個人差は情動制御と情動表出の多様性と関連する（例えば，Kobak & Sceery, 1988; Shaver et al., 1996）。アタッチメントの作業モデルは2つの全体的経路を通して情動反応パターンを方向づける。それらは一次評価と名づけられた直接経路と，二次評価と名づけられた間接経路である（Collins & Read, 1994）。

▶一次評価

一次評価過程はアタッチメントに関連した事象が生起した時に起こり，作業モデルは早急で，大部分は自動的な情動反応を引き起こす。ここで作用する2つの主要なメカニズムが提案されている。1つめに，アタッチメント表象は非常に情動的であり，この情動は作業モデルが記憶内で活性化された時にはいつでも自動的に生起するというもので，「スキーマ誘発情動」と呼ばれている（Andersen & Baum, 1994; Fiske & Pavelchak, 1986）。この考えと一致して，Mikulincerら（2001）は安全基地期待の（意識外での）活性化が（潜在的に測定された）ポジティブな情動を自動的に活性化する

ことを示している。同様に，RoweとCarnelley（2003）は，安定型の関係固有作業モデルで一時的にプライムされた人は不安あるいは回避作業モデルをプライムされた人よりもよりポジティブで，よりネガティブでない情動を報告することを示した。

　作業モデルと一次評価の関連についての2つめのメカニズムは目標を含むものである。一般に，人は目標が達成あるいは促進されればポジティブな情動を伴う反応をし，目標が阻止されればネガティブな情動を伴う反応をする（Berscheid, 1983）。アタッチメント・スタイルの異なる成人は異なった個人的，対人的目標を持っているため，同じ事象に対して異なった情動反応をする傾向がある（Collins & Read, 1994）。この考えと一致して，Collinsら（2003, Study 1）は青年に潜在的にネガティブなパートナーの一連の行動（例えば，「あなたのパートナーはパーティーであなたを独りぼっちにした」）を想像させた。その結果，安定型の人と不安定型の人ではこれらの事象に対する情動反応が異なり，この違いはそれぞれの事象で妨害された欲求の重要さによって媒介された。特に，不安の強い人はアタッチメント欲求をより重要であると評定し，パートナーがこれらの欲求を満たすのに失敗した時により強い情動的苦痛を経験していた。

　一次評価過程の結果はその後の情報処理に影響を与えるために特に重要である。情動は注意，記憶，社会的推論過程を含んだ情報処理のすべての側面に影響を与えることが示されてきた（Gilligan & Bower, 1984）。気分というのはそれに一致した材料を気づきやすくさせ，符号化させやすくする（Forgas et al., 1984）。気分はまた，ネガティブな覚醒が脅威の存在を推測させてしまうというように，その後の社会的推測過程における情報ともなる（Clore & Tamir, 2002）。最後に，高い覚醒水準は認知資源を制限することで情報処理全体に影響を与える（Kihlstrom, 1981; Kim & Baron, 1988; Sarason, 1975）。結果として，強い情動反応は個人により統制された，骨の折れる情報処理を犠牲にして，過剰学習されたスキーマに頼らせることになる。これらの過程はアタッチメントの領域では直接は調査されていないが，2つの研究がアタッチメントに関連した不安は情報処理に干渉していることを示唆している。MillerとNoirot（1999）は，参加者が拒絶的（あるいはサポート的）友人経験について記述するように求められると，恐れ・回避型の人はその後の認知課題の成績が落ちることを示した。2つめの研究で，Miller（1996）は拒絶プライムが不安傾向の高い成人の，効果的に社会的問題を解決するための能力に干渉することを示した。これらの研究は（恐れ・回避型と不安・アンビヴァレント型における）拒絶についての慢性的な懸念が社会的および非社会的領域でのその後の情報処理に干渉しうるという予備的証拠を提供するものである。

▶ 二次評価

　人の事象に対する最初の情動反応はその経験が後にどのように解釈されるかによって維持，増幅，あるいは変容される（Lazarus & Folkman, 1984, Weiner, 1986）。CollinsとRead（1994）は，人はアタッチメント経験に対してその結果を好むかどうかだけでなく，自分自身や関係にとって，象徴的なレベルでその結果が何を意味するのかに基づいて反応することを示唆している（Kelley, 1984）。そして，アタッチメント・スタイルの異なる成人は事象の解釈の仕方が異なる傾向があるため，彼らはその同じ事象に対して感じ方も異なる。この考えと一致して，Collinsら（Collins, 1996; Collins et al., 2003, Study 1）はアタッチメント・スタイルによる関係事象に対する情動反応の違いは部分的には帰属の違いによって媒介されることを示した。例えば，不安傾向の高い参加者はパートナーの背信行為を利己的動機と応答性の欠如に帰属する傾向があり，そのため怒りと情動的苦痛を経験しやすい。これらの知見は少なくとも部分的にはパートナーの行動をより脅威的に解釈する傾向があるために不安型の人は関係に苦痛を経験しやすいことを示唆している。

行動反応パターン

　作業モデルが情動反応に直接効果と間接効果を持ち得るのとちょうど同じように，行動に対してもそれは直接効果と間接効果を持つはずである。第一に，作業モデルは記憶内で活性化された時にはいつでも自動的に生起する計画傾向と行為傾向についての豊富な資源を含んでいる。これらの環境の中では，作業モデルはアタッチメントに関連した目標を達成するためにすでに準備された計画および行動方略を提供することで行動を方向づける。これらの行為傾向は特定の評価や環境の偶然性への反応に用いられる特定の行動方略を特定するための「if-then」規則（Baldwin et al., 1993; Mischel & Shoda, 1995）として蓄えられているようである（例えば，「**もし**ストレスがある**なら**，サポートを求めよ」「**もし**傷ついた**なら**，情緒的距離をとれ」）。その結果，一度社会的状況が評価されると，人の行動反応は過剰決定される。この反応は強いストレスと覚醒によって処理容量が制限された時には特に起こりやすい。これまでの証拠は，そのような状況下で人は容易にアクセスできる，過剰学習された方略や行動スクリプトに頼ることを示唆している（Clark & Isen, 1982; Ellis et al., 1984; Kihlstrom, 1981）。

　行動方略が特定の評価によって自動的に生起するという考えは，介入的な認知や感情媒介要因を仮定することなく，アタッチメント・モデルの単なる活性化が行動反応を引き出すのに十分である可能性を提起する。確かにいくつかの状況は非常になじみ

があり，いくつかの行動は過剰学習されているため，行動反応は環境の特定の特徴単独で引き起こされうる（Bargh et al., 1996; Bowlby, 1980）。これは高度に精緻化された，そこに強い関係スキーマを持っている長期的関係において特に起こりやすい。この考えはアタッチメント領域では検証されていないが，膨大な社会的認知研究は関係スキーマの活性化が対人関係の目標や目標志向的行動反応を自動的に引き出すという証拠を提供している。一連の研究で，Shah（2003）は関係固有スキーマ（重要な他者表象）の活性化がどのように人を自動的にある目標に向かわせ，別の目標から離れさせるのかを調べた。閾下で重要な他者の名前（例えば，母親，父親，親友）をプライムされると，参加者はその重要な他者と結びついた目標にコミットし，目標関連課題に長く取り組み，またその課題をよりよく遂行し，対立目標を抑制することができた。同様に，FitzsimonsとBargh（2003）は重要な他者表象の活性化は目標志向行動を自動的に活性化することを示した。例えば，参加者は親友（向社会的目標と結びついていることが示されている）を想起したあとでは同僚を想起した時よりも見知らぬ人を助けようとした。これらの研究は関係固有スキーマの活性化が自動的に目標と行為傾向を生起させ，これらの過程は意識外で生じているという強い証拠となっている。アタッチメントの作業モデルは，作業モデルが記憶内で活性化された時に，いくつかの条件下においては自動的に起こる目標志向行動と同じように作用すると仮定するのが合理的であると思われる。これは将来の研究の重要な課題である。

　これらの直接的効果に加えて，作業モデルは認知感情反応を方向づけることによって行動に間接的効果をも持つ。この考えと一致して，Collinsら（Collins, 1996; Collins et al., 2003）は安定型と不安定型は彼らが関係事象に対して思考，感情が異なる傾向があることから，関係において異なった行動を取ることを示した。3つの研究で，アタッチメント・スタイルとパートナーの背信行為に対する行動反応との関係は帰属と情動によって媒介されていた。例えば，不安傾向の高い人はパートナーの行動に対してより関係脅威的な帰属をし，背信行為に対して強い情動的苦痛を持って応答していた。これらの帰属と情動反応はより敵意的で罰的行動を行なう傾向を強く予測した。

作業モデルの機能についての最近のテーマ

　既存の文献は，アタッチメント作業モデルがアタッチメントに関連した文脈において認知・感情・行動反応パターンを方向づけるのに重要な役割を果たしているという最初の証拠を提供している。それにもかかわらず，前述のレビューが示すように，成人期のアタッチメント・システムがどのように表現されるのかなどといった作

業モデルの基本的役割について検証されていない仮定がたくさんあり，特定のメカニズムについての私たちの知識には大きな隔たりがある。私たちは，これらの欠けている部分に何度も言及する必要はないであろう。その代わりに，この分野の特に注目に値するいくつかの傾向に焦点を当てることで結論を下そうと思う。第一に，アタッチメント研究者たちは認知過程と動機づけ過程の連合した役割を調査し始めており（例えば，Collins et al., 2003; Fraley et al., 2000），これはアタッチメント・システムの中核に位置するべきである。第二に，現在のパーソナリティモデル（例えば，Mischel & Shoda, 1995）と一致して，安定した個人と状況の交互作用という観点から個人差を研究することの必要性についての認識が高まっている（例えば，Collins & Feeney, 2004b; Mikulincer et al., 1998）。第三に，実験室内でのアタッチメント表象を操作するプライミング技法や他の方法の使用は，重要な個人的，対人的な結果を方向づける，作業モデルの因果的役割を検証する重要な機会を提供しているということである（例えば，Rowe & Carnelly, 2003）。最後に，アタッチメント・スタイルの個人差だけでなく，標準的過程への注目が増しているのも事実である（例えば，Mikulincer et al., 2001, 2002）。

結 論

　本章を通して焦点を当ててきたように，人は自分の人生をどのように構成するかを決定し，また，個人的，対人的な経験の意味を見いだす豊富な表象ネットワークを持って対人関係に入っていく。アタッチメント理論は成人期の親密な関係がそのような関係に先立つ社会的，情動的経験の長い個人史によってどのように形成されるかを理解するための理想的な枠組みを提供する。アタッチメント研究者は作業モデルの内容や機能を明らかにするのに多大な努力を積み重ねてきたが，人生を通じてそれがどのように個人的，対人的な経験を方向づけるのか，その正確なメカニズムの多くは明らかにされないままである。本章での私たちの目標は，アタッチメント研究者に作業モデルについてより正確かつ系統的に考えることを奨励し，この分野での新しいテーマと潮流に焦点を当て，この問題についての思索に富む研究と継続した理論的精緻化を刺激することで先のような取り組みに貢献することであった。

<謝辞>

　本章の執筆には Nancy Collins に対する全米科学財団助成金（No. SBR-0096506）の助成，Brooke Feeney に対する全米精神保健協会助成金（No. MH-066119）の助成，Maire Ford に対する全米科学財団博士課程研究員の助成を受けた。

第Ⅲ部 アタッチメントの個人内側面 ― 認知組織，構造，情報処理 ―

8章

Lisa M. Diamond & Angela M. Hicks

アタッチメントにおける精神生物学的観点
―生涯にわたる健康への示唆―

　過去 30 年間の健康心理学から得られた最も堅牢な発見の1つに，長期的な関わりのある恋愛関係にある人は，独り身でいる人に比べ，より長く，健康で，幸せな人生を有するという知見がある（Kitagawa & Hauser, 1973; Ryff et al., 2001; Stack & Eshleman, 1998）。この効果は，社会的関係全体に及びうるというわけではなく，個人の持つ**最も親密な関係性**というものが，いわゆるソーシャル・サポートをはるかに超え，健康やウェルビーイング（well-being）を促進するということである。（Ryff et al., 2001）。むしろ，重要な変数は，長期的で，感情的に親密な情緒的絆である（Ross, 1995）。

　アタッチメント理論によると，このような絆から得られる安心感は，個人の内的，あるいは外的な刺激に対するポジティブ・ネガティブな情動反応に重大な役割を果たすという（Porges et al., 1994）。これらの情動的経験は，健康や疾患の基礎をなす多様な生理的プロセスに直に関わっているため（Kiecolt Glaser et al., 2002; Repetti et al., 2002; Ryff et al., 2001），アタッチメントの関係性は人生のすべての段階において，心理的というだけでなく，身体的機能へも重大な影響を及ぼすことを示唆している。本章では，生涯にわたる健康やウェルビーイングへ直接的に示唆を有するような，特定の生物学的なシステムやプロセスにアタッチメント現象を関連づけた研究をレビューする。

Bowlbyとアタッチメントの精神生物学

　Bowlbyはアタッチメントを，特にその情動統制機能に関しては，基本的に精神生物学的システムであると概念化した。とりわけ彼は，重大な，あるいは微細なストレッサーに対する個人の反応の助けとなる2つの異なるホメオスタシスの「輪」と仮定した（Bowlby, 1973）。内的な輪（inner ring）は，環境の要求に対して現行する生理的適応を統制するという，生命を維持している生物学的システムから成る。外的な輪（outer ring）は，コーピングや適応のための（特に個人間の）行動方略から成る。Bowlbyの観点からすると，これら2つの度合いが統合された機能が，最適な自己統制には重要である。

　この見解は，生涯にわたる情動機能を社会的関係が形成するメカニズムを理解するためには，心理－行動面だけでなく，生物学的な情動統制過程を探索しなければならないと主張する，乳児，幼児，成人の幅広い研究と一致する。(Repetti et al., 2002; Ryff et al., 2001; Taylor et al., 2002)。このような研究は異なる原則の領域にわたり生じ，多様な方法や目的が用いられてきたが，知見は一致している。すなわち，アタッチメントに関するプロセス，特に，養育，世話，そして情動的に原初的関係からのサポートは，生涯にわたり，精神的，身体的機能へ根源的に影響を与える。概観すると，研究の要旨は，アタッチメントは身体的健康へ影響を与えるという，2つの独立した（しかし相互に関連した）経路を示していると考えられる。

1. 幼児期には，初期の養育経験がアタッチメント対象に関する長期的な予測や方向づけを形成し，また，ストレスに対する脳の感覚を「調律」する。不安定なアタッチメントの人には，無益な身体的・情動的統制をしやすくさせ（例えば，環境の要求に対する注意や代謝の資源の無駄な動きや駆け引き），それゆえ長期的な健康を損ないやすくさせる。
2. 児童期から成人期にかけては，アタッチメントに関する期待や経験が，環境での出来事に対する認知・情緒・行動的反応を形成し，彼ら自身の意識，および身近な社会的関係から心地よさやサポートを得る能力を形成する。その結果，不安定なアタッチメントの人は，より持続的で強いネガティブな情動を経験し，ポジティブな情動を経験しづらくなる。こうしたことが，結果的に，多様な生物行動的な経路を経て長期的な健康へ影響をもたらす。

私たちは，これら2つの経路を統合した機能が，（いまだ理論化されてはいないのだが）アタッチメントの不安定さと，病気の兆候や体調不良の増加のような健康に関わる結果の実証的知見の要旨を説明しうるのだろうと考えている（Feeney, 2000 参照）。これまで述べてきた双方の経路は情動に関わるプロセスにより媒介されていると仮定されるため，この観点の基盤の要点を述べることから始めよう。

アタッチメントと健康を結びつける情動

MikulincerとFlorian（1998）が言うように，アタッチメント理論は歴史上，個人間機能の理論であると考えられてきたが，その提唱者であるBowlby（1973）自身は，アタッチメント機能の役割とは，危険や脅威に対する反応**全体**を統制するものであると，かなり強調していた。これは，アタッチメント研究者たちが，アタッチメントにおける苦痛緩和や情動統制の機能に多大な焦点を当ててきたことに反映されている（Feeney, 1995; Mikulincer & Florian, 1998; Mikulincer & Sheffi, 2000; Rholes et al., 1999）。特に，サポーティブで安定したアタッチメント対象と絶えず接することにより，人は日常的な基盤となるポジティブな情緒を保ち，ネガティブな情緒を減ずると理論化される（Diamond, 2001 参照）。

幼児期（Ainsworth et al., 1978）および成人期のアタッチメント・スタイル（Hazan & Shaver, 1987）双方の個人差は，情動統制のための能力や方略の相違の指針として理論化されてきている（Mikulincer et al., 2003 参照）。要するに，養育者からの十分な「外的」な情動の統制を受けなかった幼児は，「内的」な自己統制能力に発達的な欠陥を保持していると考えられ（Glaser, 2000 参照），結果的に，二次的な（そして最良ではない）情動統制方略に依存することとなる。特に，アタッチメントの**不安**が高い人は，ネガティブな情緒的経験を最大限に評価し，恐れの手がかりとなるものに過敏になる傾向があり，一方，アタッチメントの**回避**が高い人は，ネガティブな情緒的経験を最小限に評価し，恐れの手がかりとなるものから絶対的に離れようとする傾向がある（Mikulincer et al., 2003）。これら不安定なアタッチメントのタイプはまた，アタッチメント対象との接触による情動統制の利益を得る能力がない，あるいは，得ようとしないとも考えられている（Feeney, 1999）。

これらの方略の詳細な特徴は後述することとし，ここでは単に，適応的な情動機能こそが，人の健康と発達モデルというアタッチメント理論の中核にあることに焦点を

置くこととする。この点に関して，30年以上にもわたり広がってきた研究はBowlbyの見解を支持してきた。これまで研究者は，社会的，環境的要因がどのように，また，なぜ，短期的および長期的な健康に影響を与えるのかに関する調査を積み重ねており，特に神経内分泌系，自律神経系，免疫機能などの多様な生理学的過程に対し，ポジティブな情動の有益な効果，およびネガティブな情動の劣悪な効果を強調するに至っている。これらに関する詳細な文献は既に手に入れることができるため (Kiecolt Glaser et al., 2002; Repetti et al., 2002; Ryff & Singer, 2001; Taylor et al., 2002, 1997)，ここではくり返さず，アタッチメント関係の特異的な役割と，健康と情動の関連に関するダイナミクスに焦点を当てることとする。

ごく単純に言えば，すべての情動経験は同様に形成されるわけではない。個人に**きわめて親しい，あるいは重要な**関係（児童期における養育者との関係および成人期における恋愛関係）における情動の脈絡は，精神的・身体的ウェルビーイングに甚大な影響を与えるという事実が，多様な研究報告により証明されている (Reis, 2001; Repetti et al., 2002; Ryff et al., 2001)。すなわちこれは，アタッチメント関係が，強烈なポジティブおよびネガティブな情動を突然引き起こしうるからだけでなく，（理想的には）うまく機能化されたアタッチメントから得られる安心感が，生涯にわたるポジティブおよびネガティブな情動の経験，解釈，表出，調整のためのメタ情動的枠組みを付与するからである。これまでの研究における関係性，情動，健康などの関連性は，必ずしもアタッチメントの枠組みに基盤があるわけではないものの，そのような枠組みを用いることで，これらの領域の「ゆりかごから墓場まで」の関連のすべてのパターンを最も強く，包括的に統合しうると考えられる。

先に進む前に，私たちが再考した多くの研究はポジティブというよりネガティブな，特に心理的苦痛に焦点を当てていることを明示することは重要である。最もこれには，長期的なストレス，不安，抑うつの経験を有すると，劣悪な身体的及び精神的健康を生み出すということが考えられる (Kiecolt Glaser et al., 2002; Repetti et al., 2002)。しかし近年の研究においては，身体的および精神的機能に対する**ポジティブな**情動の重要かつ独立した効用への焦点が増大してきている (Taylor et al., 2002)。例えば，ポジティブな情動は人の思考-行動のレパートリーを拡大し，部分的には創造的で柔軟な認識や適応的な問題解決を促進することを通じ (Isen, 2003参照)，体内および個人間の資源を築き上げると理論化されてきた (Fredrickson, 2001)。これら概念化されたものはいまだ情動統制に関するアタッチメント理論の観点へ体系的に統合されてはいないが (Mikulincer et al., 2003のような例外は除く)，明らかに，これは今後の研究において優先されるべきものである。

経路1：初期のアタッチメントの関係性がストレス統制システムを「調律」する

生涯にわたってBowlbyが抱いていた，幼児－養育者間の結びつきの性質に関する問いは，発達の初期におけるこのような結びつきの**剝奪**こそが，心理社会的な欠損をもたらすのではないかという自身の観察により促進された。これらの欠損は，標準的な発達初期の母性的養育において，「調律」されているようにみえる多様な神経生物的変化に結びつけられ，人間と動物双方の研究における多量な知見を生み出してきた（Glaser, 2000; Repetti et al., 2002; Schore, 1996; Taylor et al., 2002）。概して，初期の幼児－養育者の相互作用は，情動統制の基盤をなす前頭葉眼窩皮質（orbitofrontal cortex）において，効果的で信頼に足るストレス統制の活動性や非活動性を規定するとされる。以上のように，初期に発達するストレス統制システムを理解することは，**成人**のアタッチメントの経験や歴史が，どのように，また，なぜ，長期的な健康状態を形成するのかを明らかにする助けとなる。ここでは，初期のアタッチメント経験の効果に関する多大な論拠のあるこれらのストレス統制システムに焦点を当てることとする。

副腎皮質刺激ホルモン放出因子（CRF）

視床下部からの副腎皮質刺激ホルモン放出因子（Corticotropin-Releasing Facter: CRF）の合成や放出は，ストレス時の行動，情動，自律神経系，内分泌系の反応を媒介するものとして重要な役割を持つため，CRF中枢は，ストレス反応の発達や表出の個人差を規定するものとして研究が広がってきた（Francis et al., 1999; Meaney, 2001）。要するに，環境からの要求は，新皮質や大脳辺縁系による中枢神経系で処理される。続いて，視床下部が下垂体前葉にバソプレシンやCRFを放出し，副腎皮質刺激ホルモン（ACTH）の合成や放出を刺激する。これによって，カテコールアミン（エピネフリン，ノルエピネフリン）が即時に放出され，次いで，（コルチゾールに代表される）副腎糖質コルチコイドが放出される。カテコールアミンと糖質コルチコイドは共同して，血糖値を上昇させ，環境に対する免疫反応のタイプや規模，持続期間の特定に影響する。

重要なことは，糖質コルチコイドの増加の程度はCRFの結合や放出の抑制にフィードバックされ，適切な神経内分泌系が上昇するまで，ストレスに関する視床下部－下垂体－副腎皮質系（hypothalamic-pituitary-adrenocortical: HPA）の活動を減じさせ

るということである。しかしながら，動物の研究においては，初期のCRF遺伝子の表出や開放と同様に，これらのフィードバックメカニズムのうちのかなりのものは，初期の社会的経験により形成されるという。特に，（人為的に）身体接触をさせた子ネズミは，ストレスによってもたらされるCRFの活動を減じ，糖質コルチコイドのフィードバックを**増加**させることと関連があるのだが，それは，身体接触を持った子ネズミが，ストレス反応時のHPAの活動の減少，反応行動の減少，恐れの減少を示した原因と考えられるだろう（Meaney, 2001 参照）。それとは対照的に，母性的剥奪をくり返された子ネズミは全く逆の反応を示し，成人期においてもそのパターンは持続された（Plotsky & Meaney, 1993）。

もっとも，ネズミに母性剥奪することや人為的に操作することは通常の養育状況とは異なるものであるが，後続の研究では，**通常の**ネズミの養育行動においてもCRFやHPAの機能へ影響をもたらしうることが示されている。親ネズミからのリッキング（なめ），グルーミング（毛づくろい），世話の頻度の低い子ネズミは，CRF, HPAの活動が高まり，ストレス反応における行動の活性化が見られたが，親ネズミからのリッキング，グルーミング，世話の頻度の高い子ネズミは逆のパターンを示したのである（Francis et al., 1999）。ここで興味深いのは，これらの効果のうちのいくつかは，オピオイドメカニズムによって媒介されるというのである。内生的なオピオイドペプチドとは，社会的接触（特に身体的接触）によって開放され，社会的な孤立は逆に，脳のオピオイドレベルを減じさせることが，動物の研究によってわかってきた（Nelson & Panksepp, 1998 参照）。脳のオピオイドはCRFの活動を減じさせるだろうという研究も見られ（McCubbin, 1993），HPAや交感神経系（SNS）の活動の減退も加えると，初期の幼児－養育者の相互作用によって，CRFシステムや，それと相互に関連するストレス統制のプロセスを形成する特異なメカニズムがあるだろうと考えられる。

視床下部－下垂体－副腎皮質系（HPA軸）

これまでの動物と人の多大な研究により，ストレスに対するHPAの反応には個人差があることがわかり（Kirschbaum et al., 1995; Nachmias et al., 1996; Suomi, 1991），これらの個人差は情動統制に関する行動や自己報告による測定と一致しているという。例えば，HPAの反応が過剰な人（コルチゾールが高く長引く人）は，コーピング能力を欠き，ネガティブな情動経験が過剰であり（Scarpa & Raine, 1997; Stansbury & Gunnar, 1994），また，ストレス統制へのHPAの反応にくり返し失敗する人は，自

尊心が低く，内向性が高く，神経症気質が高く，多様な身体的症状を有するという（Kirschbaum et al., 1995）。

以上のような個人差は，生涯にわたる身体的，精神的健康へ直接関わるものである。Sapolsky（1996）によれば，HPAの過剰な反応に関連するコルチゾール分泌過多は，海馬の神経衰弱に関連があるという。海馬機能のHPAの過剰反応によるネガティブな影響は，12か月児の調査により，記憶，注意，認知に関連があることが示されている（Gunnar, 1998参照）。HPAの過剰反応は免疫機能の衰退（Coe et al., 1988; Webster et al., 1997），記憶や注意プロセス（Lupien et al., 1994），心臓血管の症状，過敏，癌を含む多様な生理学的疾患プロセスとその結果にも関連があるとされる（Brindley & Rolland, 1989; Henry, 1983; Krantz & Manuck, 1984; McEwen & Stellar, 1993; Truhan & Ahmed, 1989）。

HPA活動の個人差は部分的には遺伝性のものであるとされるものの（Kirschbaum et al., 1992; Wuest et al., 2000），発達初期のストレスや養育経験からも影響を受けるとされる（Gunnar & Donzella, 2002; Liu et al., 1997）。例えば，アカゲザルの母子分離は，受身的で内向的な行動傾向を伴ったHPAの過剰な反応をもたらす（Suomi, 1991）。幼児期や成人期における人のHPAの活動は，多様な家族機能の要因により異なるといわれているが，最も重要なものは母性的養育の質であると考えられる（Flinn & England, 1995）。以上のような影響は長きにわたり続いていく。つまり，1人でも親を喪失した子どもは成人と同様に，過剰なHPAのストレス反応を示すのである（Luecken, 1998）。

同じように，ストレス時における**高水準の**スキンシップと子ども‐養育者間の温もりは，通常のHPAの活動性と関連を持つ（Chorpita & Barlow, 1998; Hertsgaad et al., 1995）。特に，安定型（ストレンジ・シチュエーション法による）のアタッチメントは，環境の変化へのHPAの反応の減少が見られている（Gunnar et al., 1996; Nachmias et al., 1996）。以上のことから，HPA軸の研究は，発達初期の子ども‐養育者間のアタッチメントの健康への影響に関する頑強な証拠を提示していると言えるのである。

自律神経系の機能

前述したように，ストレスに対する様々な神経内分泌の流動は，ストレス反応における古典的反応指標として用いられてきた，心拍数，血圧，発汗の増加等を生成する自律神経系における，交感神経系および副交感神経系の活動も生起させる。重要なことは，副交感神経系（PNS）と交感神経系（SNS）は，自律的機能において相反する

効果を有し，心拍数の増加のようなストレス反応はSNSの活性化，PNSの鎮静化，あるいは双方の組み合わせによってもたらされる。心臓血管機能におけるSNSとPNSに特異的な統制のバランスは，個人差があるだけでなく（Cacioppo et al., 1994），状況によっても変わる（Berntson et al., 1996）。

以上のようなパターンは，健康と重要な関連を有している。PNS以上にSNSによって引き起こされることの多い心臓血管のストレス反応は，過剰なHPAのストレス反応（Cacioppo et al., 1995），高血圧（Grossman et al., 1992），長きにわたる心臓血管の健康のリスク（Kristal-Boneh et al., 1998），免疫機能の衰退（Irwin et al., 1992）と関連があるとされる。PNSによって引き起こされたストレス反応は，SNSによって引き起こされた反応に比べ，より迅速で柔軟で撤退されやすい（Saul, 1990）。それゆえ，頑強なPNS機能は，一般的に「迷走神経」（vagal tone）として測定され記述されるのだが，情動統制の発達におけるきわめて重要な基質と考えられてきた（Porges et al., 1994）。

このような見解は研究により支持され，迷走神経の高い幼児は，刺激への注意の保持や精神錯乱を避けうるが（Porges, 1992; Richards & Casey, 1992），迷走神経の低い幼児は情動統制が乏しくなり（Fox, 1989; Porges, 1991），行動抑制も高まる（Snidman, 1989）。4～5歳児における迷走神経は3年後の情動統制能力を予測し（Gottman et al., 1996），8～12歳になると，夫婦間の葛藤にさらされることによる身体的健康へのネガティブな影響を緩衝するという（El Sheikh et al., 2001）。成人においては，心拍数の変化に介在された迷走神経の高さは，ストレスへの情動的および行動的反応がより効果的に結びつき（Fabes & Eisenberg, 1997），一方，その低さは抑うつ傾向，怒り，ストレス，不安，パニック不安と関連があるとされている（Brosschot & Thayer, 1998; Friedman & Thayer, 1998; Horsten et al., 1999）。

以上のような個人差の起源や時間的な安定性については明らかにされてはいないものの，ストレスを緩和させるように機能する発達初期の子ども－養育者間の相互作用は，オキシトシンの分泌，アタッチメント・プロセスおよびストレスに対するHPAと自律神経系（ANS）の活動の減少に重要な神経ペプチドホルモンに影響を与え，自律的な機能を形成すると考えられている（Carter, 1998; Knox & Uvnas-Moberg, 1998; Taylor et al., 2002参照）。つまり，不安定型の子どもはオキシトシンに媒介された苦痛緩和の経験が少なく，PNSによって引き起こされるストレスへの反応が発達しにくいと考えられる。この可能性に関しては，子どもと大人双方の研究が支持するものであり（Diamond & Hicks, 2004; Fox & Card, 1999），これは次代の発達研究において重要になることは明らかであろう。

要約と経路1に対する注意事項

　これまで述べてきたことは発達初期の社会的経験を包括しうるものではなく，また，その社会的経験が，ドーパミン（Depue & Collins, 1999），オキシトシンおよびバソプレシン（Uvnäs-Moberg, 1998; Young, 2002），セロトニン（Glaser, 2000; Repetti et al., 2002参照），カテコールアミン（Taylor et al., 2002）に長期的な影響を与えていくということは，紙面の都合上割愛せざるを得なかった。さらに，発達初期の養育経験すべてがアタッチメント効果とされるものでもなく，このような影響が，**特**にアタッチメントに関連したダイナミクス（例えば，情動的安定性をめぐる問題）に起因する程度は，今後の研究を待たなければならない。

　同様に，不安定なアタッチメントを有する子どもや成人のすべてが，生物学的調整能力の欠如を有しているわけではない。むしろ，不安定なアタッチメントと生物行動的統制能力の欠如の対応は，子どもの有する原初的な遺伝的精神生物学的特性に付け加えられる形で，子ども－養育者間の関係性の欠如の**程度**および**タイミング**によるものである。それゆえ，例えば，もともとHPAの反応が過剰な子どもが，反応が鈍く一貫しない養育を受けると，不安定なアタッチメントと生物行動的統制能力の欠如双方を最も顕在化しやすくなる。

　当然，長きにわたりある問いが浮かび上がってきた。すなわち，児童期および成人期の経験による統制パターンは，修正（あるいは悪化）しうるのかということである。アタッチメント・スタイルの領域から言えば，答えは「イエス」である。児童期から青年期および成人期に至るまでの長期的なデータから，ライフイベントはアタッチメント・スタイルの発達を促進させるということがわかったのである（Lewis et al., 2000; Weinfield et al., 2000）。そしてこれらの研究者は，生涯にわたるアタッチメント・スタイルと健康との関連モデルを明確にするためにも，子ども－養育者の相互作用の「遺産」と後の他者との経験の関連を説明しなければならない。生物行動的統制パターンの領域においては，生後12～15か月時におけるHPA（Lewis & Ramsay, 1995）およびPNS機能（Bornstein & Suess, 2000; Stifter & Jain, 1996）の個人差の安定性は見いだされてはいるものの，その後の長期的な安定性についてはほとんどわかっていない。今後は特に，ポジティブおよびネガティブな経験は，生物行動的ストレス統制システムおよびアタッチメント表象双方に同時並行的に影響を与えるという可能性を探求していかなければならないだろう。

経路2：アタッチメントと長期的な情動経験の生理機能に及ぼす影響

アタッチメントの不安定さの行動的，認知的，情緒的な表出，また，社会的機能および精神的健康への影響といった研究は増えてきた（Cooper et al., 1998; Mickelson et al., 1997）。しかし同時に，生涯にわたってこれらの表出は，経路1で言及してきたような多様な生理的機能を通して，身体的健康を悪化させるとも考えられる。ここでは，まず，①アタッチメントに関連する期待や経験は，個人の長期的な情動経験をある特定の認知プロセスにどのように仕向けているのか，②これらの情動経験は，健康へ直接的に関わる多様な内分泌系，自律神経系，免疫系のプロセスにどのような影響をもたらすのか，に関し詳細に述べることにより，先述した生涯にわたる健康への影響の概要を述べることとする。

しかしながら，まず第一に，アタッチメントの**歴史**と**現在**の経験のどちらが相対的に重要であるかということは，議論に値する問題である。興味深いことに，成人アタッチメントの研究は前者を，つまり現在の経験に比べアタッチメントの歴史を重視してきており，一方のソーシャル・サポートや健康に関わる研究は，アタッチメントの歴史に比べ現在の経験を重視してきた。もちろんこれら2つは基本的に関連を持ち（Feeney & Noller, 1990），だからこそ研究者たちは同一の測定を求めてきているのである（La Guardia et al., 2000）。したがって，ここで議論される「安定」対「不安定」という特徴は，個人に特有のアタッチメントの歴史，一般的なアタッチメント関連の期待，そして，現在の欲求充足経験が**積み重なった**ものとみなすのがよいであろう。

アタッチメント，評価，情動

アタッチメント理論では，養育者とのくり返しの情緒的関わりを通し，人は自分自身や他者について，安定した予測を発達させ，蓄積された情緒に関する情報，特に他者との関係に関する経験についての情報を記号化し，蓄え，修正し，操作するという（Mikulincer et al., 2003 参照）。例えば，（自己報告形式の測定による）安定型のアタッチメント・スタイルを持つ成人は，他者の表情をよりポジティブで温和なものと解釈し（Magai et al., 2000），仮想場面および現実場面の他者との関係において，ポジティブな解釈が多く，ネガティブな解釈が少ないとされ（Collins, 1996; Mikulincer & Florian, 1998; Simpson et al., 1999），他者の動機づけを敵対的なものではないとしやすく（Mikulincer, 1998），他者からのサポート行動をポジティブなものであると解釈

しやすいという (Lakey et al., 1996)。また，自身のコーピング資源をポジティブに評価しやすいともいわれる (Berant et al., 2001)。

以上のような認知的評価のパターンは，個人の日々の情動行動や反応のパターンを形成する。例えば，安定的なアタッチメントの人は不安定なアタッチメントの人に比べ，日々の出来事に対する反応 (Pietromonaco & Feldman Barrett, 1997; Tidwell et al., 1996)，および自然場面や実験室でのストレス喚起場面双方に対し (Magai & Cohen, 1998; Mikulincer, 1998; Rholes et al., 1999)，ポジティブな情動を頻繁に，より強く報告し，ネガティブな情動はあまり報告しないといわれる (Feeney, 1995, 1999; Simpson, 1990)。

このような情動経験のパターンは社会的能力，適応，成人の情緒障害に影響を与えるだけでなく (Cooper et al., 1998; Mickelson et al., 1997; Repetti et al., 2002)，社会的，環境的経験を「体内に取り込み (get under our skin)」(Seeman, 2001)，身体機能を形づくるような入り口を与える。Seeman (2001) によると，環境からの要求，およびそれに見合った個人的資源（社会的であってもなくても）は，新皮質，偏桃体，海馬を通し，神経内分泌系の活動を促進させるという (LeDoux, 1995)。そのため，環境を常にネガティブで恐怖に関連したものと解釈するような情報処理バイアスは，生理学的統制システムを過剰に刺激し続けるだろう。ここでは，長引くネガティブな情動の持つ悪影響に関し多くの論拠を挙げ，そのシステムについて論じよう。

情動と視床下部－下垂体－副腎皮質系の反応

これまで見てきたように，遺伝的影響と初期の環境的影響の両方を反映した HPA の反応には，個人差が存在する。しかし，ある特定のストレッサーに対する HPA の反応は，さまざまな状況要因（とりわけネガティブな情動の経験を中心にして展開されるもの）や当該のストレッサーが挑戦ではなく脅威として評価される程度によっても影響を受ける (Blascovich & Tomaka, 1996)。すなわち，アタッチメントの経験や期待は，そうした情動や評価を仲介して，HPA の過剰反応による累積した有害な生理的効果に人をさらさせるのである。

この観点は，成人の HPA の活動が，いわゆるソーシャル・サポートと関連がなく (Seeman et al., 1994; Turner Cobb et al., 2000)，長期的なネガティブな情緒経験と関連がある (Scarpa & Raine, 1997 参照) という研究結果により支持されている。また，多くの人の HPA の反応はストレス管理のくり返しによって馴化を示すものだが，自身のコーピング資源が不適切だと感じている人 (Kirschbaum & Hellhammer,

1994), あるいは, あるストレッサーを脅威であるとくり返し感じる人は (Stansbury & Gunnar, 1994), 馴化反応を示すことがなく, ストレス統制システムに対して累積される損害を増大させるだろう。

同様に, ソーシャル・サポートの認識や経験を扱った研究においても, HPA機能の重要な影響を発見している。陽性HIVと陰性HIVの男性の研究においては, ソーシャル・サポート・グループに参加した人がそうでない人と比べ, 血漿コルチゾールレベルが有意に高まったということが発見されている (Goodkin et al., 1998)。他の陽性HIV男性の研究によると, 10週間の期間を経て, ランダムに選ばれ, ストレス管理プログラムに参加した人は, HPAの反応とネガティブな気分を減じたという (Cruess et al., 2000)。このような知見のベースに, 安定したサポーティブなアタッチメント関係は, ポジティブな情動を活性化し, ストレッサーのネガティブな評価を緩和させることにより, 長期的なHPAの反応およびそれに付随する健康のリスクを減じるのだと推測しうるだろう。

情動と自律神経系の反応

そして, これまでの研究により, ポジティブ／ネガティブな情動と自律神経系の反応の間には関連があることも示されてきた。例えば, ポジティブな情動とネガティブな情動の導入実験において, ネガティブな情動状態は心臓血管の活動性を高まりと関連があり (Gendolla & Kruesken, 2001), 一方のポジティブな情動は, 心臓血管の回復の促進と関連があるとされる (Fredrickson et al., 2000)。また, 自律的ストレス反応がどの程度交感神経系 (SNS) と副交感神経系 (PNS) によって引き起こされるのかに焦点を当てた研究もある。怒りや敵対, 不安のようなネガティブな情動は, 心拍数において, 副交感神経系による働きが少なく, 交感神経系の働きがより多いとされ (Sloan et al., 1994), 交感神経系による反応パターンを示した人は, 緊張感や情動反応が長引き, 自身の感覚をコントロールするのが難しかったと答えたという。くり返しになるが, このような情動や自律機能による長期的なネガティブな健康への影響は, 生涯を通したストレス反応の社会的緩衝効果という重要事項を考えると, その人がどれだけ社会的に孤独かどうかによって加減があるといわれる (Orth-Gomer & Unden, 1990)。この点をさらに進めて考えた例として, Horstenら (1999) による, 心拍数のコントロールに対し副交感神経の統制を減じた成人女性は, 独身, 独居, ソーシャル・サポートの低さと関連があったという知見がある。

自律神経系の機能と長期的な情動状態の関連について, 情動状態および反応を変

容させる構造的介入が自律機能にもたらす効果の研究知見は一致している。すなわち，セラピーにより不安が減じられると，副交感神経系によるコントロールが増大するといわれ（Friedman et al., 1993; Middleton & Ashby, 1995），リラクゼーション課題（Sakakibara et al., 1994）や，ネガティブからポジティブな感覚へと注意を移行させるような認知的介入においても（McCraty et al., 1995），同様の効果が報告されている。このような見解は，アタッチメントの経験とは，日々のポジティブ／ネガティブな情動経験の調整により，人の健康の足跡を形成するという論拠となりうるだろう。

情動と免疫機能

　長期的なポジティブ／ネガティブな情動の免疫機能に対する効果に関しては，これまでかなりの知見がある（Cohen & Herbert, 1996; Kiecolt Glaser et al., 2002 参照）。これまでの研究において，リンパ細胞の全体数，リンパ細胞のタイプ別の割合，炎症誘発性のサイトカインやその後の炎症反応の分泌作用，予防接種時の細胞反応，伝染病に対する病気の類型や期間，微細な傷の治療測度などの多様な免疫機能マーカーが研究されてきた。しかし，ある1つの変数は他のものに広がることは必ずしもなく，また，免疫機能の変化の期間や医療への関連は必ずしも明らかにされてこなかった。

　それでもやはり，情動状態の免疫機能への影響に関する知見には一致が見られる（Cohen et al., 2001）。例えば，医学生においては，B型肝炎の予防接種に対する免疫反応はストレスと不安とは負の関連が見られ，ソーシャル・サポートと正の関連が見られている（Glaser et al., 1992）。また，人によってはこのような免疫機能の変化がより顕著に現われるという。SNSによるところの大きいストレス反応をした人（Uchino, 1995），あるいは基本的にHPAの活動レベルの高い人は（Petitto et al., 2000），ストレスに対する免疫機能の減退が見られることが多い。ポジティブ／ネガティブな情動の長期的な高まり，およびその傾向は，免疫系への非身体反応に関連があり（Cohen et al., 2001），医療関係者における研究では，抑うつ的情動の強度は免疫系の効果に直に関連して現われた（Herbert & Cohen, 1993）。同様に，ポジティブ／ネガティブの情動の変化に関する研究では，免疫系の変化において一致した見解を提示してきた。陽性・陰性HIVの男性患者のための10週間の死別サポート・グループにおいては，統制群に比べ（6か月後のフォローアップ検査において）いくつかの免疫機能マーカーにおいて甚大な増加が見られ，医療機関への検診数の減少が見られ（Goodkin et al., 1998），ポジティブ／ネガティブな情動の導入実験においては，それが免疫機能に影響することが示されてきた（Futterman et al., 1994）。

社会的関係に特有の役割（そして，アタッチメント関係の独自の貢献）は，将来の研究に対して特に有望である。霊長類の研究は，幼児期における母子分離や他の異常な養育状態が，一時的，あるいは長期的な免疫機能における多様な変数の変化をもたらすことを発見してきた（Coe et al., 1988 参照）。HPA の機能に対する養育の効果において CRF が果たす役割を考慮に入れると，CRF の分泌作用が炎症誘発性の免疫細胞への直接的影響，および HPA（Webster et al., 1997），SNS（Friedman & Irwin, 1995）への間接的影響を通して，ストレスによる免疫機能の低下を媒介することは注目に値する。最後に，10 代の陽性 HIV 患者における研究では，12 週間のメッセージ・セラピーを受けた群は，筋リラクゼーション・セラピーを受けた群に比べ，不安や抑うつの減少だけでなく，免疫機能のうちのある変数の増加を示した（Diego et al., 2001）。先述した，幼児のストレス統制システムの発達に影響を与えるとされる養育者との発達初期における接触の役割を考慮に入れると，ここで述べた事項は，個人に最も親密で重要な他者との関係，長期的な身体的接触を有するような関係に見られる相互作用や行動のタイプは，情動の影響を通してだけでなく，接触によってもたらされる内生的オピオイドやオキシトシンなどの神経化学物質や，それらの反ストレス効果の結果としても，免疫機能への影響が現われているのかもしれない（Knox & Uvnas-Moberg, 1998; Taylor et al., 2000, 2002）。

要約と経路 2 に対する注意事項

　アタッチメントに関連する経験や期待により形成される日常的なポジティブ／ネガティブの情動経験のタイプは，全体的な幸福感や関係性の質に影響するだけでなく，生理的機能の多様な変数にも影響をもたらす。このような影響の多様性は重要である。生涯にわたるストレス，情動，社会的関係と健康との関連のモデル化により，長い目で見た場合の多様なストレス統制システムの組み合わせは，孤独に関するどの過剰反応システムよりも，長期的健康状態の予測ができると，多くの研究者が議論してきた。このようなストレスに関してくり返される身体的活動の集合的・累積的影響は「アロスタティック負荷（allostatic load）」と言われており（McEwen & Stellar, 1993; Seeman et al., 1997），環境からの要求に対し，身体が行なっている生理的適応の結果生じる多様な組織や細胞の累積的磨耗として概念化されてきた。これまでアロスタティック負荷の高まりは，心臓血管の反応統制や回復，血圧，HPA 軸機能，副交感神経系の活動，セロトニン機能を悪化させ，加齢を早めると考えられてきた（Ryff et al., 2001）。

こうした概念化の長所の1つは、**累積的な**リスク因子を強調していることである。つまり、社会的関係と健康との関係を研究するためには、生涯的アプローチが必要となってくる。こうした考えは、アタッチメント理論において安定と不安定の生涯的軌跡が強調されることと一致している。さらには、ポジティブまたはネガティブな対人関係の経験における個人の**全体的な**道筋やそれら2種類の対人関係の経験が時の経過とともに互いに統合（あるいは補償）しあう方法を考慮することで長期的な健康状態を予測できるという Ryff と Singer（2001）の知見からも支持されるものである。この意味からすると、今後の研究に重要なことは、アタッチメント関係がネガティブあるいはポジティブな情動の軌道を修正させうる程度に関することであり、個人の長期的健康のリスクを変化させうることである。換言すれば、ストレスに対して概してポジティブで助けがあると評価をしてきた人にとって、ネガティブで、サポートが希少であり、葛藤に満ちた結婚はどの程度悪いものであろうか？　逆に、不安定なアタッチメントの人にとって、一貫してポジティブでサポーティブな結婚はどれほど良いものであろうか？

　先述したように、生物行動的統制プロセス、関係性の経験、認知評価プロセス、日々の情動経験、および健康状態の連携した調査をなす長期的研究は、生涯の異なる段階や長期的な健康の影響におけるこれらの領域間の発達や保持に関する貴重な情報を提供しうるだろう。個人の情報処理バイアスが生理学的プロセスの基礎をなすところを探り当てることは特に重要になるだろう。例えば、（非情動課題ではなく）情動課題における反芻は、血圧反応を高めることがわかっているが、実験協力者に反芻をさせないような操作を導入すると、この効果は消えるといわれる（Carels et al., 2000）。もちろんアタッチメントの現象はこのような認知－情動プロセスに潜在的影響を与える唯一のものではなく、そのため、アタッチメントに特化した関連プロセスの適正なモデル化のため、将来の研究においては多様な個人差への関心（例えば、外向性、敵意、不安）も考慮に入れなければならない。

　最後に、前述したように、この領域における多くの研究においては、ネガティブな認識や情動経験の悪影響に焦点が当てられることが多く、ポジティブな関係性や予測に関わる、認知的、情動的、行動的、生理的利益の理論化や探求は不十分であった。それゆえ、アタッチメント研究者は今後、不安定型の健康や病気へのリスクよりも、情動的安定型の健康保持や促進に対する役割を解明することに着手すべきである。

結 論

　幼児－養育者間の生物学的機能の連携された共調整を立証した動物の研究により，PippとHarmon（1987）は，「生涯を通し，我々は親密な関係にある他者に生物的に結びついている。関係性をまたいだホメオスタティックな統制は，生涯を通じすべての親密な関係において，安定的な一側面である」（p.651）という。このような親密な他者との精神生物的な長期的結びつきのモデルは人においてはいまだ明らかにされてはいないが，ここで述べてきたアタッチメント現象と健康に関する生物的なプロセスの多様な関連性の概念化のための枠組みを与えている。最もはっきりしていることは，このようなモデルは，個人間の生物的機能への影響は，良くも悪くもあるという事実を強調していることである。つまり，ポジティブでサポーティブな関係は情動・生物機能を最大限に活用でき，ネガティブで敵意があり，怠惰な結びつきはその逆である。将来の研究において賞賛に値する目標は，生涯にわたる多様な機能を含んだ生物行動的プロセスをたどることにより，私たちにとって最も親密で重要な情緒的結びつきが，精神生物学的なプロセスを通し，生涯にわたる精神や健康のみならず，私たちの身体をいかに発達させるのかを探ることである。

第IV部

アタッチメントの個人間側面
― 親密性,葛藤,ケアギビング,満足感 ―

第Ⅳ部 アタッチメントの個人間側面 ― 親密性，葛藤，ケアギビング，満足感 ―

9章

Paula R. Pietromonaco, Dara Greenwood & Lisa Feldman Barrett

成人の親密な関係における葛藤
―アタッチメントの視点から―

　対人関係研究では夫婦・恋人間の葛藤の頻度や，葛藤の解決の仕方に注目してきたが，これまでの研究から3つの結論が浮かび上がってきた。まずはじめに，葛藤というものはほとんどの親密な関係にごくふつうに起こるものだということである（Brehm et al., 2002）。2つめは，葛藤とつきあうことが場合によっては関係の親密性や満足感を高めたり，維持したりし得るということである（Canary & Cupach, 1988; Fincham & Beach, 1999; Gottman, 1994; Holmes & Boon, 1990）。3つめは，不幸な結婚では，葛藤を激化させ解決のための交渉を一層難しくしてしまう行動（ネガティブな情動のやりとり，詰問－退避など）や思考のパターンが葛藤と関連するということである（Bradbury & Fincham, 1990 ; Fincham & Beach, 1999）。葛藤が親密性を高めるか苦痛を悪化させるかは，葛藤をどのように解釈し，それに対してどのように反応するかの個人差にかかっている。

　アタッチメント理論（例えば，Bowlby, 1973）が成人の対人関係に適用される場合（Hazan & Shaver, 1987），それは葛藤に対する反応の違いを理解するための枠組みを提供し得る。他者との関係における自己への期待・信念・目標を含んだアタッチメントの作業モデルは人によって異なると考えられる（Bartholomew & Horowitz, 1991; Collins & Read, 1994; Pietromonaco & Feldman Barrett, 2000）。その作業モデルが葛藤中の思考・感情・行動を規定する。例えば，親密な他者に対してふだんから敏感に応対してほしいと願っている人が葛藤に対して行なう解釈や反応は，他者に対して応答をしないことや拒否を期待している人のものとは大きく異なるであろう。アタッチメント理論は，葛藤を解釈する中で個人差がどのように生じるかを示唆することによって，親密な関係の葛藤に関する研究に新たな情報を与えることができるかもしれない。

　同時に，アタッチメント理論の重要な側面を検証するのに有益なコンテクストを葛

藤に関する研究がもたらすということもある。葛藤はアタッチメント・プロセスを明確に浮き彫りにする可能性がある。その理由として，①葛藤は関係へのストレッサーとして働き，その結果としてアタッチメント・システムを賦活しうるため（Simpson et al., 1996），②葛藤になると2人の情動や行動を統制する能力が試されることになるが（Kobak & Duemmler,1994），そういった能力はアタッチメント・プロセスと関連すると考えられるため，③葛藤は親密さを推進するような行動（例えば，自己開示）のきっかけになり得るので，親密性を築く，あるいは自恃（self-reliance）を維持するといったアタッチメント目標の違いに関する証拠がそこから得られるため（Pietromonaco & Feldman Barrett,1997），という3点があげられる。

　本章では，まず葛藤がアタッチメントの枠の中でどのように概念化できるかについて論じる。ここで特に提案したいのは，葛藤はアタッチメントの脅威を引き起こすが，同時により一層の親密さを知覚・期待する好機になり得るかもしれないということである。さらには葛藤を脅威と考えるか好機と考えるか，あるいはその両方と考えるかの度合いは，アタッチメントの作業モデルの中身（例えば，期待，信念，目標）に依存するだろう。

　次に前述の枠組みから予測できることを取り出し，実証的な知見がこうした予測をどの程度裏づけているのかについて検討する。

　最後には今後の研究に必要と考えられる重要な問題をいくつか概括して述べる。

成人アタッチメントに対する葛藤の重要性：アタッチメント過程

> 「アタッチメント行動の目標は感情的な絆を維持することであるため，その絆を危うくするような状況は，いかなるものでも，その絆を保持しようとする行動を引き起こす。そしてまた，喪失の危険性が大きければ大きいほど，それを回避しようと起こされる行動はより一層強くなり，また多様になる。」
>
> （Bowlby, 1980, p.42）

> 「いったん子どものアタッチメント行動が主として目標修正的傾向を基礎として組織化されるようになると，子どもと母親との間に発達する関係はより一層複雑化する。2者間の真の協同が可能になる反面，扱いにくい葛藤も生じてくる。……2者は達成すべき自身の個人的設定目標をそれぞれ持つため，2者

間の協同は、そのうちの1人が、必要に応じて、相手に合うように自分の設定目標を捨てるか、少なくとも調整する用意のある時に限り、初めて可能となる。」
Bowlby（1969, pp.354-355）

アタッチメント理論（Bowlby, 1969, 1973, 1979, 1980）が元来、葛藤とアタッチメントとのつながりを理論的に細かく分析したものではなかったにせよ、上の引用には葛藤をアタッチメントと結びつけ得る2つの重要な道筋が示唆されている。1つめは、葛藤をアタッチメントの絆を潜在的に脅かすものとして感じる場合、葛藤はアタッチメント行動（抵抗や接近を求めるなど）を活性化させるということである。2つめは、葛藤を含んだやりとりではお互いに相手の目標へと注意を向けて行動を適切に調整する必要がある、ということである。そしてその過程で相手の目標や気持ちについて学び、一緒になって葛藤を解決するための戦略を練ろうとするようになるため、親密さやコミュニケーションを向上させる機会が生じてくる。

この2つの理論的見解は、これまでに複数の研究者たちによって示されてきている（Kobak & Duemmler, 1994; Pietromonaco & Feldman Barrett, 1997, 2000; Rholes et al., 1998; Simpson et al., 1996）。

アタッチメントの絆を脅かすものとしての葛藤

Bowlby（1980）に従うならば、アタッチメントの絆が脅かされれば必ずそれを回復させたり維持させたりするためのアタッチメント行動（しがみつく、泣くなど）が促進される。アタッチメントの絆が脅かされる状況とは身体的危害、疾病、仕事での失敗、愛するものを失うこと、そして葛藤を含んだやりとりなどである（Kobak & Duemmler, 1994; Simpson & Rholes, 1994; Simpson et al., 1996）。やりとりによって相手の利用可能性に対する疑い（相手が去っていくのではないかという不安など; Kobak & Duemmler, 1994; Simpson et al., 1996）や、相手が自分の不安に対してどの程度聞いてくれるのか、聞けるのか、理解してくれるのか、敏感に反応してくれるのかについての疑いを抱いたとしたら、葛藤を含んだやりとりをアタッチメントの安定性に対する脅威として経験するかもしれない。こうした点から、アタッチメントの核をなす問題（パートナーの近接性と利用可能性に関するものなど）についての葛藤と、アタッチメントにはさほど重要でない葛藤（金銭に関するものなど）とを区別することが重要だということが示唆される。アタッチメント上の心配に焦点が置かれている葛藤は脅威を引き起こしやすいと考えられるが、もし2人がそれを成功裏に解決する

ことができれば，より強いアタッチメントの絆を結ぶことができるだろう。しかし，葛藤がアタッチメントを脅かすかどうかを判断することは，非常に困難な課題かもしれない。葛藤が（例えば，金銭に関する葛藤のように）通常はアタッチメント上の関心事にあまり影響しないような種類の内容であったとしても，（例えば，とらわれ型アタッチメント・スタイルのような）人によってはそれをアタッチメントの絆を脅かすものとしてとらえるかもしれない。したがって，問題が通常であればアタッチメントにあまり関わらないような場合でさえも，アタッチメント上の心配が喚起されてしまう人もいるのである。

▶ **アタッチメント・スタイルによる違い**

誰にとっても葛藤はある程度嫌なことではあるが，アタッチメントに関する脅威を引き起こす程度や，脅威の質はアタッチメントの作業モデルの内容によって違ってくるだろう。安定型アタッチメント・スタイルの人は，相手に対して求めればいつでも応じてくれると信じているため，相手の応答性を過剰に意識しないし，葛藤を関係性への脅威ととらえることもないだろう。その結果として，安定型アタッチメントの人は葛藤に際しても率直にコミュニケーションをとることができ，相手に対して様々なやり方で交渉をすることができるはずである（Kobak & Duemmler, 1994; Simpson et al., 1996）。

対照的に，アタッチメント・スタイルがとらわれ型（不安・アンビヴァレント型）や拒絶・回避型である人は，どちらのタイプも関係性を脅かすものとして葛藤を経験するが，理由はそれぞれによって違ってくる。とらわれ型の人にとっては葛藤が引き金となって，相手から見捨てられることや自分が求めていることに対する相手の敏感性に不安を覚え，アタッチメント・システムの過敏性を引き起こす可能性がある（Kobak & Duemmler, 1994; Simpson et al., 1996）。結果としてとらわれ型の人たちは葛藤に対して激しい情動を呈したり，自分の不安に拘泥したりするので相手が発している情報に注意を向けることが難しくなる。拒絶・回避型スタイルの人にとって，葛藤は，彼らの独立独行や自恃を好む傾向（他者は情緒的に利用可能ではなく応答的でないという信念を反映した傾向）を侵害することになるため，脅威となる可能性がある。拒絶・回避型の人は葛藤の間，自分の考えや気持ちを明示するなどの情緒的近接につながる行動をとらざるを得なくなるかもしれず，それが1人でいたいという望みを脅かす可能性もある。したがって，拒絶・回避型の人はアタッチメント・システムを活性化しないまま葛藤に対応してしまうことになるため，自分の殻に閉じこもってしまったり，葛藤の意義を重要視しなかったりしてしまうかもしれない（Kobak &

Duemmler, 1994)。最後に，恐れ・回避型アタッチメント・スタイルの人は，とらわれ型と拒絶・回避型の両方の側面を呈するので，双方の理由で葛藤を脅威と感じる可能性がある。

こうした分析は，アタッチメントに関連した期待や目標の違いが脅威の知覚を決定すること，そしてまた，そうした知覚に基づく行動が知覚された脅威の性質（例えば，相手が利用可能でなくなるのではないか，自分の思っていることや感じていることを表わすことによって自尊が脅かされるのではないかという脅威）によって左右されることを明らかにしている。

コミュニケーションや親密性を生み出す好機としての葛藤

葛藤はネガティブな感情や状況によっては潜在的な脅威と感じられることもあるが，葛藤から同時に親密さを強めたりコミュニケーションを改善したりする好機を得る可能性もある。まず，意見の相違が起こることでお互いに自分自身の考えていることや感じていることを表出する機会になり，それは結果として親密感を増大させることになる。成人の親密な関係性に焦点を当ててきた理論家たち（Reis & Patrick, 1996; Reis & Shaver, 1988）は，互いに話を聞いたり返事をしたりといった，自らの考えや気持ちを開示し，また受け入れられた，理解されたと感じるようなやりとりが親密性を高めることを指摘し，実証研究（Laurenceau et al., 1998; Laurenceau et al., 2004）でも，この見解が支持されている。葛藤に対処する相互作用にこうした要素（感じていることの開示など）が1つまたはそれ以上含まれている場合，個人はそうした相互作用を親密性を強化するものとして受け取るだろう。

次に，意見の相違は2人にとってお互いの要求を調整し葛藤を解決する建設的な方略を学び構築するチャンスとなる。養育者－子どものアタッチメント関係に関する文献によると，良い養育者は葛藤に対する建設的な解決法を子どもに提供する。Bowlby（1979）が指摘している通り，親が穏やかで非懲罰的にふるまって議論をすれば，子どもは葛藤を冷静に解決する方法を学ぶことができる。KobakとDuemmler（1994）はこの見解を発展させて，以下のように提案した。子どもがより複雑な言語スキルを発達させると，会話によって自分自身の意見と相手（例えば，彼らの親）の意見とが違うということを知る。親が調和の取れた相互作用を促進するように反応する場合には，親子の会話は子どもが意見の不一致に対処するための建設的な方略（例えば，歩み寄り，もっと受け入れてもらえるような案を出す）を学ぶ助けとなるだろう（Kobak & Duemmler, 1994）。

親子間に見られるこうしたプロセスに類似するものが成人の恋愛関係においても起こると考えられる（Kobak & Duemmler, 1994; Rholes et al., 1998; Simpson et al., 1996）。成人の関係では，葛藤に関する会話がアタッチメントの安定性を促進するのは，①2人の間に意見の相違があったとしても率直なコミュニケーションを維持できる場合，②2人がお互いについての新たな情報を知る場合，③2人が自分たちの目標や思っていることを明確にし，結果としてそれらを修正することを考え得るような場合（Kobak & Duemmler, 1994参照）である。

▶ **アタッチメント・スタイルによる違い**

ここで述べている見解は，アタッチメント・スタイルによる違いが親密性を促進させるために現実にとる行動のみならず親密性の知覚においても生じ得るということである。まず親密性の知覚がどのように違っているのかについて取り上げ，次に行動上の違いについて論じる。

ちょうどアタッチメント・スタイルによって脅威の知覚が異なるように，葛藤の親密性を促進させる側面の知覚もまた，個々人のアタッチメントの基礎にある作業モデルやそれに関連したアタッチメント上の目標によって左右されるはずである。特に，親密性を達成したり独立・自持を維持したりするという恒常的な目標は，葛藤を伴う相互作用の知覚を方向づける可能性があり，また個人がそうした目標のそれぞれをどのくらい強く持っているかの程度は，アタッチメント・スタイルによって違ってくるはずである（Pietromonaco & Feldman Barrett, 1997, 2000）。安定型の人は親密性への望みと独立への望みをどちらも持っているが，それら2つの目標のバランスを取ることができ，また2つを求める際に柔軟さを見せる。したがって，安定型の人たちは葛藤に対する知覚が先行する目標よりも相互作用の性質によって多く規定されることになる。

対照的にとらわれ型アタッチメント・スタイルの人は親密になるという最優先の目標を有し，そしてその目標が葛藤に対する知覚を方向づけ，相手の反応についての手がかり（私的な開示など）に対して敏感になるように仕向けると考えられる。とらわれ型の人は葛藤の初期段階では，相手が自分を避けたり無視したりするよりはむしろ応答的であるという理由で相手に気持ちや考えを開示されることを親密さの現われであると解釈する可能性がある。したがってとらわれ型の人は葛藤を脅威と感じたとしても，同時に仲良くなる好機だととらえもするだろう。この仮説に従って考えると2つの問題点があげられる。1つは，とらわれ型の人は相手に対して応答性が自分の必要としているよりも低いと感じているという従来の研究知見（Collins, 1996など）

と，この仮説とが一致しないということである。しかし，とらわれ型スタイルの特徴は他者に対する見解がアンビヴァレントなところにある。すなわち，まわりの人に対する全体的な予期がネガティブなものである（Collins & Read, 1990; Hazan & Shaver, 1987）としても，自分のパートナーやその人との関係については理想化することもある（Feeney & Noller, 1991）。こういった理想化や相手が自分に対して応答的であることを望む傾向があるので，彼らは相手の開示を応答的と感じてしまうかもしれない。こうした解釈は何か出来事があるとすぐに生じ，したがって彼らのその場その時の応答に即座に現われやすいのではないかと私たちは提案するものである。

しかし，時間が経つにつれて彼らの希望に満ちた知覚は（例えば，関係性の中で実際には何の変化も起こらなかった場合には）ネガティブに変化していき，それが回顧的で全般的な応答に反映されていくことになるのだろう。2つめの問題点は安定型ととらわれ型の人はどちらも親密になるという目標を持っているにもかかわらず，それを達成させるための試みは両者の間で違っている可能性がある（Pietromonaco & Feldman Barrett, 2000）ということである。安定型の人は相手とともに親密性を構築しようとし，率直なコミュニケーションを試みると考えられる。一方でとらわれ型の人は自分が取り仕切り，相手にはその手伝いをさせることで親密性を獲得しようとする（Pietromonaco & Feldman Barrett, 2003）ため，真の親密な関係に至ることができないのだろう。

とらわれ型の人とは対照的に拒絶・回避型アタッチメント・スタイルの人の最優先目標は独立を維持することにあるので，応答性がなく拒絶的な相手から自分を守ろうとすると考えられる。拒絶・回避型アタッチメント・スタイルの人にとって葛藤は概して嫌悪の対象なので，彼らは置かれた状況から退避しようとするだろう。恐れ・回避型の人は目標を親密になることと独立を維持することと考えるので，両方の目標が同時に活性化してしまうと接近−回避の葛藤に陥り，とらわれ型と拒絶・回避型の特徴を両方呈することになると考えられる。

重要なのは，葛藤に対する知覚がその状況の事実を映し出していたり映し出していなかったりすることである。つまり，ある人が自分たちの食い違いについてパートナーと話し合ったあとでその人をより近くに感じるということがあるかもしれない。もし，そのパートナーも同じように近接感を本当に感じたのだとしたら，その人の感じたことは現実を正確に反映していることになる。しかし，本人はお互いが気持ちをさらけ出すことが，関係が親密であることの証だと解釈しても，相手は自分の内面にある気持ちを表わすように仕向けられることが不愉快で，現実は2人の間に距離感を覚えてしまうかもしれない。そして，そうしたダイナミクスが，関係の中に生じた葛藤

の影響を減じるどころか,むしろ増大させることに寄与してしまう可能性もある。知覚が現実とどの程度対応するかは,葛藤時にとられたふるまいの質によって左右される傾向がある。

葛藤に対する行動の差にもアタッチメント・スタイルが関連するはずである。安定性を促す行動(例えば,率直なコミュニケーションや交渉)は2人のうち,少なくともどちらか一方が安定型だった場合の相互作用に最も多く見られると考えられる。相手の話を聞いたり,お互いの要求や関心事に対して応答したりすることで,その関係性における親密さを発展させたり,維持したりするための基礎が形づくられていくのだろう(Reis & Shaver, 1988 など)。つまり長い眼で見れば,安定型の人の関係性は不安定型の人に比べて,より親密感や満足感が増大していくという特徴がある。そして,実際にこうした傾向は実証研究においてもくり返し証明されてきている(Mikulincer et al., 2002 参照)。

理論的予測と実証知見

これまでの分析から導き出される理論的予測は多数あるものの,実証的関心はごく一部にしか持たれていない。鍵となる2つの理論的仮説が事実検証されないままであるが,これらの仮説は既に検証されている他の予測の基盤をつくるものである。その1つめの仮説は,不安定型アタッチメント・スタイルの人(不安・アンビヴァレント型や回避型など)は,安定型スタイルの人に比べて葛藤を脅威だととらえやすいということである。2つめの仮説は,アタッチメント・スタイルが違えば葛藤の際の目標(親密になるという目標や自立を維持するという目標など)も変わってくる,ということである。実証研究から立てられる予測はこの2つの仮説に付随すると考えられる。次の節でこれらの予測に関連する知見を概説し,評価する。表9.1はそこで検討する諸研究の方法と得られた主要な知見をまとめたものである。

予測1:不安定型アタッチメント・スタイルの人は安定型の人と比べると,葛藤に際して建設的な行動をとることが少ないだろう。特に不安・アンビヴァレント型の人は,閉じこもってしまう回避型の人よりも不適切な方策(威圧的な態度など)をとるだろう。

表 9.1 アタッチメントスタイルと葛藤に関する諸研究

● 葛藤戦略の、回想法による自己報告研究

研究	調査参加者数	アタッチメント測定法	課題	葛藤測定法	主要な結論
Levy & Davis, 1988	234名（調査数2回）	H & S（各プロトタイプに対する連続評定）	質問紙	葛藤・両義性 ROCI	・不安 & 回避→葛藤 ・不安 & 回避→妥協・統合
Pistole, 1989	学生ら男女（137名）	H & S（カテゴリカル）	質問紙	ROCI 独自に作成した葛藤スタイル（妥協・義務・統合など）	・統合：安定＞不安 & 回避 ・妥協：安定＞不安 ・義務：不安＞回避
Senchak & Leonard, 1992	新婚夫婦（322組）	H & S（カテゴリカル）	質問紙	MCI 葛藤中の相手の問題解決・引きこもり・言語的攻撃について測定	［組み合わせの主効果］引きこもり・言語的攻撃において、安定＜不安定・不安定夫婦安定夫＜不安定夫、安定妻＜不安定妻他の組は他と差なし
Carnelley et al., 1994, Study1	交際相手のいる女子学生（163名）	不安と回避についての多項目（連続評定）	質問紙	CSQ 自身の妥協・協力・和解・回避・詰問の程度について測定	・回避→建設的葛藤スタイル ・不安→有意差なし
Carnelley et al., 1994, Study2	既婚女性（48名）（うつ病回復者と非うつ病者）	同上	同上	同上	同上
Feeney, 1994	夫婦（361組）	H & S 文言を改訂したもの；2要因（親密であること／関係性に対する不安）の安楽要因・関係性に対する不安）（連続評定）	質問紙	CPQ 自身と相手それぞれの戦略について、相互関係・強制・破壊的過程・葛藤後のストレスを測定	・安楽→相互関係 ・安楽→強制・破壊 ・不安→相互関係 ・不安→強制・破壊・ストレス ・不安→強制・破壊・ストレス

研究	対象	方法	尺度	結果
Creasey et al., 1999	女子学生（140名）	質問紙	RSQ（連続評定）	MADS コミュニケーション戦略のポジティブ（愛情や受け入れなど）・ネガティブ（激昂する・閉じこもるなど）を測定	・不安＆回避は葛藤マネジメントスキルの欠如と関連した ・不安＆回避→ネガティブ激昂・閉じこもる（恋愛相手との葛藤に際して）
O'Connell Corcoran & Mallinckrodt, 2000	両親（124名）（男30・女94名）	質問紙	ASQ（連続評定）	ROCI-II 重要な恋愛対象に対する自身の妥協・統合・支配・回避スタイルについて測定	・アタッチメントに自信を持っている人→統合・妥協
Creasey & Hesson-McInnis, 2001	交際中の学生（357名）（男84・女273名）	質問紙	RSQ（連続評定）	MADS	・より不安が高い→ネガティブ情動を上手く処理するのが難しい ・より不安が高いか回避的→より回避的→行動抑制が難しい→ポジティブな方略←激昂→閉じこもり

表 9.1 （続き）

研究	調査参加者数	アタッチメント測定法	課題	葛藤測定法	主要な結論
●行動のやりとりに関する研究					
Kobak & Hazan, 1991	夫婦（40組）	婚姻関係用Qソート法（連続評定）	主要な意見の不一致に対する議論と解決への試み	拒否や援助・承認の行動をコード化	・相手により頼ることができる、または相手の拒否は拒否と感じる妻は拒否が少なく承認が多い。 ・相手を頼れると思っている夫が妻の拒否が少なく承認が多い。 ・夫のみに見られた相手の効果：夫が妻を頼れると見るほど妻の拒否が少なく、援助や承認が多くなる。
Kobak et al., 1993	10代の子どもとその母親（48組）	Qソート法：安定ー不安定一過活性ー不活性（連続評定）	主要な意見の不一致に対する議論と解決への試み	問題解決における援助・承認、機能不全な怒り、主張、回避行動のコード化	・より安定している10代男子は問題解決の際、回避がより少ない。 ・不活性な戦略（問題をさっさと捨ててしまうような）をとる男子ほど機能不全な怒りがより多い。 ・より安定した10代女子は機能不全な怒りがよりより少ない。 ・不活性な戦略をとる女子の母親はやりとりの中でより支配的。
Cohn et al., 1992	夫婦との未就学児（27組）	AAI（カテゴリカル）	子どもを含めた各組の、研究室と家庭での自然なやりとり	インタビュアーが観察された葛藤、ポジティブなやりとり、夫婦間としての役割を評価した	[カップル効果] ・ポジティブなやりとり：安定ー安定組＞不安定ー不安定組 ・葛藤：安定（夫）ー不安定（妻）の組＜不安定ー不安定（妻） ・葛藤：安定（夫）＜不安定ー不安定（妻）の組＜不安定ー不安定（妻） ・葛藤：安定ー安定（夫）＜不安定（妻）
Simpson et al., 1996	交際中の男女（123組）	AAQ（連続評定）	主要な問題末についての議論と解決への試み	葛藤前から後にかけての苦痛と相手や関係性の変化に対する知覚を自己報告で問う；行動のコード化（例：ストレス、温かさ、援助、同調）	・不安が強い男女は両方の状況でより強い苦痛を報告。 ・主要な問題状況：不安が強い男女は変化に対する知覚にポジティブさがより少ない。 ・特に主要な問題状況：回避的な男性は温かさや援助がより少ない。 ・特に主要な問題状況で不安型の女性はストレスや不安がより高い。

9章 ■ 成人の親密な関係における葛藤 — アタッチメントの視点から —

研究	対象	測定	課題	コーディング	結果
Paley et al., 1999	第1子誕生前の夫婦（138組）	AAI（カテゴリカル）	主要な葛藤についての議論と解決への試み	行動のコード化（ポジティブ＆ネガティブ感情；引きこもり）	・妻：ポジティブな感情はとらわれ型より安定型（獲得型・持続型共に）のほうが多かった。アタッチメント軽視型拒否型より持続型拒否型（獲得型・持続型共に）よりも閉じこもりが強い。夫：有意差なし [パートナー効果] アタッチメント軽視型の夫を持つ妻は持続型安定型の夫を持つ妻よりもネガティブな感情がより多い。獲得型安定型の夫を持つ妻は持続型安定型の夫を持つ妻よりもポジティブな感情が少ない。
Bouthillier et al., 2002	同棲中のフランス系カナダ人カップル（内78％は婚姻関係）（40組）	AAQ（連続評定にしたもの）& AAI（カテゴリカル）	結婚生活における最も顕著な問題についての議論と解決への試み	行動のコード化（IDCS）（例：葛藤、引きこもり、援助や承認、同調、激化）	・男性：自己開示は安定型＞とらわれ型・アタッチメント軽視型 ・女性：援助は安定型＞とらわれ型・アタッチメント軽視型 [カップル効果] ・同調は安定型＞不安定型 ・支配は安定型＜不安定型
Creasey, 2002	学生のカップル（145組）	AAI（カテゴリカル）	主要な2つの問題についての議論と解決への試み・待合室での会話	行動のコード化（SPAFF）-ネガティブな情動の表出（例えば、軽蔑、好戦性）とポジティブな情動の表出（例えば、承認や好意）	・葛藤状況では、ネガティブな行動は安定型＜とらわれ型・アタッチメント軽視型 ポジティブな行動はとらわれ型・アタッチメント軽視型＜安定型（葛藤状況）、ネガティブな行動は安定型＜アタッチメント軽視型 [パートナー効果] （両状況）ポジティブな女性は不安定型の女性を含む組＜安定型の女性を含む組 （葛藤状況）ネガティブな男性は安定型の男性を含む組＞不安定型の男性を含む組

表 9.1 （続き）

研究	調査参加者数	アタッチメント測定法	課題	葛藤測定法	主要な結論
● 日誌研究・認知研究					
Tidwell et al., 1996	学生ら男女(125名)	H & S(カテゴリカル)	RIR	日常の対人関係場面での葛藤の知覚	有意差なし
Pietromonaco & Feldman Barrett, 1997	学生ら男女(70名)	B & H(カテゴリカル)	RIR	葛藤を含むやりとりの数や度合い 相手やりとりの質に対する知覚	・有意差なし ・高い葛藤を含むやりとり・自分自身の情動に対するネガティブな知覚はとらわれ型<拒絶・回避型(この傾向はとらわれ型<安定型で低葛藤なやりとりでは見られなかった)
Fishtein et al.,1999	交際関係を含む学生ら(145名)(男72名・女73名)	B & H(カテゴリカル)	関係の複雑性課題	DASより葛藤の項目	・関係性の葛藤がより高い状況で、とらわれ型は安定型、拒絶・回避型、恐れ・回避型よりもポジティブな複雑性が高かった。 ・高葛藤状況で、すべての群の者がよりネガティブな複雑性を呈した。

9章 ■ 成人の親密な関係における葛藤 ─ アタッチメントの視点から ─

		●葛藤の頻度・回顧的自己評定研究		
			葛藤の頻度や重大さ	
Collins & Read, 1990, Study3	交際中のカップル	質問紙 多項目：近しさ・不安・依存（連続評定）		・女性：近接の快がより少ない葛藤と関連 ・男性：有意差なし ・パートナー効果：近接への快型のパートナーを持つ女性は葛藤をより低く報告する。 女性は葛藤のパートナーをより多く不安型の男性は葛藤のパートナーをより多く報告する。
Kirkpatrick & Davis, 1994	交際中のカップル（354組）	質問紙 H&S（カテゴリカル）	葛藤／両義性	・女性：不安定型・回避型＞安定型 ・男性：有意差なし ・パートナー効果：不安定型のパートナーを持つ男女＞安定型のパートナーを持つ男女 安定型もしくは回避型のパートナーを持つ男女

注）M：男性，F：女性，Ax：不安・アンビヴァレント型または不安・アンビヴァレンス，Av：回避型（アタッチメント軽視型）または回避型，I：不安定型，S：安定型，P：とらわれ型，F：恐れ・回避型・回避型，D：拒絶・回避型
【アタッチメント尺度】
AAI：アダルト・アタッチメント・インタビュー（George et al., 1996）3つのカテゴリー（安定型，とらわれ型，アタッチメント軽視型）に加えて未解決型，無秩序型
ASQ：アタッチメント・スタイル・クエスチョネア（Feeney et al., 1994）5つの下位尺度（アタッチメント確信，接近への不快感，二次的達成としての関係，承認の必要，関係への拘泥）
AAQ：アダルト・アタッチメント・クエスチョネア（Simpson et al., 1992）2側面（不安と回避）
B & H：Bartholomew & Horowitz（1991）4カテゴリー（安定型，とらわれ型，恐れ・回避型，拒絶・回避型）
H & S：Hazan & Shaver（1987）3カテゴリー（安定型，不安・アンビヴァレント型，回避型）
RSQ：リレーションシップ・スケール・クエスチョネア（Griffin & Bartholomew, 1994）2側面（回避型，不安・アンビヴァレント型）
【葛藤尺度】
CSQ：葛藤スタイル尺度（Levinger & Pietromonaco, 1989）　CPQ：コミュニケーション・パターン尺度（Christensen & Sullaway, 1984）
DAS：2者間調整尺度（Spanier, 1976）　IDCS：相互作用次元コーディング・システム（Julien et al., 1989）
MADS：感情・相違調整尺度（Arellano & Markman, 1995）　MCI：マーゴリン葛藤尺度（Margolin, 1980）
RIR：ロチェスター相互作用記録（Reis & Wheeler, 1991）　ROCI：ラヒム組織葛藤尺度（Rahim, 1983）
ROCI-II：ラヒム組織葛藤尺度II（Rahim, 1990）　SPAFF：特定感情コーディング・システム（Gottman, 1996）

葛藤に対処することの難しさが，葛藤を脅威とみなす知覚からくるとしても，そうした研究はこの予測に対する直接的な証拠にはならない。表9.1の最初の部分にあげたのはこの予測に関連する研究，すなわち葛藤中によくする行動方略について調査参加者自身の回顧的自己報告を利用した研究と葛藤時の実際の行動を直接測定した研究である。

▶ 自己報告による葛藤方略

予測1に合致して，カテゴリカルな尺度か多項目の尺度のいずれかでアタッチメントが安定型と測定された人はより建設的な方略を使い，反対に不安定型とされた人（不安・アンビヴァレント型も回避型も，その両方も含む）は相対的に建設的でない方略を用いることが報告されている（Carnelley et al., 1994; Creasey & Hesson-McInnis, 2001; Creasey et al., 1999; Feeney, 1994; Levy & Davis, 1988; O'Connell Corcoran & Mallinckrodt, 2000; Pistole, 1989）。また不安定型アタッチメントの人はどのタイプでも，相手の思っていることを理解するのが非常に困難だったり，葛藤を一層激化してしまうようにふるまったり（例えば，相手を攻撃する，相手を威圧するなど），引きこもってしまったりする，といった葛藤マネジメントのスキルの乏しさが報告されている（Creasey & Hesson-McInnis, 2001; Creasey et al., 1999; Feeney, 1994）。自己報告によるこうした葛藤方略のパターンは，学生（Creasey et al., 1999; Pistole, 1989），既婚女性（Carnelley et al., 1994），夫婦（Feeney, 1994），子どもを持つ親（O'Connell Corcoran & Mallinckrodt, 2000）といった様々な調査対象者にわたって見られている。

自己報告型の調査では不安・アンビヴァレント型や回避型に多く見られる葛藤方略について，多くの研究（Creasey et al., 1999; Creasey & Hesson-McInnis, 2001; O'Connell Corcoran & Mallinckrodt, 2000）が同じような結果を示している。例をあげると，不安・アンビヴァレント型や回避型の人は方略として葛藤の激化，葛藤の回避や退避を行なうと報告している。例外として，相手に恩義を施そうとするような方略は不安・アンビヴァレント型には見られるが（O'Connell Corcoran & Mallinckrodt, 2000; Pistole, 1989），回避型の人には見られない。自己報告法による研究は，不安定型アタッチメントは葛藤解決スキルがより乏しく前述の例外を除いだいたいにおいて不安・アンビヴァレント型と回避型の方略は似通っているということを一貫して示している。

自己報告法一般に言えるように，葛藤方略についての自己報告には調査参加者が葛藤に際して典型的に行なうべき行動を考えて答えてしまうという難点がある。自分自身の行動パターンをいつも自覚しているとは限らないので，自己報告尺度による報告

はその人が実際にしている行動を必ずしも正確に反映していない可能性がある。例えば，自己報告ではその時に感じたこと，一番最近の主要な出来事の記憶，社会的に有能と思われたいという欲求などが影響するかもしれない（Ross, 1989; Schacter, 1996 参照）。

▶ やりとりの行動観察：自身のアタッチメント・スタイルの効果

2人の行動を観察してコード化する研究は自己報告型研究の限界に対処するものなので，アタッチメント・スタイルによって葛藤時の行動が異なるかどうかを調査するのには比較的適している。恋愛的アタッチメント（婚姻関係用 Q-sort によって測定）と葛藤との関連性について最初に実証的に検討した研究（Kobak & Hazan, 1991）では，妻が安定型である（夫を信頼することができたり，あるいは／また，心理的に利用可能であると感じたりできる人）ほど2人の間に不一致が起こった時の議論が拒絶的ではないと示された。さらに，よりアタッチメントが安定した夫（自分の妻を心理的に利用可能であると感じている人）は議論中に拒否的な態度を見せることが少なく，妻の話を支持したり認めたりすることが多いということが示された。同様に，10代の子どもと母親の関係における研究（Kobak et al., 1993）では，安定型の子どもは母親との葛藤で議論をする際により建設的な方略（我を失うほどの怒りをあまり見せないなど）を使うことや，回避的な方略に頼る子ども（「アタッチメント・スタイルが不活性」とされるような子ども）はその行動の質が男女で少し違うものの，あまり建設的な行動をとらないということがわかった。したがってこうした研究では，夫婦関係においても親子関係においても葛藤に際した時の建設的な行動とアタッチメントの安定性との間には関連があると示唆されていると言える。

成人のアタッチメント・スタイルを自己評価させた研究（Bouthillier et al., 2002; Simpson et al., 1996）では，不安・アンビヴァレント型や回避型の特徴が葛藤中にとる特定の行動を予測するかどうかについて検討してきた。ある研究（Simpson et al., 1996）では，アダルト・アタッチメント・クエスチョネア（Adult Attachment Questionnaire: AAQ；Simpson et al., 1992）によるアタッチメント得点と，交際中の2人が自分たちの関係に主要な，もしくは瑣末な問題を解決しようと議論する時の言動との関連を検討した。相互作用の中の行動を評定する観察者は，主要な問題について議論する女性が不安・アンビヴァレント型であるほど大きなストレスや不安を感じ，議論が貧弱になる（例えば，あまり同調を示さなかったり，やりとりを気楽に行なえなかったりする）ことを指摘した。男性では回避型であるほど特に主要な問題について議論をする場合に相手に対する温かさや支持が少なかった。さらに主要な問題でも

瑣末な問題でも，観察者は回避型の男性が行なう議論の質を低く評定した（不安・アンビヴァレント型の男性も回避型と似たようなパターンを示したが，結果は有意なレベルには達しなかった）。

別の研究（Bouthillier et al., 2002）では，Simpson ら（1996）と同じ AAQ を使用しているが結果は同じではなかった。Simpson らの研究と同じように，カップルは自分たちの関係にとって重要な問題を解決しようと相互作用し，観察者はその際のコミュニケーション行動をコード化（例えば，主張，支持－承認，引きこもり，葛藤，問題解決，ネガティブな方向への激化，行動の同期性）した。しかし，Simpson らの結果とは対照的に AAQ はコミュニケーション行動と何の関連も見られなかった。2つの研究で結果が食い違っていたのは，各々の調査参加者に相違がいくつかあったことで説明可能かもしれない。Bouthillier ら（2002）と Simpson らの研究とでは，関係（既婚／同棲と恋愛交際），年齢層（平均年齢 44 歳と平均年齢 19 歳），サンプルサイズ（40 組と 123 組），文化（フランス系カナダ人とアメリカ人）などの面で違いがあったのである。

しかし Bouthillier ら（2002）は，子ども時代の養育者との関係を土台としたアタッチメント・スタイルをアダルト・アタッチメント・インタビュー（Adult Attachment Interview: AAI; 例えば Main et al., 1985; 記述全文は Hesse, 1999 を参照）で測定したものが，言動の違いをある程度予測することを見いだした。AAI でとらわれ型かアタッチメント軽視型とされた夫は安定型とされた夫と比べて，支持的な言動や自己開示が少なく引きこもりやすいことが明らかになった。またアタッチメント軽視型かとらわれ型とされた妻は安定型の妻に比べて支持的な言動が少ないことが示された（AAI の分類は恋愛的アタッチメントについての自己報告式尺度のスコアとは関連していなかった）。

さらに別の3研究（Cohn et al., 1992; Creasey, 2002; Paley et al., 1999）においても，AAI で測定されたアタッチメントが葛藤中の行動を予測することが明らかにされている。Bouthillier ら（2002）の研究と同じように，交際中の男女に対する調査（Creasey, 2002）でとらわれ型とアタッチメント軽視型の人は，男性も女性も葛藤に関する議論で安定型の人よりもネガティブな言動を呈することが示された。さらに，とらわれ型やアタッチメント軽視型の女性は安定型の女性と比べて，部屋で待っている間においても葛藤に関する相互作用においても，ポジティブな行動が少なかった。ただし，男性におけるポジティブな行動はアタッチメント・スタイル間で差異がなかった。

3つの研究のうち，夫婦を対象とした研究（Paley et al., 1999）では同様に，とらわれ型の妻は持続安定型の人（主として子ども時代のポジティブな経験を一貫して報告

する人）と獲得安定型の人（子ども時代には不幸な経験を有していたが，その経験について思慮深く筋道の通った報告をする人）のどちらと比較しても，ポジティブな情動が少なかった。さらにアタッチメント軽視型の妻はどちらの安定型よりも頻繁に引きこもるということがわかった。しかし，夫のアタッチメント・スタイルと言動との間には有意な関連は見られなかった。

ところが別の研究（Cohn et al., 1992）では，夫のほうが不安定型だった場合に，安定型の人と比べて妻や子どもと一緒に課題に取り組む時により多く葛藤を示し，ポジティブな会話が少なく，家での相互作用では機能的なふるまい（例えば，わかりやすいコミュニケーションをはかる，相手をもっと尊重する，非難や敵意をあまり見せないなど）がより乏しいという結果になっている。これに対して，妻側のAAIのスコアは行動との間に関連が見られなかった。

総合すると，行動観察型の研究では安定型アタッチメントの人が不安定型の人よりも葛藤に際して建設的な行動をとるということが明らかにされている。こうした研究は，アタッチメントの測定はAAIに拠ったものが多く，葛藤中の行動を恋愛的アタッチメントの自己報告式尺度を使って検討した研究は2つ（Bouthillier et al., 2002；Simpson et al., 1996）のみであった。ふつうに考えれば，恋愛関係に特化したアタッチメントの測定のほうが，養育者−子ども関係に特化した測定よりも，恋愛のパートナーとの葛藤における言動をより正確に予測し得ると言えるかもしれない。しかしながら，AAIと自己報告型尺度の両方を使った研究（Bouthillier et al., 2002）では，AAIの効果は明らかにされたものの恋愛的アタッチメントについての自己報告型尺度では効果が見られなかった。残念ながら2つの測定法は重点を置いている部分（養育者−子ども関係か恋愛関係か）だけではなく手法（インタビューか自己報告型か）の面でも異なる。通常，アタッチメントについてのインタビューと自己報告型尺度とには高い相関が見られない。異なる領域（親子関係と恋愛関係など）に焦点を当てている場合には，とりわけその傾向が強い。したがって，インタビューを用いて行なった研究の知見が自己報告型尺度を使用した研究の結果と一致するとは限らないのである（Bartholomew & Shaver, 1998; Crowell et al., 1999 など）。

▶ 要 約

アタッチメントが安定型の人は葛藤に際して不安定型の人より建設的にふるまい，そしてそのより建設的な相互作用が親密性の発展に通じ得るだろうという予測は，自己報告型研究と行動観察型研究の双方で概ね支持されたと言える。アタッチメント・スタイルがとらわれ型の人は，アタッチメント軽視的回避型の人とは違ったパターン

の行動をとるだろうという考えはほとんど支持されなかった。いくつかの研究（例えば，Paley et al., 1999; Simpson et al., 1996）では，不安・アンビヴァレント型の傾向と回避型の傾向とが行動パターンの差異をいくらか引き起こすとしているが，そのパターンは研究間で一貫していない。加えて，男女が必ずしも近似したあるいは同じように強力なパターンを示すわけではない。そしてこのことは，アタッチメント行動が葛藤中にいかに現われるかというところにジェンダーが緩和要因として作用している可能性を示唆する。1つ考えられることは，性役割ステレオタイプにより強く関連した行動が葛藤時における差異を最も大きく示す可能性があるということである。例えば，ある研究（Simpson et al., 1996）は回避型である男性ほど大切な問題について議論をする時の温かさや支持に欠けるということを明らかにしたが，こうした行動は男性らしさのステレオタイプとより合致するものである。反対に，不安・アンビヴァレント型の女性ほどステレオタイプな女性らしい行動とより合致するストレスや不安を多く示したのである。他の研究（Creasey, 2002; Paley et al., 1999）は，安定型の女性はたとえ葛藤中であっても，愛想よく，笑顔に見えるようにしていなくてはならないというステレオタイプと合致する特異な行動を見せると示唆している。いずれの研究でも，安定型女性は不安定型女性よりも葛藤中にポジティブな気分や行動を見せていたのである（安定型男性はこれに当てはまらない）。ジェンダーによる違いは一部の研究で見られているにすぎないが，アタッチメント・スタイルによって異なる葛藤中の行動は，その行動がいかに性役割期待と合致しているかということによって部分的に左右される可能性があるという仮説を立てることは理に適っていると思われる。

予測2：葛藤中に不安・アンビヴァレント型の人は回避型や安定型の人に比べてネガティブな情動を呈しやすいだろう。

この予測は，不安・アンビヴァレント型の人は葛藤を脅威ととらえるためアタッチメント・システムを過剰活性させてしまい，結果的に情動的ストレスを多く感じてしまうだろうという仮説（Kobak et al., 1993; Mikulincer & Shaver, 2003 も参照）から導き出されている。

いくつかの研究（Creasey & Hesson-McInnis, 2001; Feeney, 1994; Simpson et al., 1996）で，不安・アンビヴァレント型の経験に関する報告が多い人ほど葛藤中にネガティブな情動を呈しやすいことがわかっている。その中の1つ（Simpson et al., 1996）は，不安・アンビヴァレント型の人は男女とも些細であろうが重要であろうが，葛藤をめぐって議論する時に，より大きなストレスを感じると報告している。その他の研

究は，不安・アンビヴァレント傾向の高い人はその自己報告によれば，全般的に葛藤後により大きいストレスを（Feeney, 1994），あるいはまた話し合いの際にはよりネガティブな情動とそれをうまく処理することの難しさ（Creasey & Hesson-McInnis, 2001）を経験しやすいということを指摘している。

　こうした知見には何通りかの解釈可能性がある。不安・アンビヴァレント傾向の高い人が葛藤中にネガティブな情動をより多く呈するのは，①相手に対して自分が感じている苦痛を知らしめたいから，②本当に人より多くの苦痛を感じているから，③ふだんから単にネガティブな気持ちを打ち明けることが好きだから，という理由からかもしれない。不安・アンビヴァレント傾向の高い人は一般的に見て，特に自分の経験について全般的に，また記憶に基づく報告を行なうような場合には苦痛をより多く報告する傾向がある（例えば，Collins & Read, 1990; Pietromonaco & Carnelley, 1994; Pietromonaco & Feldman Barrett, 1997）。ある1つの研究（Pietromonaco & Feldman Barrett, 1997）においては不安・アンビヴァレント型の傾向とネガティブな情動を多く報告することとの間には関連が見られなかったが，そこでは調査協力者が社会的相互作用のあとにすぐ自分が感じた情動を報告することを求められている。それによって記憶が彼らの回答に影響する可能性を減じようとしたのである。興味深いことに，この研究では拒絶・回避型の人の即時報告において葛藤性の高いやりとりのあとすぐにネガティブな情動が認められたのである。

　意識的であることや内省的な処理をあまり必要としない測度では，回避傾向の高い人は脅威に対して敏感さを呈するかもしれない。回避傾向の高い人は葛藤によってもたらされた脅威に対して，アタッチメント・システムを抑制することによって対処すると想定される。こうした処理プロセスは意識下で行なわれる傾向があるため，情動を制御しようという努力は自己報告には現われず，より暗示的（covert）な尺度（例えば，行動や生理的測定）を使用すると発現するのだろう。葛藤時の情動表出について行動側面尺度からわずかながら得られている証左は一貫していない。例えばある研究（Simpson et al., 1996）では，不安・アンビヴァレント傾向の高い人は葛藤中に怒りや敵対心をより多く呈するという結果を得ているが，他の研究（Kobak et al., 1993）ではより回避型の方略を用いる人が葛藤中に機能不全の怒りを示しやすいとしている。さらに別の研究（Creasey, 2002）では，とらわれ型の人も拒絶・回避型の人も両方が安定型の人と比べてよりネガティブな情動を表出することを明らかにしている。葛藤時の生理的な反応とアタッチメントとの関連性について検討した研究はないが，いくつかの研究（Dozier & Kobak, 1992; Feeney & Kirkpatrick, 1996; Mikulincer, 1998）が，回避型はある状況下においてより大きな生理的反応と関連することを示唆

している（例外としては，Fraley & Shaver, 1997 を参照）。

▶ 要 約

　自己報告を使用した研究の結果は予測と合致するものであった。すなわち，不安・アンビヴァレント型とされる人は葛藤中，安定型や拒絶・回避型とされる人に比べてよりネガティブな情動を報告する。しかしその理由について，不安・アンビヴァレント型の人が特に自分の苦痛を報告しようとすることによるのか，実際に他の人よりも大きな苦痛を抱えているためなのかは定かでない。回顧的自己報告式以外の尺度を使った研究はきわめて少ないが，そのわずかな結果は，予測と合致するものにはなっていない。得られた結果は様々で，不安・アンビヴァレント型や回避型の傾向，もしくはその両方がより大きいネガティブな情動と関連することを指摘している。全般的にこの仮説については，情動に関して自己報告とともにより暗示的（covert）な尺度を用いた研究による十分な検討が必要である。現今の研究はこの予測の基礎をなす重要な理論的問いに対していまだ十分な答えを提示するには至っていない。すなわち，アタッチメントは葛藤に直面した際の情動制御の必要性やそこでの方略使用（例えば，不活性や過活性など）の違いに関連しているのか，という問いには未回答なのである。

　予測3：不安・アンビヴァレント型の人は回避型や安定型の人よりも，葛藤を経験したあとに，そのパートナーや関係性に対してあまりネガティブな知覚を示さないだろう（場合によってはポジティブな知覚をより示しやすいということさえもあろう）。

　この予測は，不安・アンビヴァレント傾向が高い人にとって葛藤は親密さを達成するという目標を賦活させるものなので，自分のパートナーから親密性や敏感な応答性が得られることをほのめかすような手がかりに注目する可能性がある，という発想から導き出されるものである。3つの研究（Fishtein et al., 1999; Pietromonaco & Feldman Barrett, 1997; Simpson et al., 1996）が，葛藤の知覚についてこの予測と合致する証拠を提示している。1つの研究（Pietromonaco & Feldman Barrett, 1997）では，事象随伴的日誌法（event-contingent daily diary method；Reis & Wheeler, 1991）に拠って，日常事態でのやりとりのあとの知覚や気持ちを調査した。この方法の利点は，調査参加者が相互作用後すぐに自分の思ったことや感じたことを報告するので，全般的回顧的自己報告につきまとう通常の記憶バイアスによる影響を比較的受けにくいという点である。調査参加者はアタッチメント型の傾向によってあらかじめ選別されており（つまり安定型，とらわれ型，恐れ・回避型，拒絶・回避型；Bartholomew &

Horowitz, 1991), 1週間にわたって社会的相互作用の大部分に対する自らの反応を記録した。この研究で，とらわれ型アタッチメント・スタイルの人が高葛藤相互作用についてよりポジティブな（もしくはよりネガティブでない）知覚を保持していることがわかった（5段階評定で4や5と評定した）。自分の葛藤性が高いやりとりについて評価する際に，とらわれ型の人は安定型や拒絶・回避型の人よりも高い親密性や満足を感じ，また他のどのアタッチメント・グループよりも自己開示をしたと報告している。また，とらわれ型の人は葛藤性の高いやりとりのあとに相手に対してもポジティブな知覚を示した。彼らは安定型や恐れ・回避型の人よりも，相手を尊重する傾向が高かった。そして安定型や拒絶・回避型の人たちと比べて，自分の相手がより多く開示し，よりポジティブな情動を経験したはずであると知覚していた。さらなる分析で，葛藤の程度（低から高まで）と相手とのやりとりの知覚の質との関連性を検討したところ，とらわれ型の人は葛藤の程度が増すにつれて，相互作用と（あるいは）相手をよりポジティブにまたはあまりネガティブにではなく知覚するようになる傾向があり，また，その度合いは他のアタッチメント・スタイル群の人よりも高かった。

　全体としてこの研究からは，とらわれ型の人が葛藤やネガティブな情動にうまく対処することが不得手であるにもかかわらず，ある状況下において葛藤が自分自身をさらけ出し，また相手について知り，ひいては親密性を高めるための好機であると感じる可能性があるということが示唆される。しかし，ここで注意しておかなければならないのは，この研究が相互作用の知覚について様々な相手（恋愛関係のパートナー，友だち，初対面の人など）との関係を調査しており，他の多くの研究がしているように恋愛関係にのみ焦点を当てているわけではないということである。

　もう1つの研究（Fishtein et al., 1999）では，とらわれ型の人にとって恋愛関係で起こる葛藤が，ポジティブとネガティブ両面の感情につながる可能性についてさらなる証左が示されている。この研究は葛藤に対する反応にのみ特化しているわけではないが，恋愛関係における高いあるいは低い葛藤に対してどのように関与しようとするかについて調査したものである。この研究では，大学生の男女がアタッチメント・タイプをもとにあらかじめ選別されており（Bartholomew & Horowitz, 1991），全員が安定した恋愛関係の中にあった。調査参加者たちは関係複雑性課題（relationship complexity task）を完成させた。この課題はLinville（1985）の自己複雑性課題の修正版で，参加者は100枚のカードの束からポジティブ（「受容的」「緊密な」「成熟した」など）やネガティブ（「統制的」「居心地悪い」「つまらない」など）な記述が記されたカードを選択し，そのカードを自分の恋愛関係を表現するのに必要な数のグループに振り分けていく。関係性の複雑性は，自分たちの関係を多様で重複のない属性で記

述できるかどうかの程度で決められる。私たちは特に関係のポジティブな属性やネガティブな属性を描出するのにどれだけの複雑性を示すかという程度に関心を払い，それゆえにポジティブ・ネガティブ両面の複雑性について検討を行なった。参加者たちは同様に2者間調整尺度（Dyadic Adjustment Scale: DAS；Spanier, 1976）を完成させ，自分たちの関係における葛藤の程度を示した。

　私たちは予測として，親密性や反応性について高い程度を望むとらわれ型の人は，高い葛藤状態に置かれている時に自分たちの関係のよりポジティブな側面についてより複雑な知識を示すだろうと考えた。また，とらわれ型の人は，自分たちの関係性のネガティブな側面についても他のアタッチメント・スタイルの人と同じように高い葛藤状態にある時，より複雑な知識を示すだろうとも予測した。結果は，関係における葛藤が増大するにつれて，とらわれ型の人は他のアタッチメント・スタイルの人がポジティブな関係複雑性をより少なく呈するようになるにもかかわらず，ポジティブな関係複雑性をより多く見せるということを示すものであった。さらに葛藤の多さはネガティブな関係複雑性と関連していたが，これについてはすべてのアタッチメント・スタイルの人に共通した結果であった。これらの結果から，とらわれ型の人は葛藤について単にネガティブな側面ばかりではなく，よりポジティブな側面，すなわち潜在的に親密さを促進してくれる可能性のある側面についても注目するのではないかということが示唆される。

　こうした2つの研究結果は予測3と一致しているが，恋愛関係にある2人がお互いに関係における瑣末な葛藤と主要な葛藤について議論し，それらを解決しようと試みることを問題にしたもう1つの研究（Simpson et al., 1996）では，結果が予測と反対の傾向を示している。不安・アンビヴァレント型の男女は，①瑣末な問題に対してであろうが主要な問題に対してであろうが，議論をしている時により高い苦痛を報告し，②議論後の感情（相手や関係性に対する愛情や関心が変わったと感じた度合いについての報告など）を議論前の感情と比較すると，主要な問題条件でのみ相手や関係性についてのポジティブな知覚が少なくなっていた。

　本節で紹介した3研究は，使用している手法や尺度においてかなりばらつきがある。例えば，Simpsonら（1996）の研究で用いられた課題は，特に不安・アンビヴァレント傾向の高い人を脅威にさらしたのかもしれない。なぜならば，彼らは，①葛藤を解決するように要求され，②「あなたを悩ませる相手の態度や癖や行動が何かということを相手に告げてください」と要求されることで，自分の脆弱な自己観が脅かされるようなフィードバックを現に受けてしまう可能性が高かったからである。反対に事象随伴的日誌法を使った研究（Pietromonaco & Feldman Barrett, 1997）は，参加者が高

い葛藤（5段階評定の4～5点）と評したやりとりについて検討しており，葛藤の詳細については特定しておらず，また様々な相手との関係（恋愛関係や非恋愛関係など）について調査を行なっている。残る1つの研究（Fishtein et al., 1999）では，特定のやりとりにおける葛藤というよりも恋愛関係における葛藤の一般的なレベルに焦点を当てている。加えて，3つの研究はその測定尺度においても大きく異なっている。

この点については，今後研究間の比較ができるような手法や尺度を使って調査することが重要になるだろう。これまでの結果で示されたのは，ある種の状況下では不安・アンビヴァレント型の人は葛藤を脅威とも親密性を高める好機だとも考える傾向があるということであるが，親密性の促進という側面への注目は，脅威の大きさやそれが引き起こすことになる自らに対するネガティブな感情の程度によって制約を受けてしまうのかもしれない。今後脅威の大きさや焦点を操作するような調査を実施すれば，この問題により効果的に取り組むことができるようになるだろう。

▶ 要 約

この予測に対してはまだそれほど実証的な関心が集まっておらず，結果も一致していない。さらに，それに関係する結果を示している3つの研究は手法が大きく異なっており，それぞれの知見を比較するのは難しい。しかしそれでも，これらの研究から不安・アンビヴァレント型の人が葛藤に対してポジティブ・ネガティブ両面の知覚をしている可能性が示されたと言える。

関係的文脈の緩和効果

パートナー・組み合わせの効果

アタッチメント理論から導き出される予測がアタッチメント・スタイルとその人の知覚や行動とのつながりに焦点を当てていたとしても，アタッチメント行動はそれぞれのアタッチメントの経歴を持った2者関係の文脈の中で起こるものである。アタッチメント関係はお互いに相手の目標や欲求に対して注意を払い調節していく，目標修正的パートナーシップとして概念化されている（Bowlby, 1969）。しかし，アタッチメント・スタイルがどのように相手の行動に影響するのか（パートナー効果），また，2者のアタッチメント・スタイルの組み合わせがどのように葛藤中の行動を形づくっていくのか（組み合わせ効果）を明細に示す理論的記述はほとんどない。

第IV部　アタッチメントの個人間側面 ― 親密性，葛藤，ケアギビング，満足感 ―

　アタッチメント理論は一方のアタッチメント・スタイルが他方の知覚や行動に与える影響や，2者のアタッチメント・スタイルの複合的効果についていまだ明確な予測を立てるに至っていないが，妥当だと考えられる2つの予想があげられる。1つめは，2者の双方が安定型だった場合，一方か両方が不安定型である場合よりも葛藤によりうまく対処することができるはずである，という予想である。2つめは，2者関係の中で少なくとも一方が安定型ならば，両方が不安定型だった場合よりも葛藤を扱うのがより上手になるだろう，という予想である。

　1つめの予想に関連して，両者が安定型だった場合に最も建設的な葛藤対処スタイルがとられるということが確かめられている。自己報告式の質問紙研究（Senchak & Leonard, 1992）において，2人ともが安定型の新婚夫婦は葛藤の間，両者とも不安定型の夫婦や妻が不安定型で夫が安定型の夫婦よりも引きこもることや言語的に攻撃することが少なかった。妻が安定型で夫が不安定型である夫婦については他の夫婦のいずれとも違いが見られなかった。また行動観察型の研究（Bouthillier et al., 2002; Cohn et al., 1992）では，（AAIで測定した結果）両者とも安定型だった場合には，2人ともが不安定型だった場合よりも全体的に葛藤中の意思疎通がうまくできていたことが示されている。

　2つめの予想と一致して，一方だけが安定型だった場合両者が不安定型だった場合よりも葛藤解決がよりうまくいくことが明らかになっている。4つの研究（Cohn et al., 1992; Creasey, 2002; Kobak & Hazan, 1991; Paley et al., 1999）が，一方が安定型のカップルは特に夫の側が安定型だった場合に，双方が不安定型だった場合よりも葛藤中に建設的な行動を見せることを明らかにしている。1つの研究（Cohn et al., 1992）では，夫が安定型で妻が不安定型だと両者が不安定型のカップルよりも葛藤が少なく，よりよく機能しているという結果が得られた。ただし，この研究では安定型の妻と不安定型の夫という組み合わせとの比較はされていない。

　しかし別の2つの研究（Kobak & Hazan, 1991; Paley et al., 1999）では，夫側のアタッチメントの安定性が葛藤中の妻の行動に影響しており，反対に妻側のアタッチメントの安定性については夫の行動に対して同じような影響を見せなかったと記されている。例えば，持続的安定型の夫の妻はアタッチメント軽視型の夫の妻に比べてネガティブな気分は少なく，ポジティブな気分が多く，ネガティブな気分は少なく，さらに獲得的安定型の夫の妻よりもポジティブな気分が多いという結果が示された。しかし妻のアタッチメント・スタイルは夫の行動を予測しなかった（Paley et al., 1999）。同様にもう1つの研究（Kobak & Hazan, 1991）でも，夫が妻を心理学的に利用可能であると考えていればいるほど（つまり夫が安定したアタッチメントを見せているほ

ど），その妻は問題解決課題の間，拒絶することが少なく支持と受容をより多く呈した。Paleyら（1999）の研究にあるように，妻のアタッチメント得点（相手を信用し心理的に利用可能と見ているかどうかという観点からの測定）は夫の行動と関連しなかった。さらにもう1つの研究（Creasey, 2002）でも，男性側が安定型だったカップルは男性が不安定型だった場合よりも，葛藤について議論している時にネガティブな行動を見せることが少ないことが明らかになっている。しかし女性側が安定型だったカップルも，待合室でのやりとり（準備段階）と葛藤についての議論の両方においてよりポジティブな行動を見せた。さらに2つの研究（Creasey, 2002; Paley et al., 1999）が2者のアタッチメント・スタイルの交互作用について検討しているが，いずれにおいても有意な複合的効果は見いだされなかった。

　総合すると，相手や組み合わせの効果について検討した研究からは以下の3つの傾向について述べることができる。まず，2人とも安定型だった場合には葛藤の解決に最も建設的なスタイルをとる。次に，どちらか一方が安定型だった場合には2人ともが不安定型だった場合よりも，葛藤に対処するのがおおよそ巧みである。最後に，2者が葛藤を扱うやり方は妻よりも夫側のアタッチメントの安定性に左右されるようである。この傾向は夫の知覚のほうが妻の知覚よりも強く結婚生活への満足度を予測すると報告している他の多くの研究（Maushart, 2002参照）と合致するものであり，このことはアタッチメント・タイプを評定する際にジェンダー（あるいは性役割）について考慮することの重要性を強く示唆するものと言える。またいくつかの研究(Kobak & Hazan, 1991; Rholes et al., 2001）では，サポートの授受を伴う相互作用中の行動について，妻側のアタッチメント・スタイルのほうがそれをよりよく予測するということが示されていることにも注意が必要である。こうした結果から，相互作用の文脈は，夫もしくは妻のアタッチメント・スタイルがその相互作用の質に寄与する度合いに，影響を及ぼすという可能性が示唆される。

関係性における葛藤のレベル

　アタッチメントと葛藤に関する理論的視点は，必ずしも葛藤の多さや激しさの差異までを予測するものではないが，知覚，情動，行動におけるいかなる差異も葛藤の頻度や強度の差異に由来している可能性があるため，それを問うことは重要である。安定型のアタッチメント・スタイルの人は通常，不安定型のアタッチメント・スタイルの人よりも自分たちの関係性に満足している（例えば，Carnelley et al., 1994; Cohn et al., 1992; Collins & Read, 1990; Kirkpatrick & Davis, 1994）が，彼らの葛藤を経験する

頻度が他のアタッチメント・スタイルの人よりも少ないということでは必ずしもない。回顧的自己報告式研究では，近接性をあまり心地よく感じない女性（Collins & Read, 1990, Study 3）や不安・アンビヴァレント型や回避型の女性（Kirkpatrick & Davis, 1994）が，自分たちの関係における葛藤をより多く報告するということが示されているが，男性に関してはいずれの研究においても，アタッチメント・スタイルと葛藤の報告との間に有意な関連が認められていない。しかしどちらの研究でも，男性による葛藤の報告は相手の女性側のアタッチメント・スタイルと関連していた。特に不安・アンビヴァレント型の女性がパートナーである男性は，葛藤をより多く報告していた。

回顧的自己報告式研究とは対照的に，調査参加者が1つひとつの相互作用を基に，そこでの葛藤について報告する事象随伴的日誌法を用いた研究では，知覚された葛藤の程度（Pietromonaco & Feldman Barrett, 1997; Tidwell et al., 1996）や葛藤の割合が高いと評定される相互作用の数（Pietromonaco & Feldman Barrett, 1997）が，アタッチメントによって異なるという知見は得られていない。

加えて2つの研究（Collins & Read, 1990; Kirkpatrick & Davis, 1994）において，男性側の葛藤についての報告が相手のアタッチメント・スタイルと関連することが明らかになっている。男性は不安・アンビヴァレント型とされる女性がパートナーである時により多く葛藤を報告した。そのうち1つの研究（Kirkpatrick & Davis, 1994）では，相手による同様の効果が女性にも見られることがわかった。女性においてもパートナーが不安・アンビヴァレント型の男性である場合には，回避型や安定型の男性がパートナーの場合よりも，多くの葛藤を報告したのである。

全体として，これらの研究はアタッチメント・スタイルと葛藤の量との関連性が複雑であることを示している。回顧的自己報告式研究において男性と女性は同じ傾向を示さなかったし，また葛藤経験の直後におけるその強度に関する知覚もアタッチメント・スタイルとは関連していないようであった。さらに，一方のアタッチメント・スタイルが他方の葛藤の知覚に影響を及ぼすということが明らかになったが，このことは今後，葛藤の知覚が生じる関係性の文脈（相手の特徴や2者間のやりとりの特徴）について検討することが重要であるということを示唆している。

今後の研究に向けた考察と結論

アタッチメントと葛藤とのつながりに関する基本的な仮説のいくつかはまだ直接的

には検討されていない。1つめの未検証仮説は，アタッチメントのスタイルが葛藤を脅威と知覚するか否かを予測するということである。不安定型のアタッチメントとされる人は葛藤にうまく対処するのがより困難であることを多くの研究が示してきているが，こうした問題が葛藤を脅威ととらえるためなのか，別の理由によるものなのかについてはわかっていない。例えば，不安定型アタッチメントの人は葛藤中に建設的な行動がより少ないが，それは彼らが葛藤を脅威と知覚しているからというよりは，むしろ安定型の人よりも社会的スキルが乏しいからなのかもしれない。加えて，ある種の人にとっては葛藤が脅威をひき起こすという仮説を検討する際には，葛藤の定義を広義に（すなわち，重大な意見の不一致が生じる領域とでも）解釈し，何が意見の不一致の焦点となっているかということをも考慮に入れるということが有用であろう。ある人は葛藤の焦点が親密性や相手の利用可能性にある場合に，それを脅威と感じるかもしれないが，葛藤の焦点が別の問題（例えば，どのようにお金を使うか）にある場合には，そのように感じないかもしれない。葛藤が生じる様々な領域を分けて考えることで，不安・アンビヴァレント傾向が高い人と回避傾向が高い人とで葛藤を脅威ととらえる条件にどのような違いがあるかということが明らかになるかもしれない。

　さらに，脅威はアタッチメント・システムを活性化させるうえで重要な意味を有すると考えられるが（例えば，Bowlby, 1980; Simpson & Rholes, 1994），アタッチメント関係の内部から発生する脅威（例えば，葛藤に由来する脅威）が，関係性の外部に由来する脅威（例えば，物理的なものや人間でないものから生じる脅威）とは異なるのかについては明らかになっていない。関係性の外部で生じる脅威に対して，その苦痛の原因と関係しないアタッチメント対象は安息感を与える役割を担うだろう。関係性の内部から生じた脅威（例えば，恋愛関係における葛藤）に関しては，アタッチメント対象は脅威の源とも潜在的な安全基地とも知覚されることになるため，接近－回避のジレンマを起こさせてしまう。私たちが知る限りでは，こうした2種類の脅威に対する反応を比較検討した研究はないが，脅威が関係性に由来する場合アタッチメント・スタイルによる違いがより顕著になると考えることができる。そして，これに関連して言えるのは，関係性の中で起こる葛藤による脅威がアタッチメント・システムだけではなく，世話システムをも活性化するか否かという問題である。関係の中の2人は，お互いに相手を安全な基地とすることによって自分の恐怖に対処するに違いないが，同時に彼らが相手にとっての安全な基地の役割を果たすこともまた必要なのである。サポート希求や養育・世話にアタッチメントが及ぼす差異に関する研究（Carnelley et al., 1996; Collins & Feeney, 2000; Feeney & Collins, 2001; Kobak & Hazan, 1991; Simpson et al., 1992 など）から，アタッチメントと葛藤に関するこれからの研

究の方向性をうかがい知ることができる。葛藤を巧みに解決するスキルには，相手を安全な基地として利用すること（サポート希求）と，相手にとって自分が安全な基地になること（サポート提供）とのバランスをとる能力が必要になると推測できるからである。

　2つめの未検証仮説は，アタッチメント・スタイルが違う人は葛藤中に異なる目標を持つ，つまり特に不安・アンビヴァレント傾向が高い人は葛藤的なやりとりの中で親密になろうとする一方で，回避傾向が高い人は独立独行を維持することを求める，というものである。私たちの研究において，不安・アンビヴァレント型（とらわれ型）が葛藤のネガティブな側面だけではなく潜在的に親密性を高めるような側面についても知覚していることが示されているが，こうした傾向が葛藤中の対人的な目標の差異からくるものなのかということについては定かではない。

　これらの基本的仮説の検証に加えて，他にもいくつか取り組まなければならない問題がある。まず1つめに，葛藤中の知覚が状況の実態を正確に反映しているかを調査することが重要になるであろう。例をあげると，とらわれ型の人が葛藤後に親密性をより強く感じたと思った場合，相手のほうも同じように親密性をより感じたと答えるのだろうか，あるいは反対に親密性が下がったように感じたと答えるのだろうか。葛藤後における両者の知覚について調査することで，この問題に対処することができるだろう。

　2つめの問題は，親密性やコミュニケーションについての知覚における葛藤の長期的な効果を調査しなければならないということである。とらわれ型の人は比較的短い間はネガティブな知覚をあまり持たないだろう。しかし，時間が経つにつれてネガティブな知覚を徐々に経験しなくなるのは安定型の人かもしれない。さらに，こうした方向で研究を行なうことは縦断研究（Fincham & Beach, 1999 参照）の一部で見られる，ネガティブな葛藤行動が長い目で見た時の結婚満足度をむしろ高めるという難解な結果を解釈する手助けになるであろう。2人ともアタッチメント安定型である（あるいは少なくとも1人が安定型である）カップルは，長期的視点で見た場合におそらく葛藤から何らかの利益を確実に得ると考えられるが，他のアタッチメント・スタイルのカップルではそうはならないかもしれない。

　3つめに，葛藤についてアタッチメントの視点をとることで，パートナー効果やカップル効果に関する様々な考えが統合されるはずである。関係を持つ2人両方のアタッチメントの安定性について検討している数少ない研究が示唆するところによれば，葛藤中の行動は少なくともどちらか一方が，特に男性側が安定型であることによって改善されるという。こうした結果は，アタッチメントを個人差の変数として

考えるのみならず，2者関係という文脈の中で検討することの重要性を明示している（Pietromonaco & Feldman Barrett, 2000）。

4つめに，葛藤に関するアタッチメントの効果はジェンダーの文脈において考慮する必要がある。夫におけるアタッチメントの安定性は葛藤中のやりとりの質を規定するようだが，この傾向は他の研究で示されている男性側の結果のほうが婚姻状態を予測するということと合致している（Maushart, 2002 参照）。こうした傾向の背後に潜むプロセスについてはいまだ明らかになってはいないが，男性がやりとりを支配することが多い結果として，それによって関係性のトーンが方向づけられるという可能性もあれば，女性のほうがより関係的で相互依存的な自己観を有する傾向が高い（Cross & Madson, 1997 など）ために，パートナーの行動上の手がかりにより注意を払い，それに従って自分自身の行動を修正しやすいという可能性も考えられよう。こうしたことから，アタッチメントと葛藤とのつながりを理解するための理論的な枠組みはどのような時にジェンダーに関連した差異が見られるのかを特定するということが必要であろう。

5つめに，今後の調査は葛藤期間全体における2人双方の知覚と行動を検討することによってより有意味なものとなるだろう。葛藤が始まった時に起こる行動はその終焉と同じではないかもしれない。例えば，とらわれ型の人は最初，建設的な方略をもって葛藤に臨むかもしれないが，葛藤の進行につれて彼らが欲する結果を得ることができないとなると，抑圧や攻撃を用いるようになるかもしれない。

総括すると，アタッチメント理論は人が葛藤中にどのように考え，感じ，行動するかを理解する枠組みを提供すると言える。特に，個々人の作業モデルが葛藤中の脅威に対する知覚や目標，そして結果としてそれぞれの反応を形づくることを示唆する。実証研究ではこれまでのところ，アタッチメントの安定性（または不安定性）が葛藤に対する反応傾向に影響を及ぼすという考えを支持している。しかし本章における概観で指摘してきたように，葛藤についてアタッチメントの視点から考えた場合に，いまだ重要な仮説のいくつかが検討されないまま残されており，今後，文脈的変数（例えば，関係性全般や性役割）が果たす役割を，理論的な説明の中に統合的に組み入れていく必要がある。葛藤状況がアタッチメント理論から導出されるきわめて重要な予測を検証するうえで，独特の文脈を提供してくれることは明らかである。こうした予測をより精緻に検討することで，親密な関係におけるアタッチメント・プロセス全般に関する知見が豊かになり，関係の中に生じる葛藤についての多様な結果を，包括的な理論的枠組みの中で秩序立てて考えられるようになる可能性がある。

第Ⅳ部 アタッチメントの個人間側面 ― 親密性，葛藤，ケアギビング，満足感 ―

10章

Brooke C. Feeney & Nancy L. Collins

成人期における対人関係上の安全な避難場所と安全な基地としてのケアギビング・プロセス

　アタッチメント理論は，世話（care）が人間の基本的要素であり，個人の，そして対人関係上の幸福感にとって必要不可欠なものだと論じている（Bowlby, 1969/1982, 1973, 1988）。世話をすることは，アタッチメント関係の質と機能において中核的な役割を持っており，理論上，人間の他の2つの要素（アタッチメントと探索）と重要な形で関係している。しかし，成人期のアタッチメント関係における世話という面は，アタッチメントの面と比べると，その代用物でしかなかった。また，Bowlbyの理論的貢献のあと，成人期のアタッチメント，探索，世話というシステムの相互関連について，実証研究も理論的詳述もほとんど進められてこなかった。そこで本章では，アタッチメント理論における，成人期のこの3つの行動システムの相互影響について詳細に示す。続いてこの領域に関する私たちの研究プログラムを紹介し，さらに私たちの研究を他の研究者の知見と統合して，今後の研究の方向性について示すことを目的とする。

アタッチメント・探索・世話の相互作用

　アタッチメント理論は，成人期におけるソーシャル・サポートと世話のプロセスに関する研究に理想的枠組みを提供していると私たちは考えている。なぜならそれが，安全への要求を生涯にわたる最も基本的な要求の1つであると明記しているからであり，また，アタッチメント（世話の探求），世話をすること，そして探索という3つの重要で相互に関連しあう人間の構成要素を含む複雑な対人関係ダイナミクスを理解

する基礎を与えてくれるからである。

　これら3つのシステムは，生存に必要な価値を持つと考えられている。つまり，それぞれの行動をとろうとする本能が，ある程度，前もってプログラムされているようである。Bowlby（1988）は「発達を個々の気まぐれな学習に委ねることは，生物学的に最も愚かなことだろう」と論じている。アタッチメント理論はこれらの3つのシステムの相互影響を考慮しており，これまでのソーシャル・サポートや関係性の研究では探られていない，ソーシャル・サポートと世話のプロセスについて興味深く重要な研究手段を示している。世話のシステム，それらに関する理論および研究について深い議論に進むべく，以下，3つのシステムについて簡単に述べる。

アタッチメント

　まず最初に，アタッチメント理論は，すべての人間にとって生得的で，ゆりかごから墓場までにわたって見られる，特定の他者と強い情緒的絆を築こうとする傾向について扱ったものである。アタッチメント・システムには，養育者と接することで安全と安心を維持する機能があると考えられている。アタッチメント・システムは，困難な場面，つまり，恐れや苦痛，疲労，病気などの時に最も強く活性化し，人は主要な養育者から保護や慰め，サポートを得たいと強く思うものであろう（Bowlby, 1973, 1969/1982; Bretherton, 1987）。

　アタッチメント理論は元来，親と子の間に築かれる関係性の性質を説明するために唱えられたものであったが，Bowlbyはやがて，アタッチメント行動が子どもだけに限定されるものではないことを強調するようになった。大人の場合，子どもほど容易に活性化されるわけではないが，苦痛を感じている際には大人にもアタッチメント行動が見られる。大人のアタッチメント行動について，最もよく知られた強烈な例は，2001年9月11日の同時多発テロの際に見られたものではないだろうか。その時，たくさんの人々が，愛する人とできる限り近くにいたいと強く願っていた。しかし成人のアタッチメント行動は，おそらくより弱い程度のものであるが，他にも多くの苦痛を感じる状況でも見られる。例えば，身体的痛み，疲労，新しい状況への恐れ，他者からの拒絶感，仕事上の問題，喪失への恐怖といったストレスへの反応として，成人も自分にとって最も重要な他者（多くは配偶者）への近接を求める。アタッチメント行動，そしてそれに付随した世話への欲求増加は，こうした状況において典型的なものと考えられている（Bowlby, 1988）。

　アタッチメント理論における重要な前提条件は，成人も子どもも，自分にとって重

要な他者（アタッチメント対象）との関係性を，ある限られた距離あるいは近接可能な範囲内で維持しようとするという点である。アタッチメント行動は，覚醒の強度にもよるが，養育者との近接性を保とうとする行動パターンとアタッチメント行動の活性化を終了させる条件とのセットで考えられる。強度が弱い場合，養育者を見たり，声をかけたりするだけですむだろうし，強度が強い場合，しがみつきや長い間抱きついていること，あるいはさらに，実際の問題解決行動が必要となるかもしれない。アタッチメント理論は，困難な場面で成人が見せる慰めやサポートへの欲求を，子どもじみたこと，あるいは未熟な依存と考えるべきではないということを強調している。むしろそれは，個人の健康と幸福に寄与する，人間の本質的な性質であると考えられるべきである。さらに，子どもと成人の双方のアタッチメントに関する研究は，アタッチメント行動が個人内で組織化される様相（例えば，各個人による表現の仕方）は，困難な状況下におけるアタッチメント対象あるいは養育者との経験の歴史，そして，自己とアタッチメント対象に関してその個人が有している一般的な信念（例えば，環境が変化した時のアタッチメント対象の能力や応答してくれるかという見込みなど）に依存するという前提を支持している。

探　索

　環境の探索欲求（仕事，遊び，発見，創造，仲間との活動への参加）は，人間が持つもう1つの基本的性質であると考えられる（Bowlby, 1988）。アタッチメント理論によれば，本当の探索活動は，アタッチメント欲求が充足されている時（アタッチメント・システムが活性化していない時）にのみ起こる。こうした意味では，探索はアタッチメント行動とは矛盾するものである（Bowlby, 1988）。つまり，どんな年齢であれ，人は安全と安心を感じている時，アタッチメント対象（あるいは養育者）から離れて探索に出かけようとする。しかし一方で，何らかの苦痛を感じる時，人は近接を求めるものである。理論に基づくならば人間は，自分にとって必要な時にアタッチメント対象（成人期においては多くの場合，恋愛関係にあるパートナー）を求めた際に，相手が利用可能で応答的であるということを確信している時，環境の探索や挑戦，発見に出かけるのに十分なだけの安心感を持つことができるという。成人にとって，こうした探索活動はいろいろな形態をとり，その期間も様々となるだろう。成人の探索活動の例には，旅行，趣味の開始，新しい場所の訪問，個人的な大きな目標に向けた努力，新しい友好関係の構築，仕事（Hazan & Shaver, 1990）あるいは余暇活動（Carnelly & Ruscher, 2000）などが含まれるだろう。しかし，集中的で生産的な探索活動は，そ

の個人が，①基地への安心感と利用可能性に何の疑問も持たず，②恐怖や苦痛など，基地に向かわせるような状況を経験していない時にのみ，生起すると考えられている。

世 話

　アタッチメント理論は，世話（care giving）を人間の主要な要素と考えており，これが本章の焦点となる。アタッチメント理論の観点からすると，世話は，関係性を持つ相手のアタッチメント行動と探索行動を補完するような，多様な行動を含んでいる。つまり，世話は，①アタッチメント関係にある相手の安全感への要求を満たすことによる**安全な避難場所**の提供（例：ストレス状況における慰めと問題解決），②アタッチメント関係にある相手の自律と環境の探索を支えることによる**安全な基地**の提供，という2つの主要な機能を持つと考えられる。むろん，安全基地という概念は，安全な避難場所と安全な基地の双方のダイナミクスを組み込んだ，より包括的なアタッチメント関係として考えることもできる（Crowell et al., 2002; Waters & Cummings, 2000 などを参照）。しかし私たちは，安全な避難場所と安全な基地の提供は，2つの異なる世話の機能であると考える（後に詳述する）。

　成人の親しい関係性における世話のプロセスの研究において，私たちは世話を，アタッチメント理論と同様に，**対人的なプロセス**の一部であると考える。アタッチメント研究，そしてソーシャル・サポートの研究はともに，この数十年間大規模なものとなってきた。にもかかわらず，成人の緊密な関係性におけるサポートや，世話をする関係性の中で展開されるプロセスについての実証研究はほとんど行なわれていない。Bowlby（1969/1982）は，世話のプロセスに関するさらなる研究の必要性を強調し，また，アタッチメント行動についてなされているのと同様に，世話についても概念的枠組みを持って体系的な研究がなされるべきであると述べている。しかし，世話のシステムの発生と機能に関する理論は，Bowlbyがアタッチメント・システムについて詳細な理論と実証を残したほどには十分に発展されることがなかった。GeorgeとSolomon（1989, 1999a, 1999b）はこの点を指摘し，母親－乳児間における世話のダイナミクスについて理論的，実証的詳述を行なうべく，研究を開始している（George & Solomon, 1996; Solomon & George, 1996 も参照）。こうした研究者たちは，養育者を，アタッチメントと発達的にも行動的にも関連するが，それとは異なるものとして組織化された世話システムを有する発達しつつある成人としてとらえるという，母親の世話についての概念化と研究のための枠組みを提供している。同じように，成人の関係性における世話についても，理論的精緻化や集中的な研究プログラムが必要であろう。

こうした必要性に部分的に応える形で，私たちは以下の研究上重要な問題点を考慮しながら，成人期の世話のプロセスに関する研究プログラムと詳細な調査を開始した。

1. 成人期の関係性における良い世話の与え手とは何を意味するのか？
2. サポートの相互関係において，世話の要求と付与という行動はどのように調整されるのか？
3. 効果的な世話の与え手と，非効果的な与え手を同定することは可能か？
4. 良い世話の与え手となるのに必要なスキル，資源，動機とは何か？
5. 応答的あるいは非応答的な世話の与え手とならしめる，個人的，対人的メカニズムとは何か？
6. ある世話の付与行動は，長期的な関係性の質と持続といった，重要な結果を予測するのか？

今日までの私たちの研究は，関係性のパートナーが示す苦痛への応答に見られるダイナミクスを理解することが中心であった。しかし驚くべきことに，成人期の関係性におけるサポートや世話に関する研究では，関係性のパートナーが互いにストレス下で慰めや安心，サポートを与え合うだけでなく，互いがそれぞれに個人的成長，自律的探索，本質的にやりがいのある挑戦の受容をサポートすることをも含むという，世話についての包括的な見方が見過ごされてきた。こうした領域について扱う私たちの研究は，アタッチメント理論に沿って，①世話をするというダイナミクスにおける対人的な性質，②世話をするダイナミクスにおける一般性と個人差，③実際の世話の付与行動を観察することに加え，行動の主観的知覚を扱う重要性，の3点を考慮した。

以下，世話の付与における2つの主要な機能についてより詳細に述べていく。世話についての2つの機能を含む対人的プロセスを検討するための統合的な枠組みを提供し，また，双方の世話に関して，これまでに得られた興味深い研究，さらには現在行なわれている研究について述べる。最後に，この分野において今後重要となる方向性について示す。

安全な避難場所としてのケアギビング・プロセス

私たちが危急の際にはきっとすすんで助けてくれるだろうと確信している，

10章 ■ 成人期における対人関係上の安全な避難場所と安全な基地としてのケアギビング・プロセス

親しい誰かに常に容易に近づくことができるという状態にあることは、私たちにとって、明らかに、すばらしい保険なのである——たとえいくつになっても。

Bowlby（1988, p.27）

世話の与え手が、その関係性のパートナーの苦痛に対して敏感かつ適切に応答し、慰めや安心感や援助の必要性に応える時、パートナーに安全な避難場所を提供していることになる。アタッチメント理論によれば、良い世話の与え手とは、相手の「安全感や安心感」を回復させること、すなわち、問題解決を手助けし苦痛を和らげることで、アタッチメント行動に応える存在である。アタッチメント理論は、親しい者に生じた要求に対し、柔軟に、敏感に、かつタイミングよく応えることの重要性を強調している。

ある状況で求められるサポートのタイプや量は、第一に世話の受け手によって（つまり、その人が感じている苦痛の程度によって）決定されるものである。しかし、外的な付随事象（例えば、その状況の危険性）もまた、影響を及ぼす要因となるだろう。Bowlby（1969/1982, 1988）は、発せられるアタッチメント行動（例：泣き、後追い、探求）、そして同時にそうした行動が発せられた状況（例：緊急 対 緊急ではない状況）は、それぞれが世話行動に及ぼす効果を決定する際に重要であると述べている。例えば、乳児の痛みの泣きと、空腹の泣きは、養育者の行動に大きく異なる影響を及ぼすことが知られている。痛みの泣きはより迅速で驚きを伴った世話行動を引き出すが、空腹の泣きは養育者のよりゆっくりとした応答を引き出すのである。成人のアタッチメント行動も同様に、パートナーの世話行動に影響を与えるはずである。つまり、アタッチメント・システムが（高程度の苦痛を経験した結果として）より強く活性化され、アタッチメント行動が相対的に激しいものであると（例：強い希求やしがみつき）、安全感の回復には同じように高い程度の（例：身体的な接触）世話行動が必要となる。しかし、より低いレベルで活性化されたアタッチメント行動であれば（例：間もなく行なわれる成績評価に対する心配の表出）、言語的な慰めといったより穏やかな世話行動によって十分に静まるだろう。したがって、世話の与え手が十分な安全な避難場所を与えるためには、アタッチメント要求に対して敏感かつ柔軟に対応しなければならない。つまり、相手の視点、感情、そして意図に気づき、感情の表現を促し、状況に合わせて自分の行動を調節することが必要となる。

むろん、世話は様々な肯定的あるいは否定的な形をとることがある。Bowlby（1988）は、敏感な世話の与え手とは、自分の行動が世話をされる側とうまく噛み合うように調整することができる者であると述べている。敏感な世話の与え手は、世話の受け手からの手がかりをつかみ、自分の介入の仕方を相手のペースに合わせる、つまり、相

手のシグナルに合わせ,相手の行動の細部に注意を向け,シグナルや行動を正しく解釈し,どんな介入が相手にとって最も適切であるかを発見したうえで,敏速かつ適切に反応し,さらに,自分の行動の相手に対する効果をモニターしながら正しく修正するのである。それに応じる形で,世話の受け手も,世話の与え手からの介入を考慮して行動している。つまり,うまくいっている関係性においては,お互いが相手に合わせているのである。一方,敏感でない世話の与え手は世話の受け手のシグナルに気づかない,誤った解釈をする,あるいはそれに気づいても無視することにより,勝手なやり方で干渉したり,拒否的にふるまったり,もしくは遅く不適切な応答をするか,全く援助をしないこともある。

ただし Bowlby (1988) は,世話の与え手が敏感に行動するためには,十分な時間とゆったりとした雰囲気が必要な条件であると指摘している。さらに彼は,私たちには自分が扱われてきたように他者を扱う,という強い傾向があると警告している。彼は,世話行動がアタッチメント行動と同様に(ある条件がそれを誘発した時に,ある道筋に沿って発達するように準備されているという意味で),ある程度の生得的性質を持つと述べているが,しかしその細部は学習されるものであるという。例えば,研究知見からは,虐待された者は他者の苦痛に同情しにくいことが示唆されている (Bowlby, 1988)。つまり人間は,健康的な形であれ不健康な形であれ,かつて自分に対して責任を持って世話をしてくれた重要な他者から,世話のパターンを学習するようである。

Bowlby (1988) はさらに,良い世話の与え手は,すべての人に深く根付いている愛情,親密さやサポートに対する要求を真に理解し尊敬している必要があると述べている。関係性のパートナーに効果的な安全な避難場所を提供するためにはいくらかの努力が必要ではあるが,Bowlby はそうした世話に対する報酬は大きいと記している。敏感で愛情あるやり方で世話された人は,幸福で人を信頼し,必要な時に他者は助けてくれるだろうという自信を深め,世界の探索において自律的かつ勇敢となり,他者と協力的で,他者の苦痛に共感的で支援的になるだろう。この理論において特に興味深い点は,必要な時には敏感に依存を受容するということが,長期的には,その欲求や依存を**無くしていく**というものである。この現象は母子間において観察されてきたものであり,例えば乳児のシグナルに敏感で応答的な母親の子どもは,敏感でない母親の子どもよりも,泣くことが少ないという (Bowlby, 1988)。アタッチメント理論に照らせば,同様の現象は成人の関係においても見られるだろう。

安全な基地としてのケアギビング・プロセス

> 私たちは皆，ゆりかごから墓場までの生涯にわたって，アタッチメント対象が与えてくれる安全な基地からの，長いあるいは短い旅の続きとして生活が組み立てられている時に，最も幸せを感じるのである。 Bowlby（1988, p.62）

　世話の与え手は，関係性のパートナーの探索行動，あるいはその探索活動を励ましてほしいという要求に対して敏感で適切な応答をする際，パートナーに安全な基地を提供している。アタッチメント理論によれば，良い世話の与え手とは，活動への介入方法や苦痛のシグナルに対する適切な応答の仕方を知っているのみならず，パートナーの個人的な成長と探索を奨励し，自身を相手にとって利用可能な状態にし，非干渉的であることをも知っている存在であるという（Bowlby, 1988）。世話をするということの重要な側面には，親密な相手が外側の世界へと小旅行（遊び，仕事，学習，発見，創作，新たな友人との出会い）に出かけることができるように，安全な基地を与えるということが含まれている。それは，慰めや安心，そしてまた，途中で困難に出会った時に援助を求めて戻ってくることができる場所である。Bowlby（1988）は以下のように，安全な基地という概念は，世話の与え手が，パートナーが自信を持って世界を探索することができるような状態をつくることだと述べている。

> この役割の最も重要な点は，励ましと支援の要請に応える準備をし，利用可能な状態でいることであるが，活動に介入するのはそれが明らかに必要な時のみであるということだ。これは，遠征軍が出発し，大敗を喫した場合に撤退することができる軍事基地を統括する役人の役割と似ている。多くの場合，基地の役割は待機であるが，しかしそれは重要性が低いというわけではない。遠征軍を指揮している役人は，基地が安全だと確信を持っている時にのみ，思い切って前進し，危険を冒すのである（p.11）。

　Bowlby（1988）は，自分の基地が安全で，必要な時には応答してくれる状態にあることを確信している者は，それを当然のことと思いがちだと述べている。しかし，その基地が急に利用不可能あるいは近接不可能になった時，「情緒的落ち着き」のための基地の重要性が急に明白なものとなる。実際にアタッチメント理論は，情緒的にも社会的にもうまくやっている者，向上している者はアタッチメント対象を有してお

り，それは子どもの頃には養育者，成人期には配偶者であるが，その対象はいつも自律を励まし，必要な時には利用可能で応答的な存在であるということを述べている。安全な避難場所としての世話に関して先に触れたように，Bowlbyは，アタッチメント行動を（成人期であれ）人間の本質の一部であり，脱却しなければならない依存を示す否定的サインではないことを理解しなければ，相手に効果的な安全な基地を与えることはできないのだと強調している。

　敏感な世話の与え手は，関係性のパートナーにとって，探索を促進し，支援し勇気づけるような形で探索の成功と困難に応答し，個人的目標と欲求について開かれたコミュニケーションを進め，様々な形で自律を促し援助を行ない，パートナーの心の状態に合わせることによって，安全な基地として機能する。敏感な世話の与え手はさらに，相手の個人的成長を促進し，パートナーがイニシアチブを取ることを励まし，加えて，踏み込んだり誘導したりせずに待って介入しないでいるべき時をわきまえることによって，相手の幸福感をより大きなものにする。行動を奨励するということには，パートナーの注意を探索の機会へと向けさせることや（親が子どもの注意をおもちゃへと向けさせるのに対し，配偶者はパートナーの注意を職業的機会へと注がせるだろう），パートナーが自分自身では開始することが難しいような探索活動への参加の仕方を助言することも含まれるだろう。一方，関係性のパートナーに充分な安全な基地を与えることがない，敏感でない世話の与え手は，パートナーの目標や，目標に向けた感情に気づきにくく，パートナーが自分で問題を解決しようとしている時に入り込み，探索を妨げ邪魔することでパートナーの自律への欲求を尊重することに失敗し，援助や励ましを与えず，タイミングの悪い，支援的ではない応答をしてしまいがちである。

　子どもが親の居場所に注意を向け続け，視線を交わし，時々親の元に戻ってきては楽しげなやりとりをすることで親を安全な基地として利用するのに対し，成人は，同様ではあるがいくぶん成熟したやり方を用いている。例えば，成人は配偶者の居場所を把握し，ある期間，配偶者の元から探索に出る時には電話でやりとりをし，探索の詳細について配偶者と共有しようとすることなどがあるだろう。配偶者の居場所（あるいは必要な場合における利用可能性や応答性）が確かでない場合，成人は探索的活動を行ないにくいものである。成人期における探索は幼少期のものと比べると長期的なものとなるが，アタッチメント理論は，「成人期を通して，アタッチメント対象の利用可能性や応答性は人間の安全感の源であり続ける」ことを強く述べている（Bowlby, 1988, p.62）。つまり，探索を励まし援助してくれる，そして，慰めや支援，保護が必要な時に利用可能で応答する用意のある世話の与え手がいるということが，

自信に満ちた環境の探索を可能にするのである。

　うまくいっている成人の関係性においては，お互いが相手に，探索に出かけられる安全な基地および苦痛を感じた際に戻ることができる安全な避難場所を提供し合っており，世話をするということはパートナーの安全が直接的に脅かされていない時でも終了することのない，進行形のプロセスであるように思われる。こうした観点から，相手を世話するということには苦痛の表出に対する応答や問題解決の支援のみならず，自律の奨励による個人としての成長の支援，個人的に得るものがある挑戦の探求を援助することも含まれている。つまり，良い世話の与え手がその役割を行なっているということは，継続的な「勤務中」の状態にあるということである。こうした世話の考え方は，関係性やソーシャル・サポートの研究において概念化されてきたソーシャル・サポートや世話とはやや異なるものであり，また，研究調査において見落とされ続けてきたものである。

統合的モデル

　図 10.1 はこの領域に関する私たちの研究の指針となっている理論に基づくモデルである（元は Feeney, 2003 にて提示）。この統合モデルの全体的な概念（アタッチメント，世話，そして探索を含む対人的プロセスを描き，同時にそれらの3つの行動システムは互いの機能に影響することを描いている）は，**安全の環**（circle of security）という支援方法に着想を得たものである。この支援は Marvin ら（2002）によって，アタッチメント理論に基づき養育スキルを教えるために提唱されたものである。ここで示された，成人の関係性のためのモデルの細部は，アタッチメント理論，成人期の関係性における世話のプロセスに関する実証的な先行研究（Collins & Feeney, 2000; Feeney & Collins, 2001; Hazan & Shaver, 1990），関係性やソーシャル・サポートの研究に関連する理論（例えば，Barbee, 1990; Cutrona, 1996; Reis & Shaver, 1988）に基づいている。私たちはこの成人版モデルを「成人期における安全の環（circle of security in adulthood）」と呼ぶことにする。

　簡単に言うとこのモデルは，ある状況において潜在的に世話を与えることができる「世話の与え手」と，そのサポートから恩恵を受ける可能性のある「世話の受け手」という2者について触れたものである。しかし，成人期において，世話の付与と享受という役割が2人のどちらかにそれぞれ専門的に割り振られているわけではないこと

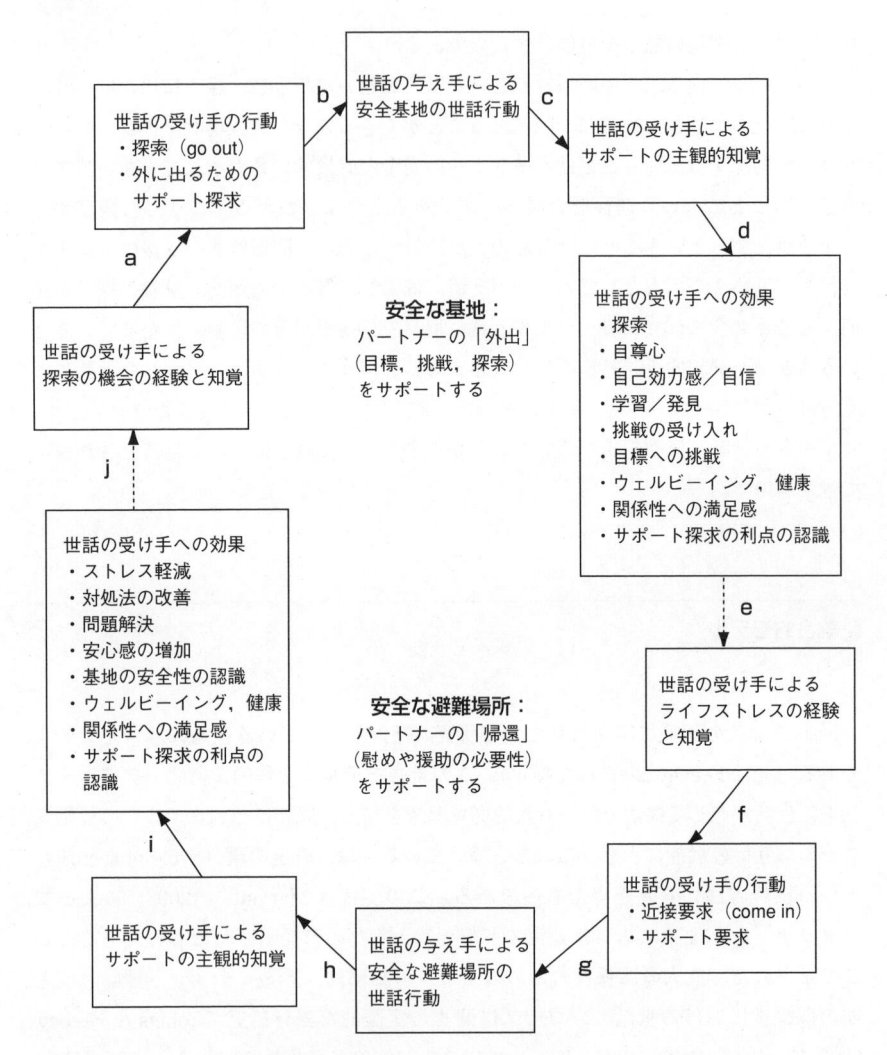

第IV部　アタッチメントの個人間側面 ― 親密性，葛藤，ケアギビング，満足感 ―

図 10.1　成人期における安全の環　対人関係におけるサポート探求，世話，探索のモデル。

に留意しておくことが重要である。成人期のパートナーたちは，状況に応じて，ある時は世話の与え手，別の時は世話の受け手という役割を担う。

図 10.1 の下方部分は（世話の受け手による，ライフ・ストレスの経験と知覚から開始する部分），世話に関する**安全な避難場所**としての機能を表わしている。これは，

ライフ・ストレスへの反応として個人の**アタッチメント・システム**が活性化した時に動き始めるものである。モデルに描かれているように，ストレスを感じる出来事の経験は，アタッチメント対象への近接や援助，慰めを求める欲求を喚起する（矢印 f）。こうしたサポート探索行動が世話の与え手にサポート提供の動機づけを与える（矢印 g）。サポートの提供により，その受け手はサポートされている感覚を得る（矢印 h）。そしてサポートされているという感覚が全体的な安全感や幸福感を助長するのである（矢印 i）。世話の探索と付与に関する安全な避難場所という側面は，世話の与え手がパートナーのアタッチメント行動，あるいはパートナーがその関係性に「入ってくる」という行動を支える時に生起するものである。安全な避難場所という世話の付与に関する対人プロセスのいくつかは，交際中のカップルを対象とした実証的な先行研究でも認められている（Collins & Feeney, 2000; Feeney & Collins, 2001; Simpson et al., 1992 など）。

図 10.1 の上部は世話の**安全な基地**としての機能，つまり探索の潜在的機会への反応として個人の**探索**システムが活性化した際に働くものを示している。世話の要求と付与における安全な基地という側面は，世話の与え手がパートナーの探索行動あるいは関係性のパートナーの元から「外へ出て行く」という行動をサポートする時に生起する。成人期における世話の安全な基地に関する実証的研究は実質的には行なわれておらず，この領域は現在重要な点となっている（Feeney, 2003 参照）。

アタッチメント理論によれば，個人が感じる自分の基地が安全だという全体的な感覚（安全な避難場所の付与という世話を含んだ多様なやりとりに基づくもの）は，①探索は不可能ではないかという感覚よりも，それへ向かう強い欲求を抱かせ，②探索の機会（目標や挑戦）が重要で達成可能であり，努力し危険を冒す価値があると感じさせる（矢印 j）。モデルにおける次の段階では，探索への強い欲求，および目標，探索，発見，挑戦の遂行は価値があるという強い感覚が，続いて①さらなる探索活動（個人的目標の設定と達成のための努力，挑戦への欲求，新しいスキル学習のための努力，新しい能力の増加，新しい発見），②目標に関連するサポートへのより大きな要求を予測することになる（矢印 a）。ただし，すべての個人的目標や挑戦が他者からのサポートを必要とするわけではないことに注意しておくことが重要である。達成するのがより手ごわく，困難であると知覚された挑戦や目標が，重要な他者へのサポート要求を増加させ，安全な基地という世話（支援，励まし，矢印 a）を活性化させると考えられている。その他の場合では，単純に，自分の基地は安全であり**必要とした時**に利用可能であるという感覚で十分だろう。探索欲求は人間の基本的要素であるため，探索に対して関係性のパートナーからのサポートを探し求

めることは，日常的に起こることだと考えられる。

　モデルの次の段階では，世話の与え手と受け手の行動が相補的に調整されることが考えられている。成人期の恋愛関係にあるパートナーへの安全な基地としての世話は，①困難な状況に取り組むパートナーに自信を与えること，②困難を受け入れ，新しい物事への挑戦を励ますこと，③パートナーの個人的目標，計画，将来の願いについて興味を示すこと，④パートナーの探索を干渉したり妨害しないこと，そして⑤パートナーの自己実現への要求を受け入れ，必要な際にはいつでも利用可能であることを伝えるというバランスをとること，によって機能する。そしてサポートを求める明確で直接的な表現は，より活性化した安全な基地としての世話行動（奨励や障害物を除去する援助など）に結びついており，一方，世話の受け手側の探索行動は，非干渉的，非侵入的な安全な基地の世話行動と関係している（矢印b）。

　次に，世話の受け手による，世話の与え手の行動に対する主観的な知覚は，世話の与え手の安全な基地としての機能の程度に依存している。相手の探索行動，目標の達成，個人的にやりがいのある挑戦の遂行を敏感に奨励する世話行動は，必要な際に利用可能であることを伝えたり，受け手の要求に適切に応じる行動と同様に，世話の受け手から支援的であると知覚されるだろう。一方，侵入的，干渉的，あるいは阻止するような行動は，支援的ではないとみなされることになるだろう（矢印c）。

　最後に，世話の受け手は，世話の与え手が探索に対する安全な基地を十分に与えてくれていると感じることで，短期的にも長期的にも利益を得ることになる。それぞれの世話は異なる機能を持っており，安全な基地としての世話（探索のためにパートナーが「外へ出る」ことのサポート）は，安全な避難場所としての世話（パートナーがストレスを感じた際に「戻ってくる」ことのサポート）がもたらすものとは異なる形で，重要な短期的，長期的帰結を与える。アタッチメント理論によれば，安全な基地は環境の探索，困難の受容，危険を冒すことへの自信と勇気を与えている（Bowlby, 1969/1982, 1988）。安全な基地という世話を受けることに固有の利益には，（短期的にも長期的にも）高い自尊心，能力感，自信，自己効力感および，目標の遂行，困難の受容，新しい物事を学び新発見へ向かうといった探索活動への意欲と参加といったものが考えられる。したがって，長期的な自己向上（個人的成長）は安全な基地という世話による重要な帰結であろう（矢印d）。個人にとって最も重要な関係性の中に安全な基地という世話が存在するかしないかによって，特に，自尊心については長期的な向上もしくは低下が進むと思われる。例えば，侵入的な（過干渉的な）世話の付与は，相手の探索行動を妨害し，その結果，探索活動は少なくなり，相手の新しい能力の発達を抑制するため，自尊心や自己効力感の知覚を長期的に低下させることになる

だろう（矢印 d）。

　安全な避難場所という世話が有する固有の帰結は，（短期的にも長期的にも）ストレスや不安の軽減，対処能力の向上（対処能力の知覚の増加），安全感と安心感，問題解決である（矢印 i）。安全な避難場所という世話に関するもう1つの重要な帰結は，自分の基地が安全だという全体的な感覚であろう（矢印 i）。安全な基地は，（状況が悪化した時など）**必要な場合に安全な避難場所の提供が可能である間**，自立と探索を奨励するものであり，自分の基地が安全だという全体的な感覚は，ストレス時に世話の与え手との間で経験してきたことに依存している。

　双方のタイプの世話の付与から得られる結果としては，①関係性の安定（長期的な維持）と関係性の健康的機能（関係性への高い満足感，葛藤の少なさ，パートナーによって自分の価値が高められているという感覚，など），②心理的な幸福感（人生への満足感，抑うつ的でないこと，など），③身体的な幸福感，そして④他者にサポートを求めることは価値のあることだという全般的な見方，などがあるだろう。しかし，安全な基地と安全な避難場所という世話は，心理的，身体的幸福感に異なる形で影響しているようである。例えば個人的成長と新たな能力発達を促す安全な基地という世話は，自尊心，喜び，心理的幸福感を向上させるが，それはさらに，身体的健康への影響を持ちうるだろう。こうした考察は，個人的目標への努力は身体的，情緒的双方の幸福感と関連していることを示唆する証左とも合致している（Emmons & King, 1988 など）。一方，安全な避難場所という世話（苦痛な時の慰めと支援の提供）は，ストレスの低下，より良い対処能力，安全感の増加をもたらし，そしてそれらは翻って，身体的，情緒的双方の幸福感に影響するだろう。またさらに，安全な基地という世話からの利益（高い自尊心，自己効力感の認識，幸福感の増加など）を得た者は，そうでない者よりも，自分の対処能力を上回り，脅かされるようなストレスになりうる出来事を感じることが少ないだろう（矢印 e）。そしてこうした認識の仕方がさらに，心身両面の幸福感をもたらすのである。

個人差

　図10.1 は，すべてが順調に進んでいる場合の，通常の世話のプロセスについて考えられることを示している。しかし，そこには描かれていない個人差の要因が，モデルの中のいくつかの変数，あるいはパスに影響を及ぼすかもしれない。例えば，すべての個人が等しく，探索的な行動に向かおうとし，苦痛を表出し，必要な時に支援を探すわけではないし，また，すべての世話の与え手が関係性のパートナーに安全な基地

や安全な避難場所を与える技術，あるいは提供する動機づけを同じように有しているわけではない。さらに，パートナーが相互作用の中に持ち込む前もった信念や予測が，解釈する際のフィルターとして働き，相手の行動に対する認知を形成するかもしれない。つまり，数々の個人差の要因が，モデルにおける各段階を促進あるいは阻害するであろう。わかりやすい個人差要因の1つは，ここに描かれている世話のプロセスを形成する際の，アタッチメント・スタイル（アタッチメントに関連する状況における自分と他者に関する一般的な信念を反映するもの）の役割である。

次節では，世話のプロセスについての一般性あるいは個人差に関する現在の研究知見が示されることとなる。なお，研究知見の概観は，図10.1の中に描かれた世話のプロセスの各部分に迫るべく用いられた研究方法に基づいて進めることとする。

安全な避難場所のプロセスに関する実証的知見

観察研究

▶ 標準的プロセス

私たちは，安全な避難場所の世話プロセスに関する研究を始めるにあたり，図10.1の下方に描かれた一般的プロセスを検証するため，恋愛関係にあるカップルの観察研究を行なった（Collins & Feeney, 2000）。実験室においてカップルはビデオ録画され，カップルの一方（世話の受け手）がストレスを感じる問題（最近の個人的な不安や心配事に関する事柄）にさらされた。話し合いに先行して2人には，個人的特徴および関係性の特徴についての測定を行なった。話し合いの後，カップル（参加者）は，現在の（相互作用後の）気分，ならびに話し合いについて感じたことに関する質問紙へ回答した。ビデオ録画された相互作用の様子は，サポート探求と安全な避難場所の世話行動についてコーディングされた。

この調査の結果は，アタッチメント理論の示唆，すなわち苦痛を感じた者は（アタッチメント・システムの活性化），主要な養育者あるいはアタッチメント対象への近接欲求を感じるという点を支持するものであった（図10.1中の矢印f）。特に，問題についてより苦痛が大きいと評定した世話の受け手は，話し合いの中でより多くのサポート探索行動を示した。また，結果はさらに，ある特定のサポート要求行動は，特定の世話の付与行動と関連していることを示した（矢印g）。例えば，要求の明確で直接的な表現は（情緒的，道具的な開示）は，役に立つサポートの享受（より応答的，

より情緒的で，助けとなるサポート）と強く関連していたのである。一方，直接的ではない要求の表現は，有益ではない形のサポート（応答的ではなく，否定的なサポート）と関連していた。世話の探索と付与の行動は協調し，提供される援助のタイプは，援助の要求のタイプに合致していたのである。つまり，世話の受け手が情緒的なサポートを探している時，そのパートナーは，情緒的で役に立つサポートを提供する。しかし，世話の受け手が道具的なサポートを探している時，パートナーは，役に立つが，情緒的ではないサポートによって応じる。これらの知見は，安全な避難場所としての世話と世話の探求行動とが補完的に協調していることを示唆している。

　調査の結果はまた，世話の受け手によるサポートへの認識は，パートナーの観察された世話行動と関連することを示した（矢印 h）。特に，世話の受け手は，パートナーがより情緒的で有益なサポートを提供し，より応答的にふるまっている時（思いやりをもって話を聞き，話し合うなど），相互作用をより支援的であると評価した。一方，パートナーが支援行動を示さない時（問題の重要性を退け，世話の受け手を非難する），世話の受け手は，自分たちの相互作用を支援的ではないと評価した。こうした結果は，世話の受け手による，世話されているという主観的な感覚はパートナーによって行なわれる特定の世話行動に根ざしていることを示す初の知見を提示している。

　この調査で検討された，重要で直接的な帰結（矢印 i）は，話し合いの前後における世話の受け手側の気分の変化であった。推定上，安全な避難場所の提供は苦痛を軽減すると考えられるが（アタッチメント・システムの鎮静化），このストレス減少に関して有力な指標となるのは，話し合いの前後における気分の改善であろう。調査結果は，認知されたサポート→ストレス低下という関係における知見を示している（詳細は Collins & Feeney, 2000）。こうした通常の安全な避難場所プロセスは，実験室でストレッサーを示し，カップルの自発的な相互作用を目立たぬように録画した追試研究においても認められている。

　通常の安全な避難場所プロセスに関する知見は，恋愛カップルの日常の日誌研究からも得られている（Collins & Feeney, 2003）。この研究では，カップルに3週間にわたって毎晩，苦痛を感じた出来事，サポート探求と世話行動，気分や幸福感，関係性に対する考えや感情について日記を書くように求めた。その結果，ストレスを感じる出来事を経験した日，パートナーに支援をより多く求め（矢印 f），より強く欲求を表現した日により多くのサポートを受けること（矢印 g），つまりパートナーは互いに相手の報告を裏づけていることが示された。さらに，自分の欲求に対して相手がより支援的で応答的であると感じた時，相手からより愛され評価されていると感じ，自分たちの関係性により満足していた（矢印 i）。

第IV部 アタッチメントの個人間側面 — 親密性，葛藤，ケアギビング，満足感 —

▶ 個人差

　観察法による研究は，図10.1で描かれた安全な避難場所の世話のプロセスについて個人差の検討も行なっている。これに関して最も注目に値する調査の1つは，Simpsonら（1992）によるものである。この研究者たちは，恋愛関係のカップルの女性側に，「多くの人が大きな苦痛と不安を感じるようないくつかの実験」に参加してもらうことを告げ，脈を測るふりをし，隔離室のような，精神生理学の装置を備えた部屋を見せた。この手続きは苦痛や不安，つまりアタッチメント・システムの活性化を直接的に喚起するようにデザインされていた。待機場面でのカップルによる相互作用の様子がひそかに録画され，その後，彼らのサポート要求と世話の提供行動がコーディングされた。この調査の結果は，より安定した男性において，パートナーの高程度の苦痛は，より多くのサポート提供と関連しているというものであった。一方，これは興味深く重要なことであるが，女性側による苦痛の表現がより低い程度である時，回避型の男性は，安定型の男性よりも，**より多くの支援**を行なったのである。しかし，パートナーの不安の程度が増加すると，安定型の男性がより多くの慰めと情緒的サポートを行ない，より援助的な声かけを示した。こうした結果は，回避型の母親が，乳児が苦痛を感じている時に関わることをせず，乳児が満足している時にやりとりを行なうという発達に関する記述（例えば，Cassidy, 2001）や，近年の（後述する）実験的研究による，回避型の成人は，相手が最もサポートを必要としている時にそれを提供することが少ないという結果とも一致している。苦痛（アタッチメント・システムの活性化）は，回避型の人々にとって，相互作用におけるサポートの提供や近接の実現を妨げるようである。

　Simpsonら（1992）は，成人のアタッチメント・システム活性化への反応として直接的観察が可能である世話の要求行動にアタッチメント・タイプが及ぼす影響を初めて実証的に示した。成人のアタッチメントと世話のプロセスについての研究は，理論的に重要な領域である。なぜならアタッチメント・システム（およびアタッチメント行動の結果）は，世話の与え手との経験の歴史に伴い，各個人ごとに異なる形で組織化されていくと論じられているからである。例えば，これまで必要な時にサポートをすぐ手に入れることができなかった者は，応答的な世話を経験してきた者よりも，弱く直接的ではないやり方で近接や支援を求めるであろう。

　この研究の結果は，より安定型の女性は，苦痛の程度が高まるにつれ，パートナーにより多くのサポート（情緒的，身体的なぐさめ）を求めるが，回避型の女性は苦痛を感じるほどサポートを求めないことを示していた。アタッチメントが安定している女性は，不安の程度が高まる時にパートナーを慰めと安心の源として利用するが，回

避型の女性は情緒的にも物理的にも,パートナーから遠ざかってしまうようであった。一方,興味深いことに,不安の程度がより低い時,回避型の女性は安定型の女性よりも,**より多くの**サポートを求めたのである。Simpsonら（1992）は,この知見について,回避型の葛藤モデル（Ainsworth et al., 1978）,すなわち回避型の行動は,近接に対する欲求と同時に恐怖という相反する動機により生じるという説を用いて説明している。これらの研究者たちは,成人において,中程度の脅威で情緒的苦痛の程度が低い環境下では,近接への恐怖よりも近接への欲求のほうが強く喚起されると考えている。しかし,恐怖や苦痛が大きくなると,近接への恐怖が急激に増幅し,その結果サポート要求が減少してしまう。回避型の人は,苦痛な場面での近接要求が満たされてこなかったために,より恐怖の程度が低い状況での近接要求によって過度に補償しているのであろう。

　また,この研究において83名の女性のうち16名がパートナーに不安喚起という状況を話さなかったということが注目された。探索的分析から,これらの女性はより回避型であることが明らかになった。予想に反して,不安型のアタッチメント・スタイルに関しては有意な差異は見られなかった。Simpsonら（1992）は,不安型の成人は相手への近接や,多くの場合は自分たちが実際に持っているわけではない支援的な関係性を強く求めるが,パートナーへの近接と撤退の双方を含み効果的に両者を相殺するような,行動上の矛盾を示すのだろうと述べている。

　図10.1に示される世話のプロセスにおける個人差について扱った他の注目される研究は,WestmaasとSilver（2001）によって実施されたものである。この研究で協力者は,癌患者ということになっている「サクラ」と話をし,そのサクラのアタッチメント傾向が事前に操作されていた。Simpsonら（1992）の結果と同様にこの研究でも,回避型は,観察者による評定および参加者自身による報告の双方において,サクラに対する支援的応答性の少なさを予測した。不安型のアタッチメントは,参加者自身により報告された不安と,サクラとの相互作用における自己批判の高さを予測した。興味深いことは,この研究が,相互作用の相手側のアタッチメントの特徴も重要であるということを示していることである。つまり参加者は,回避型（恐れ・回避型,もしくは拒絶・回避型）だと認知された相互作用の相手に対して,回避型ではない（安定型,もしくはとらわれ型）と認知された相手に対してよりも,拒否的にふるまったのである。しかし,参加者の拒否の程度は,参加者自身のアタッチメント特徴からの部分的影響を受けていた。回避型だと認識されたやりとりの相手に対して,より拒否的な感情を抱きやすいのは,最も回避的傾向が低い者であった。最も回避的な参加者は,回避型ではない（安定型,もしくはとらわれ型）相手に対してより拒否的であり,

自分と同じような回避型（恐れ・回避型，もしくは拒絶・回避型）の相手には拒否的ではなかった。

　Collins と Feeney（2000）もまた，図 10.1 にある安全な避難場所の世話プロセスにおけるアタッチメント・スタイルの個人差を研究している。理論や先行研究と同様に，私たちも，回避型の人は直接的ではないサポート要求を行なうこと，アタッチメントに関連する不安が高い人は有効なサポート提供を行なうことが少なく，応答的でないことに加え，より否定的な世話行動を行なうことを示した。しかし，予想に反して，不安型のアタッチメントはサポート要求行動には関連しておらず，この調査では回避型アタッチメントは世話行動と有意な関連を見せなかった。しかし，アタッチメント・スタイルはモデル中のいくつかの流れ（矢印 f と g）を抑制していた。予測どおり，回避的な世話の受け手は，自分の問題がどれほど苦痛であるかという認識にかかわらず，比較的低い程度のサポート要求を行なう傾向があった。回避性が低い人々は，苦痛を感じるほどサポートをより求める傾向があった。他の相互作用としては，アタッチメントに関する不安が高い人は，パートナーからの要求が明確で直接的な場合には高いサポートを提供するが，パートナーからの要求が明確でない時，非常に低い程度のサポートしか与えないことが示された。逆に，アタッチメントに関する不安が低い（より安定的な）世話の与え手は，パートナーのサポート要求が明確で直接的であるかどうかにかかわらず，相対的に高いレベルのサポートを与える傾向があった。これらの知見は総合的に，アタッチメントの不安定性は，サポートを効果的に求める能力と，良い世話の与え手になる能力を制限してしまうという見解に沿うものである。

自己報告型の研究

　私たちの研究室，あるいはこの領域における他の研究者たちによる自己報告型の研究は，安全な避難場所としての世話のプロセスにおける様々な側面についての検討を行なってきた。この方法は，サポートの要求と世話行動に関する個人差，効果的あるいは非効果的な世話の重要な予測因，世話行動の個人差の背景にある重要なメカニズムを検討するのに有益なものである。

▶ 世話の提供における個人差

　まず，Kunce と Shaver（1994）は乳児のアタッチメント・スタイルに関連した世話行動の記述に関する広範な概観に基づき，**関係に特有の世話の提供における 4 側面**を測定するための成人版世話質問紙を開発した。その側面とは，①**近接 対 距離**（例：

自分のパートナーが抱きしめてほしいと思っている，あるいはそれを必要としているように見える時，私はすすんで相手を抱きしめる），②**敏感性 対 非敏感性**（例：パートナーは自分とは違うけれど，私は相手の要求や感情をうまく認識することができる），③**協力 対 制御**（例：パートナーを助けようとする時，傲慢な態度になりすぎてしまうことがある），④**強迫的な世話**（例：私は，パートナーの問題や困難に関わりすぎてしまうことがある）というものである。

一連の研究において，これらの研究者たちはそれぞれのアタッチメント・スタイルが，独自の世話の与え方と関連していることを見いだした。特に，安定型のアタッチメント・スタイルを持つ人は，強迫的（過干渉の）あるいは制御的な世話の程度が相対的に低く，高程度の近接（物理的な慰め）や敏感性を報告した。一方，とらわれ型（不安型）の人は，相対的に高い近接と強迫性，および低い敏感性と協力を示した。これは，彼らは情緒的な世話を行なうことができるものの，それはやや干渉的でパートナーの要求と調和していない可能性を示唆している。拒絶・回避型の報告は，強迫的世話，近接の程度が最も低く，敏感性も相対的に低かった。最後に，怖れ・回避型の報告は，近接の提供と敏感性が比較的低いと同時に，強迫的な世話の程度が相対的に高いものであった。

恋愛関係および婚姻関係のカップルの双方について，Carnelleyら（1996）は，アタッチメントと関係性における世話行動について自己報告に基づく関連を検討している。彼らは世話活動について複合的な測度を作成し，この得点の高さは，互恵性の高さ（双方のパートナーが同程度の世話を与え，受け取っているか），関与の高さ（パートナーは世話の付与に積極的に関与しているか），軽視のなさ（パートナーは相手の要求を無視しないか）を表わすものであった。分析は，恐れ・回避型ととらわれ型を測定するアタッチメントの合成尺度について行なわれた。KunceとShaver（1994）の結果と同様に，恐れ・回避型のアタッチメント・スタイルを持つ者の報告は，恋愛および婚姻関係の双方において，関係性における世話活動の低さを表わしていた。とらわれ型については，結婚しているカップルでは低い世話活動を示した。一方，恋愛関係にあるカップルでは，とらわれ型は世話活動程度と関連を示していなかった。

別の婚姻カップルのサンプルに基づき，Feeney（1996）もアタッチメントと世話のスタイルについての調査を行なった。先述の結果と同様に，安定型は，高い応答性（敏感性，近接性，協力）と強迫的な世話の低さという，最も好ましい世話の提示スタイルを示した。一方，恐れ・回避型は相対的に低い応答性とより強迫的な世話のスタイルを示した。しかし拒絶・回避型は中程度の応答性と強迫性のない世話のスタイルであった。とらわれ型（不安型）の世話の特徴は，全般的に，安定型と恐れ型の中間で

あったが，とらわれ型と安定型の妻のほうは，同程度の応答性を示した。Feeney はまた，安定型アタッチメントと好ましい世話の関連について，アタッチメント・スタイルの背景となる2つの主要な側面（近接による安心と関係性への不安）に関する観察を行なった。特に，夫と妻の両方において，応答的な世話は近接による安心の高さと関係性への不安の低さと関連していた。逆に，強迫的な世話は，近接による安心の低さと関係性への不安の高さと結びついていた。

　私たちもまた，近年，各アタッチメント・スタイルに関係する独自の世話のパターンについての検討を行なった（Feeney & Collins, 2001）。そこでの結果は先行研究と一致し，アタッチメントに関連する回避が高い人は応答性が低く，より統制的な世話の与え手であり，アタッチメントに関連する不安が高い人は，より強迫的でより統制的な世話の与え手であるということを示唆した。まとめると，これらの研究により，アタッチメントの不安定型は効果的ではない世話のパターンと関連しているが，非効果的な世話のそれぞれのタイプと，不安定型の特定のタイプが結びついていることが明らかとなった。回避型は敏感性，身体的な慰め，愛情を込めた世話に欠け，何らかの形で世話活動に関与しようとすると，それは統制的になってしまうようである。一方，不安型（不安の高い人たち）は応答的でないわけではないものの，パートナーに干渉し統制するような形で世話をしたり，また過干渉な世話の与え手である傾向がある。

▶ 世話の探求にみられる個人差

　ストレス状況におけるサポート探求に見られる個人差について，多くの自己報告型研究が行なわれている（例えば，Florian et al., 1995; Mikulincer & Florian, 1995; Mikulincer et al., 1993; Ognibene & Collins, 1998）。全体として，これらの研究は，アタッチメントの安定性が，ストレスへの反応としてソーシャル・サポートを探求しようとすることと関連している点を明らかにしている。特に，アタッチメント安定型の成人は，ストレス対処の最初の方法として他者にサポートを求める様子が見られるが，一方，回避型の場合はより距離のある方略をとるという報告が得られている。しかし，不安型やとらわれ型のサポート探求行動については一貫性が得られていない。対処方略としてサポート要求を行なうという研究結果もあれば（Mikulincer & Florian, 1995; Ognibene & Collins, 1998），ストレスに対して他者からのサポートを求めることはないという結果もある（Florian et al., 1995; Mikulincer et al., 1993）。

▶ 世話にみられる個人差を説明するメカニズム

　各アタッチメント・スタイルに見られる世話の提供パターンを描き出すことに続き，私たちは，アタッチメント・スタイルの差異が，なぜ，世話の与え手としての良し悪しにつながるのかという説明を試みた。つまり，世話におけるアタッチメント・スタイルに関連する差異の背景にある媒介メカニズムを同定したいと考えたのである。協力的で親しい関係性に関する研究のレビューに基づき，主に2つの要因がアタッチメント・スタイルと世話の質の関係を媒介していると考えられた。まず，個人の安定的な特徴が，この関係を媒介しているのではないだろうか。例えば，個人が関係性の中に持ち込む何らかのスキルや能力，自他に対する全般的な志向性には差異がある。したがって，世話の与え手が持つ共感能力，他者への支援に関する全般的な知識，自己焦点化に関する特性の程度，他者との関係的，交互的志向性は重要な媒介要因になっていると仮定される。次に，関係性が持つ何らかの特徴もまた，メカニズムの重要な媒介要因になっているだろう。例えば，その関係性にどれほど関与しているかという程度は個人によって異なるであろうし，パートナーとの親密さを感じる程度，パートナーへの信頼感も異なるだろう。さらに，世話の与え手によってパートナーを世話しようとする動機にも違いがあると思われる。

　調査の結果から，回避型の成人が非応答的な世話の与え手となりやすいことには，他者へのサポートの仕方に関する知識の不足が関係していることが示唆された。さらに，回避型が統制的な世話の与え手になりやすいことには，向社会的な志向性の欠如，関係性に対する信頼感の低さが作用しているようである。不安型が過干渉的な世話の与え手になりやすいことは，関係が相互依存的であるという感覚や，関係への信頼感の欠如，相手へのサポートにおける比較的自己中心的な動機などが部分的に影響しているようである。まとめるとこれまでの研究は，悪い世話の与え手にもいくつかのタイプがあることだけでなく，動機，スキル，資源に関してそれぞれのパターンを考えることが，各アタッチメント・タイプがなぜそれぞれ独自のやり方でパートナーを世話するのかという点の理解を助けることを示している。

▶ 世話の動機

　私たちの研究におけるもう1つの問いは，パートナーをサポートする際の動機が世話行動に与える影響の程度についてである。世話役割は往々にして，認知的，情緒的，あるいは何らかの具体的な手段といった責任を伴うものであり，世話の与え手が効果的なサポートを行なうにはそれなりの時間と努力が必要となる。もし世話の与え手が十分な動機を持っていなければ，パートナーの要求に合致しない，低いレベルで効果

的ではないサポートを与えることになるだろう。したがって，応答的，あるいは非応答的サポートの背景にあるであろう重要なメカニズムとして，世話の与え手の動機に焦点化した研究を実施した。

親密な関係にあるパートナーにサポートを与える，もしくは与えないという何らかの動機を探る最初の試みとして，40項目からなる世話の動機質問紙を作成した(Feeney & Collins, 2003参照)。そこには，自分本位で利己的な動機（例えば，後々の否定的影響を避けるために相手を助ける）や，より利他的な動機（相手への心配からサポートを行なう），また，人によって異なる（例えば，異なるアタッチメント・タイプや関係性の特徴）と考えられる種々の動機も含めた。動機尺度について因子分析を行ない，7つの異なる側面を見いだした。これにより，成人の恋愛関係における世話行動について7つの動機を同定することができた，第1の因子は，愛情，心配，相手への責任といった感情を反映した動機であった。他には，助けなければという義務感による世話，見返りを求めるための（より利己的な）世話，関係性についての理由による世話（例えば，相手との関係が続くように，とか，関係性がより公平になるために，など）といったものがあった。因子分析から明らかになった残りの3つは，世話の与え手が喜びを感じるために行なわれる世話，世話ができるという能力感を得るために行なわれる世話，パートナーが自分で問題に対処できないということを感じたためによる世話，であった。

こうした親しい関係性における世話の動機を明らかにしたうえで，次に，これらの動機はどこからやってくるのかという問いに取りかかった。結果は，様々な動機と個人的特徴，関係的特徴が関連するという，理論にも沿うものとなった。例えば，回避型の世話の与え手（親密さを好まない人）は，利己的な理由から相手を世話すると報告している。こうした人々が相手を世話するのは，そうするべき義務を感じるため，あるいは何らかの見返りを期待してのことだという。彼らは，相手への愛情，心配，責任による世話，あるいは世話することへの喜びなどを報告することがほとんどないようである。一方，不安型の世話の与え手は，利己的な理由と利他的な理由を両方報告し，彼らには世話の喜びや相手への愛情や心配もあると同時に，義務感や見返りへの要望もある。面白いことに，彼らは一般的に他者の愛情や受容について非常に強い関心を向けており，パートナーへの世話を関係上の理由（相手を自分との関係性の中にひきとめる）から行なうと報告している。また，自分自身の成長過程において養育者から支援的な世話を受けた経験を持つ者は，利己的な理由によって相手を世話すると報告することが少なかった。

関係性の特徴と動機の関係に関して，関係性に満足している者は，相手への愛情や

心配による世話，世話への喜びを報告することが示された。一方，より葛藤的な関係性にある者は，利己的な理由による世話（関係的な目的，義務感，見返りの希望）や，パートナーが自身で問題に対処できないと感じたために世話を行なうと報告した。これらより，パートナーへの世話における様々な動機の発生には，個人的特徴，関係性の特徴の双方が関与していることが明らかとなった。

次に，世話への種々の動機が，世話行動の3つのタイプ（応答的，干渉的／過干渉，統制的）と関係しているのかを検討した。くり返すが，世話の動機についての研究が重要であると考えるのは，それが関係性の中で行なわれる世話の質に影響していると思われるためである。予想と合致して，応答的な世話の与え手であったのは，相手への愛情や心配，世話をすることが得意，世話をすることに喜びを感じる，といった理由から世話を行なうと報告した者たちであった。一方，応答的でなく，より干渉的で統制的な世話の与え手は，義務感，見返りへの期待，相手の能力の低さの知覚といった理由から世話を行なうと報告した。興味深いことに，相手への世話について関係的な理由を報告する者は，より干渉的な世話の与え手である傾向があった。まとめるとこれらの結果は，相手への世話に際して人々が抱いている動機は，実際に提供される世話の質を決める際に重要な役割を担っているという仮説を支持するものであった。

実験的研究

私たちの研究のもう1つの大きな目標は，対人的な世話プロセスにおける複数の要素を分解し，分析することである。実験的研究はこうした対人プロセスのマイクロダイナミクス，そして変数間の因果関係を検討するのに重要である。私たちは，世話の受け手のストレスの程度を操作した際の（サポート要求の操作；Collins et al., 2003; Feeney & Collins, 2001），安全な避難場所としての世話行動に見られる個人差や，操作された世話行動の認知に見られる個人差（Collins & Feeney, 2004），ストレス源への心理的反応の個人差（Carpenter & Kirkpatrick, 1996; Feeney & Kirkpatrick, 1996）を調べるための実験を行なった。

▶ 世話の予測

近年の研究の1つは，要求への反応に見られる個人差を検討したものである（Feeney & Collins, 2001）。アタッチメント理論の見方によれば，良い世話の与え手は，相手にとって**必要な時**，ストレスを和らげたり，問題解決を援助することによって，パートナーの安全感を効果的に回復させることができるという。つまり，世話行動はパート

ナーの要求に適切に合致しているべきなのである。この要求への反応にみられる個人差を検討するため，カップルのうちの1人（世話の与え手）に対して，パートナー（世話の受け手）はこれからスピーチ課題を行なうことになっているが，大変緊張してしまっている（高要求条件），あるいは，それほど緊張していない（低要求条件）と信じさせることにより，高・低サポート要求条件を設定した。世話の与え手にはパートナーに対して手紙を書く機会を与え，これをサポートと世話の行動的指標とした。

　全体的な結果として，世話の与え手による手紙は，パートナーがよりストレスを感じていると信じている場合に，（独立した観察者と受け手の双方から）より支援的であると評価されることが明らかとなった。個人差については，回避型の世話の与え手（親密さや相互依存を不快に感じる）は，要求の高・低条件の双方で低い程度の情緒的サポートしか与えず，高条件よりも低条件においていくつかの道具的なサポートを与えていた。つまり回避型の世話の与え手については，パートナーからのサポート要求に応答しているという証拠が示されなかったことに加え，パートナーが最も必要としている条件においてサポートを与えないという傾向が示された。一方，回避傾向が低い人（親密さや相互依存を快く感じる）は，より道具的なサポートを提供し，パートナーから，低条件よりも高条件において支援的であると認知されていた。つまり，これらの世話の与え手はパートナーによるサポート要求に応答しているという証拠が得られた。回避型の世話の与え手とは対照的に，不安型の世話の与え手は，応答性についてはいくつかの証拠を示した。彼らはパートナーの要求といつも協調しているわけではなかった。彼らは低条件よりも高条件において道具的サポートを提供することが多かったが，パートナーの要求の強度にかかわらず，同程度の情緒的サポートを与えていたのである。全体的にこうした結果のパターンは，パートナーの苦痛の表出に対する反応の程度に，理論に一致する形でかなりの個人差が存在することを示している（さらなる詳細については，Feeney & Collins, 2001 を参照）。

　同様の方法を用いた次の研究も，不安型の世話の与え手がパートナーの要求との協調を欠いているというさらなる知見を示している（Collins et al., 2003）。この研究では，不安が高い世話の与え手はパートナーの要求に応えてサポートを増加させることができず，パートナーの苦痛の程度にかかわらず高い共感，認知的熟考，パートナーへの焦点化を示し，明らかに相手の情緒的手掛かりに対する敏感性を欠いていることが示された。彼らはまた，低要求条件よりも高要求条件において，パートナーに対するより否定的な属性の推論（例えば，パートナーは情緒的に脆弱だという見方）を持ちやすかった。一方，不安の低い世話の与え手は，パートナーの要求に非常によく応答していた。自分のパートナーが非常に苦痛を感じていると信じている時，より多くのサ

ポートを提供し，より共感的で，認知的にも相手に焦点化し，否定的な属性推測を行なうことも少なかった。

まとめると，私たちの実験室で得られた知見は，アタッチメントに関係する回避あるいは不安が他者に対して真に応答的となる能力を妨げるという複数の証拠となるものである。回避型は非応答的で怠慢な世話のパターンと関係し，一方，不安型は怠慢ではないもののパートナーが表出する要求への敏感性を欠いた世話のパターンと結びついている。

▶ 世話の認知に関する予測

世話の与え手によるサポートの提供と，世話の受け手による世話の与え手の行動に対する認知について，個人差（アタッチメント・スタイル）を検討する実験的研究を行なった（図10.1 矢印 h；Collins & Feeney, 2004, Study1）。研究参加者は恋愛関係にあるカップルで，研究前に世話の与え手と受け手の役割が割り振られていた。背後関係について質問紙へ記入後，カップルのうちの1人（世話の受け手）に対し，これからスピーチをしてもらい，そのビデオ録画が仲間たちから評価される，というストレスを与える内容が告げられた。ストレスの誘発後，カップルによる自発的な話し合いが目立たぬように録画され，その後，そのやりとりの中で世話の与え手がサポートを与える程度について，独立した観察者が評定を行なった。次に，世話の受け手はスピーチをするための部屋に導かれ，サポートに関する操作がスピーチ実施の前後双方で実施された。世話の受け手のうち半数は，パートナーからの支援的な手紙を2通手渡され，あとの半数は，あいまいな，どちらかというと支援的ではない手紙を渡された。それぞれの手紙を受け取った後，世話の受け手はその手紙に対する感想を報告した。最後に，スピーチの終了後，世話の受け手はビデオ録画されていたやりとりの中での世話の与え手に対する感想を報告した。

まず，スピーチの前後における手紙への感じ方について，安定型と不安定型に差異があるのかを検討した。結果は，客観的には同じサポート経験についての主観的評価に，安定型と不安定型で実際に差異があるということを示していた。「客観的に見て」パートナーが支援的であった時の評価に差異は見られなかったが，「客観的に見て」パートナーが支援的でなかった際の評価が異なっていた。全体として，安定型は，関係性への満足度を統制しても，サポートの程度が低い手紙に対してより寛大な評価を行ない，一方不安定型はこうした手紙をより支援的でないとみなし，いらいらしやすく，より否定的な意図を推測しやすかった。

次に，支援的あるいは支援的ではない手紙を受け取ることが，手紙を受け取る**前に**

行なわれたやりとりに対する主観的知覚に影響を及ぼすのかについて検討した。つまり，安定型と不安定型が，支援的あるいは支援的ではない手紙を受け取ったあとに，先に行なわれたやりとりについて実際よりもより支援的もしくは支援的でないというように思い出すのかどうかを知りたかったのである。結果は，安定型による先行するやりとりへの感想は，支援的か支援的ではない手紙を受け取ることとは関係していないということを示した。これはおそらく，先行するやりとりに対する認識は手紙とは完全に独立しており，それはやりとりが実験的操作を行なう前に進められたためであろう。しかし，不安定型については非常に異なった結果が得られた。パートナーから2通の支援的ではない手紙を受け取った不安定型は，先に行なわれたやりとりをより支援的でなかったと評価したのである。

これはつまり，不安定型が先のやりとりについて実際よりも否定的なものとして思い出す，あるいは再構成していることを示している。実験条件は無作為に割り振られているため，受け取った手紙と関係性の質には何の関係もないはずである。やりとりについては録画して評定を行なっているため，否定的な手紙を受け取った不安定型の人のやりとりが実際に支援的ではなかったのかどうかを確かめることができる。そして，予想どおり，否定的な手紙を受け取った不安定型の人のやりとりは，肯定的な手紙を受け取った不安定型の人のやりとりと比べてより支援的でない，ということは**なかった**。したがって，パートナーから否定的な手紙をもらった不安定型には否定的なバイアスがかかっており，彼らは実際よりも支援的ではない形で先行するやりとりを思い出すようであった（詳細については，Collins & Feeney, 2004 を参照）。

こうしたサポートに対する偏った認知について，概念的な追試を行ない複数の証拠を得ている（Collins & Feeney, 2004, Study2）。そこでは同様のパラダイムを用いたが，パートナーに実際に手紙を書いてもらった（手紙は後に独立した観察者により評定された）。実験的研究と同様に，不安定型は全体的にパートナーの手紙をより支援的ではないとみなしやすかったが，こうした見方は，その手紙が（観察者から）やや支援的でないと評価された時にのみ見られた。まとめると，これら2つの研究より，不安定型はパートナーのサポート行動をより支援的でないと受け取りやすいが，こうした知覚は，明らかに支援的であるサポートに対してではなく，受け手の自由な主観的解釈に委ねられやすい，あいまいでわかりにくい形のサポートに対して主に起きやすいことが示された。

▶ ストレスへの生理学的反応の予測

別の研究では，ストレス場面における恋愛パートナーの同席あるいは不在を操作す

ることで，同じストレスを感じる出来事であっても，不安定型は安定型よりも情緒的に苦痛を感じやすいという生理学的な証拠を発見した（Feeney & Kirkpatrick, 1996）。特に女性の協力者に対して，恋愛関係にある男性パートナーの同席時と不在時に標準的な心理的ストレス課題を行なった。結果は，ストレスを感じる実験室状況に直面する際に恋愛パートナーから分離されている時，回避型と不安型の双方の女性は，より安定型の協力者よりも，（心拍と血圧を指標とする）生理学的な覚醒を示しやすいことがわかった。しかし，その生理学的反応について，同じ状況でも恋愛パートナーからすぐに分離させられない場合には，安定型との違いがさほど見られなかった。実験の開始場面でパートナーから分離された不安型と回避型の女性は，実験の最中に生理学的覚醒の上昇が認められただけでなく，実験の後半にわたって，さらにパートナーが実験室に戻ってきたあとも，覚醒状態が持続していた。一方，実験の前半部分でパートナーが同席している条件では，実験の開始場面，加えて実験の後半，つまりパートナーが部屋を退出する場面においても，生理学的覚醒の上昇は認められなかった。

　CarpenterとKirkpatrick（1996）は，パートナーからの分離ではなく，実験にパートナーを連れてくるかどうかという点を操作する形で追試を行なっている。その結果は，回避型と不安型の協力者は，実験の間パートナーが同席するほうが，パートナーが全く存在しない場合よりも，ストレス源への生理的反応（心拍，収縮期血圧，総合的覚醒指標）が**大きい**ことを示していた。しかし，安定型の協力者における生理的反応について，パートナーによる増加という効果は認められなかった。不安定型の人々にとって，ストレス状況の最中におけるパートナーからの分離は苦痛となるのだが，この不安定型の人々にとってストレス状況にパートナーが同席しているということは，パートナーが一緒に実験室へ来たりせず，ストレスのある出来事について全く知りもしないという状況に比べて，むしろ一層苦痛になっているように思われた。おそらく，安定型の成人の関係性においては，アタッチメント対象（あるいは養育者）への心理的利用可能性が物理的分離を上回っているのだろう。これらを考慮すると，一連の結果は，不安定型は安定型よりもストレス源をより驚異的だと評価するという，自己報告型の研究結果と一致するものであった（Mikulincer & Florian, 1995; Ognibene & Collins, 1998）。

安全な避難場所のプロセスに関する結果のまとめ

　これまでに挙げた研究結果から，様々な研究方法や協力者に基づく形で，標準的な安全な避難場所プロセスについて図10.1に描かれた矢印fから矢印iまでに関する印

象的な証拠が示された。また，個人差の要因や，こうしたプロセスに影響を与えるメカニズム（例えば，アタッチメント・スタイル，背景となる動機，関係性の質など）についても証左が得られた。詳細については後に議論するが，このプロセスにおける各要素について，特に成人期における最も重要な関係性から安全な避難場所という世話を受ける，あるいは受けないということが及ぼす長期的帰結についてより深く検討するためには，さらなる研究が必要であろう。

安全な基地のプロセスに関する実証的知見

　安全な基地という世話プロセスについての実証的研究は成人のアタッチメント研究の中では明らかに無視され続けてきたものである。驚くべきことに，同様のプロセスについては，より広い意味でのソーシャル・サポートや関係性についての分野でも注目されることがなかった。しかし，これは特に驚きに値するように思われることだが，人々は自分の人生において大切な人をサポートする，つまり個人としての成長や潜在能力の十分な活用への努力を励ますことができた時，いつも大きな名誉を感じているのではないだろうか。

　いくつかの研究が成人のアタッチメントと探索行動の関係を扱っているが，世話行動のプロセスについては検討はおろか，焦点さえ当てられてこなかった。HazanとShaver（1990）は，成人期におけるアタッチメントと探索行動の相互関係について初の検討を行なった。彼らは，新聞による大規模な研究を行ない，アタッチメントに関連した，仕事（成人期における最も主要な探索の形）への感情と姿勢に見られる差異について検討した。その結果は，安定型は仕事に対して自信のある姿勢を持ち，仕事を楽しみ，失敗への恐怖に苦しむこともないというものであった。むろん，彼らは仕事に価値を置いてはいるが，仕事によって関係性が阻害されることを望まず，仕事をアタッチメント欲求を満たす手段，あるいは社会的相互作用から回避するための手段としては用いることはない。一方，不安型の人は，関係性への心配が仕事の効率を下げると述べる。そして，彼らは仕事の功績の低さに対する評価を恐れ，賞賛のあとに怠けてしまう傾向があり，他者からの評価を得ることが仕事への主要な動機であると述べる。逆に，回避型は安定型よりも仕事に対する満足度が低い。アタッチメントと（成人におけるもう1つの探索活動の現われである）余暇活動の関連についての研究からは，これと同様の結果が得られている（Carnelley & Ruscher, 2000）。これに関して，

成人の探索活動について検討した近年の研究からは，安定型の成人は不安定型よりも，母親というアタッチメント対象からの情緒的，認知的な独立に向けた探索を行なっていることが示されている。おそらくこれは，安定型の人の母親が，今や成人になったわが子の視点を正当であると認めるとともに，やりとりができる状態を保つことによって成人になった子どもの探索をサポートしているためであろう（Allen et al., 2003）。

まとめると，これらの研究は探索活動における大きな個人差を明らかにしている。その個人差は，アタッチメント理論による予測，加えて，乳児のアタッチメント研究の中で観察された探索行動とも合致するものである。しかし，成人期における安全な基地という世話のプロセス，つまり，関係性のパートナーの探索をサポートもしくは阻害したり，探索活動における個人差を説明したりするのに役立つであろうプロセスに関して，実証的研究は行なわれていない。そこで私たちの実験室では現在，この領域に関する研究に焦点化して取り組んでいる。

標準的な安全な基地という世話プロセスに関する最初の研究は，恋愛関係にあるカップルを対象に実施された。彼らは，既婚あるいは婚約中，もしくは真剣な交際を続けている関係であった。この調査には観察と実験の2つのセッションが含まれており，調査の目的は，図10.1の上部に描かれた基本的な対人プロセスに関する初の検討を行なうことであった。この調査の結果についてはFeeney（2003）が詳しく述べている。

観察セッション

まず，安全な基地の世話プロセスについて，カップルのうちの1人の個人的な目標と探索の機会について話し合うという文脈で検討を行なった。研究に参加する前に，カップルのうちの1人が無作為に「世話の受け手」に割り振られ，その人の個人的な目標について話し合われるように手配された。カップルのうちのもう一方は「世話の与え手」となり，パートナーに対して安全な基地を与えるように役割を割り振られた。目標に関する話し合いはビデオ録画され，世話の与え手と受け手の行動は，独立した観察者によって評価された。話し合いの後，カップルは自分たちのやりとり，雰囲気に対する感想，特性的な自尊心，世話の受け手が感じた個人的目標達成の可能性について，質問紙への回答を行なった。

最初に検討された研究課題は，世話の受け手の基地に対する安全感（操作的に，苦痛のシグナルに対し，世話の与え手が全般的に敏感で応答的であるかという程度として定義した）が世話の受け手による，探索機会の認知に関連するか否かというものである（図10.1矢印 j）。結果は，より安全な基地を有していること（つまりパートナ

ーが苦痛を感じている時に世話の与え手がより敏感であるということ），また世話の受け手が話し合いの前に自身の目標をより達成可能であると認識していること，さらにより高い自尊心を持っていることが，目標の達成，新しい物事を試みることへの積極性，挑戦することの受容と関係していた。つまり，世話の与え手がパートナーに対して安全な避難所を提供する程度は，そのパートナーが世話の与え手のもとから離れる探索といった人生の機会を認識する際に，一定の役割を持っているようである。

次にこの調査は，世話の受け手が有する探索の機会への認識と，自身の目標について自信を持って臨んでいるかという程度，および，パートナーとの話し合いにおいて目標に関連したサポートを求める程度（矢印 a）との関連についても証拠を提示している。特に，話し合い前における目標達成可能性の認識が高く，物事への挑戦への積極性，挑戦の受容の程度が高い世話の受け手は，話し合いで，より自信を持って自分の目標に向き合っていた。さらに，全般的に挑戦を受け入れ，新しいことに取り組む積極性が高い世話の受け手は，話し合いにおいてよりサポート探求を行なっていた。一方，話し合いの前に自分の目標は達成可能であると認識している世話の受け手ほど，サポート探求が少なかった。つまり，世話の受け手による探索機会の認識は，少なくともある程度は，目標への向かい方やパートナーとの話し合いの有り様に影響しているようである。

安全な基地の世話のやりとりにおける世話の受け手と与え手の行動が相手に与える影響（矢印 b）について検討した結果から，（安全な避難場所の世話のダイナミクスと同様に）世話の受け手と与え手の行動は相互に絡み合っているようである。例えば，観察者によって支援的であり，パートナーの目標に満足していると評価された世話の与え手のパートナーは，話し合いの時に目標について開放的に語り，目標達成のために自信を持って様々な方法を探索し，サポートされているということを感じていた。一方，観察者から話し合いの時に目標について話すことを回避していると評価された世話の与え手のパートナーは，自分の目標について開放的に話し合わず，目標達成のための自信を持った探索を行なわず，サポートされているという認識を（サポートしようという試みがあった時に）持っておらず，加えて目標そのものについて話し合うことを避けていた。興味深いことに，観察者によって話し合いの間，干渉的で統制的であると評価された世話の与え手のパートナーは，話し合いの中で自分の目標を修正していく傾向があった。

モデル中の次のステップ（矢印 c）は，話し合いにおける世話の与え手の行動は，世話の受け手による，サポートされているという感覚を予測するであろうということを表わしている。こうした予測と一致するように，結果は，パートナーの目標を励ま

す支援的な世話の与え手，あるいは相手の目標や自律性に満足している世話の与え手は，そのパートナーから話し合いの間，支援的であり，励ましてくれ，敏感であるとみなされていた。しかし，支援的でなく，阻止するような，あるいはパートナーの目標を快く思わないような世話の与え手は，話し合いの間パートナーによって，敏感でなく，自己焦点的で，落胆したというように感じられていた。

最後に，安全な基地としての世話がその受け手に与える短期的な帰結についての検討が行なわれた。面白いことに，話し合いの間，自分の目標がパートナーから支援されていると感じていた世話の受け手は，話し合いのあと，（一般的な自尊心，および話し合い前のムードを統制した結果）自尊心と肯定的なムードの向上を感じていた。さらに彼らは，話し合いの前よりも，話し合いのあとに，自分の目標達成の可能性を高く評定していた。こうした初の調査により，パートナーの目標に向けた努力と探索へのサポートは，彼らの幸福感や自尊心，あるいは目標達成の可能性に関する認識に対して，少なくとも短期的には，いくらかの重要な影響を持つであろうことが示された。

実験セッション

調査の2つめの段階は，安全な基地という世話の付与（およびその欠如）が，受け手に与える短期的な影響について実験的検討を行なうために実施された（矢印cとd）。カップルのうちの一方（世話の受け手）はコンピュータのパズルゲームを行ない，安全な基地としての世話行動はその際のメッセージ伝達システムによって操作された。実験開始前，世話の受け手は無作為に以下の4つの実験条件に割り振られた。

①**干渉的／統制的条件**：世話の受け手は，世話の与え手からという名目で，パズルの答えを示すか，次に何をすべきかを教えるメッセージを頻繁に受け取る。
②**干渉的／支援的条件**：励ましや情緒的な支援を伝えるメッセージを頻繁に受け取る（「よくやったね」「難しいね」など）。
③**非干渉的／支援的条件**：ゲームの間，世話の受け手は2回メッセージを受け取る（「がんばって」「よくやった」など）。
④**コントロール条件**：ゲームの間，メッセージを受け取ることはない。

2つの干渉的条件は，非干渉，つまり安全な基地の世話行動における「一歩引いて待つ」という側面がないことによる影響を反映するように設定された。ゲームのあと，世話の受け手はパートナーからのサポート，ムード，自尊心について報告をした。パ

ズルの成績，世話の与え手からのメッセージへの反応についても評価が行なわれた。全体的な結果は以下のとおりである（結果の詳細については，Feeney, 2003 を参照）。

　サポートの認識に関する条件間の差異についての結果から，干渉的／統制的条件の世話の受け手は，干渉的／支援的条件よりも，世話の与え手のメッセージをよりいらいらさせ，敏感でないものとみなしていた。ただしこの干渉的／支援的条件の世話の受け手も，非干渉的／支援的条件よりは，パートナーのメッセージを，いらいらさせ，敏感でないものと感じていた。さらに，干渉的／支援的条件，非干渉的／支援的条件ともに，干渉的／統制的条件よりも，パートナーのメッセージを，より有用だと感じていた。むろん，どちらの干渉的条件の世話の受け手も，世話の与え手のことを，非干渉的／支援的条件やコントロール条件の世話の受け手よりも侵害的で干渉的だとみなしていたが，すべての実験条件の世話の受け手は，コントロール条件よりも，パートナーのことを有用で支援的だと評価していた。実験条件の世話の受け手は，パートナーに対して，いくらかの手助けをしたいという意図を感じていたようである。

　世話の付与行動の操作（および，操作された世話の付与行動に対する知覚）による短期的帰結に関する結果は，パートナーからのメッセージを（干渉的だとか敏感でないといったものではなく）支援的だと受け取った世話の受け手は，パズル課題のあと，自尊心やムードが向上するというものであった。一方，パートナーのサポートを敏感ではなく侵害的で干渉的だとみなしていた世話の受け手は，課題の前後で自尊心と肯定的ムードの減少を経験していた。興味深いことに，干渉的条件でパートナーからのメッセージに応じた世話の受け手は，干渉的ではないメッセージに応じた世話の受け手よりも，サポートに対するより多くの拒絶を示していた。パズルの成績に関して，干渉的条件は双方ともに，統制的条件よりも，低い得点となっていた。こうした知見はおそらく，干渉条件において参加者に対して頻繁に邪魔が入ったという事実を表わしているのであろうが，干渉的／統制的条件の参加者が示したより低い得点は，（この条件の参加者が数としてはパズルにより多く挑戦していたということを考慮すると）パートナーからの干渉的なサポートへの拒絶による影響も示しているだろう。しかし，この見解については調査を待たねばならず，このプロセスに関しては今後の研究が必要である。

安全な基地プロセスに関する知見のまとめ

　成人期における安全な基地の世話プロセスに関する初の調査から，図10.1のモデル上部に描かれた流れ（矢印 j から d）について新しい知見が得られた。しかし，安

全な基地の世話行動や，安全な避難場所の世話プロセスに影響するような帰結（矢印e）については，いまだ実証的知見が示されていない。次のセッションでも議論するが，モデルのこの部分に関するそれぞれのステップにおけるメカニズムや対人的なダイナミクスを明らかにするためには，この先に行なうべきさらなる多くの研究が残されている。

今後の研究に向けて

　図 10.1 に描かれた世話のプロセスにおける様々な要素について，今後引き続き検討していくと同時に，その研究実施の中でモデルを拡張あるいは修正していくことが重要であろう。このモデルは，非常に複雑な対人関係について単純化したものと考えられる。私たちは，安全な避難場所の世話プロセスに関して長い間研究を行なってきたが，それでもせいぜいその表面を明らかにしたにすぎず，こうしたプロセスの中の各要素についてはまだまだ知るべきことが残っている。例えば，世話の探求行動に与える重要な影響についての研究調査は，このプロセスを理解するために必須であろう。なぜなら世話の受け手の行動は，世話の与え手の行動と深く関連しており，このプロセスにおける世話の探求という要素は世話の付与という要素についての深い考究と同様に検討されるべきであろう。また，世話の探求行動に対する，世話の与え手の認知的，情緒的反応，およびそれらが世話の付与行動に及ぼす影響についても検討することが重要であると思われる。こうした点に関しては，カップルの相互作用についての時系列的なコーディングが，世話の探求行動を操作する実験的研究と同様に，非常に有効であろう。

　安全な避難場所の世話行動が及ぼす長期的帰結を検討するために，縦断的な調査を実施することも今後の重要な活動である。図 10.1 に描かれた理論モデルは，安全な避難場所の世話行動が及ぼす重要ないくつかの長期的帰結として，①起こりうる問題に対する対処法の改善，②問題解決とそれに関連する技術の向上，③安全感の増加，④関係性の質および満足感の向上，⑤サポートを求めること，受けること，与えることによる利益の時間上の変化，⑥ストレス経験や，ストレスおよび日々の煩わしさに対する生理学的反応の減少，⑦心身のウェルビーイング向上といった健康上のメリット，などを示唆している。これらの関係性についてはすべて，今後の研究で明らかにされる必要がある。

成人の関係性における安全な基地としての世話行動はその研究が開始されたばかりであり，こうしたプロセスについて十分に理解するためには，多くの研究が行なわれる必要がある。先に述べた調査は，安全な基地という世話を受けることによる短期的帰結など，標準的な安全な基地プロセスを理解するための最初の一歩となる知見を提供している。今後，こうした対人的プロセスのダイナミクスについて，ミクロな視点のみならず，安全な避難場所の世話行動によってもたらされるものとは異なるであろうより長期的な帰結についても検討することが重要であろう。先述したように，世界を探索するためにパートナーから安全な基地を提供された者は，①様々な探索活動への参加，②世界についてより多くの知識を得るといった自尊心，自己効力感，自信の認識の向上，③探索することによる，より多くの学習と発見，④挑戦の受容と目標の遂行，⑤情緒的，身体的な健康の向上，⑥関係性への満足感とより良い関係性の機能の向上，⑦他者にサポートを求めることへのより肯定的な見方，を持つと考えられる。ここに描かれたプロジェクトが成人の関係性における安全な基地のプロセスについて行なわれる他の研究にとって，基礎あるいは出発点になれば幸いである。このプロセスの様々な要素について検討すべく，新たな観察的方法，実験的方法，そして日常経験を問う方法が現在開発されており，今後多くのすばらしい研究が行なわれるだろう。

ここで示された安全な基地の世話プロセスに関する議論について，それは，外的な世界への探索が内的な自己，つまり自尊心や自己能力の認識といったものに大きな影響を持つということを強調している点を述べておきたい。成人期における効果的な安全な基地としての世話には，パートナーの物理的な世界への探索をサポートすることだけではなく，内的で心理的な世界の探索，例えば，自己理解や自己発見に関連する思考や感情といったものへのサポートも含まれるべきだろう。事実，Main らは，アタッチメントに関係する出来事，思考や感情についての抑圧されていない探索は安定したアタッチメントの証明であると述べている（Main, 1995; Main et al., 1985）。つまり，こういった探索へのサポートは，特に，成人期における安全な基地の発達にとって重要であると考えられよう（例えば，Byng-Hall, 1999）。内的そして外的な探索へのサポートについて，その規定因と帰結に関するさらなる研究が求められる。

今後の研究のもう1つの重要な目標は，自律を奨励し（安全な基地の世話），しかし必要な時には依存を受け入れる（安全な避難場所の世話）という微妙なバランスが健康的な個人，そして関係性の機能にとってきわめて重要であるということを示すために，アタッチメント，世話，そして探索というシステムが，日々のパートナーとの関係性という文脈の中で互いに機能する様相について検討することである。世話の受け手が探索とアタッチメントの双方の行動についていかにバランスをとり，世話の与

え手が安全な避難場所と安全な基地の世話行動についてどうバランスをとるのかについて，さらなる研究が求められる。加えて，関係性における安全な避難場所と安全な基地の効果的なバランス（もしくはそのバランスの欠如）がもたらす結果についても，研究を行なうことが重要であろう。アタッチメント理論（Bowlby, 1988）によれば，2つのタイプの世話をバランスよく享受している者は，元気で，幸せで，社会的に協力的であり，逆境にも容易には屈せず，安定した婚姻関係を持ちやすく，子どもたちの健康な発達のために，自分たちが得ているものと同様の好ましい環境を与えやすいという。一方，安全な基地や安全な避難場所を持たない者は，元気がなく，人生において親しい関係性を見いだすことが難しく，困難に対して脆弱で，結婚や子育てが難しいのだという。アタッチメント理論が描くこうした姿については，今後の調査が待たれるところである。

結　語

　結びとして，本章の目的は，成人期の関係性における世話のプロセスについて行なわれてきたいくつかの研究を概観し，この領域における，さらなる研究のための基礎を築くことであった。世話という問題について，いくらかの重要な部分的知見を見いだすことはできたわけだが，他の多くの事実がこれから発見されるのを待っている。とは言え幸運なことに私たちは，その道のりを照らしてくれる成人のアタッチメントと世話についての豊かで力動的な理論を手にしている。この分野について先駆的研究を行なった Bowlby，そして，成人の関係性にアタッチメント理論を拡張することに貢献しているすべての研究者たちに感謝したい。

<謝辞>

　本章の準備にあたって，Brooke Feeney に対して国立精神保健研究所研究助成（No.MN-066199）から，また Nancy Collins に対して国立科学財団研究助成（No.SBR-0096506）から援助を受けた。

第Ⅳ部 アタッチメントの個人間側面 ― 親密性，葛藤，ケアギビング，満足感 ―

11章

Judith A. Feeney

ストレス状況下における成人アタッチメントと関係機能
― 葛藤や攻撃に対するパートナーの反応の理解 ―

「ある時期，私とパートナーの2人は仕事上の問題に直面し，その問題が私たちの関係にも影響を与え始めるようになった。私たちは神経質になり，ささいなことを取り上げては言い争いをしていた。しかし，私たちは何が起こっているかに気づき，状況について話し合い，お互いに助け合う方法を見つけ出した。」

「金銭的問題のようなストレスフルな状況では，パートナーと会話をしないこともある。私としては，そうした問題を秘密にしておきたいので，自分自身で問題を解決しなくてはならない。問題が解決するまで，秘密にしておきたい。そうした問題を抱えている時は，パートナーとはあまり関わりを持たない。」

　成人アタッチメント研究の多くは，アタッチメントと関係機能について一般的な仮説を検証してきているが，ストレスフルな状況にどうしても焦点を当てざるを得ない理由がある。乳幼児期には，アタッチメント・システムが，環境の危険とアタッチメント対象者への近接性を考慮に入れながら，探索行動と近接欲求行動とのバランスを維持している（Bowlby, 1984）。乳幼児は，アタッチメント対象者との分離を安全に対する恐怖と感じており，泣いたり，しがみついたりして，アタッチメント対象者との分離に抵抗する。すなわち，アタッチメント行動は，明確な脅威的状況によって活性化される。Bowlby（1984）は，こうした状況を3つのタイプに分類している。子ども自身の要因（飢え，病気など），環境の要因（不安を抱かせる出来事，見知らぬ人の存在など），アタッチメント関係の要因（養育者の不在，近接に対する失望など）である。

これらの要因のいくつか（例えば，見知らぬ人の存在）は，無力な子どもに対してのみ，アタッチメント行動を活性化させるであろう。しかしながら，Bowlbyが示したこの大まかな分類は，成人の行動にも適用可能である。この分類に基づいて，アタッチメント研究者は，苦痛や病気，ストレスフルな環境，アタッチメント関係に脅威を与えたり，攻撃したりする状況などに対する成人の反応の個人差に関して検討を始めている。本章では，対人関係の研究者にとって特に重要である3番めのアタッチメント関係の要因（**関係内で生じる**ストレスフルな出来事）に焦点を当てる。2つの主要な対人関係ストレッサーである葛藤状況および攻撃状況が議論される。本章の主題は，こうした状況において，アタッチメント行動の個人差が比較的顕著に表われるということを示すことである。先に引用した研究参加者のことば（安定型の男性と不安定型の男性）にも示されているとおり，アタッチメントが異なる人は，ストレスに対して異なった反応を示す。そして，それらの反応は，対人関係のプロセスや結果に影響を与える。

　アタッチメントとストレスの関係は，アタッチメントの理論家が強調する感情制御と同一である。子どもの感情的シグナルへの養育者の反応は，子どもが否定的感情にどのように対処し，「安全であるという感覚」をどのように獲得するかについて学習する決定的状況を提供すると考えられている（Sroufe & Waters, 1977）。養育者が効果的に反応できる場合は，安心感を求めて彼らに頼ることで，苦痛が制御される。しかし，養育者が効果的に反応できず予測不能な反応をする場合は，別の方略が取られるようになる。時の経過とともに，様々な方略は統合され，ストレスフルな状況に対して反応を導くルールとなる。したがって，異なるアタッチメント・スタイルは，異なるルールと関連を持つ。乳幼児のアタッチメント・スタイルのことばで言うならば，安定型のアタッチメントは，苦痛を認め，積極的にサポートを求めるようなルールと関連を持つ。回避型のアタッチメントは，苦痛の表明やサポートを求めることを抑制するルールと，そして，アンビヴァレント型のアタッチメントは，苦痛に対する感覚の高まりや苦痛の表明を促進するようなルールとそれぞれ関連を持つ（Kobak & Sceery, 1988）。アタッチメント研究者は，様々なアプローチを用いて，成人のアタッチメントを測定しているため，本章では，上記の3つのアタッチメント・スタイルの他に，アタッチメントの4類型モデル（安定型，とらわれ型，拒絶・回避型，恐れ・回避型；Bartholomew, 1990）や，これら4つのアタッチメント・スタイルの根底にある主要な2つの次元（親密性回避，関係不安）についても言及する。

第Ⅳ部　アタッチメントの個人間側面 ― 親密性，葛藤，ケアギビング，満足感 ―

葛藤や関係上の違反に対する対処

　葛藤はカップルの絆を特徴づける相互依存の不可避的な結果であり，葛藤に対する反応は，関係結果の主要な予測因子となる（Christensen & Walczynski, 1997）。また，葛藤を中心とした相互作用は，アタッチメント研究者にとっては特に興味深いものである。なぜなら，そうした相互作用がパートナーの有効性に対する関心を引き起こし，アタッチメント・システムを活性化させるからである（Kobak & Duemmler, 1994）。本章の前半では，葛藤や関係上の違反への反応におけるアタッチメントに関連した差異に焦点を当てる。私たちの研究室における一連の研究や当該領域におけるその他の主要な知見を紹介し，研究課題の解明が進展していることを明らかにする。

葛藤に対する一般的反応

　成人アタッチメント研究のいくつかは，一般的な葛藤行動に関して質問紙調査を実施している。例えば，Pistole（1989）は，HazanとShaver（1987）が作成したアタッチメント・スタイルの3類型尺度とRahim（1983）の組織葛藤尺度を用いて調査を行ない，以下のような知見を見いだした。安定型の人は，不安定型の人よりも，統合的（問題解決的）な方略をとりやすかった。また，アンビヴァレント型の人は，回避型の人よりも，折衷案をとることが少なく，パートナーの願いを受け入れやすかった。これらの知見は，葛藤に対処する際に，安定型の人はより建設的な方略（自分自身の利益と関係維持の両方に対する関心を反映した方略）をとりやすいという見解を支持するものである。より最近では，Gainesら（1997）がアタッチメントと協調的ジレンマ（パートナーが否定的行動をする状況）との関連性を検討した。予測された通り，安定的なアタッチメントは，退出（積極的に関係を害する）や無視（状況が悪化するのを受け入れる）といった破壊的な反応と負の相関を持っていた。

　私たちの研究室が実施した初期の研究の1つも，一般的な葛藤行動を検討した（Feeney et al., 1994）。この研究では，（あとで議論される）様々なタイプの葛藤との関連性は考慮されなかったが，多次元的手法，カップルデータ，縦断的デザインを用いて，アタッチメント，葛藤行動，結婚満足感の3変数間の複雑な関係が検討された。カップルは，結婚後6か月にわたって相互作用に関する日記をつけ，承認，開示，関与，満足感，葛藤，支配といった日常的相互作用の質を評定した。彼らは，結婚12か月後と21か月後に，アタッチメント（親密性回避，関係不安）と葛藤行動（相互依存，

強制,要求-脱退のような破壊的行動,葛藤後の苦悩)を測定する質問紙にも回答した。最後に,彼らは,関係内の葛藤を引き起こすような2つの問題について議論し,彼ら自身の影響方略を報告した。これらの方略は,肯定的(理由づけや支持),否定的(操作や脅威),葛藤回避的(物理的・情緒的回避)の3側面において得点化された。

▶ 自分自身のアタッチメントの効果

親密性回避は,夫においてのみ,関与,承認,開示,満足感といった日常的相互作用や相互依存(相互交渉)のような葛藤行動と負の相関があった。関係不安と葛藤行動との関連は,夫よりも妻においてより顕著ではあったが,夫婦ともに幅広く確認された。関係不安は,日常的相互作用において,関与,開示,満足感と負の相関,葛藤,支配と正の相関がそれぞれあった。また,葛藤行動において,相互依存と負の相関,強制,破壊的行動,葛藤後の苦悩と正の相関があった。さらには,否定的影響方略とも正の相関があった。この他には,妻の関係不安が,初期の葛藤得点を統制した場合でも,後の破壊的行動や葛藤後の苦悩を予測していた。これらの同時的かつ予測的関連は,関係不安が様々な破壊的葛藤行動を生じさせることを示唆している。また,そうした破壊的葛藤行動は,関係終焉の一因となったり,不安定なアタッチメントを増長したりする可能性がある。

▶ パートナーのアタッチメントの効果

葛藤行動は,自分自身のアタッチメントに加えて,当然ながら,**パートナー**のアタッチメントによっても影響を受ける。研究者は,アタッチメント関係の相互的特徴を理解し,こうした「パートナー効果」にも注意を向けている。例えば,KobakとHazan(1991)は,夫が安定的なアタッチメントを持っている場合,夫婦ともに,葛藤問題について議論する際に,拒否を示すことが少なく,承認を示すことが多いことを報告した。新婚カップルを対象にした私たちの研究(Feeney et al., 1994)では,夫の親密性回避と妻の関係不安において,最も一貫したパートナー効果が確認された。夫の親密性回避が高い場合,妻は,関与,承認,満足感といった日常的相互作用の評定が低かった。一方,妻の関係不安が高い場合,夫は,日常的相互作用において,支配が高く,関与が低かった。また,葛藤行動において,強制や破壊的行動が多かった。

上記の研究において,私たちは,各パートナーが持つアタッチメントの**交互作用**効果についても検討した。すなわち,一方のパートナーの親密性回避や関係不安の効果が,他方のパートナーの親密性回避や関係不安に依存しているかどうかを検討した。最も一貫した効果は,夫および妻の関係不安において確認された。夫婦相互の関

係不安は，妻のいくつかの葛藤行動に対して，同時的かつ縦断的に交互作用効果を持っていた。興味深いことに，この交互作用効果は，様々な形となって表われていた。例えば，妻の葛藤回避方略は，夫婦ともに関係不安が高い場合に，最も高くなっていた（図11.1(a)）。この結果は，妻の葛藤回避方略が，夫婦相互の不安定なアタッチメントによって生じることを示唆している。その一方で，関係不安の高い妻は，関係不安の高い夫よりも低い夫の場合に，葛藤行動における強制得点が高くなっていた（図11.1(b)）。この結果は，関係不安の高い妻が，自分自身の関心を関係不安の低い夫が理解できない，あるいは，理解しようとしないと考える傾向があることを示唆している。すなわち，こうした状況によって，強制がエスカレートしたり，パートナーの意図を強制的であると誤って認知したりするようになるのであろう。同様に，夫婦葛藤

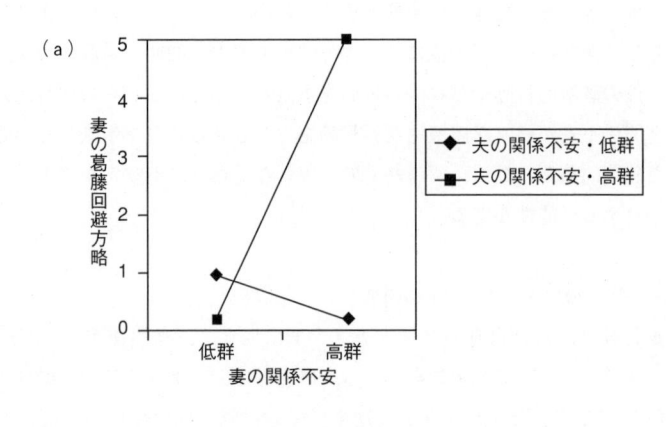

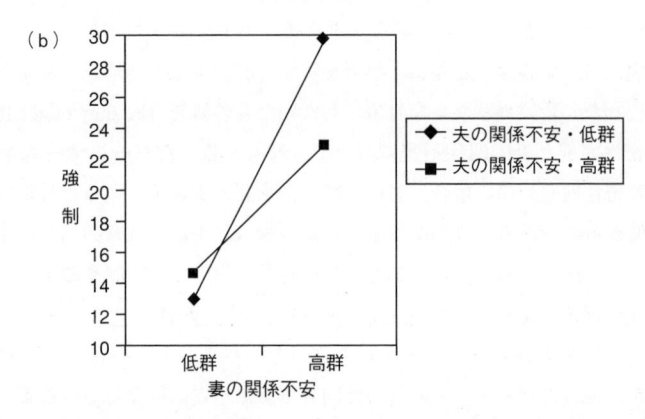

図11.1　妻の葛藤回避方略と強制に対する各パートナーの関係不安の交互作用効果

に関する最近の研究は，パートナーどうしの関係不安レベルに関して複雑な効果を見いだしている。例えば，ともに関係不安が高い夫婦は多くの葛藤を抱えているが，妻のみ関係不安が高い夫婦は，ともに関係不安が低い夫婦よりも葛藤が少ない（Gallo & Smith, 2001）。おそらく，関係不安の高い妻は夫に依存する傾向が強く，関係不安の低い夫がそのことを考慮に入れて，妻の欲求や関心に反応しているのであろう。

▶ アタッチメント，葛藤，結婚満足感

アタッチメント，葛藤，結婚満足感の関連が，新婚のサンプルと結婚生活の全期間を代表する幅広いサンプルにおいて検討された（Feeney, 1994）。私たちは，これら2つの研究において，アタッチメントと結婚満足感との強固な関係が葛藤行動によって仲介されるかどうかに着目した。すなわち，安定的なアタッチメントを持つ人の高い結婚満足感が，葛藤に対する彼らの適応的な反応によって説明できるかどうかを検討した。この仲介効果は，新婚のサンプルではなく幅広い年代のサンプルにおいて確認された。後者のサンプルでは，葛藤行動を統制すると，アタッチメントと結婚満足感との関係が，妻では有意でなくなり，夫では有意傾向に減少した。その後の研究では，安定的なアタッチメントを持つ人の高い結婚満足感は，ある部分，個人的な意見や感情を表明したり引き出したりする彼ら自身の能力を反映したものであるということも示唆されている（Feeney, 1999a; Keelan et al., 1998）。合わせて考えると，これらの結果は，建設的な交渉パターンを促進するような介入によって，不安定なアタッチメントを持つ人を援助できる可能性を示唆している。

接近－回避葛藤

上述した研究は，アタッチメントと一般的な葛藤行動との関連を指摘しているが，とりわけ，接近－回避葛藤は，アタッチメント・プロセスと関連が深い。接近－回避（つながり－自立）は基本的な関係ジレンマである。パートナーどうしがつながりを築くために自立をいくらか放棄しなければ，関係は存続し得ない。その一方で，過度のつながりは個人という実体を消失させ，関係を破壊させるかもしれない（Baxter & Montgomery, 1997）。したがって，パートナーどうしは，回避と接近，自立とつながりという対照的な欲求を上手に処理しなければならない。アタッチメント理論は，こうした問題と直接的に関連している。接近－回避葛藤はアタッチメント・システムを活性化させるであろう。また，パートナーどうしのアタッチメントが大きく異なる場合は，接近－回避葛藤はより手に負えないものとなるであろう（Pistole, 1994）。私た

ちの研究室では，つきあいの長い恋愛カップルを対象に，接近-回避葛藤とアタッチメントとの関連について検討を行なった（Feeney, 1998, 1999b）。この研究は，以下で議論されるように，質的方法と量的方法の2つの手法を用いて実施された。

▶ 接近-回避葛藤に関する自由記述

　質的方法では，調査参加者は，現在の恋愛関係について話すように指示された。会話は，テープレコーダーで録音され，その後，文字に起こされた。会話内容は，「接近」あるいは「回避」に関する明確な言及やパートナーと一緒あるいは離れて過ごす時間量などの発言があった場合に，接近-回避に関連する話題としてコード化された。いくつかの分析結果は，こうした話題の多さとアタッチメントの関連性を支持するものであった。第一に，ほぼすべての参加者（92%）が接近-回避の話題に言及していた。第二に，語数換算では，発言内容の3分の1以上が接近-回避の話題であった。第三に，こうした話題への言及には強いことばが含まれていた。例えば，パートナーの接近欲求に対して，「息がつまる」あるいは「押しつぶされる」といった感情を報告する参加者がいた。その一方で，パートナーの回避欲求に対して，「無視されている」あるいは「惨めである」といった感情を報告する参加者もいた。第四に，焦点となっている接近-回避葛藤は，親密性回避が高い男性または関係不安が高い女性のカップルにおいて，最も頻繁に言及されていた。

　とらわれ型の女性の以下のような発言からも明らかなように，接近-回避葛藤は，大きなストレスや混乱を生じさせることもある。

> 「時々，物事がいっそう悪い方向に進んでいます。なぜなら，彼が，私よりも友だちと過ごしたがっているからです。このことで，解決すべき多くの問題が生じています。彼はすべて解決済みと思っているかもしれませんが，私は彼との関係を続けたいかどうかわからなくなっています。なぜなら，彼のことをまだよくわかっていませんし，一緒に過ごす時間もまだ十分ではないからです。彼が友だちと過ごしたがるのはかまいませんが，そのことで，私たちの状況が悪くなっています。そのことについては，あまり考えないようにするしかないようです。どうしたらよいかわかりません。」

　接近-回避葛藤は，個人の不安感を維持したり，時には助長したりすることもある。例えば，別のとらわれ型の女性は，パートナーの「クールさ」や距離を置く行動について悩みを語り，そうした問題をパートナーと議論しようとすると，彼女自身の不安

をさらに高めるような防衛的な反応が帰ってくると述べた。拒絶・回避型の男性パートナーは，時々関係から離れてみたいという自分の気持ちを彼女は理解できないと考えていた。

> 「時々，関係を小休止することは大切だと思っています。そうすることで，相手を本当に愛しているか，本当に一緒にいたいかがわかるからです。彼女は，僕のこうした考えが少し厳しいものであると感じています。」

　この男性が小休止を関係の「テスト」と考えているならば，パートナーの女性がそうした時間を困難に感じるのは驚くべきことではない。上記の発言内容から，各パートナーの態度や行動が後の相互作用を規定していることがわかる。こうして形成されていく相互作用のサイクルは，特に，パートナーどうしが不安定なアタッチメントを持っており，接近と回避に対して好みが全く異なっている場合に，接近－回避葛藤を引き起こす可能性がある（Byng-Hall, 1999）。さらに別のとらわれ型の女性が，このサイクルについて言及していた。

> 「彼はいつもいろいろなものを買ってくれて，私を特別な存在と感じさせてくれていました。でも，私が深く関わろうと思うようになった時，彼のテンションは下がりました。そのことが嫌で，私も彼と同じように熱が冷めました。私がそうなった瞬間，彼は再び情熱的になりました。しかし，私が彼に興味を持ち始めるとすぐに，彼は熱心な態度を示さなくなります。」

　彼女のパートナーである拒絶・回避型の男性は，2人の親密性に対する異なるアプローチに気づいており，自分自身の関係スタイルは「無慈悲的」であり，彼女の関係スタイルは「過度に情緒的」であると述べていた。こうした固定的なパターンは，大きな苦痛を生じさせる。実際，RobertsとNoller（1998）は，同棲中および既婚カップルにおける身体的攻撃が，攻撃する側の関係不安が高く，攻撃される側の親密性回避が高い場合に多くなることを見いだしている。これらのカップルは，対照的な対人目標およびスタイルを持っているため，ストレスや葛藤に対処することが困難であると考えられる。

▶ **実験室における接近－回避葛藤の検討**
　上述した研究（Feeney, 1998）において，恋愛中のカップルは，興味深い明確な葛

藤を含む3つの相互作用場面にも参加した。ある場面（レジャー場面）の直前には，カップルは，それぞれ異なるレジャー活動を主張するように指示された。そのレジャー活動は，あらかじめ知らされていた2人の共通時間に実施することになっていた。残りの2つの場面では，一方のパートナーは冷たくよそよそしい行動をとるように，そして，もう一方のパートナーは親密な関係を再び築くように指示された。男性と女性の役割は，2つの相互作用場面で入れ替えられた（カウンターバランスが取られた）。パートナーのよそよそしい行動に対する反応が，研究の主要な関心であった。しかしながら，レジャー場面によって，中心的な関係葛藤（すなわち，接近−回避）とより具体的な（課題中心の）葛藤を比較することが可能となった。こうした場面の区別は重要である。なぜならば，中心的な関係葛藤は，その関係に対してより脅威となりやすく，それゆえ，アタッチメント行動を活性化しやすいからである。

それぞれ独立した観察者が，参加者の葛藤に対する反応を評定した。言語的行動は理由づけ，協力，強制といった要約尺度を用いて，また，非言語的行動は接触，回避といった要約尺度（パートナーおよび状況に対する関与の程度を測定する尺度）を用いてそれぞれ得点化された。この研究の原報では（Feeney, 1998），自分自身およびパートナーのアタッチメント効果について議論されているが，ここでは，交互作用を検討した再分析についても議論する。

レジャー場面では，アタッチメントと葛藤行動との関連は，統計的に有意とはならなかった。一方，パートナーのよそよそしい行動に対する反応は，表11.1の要約にある通り，多くの効果を示した。これらの効果は，再度，アタッチメントと葛藤に対する建設的反応との関連を立証した。非言語的行動では，親密性回避の高い男性と関係不安の高い女性がそれぞれ積極的な関与を示すことが少なかった。言語的行動では，自分自身およびパートナーの両方のアタッチメントの効果が確認された。例えば，親密性回避が高い女性は理由づけをすることが少なく，その女性のパートナーは協力をすることが少なかった。女性の葛藤行動は，パートナーの不安レベルと交互作用を持つことも確認された。しかしながら，私たちの新婚カップルを対象にした研究と同様に，交互作用の形態は多様であった。女性の強制は，自分自身ならびにパートナーの関係不安がともに高い時に最も顕著であった。一方，女性の接触は，パートナーの関係不安が高く，自分自身の関係不安が低い場合に最も多くなっていた。後者の交互作用効果は，関係不安の低い女性がパートナーの不安定さに気づき，援助しようとすることを示唆している。

アタッチメントに関連した効果が，レジャー場面ではなく，パートナーのよそよそしい行動場面において生じたという事実は，アタッチメント行動が関係に対する脅威

表 11.1　パートナーのよそよそしい行動に対する反応における有意なアタッチメント効果

従属変数	アタッチメントに関連した効果
●言語的行動	
理由づけ	女性の理由づけの使用は，彼女自身の親密性回避と負の相関があった。
協力	男性の協力の使用は，パートナーの親密性回避および関係不安と負の相関があった。
強制	男性の強制の使用は，彼自身の関係不安と正の相関があった。女性の強制の使用は，彼女自身ならびにパートナーの関係不安がともに高い時に，最も多くなっていた。
●非言語的行動	
接触	男性の接触の使用は，彼自身の親密性回避と負の相関があった。 女性の接触の使用は，彼女自身の関係不安と負の相関があった。また，パートナーの関係不安が高く，彼女自身の関係不安が低い場合に最も多くなっていた。
回避	男性の回避の使用は，彼自身の親密性回避と正の相関があった。 女性の回避の使用は，彼女自身の関係不安と正の相関があった。また，彼女自身ならびにパートナーの関係不安がともに高い時に，最も多くなっていた。

を認知することによって活性化されるという主張を支持するものである。恋愛カップルの葛藤に関する別の実験研究においても，アタッチメントに関連した効果（アンビヴァレント型が苦痛，敵意，不安と関連し，回避型が相互作用の質の低さと関連するといった効果）は，ささいな葛藤ではなく，大きな葛藤について議論するように求められたカップルに対して，より大きくなっていた（Simpson et al., 1996）。

興味深いことに，これまで述べてきた研究（Feeney, 1998; Feeney et al., 1994）は，パートナーどうしのアタッチメントの交互作用効果が**女性の**葛藤に対する反応においてより顕著であることを示している。おそらく，女性は，お互いの関心や不安における相異など，関係のダイナミクスに対してより敏感なのであろう。こうした主張と一致して，既婚カップルの対人スキーマを検討した Sumer（2000）の研究は，安定型の女性が，安定型の男性よりも，パートナーの不安定なアタッチメントの効果をより効果的に緩衝する可能性を示唆している。

関係における違反

恋愛カップルの葛藤は，意見の単純な相異や接近-回避に対する異なる選好から生じる。そうした葛藤の例には，パートナーが違反を犯した（否定的または規則を破るような方法で行動した）という感覚は必ずしも含まれていない。何の悪気もない相異でさえも，パートナーが苦痛を抱えた配偶者や不安定なアタッチメントを持つ配偶者

は，違反を犯したと解釈するかもしれない。対照的に，本章の次節では，一般的に違反とみなされるようなパートナーの行動に焦点を当てる。不安定なアタッチメントを持つ人は，こうした行動が意図的なものであり，内的，安定的，包括的な要因によって引き起こされると考えがちであることから，特にストレスフルなものであると感じるであろう（Gallo & Smith, 2001; Mikulincer, 1998）。

▶ 配偶者の否定的行動に対する反応

既婚カップルにおける最近の研究（Feeney, 2002）では，配偶者の否定的行動に対する反応が検討された。（既に述べたような）帰属パターンにおけるアタッチメントに関連した相異を考慮すれば，パートナーの否定的行動は，そのパートナーの愛情や夫婦関係の持続性に関して，不安定なアタッチメントを持つ人が抱く疑念を確証したり，悪化させたりすると考えられる。したがって，不安定なアタッチメントを持つ人は，結婚を評価する時に，配偶者の否定的行動に対して特に敏感になることが予測される。すなわち，結婚満足感と配偶者の最近の否定的行動に対する認知との関連は，不安定なアタッチメントを持つ人にとって，より強くなるであろう。

この研究では，既婚カップルは，アタッチメントの分類尺度と連続尺度の両方に回答した。また，連続する2日間のそれぞれの日に，配偶者の否定的行動に関するチェックリスト（例えば，「私の考えていることに耳を傾けてくれなかった」）に回答し，全体的な結婚満足感についても評定を行なった。各日ごとに配偶者の否定的行動と結婚満足感の相関を算出し，それらを平均したものを敏感係数とした。結果は仮説どおりであった。拒絶・回避型（$r = -.63$）ととらわれ型（$r = -.61$）の夫は，安定型（$r = -.25$）の夫よりも，より敏感であった。また，拒絶・回避型（$r = -.63$）と恐れ・回避型（$r = -.65$）の妻は，安定型（$r = -.30$）の妻よりも，より敏感であった。アタッチメントの連続尺度を用いた分析も，夫においてのみであったが，これらの結果を支持した。結婚満足感と配偶者の否定的行動との関連は，親密性回避または関係不安が高い夫に対してのみ有意であった。全体的に，これらの結果は，不安定なアタッチメントを持つ人の関係全体の評価が最近の否定的出来事によって強く影響を受けることを示唆している。不幸にも，関係における違反をモニターし，反芻する傾向は，時の経過とともに関係満足感をむしばんでいくと考えられる。

▶ 傷ついた感情への対処

心理的な傷つきは，対人関係の研究者にとって重要なトピックとなっている。「傷つき」は，非常に否定的な感情とみなされ（Shaver et al., 1987），感情を害する人

が恋愛パートナーである時，傷ついた感情は特に強くなる傾向にある（Leary et al., 1998）。したがって，アタッチメント・スタイルが否定的感情に対する学習された対処法を反映しているということを考えれば，自分を傷つけるようなパートナーの行動に対する反応には，アタッチメントに関連した相異があると考えられる。傷つけた側が傷つけられた側ほどは当該の関係を重視していないと思える場合に，傷ついた感情が生じるという Leary ら（1998）の主張も，アタッチメント理論と関連性を持っている。不安定なアタッチメントを持つ人は，あいまいなパートナーの行動を，否定的な意図を持ったものであり，関係を危険にさらすようなものであると解釈することがある（Collins, 1996）。

傷つきは関係における現象であり，傷つく出来事の結果は，間違いなく，両パートナーの思考，感情，行動に依存している。しかしながら，ここでの議論では，傷つけられる側の視点に注目してみよう。被害者のアタッチメントは，出来事のすべてのプロセス，すなわち，初期の感情や認知，相手の後悔の念に対する評価，自分自身の行動反応，相手に対する不信感や自信喪失に関する持続的な経験などに影響を与えると考えられる。傷ついた感情に関する私たちの研究の分析結果は，この仮説を支持している。私たちの研究プログラムは回想的研究であり，被害者は，自由形式または構造化された形式で，恋愛パートナーに傷つけられた経験について話をした。自由形式の語りには，様々な否定的感情（怒り，悲しみ，恐れなど）に対する言及や激しい隠喩的ことば（「引きちぎられる」「押しつぶされる」など）が含まれていた。傷つけられた経験によって引き起こされる過度の苦悩を指摘した語りもいくつかあった。例えば，ある（とらわれ型の）参加者は，以下のように述べている。

「私は，1週間，何も食べなかった。お酒を飲んだ。すっかり人生のどん底だった。どうしてよいかわからなかった。完全に抑うつ状態だった。どのように感じていたかを正確にことばで表わすことができない。私の深い感情をことばで表わすことはできない。」

この研究の量的分析（Feeney, 2005）では，共分散構造分析を用いて，被害者の持続的な自信喪失や関係上の持続的な問題に対する傷つく出来事の長期的な効果を検討した（回想的方法では，傷ついた感情とアタッチメントの2次元（親密性回避と関係不安）との因果関係が疑問視されるが，それでも，この研究のデータは，傷つく出来事の認知におけるアタッチメントに関連した相異を実証するのに役立つ）。被害者の持続的な自信喪失は，関係不安によって予測された。この関連は，直接効果と同時に，

初期の感情的苦悩と否定的自己認知を経由した間接効果も含んでいた。言い換えると，関係不安の高い人の持続的な自信喪失は，パートナーの違反によって非常に苦悩したり，自分自身を愚かで望ましくない人物であると考えるような初期の傾向を部分的に反映している。これらの結果は，アタッチメント理論に一致するものである。すなわち，関係不安の高い人にとっては，自分を傷つけるようなパートナーの行動は，自分自身が価値のない人間であるという既存の見方を確証する。

関係上の持続的な問題は，親密性回避によって予測された。この関連もまた，直接効果と同時に，自分自身の否定的行動反応と相手の後悔の念に対する認知を経由した間接効果を含んでいた。これらの効果の方向性に注目することは重要である（図11.2を参照）。全体的に，親密性回避は，より大きな関係上の問題と関連していた。直接的パスは，特にストレス状況下においてアタッチメント欲求を軽視するといった親密性回避の高い人の過剰に学習された傾向を反映しているのかもしれない（Fraley & Shaver, 1997）。すなわち，こうした傾向は，葛藤回避や問題解決の失敗を引き起こす可能性がある。相手の後悔の念に対する認知を経由した間接的パスは，同一の方向性を持っていた。具体的には，親密性回避の高い被害者は，加害者に後悔の念が欠如していると感じ，また，こうした認知は，関係上の問題の増加と関連していた。その一方で，被害者の行動反応を経由した間接的パスは，異なる方向性を持っていた。具体的には，親密性回避の高い被害者は，怒り・皮肉・反芻といった行動反応を**取りにくく**，その結果，関係上の問題が減少していた。こうした知見は，（上述したように，将来

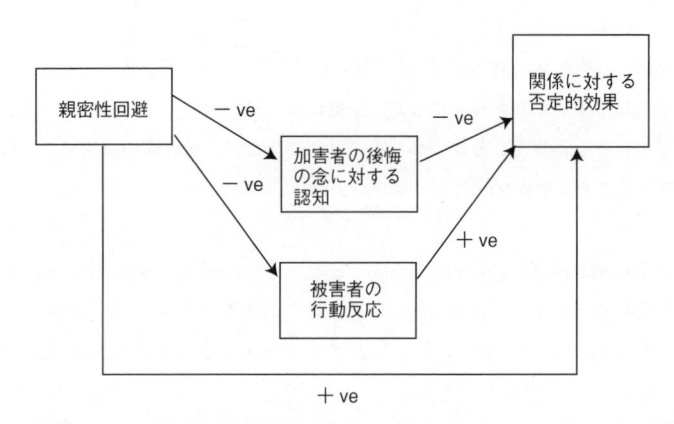

図11.2　親密性回避と夫婦関係に対する傷つく出来事の否定的効果報告との関連の方向性
＋ve: 正の関連，−ve: 負の関連。

的には，問題が再浮上するかもしれないが），親密性回避と関連する抑制された対人スタイルが，いくつかの葛藤のエスカレートを防止する可能性があることを示唆している。親密性回避に関するこうした逆説的効果（すなわち，全体的な否定的効果を減少させる効果）は，アタッチメント・プロセスの複雑性を強調するものである。

困難な状況に対する対処

　本章の後半では，多くのカップルがしばしば直面し，お互いの関わり方に問題を投げかけるストレスフルな出来事の効果に焦点を当てる。これらの出来事は，本質的には葛藤を含むものではないが，お互いの相互作用パターンの実質的な再調整を必要とするために，ストレスフルである。ここでは，3種類の困難な出来事，すなわち，パートナーとの分離，ケア提供，出産による親の立場への移行について議論する。

パートナーとの分離

　幼児のアタッチメント・スタイルを測定するために使用されるストレンジ・シチュエーション法（Ainsworth et al., 1978）は，親（通常は母親）と親切な見知らぬ人の一連の出入りを含む。これらのエピソードは，中程度にストレスフルなものとなるように意図されており，分離および再会行動の観察を可能にする。当然ながら，成人は恋愛パートナーとの短期間の分離を過度にストレスフルなものであるとはほとんど思わないが，長期間の分離は関係の利益や将来に関する問題を引き起こす可能性がある。レビュー論文において，Vormbrock (1993) は，アタッチメント理論が親密なパートナー間の分離と再会について有益な視点を提供すると主張した。この主張の裏づけとして，彼女は，様々なタイプの分離（戦時，仕事関連）に対して夫婦が非常に類似した方法で反応すること，また，そうした反応は，養育者と分離した子どもに見られるような反応と類似した形態をとることを見いだした。

　成人の分離行動に関する Vormbrock の理論的分析は，個人差よりもむしろ反応の普遍的パターンに焦点を当てていた。一方，「分離を思い出させるもの」に対する反応を検討した研究では，異なるアタッチメント・スタイルを持つ人は，分離に対する考えと関連したストレスの程度やそうしたストレスへの対処方法が異なるということが示唆されている。例えば，Mikulincer ら（2002）は，実験参加者にパートナーと分

離している状況を想像させる研究を行なった。その結果，関係不安の高い人では，こうした実験操作が，死に関連する思考へのアクセスのしやすさを高めた。このことは，彼らが分離を完全な破局としてとらえていることを示唆している。いくぶん異なる実験手法を用いた Fraley と Shaver（1997）は，実験参加者に対して，長期間続いている恋愛関係の終焉をありありと想像するように，そして，その後，そうした想像をやめるように教示した。その結果，拒絶・回避傾向の高い人では，こうした教示が，心理的覚醒の低下とともに見捨てられることに関連した思考へのアクセスのしやすさを低下させていた。こうした結果は，彼らが，アタッチメントに関連した出来事に対して，それらを活性化するような思考から注意をそらすという対処法を学習してきていることを示唆するものである。

先に述べた長期間の恋愛カップルに関する私たちの研究（Feeney, 1998）では，実験参加者に，現在のパートナーと実際に分離した時のことについて話をさせて，現実の分離経験に関する報告を得た。一度の分離（2週間から12か月の期間）について語った人もいれば，時々再会するというようなくり返しの分離について語った人もいた（重要なことに，アタッチメントは，分離の期間やタイプと交絡していなかった）。実験参加者の語りは，この場合もまた，テープに録音され，文字起こしされた。内容分析では，2つの主要な問題，すなわち，パートナーとの分離に対する対処法と恋愛関係に対する効果に焦点が向けられた。（本章の範囲を超える他の分析では，関係不安が，分離によって生じる過度な情緒的苦悩と関連を持つことが示された。）

▶ 対処法

対処法は，まず最初に，問題焦点型対処（問題をうまく処理することに焦点が向けられた対処），情動焦点型対処（感情的苦悩を処理するような対処），サポート希求（社会的ネットワークの資源を使用する対処）に大まかに分類された。最初の2つの対処は，さらに細かく分類された。問題焦点型対処は，パートナーとの接触維持，個人的・関係的目標の追求，直接的対処（パートナーと状況についてオープンに議論するといった対処）に分けられた。情動焦点型対処は，肯定的再評価，最小化，逃避・回避（例えば，ドラッグの使用）に分けられた。最後に，対処は概して様々な方法の併用を必要とするプロセスであることから，各参加者によって使用された対処法（例えば，直接的対処，サポート希求）の数がカウントされた。

アタッチメント次元と対処法の関連が表 11.2 に要約されている。3種類の大まかな対処法すべてがアタッチメントと関連していた。親密性回避の高い男性，また，関係不安の高い男性とつきあっている女性は，それぞれ情動焦点型対処をとることが多い

■ 表11.2 分離への対処における有意なアタッチメント効果の要約

対処変数	例	アタッチメントに関連した効果
問題焦点型対処	「私は時間を有効に活用した。彼と絶えず連絡をとりあったが、すべき仕事をかたづけたり、自分自身の目標に取り組んだりする時間もつくった。」	男性の問題焦点型対処は、自分自身の関係不安と負の相関があった。
直接的対処	「私たちは、たくさん手紙を送りあい、思っていることを話し、ずっと一緒にいることを互いに約束し、関係を維持する方法を考えた。」	男性の直接的対処は、自分自身の親密性回避と負の相関があった。
情動焦点型対処	「私はよく取り乱していたが、彼にはそのことを知られないように努力した。私は、将来に願いをかけていたが、彼が私と一緒にいたいかどうかはわからなかった。」	男性の情動焦点型対処は、自分自身の親密性回避と正の相関があった。また、女性の情動焦点型対処は、男性の関係不安と正の相関があった。
逃避・回避	「私はずいぶんと酔っぱらった。私は麻薬でずいぶんと恍惚になった。私は、起こっている出来事について考えなくてすむように、お酒を飲み干そうとした。」	男性の逃避・回避は、自分自身の親密性回避と正の相関があった。
サポート希求	「私は友だちとつきあい、電話で会話をし、起こっている出来事について話をした。」	サポート希求は、自分自身の親密性回避（男性）および自分自身の関係不安（女性）と負の相関があった。
使用された対処法の多様性		男女ともに、対処法の多様性は、自分自身の関係不安と負の相関があった。

と報告し、関係不安の高い男性は、問題焦点型対処をとることが少ないと報告した。親密性回避の高い男性と関係不安の高い女性は、それぞれサポート希求をとることが少ないと述べた。対処法の下位分類では、親密性回避の高い男性は、直接的対処（問題をうまく処理しようとする最も直接的な試み）をとることが少なく、逃避・回避（かなり不適応的な対処）を取ることが多いと報告した。したがって、アタッチメントは、建設的あるいは破壊的である対処法とより強く関連していた。最後に、男女ともに、対処法の数は自分自身の関係不安と負の相関があった。

　以上をまとめると、安定的なアタッチメントは、建設的な対処法、すなわち、問題焦点型対処、サポート希求、および多様な対処法と関連していた。こうした知見は、アタッチメントの原理と一致しており、さらには、アタッチメントが、サポート希求、

実行されたサポート，認知されたサポートなどのサポートプロセスにおける様々な側面と関連していることを示した研究（Bartholomew et al., 1997）とも一致するものである。恋愛カップルの分離ダイナミクスに関する別の研究では，女性においてのみ顕著ではあったが，成人アタッチメントの役割を支持する結果が得られている（Fraley & Shaver, 1998）。空港での分離に関するこの革新的な研究では，女性が報告した関係不安が，観察者によって評定されたその女性の分離苦悩と関連を持っていた。さらには，親密性回避の高い女性は，分離が差し迫った時に，パートナーと距離をおこうとする傾向にあった。しかしながら，親密性回避は，分離をしないカップルでは，距離をおくことと関連がなかった。したがって，アタッチメントに関連した相異は，この場合もまた，ストレス状況下でより顕著となっていた。

▶ カップル関係に対する効果

Feeney（1998）の研究では，分離の効果に関する報告は，関係の親密化と持続的な問題の発生という2種類にコード化された。持続的な問題の発生を報告した男性は，そうでない男性よりも親密性回避が高く，持続的な問題の発生を報告した女性は，そうでない女性よりも関係不安が高かった。関係上の問題に対する認知が，当該関係の最終的な状態を予測する可能性が高いということを考えれば，これらの知見は重要である。私たちは，パートナーどうしが再会に向けて実際に再交渉したかどうか，すなわち，両者が関係から得たいものや関係に割ける時間について議論したかどうかにも関心があった。（親密性回避または関係不安が高い）不安定なアタッチメントを持つ女性は，再交渉を報告することが少なかった。この結果は，なぜ関係不安の高い女性が持続的な問題を報告するかを説明する助けとなるかもしれない。すなわち，彼女らは，パートナーに対する関心や不安について相手と議論しようとしないために，問題が多く発生していると考えるのであろう。

再会プロセスおける安定的なアタッチメントの恩恵は，夫が軍事活動へ参加したあとの再会ダイナミクスに関する研究によって支持されている（Cafferty et al., 1994）。再会して4か月後に，夫婦は，アタッチメント，結婚満足感，葛藤，再会期間中の感情を測定する質問紙に回答した。夫婦ともに，安定的なアタッチメントは，より高い結婚満足感とより低い再会後葛藤と関連があった。例えば，とらわれ型の人は，特に低い結婚満足感と特に高い葛藤を報告した。安定的なアタッチメントと再会期間中のより肯定的な感情との関連は，男性に限定されていた。これは，おそらく，分離経験が彼らにとってよりストレスフルであったためであろう。

ケア提供

　乳幼児と養育者の絆とは異なり，成人のアタッチメントは，(少なくとも理想的には)相互的なケア提供によって特徴づけられる。すなわち，各パートナーは，欲求や資源によって，ケアの送り手となる時もあれば，受け手となる時もある。実際，Shaverら(1988)は，アタッチメントとケア提供は（性的交渉も含めて）恋愛感情に統合される行動システムであると述べている。アタッチメントとケア提供を関連づける理論的根拠があることを考えれば，こうした問題を扱ってきた研究がいくつか存在することは不思議なことではない。これらの研究の多くは，一般的なケア提供スタイルや実験室におけるストレスフルな状況に対するパートナーの反応を測定してきた。

▶ 一般的なケア提供スタイル

　KunceとShaver(1994)は，アタッチメント・スタイルとケア提供行動との関連を検討する研究プログラムを実施した。インタビューと自由記述形式の質問紙から得られたデータを用いて，彼らは，成人の対人関係におけるケア提供の主要な次元を測定する尺度を開発した。その次元とは，接近（対 回避），敏感さ（対 鈍感さ），協力（対 支配），強迫的ケア提供である。学生サンプルでは，こうした尺度によって，4類型尺度で定義されたアタッチメントグループ間の差異が明らかになった。予測されたとおり，安定型の人は接近と敏感さが高いと報告したが，拒絶・回避型の人はそれらが低いと報告した。両者とも強迫的ケア提供はしないと述べた。恐れ・回避型ととらわれ型の人は，彼らが持っている他者からの承認欲求と一致して，強迫的ケア提供が高く，敏感さが低いと報告した。恋愛カップルと既婚カップルを対象としたCarnelleyら(1996)の研究においても，安定的なアタッチメントを持つ人は，パートナーに対してより有益なケア（つまり，互恵性の強い行動，関与，無視をしないなどといったケア）を与えていると報告した。さらには，自分自身のアタッチメント，パートナーのアタッチメント，そして，パートナーが提供する有益なケアは，すべて関係満足感の予測に寄与していた。

▶ 実験室におけるストレス状況に対するパートナーの反応

　アタッチメントとケア提供に関する研究とはかなり異なるアプローチとして，Simpsonら(1992)は，恋愛カップルを実験室に呼び，女性パートナーに対して，「あなたは，これから一連のストレスフルな実験手続きを経験することになります」と教示した。その後，観察者は，女性が男性パートナーに対して励ましやサポートをどの

程度求めるか，また，その男性パートナーの行動がどの程度思いやりがありサポーティブであるかを評定した。この研究の主要な結果は，サポート希求とサポート提供の両方が，アタッチメントや女性の不安感に対する観察者の評定によって影響を受けているということであった。特に，女性が実験状況に対して非常に不安感を持っていると思われる場合，女性の親密性回避は，男性パートナーから身体的・情緒的に距離を置く行動と関連していた。また，男性の親密性回避は，サポート提供の低さと関連していた。すなわち，親密性回避の高い人は，冷たくよそよそしい態度でふるまう傾向があったが，それは，ストレスが高い状況においてのみであった。より最近，CollinsとFeeney（2000）は，一方のパートナーによって取り上げられた個人的関心事について，カップルが議論している状況を観察した。彼らの研究結果では，親密性回避の高い人がサポートの受け手である場合，否定的な感情を表わすためにヒントのような間接的（非効果的かもしれない）手段を用いること，また，関係不安の高い人がサポートの送り手である場合，サポートをあまり提供しないことが示された。

▶ 配偶者のケア提供

上記の研究とは対照的に，以下で述べる研究（Feeney & Hohaus, 2001）は，援助を必要とする配偶者へのケアなど非常に困難な状況に焦点を当てた。身体に障害のある配偶者や抑うつ的な配偶者へのケアは，結婚に本来含まれている約束の1つであるかもしれない。しかし，ケアを行なう側の配偶者は，ケアに対する意欲やパートナーの欲求に適切に応答する能力がそれぞれ異なっている。私たちの研究には2つの側面があった。まず最初に，ケアを行なう側の配偶者は，半構造的な形式で，結婚中にパートナーに対して特別なケアやサポートを提供する必要が**最も強かった時のこと**について話をした。次に，その配偶者は，アタッチメント，ケア提供のスタイル，パートナーに対する絆の強さ，予想されるケア提供の負担，今後のケア提供の意志を測定する質問紙に回答した。

ケアを行なう側の配偶者は，特別なケアを提供する必要が最も強かった時のことについて質問された時，パートナーの病気，失職やその他のワークストレス，家族の死，厳しい財政難など，様々なストレス状況を話題にした。発言内容のコード化では，ケア提供の経験（提供したケアのタイプ，提供者の対処法），ケア提供に対する現在の評価（関係に対する認知された効果，自分自身のケア提供に対する感情），話をしている時の感情的な調子（否定的な調子，パートナーの欲求や感情の受容）に焦点が向けられた。

表11.3に示されている通り，これらの変数は，配偶者双方のアタッチメント次元

と関連を持っていた。例えば，親密性回避の高い夫は，ケアの送り手の場合，対処法としてサポート希求を用いることが少なく，ケアの受け手の場合,「完全な」ケア（物質的**および**情緒的ケア）を受け取ることが少なかった。関係不安の高い妻は，ケアの送り手の場合，問題焦点型対処を用いることが少なく，逃避・回避を用いることが多かった。また，ケアの受け手の場合，すべてのケアを受け取ることが少なかった。自分自身またはパートナーの不安定さは，ケア提供を行なう側が報告した当該関係に対する否定的効果やケア提供の努力に対する不満足感と関連を持っていた。最後に，自分自身またはパートナーの不安定さ（特に，関係不安）は，「彼は嘆き悲しむことを決してやめようとしなかった。私はなんとかわいそうな女性なのでしょう」「彼女には飽き飽きしていた。訳もなく涙があふれ出てくる」といったコメントに反映されているように，ケア提供を行なう人が使用する否定的調子と関連していた。この重要な結果は，不安定なアタッチメントが，ストレスフルな出来事の主観的な報告において

表 11.3 配偶者のケア提供報告に対する有意なアタッチメント効果の要約

従属変数	アタッチメントに関連した効果
提供したケアのタイプ：物質的ケア，情緒的ケア，両方のタイプのケア	
夫は完全な（両方のタイプの）ケアを提供	関係不安の低い妻
妻は完全な（両方のタイプの）ケアを提供	親密性回避の低い夫
ケアを行なう側の対処法（はい／いいえにコード化）	
夫はサポート希求を使用	親密性回避の低い夫
妻は問題焦点型対処を使用	関係不安の低い妻
妻は逃避・回避を使用	関係不安の高い妻
関係に対する効果：親密化，効果なし，問題発生	
夫は親密性が増加していると報告	親密性回避の低い夫
夫は関係上の問題が発生していると報告	関係不安の高い妻
妻は親密性が増加していると報告	親密性回避の低い妻
妻は関係上の問題が発生していると報告	関係不安の高い夫
ケアを行なう側のケアに対する感情：肯定的，混合的，否定的	
妻は否定的感情を報告	親密性回避の高い妻
	関係不安の高い夫
話の感情的調子（否定的か否か）	
夫は否定的調子を使用	関係不安の高い夫
	関係不安の高い妻
妻は否定的調子を使用	関係不安の高い妻
	親密性回避の高い妻

のみ顕著になるだけでなく，話の**調子**に関する判定者の評価においても同様に顕著になるということを示している。関係不安の高い配偶者によって使用される否定的調子は，実際のケア提供行動に表われる可能性があると考えられる。そのような場面では，否定的調子が敵意を増長したり，当該関係にダメージを与えたりするかもしれない。

　この研究の質問紙調査の部分では，今後のケア提供の意志に関する理論的モデルの検討が行なわれた。西洋社会における高齢者人口の増加や公的団体ならびに地域社会から得られる限られた資源のことを考えると，この問題はタイムリーなものである。パートナーに対するケアの意志は，ケアを行なう側に対して，様々な身障状況を考慮したうえで，各身障状況が生じた場合に，パートナーに対してどの程度進んでケアをするかを尋ねることによって測定された。この結果に関する深い議論は，本章の範囲を超えるものであるが，夫婦ともに，ケア提供の意志は，自分自身およびパートナーの親密性回避や関係不安と負の相関があった。これらの効果は，一般的に，ケア提供のスタイル，絆の強さ，予想される負担を経由した複雑なパスを含んでいた。最も予測力のあるアタッチメント次元は，親密性回避であった。それは，特に，妻のケア提供の意志を予測する場合に顕著であった。すなわち，妻の親密性回避とケア提供の意志との負の関連は，直接的な効果に加えて，応答的でないケア提供，配偶者に対する絆の弱さ，予想される負担の多さを経由した間接的な効果を含んでいた。

　全体的に，この研究の結果は，ケア提供プロセスがケアの送り手と受け手双方のアタッチメントによって影響を受けることを示唆している。親密性回避の高いケアの送り手はパートナーの欲求にあまり反応的ではない。また，関係不安の高いケアの送り手は，努力が報われないと感じやすく，自分自身の欲求や関心を脇に置いておくことができないのかもしれない。加えて，関係不安が高い妻や親密性回避が高い夫の否定的な態度や行動は，適切でないケアを**受け取る**という結果につながると考えられる。困難な状況に関する最近の研究結果は，パートナー双方のアタッチメントの重要性を支持している。例えば，Simpson ら（1992）の研究で得られたデータを再分析することによって，Campbell ら（2001）は，アンビヴァレント型の（関係不安の高い）男女が冷淡で批判的であると評価されること，また，回避型の男女（特に，現在のパートナーにほとんど依存しないと報告した回避型の男性）が，批評やいらだちといった否定的な行動を**自分自身で**表明したり，相手から引き出したりすることを見いだした。

親の立場への移行

　出産による親の立場への移行は，たいていのカップルが直面する最も劇的な変化

の1つであり，アタッチメント，ケア提供，性的傾向といった行動システムに対して重要な意味を持つ。両親は，多くの援助を必要とする新しい家族メンバーの世話をする必要があり，さらなる家族の課題が生み出され，彼らは様々なライフスタイルの変化や身体的・情緒的要求に対処する必要がある。これらのストレスは，自分の資源や夫婦の絆に自信がないといった不安定なアタッチメントを持つ人にとって，特に困難なものとなるであろう。これらの問題に関する最近の研究（Alexander et al., 2001; Feeney et al., 2003）において，私たちは，第一子を妊娠している既婚カップルとその比較サンプルである子どものいない既婚カップルを募集した。カップルの参加者は，3回にわたって一連の質問紙に回答し（妊娠カップルに対しては，妊娠中，出産6週間後，6か月後に調査が実施された），3回のうち最初の2回では，インタビューも受けた。ここでは，この研究の2つの側面，すなわち，対処法（妊娠グループのみ）と抑うつ（両グループ）に焦点を当てる。

▶ 親の立場に対する対処

　出産6週間後に回答された質問紙評定に基づいて，各配偶者は，問題焦点型対処，情動焦点型対処，サポート希求の3つの主要な対処法について得点が与えられた。ここでは，アタッチメントと最も強い関連があった情動焦点型対処についてのみ議論する。

　男女ともに，より高い初期の関係不安は，男女それぞれに固有の効果の特徴があったが，より高い情動焦点型対処を予測していた。夫の関係不安は，低い自尊心（内的対処資源）認知や過度の育児緊張を経由して，自分自身の情動焦点型対処を高めていた。妻の関係不安は，直接的に自分自身の情動焦点型対処を高めていたが，この効果は，否定的合図に関して状況をモニターしたり，苦悩に焦点を当てたりするような過度に学習された傾向を反映しているのであろう。その一方で，妻の関係不安は，家族や友人からの低いサポート有効性認知を経由して，自分自身の情動焦点型対処と弱い**負**の関連を持っていた。この逆説的な結果は，親の立場における緊急の要求を反映しているのかもしれない。関係不安の高い妻は，他者からサポートを得られないと感じると，自分自身の関心事を放棄して，目前の課題に一生懸命取り組まざるを得ないように感じるのであろう。これらの結果は，先に述べた傷ついた感情に関する研究結果と同様に，不安定なアタッチメントが持つ複雑な効果を示している。

▶ 抑うつ

　上記の研究において，私たちは，出産6週間後（第2回目調査時）の妻の抑うつを

予測すると考えられる幅広い変数を測定した。第1回目調査時の夫婦の質問紙評定を用いて，4つの変数の役割が検討された。それらは，適応困難（抑うつ，一般的不安），家族・友人からのサポート利用可能性認知，結婚満足感，アタッチメントである。妊娠グループに対しては，インタビュー中に測定された，妊娠・出産経験の役割（例えば，妊娠がわかった時の反応，仕事をすることの困難性）についても検討された。

これらの変数のうち，妊娠グループでは，アタッチメント次元のみが出産6週間後の妻の抑うつを予測していた。特に，第1回目調査時に関係不安の高かった女性は，より高い産後抑うつを報告した。興味深いことに，この効果は，第1回目調査時の抑うつ，一般的不安，結婚満足感を統制しても，減少しなかった。こうした結果は，関係不安と抑うつとの関連が，不安定なアタッチメント，適応問題，関係上の苦悩といった構成概念間のオーバーラップを単に反映しているというよりも，おそらく因果関係を表わしていることを示唆している。対照的に，統制群（子どものいないグループ）では，第2回目調査時の妻の抑うつは，第1回目調査時の抑うつによって強く予測されていた。第1回目調査時のアタッチメントの予測効果は認められなかった。したがって，新しく親の立場になるという比較的ストレスフルな状況において，関係不安は，パートナーの関与や夫婦関係の将来に関する問題を生じさせることによって，女性を産後抑うつにかかりやすくさせるのであろう。この問題の大きさは，妻の産後抑うつが，その後の，夫の結婚満足感の減少，妻の親密性回避および夫の関係不安の増加を予測するという研究結果によって浮き彫りにされている。後者の結果は，アタッチメント（さらには，それに関連する自己および他者モデル）が関係内の強力な出来事によって修正されうるというアタッチメント理論家の主張（例えば，Shaver et al., 1996）と一致するものである。

まとめると，対処法や抑うつに関する私たちの分析結果は，新しく親の立場になることに対する関係不安の否定的効果を指摘している。この問題に対する別の新しい研究（Rholes et al., 2001）は上記の結論を支持している。縦断的手法によるその研究では，アンビヴァレント型の（関係不安の高い）女性は，特に，夫から不適切なサポートを受け取っていると感じている場合，出産後に，配偶者からのサポートや結婚満足感が減少すると報告した。

一般的考察と結論

　アタッチメント理論は，ストレスフルな状況下における関係機能に対して有益な視点を提供する。それは，ストレスに対する建設的および破壊的反応の原因を説明したり，様々なストレス下におけるアタッチメントに関連した差異の強さに関して検証可能な仮説を立てる助けとなる。本章で議論された研究は，ストレスがアタッチメント・システムを活性化させるという見解を支持する。アタッチメントと葛藤行動との関連は，葛藤が関係にとって脅威となる場合に，強くなっていた。この結果は，そうした葛藤が個人の内的作業モデルを活性化することを示唆している。関係不安は新しく親になるという（ストレスフルな）状況において抑うつの引き金となる可能性が高い，また，親密性回避はストレス状況下での身体的・情緒的回避の増加を予測する傾向を持つなどといった証拠も存在する。ストレッサーがアタッチメント・システムを活性化させるより直接的な証拠は，恐怖単語に対する反応に焦点を当てたプライミング研究（例えば，Mikulincer et al., 2002）によって提出されている。

　不安定なアタッチメントを持つ人たちは，一般的に，困難な状況や葛藤状況によって，より強く脅かされるということを示唆する研究があるが，ストレスに対する反応は，アタッチメントに関連した目標や欲求に関する理論的議論と一致する方向で，2つの主要なアタッチメント次元とそれぞれ独自に関連することが多い。親密性回避は，カップル内およびより幅広い社会的ネットワークの両方におけるサポート希求やサポート提供の少なさと関連を持つ。さらに，親密性回避は，特に，個人的な考えや感情の開示，パートナーの欲求に対する反応，葛藤に対する和解的アプローチという点において，コミュニケーション上の問題を予測する。一方，関係不安は，関係上のストレッサーに対する過度な苦悩，情緒焦点型対処（関係上のストレッサーを処理するには効果的でないと考えられる対処）への依存，葛藤に対する強制的な反応，パートナーの欲求を軽視したり見くびったりする傾向を予測する。

　ストレスへの反応に対するアタッチメント次元の影響において認められる顕著な性差についても議論する価値がある。一般的には，男性の親密性回避と女性の関係不安は，ストレスに対する不適応的な反応の最も一貫した予測因子であると思われる。例えば，男性の親密性回避は，サポート希求の欠如や葛藤状況における関与および相互交渉の低さと関連していた。女性の関係不安は，葛藤の高さ，強制反応，不適応的な対処行動と関連を持っていた。別の研究者は，男性の親密性回避と女性の関係不安の否定的効果に着目し，親密性と依存性に関する性役割ステレオタイプの効果に焦点を

当てた説明を提示している（例えば，Kirkpatrick & Davis, 1994）。例えば，特に，男性がふつうは関係を維持する側としてみなされないということを考えると，親密性回避の高い男性は，離ればなれになっているパートナーとの関係を維持するような積極的努力をあまりしないであろう。さらには，関係不安の高い女性は，分離に対して不安や嫉妬を感じ，関係上の問題を増加させる可能性がある。

　全体的に，本章で報告された研究は，ストレスフルな出来事の認知や対処行動におけるアタッチメントに関連した差異を指摘している。同様に，個人的な失敗や戦争関連の出来事など様々なストレッサーに関する研究に基づいて，MikulincerとFlorian（1998）は，アタッチメントが適応を積極的に促進する資源であると考えた。すなわち，安定的なアタッチメントを持つ人は，世界をより肯定的な方法で評価し，その一方で過失や失敗を認める統制感を持ち，新しいスキルや情報を獲得する用意がある。私たちは，様々な研究方法や研究計画を使用しているにもかかわらず，男性と女性のアタッチメントが様々なストレッサーに対する彼らの反応をどのようにして形成するかについて，まだ十分には理解できていない。さらには，ストレスフルな出来事に関する研究は，研究者を重要な実践的・倫理的問題に直面させている。例えば，ストレスは，実験室状況において適切な方法で操作可能であるのか？　どのようにすれば，カップルに余計な負担をかけずに，彼らが直面する実生活上の重要なストレスを測定することができるのか？　などである。こうした困難な問題を考えると，研究者は，今後もこの領域の研究に対して創造的なアプローチを続けていく必要があろう。

第 V 部

臨床的・応用的課題
― 心理療法，精神病理，精神の健康 ―

第Ⅴ部 臨床的・応用的課題 ─ 心理療法，精神病理，精神的健康 ─

12章

Susan M. Johnson

アタッチメント理論
── カップルの関係性を癒すための指針 ──

　ごく最近まで，カップル・ファミリーセラピストは，ストレスを抱えた家族関係が持っている多次元的で複雑なドラマに介入する時，家族関係や養育に関する説得力のある理論や，成人期の愛情についての理論を持たないまま，取り組まねばならなかった（Mackay, 1996; Roberts, 1992）。この領域の実践は，機能不全という概念に頼ってきた。すなわち，境界の欠如や「纏綿状態」，もしくはコミュニケーションスキルの不足，過去の親との関係を再現しようとする無意識的な衝動から，機能不全が生じるという考え方である。特に，ストレスを抱える成人期の人間関係に取り組もうとしても，セラピストは，統合的で整合性のある研究に裏打ちされたマップを，ずっと手にしてこなかった。問題を定式化し，治療目標を描き，セラピーセッションにおける，一瞬一瞬の変化の過程に焦点を当てようとしても，拠って立つマップがなかったのである。可能性を持った1つの理論として，交換理論があった。この理論は，関係における利益と損失という認知的評価と，その評価が満足感にどう影響を与えるかについて焦点を当てる。この視点に立てば，セラピーのプロセスは，お互いがよりスキルフルに交渉することをめぐって展開する。しかし交換理論は，情緒が親密な人間関係において果たす，強力な役割について考慮していない。コストや利益といった概念に焦点を当てていることもあり，親密な絆というよりも，ビジネスライクな人間関係に対してより適切な理論に見える。

　私は，カップル・ファミリーセラピーの歴史で初めて，アタッチメント理論が豊かな理論的マップを提供したと思っている（Johnson, 2003a; Johnson & Whiffen, 1999）。それは親密な人間関係を幅広く説明すると同時に，その関係性を癒す過程についても，深さや特異性を十分に持っている（Johnson & Whiffen, 2003）。本章では，成人のパートナーシップにおける関係ストレスに介入する効果的な基礎として，また，そのよ

うな関係における解決困難な傷を癒すための基礎として，アタッチメント理論に焦点を当てたい。カップルセラピー情緒焦点モデル（emotionally focused model of couple therapy: EFT; Greenberg & Johnson et al., 1988, Johnson, 1996）は，現時点で，アタッチメント理論に最も直接的に依拠したアプローチであり，親密な人間関係を理解し，修復するのに適している（Johnson, 1986, 2003b）。

EFTはまた，実証的に支持された，数少ないカップル介入法の1つである（Johnson et al., 1999）。EFTは，有意な改善を示すという点や（最も厳密な研究で90％），回復率という点で（最も厳密な研究において70～73％），最も肯定的な治療成果を持つ。と同時に，リスク母集団においてさえも継続的，安定的な結果を示している（Clothier et al., 2002; Johnson, 2002）。EFTに関するこれらの研究は，比較的厳格になされている。例えば統制群を用いて，介入の実施をモニターし，中断率を記録している（中断率は一般的に低い）。治療は短期間である。10～12セッションを使って研究するが，日々の臨床実践では，15～20セッションがより一般的である。しかし研究であっても，専門的なトレーニングと継続的な臨床スーパービジョンを受けるのがふつうで，このことは特に重視されている。セラピーの成功を予測する指標や，変化の過程についての研究も行なわれている。成功を最も予測する指標は2つある。1つは治療同盟，すなわち，セラピストが設定した課題を，カップルがどのように受け取るかということである。もう1つは，女性のクライエントが，パートナーからまだ大切に思われていると信じることである。セラピーに対する関与の高さは，成功の予測という点では，初期のストレスレベルよりも重要である。変化過程の研究によると，セラピーの中で鍵となるような変化が達成されると，関係ストレスの回復につながることが見いだされている。例えば，アタッチメント志向の情緒を高めるようなセラピストの特定の介入によって，この達成を予測できるという（Bradley & Furrow, 2004; Johnson & Greenberg, 1988）。最近の研究ではまた，カップルセラピーの領域をレビューして，EFTを他の介入の文脈の中に位置づけている（Johnson, 2003c）。

アタッチメント理論は，カップル・ファミリーセラピーにおける臨床的介入の指針として，かなり適している。最初に，その重要な理由を1つ特記しておこう。アタッチメントは，体系的理論である（Erdman & Caffery, 2002; Johnson & Best, 2002）。それは，重要な他者との相互作用が，自己や他者のモデルをどう構築するか，また，感情制御のモードをどう機能させないかについて，統合的に焦点を当てる。もちろん，これらのモデルやモードが，他者と関わる習慣様式に与える影響にも，焦点を当てている。Bowlbyは，自身の理論を，コントロールシステム理論として記述し，相互作用のフィードバックループ，ホメオスタティックもしくは自己制御的なパターンに焦

点を当てた（Bowlby, 1969）。彼の考えでは，これらのパターンは，安全や不安といった内的状態とリンクし，組織化される。伝統的なシステム理論やアタッチメント理論は，柔軟性の欠如，あるいは情報処理や応答性の硬直ないし狭窄という視点から，機能不全を考えている。両理論は，本質的に病理的ではない。例えば，Bowlby（1979）は，他者を信頼できない，あるいは自分を好きになれないといったネガティブなアタッチメント・モデルも，「完全に合理的な構造」（p.23）と考えている。彼はどちらも，ある特定の文脈では適応的だと強調する。アタッチメント理論は，それ自体がシステミックであり，まさにカップルセラピストが望む指針を示してくれる。それは，自己とシステムを，ダンサーとダンスのように結びつけ，「ホリスティックに展開する絵」（Johnson & Best, 2002; Johnson, 2003b を参照）を描いていく。

　アタッチメント理論はカップルセラピストに，「決定的な組織化」あるいは「先導要素」（Bertalanffy, 1968）について教えている。それはまた，親密な人間関係を特徴づける出来事，特定の目標，課題，重要な変化に至る道筋を提供してくれる。このような決定的，先導的要素には，以下のものがある。

・アタッチメント志向の強力な情緒。例えば，恐怖や憤怒など。
・このような情緒を制御し，パートナーと関わっていく習慣様式。自己強化的な相互作用パターンをくり返すこと。
・これらの相互作用から生じる期待もしくは認知モデル。

　このようなアタッチメントの視点は，結婚ストレスの本質に関する最近の研究と一致する（Gottman et al., 1998; Pasch & Bradbury, 1998）。それは，情緒的な関わりと応答性が，親密な人間関係を規定することを強調している。例えば，要求－撤退といったネガティブなパターンが，相手の応答性を制限することも見いだされた。あるいは，ポジティブな関係の予測指標として，なだめることや慰めることの重要性も強調されている。これは，相互の接近性と情緒的な応答性が，安定した絆の鍵となる特徴だという，Bowlby（1969）の所見と一致する。アタッチメント理論はまた，ストレスを抱えるパートナーの経験や，その経験を彼らがどう表現するかについても，うまく説明する。例えば，怒りが収まらず批判的になっている妻は，希望や安全が与えられることで，しばしば抑うつ感や喪失感を自己開示し，夫のアヴェイラビリティ（利用可能性）や応答性がないことを訴えるだろう。一方，防衛的で距離をおきがちなパートナーが，その関係を守り，けんかを防ぐために，心を閉ざす過程についても説明してくれる。彼らはいつも，不全感と喪失への恐れから苦悶しているのである。例え

ば「柔軟化」は、ずっと敵対心を持っていた配偶者が、思いきって相手に接触と慰めを求めることである。EFT においてそのような変化が見られたら、絆がうまくできつつある明確な例である。そうなると、関係性の定義も劇的に変化する（Johnson & Greenberg, 1988）。EFT においては、中断率が著しく低い。このことも、アタッチメントの枠組みが、どれほど強力にクライエントに語りかけ、自身の体験を理解するのに役立つかを示している。

現在では、より全般的なレベルで、この理論が成人期の人間関係の質に関係するという大規模な研究が存在する（Cassidy & Shaver, 1999; Shaver & Hazan, 1993）。より安定したアタッチメント・スタイルが、人間関係のポジティブな側面を予測することも明らかにされた。例えば、カップルの相互依存、コミットメント、信頼、満足感といった機能を増加し（Kirkpatrick & Davis, 1994; Simpson, 1990）、授受するサポートのレベルを高め（Simpson et al., 1992）、親密性を増大させる。また、撤退や言語的暴力を減少させ（Senchak & Leonard, 1992）、ケア行動の感受性と適切性を増し（Kunce & Shaver, 1994）、嫉妬を減少させる（Hazan & Shaver, 1987）。安定したスタイルは、複雑で、明確で、ポジティブで、一貫した自己感を促進させるらしい（Mikulincer, 1995）。この最後の知見は、Bowlby の考えを支持している。自律的な自己感は、そうでない場合よりも、つながり、安全感、アタッチメント対象に依存する能力と正の相関がある。Bowlby（1988）もフェミニスト作家たち（Jordan et al., 1991）も、西洋文化の持つ依存の病理に言及している。この種の知見はまた、EFT のようなアタッチメント志向の介入が、抑うつや心的外傷後ストレス障害（PTSD）といった個人内の問題に効果がある理由についても、説明の枠組みを提供する（Dessaulles et al., 2003; Johnson, 2002）。

カップルセラピストは、それぞれのパートナーがアタッチメントに対して持っている、全般的な志向性を扱う。このことを記しておくのは重要である。例えば、あるパートナーはこう言うかもしれない。「私は夫のことをあまり信頼していません。というか、私はこれまで誰も信頼してこなかった。誰かに慰めを求めるなんて、本当に考えたこともないのです」。このようなクライエントにとって、安定したアタッチメントは遠い国の話である。彼女はアタッチメントの欲求や恐怖に対処し始めるにつれて、より多くのサポートが必要となるだろう。しかし、セラピーの目標は、特定の関係におけるアタッチメントを修復することにある。そこで、それぞれのパートナーの関係に特有のアタッチメント「スタイル」や方略に焦点を当てる。また、不安や回避と呼ばれる、全般的に不安定な次元が、特定のカップル関係の中で、どのように表現され、強化されるかにも焦点を当てる。カップルセラピストは、全般的なアタッチメント・

スタイルよりも，配偶者に対する関わり方といった習慣様式に，焦点を当てる傾向がある。すなわち，自己や他者についての全般的で抽象的なモデルより，情緒や行動上の制御に焦点を当てるのである（Fraley & Shaver, 2000）。CollinsとAllard（2001）は，次のように示唆している。作業モデルは複雑であり，またほとんどの人が1つ以上のアタッチメント・モデルを持っていることから，「スタイル」ということばは，全般的，抽象的，慢性的なモデルのためにあるという。それにしても，熱愛中の人たちは，お互いの相互作用をどのように評価しているのだろうか。最近の研究をまとめると，現在の関係の質にかかわらず，全般的に不安定なモデルは，パートナーの行動に対して，ネガティブなバイアスの認知につながることを強調している。児童虐待のサバイバー（何とか切り抜けた人）や彼らのパートナーに対する臨床経験からも，次のことが明らかである。このようなサバイバーが，より安定したアタッチメントの絆を築くためには，比較的応答的なパートナーとの間でさえ，かなり長期間のセラピーの過程と，ポジティブな絆をつくる多くの出来事をくり返す必要がある（Johnson, 2002）。

　安全感を高めるような修正体験は，特定の関係におけるアタッチメントの応答性や作業モデルを，変化させる。それはやがて，全般的なアタッチメント・モデルも，安定に向かわせるのだろうか？　この疑問については，さらなる研究が必要である。例えば，親の立場になるなど，人生の鍵となる移行期に，アタッチメントの欲求は表面化してくる。その時，自分自身あるいはパートナーの応答性が，個人のアタッチメント・スタイルを変化させうるという証拠はある。また，セラピーあるいは日常生活において，諸種の体験の不一致を検証することも，その人の全般的なアタッチメント・スタイルを変化させる潜在力となる（Simpson et al., 2003）。

アタッチメント理論はカップルセラピストに何を教えるのか

1. アタッチメント理論によれば，人が重要な他者との接触を求め，維持することは，人間が生涯にわたって持っている，生得的で一次的なモチベーションの原理である。依存は，私たちが成長して不必要となるような，児童期の特徴ではなく，人間の生得的な部分として考えられる。アタッチメント理論によると，他者から完全に独立したり，過度に依存することはない（Bretherton & Munholland, 1999）。そこには，効果的もしくは非効果的な依存があるにすぎない。安定した依存は，自律性と自己信頼を育む。健康とは，相互依存の感覚を感じ続けることであって，自己満足や他

者からの孤立ではない。EFTのセラピストは，人々が安定したつながりを求める欲求を認め，この生得的な欲求と結びついた情緒の力を尊重する。例えば，拒否や見捨てられることへの恐怖，絶望という憤怒，喪失の悲しみ，愛されケアされるに値しないという恐れ，それに伴う恥である。

2. 安定したアタッチメントは，安全な避難場所と安全な基地を提供する。**安全な避難場所**は，生得的なサバイバル機構であり，アタッチメント対象と接触することによって得られる。アタッチメント対象は，通常，両親，子ども，配偶者や恋人がその存在となる。それは，慰めと安全を与え，ストレスや不安を和らげる一方，そのような対象に接近できないと感じた場合は，ストレスが生じる（Mikulincer et al., 1993）。愛する人に接近することは，神経系を鎮静させ（Schore, 1994），不安や傷つきやすさに対する自然な解毒剤となる。安定したアタッチメントは，**安全な基地**をも提供する。人は，それによって世界を探索でき，自分自身や行動や精神状態をふり返ることができる（Fonagy & Target, 1997; Mikulincer, 1997）。それは，私たちが自己や他者や世界のモデルに思いきって賭け，学び，継続的に更新していくために必要である。私たちの自信は増加し，その結果，新たな文脈への適応が促される。

　このような概念のもとで，カップルセラピストは，まず，セラピーセッションにおける安全感を培う。次に，パートナー間で安心してつながれるようなフェルトセンス（感覚）を，少しずつ形成する。愛する人とつながっているという感覚は，一次的に組み込まれた情緒制御装置である。Bowlbyは，孤立やつながりの喪失は，本質的にトラウマティックであると信じた。彼は，自分が必要とする時に，愛する人がそばにいてくれると信じられる人は，「そのような自信がない人よりも，極度もしくは慢性的な恐怖を感じることがずっと少ない」（Bowlby, 1973, p.406）という。重要な他者とのアタッチメントは，絶望や無意味感に対する一次的防衛となる（McFarlane & van der Kolk, 1996）。このように，アタッチメント理論はセラピストの理解を助ける。安全感の欠如や，アタッチメント対象の応答性を失う恐怖が，ストレスを抱えるパートナーの応答をどう狭めるのか。その他の関係においても，他者に接近するスキルや洞察がどう抑制されるのか。アタッチメントはまた，親密な関係における，アタッチメントの傷つきについても，理解し明確にするのに役立つ（Johnson et al., 2001）。例えば，緊急時に，パートナーが安全な避難場所や安全な基地を提供できないような状況である。

3. アタッチメント理論によれば，安定した絆を形成するのは，情緒的な接近性と応

答性である。別離ストレスは，アタッチメント対象に接近できないと感じることに由来する。もしアタッチメント対象から，関わりや情緒的な応答性がなければ，それは，「あなたのシグナルは問題にもならない。私たちの間に，何のつながりもないのだから」というメッセージになる。情緒こそ，アタッチメントの中心である。そしてこの理論は，ストレスを抱えた関係に付随する，多くの極端な情緒を理解し，修正するための指針となる。多くの調査研究において，関係ストレスが，一方の配偶者が情緒を表現しても，他方が応答しないというパターンに関連するとしている (Johnson & Bradbury, 1999)。これは，特筆に値する。情緒は，モチベーションや欲求がどんなものであるかを私たちに語り，他者に伝える。つまりそれは，アタッチメントというダンスを踊るための音楽である (Johnson, 1996)。Bowlby が示唆するように，「情緒に関する心理学や精神病理学は……，大部分が，愛情の絆に関する心理学や精神病理学である」(Bowlby, 1979, p.130)。この視点は，情緒がどのように処理され，伝達されるのかを，セラピストに注目させる。それだけでなく，様々な情緒をセラピストに気づかせ，形成する。例えば，再度の安定を切望するという情緒は，お互いの新たな応答の手がかりとなり，カップルが思いきってお互いに賭けることを助けるだろう。相互の接近性や応答性について，新たな修正情動体験がもたらされることは，おそらく，特定のアタッチメントの絆の性質を有意に変化させるのに必要である。アタッチメント理論によって，セラピストは，アタッチメント関係の全般的なモデルも理解できるだろう。例えば，強迫的なセクシュアリティや，配偶者に対する極端な性的要求といったアタッチメント情緒が，極端な応答につながっていることもある。Hazan と Zeifman (1994) は，セックスは，成人期の人間関係における，アタッチメント欲求の重要な表現方法であると示唆している。

4. 別離ストレスの過程は予測可能である。それは，結婚ストレスに関する研究知見，例えば，怒りの非難，情緒的要求，それに続いてパートナーから防衛的に距離をとるなど，一連のサイクルを理解する枠組みも与えてくれる (Gottman, 1994)。アタッチメント対象に慰めを求める行動を起こしても，そのような応答が得られなかった場合は，怒りの抗議，しがみつき，抑うつ，絶望といった典型的な過程が生じ，最終的には離脱となってしまう。抑うつは，つながりの喪失に対する自然な反応である。Bowlby は，親密な関係における怒りの表現を，しばしば，うまく接近できないアタッチメント対象に接触しようとする試みと考えた。彼は，希望のある怒りと，絶望的な怒りを区別した。後者は，絶望的で威圧的なものとなる。接近できないことに対する抗議も，安定した関係では認められ，受容される (Holmes, 1996)。

12章 ■ アタッチメント理論 ― カップルの関係性を癒すための指針 ―

アタッチメント理論を指針として用いることで，セラピストは，ストレスというドラマの背景にあるプロットラインを理解できる。その変化に必要なことも理解できる。

5. アタッチメント理論は，アタッチメント対象の非応答性に対処する方法や，関係ストレスというドラマを理解する方法に，限界があることも教えている。「必要とする時に，私はあなたを頼ることができるの？」と投げかけて，ネガティブな反応が返ってきた時，それに対処する方法は限られている。つまり，その時のアタッチメント反応は，不安と回避という二次元で組織化される（Fraley & Waller, 1998）。つながりたいという欲求が満たされない時，アタッチメント・システムは過活性化，あるいは暴走してしまう。不安に駆られたしがみつき，追求，攻撃的な試みといったアタッチメント行動が増加し，激しくなる。そうすることで，愛する人から応答を得ようとするのである。あるいは，第二の方略として，特に応答性への望みが絶たれた時は，アタッチメント・システムを不活性化させたり，アタッチメント欲求を抑制するかもしれない。課題に焦点を当てることによって，アタッチメント対象と情緒的に関わるような試みを回避する。これら2つの基本的方略，すなわち不安にとらわれたしがみつきと離脱回避が，親密な他者と関わる習慣的スタイルの中で展開する。

第三の不安定な方略も確認されている。この方略は本質的に，親密性を求めることと，恐怖のあまり回避することのコンビネーションである。この方略は，通常，児童期の文献で「無秩序型」，成人期では「恐れ・回避型」として言及される（Bartholomew & Horowitz, 1991）。それは，混沌としたトラウマ的なアタッチメント関係と関連する。そこでは他者は，恐怖の源であると同時に，恐怖の解決でもある（Alexander, 1993; Johnson, 2002）。

これらの3つの方略は，「自己維持的な社会的相互作用パターンあるいは情緒制御方略」（Shaver & Clarke, 1994, p.119）である。しかしこれは，特定のパートナーのアタッチメント特性や，その方略が関係の満足感に与える影響によって，様々な形をとる。この3つの不安定な方略のうち，相手が，特徴的に1つを使っている場合，関係に対する満足感が低いことが報告されている。このような不安定な方略を使うパートナーがいないカップルは，どちらかまたは両者ともに不安定な方略を使うカップルに比べて，より適応的だという報告もある（Feeney, 1994; Lussier et al., 1997）。

アタッチメント方略とその表現形についての知識があれば，カップルセラピーの

変化の過程に，焦点を合わせることもできる。EFT における鍵となる変化（Johnson, 1996）は，セラピストが，回避的な配偶者を積極的に援助して，再関与できるようにすることから始まる。こうして，情緒的な関わりをブロックしているアタッチメントの不安定さに対処するのである。セラピストはまた，不安的な配偶者を援助して，その不安に対処できるようにする。そうすることで，欲求を明確に伝え，相手を自分に引き戻し，応答性を促進できる。一般的に，アタッチメント理論は，個人差，つまりそれぞれの方略（あるいはアタッチメント・スタイル）に応じて，EFTのセラピストが，介入方法を採用できるようになっている（Johnson & Whiffen, 1999）。不安的なパートナーは，毎回のセッションで，自分の情緒を区別するように援助される。すなわち，パートナーに対する「怒りの批判」の背景にある，アタッチメントの傷つきやすさや欲求を明確にするのである。回避的なパートナーが自分の情緒にふれ，発達できるように，セラピストは支えなければならない。こうして彼らは，アタッチメント欲求や恐怖に接近でき，合理化や道具的問題への逃げ道をふさぐことができる。恐れ・回避型のパートナーは特に，自分はケアされる資格も価値もないという信念に直面しながら，慰めを求めるように援助される必要がある。

6. アタッチメントは，自己や他者に関する表象モデルを含む。このような自己や他者のモデルは，数千もの相互作用から蒸留され，現在の相互作用や新しい関係に進む時の期待やバイアスになる。それは，一次元の認知的スキーマではない。関係性をどのようにつくるかという，手続き的なスクリプトである。ある人は，1つ以上のモデルを持っているかもしれない。しかし通常は，1つの文脈で1つのモデルが，アクセシブルで（活性化しやすく）優位になるだろう。これらのモデルは目的，信念，そして方略を持ち，情緒と深く結びついている。モデルはカップルセラピーのセッションでも生じ，例えば抑うつのような，関係ストレスに伴う問題としばしば関連する。安定したアタッチメントは，自分は愛され，ケアされる価値があり，自信や能力があるという作業モデルによって特徴づけられる。実際，研究によれば，安定したアタッチメントが自己効力感を高めることが見いだされている（Mikulincer, 1995）。安定した人々は，必要とする時に他者が応えてくれると信じており，他者は頼れる存在，信じるに値するという作業モデルを持つ。作業モデルの概念によって，セラピストは，自己や他者についての鍵となる表象レベルに移動できる。必要ならば，これらの表象を変えることにも焦点を当てる。例えば，恥の感情を持ち，自分は愛されないと信じている人々が，もし援助を受けたなら，自分の恐怖を開示

できるだろう。そして，パートナーがそうした恐怖が間違いであることを気づかせてくれるだろう。愛する人との鍵となる相互作用が変化すると，本当の自分であるという感覚も変化し始める。

本節の冒頭に述べた問いは，アタッチメント理論がカップルセラピストに何を教えるべきか，であった。具体的な相互作用という観点から考えて，効果的なカップルセラピーの目標は，どう設定されるべきであろうか。アタッチメント方略が最初に特定されたのは，母子の間で実験的に別離と再会をくり返した時だった（Ainsworth et al., 1978）。幼児の中には，別離のストレスを調整できた者もいた。なぜなら，彼らは，母親とのつながりに自信があったからである（見捨てられたり，拒否されたりしないと思っていた）。彼らは，明確であいまいでないシグナルを出すことができ，母親が戻ってきた時も，安定した接触を得ていた。彼らはこの接触を，ストレスを制御するために取り入れ，利用できた。つまり，母親が必要な時に，応答を得られるという自信があったため，探索や遊びに戻ることができたのである。このような幼児は，安定したアタッチメントを形成していると考えられた。情緒に焦点を当てるセラピストなら，セラピーの終結を迎えつつあるパートナーとのセッションで，このような状況を見ることができる。成人期のパートナーは，アタッチメントの欲求や恐怖を制御し，表現できるし，オープンな方法でつながりを求め，お互いをなだめることも可能である。こうして，アタッチメントの欲求を制御し，コミュニケーションできた結果として，より効率的な問題解決ができる。実際，EFTの最初の研究（Johnson & Greenberg, 1985）では，EFTを受けた人々は，問題解決訓練の介入を受けた人と同じくらい，問題解決力が改善したという。

まとめてみよう。アタッチメント理論は，カップルセラピーのセッションで，何をターゲットにすべきかを教えてくれる。例えば，非難－距離をとるといった情緒的コミュニケーションパターンには，別離のストレスや不安定さを維持する働きがある。したがって，これらは段階的に縮小する必要がある。そのためには，距離をとっているパートナーに再関与を促しつつ，攻撃的なパートナーに「柔軟化」を促す。一時的には，アタッチメントの欲求や恐怖が前面に表われるに違いないが，そうして初めて，相互になだめたり，情緒的につながることができる。カップルが重大なストレスにある場合，洞察，コミュニケーションスキル，新しい交渉契約では，関係性の変容を保障するのに不十分だろう。アタッチメント理論によって，セラピストは，進行中の情緒，アタッチメントの欲求，アタッチメントの不安や恐怖に焦点を当てることができる。もちろんそれは，安全な避難場所や安全な基地となるような治療関係の中で，取

り組む必要がある。要約すると，アタッチメント理論は，結婚ストレスというドラマの本質を明確にし，どう焦点を当て，どう癒しに至るのかについて，セラピストに指針を与えてくれる。EFT は，上記の指針を実行しているセラピーである。EFT において鍵となる変化の出来事を次節に示そう。

変化のスナップショット

　EFT の変化の過程は 3 段階にわたる。まず，ネガティブな相互作用サイクルを段階的に縮小する（段階 1）。次に，より安定したアタッチメントを形成するための，鍵となる絆の出来事をつくる（段階 2）。最後に，これらの変化をカップルの日常生活に統合整理する（段階 3）。このアタッチメントのレンズを通して，変化の過程を見た時，鍵となるポイントは何なのか？　より安定したアタッチメントに向かうEFT の旅路はどのようなものなのか？

段階的縮小に向けて

　EFT の段階 1 では，攻撃−撤退のようなネガティブなパターンを明確にし，段階的に縮小する。自分たちの相互作用サイクルが，お互いをどう孤立させ，アタッチメントの傷つきや恐怖をどう悪化させているかを理解し始める。数年前にカナダに移住し，夫が抑うつ症状を呈していたある夫婦の事例を紹介しよう。妻は，こう言った。
　「あなたはいつもよそよそしかったわ。でも今は，ちょっとの間なら，私を迎えに来てくれる。だけど，すぐに降ろして，締め出すような感じなの。寂しい。私なんてどうでもいいのね。すごく腹が立つのよ。これ以上，何もできない」。
　これに対して夫は，関係に「本質的な問題はない」と言い，妻の職場ストレスなどの実際的な問題に焦点を当てた。しかし，セラピストが夫の情緒的な応答性について探索すると，彼は関係に対する自分の考えを封印し始める。
　「話しても意味がない。話そうとしても，すぐにけんかになる。家じゅうが突然，火事になったみたいだ。こんな細やかなことは，ぼくにはできない。ぼくは会話が苦手なんだよ。標準以下の能力だと思う。それで，事態が落ち着くようにと思ってもできないし，ぼうっとしてくるんだ」。
　セラピストが耳にしたのは，孤立や見捨てられ感，無力感と失敗といったテーマだ

った。妻が怒りによって抗議し，夫はそれを回避するという，ありがちなサイクルも見えた。セラピストはそれぞれの応答を，相手のアヴェイラビリティや応答性をどう受けとめるか，という文脈においてみる。妻の怒りは，夫と親密になるためのけんかと理解でき，夫の回避は，自分自身および関係を落ちつかせ，維持する試みと位置づけられた。アタッチメントの枠組みによって，両者の感情と欲求の意味を確認できる。夫婦ともに，このサイクルが自分たちの関係を人質にしていることに気づいていった。いつも最悪の事態になるサイクルが問題なのだと見るようになった。彼らは，悲嘆や恐怖といったこれまで排斥されてきた感情に接近し，それらの感情を共有し始めた。それは，彼女がふだん夫に見せない感情であった。彼にも，妻に受容されたいという切望や，逆に拒否されるのではないかという恐怖があった。彼らは，ネガティブなサイクルから一歩退き，それを修復した。両者の間には，安全と希望が生まれた。今やその課題は，このネガティブなサイクルの解毒剤として，ポジティブな絆の相互作用を築くことであった。

出来事を変化させる：撤退者の再関与

　EFTの段階2で，セラピストは撤退者（夫）を援助して，彼の立場とアタッチメントの意義を明確にする。セラピストのサポートによって，この男性は，現在の情緒体験とつながりを持ち続け，自分の恐怖や欲求を明確にできた。彼の再関与について，その鍵となる瞬間を以下に例示しよう。

　「ぼくは十分な人間になんて，なれっこないと感じている。哀れだと思うし，不全感を感じている。めそめそしているし，弱虫みたいだ。ぼくは，彼女の音量を下げようと，躍起になっている。もし，それができないなら，あきらめるしかない。心を閉ざすまでだ。彼女は，ぼくが去ってしまったと思うだろう。それでもかまわない」。

　「すごく怖いし，実際そうなんだ。今だって息苦しい。［彼は妻のほうにふり返る］
　ぼくは君といると勝つことができない。君のことばは，いつもぼくを圧倒する。もうだめだ。あきらめた［彼は泣く］」。

　セラピストは彼を援助して，この感情を妻に直接伝えるように言う。また妻に対しても，夫の話を聞いて応えるように援助する。彼は，このような情緒を自分のものと認め，率直に表現した。妻もそれを受容した。すると彼は，自分の切望にふれ始め，妻から大切にされる資格があると思うようになった。

　「いい加減にしろと，ぼくは言いたい。ぼくを評価するのも，尋問するのもやめてくれ。ホッとさせてほしい。もう心を閉じたくない。君に尊重してもらいたいんだ。

ぼくたちの最初の1年間のように，親しみと安心を感じたいんだ」。

出来事を変化させる：批判者の柔軟化

　段階2の次の変化は，批判者に思いきって，柔軟に関わってもらうことである。自分の傷つきやすさを見せ，自分のアタッチメント欲求が満たされるように，相手に求めるのである。この夫婦の場合，夫が妻に再関与し，妻を求めるようになると，妻は最初に，自分自身が防衛的になっていたことについて話した。
　「ねえ，あなたはここにいるのよね？　私は泣き晴らしたあと，自分を押し殺してでも，あなたに心を開いてもらおうとしたわ。もう私を締め出したりしない？　どうやったらわかるのかしら？」。
　セラピストは妻を援助して，恐怖や喪失感を明確にした。彼女はこう言った。
　「もう一度，彼に自分を委ねられるかわからない。一歩，外に踏み出しても危険で，地獄みたいに傷つきやすく，すごく恐い。いっそあきらめて，彼を失うほうが，ずっと簡単だわ」。
　セラピストは，彼女の疑念を確認するとともに，それを直接，夫にうち明けるように励ました。また夫には，彼女の苦悩を理解するように援助した。彼女が夫に向かい，彼が応答的だとわかり始めると，突然，彼女は冷たく辛らつになった。彼女はアタッチメントの傷つきを明言した。夫が抑うつの間，彼女は「あきらめて」撤退していた。彼はその少しの間，他の女性に気持ちが向いていたのだ。彼女が悲しみと憤怒を表現すると，今度は夫を援助して，彼女をどんなふうに傷つけたか，この悪循環がどのように起こったかを考えるように促した。彼は妻を慰め，再度の安定がもたらされた。セラピストは，夫婦が柔軟化の過程に戻っていくように援助した。
　妻は自分の「絶望」に接近し，それに形を与え始め，彼を「押さえつけようと」した。そうすることで彼女は，喪失感や孤独感を減らそうとしたのである。夫が受容的かつ応答的であり続けると，彼女は自分の悲嘆や見捨てられ感を表現するようになった。夫婦の亀裂によって，また再度の安定を切望することによって，どれほど心が荒廃しただろうか。彼女は，それを共有できるようになった。彼女は伏し目がちに，静かに言った。
　「彼が本当にこの関係を望んでいるのか，私に示してほしい。私の心を落ち着かせてほしいのよ」。
　セラピストは彼女に，夫を見て，直接このことばを述べるように促したが，「それはできない。できないわ。とても無理」という。そこでセラピストは，夫に妻を支え

るように促した。彼は彼女の手をとり，こう言った。

「おいで。抱きしめてあげるから。今ならできる。これまで，がっかりさせてごめん。でも，今ならできる。もっと親密になりたい。さあ，思いきっておいで。ぼくらは，お互いに学びあえると思う。[彼女は泣く]。抱きしめてもいいかい？」。

彼女は頷き，2人は抱擁した。

セラピストはこのセッションの過程をふり返り，お互いの応答性がアタッチメントの意義を持つことを強調した。このセッションのあと，セラピーの統合整理の段階に入った。2人のコミュニケーションはクリアでオープンになり，お互いになだめ，慰めあうようになった。お互いが，サポートと再度の安定を授受できるようになり，それぞれが，安全であるという感覚と関係へのコミットメントを表現するようになった。その夫婦は，今や，お互いを異なる光で見ていると言った。その関係がどのようにストレスになっていたか，それをどのように一緒に癒していったのかについて，共同でナラティブ（物語）をつくりあげることもできた。彼らの報告では，2人の間に生じる情緒を，別々ではなく，一緒に扱うことができた。

ここで記述した過程は，行きづまって脱線する時もある。一方が他方を，思いきって信頼しないような場合である。上述の事例でも，小さなことだがこのようなことが生じた。妻が柔軟化の過程で，夫の情事を持ち出した。アタッチメント理論はこのような行きづまりも明確にし，EFTセラピストに指針を提供する。絆づくりの出来事をブロックするような，特殊な関係性トラウマや傷つきをどう癒せばよいのだろうか。次に，アタッチメントの傷つきの性質と解決について考察してみよう。

アタッチメントの傷つき：アタッチメント再形成の行きづまり

親密な人間関係に関する文献には，「許し」について，数多くの研究がある（Enright & Fitzgibbons, 2000; Worthington & DiBlasio, 1990）。しかし，ネガティブな出来事そのものが持つ性質については，ほとんど理解されていない。信頼や親密さを回復するために，私たちは許しを求め，お互いに許しあう。この領域こそ，アタッチメント理論の真骨頂である。アタッチメントは，このような関係定義的な出来事をうまく説明し，介入過程の指針になる。アタッチメントの傷つきは，関係性トラウマ（Johnson, 2002; Johnson et al., 2001）として定義される。それは，アタッチメントが必要な瞬間に，見捨てられ，裏切られる傷つきであり，それが癒されないと，新しい関係を築いた

り，信頼を回復するのが難しくなる。それは，トラウマ性のフラッシュバックによって，たやすく誘発されるという。傷ついた人々は，さらに傷つく可能性や傷つきを思い出させるものに対して，過剰に警戒するようになる。彼らはまた，典型的な PTSD として説明されるような状態，すなわち麻痺の感覚についても語っている。これらは，トラウマ体験の「忘れられない刷り込み」（Herman, 1992, p.35）と描写できる。

このような傷つきは，段階的縮小ができるようになったにもかかわらず，EFT の第二段階（撤退者の再関与，批判者の柔軟化）で，一方が他方との情緒的関与を拒否して，変化がブロックされるような時に，顕著になる。過去にアタッチメント欲求が満たされなかったり，パートナーに頼ることができなかった傷つきが，セッション中に情緒を伴ってありありと蘇ってくる。アタッチメントという枠組みなしに，セラピストがこれらの出来事を理解し，取り組むのは難しい。アタッチメント対象からの孤立や別離が，傷つきやすさを増大させ，トラウマ性の無力感を誘発し，ひいてはアタッチメント関係の性質にも，大きな影響を与える（Simpson & Rholes, 1994）。決定的なことは，その出来事が持つアタッチメントの意義であって，特定の内容ではない。この重要性が見逃されると，そのパートナーは頑固，反抗的，もしくは人格障害とみなされる。関係を拒否しているとさえ，見えるかもしれない。

事例をあげよう。マシューとヘレン夫婦は，比較的，幸せであったが，マシューが環境問題や野生生物保護活動の設立に関与してから，ヘレンは夫の協力や夫との会話が奪われていると感じ始めた。この夫婦には 3 人の子どもがいて，最初は家族全員がその活動に参加していた。しかし，マシューの時間が多くとられるにつれて，彼らは悪循環に陥り，ヘレンは不平を言っては怒りっぽくなった。マシューは，その「原因」に関与していることを弁明しつつも，妻からますます撤退していった。そして，その原因に，ますますのめりこむようになる。しかし，ヘレンの母親が亡くなるまでは，彼らの夫婦関係は安定していた。ヘレンは，次のように言った。

「誰も私にふり向いてくれない。抱きしめてくれない。私は一人ぼっち。ついに動転して，マシューにもう行ってと，言ってしまった」。

この夫婦は，自分たちのネガティブな相互作用パターンに取り組み，マシューが「その原因」に割く時間を制限し，妻と家族に充てるという計画を立てた。妻が夫に対する落胆を表現するにつれて，マシューはオープンになり，情緒的な接近性を取り戻し，そのようにうち明けることができた。その「原因」の同僚から，ポジティブなフィードバックを得ることも，重要かつ必要となり，そこに逃避することもあった。そのうち，妻と再び親密になりたいという願望や，彼女を切望していること，彼女を失う恐怖について話すことができた。ヘレンも怒らなくなり，夫に対してオープンになり傷つき

やすさを見せた。しかし彼女は，母親の死をめぐる出来事に何度も立ち戻った。夫婦でこの問題を話しあおうとしても，悲嘆と絶望に圧倒されるのだった。マシューはそのたびに後退し，よそよそしく知的になった。確かに彼は，彼女の母親が亡くなった時に，「他のことに気をとられて」いた。しかしそれについては既に謝ったと，何度もくり返した。最終的に，この夫婦は関係ストレスを低減していったが，この事例から私たちが理解できることは，この種のアタッチメントの傷つきが癒されなければ，ポジティブな絆を形成することは難しく，それに伴うお互いの情緒的な接近性と応答性を形成し，安定した回復とアタッチメントに至ることも，不可能だということである。

アタッチメントの傷つきを癒す

介入過程に焦点を当てる時，整合性のある関係性理論を使うほうがよい。あるセッションで展開した変化が，どのような段階にあるのかをうまく描写し，予測し，説明できるし，そのような変化を慎重に構成できる。例えば，柔軟化に関する最近の研究では，アタッチメントの欲求や恐怖を共有するように構造化する前に，情緒的な応答性を高め，アタッチメントの視点からそれを再構成することが，柔軟化を成功させ，ストレスからの回復に結びつくと示唆している（Bradley & Furrow, 2004; Johnson & Greenberg, 1988）。アタッチメントの傷つきが癒される時，そこで生じる変化には，鍵となる諸段階がある。また，この癒しの過程をうまく達成する鍵となる介入もある。それらを描き，理解する試みが現在進行中である。

様々な事例の所見から，変化の過程を合理的に構成すると，アタッチメントの傷つきの解決過程は，次のようになるだろう（Johnson, 2002, 2005）。

ステップ1

EFTのセラピストは，傷ついた配偶者を励まし，思いきってパートナーとつながるように促し始める。すると彼あるいは彼女は，見捨てられた経験，無力感を感じた出来事，信頼を裏切られた経験，およびそれに由来する情緒を感じ始め，安定した絆としての関係を信じられなくなる。この出来事は，生の高揚した情緒と結びつき，トラウマ性のフラッシュバックとなって蘇る。一方，パートナーは情緒的に距離をとりがちで，その出来事やパートナーの傷の痛みを考慮しなかったり，軽視する傾向がある。

ステップ2

セラピストの援助によって，傷ついた配偶者は自分の傷にふれるようになる。その特殊な情緒的影響やアタッチメントの意義を明確にし始める。この時点で，新たな情緒がしばしば生じ，怒りは，無力感，恐怖，恥などの新しい情緒に変化する。セラピストは，傷ついた配偶者の情緒に寄り添い，代理処理者として行動し，配偶者がネガティブな情緒を表現し，組織化するのを援助する。こうして，本人にとっての意味，関係におけるスタンス，関係性を特徴づけるサイクルを表明してもらう。上述の事例では，ヘレンはマシューに，母の葬儀の時に自分が感じたことを話した。彼は，彼女のそばではなく，教会の後ろの席に座っていた。彼女は孤独で，「守られなさと見捨てられ感」を感じたのだった。

ステップ3

セラピストに支えられつつ，もう一方のパートナーも，相手の傷つきに耳を傾け始める。その傷つきの意義を，アタッチメントの観点から理解し，傷ついた配偶者にとって，慰めや再度の安定がいかに重大であるかを考える。そうすることで，このパートナーは，傷ついた配偶者の痛みや苦しみを明確に認識し，情緒的につながることができる。傷ついた配偶者も，パートナーの応答を予測でき，理解できるようになったと述べるだろう。マシューとヘレンの事例で，マシューは，ヘレンの母親が病気の間，自分が彼女をどれだけ落ち込ませてしまったかを表現できた。ヘレンは，(彼女が「彼の愛人」と名づけた)「原因」に，彼が関わることに激怒した。彼は，彼女の怒りを恐れていた。それらすべてが，彼を妻から遠ざけることになり，「自分が彼女の近くにいなければ，彼女は穏やかで幸せなのだ」と思わせるようになった。

ステップ4

傷ついた配偶者は，ひとまず統合に向かい，その傷つきを完全に明確にする。それに伴う喪失感と，パートナーとの絆が変化することに対する恐怖を表現する。さらに，自分の傷つきやすさを，他者に見せることができる。セラピストは，傷ついた配偶者が自分の情緒体験を理解し，その体験を自己感や関係性に統合できるように援助する。ヘレンは泣きながら，直接マシューに言うことができた。

「母の死後，私は暗闇の中で，あなたの慰めと再度の安定をどれほど必要とし，寂

しく思っていたか。また，あなたも失うのではないかと，どれほど恐れていたか」。

ステップ5

やがて，もう一方のパートナーも，情緒的に関与できるようになる。相手のアタッチメントの傷つきについて，自分の責任を明確に認め，共感，後悔，悔恨などを，率直かつ情緒的な方法で表現できる。こうして傷ついた配偶者は，慰めと再度の安定を手にする。このような形で伝えられるメッセージには，例えば，ヘレンを傷つけたことでマシューが涙した時，彼女が言ったことばがある。

「彼は，私の痛みをわかってくれた。私の痛みは，彼にも影響を与えたのだ。彼は，私の行く手を阻む多くのことを，気づかってくれる。そのために，私の側にいたいと考えてくれた」。

ステップ6

傷ついた配偶者は，思いきってパートナーに慰めとケアを求めるようになる。それは，過去に傷ついた時には，得られなかったものである。柔軟化の過程の結果，パートナーを自分に引き寄せることができる。ヘレンは母親のために泣き，マシューとの「安全な場所」を失うことを悲しんだ。そして，彼に抱きしめてほしいと頼み，彼は抱きしめ，慰めた。

ステップ7

もう一方のパートナーも，ケアするような応答が可能になる。アタッチメントの傷つきというトラウマ体験に対して，解毒剤の役割を果たす。お互いにその出来事を穏やかにふり返り，新たなナラティブを一緒につくることができる。トラウマからの癒しには，一般的に次の3つの能力が含まれる。すなわち，①トラウマティックな出来事についてのナラティブを，意味や結果を統合しながら構成する能力，②その出来事と結びついた情緒を処理し，統合する能力，③効力感や所属感などの修正情動体験を提供してくれる人に，思いきって情緒的に関わる能力である（Harvey, 1996）。

いったん，アタッチメントの傷つきが解決すると，セラピストは，信頼を継続的，効果的に育むことができる。こうして，絆やつながりといった，全般的なポジティブなサイクルが始まる。

第V部 臨床的・応用的課題 — 心理療法，精神病理，精神的健康 —

関係の科学から関係を修復する科学へ

　カップルセラピーの領域で，革命が起きている（Johnson, 2002, 2003c）。この革命は，「関係科学の緑化」（Berscheid, 1999, p.260）と呼ばれる内容を反映しているようである。これまで観察研究で描いてきた結婚ストレスのパターンを，アタッチメント理論で説明する試みが増えている。これが，関係科学における鍵となる部分である。アタッチメントの理論と研究は，成人期の関係性について整合性のあるマップを生み，カップルセラピーの領域でも確認された決定的な目標に取り組んでいる（Johnson & Lebow, 2000; Pinsof & Wynne, 1995）。そのためには，①成人期の愛情のモデルと，例えば「もし，これが〜なら……」といった，実際的な介入とのリンクを明確にすることで，概念的な整合性を図る必要性，②理論と実践の両者が，より実証ベースになる必要性，③研究と実践のギャップを埋め，変化の重要な瞬間を導くような，セラピストとクライエントの行動を描き（Beutler et al., 1993），絶えず介入を洗練させる必要性，という3つの必要性がある。カップルセラピーの妥当性は，かつては個人内の問題（抑うつやPTSD）として治療されていた問題にまで拡張している。こうして，個人の機能，成長，回復力という点で，安全な避難場所や安全な基地としての意義が，ますます明らかになっている（Anderson et al., 1999; Uchino et al., 1996）。Gurman（2001）は，いかなる変化も持続するためには，その発端が何であれ，自然な人的環境で支えられているに違いないと指摘する。この環境の最たる部分が，人のアタッチメント関係である。個人志向の介入であっても，アタッチメント対象に補佐役として関わってもらうことは，治療効果を増大させるという証拠が存在する（Barlow et al., 1984; Cerny et al., 1987）。

　Bowlbyは，こう信じていた。愛情は人間の進化の最高の功績である。カップルや家族の関係ストレスは，最古で最も普遍的なドラマであり，その背景には，安定したアタッチメントの欲求がある，と。このスクリプトについて知ることは，カップルセラピーの学問分野を洗練し，成熟させるのに役立つ。また，親密な関係に癒しをもたらし，自己をポジティブに定義するのに決定的な舞台を与える。かつて述べたように（Johnson, 2003a），マップは地形図でもある。それは，「輝かしい冒険あるいは森の中で迷うことと，行き止まりに達すること」の違いを明らかにする（p.104）。カップルセラピーは，今や輝かしい冒険の道を前進し，その成果も向上している。こうして，最愛の人々との関係を回復しつつある。

13章

Roger Kobak, Jude Cassidy & Yair Ziv

アタッチメント関連性トラウマと心的外傷後ストレス障害
― 成人期の適応に及ぼす影響 ―

　Bowlbyは初期の論文で，アタッチメントを，危険の評価やそれに伴う恐怖によって活性化される行動システムと概念化した。この観点から言えば，アタッチメント・システムは，恐怖体験に対処することを主要な役割とする。本章では，特徴的な極度の恐怖体験，すなわち私たちが「アタッチメント関連性トラウマ」と呼んでいるものについて考察する。このトラウマは，アタッチメント対象のアヴェイラビリティ（利用可能性）を失うのではないかという脅威と，それに伴う恐怖体験の結果として生じる。しかし，トラウマに関する臨床文献においては，しばしば無視されてきた。アタッチメント理論や研究は，トラウマティックな出来事に対する理解を広げるだけでなく，トラウマ体験に対処し，解決することにも役立つ。また，アタッチメント研究は，トラウマ体験後の認知的・情緒的処理が，トラウマの解決を干渉するという現象にも光を当てるだろう。未解決のトラウマ体験は，成人期におけるアタッチメントや養育関係のストレスを調整し，対処するのに，重要な影響を持つかもしれない。臨床文献によると，未解決のトラウマは，心的外傷後ストレス障害（PTSD）を展開させた人々の間で，広く研究されてきた。PTSDの臨床研究とコンビネーションを組み，アタッチメントの文献を未解決のトラウマと関連させて考察することで，未解決のトラウマ体験が，子どもや成人期の適応を阻害するメカニズムにさらなる説明が得られるだろう。

　本章の冒頭では，アタッチメント関連性トラウマを定義する。アタッチメント関連性トラウマに共通する特徴は，自己に対して恐怖を喚起するような脅威である。それは，アタッチメント対象のアヴェイラビリティ（利用可能性）に対する脅威に伴って生じる。アタッチメント関連性トラウマには，4タイプある。

①実質的な予期せぬ別離の結果，アタッチメント対象のアヴェイラビリティを失うという崩壊。
②親による虐待やアタッチメント対象が危険の源となるような状況。
③アタッチメントの傷つき（危機的状況で，アタッチメント対象によって見捨てられたと感じる時に生じる）。
④アタッチメント対象との死別。

　これらの出来事が，その人の自己やアタッチメント対象に対する信頼を傷つける場合は，長期的な影響を与えるだろう。発達によってこれら2種類の脅威の感じ方は，変化する。乳幼児期には，アタッチメント対象のアヴェイラビリティに対する脅威は，自己に対する脅威として知覚される。青年期や成人になると，両者を区別できるようになる。
　次に私たちは，アタッチメント関連性トラウマの解決を干渉する過程について考察する。ここでは，MainとGoldwyn（1998）の言う，アダルト・アタッチメント・インタビュー（Adult Attachment Interview: AAI）における「未解決の喪失とトラウマ」について述べ，PTSDの臨床研究をレビューし，そのあとで，共通のメカニズムを明確にする。未解決状態とPTSDに共通する要因としては，トラウマ性記憶の再評価の失敗，秩序的対処における解離的な機能停止，ストレス反応があげられる。これら2つのアプローチの類似性にもかかわらず，アタッチメント理論や研究の考察は，いくつかの重要な点で臨床研究を拡大できる。アタッチメント関連性トラウマという私たちの概念は，特に児童期や青年期に経験される，潜在的なトラウマ経験の範囲を広げる。さらにアタッチメント理論によれば，対人関係の文脈が，トラウマティックな出来事を解決する能力を促したり妨げたりするという。そして最後に，アタッチメント関連性トラウマの解決を促進する要因を明確にして，結論としたい。

アタッチメント関連性トラウマの発達的視点：アタッチメント対象のアヴェイラビリティに対する脅威を感じること

　DSM-IV（APA, 2000）では，トラウマティックな出来事の2つの基準として，①「生命あるいは身体的統合に対する脅威」であり，②「極度の恐怖，無力感，戦慄」を伴う（p.463）という基準を設けている。トラウマ研究の多くは，個人あるいは個人の生存を脅かす状況に焦点を当ててきた。DSMの定義は，もっぱら成人期のトラウマ

体験について述べているので,人生初期あるいは発達とともに変化するトラウマ体験については,ほとんど考察してこなかった。発達的なアプローチは,成人期のトラウマ体験の理解を助け,アタッチメント・システムが,個人の恐怖となる出来事を軽減させたり悪化させる役割について,その効果を教えてくれる。アタッチメント関係とその過程を検討することで,トラウマティックな体験の重要な点を理解できると,私たちは信じている。

アタッチメントの研究者が注目してきたのは,アタッチメント対象が,もっぱら,ストレス時における安全な避難場所を提供しているということである。乳幼児の観察によると,次のような十分な証拠がある。アタッチメント対象の存在は,そこからもたらされる安全感ゆえに,恐怖体験をトラウマティックにしにくいという (Bowlby, 1973)。恐怖を引き起こし,アタッチメントを活性化させる特定の状況は,発達とともに変化する。しかし,トラウマと結びついた極度の恐怖は,生涯にわたってアタッチメント・システムを活性化させるらしい。例えば,自然災害に直面した人は,何歳であってもアタッチメント対象との接触を求めるだろう。利用可能で応答的なアタッチメント対象は,恐怖の感覚を低減し,知覚された脅威の対処を促進する重要な同盟となるのである。結果として,アタッチメント対象のアヴェイラビリティに信頼と期待を維持できる場合,トラウマティックな体験を構成する「極度の恐怖,無力感,あるいは戦慄」といった経験は少なくなるだろう。

アタッチメント対象が,安全を提供し,恐怖を低減する存在になっているほど,アタッチメント対象のアヴェイラビリティを失うのではないかという脅威そのものが,極度の恐怖や不安の源となり得る。Bowlby (1973) のアタッチメント3部作の第2巻では,次のような包括的な証拠を提示している。すなわち,アタッチメント対象のアヴェイラビリティに対する脅威を感じると,極度の恐怖を伴う反応が,子どもにも成人期にもみられるという。

アタッチメント対象のアヴェイラビリティに対する脅威を引き起こす出来事は,乳幼児期から成人期にかけて劇的に変化する。乳幼児期において,見知らぬ場所や人といった,恐怖を喚起させるような刺激を受けた場合は,短期間の別離であっても,かなりのストレスを引き起こす。乳幼児は別離を理解し,再会を計画するだけの認知的・言語的能力に乏しいため,短期間の別離でさえも,アタッチメント対象のアヴェイラビリティに対する脅威としてとらえるのである。このような脅威は,極度の恐怖を喚起するので,アタッチメント対象のアヴェイラビリティを手に入れる継続的努力を一段と募らせることもある。

認知的・言語的・調整的に複合する変化が生じるのは,基本的に児童期である。そ

の時期に,アタッチメント対象のアヴェイラビリティについての評価が変化するためである。アタッチメント対象に対する継続したアヴェイラビリティを,必要な時に感じ,別離を計画することができる。また,その子どものコンピテンス(認知能力)が成長することで,アタッチメント対象と接近しなくても,ずいぶん長期間にわたって対処できるようになる。その結果,日常的なストレスは,ますます自律的に対処され,「必要な時に,アタッチメント対象を利用できる」という内的表象に従って,行動できるようになる。この自信は,日常的なチャレンジを対処するのに十分な力となる(Kobak, 1999)。こうして年長の子どもや成人は,アタッチメント対象や自分自身の能力を利用できるという自信と期待に従って行動する。それにもかかわらず,極端な出来事は,アタッチメント対象のアヴェイラビリティに対する脅威として評価され,極度の恐怖や不安を喚起し続ける。青年期や成人期になると,死別や見捨てられることといったより極端なものが,アタッチメント対象のアヴェイラビリティに対する脅威に含まれる(Johnson, 2002)。

　アタッチメント・システムについて考察していくと,トラウマティックな出来事として体験されるものは何かという,私たちの定義も拡大せざるを得ない。この観点から言うと,トラウマティックな体験は,次の2タイプの評価の結果として生じる。第一のタイプは,人の幸福や生存に深刻な脅威を与えるという評価である。このタイプの評価は,すぐにアタッチメント・システムを活性化させ,アタッチメント対象から,安全と保護を求めるように,思考や行動を方向づける。事故,病気,自然災害,強盗,身体的攻撃,または火事といった状況は,子どもと成人の両者に,脅威と評価される(Norris, 1992を参照)。第二のタイプは,トラウマティックな評価である。これには,アタッチメント対象の喪失や見捨てられることへの脅威を含む。幼児にとっては,比較的短期間の別離でさえも脅威となる。年長の子どもや成人の場合,それは,アタッチメント対象との葛藤,拒絶,死別によっても生じるだろう。

アタッチメント関連性トラウマの4タイプ

　アタッチメント関連性トラウマが生じるのは,アタッチメント対象の喪失,拒絶,あるいは見捨てられた時である。子どもの生存は,しばしば親のアヴェイラビリティと保護によるので,拒絶,見捨てられ,喪失という脅威は,同時に生存の脅威として知覚されやすい。成人期までに,アタッチメント対象のアヴェイラビリティに対する脅威は,必ずしも生存の脅威のシグナルにならなくなる。その結果,成人期のトラウマの多くは,恐怖状況の複合的な産物である。例えば,自己に対する脅威は,アタッ

チメント対象による喪失や見捨てられることへの脅威と結びついている。

　ここでは，4タイプのアタッチメント関連性トラウマについて述べる。すなわち，①アタッチメントの崩壊，②アタッチメント対象からの身体的・性的虐待，③アタッチメント対象の喪失，④アタッチメントの傷つきである。

▶ アタッチメントの崩壊

　アタッチメントの崩壊は，別離の極端な形態であり，通常の日常的な別離とは多くの重要な点で異なる。第一に，別離が長期的であり，しばしばアタッチメント対象とのコミュニケーションの減少を含んでいる。第二に，アタッチメント対象と再会する見通しもないまま，予期せぬ形で生じる。子どもがその崩壊をどう評価するかは，発達水準と諸経験の両者に影響されるだろう。乳幼児の場合は，特に，長期的な別離に傷つきやすい。共同計画を形成する力や，不在の時にアタッチメント対象を表象する力に欠けているためである。年長の子どもになると，両親と長期的に離れていても，その別離が計画的でコミュニケーションを継続できるかぎり，対処可能となる。アタッチメントに関連する体験は，特に，別離の評価に関わってくる。例えば，見捨てると脅したり子どもを追い払うような親の場合，子どもは物理的な別離を，見捨てられたと感じるだろう。同様に，子どもの養育についての高レベルの葛藤や不一致から，離婚や別居する場合，子どもは1回の別離でも見捨てられたと感じる可能性がある（Grych & Fincham, 1993）。

　Kobakら（2001）は，9歳から11歳の少年をサンプルとし，アタッチメントの崩壊が，精神病理や学校における機能に及ぼす影響について調査した。アタッチメント対象について，継続的な関係の維持から完全な喪失や見捨てられまでの4段階で評価し，それに基づいて崩壊を分類した。深刻な情緒障害児クラスにいる男児らに，かなり高い割合で，実母とアタッチメントの崩壊がみられた。すべての男児において，アタッチメントの崩壊が高くなるほど，教師の評定による解離症状が高くなり，教師生徒関係に対してより依存的になっていた。

▶ アタッチメント対象からの身体的・性的虐待

　身体的あるいは性的虐待は，ほとんどの場合，極度の恐怖と無力感の体験となる。このタイプのトラウマは，他者から苦しめられるため，他者に対する信頼を揺るがす。虐待の加害者がアタッチメント対象でもある場合，子どもは逃れられないジレンマに直面する。次の2つの要因が，虐待を特に複雑にする。第一は，MainとHesse（1990）が指摘するように，虐待は，アタッチメント対象が警戒の源になるという，独特なア

タッチメント関連トラウマである。安全な避難場所が危険の源にもなる場合，子どもは解決のないジレンマに陥る。親子関係に慢性的側面がある場合，しばしば虐待は，子どもにとってさらに深い問題をつくり出す。その子どもは，いつもトラウマの源に直面することになる。

乳幼児期および児童早期におけるアタッチメント研究の中心的な貢献は，発達初期のトラウマティックな体験を明確にしたことであった。大人になってからは，そのような記憶にアクセスできなかったり，再生できない。乳幼児期にみられる無秩序型は，子どもが，恐怖を与える養育者に適応することに関連すると考えられる（Main & Hesse, 1990）。この無秩序型は，乳幼児期の親子関係における，トラウマの初期経験をよく反映しているかもしれない。この点で，人生初期に生じるトラウマティックな体験が，成人期にどのように思い出され，処理されるかについては，ほとんど知られていない。

▶ アタッチメント対象の喪失

アタッチメント対象との死別は恐怖体験になることもあれば，ならないこともある（Bonanno & Kaltman, 1999）。恐怖は，喪失が突然で，アタッチメント対象の不在に準備できない場合に起こりやすい。より好ましい状況としては，アタッチメント対象の死を予期し，死別に長期にわたって対処できるほうがよい。Bowlby（1980）は，アタッチメント3部作の第3巻で，アタッチメント対象の喪失に対する予期と悲哀の過程について，広く記述している。

恐怖はたいてい，実際の喪失よりも，喪失の脅威に伴って生じる。例えば，アタッチメント対象の生命の危機を感じるような出来事では，それが死別に至らないにしても，極度の恐怖を生み出す。喪失の脅威は，最終的には個人によって異なる。しかし，諸種の文脈的な要因によっては，特にトラウマティックになりやすいものもある。暴力的な死（殺人や自殺，事故など）は，自然な原因で生じる死に比べて，極度の恐怖や喪失後の困難を生じやすい（Zisook et al., 1998）。Bowlby（1973）は，暴力や自殺の脅威にさらされることが，特に子どもにとってどれほど恐ろしいかについて，強調している。

親にとっては，子どもがアタッチメント対象でなくても，子どもの生存の脅威を感じることで，親の中に極度の恐怖が生まれ，養育システムが活性化される。遺族研究においても，子どもと配偶者の死のどちらがトラウマティックかを明確にできていない（Bonanno & Kaltman, 1999）。喪失後の症状に影響を与える要因としては，親の年齢や，子どもの死をあらかじめ理解していた程度が含まれる（Lehman et al., 1987）。

しかし，他の研究によると，その子どもの生殖年齢は，親の対処能力に影響するという。15〜25歳の子どもを失った親は，喪失後の適応が最も困難である（Crawford et al., 1989）。

▶ **アタッチメントの傷つき**

ストレスを抱えたカップルとの臨床ワークから，Johnson（2002；Johnson et al., 2001）は，4タイプのアタッチメント関連性トラウマを提唱している。彼女は，生命を脅かす状況に直面した大人が，アタッチメント対象によっても見捨てられたと感じる，複合的恐怖状況について記述している。アタッチメントの傷つきは，「緊急事態において，現在のアタッチメント対象によって見捨てられることに由来する傷」である（Johnson, 2002, p.15）。このような経験はトラウマティックであり，極度の恐怖を誘発し，孤立と見捨てられ感を伴う。さらにその出来事は，パートナーのアヴェイラビリティと応答性に対する自信を基本的に揺るがす。

アタッチメントの傷つきに伴う，極度の恐怖と裏切られの感覚は，節目となる出来事をつくり出す。それは，パートナーのアヴェイラビリティについての期待を，根本的に変えるかもしれない。このような出来事は，しばしばカップルセラピストのワークをより困難にする。特にパートナーのアヴェイラビリティに対する自信を回復させるのは難しい。アタッチメントの傷つきの概念によって得られる，重要な示唆が1つある。それは，セラピーの行き詰まりを克服するのに，このような出来事をしばしば取り上げる必要があるということである。

もしアタッチメントの傷つきが，成人期のアタッチメント関係という文脈で生じるなら，同様の出来事が，親子のアタッチメントに深い影響を与えているかもしれない。アタッチメントの崩壊や，親の虐待に伴う見捨てられに加えて，家族以外の仲間や大人によっても，子どもたちは犠牲化されているかもしれない。もしアタッチメント対象がこのような出来事を無視し，軽視し，否定するなら，子どもは緊急事態に遭った時，見捨てられ，孤立したと感じるだろう。DiamondとStern（2003）は，青年期の子どもとその親の治療において，行き詰まりの基礎にある瞬間を明らかにしている。

トラウマティックな出来事の解決の失敗

過去10年間の疫学研究によると，トラウマティックな出来事に遭遇することは，

比較的よくあるという。大規模な研究によると、トラウマティックな出来事に遭遇する生涯有病率は、39〜70％であった（Freedy & Donkervoet, 1995）。全米における確率として、アメリカの成人女性4,000人以上をサンプルとして調査したところ、35％以上が、次の4つのトラウマティックな「犯罪的」出来事のうち、少なくとも1つを体験していた。すなわち、レイプ、痴漢あるいは性的暴行未遂、身体的暴行、親しい友人や親戚の殺人（Resnick et al., 1993）である。トラウマ・サバイバー（トラウマを何とか切り抜けた人）の大多数は、そのような出来事にうまく対処している。それでも失敗した場合、深刻で長期的な結果をもたらす。

アタッチメント研究者と臨床研究者は、両者ともに、トラウマをうまく解決できなかった人々に注目してきた。アタッチメント研究者の間では、AAIでトラウマティックな体験の解決に困難を示す人は、未解決の喪失やトラウマに苦しんでいると、信じられている。臨床研究者の間では、PTSDは、その出来事の発生後1か月以上にわたって、次のような典型的な機能障害であるという、一群の症状をもとに診断される。すなわち、DSMでは、3つの顕著な症状群を含む。

①**再体験**。侵入的な思考や悪夢という形で生じる。
②その出来事を想起させるものを回避したり、**情緒的な麻痺**がある。
③いらいらや誇張的な驚愕反応を含む**過覚醒**。

2つの研究文献、すなわち、未解決の喪失とトラウマに関するアタッチメント研究およびPTSDに関する臨床研究では、重複した関心を共有しており、トラウマティックな体験をうまく解決できない過程についても、お互いに情報提供できると、私たちは信じている。

アダルト・アタッチメント・インタビューにおける未解決の喪失とトラウマ

AAI（George et al., 1996）は、児童期のアタッチメントに関連した経験を探る半構造化面接である。例えば、愛されたり愛されなかった記憶や、動揺したり病気になった記憶、また、別離、拒絶、喪失に関する記憶である。参加者は親との関係について全般的に描写し、それを具体的な例と統合するように求められる。AAIには、アタッチメント関連性トラウマと、それをどの程度「解決」できているかというアセスメントが含まれる。

AAIにおけるナラティブから、①**安定／自律**，②**アタッチメント軽視**，③アタッチ

メントへのとらわれ，といった3つの原則グループに分類される（Main & Goldwyn, 1998）。それに加えて，**未解決**と分類できる人もいる。これは，児童期あるいは成人期にアタッチメント関連性トラウマ（喪失や虐待）を体験し，うまく整理できていない場合をいう。AAIで未解決型と分類された人は，安定，軽視，とらわれのいずれかを併記できる（例：未解決／安定，未解決／軽視，未解決／とらわれ）。例えば，アタッチメント方略を軽視しながら，AAIにおいて解決が見られない人は，未解決／軽視と分類される。

未解決状態というコーディング（評定）は，上述したアタッチメント関連性トラウマの4カテゴリーのうちの2つ，すなわちアタッチメント関係という文脈における喪失と虐待に焦点を当てる。喪失（人生におけるすべての重要な喪失）や虐待（例えば，身体的あるいは性的虐待，奇異な罰，子どもの現前における親の自殺や自殺未遂）に関する面接は，解決の欠如をコーディングするのに重要である。特に，「喪失あるいはトラウマに関連する未解決型」と分類されるのは，彼らの会話に，**推論**モニタリングの誤りがあったり（例：喪失やトラウマについて話している時，習慣的論理あるいは現実検討の欠如が一時的にみられる），**話法**モニタリングの誤りがある場合（例：喪失やトラウマについて話している時に，そのナラティブスタイルが変化したり不規則になる）である。推論モニタリングの誤りは，矛盾した信念体系が，意識に侵入していることを示す。一方，話法モニタリングの誤りは，かなりの没頭と，面接状況への集中低下という状態へ移行していることを示唆する。これらは異なった2タイプの誤りにもかかわらず，解決の欠如の例とみなされる。

死別について話している時の推論モニタリングの誤りは，多様な形をとる。例えば，①その人の死を信じていないような徴候，②証拠がないにもかかわらず，その死の責任は自分にあると思っているような徴候，③死人と自分自身との間に，アイデンティティの混乱があるような徴候，④心理的に混乱した発言，⑤死者が自分の心を操作しているかもしれないという徴候，⑥時空に関する見当識障害，などである。推論の誤りについては，特に知的には問題のない母親で，AinsworthとEichberg（1991）が観察した例がある。その女性は，何か喪失体験を思い出したかと聞かれ，「ええ，小さな男性がいました」と答え，泣き始めた。その女性によると，男性は彼女が8歳の時数か月世話をしてくれた人で，幼い頃にほとんど得られなかった愛情を与えてくれたという。ある日，彼は彼女に「大きくなったら結婚してくれるか」と尋ねた。それに対して彼女は，「その時までにあなたは死んでいるだろうから，できないわ」と答えたという。その2週間後に男性は，脳出血で死んだ。この出来事を面接者に泣きながら説明する一方，その女性は，「不思議だわ。たった一言で人を殺せるものね」と言った。

この発言によって，彼女の面接は未解決型に分類された。もう1つの面接は，失った人が死んでいると同時に生きていると信じている例である。「おそらく彼は，死んでよかったのだわ。死とうまくやっていけるだろうし，私は仕事に戻ることができますから」。

喪失について話している時の話法モニタリングの誤りも，①細部への異常な注目，②話法のスタイルやリズムの際立った変化，③未完の文章，④長い沈黙，といった多様な形をとる。このタイプの誤りは，次のような面接で例示される（Main & Goldwyn, 1998）。無秩序型の乳幼児を持つ親で，AAI の初期の部分では，通常の会話スタイルを使っていた。幼いいとこの死について聞かれた時，彼女は話法の音域や反応に，際立った変化を見せた。

> 「彼女は若くて，愛らしくて，彼女を知る人や接した人みんなから愛されていました。でも彼女は，最も恐ろしい病気，つまり結核によって，私たちから隔離されてしまったのです。そのうえ，一瞬の輝きをもって，地から裂ける一輪の花のように，死という最も恐ろしい瞬間で，私たちから連れ去られてしまったのです。泣き声や，花の匂い，黒い洋服を着た彼女の母親が，娘の棺に向かっているのを，今でも覚えています。」（p.104）

会話がこのように賛美的形態に突然に変化することは，話法モニタリングの誤りの間に，典型的な変性意識状態がもたらされていると考えられる。

上述したように，これらのタイプの誤りは，未解決のトラウマに関連しても生じる。推論モニタリングの誤りが，解体的思考でみられる場合，時に性的・身体的虐待のサバイバーであることを示す。例えば，ある出来事が起こったと述べたり，起こらなかったと述べたり，信じがたい理由で犠牲化の責任をとろうとしたり（例：「私が誘惑したからそうなったの」），虐待者によってマインドコントロールされていると恐れたりする。話法モニタリングの誤りの例としては，会話に「私は……私に……真実ではなかったの……言えない」というように，見当識の誤りがみられる。これらの例が示すように，推論や話法モニタリングの誤りは，AAI の未解決型に分類されるのに十分である。といってもその誤りは，しばしばとても短く，安定型，軽視型，とらわれ型の会話と関連して表われる。その誤りが，親の行動に関して，継続的な痛み，後悔，軽い恐怖といった表現を含まないことにも注目することが重要である。

未解決の喪失／トラウマとPTSD，両者を特徴づけるメカニズム

　AAIにおける「未解決の喪失あるいはトラウマ」の分類と，PTSDの臨床診断の両者には，そのトラウマ対処の方法に重要な違いがある。トラウマティックな体験を十分にうまく対処し，ふつうの生活に戻る人がいる一方，トラウマティックな出来事の再体験に傷ついたままで，通常の諸機能が崩壊してしまう人もいる。PTSDを特徴づけている症状と，AAIでの未解決型に分類される話法や推論モニタリングの誤りには，以下の共通の特徴がある。

①トラウマティックな体験についての記憶が，一貫した自叙伝的ナラティブにうまく統合されていない。
②トラウマティックな記憶と結びついたつらい情緒を回避する。特に解離。
③後発するトリガーあるいはストレスフルな出来事に遭遇した時，覚醒障害を体験する傾向，あるいはストレス反応の増大。

　トラウマに関する記憶を統合できないのは，PTSDと未解決型の両者の特徴である。PTSDの人にとって，トラウマに関する記憶は，侵入的なイメージや悪夢という形で，予期せず心の生活に侵入してくる。EhlersとClark（2000）は，トラウマティックな体験をデータ駆動型で符号化したり，その後にトラウマ性の記憶をうまく精緻化できないと，PTSDが展開する危険性が増大すると言う。その出来事についての記憶が，自叙伝的ナラティブにうまく統合されていない。その結果，これらの記憶は，高次の検索方略にほとんど利用できず，認知的コントロールが効かない。なぜなら，これらの記憶は，しばしば十分に精緻化ないし統合されていないので，コントロールされた検索方略によって活性化されず，感覚的手がかりによって活性化されてしまう。この状況は，トラウマ性の記憶が予期せず活性化した結果生じる。感覚的で比較的，精緻化されていないというトラウマ性の記憶の性質は，AAIにおいても明白である。参加者の中には，極端に詳細なレベルのナラティブや，話法や推論モニタリングに，より全般的な誤りを持つ人もいる。トラウマに関する彼らの記憶は，精緻化ないし統合されておらず，面接の中で，うまくコントロールした処理をできないという。

　PTSDとAAI未解決型に共通する第二の特徴は，トラウマティックな記憶に付随するつらい情緒の回避あるいは解離である。トラウマティックな記憶を回避する試みや，情緒の制限（麻痺）は，PTSDの中心的な特徴である。AAIにおいて，未解決型の人は記憶に没入する傾向があり，面接中に瞬間的な喪失がみられる。そのような没入や

解離は，喪失やトラウマ性の記憶に関連するつらい感情を低減する。しかし，このような解離の過程は，記憶を再評価から孤立させ，その出来事を理解したり，一貫した自叙伝的ナラティブに統合できなくなる。Halliganら（2003）によれば，トラウマティックな記憶の精緻化ないし統合の失敗は，トラウマティックな出来事の直後に起こる符号化に由来するという。彼らは，このような失敗は，離人症性障害の解離の過程と似ていると言及している。トラウマティックな出来事の再生時に生じる解離は，その出来事の認知的・情緒的処理を遅らせ，解体したトラウマ性の記憶として残ることになる。

　PTSDとAAI未解決型の第三の特徴は，ストレスに対する反応性の増大である。PTSDの診断基準は，ストレス反応の判定項目として，過覚醒（大げさな驚愕反応，睡眠障害，爆発的な怒り，集中力低下，過度の警戒など）を明確にしている（APA, 1994）。このような症状を持つ人は，トラウマティックな記憶の引き金となるような条件的手がかりと，日常的なストレスフルな出来事といった無条件刺激の両者に対して，高く反応する傾向がある（van der Kolk, 1996）。彼らは，日常のストレッサーに対して，通常の対処努力で反応せず，秩序的対処方略を機能停止する傾向がある。その結果，秩序的な行動が瞬間的に喪失し，怒りの爆発が生じる。AAIで未解決型に分類された人もまた，ストレスに反応しやすい。面接中に見られる話法や推論モニタリングの誤りは，もっぱら，情緒的に挑戦的でストレスフルな出来事を思い出すような面接の途中で見られる。モニタリングにおける瞬間的な機能停止は，高いストレスがかかった瞬間，秩序的な話法方略を維持するのが困難であるというマーカーになるだろう。

　AAIにおいて，ストレスに対するこのような反応は，メタ認知モニタリングの誤りとして観察される。AAIでは，喪失やトラウマについての記憶を引き出しやすい状況において，その個人が，トラウマに関連した記憶に対して認知的コントロールを維持できるかをテストする。この意味で，推論や話法の誤りは，話法モニタリングに対するメタ認知方略の瞬間的な機能停止として考えられる。AAIの文脈では，ある種の瞬間的解離処理を観察できる。それは，トラウマティックな体験に関する無秩序的な記憶に由来し，維持するものである。制御機能が同様に機能停止する場合として，ストレンジ・シチュエーション法で，「無秩序型」のアタッチメント行動として分類される乳幼児にも，観察される（Main & Solomon, 1986）。アタッチメント理論と研究は，解離を説明するメカニズムも示唆している。高ストレスになる瞬間は，通常の対処やモニタリング方略で機能停止しやすく，行動や思考の解体に陥りやすい。そのようなプロセスは，AAIにおける話法と推論の誤りと，ストレンジ・シチュエーション法に

おいて，乳幼児が一瞬，高ストレスになる時に見せる行動の解体の両者について，説明できる。対処方略の失敗や機能停止は，その人に傷つきと無力感を残す。

つまり，アタッチメント研究者と PTSD の研究者は，未解決のトラウマという類似点を明らかにしている。第一に，トラウマの解決の失敗は，無秩序的あるいは感覚的な記憶によって特徴づけられる。これらの記憶は，自己参照的な自叙伝に統合されていない。第二に，情緒的麻痺や解離的症状は，秩序的対処の機能停止に伴って生じる。解離症状は，環境に対する意識を低減し，現実感喪失，離人感，情緒的麻痺を含む。このタイプの症状は，他の方略がうまくいかなかった時に，試みる対処の現われなのかもしれない。第三は，未解決のトラウマを抱える人はストレス反応に傷つきやすく，ストレス条件下では，秩序的対処に明確な誤りを示すかもしれない。

PTSD と AAI 未解決型に共通する困難に加えて，アタッチメント関連性トラウマにさらされた人も，特有の困難に直面する。成人期のトラウマの多くのは，自己に対する脅威を含む。しかし，アタッチメント対象のアヴェイラビリティに対しては，必ずしもそうではない。このような比較的シンプルなトラウマの場合，自分のアタッチメント関係を安全の源として利用し，情緒的な慰めやトラウマティックな体験に対処する手段にできる。対照的に，アタッチメント関連性トラウマは，本質的により複雑で，解決が難しい。彼らは，自分の安全に対する大きな脅威をいつも感じており，同時に，アタッチメント対象のアヴェイラビリティに対しても脅威に思う。例えば喪失の場合，アヴェイラビリティに対する脅威が，対処すべき現実になる。結果として，アタッチメント関連性トラウマは，2つの理由で解決が難しい。1つめは，恐怖あるいは脅威の水準が，複合的であることがあげられる。Bowlby（1973）は，これを「複合性恐怖」と記述した。2つめは，アタッチメントを安全や慰めの源として用いる能力が，劇的に低減あるいは払拭されてしまうことである。

未解決型のトラウマが対人関係に及ぼす影響

未解決型のトラウマは，トラウマのサバイバーや家族に，対人関係上の多様な問題を生じさせる。未解決型のトラウマが対人関係に及ぼす影響は，親子関係について，最も研究されてきた。親の AAI に反映された未解決の喪失やトラウマが，その乳幼児の秩序的なアタッチメント方略をうまく確立できなくするという研究もある（Cassidy & Mohr, 2001; van IJzendoorn et al., 1999）。親の未解決型トラウマが乳幼児に与える影響として，親が乳幼児に対して恐怖を喚起させるような行動がある（Main & Hesse, 1990）。Main と Hesse（1990）は，さらに以下のように示唆する。乳幼児は，

しばしば親の予測できない行動に怯えることがあり，結果的に，アタッチメント関係を維持するための一貫した秩序的方略を維持できない。このような困難は，ストレンジ・シチュエーション法の手続きにおいて，乳幼児が瞬間的に見せる無秩序な行動，見当識を欠いた行動，あるいは恐怖行動においても明白である。

　AAIにおける未解決型のトラウマと，乳幼児における無秩序型のアタッチメントの関連については，さらなる研究が必要である。しかし，いくつかの研究によると，AAIの未解決型のトラウマに関連するメカニズムのいくつかは，乳幼児が養育者に脅かされる確率を増加させるかもしれない。例えば，未解決状態にある親のストレス反応や，爆発的な怒りは，子どもにとっては親を恐怖の存在であると体験させるだろう。同様に，親の解離的な誤りや情緒的な麻痺は，無気力な行動を生み，子どもは親を恐怖と感じるだろう。さらに，トラウマティックな体験に関する侵入的で統合されていない記憶は，親の行動や気分に予測できない変化をもたらし，その子どもを恐れさせることになる。

　未解決型のトラウマを持つ親と生活することは，慢性的で累積的な恐怖体験を生じやすくする。そのため年長の子どもは，その予測不可能で恐ろしい親との関係を，維持するような方略を発達させる。長期的な研究によると，無秩序型の乳幼児は，「コントロール－養育」「コントロール－敵」という方略を発達させるという。それは子どもが，恐怖と危険の源である親に対処する方法でもある（Lyons-Ruth et al., 1999; Main & Cassidy, 1988; Wartner et al., 1994）。未解決型のトラウマが，青年と親あるいは成人どうしのアタッチメント関係にどのような影響を与えるかは，あまり知られていない。しかし，幼い子どもたちの間で明らかになったコントロールのパターンは，青年期の親子関係においても持続することがある。子どもが親との関係をコントロールするという相互作用を検証することに加えて，喪失やトラウマに関する親の精神状態をアセスメントすることが必要である。さらに，次のような証拠もある。AAIは，他のトラウマ体験や解決の欠如に関するアセスメントと並行する必要がある。ハイリスク・サンプルでの調査によると，構造化面接で性的虐待を報告した多くの成人参加者が，AAIにおいて性的虐待の報告に失敗している（Lyons-Ruth, 私信，2002年8月28日）。さらに，AAIの未解決状態の基準は，メタ認知モニタリングの誤りに過度に制限されており，喪失やトラウマの解決の失敗という判定項目はない。

　未解決型のトラウマを持つ人々は，成人期のアタッチメント関係において，大きな困難を背負う危険も高い。例えば，深刻なPTSD症状は，男性の退役軍人の人間関係ストレスにつながっていく（Riggs et al., 1998）。性的虐待を体験した女性の半数近くは，再犠牲化されるという（Follette et al., 1996）。PTSDと対人関係の困難のリン

クを説明するメカニズムは研究されていない。しかし，AAIにおける未解決型のトラウマが，親子のアタッチメントにつながるのと同様のメカニズムは，その多くが，成人期の人間関係における困難についても説明できるだろう。ストレス反応と情緒的麻痺は，両者ともに，成人期のパートナーとオープンな関係をつくることを特に難しくする。極端な場合，例えば，過去のトラウマが人間関係の暴力に由来するような場合，サバイバーは，関係性のリスクを評価できず，自分自身を守る行動をうまくとれないという証拠がいくつかある（Wilson et al., 1999）。

アタッチメントとトラウマの解決

　PTSDとAAI未解決状態に関する文献は，トラウマティックな体験の解決を干渉する過程も明らかにしている。これらの過程は，トラウマティックな体験をうまく解決するための，いくつかの課題を示唆している。第一は，ストレス制御，あるいはより厳密に言えば，トラウマティックな出来事に伴う極度の恐怖と無力感のマネジメントに関することである。第二は，トラウマティックな出来事が，自己や世界についての核となる認知的前提に与える影響に対処することである。第三は，トラウマティックな出来事を統合し，再評価しながら，自分自身や他者に対する肯定的な期待を回復することである。
　トラウマやその後の記憶と結びついている極度の恐怖や無力感は，ストレスフルな体験に対処する通常の方法を，簡単に無効にする。Foaの情緒処理モデルによると，PTSDの後期症状は，そのトラウマ状況に，最初に麻痺で反応した人に生じやすいということである（Foa & Kozak, 1986; Foa & Riggs, 1993）。麻痺の結果，トラウマ性の記憶と結びついた恐怖は高まったままで，トラウマティックな体験を処理し統合するのに困難となる。対照的に，もしそのトラウマティックな体験というストレスに耐えることができるなら，その出来事の記憶は，しだいに恐怖を引き起こさなくなり，再評価されやすくなる。トラウマ研究者によると，一般的にソーシャル・サポートは，サバイバーがトラウマ体験というストレスに耐えるのを助け，その出来事を長期的によりよく解決する見通しを持つのに，重要な役割を果たす。ソーシャル・サポートに関するこの文献は，主たるアタッチメント対象に関する考察によって十分に補強されている。サバイバーは，慰めと再保障をその対象に最初に求める傾向がある（Johnson, 2002）。最適な状況において，アタッチメント対象は安全感を増加させ，それによっ

てサバイバーは，トラウマの記憶に耐え，それを再評価する過程を通過し，その出来事を受容し，その記憶を連続した自叙伝的ナラティブに統合できる。このように，安定したアタッチメント関係は，トラウマのサバイバーが，トラウマ性の記憶に結びついた極度の恐怖を対処するうえで，不可欠な役割を果たすのである。

　アタッチメント関係を，安全やストレス制御の源として利用することは，サバイバーがアタッチメント関連性トラウマを持つ場合，深刻な課題かもしれない。もしそのトラウマが，アタッチメント対象のアヴェイラビリティに対する自信を揺るがしているなら，第二の課題に直面することになる。すなわち，信頼に裏づけされた期待と，安定したアタッチメント関係の回復である。喪失体験の場合，故人に代わる他のアタッチメント対象を見つけることで，アタッチメントの階層を再構成しなければならない。アタッチメント対象が脅威や危険の源である場合，成功する解決には，代替あるいは第二のアタッチメント対象との間に，安定した関係を構築することになるだろう。他のタイプの脅威は，その出来事の再評価を通して修復することになりやすい。アタッチメント対象のアヴェイラビリティに対する自信を回復するのである。これには，その出来事を取り巻く環境を再評価し，その出来事に対する責任を帰属することが必要となるだろう。アタッチメント対象によって意図的な行為に帰属されるような脅威や，その犠牲に対して個人的な責任に帰属することは，そのトラウマティックな出来事を解決し，統合することを困難にさせてしまう。最終的には，安定したアタッチメント関係を再構築し，アタッチメント対象のアヴェイラビリティに対して，信頼に裏づけされた期待を持つ必要がある。

　最後に，人がそのトラウマティックな出来事に関するネガティブな情緒に耐えることができ，探求を支えるだけの安定した関係を持っているなら，そのトラウマティックな出来事を再評価し，一貫した自叙伝的ナラティブに統合する過程を始めることができる。これは，そのトラウマティックな出来事の意味を発見し，納得することを含むかもしれない。トラウマは，自分自身や世界についての核となる信念に対して，深刻な課題を提起している（Janoff-Bulman, 1992; Parkes & Weiss, 1983）。しかし，この課題は，認知的な再評価や再構成のための諸条件をつくり出す。喪失からの回復に関する研究の1つは，重要な喪失のあとに生じる意味の創出という過程に焦点を当てている（Davis et al., 1998）。その結果，①「意味の創出」あるいは喪失体験を自分自身や世界に関する広い前提に統合する能力，②その体験に長所やポジティブな意味を見つけること，という意味の2側面が強調された。喪失を納得できた人は，喪失直後のストレスを報告することが少なかった。しかし，他の報告者と同様に，13〜18か月後には抑うつ的になった。対照的に，喪失にポジティブな長所を見いだしたと報告し

た人は，13〜18か月時点でのストレスを報告することが少なかった。

　トラウマティックな記憶の統合や再評価は，安定したアタッチメントが存在するかしないかで，促進もされるし，むだにもなる。極度の恐怖やネガティブな情緒を傾聴することは，他人にとってとても覚悟のいることで，通常はサポートや慰めの源である人でも，退散してしまうかもしれない（Coyne, 1976; Silver et al., 1990）。しかし，もしアタッチメント対象が，トラウマティックな体験の記憶を探求する安全基地を提供してくれるなら，トラウマ性の記憶に関する恐怖を低減し，再評価し，統合する過程は高められ，促進されるだろう。支持的なアタッチメント関係が，どのようにトラウマティックな記憶の再評価の基礎となるかは，比較的知られていない。

　最終的に，トラウマティックな体験の解決は，いくつかの方法で検証され得るだろう。1つめとして，人は，ストレスを適応的な方法で対処する必要がある。トラウマティックな体験と結びついた恐怖の場合は，特にそうである。もう1つの重要な方法は，ポジティブな体験を再構築することが中心である。自分は価値があり，他者も利用可能で信頼できるという体験である。これらの期待は，安定したアタッチメント関係の中で，最も現われる。それは，信頼，コミットメント，オープン・コミュニケーションを特徴とする。最後に，初めの2つの方法が満たされるなら，人はトラウマティックな体験を再評価することができる。これは漸進的な過程である。トラウマに対して，秩序的で一貫性のある説明を与える能力となり，その効果は，自分自身や重要な関係に影響するであろう。

要約と将来の方向性

　アタッチメント研究は，乳幼児期と成人期におけるトラウマティックな体験の理解に，十分な貢献をしてきた。中でも中心的な貢献は，無秩序型のアタッチメントに対する乳幼児期の傷つきやすさが，養育者との憂慮すべき体験によって，その大部分が形成されることを明らかにしたことである（Main & Hesse, 1990）。本章では，AAIを用いたアタッチメント研究とPTSDの臨床研究の中で，年長の子どもと成人が想起し，報告したトラウマに焦点を当ててきた。AAIの未解決型という分類は，トラウマティックな体験の解決の失敗に光を当てるような，重要な方法論の進歩を示している。また，この分類は，乳幼児期の無秩序型と成人期の精神病理を予測することに期待もしている。それにもかかわらず，トラウマの影響に関するさらなる研究が，いく

つかの点で必要とされている。

　まず，トラウマティックになる出来事の範囲を拡大しつつ，分化する必要がある。私たちが述べてきたアタッチメント関連性トラウマは，その分化されたトラウマの1つであろう。上述したように，アタッチメント関連性トラウマの特質は，子どもの発達段階，文脈的な要因，子どもにトラウマティックな体験を評価する時のアタッチメント対象のアヴェイラビリティに対する期待などに影響される。あるタイプのトラウマは，解決が困難かもしれない。特にアタッチメント対象のアヴェイラビリティが傷つけられた場合は，そうである。多くの場合，アタッチメント関連性トラウマの影響は，関係性に対する慢性的な特徴，すなわち解決が極度に困難な長期にわたる無秩序型のパターンを生む。また，早期のアタッチメントトラウマは，後のトラウマに比べて，長期的な影響をもたらしやすい。

　最終的には，トラウマティックな体験の解決とその失敗を説明するメカニズムをさらに具体化し，検証する必要がある。PTSDの研究が，そのメカニズムに貴重な手がかりを与えると，私たちは信じている。ストレス反応，解離的な情緒麻痺，過覚醒は，トラウマティックな体験の解決の困難と結びついている。さらに，このようなメカニズムは，現在のアタッチメント関係に深く影響を与えている。アタッチメントを安全の源として利用し，トラウマティックな体験をいつか再評価する安全基地として利用する能力を傷つける可能性があるためである。しかし，アタッチメントの性質は，トラウマティックな出来事の余波として現われるストレス反応，解離的対処，過覚醒の程度を和らげる。PTSDに関する諸研究は，アタッチメントの測定を含むことによって得るものがあるし，アタッチメント研究はPTSDの分類に貢献したメカニズムを考察することで，示唆を得るだろう。成人期におけるトラウマティックな体験の対処法をより理解するためには，前向きな研究によって，アタッチメントとPTSDのメカニズムを検証する必要がある。

<謝辞>

　本章は次の国立精神保健研究所の助成金を受けた。補助金番号RO1-MH5967（Roger Kobak），MH50773とMH58907（Jude Cassidy）。

14章

Jeffry A. Simpson & W. Steven Rholes

不安的アタッチメントと抑うつ症状
―― 対人関係の展望 ――

　Bowlby（1969, 1973, 1980）は，成人における心理的な障害が，多くの場合，早期の，また，一生涯を通したアタッチメント対象との不安定な関係から派生していると仮定した。例えば，彼は以下のように主張している。

> 「幼児のアタッチメント行動に遅延した対応，もしくはしぶしぶの対応がなされた場合，また，それが不愉快なものとしてみなされる場合，その幼児は自分が養育者を必要とする時に彼女（養育者）がいない，もしくは助けにならないのではないかと不安に感じ，それゆえ，彼女のそばを離れることを嫌がり，不満気で心配そうに服従し，他者の問題に対して無関心な不安的アタッチメントになりやすい。幼児の養育者が積極的に幼児を拒絶した場合には，その幼児は，回避が自らの近接性やケアへの欲求と対立してしまうような，また，怒り行動が顕著に見られる傾向を持つ行動パターンを発達させやすい。」
> （1988, p.82）

　アタッチメント理論によれば，アタッチメント対象からの不適切で予期不能なケアは，自分を愛情やサポートを受けるに値しないものとして，また，対人関係での相手を自分の基本的な感情の欲求に合わせられない，もしくは合わせたいと思ってくれない人としてみなしてしまう不安定な作業モデルの基盤をつくり上げる。不安定なモデルを発達させた人たちは，成人期において，困難で不幸せな関係を築きやすく（Feeney, 1999），また，そのような人たちは，様々な臨床的な問題や障害の危険にさらされやすい（Dozier et al., 1999; van IJzendoorn & Bakermans-Kranenburg, 1996）。

　Bowlbyの発達アタッチメント理論での主要な目的の1つは，なぜある人たちが特

第Ⅴ部 臨床的・応用的課題 ― 心理療法，精神病理，精神的健康 ―

に抑うつや抑うつ症状になりやすいのかということを説明することであった(Bowlby, 1980, 1988)。この 2，30 年の理論的もしくは実証的研究の高まりは，抑うつの対人関係での原因のいくつかを分類し始めることとなった（Ingram, 2003）。本章では，アタッチメント理論や抑うつに関する他の最近の対人関係モデルにふれながら，どうして，また，なぜ不安・アンビヴァレント・アタッチメント志向（オリエンテーション）が深刻な抑うつ症状と関連するのかについて，私たちの研究の多くを体系化する「素因－ストレス・プロセス・モデル」について紹介する（Rholes & Simpson, 2004 を参照）。抑うつ症状は，不安的，回避的双方のアタッチメント傾向の人々によくみられるものではあるが，それぞれのアタッチメント志向が抑うつ症状と関連するプロセスについては全く異なっている場合が多い。特にアタッチメント・アンビヴァレンス（不安的アタッチメント）がアボイダンス（回避的アタッチメント）よりも抑うつ症状に強固にかつ密接に関連しているであろうことが様々な証拠によって示されていることから，本章では，主にアタッチメント・アンビヴァレンスに焦点を当てていく。本章の多くの部分は，不安・アンビヴァレント傾向の高い人がストレスフルなライフイベントに出くわした場合，抑うつ症状を引き起こし，持続し，おそらく，それを深刻化させるような認知的（知覚的），行動的反応を示すであろうということを提唱する新しいプロセス・モデルに関することで構成されている。抑うつに最も関連するアタッチメント理論の特徴について述べたあと，このモデルの様々な経路に関する重要な裏づけを提供する最近のいくつかの研究を交えながらモデルを概観していく。このモデルは抑うつ症状を引き起こし，それが維持されていくであろうプロセスの詳細な解説を提示することに加えて，抑うつに至るまでの今までにないいくつかの経路を強調し，2 つの新しい理論的コンセプト，すなわち，非機能的関係態度（dysfunctional relationship attitudes）と関係剥奪（relationship deprivation）を紹介するものである。

成人のアタッチメント志向

人生の早期に形成されたアタッチメント・パターンは，成人におけるアタッチメント志向に影響するという仮説に基づき，1980 年代に 2 つの異なった方向性を持つ成人のアタッチメント研究が開始された。それらは，Ainsworth ら（1978）の概念である幼児のアタッチメント・パターンが成人におけるアタッチメントの構成をも説明するであろうことを確立しようとしたものであった。成人のアタッチメント志向を測

定するための最初の試みとしては，Main ら（1985）が，アタッチメント対象との幼児期における経験やアタッチメント対象の認知について尋ねる標準化されたインタビューを開発した（アダルト・アタッチメント・インタビュー：AAI, Main & Goldwyn, 1994）。AAI は，重要ないくつかのアタッチメントの問題に関する成人の「心の状態（state of mind）」を測定している。その際，アタッチメント対象との不都合な早期経験とみなすものをことばにすることができない，もしくは口にしないことを暗示するように AAI に反応する人たちは，関係への「とらわれ型」として分類される。また，アタッチメント対象との困難な幼少期の経験について考えたり，思い出したりすることを避けるためにアタッチメント・システムを抑圧しようとしながら，AAI に答える人たちは，関係への「アタッチメント軽視型」としてカテゴリー化される。「安定型（自由／自立的）」に分類される人たちは，AAI に対して「アタッチメント軽視型」の人よりもあまり防衛的ではない反応を示し，また，そのような人たちは，「とらわれ型」の人よりも幼少期からの困難なアタッチメントに関する問題について率直に，隠し立てせずに話をする。

　Main らの研究とほぼ並行して，Hazan と Shaver（1987）は，アタッチメント志向についての短い自己報告型の尺度を開発した。この尺度は，早期での親子の相互作用や出来事の認知の代わりに成人における恋愛関係について尋ねるもので，Ainsworth ら（1978）の幼児と養育者とのアタッチメントでの安定型，回避型，アンビヴァレント型といったパターンと類似する 3 つの排他的なアタッチメントのカテゴリーに分類する。近年の研究では，実質的に Hazan と Shaver の 3 つのカテゴリーの根底にある 2 つの直交する次元が確認されてきており（Griffin & Bartholomew, 1994; Simpson et al., 1996），それらの次元は，最近の成人のロマンティック・アタッチメント研究の中心となっている（Brennan et al., 1998）。第一の次元は，通常**回避**と呼ばれ，個人が恋愛相手と限定された親密さを望む程度，もしくは恋愛相手から心理的，感情的に独立していようとする程度を測定している。第二の次元は，主に**不安**もしくは**アンビヴァレンス**と呼ばれ，個人が自分の恋愛相手はケアや情緒的サポートを提供してくれると信じられずに不安に思う程度を測定している。ここで私たちが説明するモデルは，主に Hazan と Shaver のもともとの 3 カテゴリーのアタッチメント尺度を基礎とした自己報告型の尺度によって測定されたアタッチメントの不安・アンビヴァレンスに焦点を当てている。

第V部 臨床的・応用的課題 ─ 心理療法, 精神病理, 精神的健康 ─

成人のアタッチメントと抑うつ

　成人のアタッチメント指標であるAAIと自己報告型の恋愛に関する尺度の双方は, 抑うつ, 摂食障害, アルコール依存症, ドメスティック・バイオレンス, その他の多種多様な人格障害といった多くの問題ある状態と関連している (Brennan & Shaver, 1998; Dozier et al., 1999; van IJzendoorn & Bakermans-Kranenburg, 1996)。抑うつや抑うつ症状は, その有病率や対人関係のプロセスとの密接な理論的関連を前提に, アタッチメント研究家によって比較的注目されてきている。精神医学の患者についてのいくつかの研究では, 単極性うつ病はAAIで「とらわれ型」(Cole-Detke & Kobak, 1996; Fonagy et al., 1996; Rosenstein & Horowitz, 1996), ならびに「アタッチメント軽視型」(Patrick et al., 1994) に分類される人々の間でより見られやすいということが示されている。また, 成人のロマンティック・アタッチメント志向 (スタイル) についての調査研究でも「回避型」や特に「不安・アンビヴァレント型」と抑うつ症状との間に明らかな関連が認められている。例えば, Mickelsonら (1997) は, アメリカでの成人の代表サンプルにおいて, より「回避的」もしくはより「不安・アンビヴァレント的」であると回答した人は, 「安定型」的な人と比べ, DSM-IIIの主要な抑うつ症状の測定で高い得点を示すことを見いだしている。Cooperら (1998) は, 簡易症状目録 (Brief Symptom Index; Derogatis & Melisaratos, 1983) を多数のコミュニティ・サンプルで実施した結果, 不安的アタッチメントの人は, 最も高いレベルの抑うつ症状を経験しやすく, 安定型の人は最も低いレベルで, 回避型の人はその中間に位置することを示した。類似した現象は, いくぶんストレスフルな高校生活から大人の生活への移行期を送る若い女性にも見られている (Burge et al., 1997; Hammen et al., 1995)。結婚関係においては, 不安的アタッチメントの人は, 特に彼／彼女らの結婚への適応のスコアが低い場合に, 抑うつ症状を報告しやすかった (Scott & Cordova, 2002)。総括すると, それらの研究では, 自分の両親や恋人に対して不安定なアタッチメントの人々, 特に (AAIで測定された)「とらわれ型」もしくは (自己報告での)「不安・アンビヴァレント型」の人たちは, 短期的な抑うつ症状のみならず, 単極性うつ病を発症する危険性がより高くなることが明らかにされていると言える。

　近年では, 抑うつ症状が引き起こされ, 維持され, 深刻化されていくであろう対人関係のプロセスの理解に多大な興味が注がれている (Hammen, 1995参照)。当初は, 2つのタイプの対人関係での機能不全が, 抑うつ症状を引き起こし, 悪化させると考えられていた (Arieti & Bemporad, 1980)。その1つは**依存タイプ**と呼ばれ, これは

自分自身を他者からのサポートに極端に依存させ，十分なサポートが得られないのではないかと不安に感じていると認識していることから派生するタイプである。もう1つは**評価タイプ**と呼ばれ，自分にとって重要な他者が，それに値する条件が整った時においてのみ自分のことを受け入れてくれると認識していることから派生するタイプである。

このような観点に基づいて，Hammen（1995）は，抑うつへの感受性が以下の3つの要因から規定されると仮定する抑うつの統合的な認知−対人関係モデルを発展させた。それら3つの要因とは，①生まれ育った家庭での生物学的かつ／もしくは社会化における経験の要因，②現在高いストレスを感じるような出来事や環境にさらされているという要因，そして，③自分もしくは重要な他者の非機能的な認知の要因であり，それらすべては，不適応な対人関係行動を引き起こす可能性を上昇させる（Hammen, 2000参照）。Hammenのモデルがすぐれている点はその包括性，つまり，早期のライフイベントが成人での抑うつ症状の発生やその持続に影響を与えるであろうという認識と，アタッチメント理論の中心的な概念や原理をモデルの異なった要素に適用するという柔軟さである。

アタッチメント研究者の中で，これまでアンビヴァレント傾向の高い人々を抑うつ症状の危険にさらしてしまう特定の対人関係のプロセスを概略化するようなモデルを提唱した者はほとんどいなかった。この概念的なギャップを埋めるために，私たちは予備的なプロセス・モデルを発展させてきた。私たちのモデルの一部とそれを検討した研究は，Hammen（1995）のモデルにおけるいくつかの要素，特に非機能的な認知ならびに不適応な対人行動を含む要素を組み込んだ素因−ストレス・アプローチが指針となっている。しかしながら，私たちのモデルは，より直接的にアタッチメントに関連した構成概念，プロセス，それ自体の問題に対して焦点を当てているものである。

アンビヴァレンスの対人関係モデルと抑うつ症状

アタッチメント理論は，作業モデル（スキーマ）が少なくとも4つの要素から構成されていると主張する。それらは，①パートナーや関係についての信念や期待，②特定の信念や期待と行動とをつなぐルール，③アタッチメントに関連する出来事への習慣的な感情の反応，そして，④アタッチメント経験のエピソード的記憶である（Bowlby, 1980; Collins & Allard, 2001）。不安的作業モデルを支える基本的な2つの信念とは，

自分がケアとサポートを受けるには値しないと感じること，そして，他者がケアとサポートを提供してくれるということを信じることができないでいることである。それらのネガティブな信念は，おそらくは個人が親密な関係において経験しやすい事柄についてのネガティブな期待（ここでの期待とはネガティブなものを含む）をつくり出す。また，それと同時に，それらの信念や期待は，ネガティブな認知的フィルターとして，つまり，不安・アンビヴァレント傾向の高い人のパートナーや関係への認知を体系的にゆがませるように機能する（Bowlby, 1973, 1980）。

それらの信念や期待は，特にアタッチメント・システムが活性化されるストレス状況において，パートナーが自分を無視したり，突然去っていくことを防ぐための対策を講じるよう不安傾向の高い人を動機づける（Cassidy & Berlin, 1994）。不安傾向の高い人は，関係脅威状況において，関係喪失の予期に抗うために，不信感，支配権，密着行動を示し，また，サポートの必要性について大げさで固執的な要求をつくり出すことで，過度に警戒心を高めていく（Simpson et al., 1999）。この際の特異的な不安感情とは，見捨てられることへの恐れ，また，ケアや注意，情緒的サポートへの過度な欲求を満たしてくれないパートナーに対する怒りを包含するものである。不安的作業モデルと関連するエピソード記憶の多くは，不安傾向の高い人々が持つ自分自身および自分のパートナーについてのネガティブな信念や期待と一致し，それを強めていくであろうと考えられる。そのうちの顕著な記憶としては，拒否や無視に関する特別な過去の経験，もしくは役割が逆転した経験，すなわち，年上で賢明なアタッチメント対象としての役割を果たすべき誰かに対して，不適切な情緒的ケアやサポートを提供しなければならなかった人のような経験を必然的に含みやすい。

モデルの構成

図14.1に示した私たちのモデルは，いくつかの構成概念を含んでいる。はじめに，私たちは，不安の特性－状態の形態と類似した概念として，アタッチメント・アンビヴァレンスの「基準」レベルと「活性化」レベルとの間に明確な区別を敷く。アタッチメント・アンビヴァレンスの基準レベルとは，個人が不安的作業モデルの中心的で明らかな特徴を有しているかどうかの程度を示している。個人は不安的モデルを集約したような期待を心に抱く，もしくはそのような信念を認識する，その強度や確信によって異なっている。例えば，個々人で信念，期待および行動様式の間の関連の強さや重要なアタッチメントに関する出来事に対して喚起される習慣的な感情反応の強さ，また，不安的モデルに内在するエピソード記憶の数とタイプが異なっているのである。

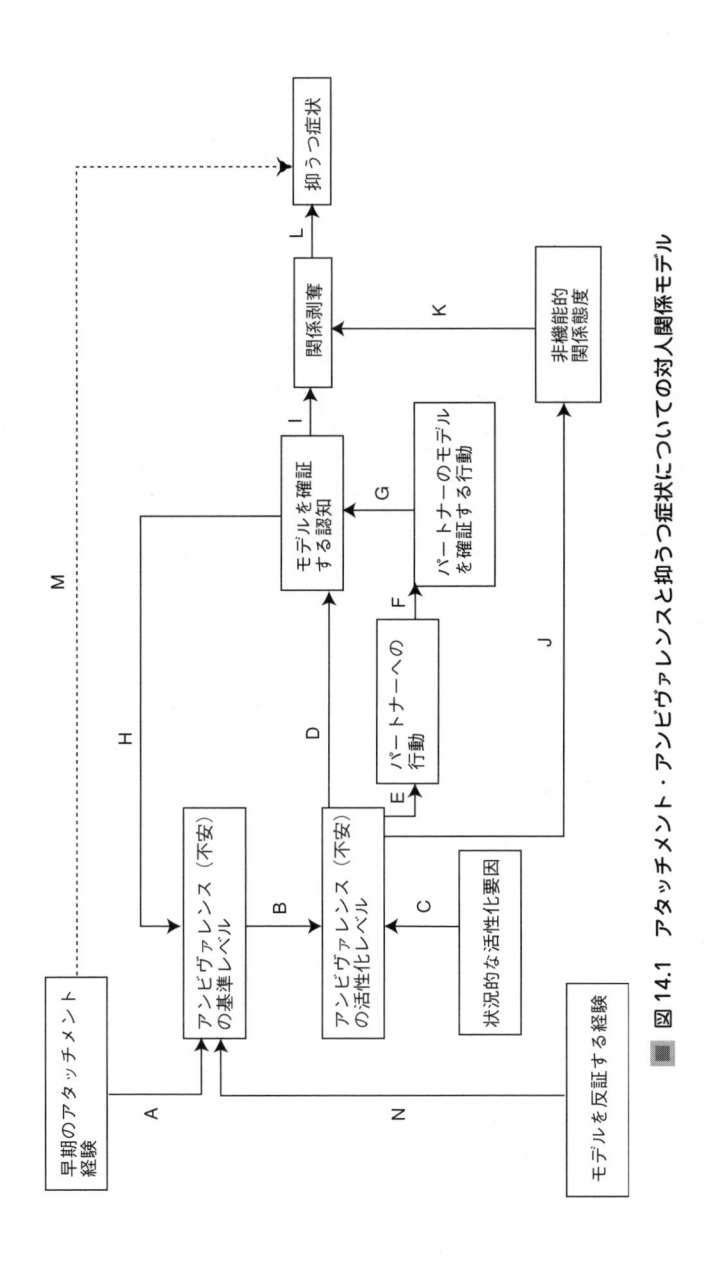

14章 ■ 不安的アタッチメントと抑うつ症状 ― 対人関係の展望 ―

■ 図 14.1 アタッチメント・アンビヴァレンスと抑うつ症状についての対人関係モデル

第V部 臨床的・応用的課題 ― 心理療法，精神病理，精神的健康 ―

言うならば，それらのバリエーションが，自己報告型のアタッチメント・スタイル尺度によって間接的に評定されたアタッチメント・アンビヴァレンスの基準レベルの個人差を生み出す。

活性化レベルの概念は，不安的作業モデルへの現在の認知的アクセシビリティ（利用可能性もしくはアクセスのしやすさ）を意味する。私たちは，アクセシビリティが高ければ高いほど，その時の認知や感情，行動は不安的作業モデルの影響を受けやすくなると仮定している。そのため，不安的モデルが非常に利用されやすい時，個人は，より社会的な環境を認知し，感情的な反応をし，不安傾向の高い人は特徴的な行動をとりやすくなる。しかし，アクセシビリティが低い場合には，人は，不安時に特徴的であるような方法で認知したり，感じたり，行動したりしづらくなると考えられる。

活性化のレベルは，特定の状況要因に依存する。Bowlby（1969）は，アタッチメント対象を探したり，シグナルを送ったりするという幼児のアタッチメント行動は，主に空腹，恐れ，疲労，病気，もしくはアタッチメント対象からの分離（例えば，安心感の欠如）によって喚起されると述べている（Sroufe & Waters, 1977）。同様の脆弱性は，成人のアタッチメントの作業モデルも活性化すると考えられる（Shaver & Mikulincer, 2002）。さらに，作業モデル（関係や自己に関連した信念や期待，特徴的な行動や感情，エピソード記憶）の中心的な要素と直接的に関連する（もしくは関連づけられる）状況も作業モデルを活性化する。例えば，不安的作業モデルの中心的な特徴の1つとしては，アタッチメント対象が突然離れていくかもしれないという堅固な期待（予期）にある。そのようなモデルを持つ人々にとっては，たとえ彼／彼女らが高い脆弱性への意識的な感覚を有していなくとも，見捨てられる可能性を際立たせるような状況（例えば，深刻な関係葛藤）は，不安モデルの活性化を高めるはずである。それゆえ，私たちのモデルに従えば，作業モデルは2つの経路で活性化される。それらは，状況的に引き起こされる強い脆弱性の感覚（安心感の欠如の感覚）にさらされるという経路，また，特定の作業モデルに内在化している中心的な不安を誘発するような日常的な出来事にさらされるという経路の2つである。

アタッチメントの活性化の直接的な測定法はいまだ開発されていない。にもかかわらず，これまでいくつかの研究で，基準レベルではアタッチメント・アンビヴァレンスもしくはアボイダンス（回避）が同等の人たちが，彼らの作業モデルと関連するであろう状況的な要因に出くわした場合に異なった行動をとることが示されてきている。例えば，Simpsonら（1992）は，切迫した不安を喚起させる課題に取り組むことでよりストレスを感じていた回避傾向の高い女性は，それほどストレスを感じなかった回避傾向の高い女性よりも自分の恋愛パートナーから情緒的なサポートを求めようとは

しないことを見いだしている。反対に，よりストレスを感じていた安定傾向の高い女性は，あまりストレスを感じていなかった安定傾向の高い女性よりも，恋愛パートナーから情緒的なサポートを求めやすかった。言い換えれば，ストレスを高めることは，女性に高い回避性（サポートを求めない）もしくは高い安定性（サポートを積極的に求めようとする）についてのプロトタイプ的な行動様式をとらせるように回避および安定的な作業モデルのアクセシビリティを高めたと考えられるのである。

　私たちのモデルは，非機能的関係態度と関係剥奪の認知という2つの新しい構成概念を持つ。Beck は，セラピー・セッションでの観察を基にして，うつ状態の人々が自らの個人的幸福に対して厳しく，凝り固まった条件を設定しがちであることに気づいた（Beck et al., 1979; Weissman & Beck, 1978）。例えば，そのような人たちは，「私は，みんなが私のことを好きで尊敬してくれているのであれば，幸福になることができる」というようなことばに同意する。Beck は，そのような幸福への条件を満たすことは多くの場合困難なことであり，また，そのために，個人的幸福が過度に限られたものとなることから，それは機能不全であると述べている。私たちは，このような見解を拡張することで，不安傾向の高い人が自らの親密な関係においても同様の条件を課すであろうと考えている。それは人生の幸福はほぼ完璧な恋愛のパートナーとその関係なしには達成することができないというような条件である。そして，このような条件（態度）が受け入れられてしまっているという時点で，パートナーとその関係には日常的に過剰なプレッシャーがのしかかっているのかもしれない。実際，不安傾向の高い人たちは，自らの個人的幸福の大部分がパートナーとその関係の日常的な認知に依存しており，その結果として，彼／彼女らの関係はより被害を受けやすいものとなっているのである（Campbell et al., 2003）。

　もし"よい"関係を獲得することで満たされるであろう条件それ自体が正常なものではないとしたら，自分の一般的な生活満足感が親密な関係によって多大なる影響を受けているということは著しく機能不全であろう。私たちのモデルに従えば，人々がパートナーとその関係に対して与える条件は，厳しいか，あるいはより柔軟なものであるか，また，それらを満たすことは容易か，あるいは難しいかということになる。厳しい条件とは，関係に満足しているとみなされるためには常に完全に満たされなくてはならないものである。柔軟な条件とは，その条件が満たされていなくとも他の条件が十分に満たされる時には軽減され，部分的に，あるいは時折満たされるだけでよいものである。厳しく，非現実的で事実上達成することが不可能な関係満足感についての条件は，関係満足感を得るために厳密な制約を課しているという点で機能不全である。私たちのモデルによれば，個人が非機能的態度を持っているほど，その人は，

パートナーとその関係をより期待はずれなものとみなすと考えられる。

それゆえ，私たちは，個人がパートナーと関係という2つのレベルでの非機能的態度を有するであろうと考える。高次の非機能的態度は，生活満足感を現在の関係の質に過度に依存させるのに対し，低次の非機能的態度は，関係満足感を非現実的で満たすことが難しい強固な条件に付随させる。高次の非機能的関係態度と低次の非機能的関係態度の結合は，人生において何か重要なことが欠けているといった感覚を個人に喚起させる可能性を増加させる。私たちは，高次ならびに低次の非機能的関係態度がアタッチメント・アンビヴァレンスについて高い基準レベルを示す人々の間で顕著に見られるのではないかと仮定している。

非機能的な関係態度を有することで起こり得る結果は，関係剥奪の感覚である。関係剥奪は，孤独感や現在の自分の関係への失望感とは異なっている。私たちは，関係剥奪をある人が受けるに値する何かを奪われることへの感覚，それは満たされた関係が人生の幸福のための義務的な条件であると信じ，また，現在の関係（もしくは，これまでの関係）が満足の条件に見合わない時に喚起されるような感覚と定義する。強い関係剥奪を経験する人は，人生や自分のパートナーによって騙されているかのように感じるであろう。また，それに付随する感覚や感情は，フラストレーション，怒り，憤慨，自己非難と極端な絶望感を含む可能性が高いと言える。

モデルの経路

次に，私たちが提唱するモデルにおける構成概念をリンクする経路について話を進めていく。Bowlby（1969）と同様に，私たちは，アタッチメント・アンビヴァレンスの基準レベルが，社会的な発達を通してアタッチメントに関連する状況での親や友だちとの経験（あるいは，経験の認知）によって部分的に規定されているものであると考える（図14.1での経路Aを参照）。同時に，私たちは，初期のアタッチメント経験が現在のアンビヴァレンスの基準レベル（経路M）を媒介しないで，後の成人期での抑うつ症状に対して直接的に影響力を持つであろうことを認めている。経路Bは，活性化状況を経験している個人が，より高いアンビヴァレンスの基準レベルでそのような状況を経験する時，活性化レベルはさらに高くなることを示す。また，経路Cは，これまで述べてきたように誘発状況要因が不安的作業モデルの活性化や影響力を高めるであろうということを指している。

経路D，E，FとGは，不安的作業モデルというのは一度でも活性化されるとそれが作動してしまうであろうという提案的なプロセスを示す。不安的作業モデルの活性

化レベルが上がれば,モデルに組み込まれている「ネガティブなフィルター」を通して,社会的な認知が作動してしまう可能性は上昇すると考えられる。このことは次に不安的作業モデルを特徴づける悲観的な信念と期待を確証するように恋愛関係のパートナーやその関係での出来事が解釈されるという可能性を上げる（経路D）。活性化レベルが上昇していくことは,不安的作業モデルに内在する信念,期待,行動ルーチンによって全般的な行動,特に関係のパートナーに対する行動が方向づけられる可能性をも増加していくことになるであろう（経路E）。そのような行動は,結果的に,既に不安的作業モデルに内在する悲観的な信念や期待と一貫しており,また,それゆえにそのような信念や期待を確証してしまうようなパートナーの離別,怒り,あるいは他の形の行動を引き起こしてしまいやすい（経路G）。モデルを確証する認知は,時間が経つにつれ,アンビヴァレンスの基準レベルを維持もしくは上昇させながら,そこへフィードバックされていくと考えられる（経路H）。しかしながら,アンビヴァレンスの基準レベルは,モデルを確証しない重要な経験によってその影響は低減されていく可能性もある（経路N）。

　経路Jは,アンビヴァレントの活性化レベルと非機能的関係態度との仮定的な関連を表わしたものである。経路IとKは,自分のパートナーやその関係へのよりネガティブな認知と非機能的態度とが組み合わさると,抑うつ傾向を引き起こし,持続させ,悪化させるような深刻な関係剥奪感を生み出すであろうことを示している（経路L）。

　それでは,私たちは,これからこのモデル（図14.1）のいくつかの経路について暫定的な検討を行なっている2つの大規模な研究プロジェクトについて話を進めていく。このモデルは,ストレスとそれと関連する脆弱性がアンビヴァレントな（不安的）作業モデルを活性化させると仮定することに重要な意味づけをしていることから,両方のプロジェクトでは,異なった早期経験や現在のアタッチメント志向を持つ人々がどのように人生の主要な移行期に対応していくのかに焦点を当てている。私たちは,まず,青年期の人たちが家を出て大学生活を始めるといった人生によくある移行期に遭遇した時に,幼年期での親との経験や現在の恋人の認知がどのように抑うつ症状と関連するのかについて検討したプロジェクトの調査結果を報告する。その後,私たちは,第一子をもうけるという上記のものと異なったストレスフルな人生の移行期について調査したもう1つの研究プロジェクトから得られたいくつかの結果について述べていく。

第 V 部　臨床的・応用的課題 ― 心理療法，精神病理，精神的健康 ―

親とのアタッチメント経験と大学生活への適応

　Bowlby は，「ふつうに愛情のある」親とともに育つことは，たいていの場合「サポートが利用可能ではないという世界を想像することが難しく」（Bowlby, 1973, p.208）なるような情緒的サポートへの強い期待（予測）を形成するであろうと考えた。反対に，サポート的ではない親とともに育つことは，「養育者（世話をしてくれる対象）がいつも本当に利用可能で，信頼できるであろうことについての確信が持てない」（Bowlby, 1973, p.208）状態に陥りやすくなる。図 14.1 の経路 A と M は，アタッチメント対象との早期経験が成人期での抑うつ症状に及ぼす影響を表わしている。経路 A は，生まれ育った家族での不幸な経験が不安的作業モデルを形成させ始めることを示唆するものである。それは，成人期においてアンビヴァレンスの基準レベルの高い人々が，それほど不安的ではない人たちよりも困難な乳幼児期を経験してきたであろうことを意味する。これまで数多くの研究が，乳幼児期における養育者へのアタッチメント・パターンが，養育者の乳幼児に対する行動様式と関連することを示してきている（Ainsworth et al., 1978; van IJzendoorn, 1995）。さらに，縦断的研究においては，乳幼児期の養育者へのアタッチメント・パターンが，AAI によって測定された成人のアタッチメント志向と関連することが確かめられている（Waters et al., 2000a; Waters et al., 2000b）。それにもかかわらず，養育者へのアタッチメントと成人期のアタッチメント志向との間にはある程度予測可能な不連続性があるように思われる（本書の 4 章を参照）。これまでのことはアタッチメントの作業モデルが，長期間にわたって安定するように社会的な経験によって定期的に再確証されるであろうというモデルの経路 H と一貫する。

　私たちは，いまだ早期経験と成人期における自己報告型のアタッチメント志向とを関連づける縦断的研究を目にしたことがない。ただし，いくつかの研究は，早期のアタッチメント対象との経験に関する記憶が，成人でのロマンティック・アタッチメント志向によって体系的に異なっていることを示している。例えば，不安・アンビヴァレント的なロマンティック・アタッチメント・スタイルの人々は，全般的に，冷たく思いやりに欠ける父親やものわかりのよくない母親を持ち，また，あまり幸福ではない親子関係を経験していたとされている（Hazan & Shaver, 1987）。また，アンビヴァレント傾向の高い人たちは，親のことを首尾一貫性がなくて厳しく，しかし同時に慈悲深いと述べ，幼年期からの親に対する錯綜した，時折相容れないような認識を持っている（Levy et al., 1998）。さらに，アンビヴァレントなアタッチメント・スタイル

の人々は，幼児期での父親のことをあまり愛情深くなく，ネグレクト的であった（自分に関心を示さなかった）と記憶していた（Shaver et al., 2000）。そのため，経路Aに関連する研究は，モデルのその部分をある程度支持するものであると言える。

早期のアタッチメント経験が後の人生の抑うつ症状に**直接**の影響を及ぼすかどうかについてはそれほど知られていない（それはなぜ私たちのモデルで経路Mが点線で表現されているかを説明する）。最近のいくつかの研究では，親への不安定なアタッチメント（Sund & Wichstrom, 2002）および親からの拒絶の記憶（Crockenberg & Leerkes, 2003）がともに成人期における抑うつ症状の進展に直接的に寄与するかもしれないことを示唆している。さらに，Hammen（1995）は，生まれ育った家族でのある特定の重要な出来事が何年後かに直接的に抑うつ症状を引き起こすのではないかと推測している。アタッチメント研究における経路Mに関する根拠は，「獲得安心感（earned security）」についての文献によって最も端的に示されていると言える。AAIの流れをくんだ研究者は，「獲得安定型（earned secures）」という問題のある養育を経験している人であっても，AAIではその人を安定型に分類する。獲得安定型は，家族との経験と心的なアタッチメント状態が互いに対立しているため経路Mを研究するための典型的な群（グループ）となる。

そのような研究で抑うつの検討を行なっているものが1つある。Pearsonら（1994）は，獲得安定型の人たちが不安定型に分類される不幸な幼児期を送った人たちと同等に抑うつ症状に対して脆弱であることを示している。これは獲得安心感があまり重要な概念ではないという根拠としてもとらえることができるかもしれないが，この研究結果はそれ以外のことを示唆する。つまり，同じような生育歴を持つ獲得安定型の人たちと不安定型に分類される人たちは，抑うつへの脆弱性は等しいけれども，自身の育児能力において異なっており，獲得安定型の人たちは，より良い親として評価されていたのである。抑うつに関して言えば，この研究は，早期のアタッチメント経験が成人期の抑うつ症状に対して，成人のアタッチメント志向によって媒介されないような分離した影響を及ぼしているであろうことを明らかにしている。

私たちの知るところでは，1つだけではあるが獲得安心感に関する研究で自己報告型のアタッチメント志向を測定しているものがある。Grich（2001）は，乏しい養育が不安的作業モデルを促進するプロセスを引き起こすが，アタッチメント・アンビヴァレントと乏しい養育は，アタッチメント志向に影響を与えると考えられる親子関係以外の経験に拠る同形体的なものではないことを主張した。また，彼女は，乏しい養育（片方の親もしくは両親から，愛されず，拒絶され，あるいは無視されてきた記憶を持つことと定義される）の経験が，もし成人期において不安的作業モデルのネガテ

ィブなレンズ（バイアス）を通して想起されるなら，成人期において特に抑うつ症状を引き起こす可能性が高くなるであろうと提唱した。Grich は，親からの不幸な養育行動を経験した人であっても成人期において安心感を獲得した人は，自分の困難な幼児期に意味を見いだすか，自分の親を許す方法を見つけるか，さもなければ，自らが受けた不幸な養育への感情的な影響を取り除くことができるであろうと述べている。また，彼女は，不十分な養育を受けたことによる潜在的にネガティブなものへの影響を獲得した安心感が弱めるかもしれないことを示唆している。

この素因－ストレス仮説を検討するために，Grich (2001) は，大学の新入生に AAI，標準的な自己報告型の成人ロマンティック・アタッチメント志向の尺度，そして，抑うつ症状についての下位尺度を含む大学適応尺度（College Adjustment Scale; Anton & Reed, 1991）を実施してもらうよう求めた。訓練された評定者が AAI の経験状態スケール（state-of-experience scale）に注意しながら，参加者の AAI の記録をスコア化した。評定者は，インタビューを受けた人が経験してきたであろう愛情のない行動，拒絶行動，あるいは無視行動の量について推察し，それらに基づいて参加者（インタビューを受けた人）には「養育リスク」のスコアが割り当てられた。

これまでに述べてきた研究と同様に，アンビヴァレント傾向の高い人（自己報告型のロマンティック・アタッチメント尺度によって評定された）は，他の人と比べて，抑うつ症状を報告しやすい傾向にあった。さらに，養育リスク・スコアで高い得点を示していた人は，抑うつ症状を報告しやすかった。つまり，アタッチメント・アンビヴァレンスと養育リスクは，私たちのモデルの経路Mによって示された直接的影響の暫定的な支持を提出するように，他の要因が統計的に統制された際に深刻な抑うつ症状を予測していたのである。また，成人のアンビヴァレンスと幼児期の経験に関して有意な交互作用も見いだされていた。これは，これまでの養育の質がどうであれ，アタッチメント・アンビヴァレンスでより低いスコアを示した人は，抑うつ症状をあまり報告しなかったことを示している。同様に，アンビヴァレンスは高いが豊かな養育を経験した人もあまり抑うつ症状を報告していなかった。しかしながら，乏しい養育を経験し，かつアンビヴァレンスの高い人は，他のすべての参加者よりもかなり高

★1 両親の行動とロマンティック・アタッチメントのアンビヴァレンスとの間には有意な相関関係は得られなかった。先行研究での早期のアタッチメント経験の測定の仕方とは異なり，親のリスクに関する Grich (2001) の指標は親から受けたケアについての回答者による解釈を測定しているのではなく，むしろ，訓練を受けた評定者が，回答者の記憶や防衛傾向および AAI のスコア化の手順での他の要素に基づいて，彼／彼女らが幼児期においておそらくは経験したであろうことを評定している。AAI のカテゴリー・スコア（安定型，拒否型，とらわれ型）は，それぞれが弁別的に抑うつ症状の数と関連してはいなかった。しかしながら，それらの有意ではない結果は，サンプルにおける低い検定力，もしくはとらわれ型に分類された人の割合が低かったことによるものであるとも考えられる。

い抑うつ症状を示していた。つまり、認知された早期養育からの抑うつ症状への影響は、個人のアンビヴァレンスの程度によって軽減されていたのである[★1]。Grich（2001）の研究結果は、不幸な初期経験がどのように解釈されるかということが、成人期においてそれらがどの程度被害を及ぼすかを規定するものであることを示唆している。

親への移行

多くの人々にとって、初めて親になることは困難でストレスフルなイベントである。それは一般に、結婚満足度の低下、夫婦間の葛藤の増加、協力的な活動の減少、そして、ある場合においては、抑うつの増加と関連づけられる（Belsky et al., 1983; Belsky et al., 1985; Belsky & Pensky, 1988; Cowan & Cowan, 2000; Cowan et al., 1978; Cowan et al., 1985; Heinicke, 1995; Levy-Shiff, 1994）。しかしながら、これらの幸福感の減退は普遍的なものではない。TuckerとAron（1993）は、初めて親になった多くの人々が個人的もしくは結婚についての幸福感の低下を経験し、そのうちのいく人かの人たちにその改善が見られるというように、個人的もしくは結婚の幸福感の変化が親への移行期では大きくなる傾向があることを見いだしている。

ここ数年、私たちは、自己報告型のロマンティック・アタッチメント志向、特にアンビヴァレンスが、結婚の満足度（Rholes et al., 2001）や抑うつ症状（Simpson et al., 2003a）、アタッチメント志向（Simpson et al., 2003b）の出産前後の変化に体系的に関連していることを明らかにしてきた。それらの研究は、すべて同じ夫婦のサンプルで行なわれており、アンビヴァレンスの活性化レベルの概念や図14.1での経路D、E、F、GとHと関連する[★2]。

このプロジェクトのデータは、106組のカップル（妻と夫の両方）から親への移行期に（最初の子どもの出産のおよそ6週間前と出産後6か月めの）2回にわたって収

[★2] 女性も夫に対して彼らの親への移行期への適応に影響を与えるようなサポートを提供している。私たちは、その課題について現在調査中である。私たちの最初の調査は妻のアンビヴァレンスの影響に焦点を当てていたことから、いく人かの読者は親への移行期に起こる夫婦の問題は夫よりも妻のほうが大きな責任を負うものであると思うかもしれない。しかし、そのような推察は妥当ではない。夫もまた同じように夫婦の諸問題について責任を負っているのである。さらに、私たちは、紙幅上の問題、もしくはより重要なこととして、これまでの研究結果が特に親への移行期の最初の1か月間においてアンビヴァレンスはアボイダンス（回避）よりも抑うつ症状の予測力に富むものであることを示していることから、私たちのモデルおよび文献のレビューをアンビヴァレンスに関するものに限定してきた。アタッチメント理論（Bowlby, 1988）によれば、アンビヴァレンスとアボイダンスは、異なった経路を通って抑うつ症状に関連しているとされる。

集された。妻は出産前に，アタッチメント志向，夫からの利用可能なサポートの量の認知，夫が彼女らに直接向ける怒りの量の認知，結婚満足度，そして，抑うつ症状についての自己報告型尺度に回答した[★3]。夫はアタッチメント志向，彼らが妻に提供していると思うサポート量，彼らが妻に直接向けていると認識している怒りの量，自分の結婚満足度，そして，抑うつ症状について報告した。出産後の次の調査の時も同様の情報が収集された。

作業モデルの活性要素としての長期的ストレス

　ある特定の状況は，不安定なアタッチメント志向からの関係に基づく認知，情報処理および行動に及ぼす影響を強めると考えられる（Bowlby, 1969, 1988; Kobak & Duemmler, 1994）。そのような状況というのは個人の作業モデルの活性化レベルを上昇させる。アタッチメント対象の喪失やアタッチメント対象からの長期的な別離のシグナルとなる脆弱性の感覚と同様に，不安や不健康，痛み，疲れ，長期的なストレスを引き起こすような脆弱性の感覚を生む状況というのは，アタッチメント欲求と作業モデルを活性化するであろう。そのような一般的な活性化状況下では，アタッチメント志向（およびその根底にある作業モデル）が対人認知や対人行動に及ぼす影響は，日常的な状況よりも一層強いものとなる（Mikulincer et al., 1993; Simpson et al., 1992, 1996）。また，作業モデルは，異なった形態のアタッチメントについての安心感の欠如と関連づけられる「中心的な」恐れや懸念が際立たせられる状況でも活性化される。アタッチメント・アンビヴァレンスに関して言えば，アタッチメント対象との深刻な問題や葛藤が，たとえ強固な脆弱性の感覚をつくり出さずとも長期的に高い基準レベルでアンビヴァレントな作業モデルを活性化させることで，関係喪失や見捨てられることの顕在化と関連する信念や感情を形成しやすくさせる（Kobak & Duemmler, 1994; Simpson & Rholes, 1994）。新しい子どもが生まれることは，しばしば多くの対人関係でのストレスや葛藤を増加させ，また，自身の両親による不十分な世話の記憶を引き起こすかもしれないことから（Bowlby, 1988），親への移行，特に出産後の早い時期には，アンビヴァレント傾向の高い人の作業モデルを活性化させるものと考えられる。

　それらの要因がアンビヴァレント作業モデルを誘発させるという重要な役割を担っ

[★3] 本プロジェクトで使用したサポート尺度は，道具的サポートではなく，情緒的サポートを測定するものである。

ていることは，図14.1の経路Cで表わされる（状況的な活性化要因を示すものとして）。アンビヴァレント作業モデルは，長期的もしくは短期的なストレスが低い場合，比較的静止した状態にあると考えられる（アンビヴァレンスの基準レベル）。しかしながら，ストレスが高い時には，アンビヴァレント・モデルは，アクセスしやすくなるか，より活性化されるようになる。一般に，活性化の程度が強くなるほど，アンビヴァレント・モデルはアタッチメントに関連した認知や行動により大きな影響を及ぼすようになる。そのため，多くの人たちが経験する出産前後のストレス量や脆弱性の上昇（長期にわたる出産の影響，睡眠不足，疲労，日々の子どもの世話，関係葛藤の増加といった要因から派生する）は，特にアンビヴァレント傾向の高い女性の作業モデルを活性化させ，彼女らの関係に関連する認知や行動をそれと対応して変化させていくこととなる。つまり，出産前から出産後への活性化レベルの上昇は，自己報告型尺度によって測定されたアンビヴァレンス・レベルと認知，感情，行動との相関関係を強くさせるものと考えられるのである。

　実際，私たちの親への移行についてのデータでは，上記の仮定と一貫して，女性のアンビヴァレンス・レベルと配偶者のサポートや怒りならびに夫婦満足度の認知との相関関係は，あまりストレスのない出産前と比較して苦労の絶えない出産後のほうが有意に大きくなっていた（Rholes et al., 2001）。それぞれ異なったストレッサーに関して検討したいくつかの研究をまとめてみると（例えば，Mikulincer et al., 1993; Simpson et al., 1996），アンビヴァレント作業モデルは，ストレスが高まった時にアタッチメントに関連する思考や感情，行動に対してより強い影響を及ぼすことが示されている。

アンビヴァレンスと結婚過程

　アタッチメントの理論家によれば，アンビヴァレント傾向の高い人は，容易に活性化され（経路B参照），そのまま「オンライン（つながったまま）」になってしまうようなアタッチメント・システムを持っているとされる（Bowlby, 1973; Kobak & Duemmler, 1994; Simpson & Rholes, 1994）。さらに，そのような人たちの作業モデルは，モデルを確証し，維持する方向に情報プロセスをゆがめると考えられている（Bowlby, 1973; Collins & Allard, 2001）。実際，Bowlby（1973, pp.368-369）は，アタッチメント志向に基づく認知傾向が，「何を認知し，何を無視するか，どう新しい状況を解釈し，それに対処するためにどのような行動プランが構成されやすくなるかを決定する」と主張した。アンビヴァレント傾向の高い人は，自らが過去に予想し得ないケアとサポ

第V部 臨床的・応用的課題 ─ 心理療法,精神病理,精神的健康 ─

ートを受けていたと思い込んでいることから,将来のアタッチメント対象についても困った時にサポート的ではないかもしれないという予想をしてしまう。それゆえ,私たちは,アンビヴァレント傾向の高い女性たちは,他の女性と比較して,あまり出産前の配偶者のサポートを認知していないであろうと仮定した。Bowlby は,作業モデルが自分の最も悪い懸念や心配(「中心的」な不安)をアタッチメント対象に確証させてしまうような行動を人々に取らせるであろうと推測している。それゆえ,私たちは,アンビヴァレント傾向の高い女性がサポートを提供しようとする夫のモチベーションや特質を下げてしまうような行動をとってしまうのではないかと予測した。また,アンビヴァレントな女性はアタッチメント対象に不信感を持つにもかかわらず,夫からのサポートを切望し,それがないことによりネガティブに反応するため,夫のサポートを低く認知することによる結婚満足度や抑うつ傾向への悪影響は,彼女ら(アンビヴァレントの女性)において強くなるものと考えられる。最後に,私たちは,そのような悪影響はよりストレスの高い期間である出産後に強く見られるものではあるが,多少のストレスを感じる出産前においても認められるものであろうと予測した。

それらの仮説と私たちのモデル(図 14.1)での様々な経路を支持するように,アンビヴァレント傾向の高い女性は,アンビヴァレント傾向の低い女性よりも出産前の期間において自分の夫のことをあまりサポート的ではないとみなしていた。もちろん,これらの認知は彼女らの夫の行動を正確に反映しているとも(モデルの経路 G),また,彼女たちの認知的なバイアスの結果(経路 D),もしくはそれらの両方のプロセスであるとも考えられる。夫の認知は,最初の選択肢(経路 G)についてのいくらかの支持を提供している。アンビヴァレント的な女性と結婚した男性は,自分自身のアタッチメント・スコアに関係なく,特によりストレスフルな出産後において妻へあまりサポートを提供していないと認知していた。さらに,彼らは,アンビヴァレント傾向の低い女性と結婚した男性よりも,自分の妻のことを未熟で,依存的で,感情的に弱く,また,情緒不安定であるとみなしていた。

しかしながら,それ以外の証拠は,アンビヴァレント傾向の高い女性が,夫のサポートについて妥当なレベルを下回るような認知をしていたことを示していた(経路 D)。夫が自分のことをあまりサポート的ではなかったと報告していた事実にもかかわらず,アンビヴァレント傾向の高い女性は,夫自身の認知よりも有意に低く彼らがサポート的ではないと認知しており,逆に,アンビヴァレント傾向の低い女性は,夫の認知よりも彼らがよりサポート的であったと認知していた。妻のアンビヴァレンスと夫のサポートの「過大」もしくは「過小」な認知との関連は,夫と妻の結婚満足度や他の結婚の質の程度(例えば,愛情や日々の葛藤)を統制しても,依然として統計

的に有意なままであった。言い換えれば，アンビヴァレント傾向の高い女性において，夫自身が提供したと主張するよりも夫のことをあまりサポート的ではなかったと認知する傾向は，結婚の質の違いもしくは女性のアンビヴァレント傾向の高低の機能的違いに完全に帰属させられるものでは**なかった**のである。これは，アンビヴァレント傾向の高い女性が抱く夫のサポートの低い認知が彼女らの作業モデルによって部分的にゆがめられていることを示唆するものであると言える。

　最近の実験室研究がこの解釈に対して信頼を与えている。CollinsとFeeney（2000）は，実験参加者が適度なストレス課題（即興のスピーチをする）を行なおうとする直前に，明確にサポートとなるようなメッセージ，もしくはあいまいなことばによって書かれたメッセージ（表向きはそれぞれの実験参加者のつきあっているパートナーによって書かれたもの）のいずれかを与えた。その結果，アンビヴァレント傾向の高い人は，アンビヴァレント傾向の低い人よりもあいまいなメッセージをあまりサポート的ではないと解釈していた。さらに，アンビヴァレント傾向の高い人は，上記のものとは関係のない課題でのパートナーの行動を中立な観察者よりも有意にサポート的ではないと認知していた。これらの結果は，私たちのモデルの経路Dのさらなる根拠を提供するように，アンビヴァレント傾向の高い人は，自分のパートナーをあまりサポート的ではないと認知するような「準備」がなされていたことを示唆している[★4]。まとめるならば，アンビヴァレント傾向の高い人のゆがんだ認知は，作業モデルによって引き起こされた認知的バイアス，**ならびに**パートナーによって提供される実際のサポートレベルの低下から生じているものと考えられるのである（経路Dと経路G）。

　それでは，いったい何がアンビヴァレント傾向の高い人たちのパートナーにサポートの提供を思いとどまらせているのであろうか。最近の3つの研究結果では，アンビヴァレント傾向の高い女性が特に自分が不機嫌である時に，パートナーを遠ざけるような行動をとってしまっているであろうことが示されている（経路Eと経路F）。Rholesら（1999）は，女性の実験参加者に「不安を喚起させる」課題をこれから経験するということを信じ込ませた。その課題を行なう前に，それぞれの女性は，自分とは異なる日常的な課題を待っているためサポートを提供することができるようなストレスのない状態にある男性のパートナー（つきあっている相手）とともに待合室に通された。彼女らは，その5分後に装置故障のため，不安を喚起させる課題を行なわなくてもよいことが告げられた。5分の「ストレス」期間と5分の「回復」期間（女

★4　経路Gと一貫して，夫の認知する（自己報告での）サポート提供と受容したサポートについての妻の認知は有意に関連していた。

性が先の課題を経験しなくてもよいと言われたあと）の両方が，ビデオにめだたないように録画され，それは訓練された観察者によって評定された。その結果，「ストレス」時において高い不安を示し，パートナーからの快適さやサポートをより求めていたアンビヴァレント傾向の高い女性は，その時のパートナーからのサポートが十分ではないと感じていたために，「回復」期間ではパートナーに対して突き放すような，もしくは怒ったような行動をとりやすかった。もしこのような不機嫌な行動パターンが長期にわたるのであれば，アンビヴァレント傾向の高い人が本当に快適さやサポートを求めている状況において特にパートナーのサポートを提供しようという動機や意志は低下していくであろう。

　Simpsonら（1996）も，アンビヴァレント傾向の高い女性が，彼女らの関係についての主要な問題を恋人とともに解決しようとする時，より高い不安と機能的でない葛藤解決方略を示しやすいこと（観察者による評定）を示している。また，彼女らは，その際に他の女性たちよりもストレスや怒りを感じていたと述べており，パートナーへの主観的な親密さの感情は，話し合いの前後で有意に下がっていた。逆に，アンビヴァレント傾向の低い女性は，重要な関係についての問題の話し合いのあとでもパートナー対する親密さを少し増していた。これらの行動的，認知的反応についても，やはりアンビヴァレント傾向の高い人たちのパートナーを遠ざけるものとなるかもしれない。最後に，アタッチメントに焦点を当てたものではないが，Downeyら（1998）は，拒否感受性の高い女性（アンビヴァレント傾向の高い女性と類似する）が，恋人から最終的に拒絶を引き出してしまうような同様の行動を表出することを示している。

　また，それ以外のプロセスもパートナーのサポートを低下させていることが考えられる。アンビヴァレント傾向の高い女性が，彼女らの夫が実際に自分のことを認知しているよりもさらにサポート的ではないと認知する傾向がある限り（Rholes et al., 2001），夫が妻から受けるフィードバックは，自己確証的なもの（Swann, 1990）でも，自己高揚的なもの（Murray & Holmes, 1997）でもないと言える。そして，時間が経つにつれて，それらの夫はアンビヴァレントな妻のサポートへの欲求が永続的に続くものであり，おそらくは変化しない安定したパーソナリティ特性だと思い込むようになっていくかもしれない。このような解釈は，私たちの親への移行期の研究において，なぜアンビヴァレント傾向の高い女性の夫が，自分の妻のことを依存的で，弱く，未熟で情緒不安的であるとみなしていたかということを説明するものであろう。その他にも，夫のサポートについての妻のネガティブな認知は，しだいに夫が自分自身のことをどのように認知するかを変化させていく可能性がある（Drigotas et al., 1999）。そして，妻のネガティブな見方を受け入れ，結果的に夫は自分のことをサポート的では

ないとみなし，また，そのように行動することで，アンビヴァレント傾向の高い女性と夫の間には，相互作用（互いのやりとり）によって形成された事実がそこに浮かび上がってくるかもしれないのである（経路 G を参照）。[★5]

経路 J は，アンビヴァレント傾向の高い人が，①人生の幸福には「よい」関係が不可欠であると信じており，②自分に恋愛関係で幸せになる前に満たされなければならない厳しい条件を課してしまうことを示している。アンビヴァレント傾向の高い人が，自らが幸せになるために満たされなければならない厳しい条件を課すであろうという見解は，対人関係における問題がアンビヴァレントな人に対してより強い影響を及ぼしてしまうことを示唆している。私たちの親への移行期についての研究結果はこの仮説を支持する。出産前に夫があまりサポート的ではないと認知していたアンビヴァレント傾向の高い女性は，同じように夫のことをサポート的ではないと認知していたアンビヴァレント傾向の低い女性よりも，結婚に対してあまり満足していなかった。さらに，女性の出産前のアンビヴァレンスと彼女らの出産前の夫のサポートの認知の統計的な交互作用は，出産前にあまりサポートを認知していなかったアンビヴァレント傾向の高い女性が，出産前と出産後の間に有意に不満を持つようになっており，また，その間に彼女らは自分の夫が有意にサポート的ではなくなったと認知していたことを裏づけていた。先に述べたように，アンビヴァレント傾向の高い人の「中心的な」不安の1つは，情緒的なサポートを求めながら，それが必要な時に得られないことへの懸念に関するものである。つまり，親への移行期のように重要なライフイベントにおいて，サポートが低いか不十分であると認知された場合，アンビヴァレント傾向の高い人たちのアタッチメント対象に対する最も悪い疑念や不安は，無意識的に確証されてしまっているのかもしれないのである。[★6]

アンビヴァレンスと抑うつ

私たちのモデルによれば，アンビヴァレンスは，幸せに不可欠である基本的な関係への欲求を現在のパートナーが満たしていないという感覚，すなわち，関係剥奪感（図14.1 の経路 L）を通ってかなり直接的に抑うつと関連する。関係剥奪感は，モデルを確証する認知（経路 I），非機能的関係態度（経路 K）によって次々と影響を受ける

★5 このプロセスの一部として，妻が夫のレパートリーにないような行動を強調することで，「サポート的である」ことを選択的に定義づけようとしている可能性が考えられる。もしくは，彼女らは夫が実際に示しているサポート的な行動を軽視するか，あるいは見過ごしている可能性があるだろう。

★6 夫のサポートを高く認知していた少数のアンビヴァレントな女性は，出産前ならびに出産後6か月の両方で結婚に対して非常に満足していた。

ものと考えられる。先に述べたように，個人が自分の厳しく堅固な関係への期待をパートナーが満たさない限りは幸せになることができないと信じている時に非機能的関係態度は存続する。関係剥奪感を経験しやすい人は，①自分の幸せに対して，関係に基づいた多くの厳しい条件を課しており（例えば，「よい」関係なしには，私は簡単に幸せにはなれない），②自分のパートナーあるいは関係について非常に批判的で断定的であるだろう。私たちのモデルにおける非機能的関係態度とは，Beck のより一般的な非機能的態度の構造についての特定の形式であり，一般的な非機能的態度と同様に抑うつ傾向と関連していると考えられる[★7]。

　アンビヴァレント傾向の高い人々は，抑うつへの脆弱性についての基準のほとんどすべてを満たす。そのような人たちは，実際よりもネガティブにパートナーとその関係を認知し，かつ，関係のことを全体的な幸福のための厳格な条件を完全には満たしていないものとしてとらえており（Crocker & Wolfe, 2001 参照），また，Beck の非機能的な一般的態度の多くと合致する特徴を持つ（Roberts et al., 1996）。それゆえ，アンビヴァレント傾向の高い人たちの抑うつは，パートナーとその関係についての現在の認知と密接に結びついており，関係をよいものと認知する時（すなわち，幸福にとっての必要な条件を現在満たしているというような），彼／彼女らは，それほど抑うつを経験しない。おそらく安定的なアタッチメントの人よりもあまり経験しないであろう。しかしながら，アンビヴァレント傾向の高い人たちが，自らの厳しい条件を関係が満たしていないと認知した時には，抑うつ症状にさらされやすくなり，実際，関係認知は他の人たちのそれよりも短期間で大きく変動する（Campbell et al., 2003; Tidwell et al., 1996）。この証拠は，アンビヴァレント傾向の高い人々においては，ある時点で関係への欲求や期待が満たされているかどうかということを彼／彼女らがどの程度認知しているかによって，抑うつ傾向も一時的により変動しやすいものとなることを示している。

　私たちが親への移行期についてのプロジェクトを始動した当初，関係剥奪感や非機能的関係態度（私たちのモデルにおける2つの新しい構成概念）を測定するための妥当な尺度が開発されていなかった。そのために，私たちは，女性のアンビヴァレンスや彼女らの夫のサポートと怒りの認知，ならびに彼女らの抑うつ傾向との関連だけし

[★7] 私たちが提唱した新しい概念とそれと同じように対人関係の相互作用にとって機能不全となるであろうパートナーへの態度や信念（例えば，サポートについてパートナーが頼りにならない，あるいはパートナーは他者の気持ちを理解できないといった態度や信念）とを明確に区別しておくことは重要である。非機能的関係態度とは，自らの幸せがパートナーやその関係からある種の満足感を得るということに非常に**左右されるものである**といった信念，もしくはそのような満足感を得られないと全然幸せになれないのではないかといった思い込みのことを指している。

か検討できなかったのである。Simpson ら（2003a, 2003b）に報告されているように，アンビヴァレント傾向の高い女性は，他の女性よりも出産前の抑うつを感じやすかったと回答しており，また，その影響は，出産前に夫からあまりサポートを受けていないという彼女らの認知によって部分的に媒介されていた。また，出産後6か月でのストレスがかなり大きかった場合には，アンビヴァレンスは，出産前の約2倍程度まで女性の抑うつ傾向の分散を説明していた。さらに，出産後のアンビヴァレンスと出産後の夫のサポートの認知は交互作用を示しており，出産後において夫のサポートを低く認知していたアンビヴァレント傾向の高い女性で抑うつ症状は最も高くなっていた。出産前の期間と同様に，出産後の抑うつに対する出産後のアンビヴァレンスの主な影響は，出産後の夫のサポート認知の低さによって部分的に媒介されていた。最も重要なことは，出産前から出産後にかけて抑うつ症状の変化が類似したパターンを見せていたことである。これは，アンビヴァレント傾向の高い女性が親への移行期に他の女性たちよりも抑うつになりやすく，そのような傾向は，夫のサポートを低く認知しながら移行期を迎えたアンビヴァレント傾向の高い女性においてより顕著であったということを示している。さらに，出産前のアンビヴァレンスと出産前から出産後への抑うつ症状の上昇との関連は，Bowlby（1988）が予測していたように，認知された出産前後の配偶者のサポートの減少によって部分的に媒介されていた。

まとめるならば，私たちの親への移行期についてのプロジェクトの最初に発表された2つの研究データ（Rholes et al., 2001; Simpson et al., 2003a, 2003b）は，主にモデル（図14.1）での経路 B，C，D，E，F と G に関する問題を扱っている。その結果，アンビヴァレント傾向の高い女性は，特にストレスフルな出産後において，夫のサポートを低く認知しやすかったことが明らかにされた。このようなサポートの低さや欠如の認知は，それら女性の認知バイアス（利用可能なサポートを「見よう」としない，「知ろう」としないといった），および夫から実際に提供されるであろうサポートの量の違いから生じているものと考えられる。また，アンビヴァレント傾向の高い女性は，親への移行期に夫婦関係の満足度が低まり，抑うつ傾向が増大する可能性が高かった。それら双方の変動は，アンビヴァレント傾向の高い人たち，特に女性においてより苦悩を感じるような出産前後にかけての配偶者からのサポートの認知の減少によって部分的に媒介されていた。それゆえ，アンビヴァレント傾向の高い人々が幸せになるために「求める」であろう状況，つまり，高い安定性があり，堅固なサポート的関係は，特に彼／彼女らがストレスを感じている時の認知的バイアスや対人関係のスタイル，パートナーの行動的反応によって崩壊していく可能性があると考えられる。

アタッチメント志向の変化

　私たちのモデルは，アンビヴァレンスの基準レベルが早期のアタッチメント経験（図 14.1 の経路 A）および現在のモデルを確証させるような認知や出来事からのフィードバックによって形成されているであろうことを示している。アタッチメント理論についての 1 つの大きな誤解は，アタッチメント志向はいったん形成されてしまうと発達段階を通してあまり変化しないと信じられていることである。しかし，この考え方は正確ではない。Bowlby（1973）は，アタッチメント志向とその根底にある作業モデルは，個人が明らかにモデルと一貫性のない，もしくは一致しない重大なライフイベントに遭遇した時，変化すべきものであると考えている。アタッチメント志向の安定と変化は，日々の経験において起こり得るダイナミックなプロセスによって最も生じやすい（本書の 4 章，5 章を参照）。確かにアタッチメント対象との早期の経験はアタッチメント志向の発達を促すものではあるが（経路 A），不安定な志向を持つ人々は，単にネガティブな幼年時代の記憶によってのみ不安定でいるわけではない。むしろ，彼／彼女らは，たいてい現在の不安定さのレベルを維持し，「正当化する」ような方法で，積極的に日々の社会的な世界を経験し，解釈しているのである。

　図 14.1 の中央の近くのフィードバックのループは，自分とパートナーの対人行動とモデル確証的な社会的認知が，アンビヴァレンスの基準レベルの安定性や変化に影響を及ぼすであろうことを示している。一般的に言って，アタッチメント志向は，**自分自身**や**パートナー**の行動が現在の作業モデルと明らかに一貫しないと人々が認知する場合に変化するものであると考えられる（経路 N 参照）。反対に，認知が現在の作業モデルと高い一貫性を持つ場合には，アタッチメント志向は強化される。Bowlby（1973）によれば，アタッチメント志向は，個人の認識と行動を現在の作業モデルと一致し，それを確証し，「正当化する」方向へとゆがめることから，アタッチメント志向はいくぶん自己維持的となるはずである。先に述べた研究が示すように，アンビヴァレンスは，個人や恋人の対人行動と，また，必要な時に十分な情緒的サポート源としてアタッチメント対象を信頼できないという考え方を強めるような関係についての社会的な認知（経路 D，E，F，G）と体系的に関連している。もちろん，モデルと一貫しない認知は，例えば，アタッチメント対象の予想外のアタッチメント関連行動，基本的に新しい経験，あるいは人生を変える経験といった現在の作業モデルから外れた状況や出来事によって引き起こされるはずである（経路 N 参照）。モデルと一貫しない情報（日常生活でふつうにあり得る）とモデルと一貫する情報（多くのケースにおいて優先的に認知され，吸収され，行動的に引き起こされる）との間には一定の緊

迫状態が存在しやすい。

　アタッチメント志向は，人生の大きな移行期において最も変化する可能性が高いと考えられる。それらの多くの移行は，アタッチメント対象からの身体的，心理的分離や，アタッチメント対象との関わり方の劇的な変化，新しいアタッチメント的絆の形成を伴う。他の理論家も同様の考えを示しており，例えば，Epstein（1980）は，内的なモデルが修正されるためには，重要な対人関係への期待をはっきりと確証する，あるいは反証するような感情的経験が必要であると論じている。同様に，CaspiとBem（1990）は，一般に人々を新しい役割やこれまでにない対人関係の問題に対処しなければならなくさせるような大きな人生の移行においては，内的モデルの完全な再評価と再構築化を引き起こす可能性があるだろうと述べている。

　この推論に従い，私たちは，次に親への移行期に関するプロジェクトでの調査参加者のアンビヴァレンスの変化と安定について検討を行なった（Simpson et al., 2003a, 2003b）。その結果，出産前後のアンビヴァレンスの体系的な変化は，出産前の夫のサポート量についての女性の認知と関連していた。特に出産前に夫がそれほどサポート的ではなかったと認知していた女性は，出産後に有意にアンビヴァレント的になっており，逆に出産前にサポートをより受けていたと認知していた女性はあまりアンビヴァレント的ではなくなっていた。さらに，出産前に夫が怒りを示したり，拒絶的なふるまいをしていたと認知した女性も，出産前から出産後にかけて有意なアンビヴァレンスの増加を経験していた。これらの調査結果は，アンビヴァレント・モデルと一貫しない認知はそれらのモデルを弱める，もしくは突き崩す可能性があるのに対して，モデルと一貫するようなアタッチメントに関する認知はそれを強化するかもしれないということを示唆している。

　出産前によりアンビヴァレント傾向が高かった人は，アンビヴァレント傾向の低かった人よりも配偶者の怒りを高く，また，サポートを低く認知しており，そのようなネガティブな認知が親への移行期間中のアンビヴァレンスの程度を少なくとも安定させ，ともすれば強化していたと考えられる。媒介分析は，それらの認知が出産後6か月でのアンビヴァレンスの増加を予測することを明らかにしていた。言い換えれば，アンビヴァレント・モデルは，配偶者の怒りについての誇張された認知，もしくは極端な認知を通してモデル自体を「強化」していく可能性があると考えられるのである。

　夫のサポートや怒りについての女性（妻）の認知は，アンビヴァレンスを弱める，もしくは強化するであろう彼女たち自身についての信念をも形づくる。これまで長い間，自己認知は，重要な他者がどのように自分のことを認知し，自分に対して行動するかによって影響を受けると考えられてきた（Mead, 1934）。このプロセスの影響は

近年の親密な関係についての研究で十分に実証されている。例えば，Murray ら（1996）は，恋人たちが，**相手**が自分のことをどう見ているのかによって，自己の認知をポジティブ，もしくはネガティブな方向にシフトさせる傾向があることを示した。同様に，Drigotas ら（1999）は，人々がもし**恋人**の認知が理想の自己と近いならば，自分自身を理想の自己により近いとみなすことを報告している。つまり，私たちの移行期のプロジェクトにおいて，夫のサポートや怒りについての女性の認知は，愛やサポート，親愛の情（を受ける）に自分自身が値する，もしくは値しないと感じさせることで彼女らのアンビヴァレンスを強化する，もしくは弱体化するものであったと言える。

　成人期における恋人との経験は，幼年期でのアタッチメント対象との経験と結びつけられた感情や認知を復元する（呼び戻す）ことで，作業モデルにも影響を与える可能性がある。先述したように，作業モデルは，幼児期や最近のアタッチメント対象との経験のエピソード記憶の一部で構成されている。成人におけるアタッチメント対象が，過去の思いやりのないアタッチメント対象の感情や行動と類似したふるまいをするなら，それらの記憶は活性化され，不安定さのレベルを上昇させるであろう。逆に，成人のアタッチメント対象が過去に受けた思いやりのある世話の提供（caregiving）と類似したふるまいをするなら，より安定性の高い感情が促進されるであろう。Andersen らは，このような"移行"プロセスが，過去の重要な他者と似ている人との相互作用において，社会的な認知や行動にどのような影響を及ぼすかということを報告している（レビューとして Chen & Andersen, 1999 を参照）。

　要約すれば，私たちの親への移行のプロジェクトの3つめの研究は，モデルでの経路 H を暫定的に支持するものである。実質的な意味では，図 14.1 はアタッチメント志向の時間的な変化のプロセスを示し得ない。もしこの時間的次元がモデルに含められたなら，経路の E, F, G, H と D は，ある種の出来事が再帰的なプロセスを分断して干渉するか，もしくは漸近線に達するまで，アンビヴァレント傾向の高い人々にとってますますネガティブな結果を生み出し，しだいにその力を増大させていくようなループを形成するであろう。そのようなループに干渉する出来事としては，新しい外的な状況（例えば，既存の作業モデルを反証するような新しいパートナーとの関係を形成するなど），あるいはアンビヴァレント傾向の高い人たちがより直接的にコントロールできるような要因（例えば，セラピーを探そうと決めるなど）といったものがある。もしアンビヴァレント傾向の高い人々が，自らの関係を不安定化させる傾向に気づき，そのような傾向を生み出す認知や行動をモニターし，調節することを学ぶならば，彼／彼女らは，自分自身でこれらのプロセスを回避することができるかもしれない。

14章 ■ 不安的アタッチメントと抑うつ症状 ― 対人関係の展望 ―

結論

　20年以上の間，対人関係のプロセスは，抑うつ症状の発生と維持を理解するために重要であると考えられてきた（Joiner et al., 1999）。しかしながら，抑うつの対人関係を基礎とする研究の多くは，最近まで社会的学習の観点からのものに限られていた。アタッチメント理論は，対人関係を原因とする抑うつについて提供するべき多くの重要な洞察を持ち得る。例えば，アタッチメント理論は，ある特定の幼児期の経験（あるいは少なくとも幼児期の経験の認知）が，なぜ，どうして，成人期における抑うつや抑うつ症状への脆弱性を増加させるのかを理解するための強力で，統合的なフレームワークを提供する。また，アタッチメント理論は，ストレスの高い状況下において，作業モデルがどのようにして抑うつ症状を発生させ，維持し，悪化させるような非機能的な認知や行動を引き起こすのかについての理論的観点を提供する。

　本章の主な目的は，早期のアタッチメント経験や成人期でのアタッチメント・アンビヴァレンスと成人の抑うつ症状との関連を示すいくつかの経路（もちろん，すべてではないが）に焦点を当てることで統合的な概念モデルを紹介することにあった。そのため，モデルでのいくつかの経路（すべてではないが）と一貫する様々な証拠をレビューしてきた。また，私たちは，対人関係に原因がある抑うつ症状についての将来的な研究の指針として有効となり得る2つの新しい概念，つまり，非機能的関係態度と関係剥奪感を紹介した。さらに，早期のアタッチメント経験の記憶（やその認知）と現在のアタッチメント・アンビヴァレンスがそれぞれ**独立して**成人の抑うつ傾向に影響を及ぼしているということについての暫定的な証拠を提出することで，これまでのアタッチメント研究では無視されがちであった問題についても論じてきた。つまり，初期のアタッチメント経験（親のリスクについての認知）の影響は，成人期のアタッチメント・アンビヴァレンスを通って媒介されているのでは**なく**，むしろ，アタッチメント・アンビヴァレンスによって抑制（もしくは促進）される成人期での抑うつ症状に対して直接的な影響力を有しているということである。これらの新しい知見は，早期経験がフィルター化されたものである作業モデルが，抑うつ傾向の感受性に対して影響を及ぼすであろうことを示唆している。

　私たちのモデルは，依然として試験的で，暫定的である。例えば，抑うつ症状を引き起こす可能性のあるいまだ潜在的な経路は，基本的にアタッチメント理論から導き出すことが困難であることから，私たちのモデルには示されてはいない。ならびに，パートナーのモデル確証的行動から非機能的関係態度や関係剥奪感への経路は，双方

ともが存在すると考えられるもののそこには示されていない。また，このモデルは，抑うつ症状を引き起こす出来事や対人関係のプロセスと，そのような症状を維持し，悪化させるようなそれらとの間に明確な区別をしいていない。アタッチメント理論では，抑うつ症状の発生，維持，悪化の根底にある原因を区別してはいないが，異なったタイプの症状を生み出すプロセスは微妙に違っていると考えられる。最後ではあるが，アボイダント傾向（回避傾向）の高い人々の抑うつ傾向の原因は，私たちのモデルに示されたものとは異なる可能性がある。私たちは，人生において親密な関係以外の他の領域（例えば，仕事，財政，健康，あるいは独立に関する事柄）での大きな失敗や失望が，アボイダント傾向の高い人々の抑うつ傾向を促進し，維持するうえで大きな役割を担っているのかもしれないと推測している。

　結論として，私たちのモデルと研究プログラムは，アンビヴァレント傾向の高い人々の作業モデルが，そのままにしておくと彼／彼女らが最も恐れているような事柄，つまり，結果的にアタッチメント対象との関係を失う可能性を増大させる関係上の問題を生み出してしまう自己成就的な認知や行動プロセスに，それらの人々を引き込んでしまうのではないかということを示している。アンビヴァレント傾向の高い人々が危険な自己成就的サイクルを打ち破り，そこから抜け出すためにはどうすればよいかを明らかにすることは，将来の研究における重要な課題であると言えよう。

<謝辞>

　本章に対して，Jeffry A. Simpson と W. Steven Rholes は同程度の貢献をしている。この研究は，国立衛生研究所の研究助成金（National Institutes of Health Grant），No.MH49599-05 の支援を受けてなされたものである。私たちは，本章の草稿について洞察力に富んだコメントを寄せてくださった Ramona Paetzold に感謝の意を表わしたい。

15章

M. Lynne Cooper, Austin W. Albino, Holly K. Orcutt & Natalie Williams

アタッチメント・スタイルと個人内適応
― 青年期から成人期前期への長期研究 ―

　青年期の間に，青年がそのアタッチメント行動や関心を親ではなく仲間に向けるようになるにつれて，アタッチメント対象の階層（Bowlby, 1969/1982）は徐々に再編成されていく（Furman & Buhrmester, 1992; Hazan & Zeifman, 1994）。一般的に親は完全にアタッチメント対象の座から追われることはないにしても，青年期の間にゆっくりとWeiss（1982）が「保存されたアタッチメント対象」と呼んだものになっていく。この時期の終わり，場合によっては成人期早期であるが，ほとんどの人が主要なアタッチメント対象となる1人の恋愛相手に落ち着く。この移行を行なう間，多くの青年は自分自身についての概念や感情を変え，様々な探索行動（例えば，セックスや薬物の使用）を試みる。それは発達的に機能的ではあるが，にもかかわらずかなりの程度有害となる危険をもたらす（Baumrind, 1987）。

　そうした経験は標準的なものであるにもかかわらず，アタッチメント・パターンの個人差が，青年期を通じての，また成人期早期にかけての，こうした経験をどのように進展させるかということについてはほとんど知られていない。青年期の間のアタッチメント・スタイルの個人差は成人期早期における個人内適応を予見するのか？　異なるアタッチメントのタイプを持つ青年はこの発達段階を通じて異なる経路，あるいは異なる時間的経過をたどるのか？　不幸にも，これらの重要な質問に答えるための長期的あるいは予測的データは存在していない。したがって，この研究では，代表的な，黒人と白人の青年の地域サンプルからの長期データを用いて，青年期に査定されたアタッチメント・スタイルにおける個人差が約4年半後の個人内適応の予測因子となるかどうかの検証を行なった。

第V部 臨床的・応用的課題 ― 心理療法，精神病理，精神的健康 ―

アタッチメント理論とアタッチメント・スタイル

　Bowlby (1969, 1973) は幼児期および児童期のアタッチメント行動は，子どもの養育者への近接性を維持することで安全と生存を促進するよう機能する，生得的な行動システムによって制御されることを理論化した。アタッチメント対象を必要な時に安全の港として，またそこから環境への探索を行なう安全基地として頼ることのできる子どもの能力は，うまく機能しているアタッチメントの絆の重要な要素であり，健康な情緒的発達には欠かせないものである。Bowlbyによれば，早期の養育の経験は愛される価値のある，あるいは価値のない自分自身と，応答的である，あるいはそうでない他者の作業モデルとして内在化される。これらのモデルは，一度発達すると，くり返され，アタッチメントに関連した思考，感情，行為を導く人格の中核的特徴となる。
　アタッチメント・スタイルとして知られるアタッチメントに関連した認知，情緒，行動の少なくとも3つの異なるパターンが青年や成人においては見いだされてきた（概説は，Mikulincer & Shaver, 2003 を参照）。安定型の人々は自信があり，社会的なスキルを持ち，恋愛相手との親密な関係に開かれるとともにそれに関心があり，比較的安定した満足のいく長期間の関係を形成しやすい。不安型あるいは不安・アンビヴァレント型の人々は自信に欠け，拒絶や見捨てられを心配し，信用できないと思われる関係の相手に対し嫉妬し怒りを感じやすい。そうした心配にもかかわらず，不安型の人々は恋愛関係に関わることを望みながらもしばしば思慮のない相手との関係に入る。対照的に，回避型の人々は親密さや自己開示，他者への依存に不快感を持ち，比較的抑制的で，社会的なスキルを持たない。遺伝的，気質的な差異がこれらのパターンに寄与はするものの（例えば，Seifer et al., 1996），アタッチメント理論は幼児期や児童期の重要なアタッチメント対象との相互作用によってなされる貢献を強調している。理論的に，感受性があり応答的な養育者は支持や安全感を，応答に一貫性のない養育者は不安，警戒，怒りを，また，冷たく，拒絶的で，支持的でない養育者は早熟な独立や傷つきやすさを抑制することを引き起こす。

アタッチメント・スタイルの個人差と個人内適応

　アタッチメント理論による対人的機能に関する示唆は，今や数百の研究に記録さ

れている（概説は，Feeney, 1999 を参照）。Bowlby のもともとの理論（Bowlby, 1969, 1973）において同様に中心的でありながら，より研究の行なわれていないものがアタッチメント理論の**個人内**適応についての示唆である。とりわけ，Bowlby は早期の養育者とのやりとりが子どもが情緒的経験を組織化し，安全感を制御する重要な文脈を提供すると確信していた。Bowlby によれば，安全感を維持しようとする願いは，たとえこの目標を達成するために用いられる特定の方略がアタッチメントの歴史によって多様であるとしても，普遍的な目標である。例えば，アタッチメント対象が利用可能で，子どもの苦痛な信号に応答的である時，子どもは自分が苦痛な情緒や経験を効果的に制御できることを学ぶ。しかしながら，より適切でない環境下では，苦痛の経験は否定的な結果と結びつき，苦痛な情緒は効果的に制御されないということを子どもは学ぶ。これらの早期の経験に基づいて，否定的情緒の経験に関する期待やそれらの情緒への好まれる対処スタイルもまた個人の作業モデルの一部として内在化されると Bowlby は論じた。

　具体的に言えば，彼は安定型の個人は否定的な情緒を認め，効果的に対処することができるだろうとした。対照的に，回避型の個人は否定的情緒を認めようとせず，理由もわからないまま情緒的に行動し，サポートを求めることに不快感を持つだろう。最後に，不安型の個人は情緒的に強い表出があり，その情緒や情緒的に駆り立てられた行動を効果的に，自分の目標や社会的な規範に添って制御することがしばしばできない。

　数多くの研究が，情緒の経験や表出におけるアタッチメント・スタイル差に関する Bowlby のもともとの考えに一致した証拠を提供している。例えば，不安定なアタッチメントは孤独，怒り，恨み，不安，抑鬱，妄想，自意識の強さ，身体的症状，同様に低い自尊心や自信とより関連づけられてきた（概説は，Mikulincer & Shaver, 2003 を参照）。これらの考えとも一致して，近年の多くの研究が異なるアタッチメント・スタイルを持つ人々が理論的に予測される方法で否定的な情緒に対処し，それを制御していることを示している。例えば，ある研究（Simpson et al., 1992）では，より安定的なアタッチメントを持つ女性はその恋人を不安喚起状況において慰めと再保証の資源として利用できることが見いだされ，他方でより回避的な女性は恋人から情緒的にも身体的にも引きこもっていた。同様に Mikulincer ら（1993）は湾岸戦争直後の時期に，安定型の成人はよりサポート希求的な方略を，不安型の成人はより情緒焦点的な方略を，回避型の成人はより距離をとる方略を用いることを見いだした。Mikulincer と Orbach（1995）は回避型の人々が情緒的経験について乏しい記憶しか持たず，その経験を想起するのに長い時間がかかることを見いだしたが，Fraley ら

(2000) が示したのはその効果が特異な忘却によるのではなく経験時の記憶の符号化の乏しさによるものであるということであった。これらのデータを合わせると，回避型の人々は苦痛な情報を前にして，自己関与を最小化し，符号化に失敗することで自分自身を隔絶しようとしながら，防衛的な方略を追求し，他方で不安型の人々は否定的な情報を反芻し，その重要性を過大評価しやすいと言える。

現在までに行なわれたこうした考えやその個人内適応への示唆に関するおそらく最も包括的な研究において，Cooper ら（1998）は 13 歳〜 19 歳の大規模な代表的なサンプルによって情緒的経験，自己観，危険や問題のある行動におけるアタッチメント・スタイル差の一貫した，理論的に意味のあるパターンを見いだした。安定的なアタッチメントは否定的情緒への適応的な対処法の発達や自己効力感の発達につながるという考えと一致する形で，安定型の青年は一般に発達的に関連のある複数の領域にわたるすぐれた機能性を報告した。彼らは自分を最も肯定的な観点から眺め，最も低い水準の心理的苦痛を報告し，発達的に適切であると解釈され得る探索的行動に取り組んだ。例えば，安定型の若者の多くはアルコールを飲みセックスをしていたものの，不安定型（訳注：不安・アンビヴァレント型と回避型）の若者に比べると飲酒問題や行きずりのセックスが有意に少なかった。対照的に，不安・アンビヴァレント型の青年は全体的に最も適応に乏しいグループであることが明らかとなった。彼らは最も否定的な自己概念と苦痛を，同様に最も高水準の問題となる，あるいは危険な行動を報告した。回避型の青年は不安・アンビヴァレント型の青年同様の不安性，妄想的，精神病的，強迫的，身体的症状を経験しており，実際により少ない社会的なスキルしか持たなかったが，他の点ではより適応的であった。彼らは敵意や抑うつが少なく，より学問的な能力があり，非行，薬物使用，性的行動に関与することが少なかった。確かに，回避型の青年は危険な問題行動の多くにおいて安定的な青年と異なることはなく，セックスや使用した薬物は有意に**少な**かった。最後に，媒介分析からはアタッチメント・スタイルの危険な行動への影響は少なくとも部分的にはその奥にある社会的能力の困難や，本研究にとってより重要なものとして，否定的情緒の経験に帰属されることが示唆された。

この研究の結果は情緒や情緒的に駆り立てられた行動の経験，表出，制御へのアタッチメント・スタイルの影響についての Bowlby の考えと広く一致するものではあったが，私たちの研究は（この領域の圧倒的に多くの研究と同様）横断研究であったために，アタッチメント・スタイルが個人をこれらの経験に**向かわせている**という中核的仮説を，確信を持って主張することはできなかった。さらに過去 10 年間青年期や成人期早期におけるアタッチメントの結果を検証するわずかな長期研究が出されたが，

15章 ■ アタッチメント・スタイルと個人内適応 — 青年期から成人期前期への長期研究 —

それらはいくつかの理由で今取り組んでいる問題を限定的にしか解明しなかった。

　第一に，多くの長期研究（例えば，Collins et al., 2002; Duemmler & Kobak, 2001; Hammond & Fletcher, 1991; Herzberg et al., 1999; Kirkpatrick & Davis, 1994; Kirkpatrick & Hazan, 1994）が，幅広い適応的な結果を除外して，関係的または対人的な結果やプロセスに焦点化してきた。実際，私たちは5つの研究（すなわち，Burge et al., 1997a, 1997b; Hammen et al., 1995; Simpson et al., 2003; Vasquez et al., 2002）だけが青年や若い成人サンプルを用いて，先行するアタッチメントと後の個人内の機能性やその変化とのつながりを検証していることに気がついた。これらのうち2つ（Simpson et al., 2003; Vasquez et al., 2002）は妊娠した女性とそのパートナーをサンプルにしており，したがって選択されていない青年や若い成人サンプルの成長や変化の問題との関連は最小限である。不幸なことに，残りの3つの長期研究（Burge et al., 1997a, 1997b; Hammen et al., 1995）は最近高校を卒業したおよそ130人のサンプルを用いており，そのすべては女性であった。サンプルの制約に加えて，これらの研究は限られた範囲の個人内適応の結果に焦点化されていた。5つの研究すべてが抑うつ症状について検証していたものの，1つの研究（Hammen et al., 1995）だけが別の心理的症状（不安）について検証していた。加えて，2つの研究（Burge et al., 1997a; Vasquez et al., 2002）だけが認知された自己能力や自己観の次元について検証しており，いずれも同じ女性のサンプルを用いている2つの研究だけが何らかの外在化された行動について検証していた。このように，全体的に考えれば，これらの研究は青年期や成人期早期におけるアタッチメントの個人内適応への効果について結論を引き出すには，特に若い男性については，非常に限定されたデータ的根拠しか形成していない。

本研究の目標

　私たちの以前の研究（Cooper et al., 1998）に参加した同じサンプルの長期フォローアップからのデータを用いて，本研究は青年期から成人期早期にかけての個人内適応の変化に対するアタッチメント・スタイルの予測的影響について，より包括的な検証を行なう。私たちの以前の発見や先に記した長期研究のそれに基づきながら，アタッチメント・スタイルの心理的苦痛，自己観，危険で問題のある行動への長期的，予測的影響という3つの幅広い問題について検証する。一般的に現在のベースラインにお

けるアタッチメント・グループ間の違いが時間を超えて維持されることが期待されはするものの、変化の差異に関する期待については限られた実証的基盤しかなく明確ではない。それでもやはり私たちはここで複数の機能領域にわたる3つのアタッチメント・タイプの変化の性質の違いについて、いくつかの一般的予想を描きたい。

まず、私たちは3つのアタッチメント・タイプが心理的苦痛、自己概念、危険で問題のある行動を含めた複数の適応領域における異なる時間的変化パターンを示すかどうかを検証する。一般的に、不安型の若者は他の不安型でない者に比べて、荒れ狂う発達段階（Arnett, 1999）の要求に適応することに大きな困難を経験することが予想される。これらの適応の困難は心理的苦痛や様々な危険問題行動がより急激に増加することや、同じように肯定的な自己観がより急激に減少すること（あるいはより急激でない増加）に現われるであろう。以前の研究（Cooper et al., 1998）の結果に基づいて、私たちのサンプルではベースラインにおいて不安型の若者が最も苦痛を感じ、最も対処の資源を持たないことがわかっている。そのため、私たちはこれらの若者がこの発達段階が課す避けがたい要求に対処することにおいて、彼らの負債や制限によって彼らが不利な立場に置かれ続けるというように、より不利益な時間経過をたどるだろうと予想できる。

対照的に、回避型の若者においては苦痛の高まりや自己概念の乏しさのために苦しみ続けやすいものの、情緒的に動揺するような事柄から注意をそらす彼らの能力（Fraley et al., 2000）によって、この発達段階の間に直面するいくつかの困難が与える不利益な衝撃は改善されるだろう。また回避型の若者の社会的能力の欠如は、青年期においては、その多くが社会的に強く規制されている危険で問題のある行動（これを支持する証拠については、Moore & Arthur, 1989; White et al., 1990 を参照）に巻き込まれていくことから、彼らを「保護」するだろうとも推測される。それとともに、危険な行動に関与していくことが青年期から成人期早期にかけては標準的なものであるため（Moffitt, 1993; Steinberg & Morris, 2001）、また少なくともある適応的な機能のためには役立つと考えられるため（Baumrind, 1987）、回避型の若者はおそらくは危険への関与の水準について、少なくともこうした行動のより良性の形態（例えば、アルコールの使用）について、安定型の若者に後れを取り続けるだろう。同時に、より逸脱的で潜在的に有害なそうした危険な行動（例えば、違法な薬物の使用、暴力、窃盗犯罪など）については、安定型の若者に比べて急激な増加を示すだろう。

安定型の若者は青年期から成人期早期にかけて最も適応的な経過をたどるであろうことが期待される。とりわけ、彼らの最初の段階のすぐれた適応を考慮すれば、安定型の若者は低水準の苦痛とより肯定的な自己観を時間を超えて示し続けると期待

される。いくらかの危険な行動を試すことが発達的に適切な探索行動のしるしである限りにおいて，私たちはまた，安定型の青年はこの発達段階においては標準的である（Steinberg & Morris, 2001）様々な危険問題行動に適度に関与し，徐々に関与を増加させると予想している。

次に，Time1においてこれまで危険な問題ある行動を経験したことがないと報告した個人における，こうした行動の始まりについて検証する。先に論じた変化の分析と比べると，これらの分析は先立つ危険な行動への関与がその時点のアタッチメント・スタイルと後の危険な行動の両方を引き起こしたという可能性を除外している点で，危険な行動へのアタッチメント・スタイルの因果的影響についてより強い検定を行なっている。先に概略を述べた理由と同様に，不安型の若者はその苦痛の高さ，自己概念の乏しさ，そして強い社会的志向性のために，一般に高い比率の危険な問題行動の始まりを示すことが予想される。対照的に，回避型の若者は，多くの人々にとって発達的に適切な，責任ある大人としての性的行動とアルコールの使用へと移行するうえで，安定型の若者に後れを取ることが予想される。同時に，こうした行動に取り組む回避型の若者は自分を制御することに困難を覚え，したがって問題となる，あるいは逸脱した水準の関与を報告しやすいだろう。

最後に，私たちはこれらの発見の，ジェンダー，人種，年齢集団を超えた強健さについて検証する。そうすることは，私たちの発見（Shadish et al., 2002）の一般化可能性について特別な制限がもしあるならばそれを特定することで，研究の外的な妥当性を拡大することになる。これは特にジェンダーに関して，現在の長期研究のほとんどが女性のみのサンプルにおいて行なわれているために重要である。

本研究の背景と方法

サンプル

本研究のデータは，健康にとって危険な行動に影響を与える心理社会的要因を検証する，青年を対象とした長期研究（Cooper & Orcutt, 1997; Cooper et al., 1998）から得られたものである。協力者は初め1989〜1990年に，また約4年半後の1994〜1995年に面接を受けた。Time 1（以下T1）において，ニューヨーク，バッファロー市内に住んでいる，13〜19歳，2,544人の青年を特定するためにRDD（random digit dialing）（訳注：すべての電話番号からランダムに選択することで無作為抽出を

行なう方法）が用いられた。面接は 2,052 人に行なわれ，81％の達成率をもたらした。アフリカ系アメリカ人によって基本的に構成されている地域における電話のやりとりが意図的に多くサンプリングされ，したがって最終的なサンプルは黒人と白人の回答者の数がほぼ等しくなった（44％と 48％）。達成率は人種や年齢で異なることはなかったが，面接を受けた割合は男性よりも女性のほうが高かった（79％と 83％）。親の教育水準も回答者のほうが非回答者よりもわずかに高かった（13.1 年と 12.8 年）が，職業ランク（アメリカ商務省の分類を使用）においては違いはなかった。

Time 2（以下 T2）において，T1 サンプルの 88％（当初の該当サンプルの 71％にあたる 1,815 人）が再面接を受けた。T2 サンプルは人種構成や社会経済的状態において当初の該当サンプルと異なることはなかったが，男性よりも女性のほうが両データ収集時点ともにより多く確保された（当初の該当女性の 77％と当初の該当男性の 66％）。加えて，T1 における年齢による最初の協力率には差がなかったにもかかわらず，T2 では若い協力者が再面接に応じやすかった（再面接を受けた回答者の T1 における平均年齢は 16.7 歳，再面接に応じなかった回答者の T1 における平均年齢は 17.2 歳）。

回答者は T2 において再面接を受け，さらに T1 においてアタッチメントの質問に答えていれば本研究に含められた（1,410 人）。男性よりもいくらか多くの女性がこのサンプルには含まれているが（47％と 54％），これは主に T2 における女性の回答達成率が高かったためである。確保されたサンプルのおよそ半分は白人であった。42％が黒人であり，8％は他の人種グループに属していた（主にヒスパニックとアジア系アメリカ人）。回答者は T1 において平均 16.8 歳（± 2.0），T2 において平均 21.5 歳（± 2.1）であった。最も若い回答者は T1 での 13 歳（131 人），逆に年長者は T2 での 25 歳（32 人）であった。最後に，回答者の多く（56％）は T1 において安定型のアタッチメント・スタイルを持っていると分類された。21％が回避型と分類され，23％が不安型のアタッチメント・スタイルを持っていた。私たちの以前の研究（Cooper et al., 1998）に記されているように，この分布は他の研究で観察された比率と類似している。

面接計画と手続き

T1 のデータは 1989 年秋から 1990 年終わりにかけて集められた。30 名の専門的訓練を受けた面接者が構造化された面接目録を用いて対面の面接を行なった。面接者と協力者は可能な時はいつでも性別と人種に関してそろえられた（面接のおおよそ 75％）。面接の平均時間は 2 時間で，回答者にはその協力に対して 25 ドルが支払われた。

15章 ■ アタッチメント・スタイルと個人内適応 — 青年期から成人期前期への長期研究 —

面接に先立って，インフォームド・コンセントが書面で得られていて，未成年者の場合には親からも得た。面接は面接者によって実施される部分と，より微妙な質問（例えば，非行や性的行動）については個人的に行なう自己実施の両方が含まれていた。協力者には重要なことばの理解を共通のものにするために，性的行動についてのことばによる簡単な定義が与えられた。

T2のデータは1994年秋から1995年にかけて集められ，24名の専門的訓練を受けたスタッフが，2つの例外を除いてT1と同じ計画に従って面接を行なった。例外の1つは，面接の面接者実施および自己実施の部分はいずれもコンピュータ化されたことである。コンピュータによる実施はより信頼性のある複雑なスキップパターンの実行を可能とし，想定外の不明な反応を取り除くことができ，自動的なデータ入力を可能とした（Rosenfeld et al., 1993）。しかしそれでもコンピュータによる実施は紙と鉛筆を用いた実施に比べると微妙な行動の過少報告を生みだすらしく（Rosenfeld et al., 1993），少なくとも観察された危険な行動の時間的な増加のいくらかは紙と鉛筆からコンピュータによる提示に移ったことによるだろう。例外の2つめは，T1においてすべての面接は対面で行なわれたが，T2までの期間にバッファロー近郊から出た68人についてはT2の面接は電話で行なわれた。T2における結果測度に関する電話と対面面接の回答者の比較では顕著に多くの有意差が現われたが，これらの差のほとんどは移動した個人と地元コミュニティに残った個人との間の人口統計学的観点から説明できた。

測　度

▶ アタッチメント・スタイル

研究上重要な変数に関する記述的情報（時間による変化も含む）は表15.1にある。アタッチメント・スタイルはいくらか改変されたHazanとShaver（1987, 1990）の質問紙を用いて2つの方法で測定された。この質問紙が選択されたのはそれがこの研究が計画された時に利用可能であった唯一の自己報告式測度であったためである。回答者はまず，これまでに真剣な恋愛関係に関与したことがあるかどうかを尋ねられた。もし関与したことがあれば，回答者はそれらの関係の期間の経験に関してアタッチメントの質問に答えるよう求められた。もし関与したことがなければ，回答者はそのような関係においてどのような経験をするだろうかと想像するよう求められた。回答者は3つのアタッチメント・スタイルの記述それぞれを読み，各スタイルがどの程度自分の特徴となるかを7件法のリッカート尺度で評定した（それは3つの量的評定を生

■ 表 15.1　研究に用いた変数の記述統計

変数	有効 n	T1 M	T1 SD	T2 M	T2 SD	観察された範囲	Δ (T2-T1)	α係数 T1	α係数 T2
\<心理的苦痛\>						心理的症状			
敵意	1,408	1.20	0.89	1.05	0.85	0.00-4.00	-.15**	.79	.82
不安	1,410	0.81	0.68	0.83	0.68	0.00-4.00	.02	.77	.79
抑うつ	1,408	0.75	0.71	0.89	0.77	0.00-4.00	.14**	.81	.83
\<自己概念\>									
社会的能力	1,410	4.52	0.81	4.62	0.81	T1=1.38-6.00 T2=1.00-6.00	.10**	.78	.82
運動	1,410	4.52	1.38	4.47	1.39	1.00-6.00	-.07†	.88	.87
知的	1,410	4.25	0.95	4.28	0.87	T1=1.75-6.00 T2=1.00-6.00	.03	.55	.66
身体イメージ	1,408	4.24	1.33	3.86	1.44	1.00-6.00	-.38**	.82	.77
身体的魅力	1,405	4.24	0.99	4.22	1.00	1.00-6.00	-.02	.75	.84
\<性的行動\>						危険な問題のある行動			
パートナーの数	1,388	1.76	1.86	3.97	2.32	T1: 0.00-7.00 T2: 0.00-8.00	2.21**		
危険な実践	1,385	0.53	0.81	1.71	1.49	T1: 0.00-3.00 T2: 0.00-8.00	1.18**		
妊娠／STD	1,388	0.43	0.55	0.55	0.58	0.00-2.00	.12**		
\<薬物使用\>									
多量の／問題のある飲酒	1,399	1.00	1.50	1.41	1.59	T1: 0.00-6.67 T2: 0.00-7.33	.41**		
違法薬物の使用	1,410	0.49	0.70	1.54	1.60	T1: 0.00-4.00 T2: 0.00-8.00	1.05**		
タバコ飲用	1,410	0.31	0.66	0.62	0.79	0.00-2.00	.31**		
\<非行\>									
無断欠席	1,409	1.83	1.44	2.80	1.45	0.00-5.00	.97**		
暴力行為	1,409	1.46	1.29	1.89	1.33	0.00-4.00	.43**		
窃盗犯罪	1,409	0.56	0.80	1.00	1.03	0.00-4.00	.44**		
\<教育的成績不振\>									
成績の低さ	1,243	3.32	1.38	3.25	1.26	1.00-8.00	-.07		
教育的向上心の低さ	1,388	1.39	1.50	1.41	1.65	T1: 0.00-8.00 T2: 0.00-9.00	-.02		
失われた年数	1,243	0.36	0.67	0.51	0.89	0.00-6.00	.15*		

注：α係数は，因子モデルが仮定されている多項目尺度に対してのみ記載。
† $p < .10$; * $p < .01$; ** $p < .001$

み出す)。続いて3つのスタイルのどれが最も自分を描いているかを選択するよう求められた（カテゴリー測度）。3つの択一的回答は以下のように表わされている。

1. 回避型：私はあまり気軽に人と親しくなれない。人を全面的には信用できないし，人に頼ったり頼られたりするのがへただ。人に親しくされすぎるといやになってしまうし，それが恋人でも私が望む以上の親密さを求められたりするといらいらしてしまう。
2. 不安・アンビヴァレント型：時々，人はいやいやながら私と親しくしてくれているのではないかと思うことがある。例えば，恋人が本当は私を愛してくれていないのではないかとか，私と一緒にいたくないのではないかとしばしば心配になることがある。私は他の人といつも一緒にいたいと思うが，そのために時々その人たちから疎まれてしまうことがある。
3. 安定型：私は割合たやすく他人と親しくなれるし，また相手と気楽に頼ったり頼られたりすることができる。仲良くなった人たちとはこれからもずっと親しくしていけると思うし，また安心してお互いに何でもうちあけることができる。　　　　　　　　　　（訳注：日本語訳は詫摩・戸田，1988より）

　本研究では，Mikulincerら（例えば，Mikulincer & Nachshon, 1991）によって用いられた手続きを使用して，一貫した回答者と一貫しない回答者を区別した。一貫した回答者とは，カテゴリー選択がリッカート評定の最も高いものと合致している者と定義され，他方一貫しない回答者はリッカート評定の最も高いアタッチメント・スタイルと対応しないカテゴリー測度のそれを選択した者と定義された。この方法に沿って，404名の回答者が一貫しない回答を行なったことになり，したがって以降の分析からは除外された（一貫した回答者と一貫しない回答者の比較は，Cooper et al., 1998を参照）。

▶ **心理的苦痛**

　いずれの時点でも簡易症状目録（Brief Symptom Index: BSI; Derogatis & Melisaratos, 1983）から，3つの下位尺度が実施された。それらは抑うつ，一般的不安，および敵意である。抑うつの下位尺度は動機づけの欠如，将来に対する希望のない感じ，自殺に関する考えを含んだ幅広い抑うつ症状を査定する。不安の下位尺度は不安の認知的（例えば，危惧やおそれの感じ），身体的（緊張感）要素の両者を測定する。最後に，敵意の下位尺度は口論に至ったり，コントロールできないかんしゃくの爆発

といった怒りの経験に関連した思考，感情，行動を査定する。すべての項目について回答者はこの1か月間にそれぞれの症状によって悩まされ苦痛を感じた程度を5段階（1：**全くない**，5：**非常にある**）で評定した。

▶ 自己概念

自己概念，あるいは認知された自分の能力は，①仲間（主に異なる性別の仲間）や大人との一般的社会的能力，②認知された運動技能や能力，③認知された知的能力，④主観的な身体的魅力，⑤身体イメージ，という5つの特有の領域にわたって査定された。各尺度は4～8項目で構成されており，**全く当てはまらない**から**非常に当てはまる**の6件法によって回答された。項目は3つの確立された自己概念測度（Marsh & O'Neill, 1984のSDQ-III，Petersen et al., 1984の青年期前期の自己イメージ尺度，Shraugerの自己評価尺度［概説はBlascovich & Tomaka, 1991］）から取り，一般的形式に合わせた。

▶ 危険行動

危険で問題のある4群の行動（性的行動，薬物使用，非行，成績不振）について本研究では検証を行なった。各群には3つの測度が含まれており，2つ（後述）を除いてすべての測度は両時点において同じものであった（測度についてのこれ以上の詳細はCooper et al., 2003; Cooper et al., 1998; Huselid & Cooper, 1994を参照）。

性的行動は，①これまでの性的パートナーの数，②回答者がこれまでに関わった危険な性的経験の数の総計，③性的に危険をもたらしやすい2つの有害な結果（性感染症〔STD〕や未計画な妊娠）の総計によって測定された。T1においては，3つの危険な経験（例えば，見知らぬ人とのセックス）が査定された一方で，T2においては全部で8つのそうした経験（T1からの3つが含まれる）が査定された。

薬物使用は3つの異なる領域において査定された。調査に先立つ6か月間における多量で問題のある飲酒が3項目を合わせて査定された。それらは一度に5種類以上のアルコールを取った回数，酩酊になるまで飲んだ回数，報告された飲酒による問題（友人やパートナー，親との問題，学校や仕事上の困難，法的な問題を含む）の数であった。タバコの飲用は，0：**現在喫煙していない**，1：**1日に10本以下の喫煙**，2：**1日に10本以上の喫煙**，の3水準の変数によって査定された。最後に，違法な薬物の使用を今までに使用した違法な薬物の数で査定した。T1において，4つの薬物の使用が査定され，T2においては9つ（T1の4つを含む）が査定された。

非行動は，①これまでに関わった怠学行動の数の総計（学校をさぼる，停学や放校，

家出，夜遊び），②窃盗に関する犯罪の数の総計（不法侵入，車両窃盗，万引き，放火），③暴力行動の数の総計（殴りあい，ギャングどうしのけんか，他の人物にけがを負わせる，武器の使用）といった，3項目を合わせて査定された。

成績不振は，①学校での平均成績，1：ほとんどAから8：ほとんどDとF，②在学中に留年した年数で，退学者においては12年生を終える**前**に退学した際の残り年数を含めて調整された数（例えば，在学中に2年間の留年があり，**かつ**10年生で退学した人は4），③回答者が終えたいと思っている最高学年によってコード化された教育的向上心（指標間の一貫性を維持するために得点は逆転）によって査定された。

研究課題と分析の概観

本研究は青年期に査定されたアタッチメント・スタイルが成人期前期の適応を予測するかどうかを，①心理的苦痛，②自己概念，③危険な問題のある行動の3つの幅広い機能領域において検証する。私たちはこれを2つの方法で行なう。まず，3つのアタッチメント・スタイルが，心理的苦痛，自己概念，危険な問題のある行動における異なる時間的変化パターンを示すかを検証する。2つめに，T1において特定の危険な問題のある行動を経験したことがないと報告した個人における，そうした行動の始まりを検証する。これらの予測的な開始の分析は先行する危険行動がアタッチメント・スタイルと後の危険行動の原因となる可能性を効果的に排除できるため，より強い検定を提供する。最後に，これら2つの知見が，ジェンダー，人種，年齢などの下位集団にわたって強健なものであるかを検証する。

Time 1におけるアタッチメント・スタイルは異なる時間的変化パターンを予測するか？

異なる時間的変化パターンを検証するためにくり返し測度の共分散分析を用いた。各分析において，両時点において査定された結果（例えば，抑うつ）はくり返し（個人内）要因となり，T1におけるアタッチメント・スタイルは独立（個人間）要因となる。ジェンダー，人種，年齢は共変量として扱われる。加えて，観察されたアタッチメント・スタイルによる違いが異なる人口統計学的下位集団における変化によるかもしれないという可能性を排除するために，ジェンダー×変化，人種×変化，年齢×変化の

交互作用を検証する一連の予備的くり返し測度分析を行なった。これらの分析の結果に基づいて有意な人口統計学的共変量×変化の交互作用が同定され，最終的なモデルに含まれた。

　これらの分析（以下変化分析）はほとんどの結果についてすべてのサンプルで行なわれた。しかしながら，不連続に起こる危険な問題のある行動（例えば，アルコール使用）に関する変化分析は，T1以前に各行動のいずれかに関与していたと報告していた青年に関してのみ行なわれた。これによって特定の危険行動への関与の維持，激化，中断に対するアタッチメント・スタイルの効果を，これらの行動の最初の始まりや発展への効果とは別に検証することができる。残念ながら，心理的障害（臨床的に意味ある抑うつや不安）とタバコ使用の測度はT1に含まれていなかった。そのためこれらの結果については同様な分析を行なうことができなかった。最後に，T1とT2の間に学校に出席しなかった青年については，変化が生じないために成績と留年に関する変化分析からは除外した。

　本研究における第一の焦点はアタッチメント・スタイルの長期的効果にあるため，個人間検定の結果に先立ってまずアタッチメント×変化の結果を提示する。交互作用の検定は，本研究においては，アタッチメント・スタイル間の違いに関する時間経過の安定性を明確にする検定となるため，特に関心のあるものである。有意な交互作用は3つのグループが時間的に異なる変化をすることを示すことになり，有意でない交互作用はT1のグループ間の差は時間経過によっても維持されたことを意味することになる。

▶ アタッチメント×変化の交互作用

　交互作用検定（省略）の結果，検証された20の結果変数のうち5つについて有意に異なる変化パターンが見られた（抑うつ，社会的能力，全般的外見，これまでのパートナー，性に関連した否定的出来事）。これら5つの結果変数の共変量による調整済み平均値と変化得点は表15.2に示されている。

　表15.2の上部に見られるように，予測に反して安定型の若者は抑うつ，社会的能力，身体的魅力の認知に関してほとんど肯定的でない時間的変化の軌跡を示している。彼らは有意に高い抑うつの増加を報告し，同様に社会的能力においては最も少ない増加を，認知された魅力については最も大きい減少を報告した。逆に，回避型の若者はそれら3つの結果変数に関して最も肯定的な軌跡を示しており，他方不安型の若者はその中間の経路をたどっていた。しかしながら不安定型（訳注：回避型と不安型）の若者の相対的な時間的上昇はあるにもかかわらず，安定型の若者はその有利な状況を維

表15.2 有意なアタッチメント×時間の交互作用の予測平均

	抑うつ (n=1,408)			社会的能力 (n=1,410)			身体的魅力 (n=1,405)		
	T1	T2	Δ	T1	T2	Δ	T1	T2	Δ
回避型	.88a	.95a	.07a	4.20a	4.43a	.23a***	3.98a	4.15a	.17a**
不安型	1.02b	1.11b	.09a	4.36b	4.51b	.15a**	4.00a	3.99b	-.01b
安定型	.59c	.79c	.20b***	4.71c	4.75b	.04b	4.42b	4.34c	-.08b**

	これまでのパートナーの数 (n=876)			妊娠／STDの数 (n=876)		
	T1	T2	Δ	T1	T2	Δ
回避型	2.73a	5.08a	2.35a***	.26a	.62a	.32a***
不安型	2.85a	4.98a	2.13a***	.32a	.78b	.43b***
安定型	2.71a	4.58b	1.87b***	.29a	.67a	.36a***

注：各列において異なるアルファベットのものどうしは5%水準で差が見られる。
*p < .05; **p < .01; ***p < .001

持しており，T2における3つの結果変数すべてに関して有意によい適応を報告していた。

しかしながら，表15.2の下部における平均値のパターンの検証は異なるシナリオを示している。安定型の若者は性的行動の両方の結果変数について最も肯定的な（つまり，最も危険が少ない）変化の軌跡を経験していた。彼らがT1からT2までの間に持った新しい性的パートナーは不安定型の若者よりも有意に少なく，未計画な妊娠や性感染症は不安型の若者よりも有意に少なかった。逆に不安型の若者は最も危険な軌跡をたどり，他方回避型の若者はその中間の経路をたどり，性的パートナーでは最も大きい増加を，妊娠や性感染症では最も少ない増加を報告した。これらの変化パターンの違いによって，T1においては結果変数のいずれに関してもグループ間に違いはなかったものの，安定的な若者はT2までの2つの行動両方に関して全体的に最も低い水準を報告した。

▶ **人口統計学的グループにわたるアタッチメント×変化の交互作用の不変性**

3つのアタッチメントのタイプに見られた基本的な変化パターンが主要な人口統計学的下位グループにわたって不変であるかを確かめるために，アタッチメント×変化×ジェンダー，アタッチメント×変化×人種（黒人対非黒人），アタッチメント×変

化×年齢集団の交互作用の検定も行なわれた。これらの分析に関して，年齢は3つのグループに分けられ，おおまかに早期（14歳以下），中期（15～17歳），後期（18歳以上）青年期に対応している。全部で60ある人口統計学的変数×アタッチメント×変化の交互作用の検定の中で，2つだけに有意傾向が見られ，したがってアタッチメント×変化の交互作用分析の結果はジェンダー，人種，年齢下位グループにわたって強健さがあることが示された。

▶ アタッチメント・スタイルグループ間の安定した個人差

既に論じたように，アタッチメント×変化の交互作用が有意であることは3つのアタッチメント・グループが時間経過において異なる変化を経ることを示しており，他方有意でない交互作用はT1におけるグループ間の違いが時間を超えて維持されることを示唆する。したがって，有意なアタッチメント×変化の交互作用の見られなかった結果変数については，個人間の（2時点にわたって）平均化された効果が3つのアタッチメント・グループ間の安定した差異の最も信頼し得る推定値となると見ることができる。これらの分析の結果は表15.3に要約されているが，個人間のアタッチメントの効果が有意でなかったもの（暴力，違法な薬物の使用）や，時間との交互作用が有意であったもの（抑うつ，社会的能力，一般的魅力，これまでのパートナー，妊娠／性感染症）は省略した。

表15.3の上部に見られるように，（両時点を込みにした）平均化された水準での有意なアタッチメント・スタイル差はすべての心理的苦痛と自己概念測度で見られた。共変量によって調整された平均値（表15.3に示されている）の検証によって，安定型の若者が最も低水準の心理的苦痛と最も肯定的な自己概念を報告することが明らかにされた。対照的に，不安型の若者は最も高い水準の敵意と最も低い水準の知的能力を報告した。残りの3つの指標（不安，運動能力，身体イメージ）に関しては，2つの不安定型のグループは安定型のグループよりも有意に悪い適応を報告していたが，お互いの違いはなかった。

表15.3に示されているように，3つのアタッチメント・スタイルグループは平均化された危険な問題のある行動の6つに関して有意な，あるいは有意傾向な差があった。加えて，オムニバス検定ではアルコール使用と窃盗犯罪の2つは有意でなかったが，下位検定を行なったところ有意な下位グループ差が明らかとなった。共変量によって調整された平均値のパターンの検証は不安型の若者が3つのグループの中で最も高い全体的な問題行動を報告することを明らかにした。実際，不安型の若者は検証された結果変数のうち5つに関して不安型でないものに比べ有意に高い水準の関与を報告し，

15章 ■ アタッチメント・スタイルと個人内適応 ─ 青年期から成人期前期への長期研究 ─

■ 表15.3 有意な（時間との）交互作用の認められなかったアタッチメント・スタイル間の影響の予測平均

	アタッチメント η^2	アタッチメント分類								
		回避型			不安型			安定型		
		n	M	SD	n	M	SD	n	M	SD
				心理的症状						
<心的苦痛>										
敵意	.022**	300	1.15$_a$	0.70	327	1.30$_b$	0.76	781	1.04$_c$	0.71
不安	.037***	300	0.91$_a$	0.61	328	0.97$_a$	0.64	782	0.72$_b$	0.49
<自己概念>										
運動	.020***	300	4.18$_a$	1.32	328	4.27$_a$	1.31	782	4.71$_b$	1.20
知的	.040***	300	4.21$_a$	0.76	328	4.08$_b$	0.81	782	4.35$_c$	0.74
身体イメージ	.013***	299	3.94$_a$	1.29	328	3.82$_a$	1.24	781	4.18$_b$	1.12
				危険な問題のある行動						
<性的行動>										
危険な実践[1]	.006***	149	2.21$_a$	0.94	220	2.18$_a$	1.04	506	1.89$_b$	0.97
<薬物使用>										
多量の／問題のある飲酒[2]	.004	187	2.57$_a$	1.24	228	2.87$_{ab}$	1.33	542	2.88$_b$	1.28
タバコ飲用	.009**	277	0.41$_a$	0.64	316	0.60$_b$	0.69	747	0.48$_a$	0.63
<非行>										
無断欠席[3]	.007*	210	3.85$_a$	1.15	277	4.11$_b$	1.09	613	3.82$_a$	1.07
窃盗違反[4]	.005	118	2.06$_{ab}$	.67	144	2.19$_a$	.80	327	2.03$_b$	.70
<教育的成績不振>										
成績の低さ	.011***	272	3.21$_a$	1.14	283	3.47$_b$	1.12	688	3.24$_a$	1.09
教育的向上心の低さ	.017***	295	1.32$_a$	1.27	321	1.69$_b$	1.41	772	1.31$_a$	1.31
失われた年数[5]	.007†	138	1.11$_{ab}$	0.75	186	1.16$_a$	0.93	387	0.94$_a$	0.83

注：各行においてアルファベットの異なるものどうしは5%水準で差が見られる。
1: 分析はTime 1において性的経験のあった者（n=878）で行なわれた。
2: 分析はTime 1においてアルコール利用のあった者（n=957）で行なわれた。
3: 分析はTime 1において無断欠席のあった者（n=1100）で行なわれた。
4: 分析はTime 1において窃盗犯罪を犯した者（n=589）で行なわれた。
5: 分析はTime 1において留年したか退学をした者（n=711）で行なわれた。
†$p < .10$; *$p < .01$; ***$p < .001$

残りの結果変数のうち2つについては回避型の若者とともに安定型の若者よりも有意に高い関与を報告した。回避型の若者は，対照的に，結果変数の大部分（主な例外は危険な性的実践）について安定型の若者との差がなく，実際に問題飲酒への関与がお互いに差のない安定型あるいは不安型の若者よりも有意に少なく報告された。

Time 1 におけるアタッチメント・スタイルは始めに問題のなかった若者の危険な問題のある行動の始まりを予測するか？

この一連の分析においては，T1 においてそれ以前の危険なあるいは問題のある行動への関与を報告しなかった青年の間で，こうした行動への関与の始まりや激化に対するアタッチメント・スタイルの予測的効果を検証した。

▶ 開始分析

3つのアタッチメント・グループ間の開始の差異に関する疑問に答えるために一連のロジスティック回帰モデルによる推定を行ない，危険なあるいは問題のある行動の開始（「はい」か「いいえ」）を従属変数とし，ダミーコード化された一組のアタッチメント・スタイル変数に回帰させ，T1 におけるジェンダー，人種，年齢で統制した。3つのアタッチメント・グループ間の可能な対比すべてを検定するために，各モデルは異なるペアのダミーコード化されたアタッチメント変数ごとに計2回行なわれ，重複していないアタッチメント対比の結果が記録された。開始分析は以下の部分的に重複する下位集団の間で推定され，それぞれの集団はT1における特定の危険なあるいは問題のある行動への自己報告による関与のないことで定義された。①T1におけるセックス未経験者519人，②T1における非飲酒者451人，③先行する違法な薬物使用がないと報告した若者867人，④先行する暴力行動がないと報告した415人，⑤先行する窃盗関連犯罪がないと報告した820人，⑥先行する無断欠席がないと報告した309人，⑦留年や退学がない962人，である。これまでの分析同様，T1およびT2の間のどこにおいても学校に在籍しなかった青年は留年の開始分析からは除外された。

表15.4の2段めに示されているように，T1におけるアタッチメント・スタイルの違いは薬物とアルコール（$p < .10$）の使用の始まりを予測した。共変量で調整された平均値の検証によって初期に節制的であった回避型の若者が，3つのグループの中で最も飲酒（71%）あるいは薬物使用（49%）の開始が少ないことが明らかとなった。安定型の若者は最も飲酒を開始しやすく（81%），他方，安定型の若者と不安型の若者は同程度の高い割合の違法な薬物使用（それぞれ60%と63%）の開始を報告した。

■ 表 15.4　はじめに問題のなかった青年における Time 2 での危険な行動へのアタッチメント・スタイルの影響の予測的分析

独立変数	n	χ^2	η^2	共変量で調整された平均		
				回避型	不安型	安定型
<性的行動>						
性行為をしたことのある者	519	3.57	—	0.78_a	0.87_b	0.80_{ab}
これまでのパートナーの数	420	—	0.025**	2.63_a	3.36_b	3.21_b
危険な性的実践の数	420	—	0.007	1.21_a	1.55_b	1.36_{ab}
妊娠／STD の数	420	—	$0.012^\dagger$	0.26_a	0.39_b	0.29_a
<薬物使用>						
飲酒をしたことのある者	451	$5.23^\dagger$	—	0.71_a	0.74_{ab}	0.81_b
多量の／問題のある飲酒	349	—	0.020*	0.67_a	1.24_b	1.06_b
違法薬物の使用をしたことのある者	867	8.98*	—	0.49_a	0.63_b	0.60_b
違法薬物を使用した回数	504	—	0.002	1.49	1.59	1.60
<非行行動>						
1 つ以上の無断欠席のある者	309	1.37	—	0.63	0.72	0.66
1 つ以上の暴力行為のある者	415	1.11	—	0.37	0.44	0.40
1 つ以上の窃盗違反のある者	820	0.39	—	0.33	0.35	0.35
<教育的成績不振>						
1 年以上の教育的損失のある者	962	1.09	—	0.08	0.08	0.07

注：「性行為のある者」「飲酒」「薬物使用」「特定の非行行動をした者」「1 年以上の教育的損失」の結果はロジスティック回帰分析による。その他のものは一元配置の共分散分析による。
各行においてアルファベットの共通していないものどうしは 5% 水準で差が見られる。
$^\dagger p < .10$; $^* p < .05$; $^{**} p < .001$

加えて，性的行動の開始に対するアタッチメント・スタイルの効果全体の χ^2 検定は有意でなかったものの，それでも回避型の若者は不安型の若者よりも有意に時間が経っても性的に活動的になりにくかった（78% 対 87%）。3 つのアタッチメント・グループの中で，それ以外の危険なあるいは問題のある行動の開始の割合には違いが見られなかった。

▶ 開始グループにおける関与の水準

　上記の分析は当初は節制的であった青年の危険なあるいは問題のある行動への何らかの関与の始まりを検証するものであったが，ここでの分析は T1 と T2 の間にこうした行動に関与するようになった，当初は節制的であった若者の間の関与の水準やそ

の激化の程度の違いを初めて検証するものである。これに取り組むために，T2における危険なあるいは問題のある行動の連続測度を従属変数とし，T1におけるアタッチメント・タイプを独立変数とする，一連の共分散分析が実施された。上記の分析同様，ジェンダー，人種，T1における年齢は統制された。これらの共分散分析は以下の青年の下位集団で実施された（①T2までにセックスを経験しT1で未経験であった者420人，②T2までにアルコールを飲用しT1での非飲酒者であった者，③T1では違法な薬物を使用していなかったがT2までには使用した若者504人）。3つの非行行動や留年に関しては同様の基準に適合した若者の数は比較的少なく，それらの者の間のT2における関与水準の変動は小さかったため，これらの結果変数については分析を行なわなかった。残りの分析の結果は表15.4にまとめられている。

表15.4に見られるように，アタッチメント・スタイルは当初（セックスやアルコールに関して）節制的であった青年のこれまでのパートナーの数，妊娠や性感染症の数，多量のあるいは問題のある飲酒への関与水準を予測した。アタッチメント・スタイルはまた4つめの結果変数（危険なセックスの実践）に関して，オムニバス検定では有意差も有意傾向も見られなかったものの，アタッチメント・グループを弁別していた。共変量で調整された平均による検定によって，当初節制的でT2までに性的活動や飲酒を始めた回避型の若者がいずれの行動に関しても全体に最も低い水準の関与を報告することが示された。対照的に当初節制的であった不安型の若者は，安定型の若者とは未計画な妊娠と性感染症（STD）においてのみ有意に違っていただけだが，全般的にT2における危険な行動への関与を最も高く報告した。

▶ 人口統計学的グループにわたるアタッチメント・スタイルの危険な行動の始まりに対する効果の不変性

3つのアタッチメント・タイプに観察された基本的な開始パターンが，主要な人口統計学的下位グループにわたって不変であるかを確かめるために，アタッチメント×ジェンダー，アタッチメント×人種（黒人 対 非黒人），アタッチメント×年齢グループの交互作用の検定が行なわれた。先の分析と同様に，これらの分析において年齢は3段階に分けられた。全部で36ある人口統計学的変数×アタッチメントの交互作用の検定の中で，4つだけが有意であった。2つはアルコールと薬物使用への関与の開始に関するものであり，2つはこれらの使用を始めた者の間での関与の程度に関するものであった。

人口統計学的下位グループによって分解された調整された平均値による検定によって，アタッチメント・スタイルは男性についてはアルコール使用の開始を予測するが

女性ではそうでないこと，白人の若者では薬物への関与の程度を予測するが黒人の若者ではそうでないことが示された。サンプル全体に観察されたパターンを反映して，回避型の男性の若者はそうでない者に比べアルコール飲用が有意に少なく，薬物使用を始めた回避型の白人の若者はそうでない者に比べ有意にその使用を低く報告した。

残りの交互作用はいずれも年齢を含むものであった。年齢グループで分解された薬物使用の始まりに関する調整された平均値による検証によって，アタッチメント・スタイルにかかわらずT1において18歳以上であった個人のおおよそ80％がT2までに薬物使用を開始したことが明らかになった。しかしながらより若い下位グループ2つにおいては（訳注：アタッチメント・スタイルによって）開始率の時間的軌跡が異なることが示唆され，安定型の若者に比べ不安定型の若者では開始が加速し，回避型の若者では遅れていた。最後に，6か月間の多量飲酒についての合成変数に関する調整された平均値パターンを検証したところ，不安定型の若者で，より早い年齢で最初の飲酒があった者は遅い年齢で飲酒を開始した者に比べて，より飲酒量が多かった。対照的に，安定型の若者については，より早い年齢で最初の飲酒があった者は遅い年齢で飲酒を開始した者に比べて，より飲酒量が少なかった。

要約と議論

本研究は青年期において査定されたアタッチメント・スタイルとその成人期早期における個人内適応を予測する能力について検証するものであった。期待されたように，アタッチメント・スタイルにおける個人差は，5年近く後の複数の発達的に関連する領域にわたる適応の独自のパターンを予測した。これらの差は長期的変化の分析と，真に予測的な分析のいずれにおいても見いだされ，またジェンダー，人種，年齢の下位グループを超えておおよそ不変であった。これらのうち重要な発見については以下により詳細に議論される。

まず，各アタッチメント・スタイルグループは独自の適応パターンあるいはプロフィールを示した。安定型の若者は全体として最も健康的なプロフィールを示し，比較的低水準の苦痛，肯定的な自己概念，危険あるいは問題のある行動への適度な水準の関与を報告した。危険な行動が新たなアイデンティティを探索し，重要な生活スキルを獲得するための機会を提供する限りにおいて，それへの適度な関与は発達的に適切な探索行動であると考えられる（Shedler & Block, 1990を参照）。不安型の若者は

対照的に，最も適応の乏しいグループで，全体として最も高い水準の危険なあるいは問題のある行動への関与を報告し，同様に最も高水準の心理的苦痛と最も乏しい自己概念を報告した。最後に，回避型の若者は最も複雑なプロフィールを示した。彼らは不安型の若者に見られたのとほぼ同様の水準の苦痛や否定的自己概念を報告したものの，危険なあるいは問題のある行動への関与はもっと少なかった。むしろ，回避型の若者は多くの危険な行動への関与の水準について安定型の若者と同程度であり，薬物使用に関してはより少ないくらいであった。このパターンのはっきりとした例外は，安定型の若者よりも有意に多くの性的パートナーを持ち，危険なセックスの実践を行ない，（有意ではないものの）留年が多いことだった。

こうした差異は長期的変化や真に予測的な分析と同様，厳格な個人間比較（2時点間の平均）においても明らかであった。実際，安定型の若者よりもベースラインにおいてより苦痛を感じ，自分自身をより肯定的に認知していない不安型の若者や回避型の若者は，時間を超えてより適応的でないままであった。同様に，T1において危険なあるいは問題のある行動に強く関与している不安定型の若者，特に不安型の若者は，ほとんどの場合時間を超えて比較的高い水準の関与を続けていた。実際，T1において存在していた安定型の若者と不安定型の若者の間の有意な差がT2までに完全に消えたということは1つもなかった。差異が時間的に持続していることを示すデータは典型的には因果関係があいまいとみなされるが，にもかかわらずこれらはアタッチメント・スタイルによる一時的な影響の可能性を排除しているという点において重要なものである。このように差異が5年近く維持されたという事実は，アタッチメント・スタイルと個人内適応について観察された関係は本質的に意味あるものであるという確信を強めるものとなっている。

T1における差異の多くは単に時間的に維持されたが，変化の違いに関する証拠も20のうち5つの結果変数で見いだされた。全般的に3つのグループの変化の違いはT2における抑うつ，社会的能力，認知された魅力に関する安定型の若者と不安定型の若者との全体的な差異を，ゼロにはしないものの縮小させるように働いており，またこれまでのパートナーの数や有害な性的結果変数における差異については拡大させるように働いていた。後者については2つの変数が不安定型の若者の間で比較的多く増加したため，そうした差異はT2において見いだされた。

真に予測的な分析において，アタッチメント・スタイルは当初節制的であった若者の間の性的行動，アルコール使用，違法な薬物の使用の開始を予測した。先に述べた全般的なパターンを反映して，回避型の若者は3つのアタッチメント・グループの中で最もこうした行動を始めにくく，他方不安型の若者は最も始めやすかった。さらに，

T1 から T2 の間にこうした行動を始めた者では，回避型の若者が最も少ないパートナー，最も少ない危険なセックスの実践，最も少ない妊娠や性感染症を報告し（それらは安定型の若者よりも有意に少なくはなかった），最も低い割合の多量飲酒の数値を報告した。他方不安型の若者はこれら4つの行動すべてにわたる最も高水準の関与を報告した。当初節制的であった若者のアタッチメント・スタイルがセックスや薬物使用への関与によって新たに形成されたわけではないことを考えると，これらのデータは，個人のアタッチメントにおける差異が薬物使用や性的行動への関与の始まりを形成する原因となるということへの強力な支持をもたらしている。

示　唆

　本研究の結果にはアタッチメント・スタイルやアタッチメント過程に関する将来の研究や理論に対する，多くの潜在的に重要な示唆が含まれている。まず，これらのデータは幅広い範囲の結果変数が検証されれば，3つのアタッチメント・グループは互いに異なるプロフィールを描くことを示している。安定型－不安定型の違いが心理的苦痛や自己概念の分散の多くを説明しているが，2つの不安定型グループの間の一貫した違いは適応のより顕在的な行動指標に現われた。これらの発見は将来における幅広い適応の結果変数を検証する利点を強調している。もしも単に心理的苦痛，自己概念，あるいは危険な行動それぞれにのみしか焦点を当てていなかったならば，これらが一緒になったプロフィールの独自性を見落とし，個人内適応におけるアタッチメント・スタイル差の性質に関して（よくても）不完全な結論しか描けなかっただろう。

　本研究に現われた特定の差異のプロフィールはまた，より大きな人格に関する文献，特に Block と Block（1980）の自我弾性および自我コントロールという人格次元との，潜在的に重要な結びつきを強調することになる。アタッチメント・タイプは歴史的に2つの潜在する次元，すなわち自己 対 他者のモデル（Bartholomew & Horowitz, 1991）や不安 対 回避（Brennan et al., 1998）の観点から解釈されてきたが，本研究で観察された差異のパターンは Block らの自我弾性と自我コントロールの次元という観点からも説明できるように思える。自我弾性は情緒的安定性と密接に関連しており（Klohnen, 1996），特に変化する状況下での要求，特にストレスフルなそれに対して，硬直してではなく柔軟に反応できる傾向に関するものである。自我コントロールは情緒的動機的衝動を抑制または表出する傾向に関するものである。Block らは弾性の高さは適度な水準の自我コントロールと関連し，極端に低いか高い自我コントロールは弾性の低さと関連すると仮定した。したがって自我弾性の次元は低い側において2つ

第V部 臨床的・応用的課題 ― 心理療法，精神病理，精神的健康 ―

の比較的異なる種類，すなわちコントロール不足とコントロール過多の2つに分かれると考えられる（Asendorpf & van Aken, 1999 を参照）。

　このモデルをアタッチメント・タイプに適用すれば，安定型の若者は弾性が高く適度なコントロールをしており，他方不安型の若者は弾性もコントロールも低く，回避型の若者は弾性が低くコントロールが高いと言える。この推測と一致するように，自我弾性と自我コントロールを中核的次元として用いた多くの研究において，ここで記述されたアタッチメント・グループとの顕著な類似を生み出す3つの人格タイプが同定されてきた（例えば，Asendorpf & van Aken, 1999; Hart et al., 1997; Robins et al., 1996）。例えば，Robins ら（1996）は，Block と Block（1980）のカリフォルニア子ども Q ソート（California Child Q-Set）への養育者の反応に基づいて3つのグループを区別した。私たちの安定型グループと同様，彼らのよく適応したあるいは弾性のあるグループは全体的な苦痛の水準の低さ，最も肯定的な自己概念，比較的低水準の行動化を報告した。2つの乏しい適応のグループのうち，彼らのコントロール不足のグループは私たちの不安型グループのように，全般的に最も問題があるグループと見られた。彼らは最も高い苦痛，最も乏しい自己概念，最も高い水準の行動化や危険な行動を報告した。最後に，彼らのコントロール過多グループは私たちの回避型グループと非常によく似ていた。彼らは高い水準の苦痛症状，乏しい自己概念を経験していたが，行動化の水準に関してはほとんどの部分で最も適応的なグループとの違いが見いだせなかった。同様の下位タイプは Eisenberg の研究（例えば，Eisenberg & Fabes, 1992）においても同定されてきた。本研究において検証された3つのアタッチメント・タイプとは独立に派生したこれらの下位タイプとの類似性は，アタッチメント理論や研究をこれらの潜在的次元に結びつける努力，特に既存のアタッチメントの次元モデルのいずれにおいても触れられていない自我コントロールの役割について，より注意深く考える努力の有用性を示している。

　最後に，私たちの発見からは，アタッチメント・スタイルが個人内適応のある領域にとって，またこれらの行動や状態のある発生・発達段階にとって，他のものよりも重大であるかもしれないことが示されている。とりわけ，アタッチメント過程は3つのグループの差異が時間を超えて維持することに関連するようで，適応的困難は一度これらの差異が築かれた後には一般に増えも減りもしない。アタッチメント・スタイルの個人差はまたこの発達段階における性的行動や薬物使用の始まりや発展に影響があるようだが，非行行動や学校の留年には影響がないようである。これらの発見は予備的で未確定なものではあるが，にもかかわらずそれらは，将来の研究において，個人を先行する経験や生育史に基づいて区別すること，およびそれらの原因論的影響過

程を別個に検証することの必要性を強調している。

補足と結論

　本章を終える前に，本研究のいくつかの制限を認めるべきだろう。まず，この研究は自己報告データだけに頼っている。反応の妥当性や信頼性を増やすあらゆる努力が行なわれはしたが，自己報告データは（たとえ最適な状況下であっても）反応についてのランダムなエラーと体系的なエラー両方のエラーを多く受けやすい（例えば，忘れる，短くなるなど；概説は Schwartz, 1999 を参照）。しかし現実的には本研究で検証された結果変数の多くは，他の方法をとると査定が不可能ではないにしても難しい。他者は，たとえ親密な他者であっても個人の内的な苦痛や自己の経験に直接接触はできない。他者はまた危険なあるいは問題のある行動への関与に関する正確な情報について，それらの多くが違法であったり罰則があるために持ちにくい。公的な記録は不完全でもあり，人種，階層，ジェンダーによる偏りもある。このようにその制限にもかかわらず，自己報告データが，本研究で検証された多くの事柄について取り扱うためのただ1つの最も適切な情報源として残されているのである。

　2つめの問題は，自己報告による方法論自体の制限とは別に，私たちのアタッチメント・スタイルの測度の制限に関わっている。Hazan と Shaver（1987）の単純な3分類のアタッチメント・スタイル測度が私たちのベースライン時の面接において利用可能であった唯一の自己報告式測度であった。この測度は先行研究において妥当性が確認され広く利用されていたものであるが，いくつかの重要な弱点がある（概説は Crowell et al., 1999 を参照）。より敏感で信頼性のあるアタッチメント・スタイル測度（例えば，Brennan et al., 1998）が今では開発されており，ここでの発見について将来確認される際にはそれらが使われるべきだろう。これと関連した制限が回避型の個人の下位タイプ（Bartholomew & Horowitz, 1991）を私たちが区別できなかったことにあり，この下位タイプが私たちのサンプルにおける回避型の青年に観察された複雑な効果パターン（特に性的行動に関して）に寄与していたのかもしれない。

　最後に，私たちの長期的な，予測的研究デザインによっていくつかの考え得る因果過程を排除することができはしたが，これらのデータは相関であり，個人内適応に関する時間的なアタッチメント・スタイル差の影響力についてはあいまいさのない因果的推論を導くことはできない。特に，測定されていない第三の変数が観察された効果をよりよく説明する可能性が残っている。

　これらの問題にもかかわらず，本研究はこの重要な発達段階での個人内適応に対す

るアタッチメントの個人差の重要性を示す，現在までのところ最も強力な証拠を提供している。私たちは時間を超えて維持される理論的に意味ある3つのアタッチメント・グループ間の差のパターンを見いだし，同様にグループ差の時間的増加を見いだした。こうした発見は長期研究においてはめずらしいことで，特性やタイプによる差異はそれよりも時間経過の中で洗い落とされやすい（例えば，Caspi, 1998 を参照）。さらに重要なことには，青年期に査定されたアタッチメント・タイプが約 5 年後の薬物使用や性的行動の開始と発達を予測したという，真に予測的な効果の証拠を見いだした。すべてを考慮すれば，これらのデータは，人間の生涯にわたる機能性の理解のための枠組みというアタッチメント理論の有用性についての，増加しつつある証拠に確かに加えられるものだろう。

<謝辞>

この研究は国立アルコール乱用・依存症研究所から M. Lynne Cooper に与えられた研究助成（No. AA08047）の支援を受けた。私たちは本章の初期の草稿に思慮深いコメントをくれた Jeremy Skinner に感謝する。

文献

■ 1章
Ainsworth, M. D. S., Blehar, M. C., Waters, E., & Wall, S. (1978) *Patterns of attachment: A psychological study of the Strange Situation.* Hillsdale, NJ: Erlbaum.
Bowlby, J. (1969) *Attachment and loss*: Vol. 1. *Attachment.* New York: Basic Books.
Bowlby, J. (1973) *Attachment and loss*: Vol. 2. *Separation: Anxiety and anger.* New York: Basic Books. 黒田実郎・岡田洋子・吉田恒子（訳）　1977　母子関係の理論Ⅱ：分離不安　岩崎学術出版社
Bowlby, J. (1979) *The making and breaking of affectional bonds.* London: Tavistock. 作田　勉（監訳）1981　ボウルビイ母子関係入門　星和書店
Bowlby, J. (1980) *Attachment and loss*: Vol. 3. *Loss: Sadness and depression.* New York: Basic Books. 黒田実郎・吉田恒子・横浜恵三子（訳）　1981　母子関係の理論Ⅲ：愛情喪失　岩崎学術出版社
Brennan, K. A., Clark, C. L., & Shaver, P. R. (1998) Self-report measurement of adult attachment: An integrative overview. In J. A. Simpson & W. S. Rholes (Eds.), *Attachment theory and close relationships* (pp. 46-76). New York: Guilford Press.
Collins, N. L., & Read, S. J. (1994) Cognitive representations of attachment: The structure and function of working models. In K. Bartholomew & D. Perlman (Eds.), *Advances in personal relationships*: Vol. 5. *Attachment processes in adulthood* (pp. 53-90). London: Kingsley.
Crowell, J. A., Fraley, R. C., & Shaver, P. R. (1999) Measurement of individual differences in adolescent and adult attachment. In J. Cassidy & P. R. Shaver (Eds.), *Handbook of attachment: Theory, research, and clinical applications* (pp. 434-465). New York: Guilford Press.
Dozier, M., Stovall, K. C., & Albus, K. E. (1999) Attachment and psychopathology in adulthood. In J. Cassidy & P. R. Shaver (Eds.), *Handbook of attachment: Theory, research, and clinical applications* (pp. 497-519). New York: Guilford Press.
Feeney, J. A. (1999) Adult romantic attachment and couple relationships. In J. Cassidy & P. R. Shaver (Eds.), *Handbook of attachment: Theory, research, and clinical applications* (pp. 355-377).New York: Guilford Press.
Hazan, C., & Shaver, P. R. (1987) Romantic love conceptualized as an attachment process. *Journal of Personality and Social Psychology*, **52**, 511-524.
Hesse, E. (1999) The Adult Attachment Interview: Historical and current perspectives. In J. Cassidy & P. R. Shaver (Eds.), *Handbook of attachment: Theory, research, and clinical applications* (pp. 395-433).New York: Guilford Press.
Main, M., & Goldwyn, R. (1994) *Adult attachment scoring and classification systems* (2nd ed.). Unpublished manuscript, University of California-Berkeley.
Main, M., Kaplan, N., & Cassidy, J. (1985) Security in infancy, childhood, and adulthood: A move to the level of representation. *Monographs of the Society for Research in Child Development*, **50**(1 & 2, Serial No. 209), 66-104.
Shaver, P. R., Belsky, J., & Brennan, K. A. (2000) The Ault Attachment Interview and self-reports of romantic attachment: Associations across domains and methods. *Personal Relationships*, **7**, 25-43.
Thompson, R. A. (1999) Early attachment and later development. In J. Cassidy & P. R. Shaver (Eds.), *Handbook of attachment: Theory, research, and clinical applications* (pp. 265-286). New York: Guilford Press.
Vaughn, B. E., & Bost, K. K. (1999) Attachment and temperament: Redundant, independent, or interacting influences on interpersonal adaptation and personality development? In J. Cassidy & P. R. Shaver (Eds.), *Handbook of attachment: Theory, research, and clinical applications* (pp. 198-225). New York: Guilford Press.

■ 2章
Armsden, G. C., & Greenberg, M. T. (1987) The Inventory of Parent and Peer Attachment: Relationships to well-being in adolescence. *Journal of Youth and Adolescence*, **16**, 427-454.
Asendorpf, J. B., Banse, R., Wilpers, S., & Neyer, F. J. (1997) Beziehungs-spezifische Bindungsskalen fuer Erwachsence und ihre Validierung durch Netzwerk-und Tagebuchverfahren [Relationship-specific attachment

scales for adults and their validation with network and diary procedures]. *Diagnostica*, **43**, 289-313.

Baldwin, M. W., Fehr, B., Keedian, E., Seidel, M., & Thomson, D. W. (1993) An exploration of the relational schemata underlying attachment styles: Self-report and lexical decision approaches. *Personality and Social Psychology Bulletin*, **19**, 746-754.

Baldwin, M. W., & Meunier, J. (1999) The cued activation of attachment relational schemas. *Social Cognition*, **17**, 209-227.

Banai, E., Weller, A., & Mikulincer, M. (1998) Interjudge agreement in evaluation of adult attachment style: The impact of acquaintanceship. *British Journal of Social Psychology*, **37**, 95-109.

Banse, R. (2004) Adult attachment and marital satisfaction: Evidence for dyadic configuration effects. *Journal of Social and Personal Relationships*, **21**, 273-282.

Bartholomew, K., & Horowitz, L. M. (1991) Attachment styles among young adults: A test of a four-category model. *Journal of Personality and Social Psychology*, **61**, 226-244.

Bartholomew, K., & Shaver, P. R. (1998) Methods of assessing adult attachment: Do they converge? In J. A. Simpson & W. S. Rholes (Eds.), *Attachment theory and close relationships* (pp. 25-45). New York: Guilford Press.

Belsky, J. (2002) Developmental origins of attachment styles. *Attachment and Human Development*, **4**, 166-170.

Bernier, A., & Dozier, M. (2002) Assessing adult attachment: Empirical sophistication and conceptual bases. *Attachment and Human Development*, **4**, 171-179.

Blatt, S. J., Chevron, S. E., Quinlan, D. M., Schaffer, C. E., & Wein, S. (1992) *The assessment of qualitative and structural dimensions of object representations*. Unpublished manuscript, Yale University.

Bowlby, J. (1973) *Attachment and loss: Vol. 2. Separation: Anxiety and anger.* New York: Basic Books. 黒田実郎・岡田洋子・吉田恒子（訳） 1977 母子関係の理論Ⅱ：分離不安 岩崎学術出版社

Bowlby, J. (1982) *Attachment and loss: Vol. 1. Attachment* (2nd ed.). New York: Basic Books.(Original work published 1969) 黒田実郎・大羽 蓁・岡田洋子・黒田聖一（訳） 1991 母子関係の理論Ⅰ：愛着行動（新版） 岩崎学術出版社

Bowlby, J. (1988) *A secure base: Clinical applications of attachment theory.* London: Routledge. 二木 武（監訳） 1993 母と子のアタッチメント：心の安全基地 医歯薬出版

Brennan, K. A., Clark, C. L., & Shaver, P. R. (1998) Self-report measurement of adult attachment: An integrative overview. In J. A. Simpson & W. S. Rholes (Eds.), *Attachment theory and close relationships* (pp. 46-76). New York: Guilford Press.

Brennan, K. A., & Shaver, P. R. (1993) Attachment styles and parental divorce. *Journal of Divorce and Remarriage*, **21**, 161-175.

Brennan, K. A., & Shaver, P. R. (1998) Attachment styles and personality disorders: Their connections to each other and to parental divorce, parental death, and perceptions of parental caregiving. *Journal of Personality*, **66**, 835-878.

Brennan, K. A., Shaver, P. R., & Tobey, A. E. (1991) Attachment styles, gender, and parental problem drinking. *Journal of Social and Personal Relationships*, **8**, 451-466.

Carnelley, K. B., Pietromonaco, P. R., & Jaffe, K. (1994) Depression, working models of others, and relationship functioning. *Journal of Personality and Social Psychology*, **66**, 127-140.

Carpenter, E. M., & Kirkpatrick, L. A. (1996) Attachment style and presence of a romantic partner as moderators of psychophysiological responses to a stressful laboratory situation. *Personal Relationships*, **3**, 351-367.

Cassidy, J. (1994) Emotion regulation: Influences of attachment relationships. *Monographs of the Society for Research in Child Development*, **59**, 228-283.

Cassidy, J., & Kobak, R. R. (1988) Avoidance and its relationship with other defensive processes. In J. Belsky & T. Nezworski (Eds.), *Clinical implications of attachment* (pp. 300-323). Hillsdale, NJ: Erlbaum.

Chartrand, T. L., & Bargh, J. A. (2002) Nonconscious motivations: Their activation, operation, and consequences. In A. Tesser & D. A. Stapel (Eds.), *Self and motivation: Emerging psychological perspectives* (pp. 13-41). Washington, DC: American Psychological Association.

Collins, N. L., Cooper, M. L., Albino, A., & Allard, L. (2002) Psychosocial vulnerability from adolescence to adulthood: A prospective study of attachment style differences in relationship functioning and partner choice. *Journal of Personality*, **70**, 965-1008.

Collins, N. L., & Feeney, B. C. (2000) A safe haven: An attachment theory perspective on support seeking and caregiving in intimate relationships. *Journal of Personality and Social Psychology*, **78**, 1053-1073.

Collins, N. L., & Read, S. J. (1990) Adult attachment, working models, and relationship quality in dating couples. *Journal of Personality and Social Psychology*, **58**, 644-663.

Collins, N. L., & Read, S. J. (1994) Cognitive representations of attachment: The structure and function of working models. In K. Bartholomew & D. Perlman (Eds.), *Advances in personal relationships*: Vol. 5. *Attachment processes in adulthood* (pp. 53-92). London: Kingsley.

Cronbach, L. J., & Meehl, P. E. (1955) Construct validity in psychological tests. *Psychological Bulletin*, **52**, 281-302.

Crowell, J. A., Fraley, R. C., & Shaver, P. R. (1999a) Measurement of adult attachment. In J. Cassidy & P. R. Shaver (Eds.), *Handbook of attachment: Theory, research, and clinical applications* (pp. 434-465). New York: Guilford Press.

Crowell, J. A., & Treboux, D. (1995) A review of adult attachment measures: Implications for theory and research.

Social Development, **4**, 294-327.

Crowell, J. A., Treboux, D., Gao, Y., Fyffe, C., Pan, H., & Waters, E. (2002a) Assessing secure base behavior in adulthood: Development of a measure, links to adult attachment representations, and relations to couples' communication and reports of relationships. *Developmental Psychology*, **38**, 679-693.

Crowell, J. A., Treboux, D., & Waters, E. (1999b) The Adult Attachment Interview and the Relationship Questionnaire: Relations to reports of mothers and partners. *Personal Relationships*, **6**, 1-18.

Crowell, J. A., Treboux, D., & Waters, E. (2002b) Stability of attachment representations: The transition to marriage. *Developmental Psychology*, **38**, 467-479.

Davila, J., Burge, D., & Hammen, C. (1997) Why does attachment style change? *Journal of Personality and Social Psychology*, **73**, 826-838.

Davila, J., & Sargent, E. (2003) The meaning of life (events) predicts changes in attachment security. *Personality and Social Psychology Bulletin*, **29**, 1383-1395.

Dolev, T. (2001) *Adult attachment style and the suppression of separation-related thoughts in the Stroop task: The moderating effects of cognitive load*. Unpublished master's thesis, Bar-Ilan University, Ramat Gan, Israel.

Elizur, Y., & Mintzer, A. (2003) Gay males' intimate relationship quality: The roles of attachment security, gay identity, and social support. *Personal Relationships*, **10**, 411-435.

Exner, J. E., Jr. (1993) *The Rorschach: A comprehensive system*, Vol.1. *Basic foundations* (3rd ed.) Oxford, UK: Wiley.

Feeney, B. C., & Collins, N. L. (2001) Predictors of caregiving in adult intimate relationships: An attachment theoretical perspective. *Journal of Personality and Social Psychology*, **80**, 972-994.

Feeney, B. C., & Kirkpatrick, L. A. (1996) Effects of adult attachment and presence of romantic partners on physiological responses to stress. *Journal of Personality and Social Psychology*, **70**, 255-270.

Feeney, J. A. (1998) Adult attachment and relationship-centered anxiety: Responses to physical and emotional distancing. In J. A. Simpson & W. S. Rholes (Eds.), *Attachment theory and close relationships* (pp. 189-218). New York: Guilford Press.

Feeney, J. A. (1999) Adult romantic attachment and couple relationships. In J. Cassidy & P. R. Shaver (Eds.), *Handbook of attachment: Theory, research, and clinical applications* (pp. 355-377). New York: Guilford Press.

Feeney, J. A., & Hohaus, L. (2001) Attachment and spousal caregiving. *Personal Relationships*, **8**, 21-39.

Feeney, J. A., & Noller, P. (1990) Attachment style as a predictor of adult romantic relationships. *Journal of Personality and Social Psychology*, **58**, 281-291.

Feeney, J. A., & Noller, P. (1991) Attachment style and verbal descriptions of romantic partners. *Journal of Social and Personal Relationships*, **8**, 187-215.

Feeney, J. A., Noller, P., & Hanrahan, M. (1994) Assessing adult attachment. In M. B. Sperling & W. H. Berman (Eds.), *Attachment in adults: Clinical and developmental perspectives* (pp. 128-152). New York: Guilford Press.

Feeney, J. A., & Ryan, S. M. (1994) Attachment style and affect regulation: Relationships with health behavior and family experiences of illness in a student sample. *Health Psychology*, **13**, 334-345.

Fraley, R. C. (2002) Attachment stability from infancy to adulthood: Meta-analysis and dynamic modeling of developmental mechanisms. *Personality and Social Psychology Review*, **6**, 123-151.

Fraley, R. C., Garner, J. P., & Shaver, P. R. (2000) Adult attachment and the defensive regulation of attention and memory: Examining the role of preemptive and postemptive defensive processes. *Journal of Personality and Social Psychology*, **79**, 816-826.

Fraley, R. C., & Shaver, P. R. (1997) Adult attachment and the suppression of unwanted thoughts. *Journal of Personality and Social Psychology*, **73**, 1080-1091.

Fraley, R. C., & Shaver, P. R. (1998) Airport separations: A naturalistic study of adult attachment dynamics in separating couples. *Journal of Personality and Social Psychology*, **75**, 1198-1212.

Funder, D. C., & Colvin, C. R. (1988) Friends and strangers: Acquaintanceship, agreement, and the accuracy of personality judgment. *Journal of Personality and Social Psychology*, **55**, 149-158.

Fyffe, C., & Waters, E. (1997, April) *Empirical classification of adult attachment status: Predicting group membership*. Poster presented at the meeting of the Society for Research in Child Development, Washington, DC.

Gal, Y. (2002) *Emotional and cognitive manifestations of adult attachment styles in the Rorschach test*.Unpublished master's thesis, Bar-Ilan University, Ramat Gan, Israel.

George, C., Kaplan, N., & Main, M. (1985) *The Adult Attachment Interview* (2nd ed.). Unpublished manuscript, University of California, Berkeley.

George, C., & Solomon, J. (1999) Attachment and caregiving: The caregiving behavioral system. In J. Cassidy & P. R. Shaver (Eds.), *Handbook of attachment: Theory, research, and clinical applications* (pp. 649-670). New York: Guilford Press.

Gilad, G. (2002) *The integration of object relations theory and attachment theory: Object representations in the Thematic Apperception Test*. Unpublished master's thesis, Bar-Ilan University, Ramat Gan, Israel.

Grabill, C. M., & Kerns, K. A. (2000) Attachment style and intimacy in friendship. *Personal Relationships*, **7**, 363-378.

Greenwald, A. G., McGhee, D. E., & Schwartz, J. L. K. (1998) Measuring individual differences in implicit cognition: The Implicit Association Test. *Journal of Personality and Social Psychology*, **74**, 1464-1480.

Griffin, D. W., & Bartholomew, K. (1994) Models of the self and other: Fundamental dimensions underlying

measures of adult attachment. *Journal of Personality and Social Psychology, 67*, 430-445.
Guerrero, L. K. (1996) Attachment-style differences in intimacy and involvement: A test of the four-category model. *Communication Monographs, 63*, 269-292.
Hamilton, C. (2000) Continuity and discontinuity of attachment from infancy to adolescence. *Child Development, 71*, 690-694.
Hazan, C., & Shaver, P. R. (1987) Romantic love conceptualized as an attachment process. *Journal of Personality and Social Psychology, 52*, 511-524.
Hesse, E. (1999) The Adult Attachment Interview: Historical and current perspectives. In J. Cassidy & P. R. Shaver (Eds.), *Handbook of attachment: Theory, research, and clinical applications* (pp. 395-433).New York: Guilford Press.
Jacobvitz, D., Curran, M., & Moller, N. (2002) Measurement of adult attachment: The place of self-report and interview methodologies. *Attachment and Human Development, 4*, 207-215.
Jones, J. T., & Cunningham, J. D. (1996) Attachment styles and other predictors of relationship satisfaction in dating couples. *Personal Relationships, 3*, 387-399.
Kirkpatrick, L. A., & Hazan, C. (1994) Attachment styles and close relationships: A four-year prospective study. *Personal Relationships, 1*, 123-142.
Klohnen, E. C., & Bera, S. (1998) Behavioral and experiential patterns of avoidantly and securely attached women across adulthood: A 31-year longitudinal perspective. *Journal of Personality and Social Psychology, 74*, 211-223.
Kobak, R. R., Cole, H. E., Ferenz-Gillies, R., Fleming, W. S., & Gamble, W. (1993) Attachment and emotion regulation during mother-teen problem solving: A control theory analysis. *Child Development, 64*, 231-245.
Levy, K. N., Blatt, S. J., & Shaver, P. R. (1998) Attachment styles and parental representations. *Journal of Personality and Social Psychology, 74*, 407-419.
Lopez, F. G., Melendez, M. C., & Rice, K. G. (2000) Parental divorce, parent-child bonds, and adult attachment orientations among college students: A comparison of three racial/ethnic groups. *Journal of Counseling Psychology, 47*, 177-186.
Luborsky, L., & Crits-Christoph, P. (1998) *Understanding transference: The Core Conflictual Relationship Theme method*. Washington, DC: American Psychological Association.
Lyons-Ruth, K., & Jacobvitz, D. (1999) Attachment disorganization: Unresolved loss, relational violence, and lapes in behavioral and attentional strategies. In J. Cassidy & P. R. Shaver (Eds.), *Handbook of attachment: Theory, research, and clinical applications* (pp. 520-554). New York: Guilford Press.
Main, M. (1991) Metacognitive knowledge, metacognitive monitoring, and singular (coherent) vs. multiple (incoherent) models of attachment: Findings and directions for future research. In C. M. Parkes, J. Stevenson-Hinde, & P. Marris (Eds.), *Attachment across the life cycle* (pp. 127-159). London: Tavistock/Routledge.
Main, M., Kaplan, N., & Cassidy, J. (1985) Security in infancy, childhood, and adulthood: A move to the level of representation. *Monographs of the Society for Research in Child Development, 50*(1 & 2, Serial No. 209), 66-104.
Mallinckrodt, B., McCreary, B. A., & Robertson, A. K. (1995) Co-occurrence of eating disorders and incest: The role of attachment, family environment, and social competencies. *Journal of Counseling Psychology, 42*, 178-186.
Mathews, A., & MacLeod, C. (1985) Selective processing of threat cues in anxiety states. *Behavior Research and Therapy, 23*, 563-569.
Mayseless, O., Danieli, R., & Sharabany, R. (1996) Adults' attachment patterns: Coping with separations. *Journal of Youth and Adolescence, 25*, 667-690.
Meyer, D. E., & Schvaneveldt, R. W. (1971) Facilitation in recognizing pairs of words: Evidence of dependence between retrieval operations. *Journal of Experimental Psychology, 90*, 227-234.
Mikulincer, M. (1998a) Adult attachment style and individual differences in functional versus dysfunctional experiences of anger. *Journal of Personality and Social Psychology, 74*, 513-524.
Mikulincer, M. (1998b) Attachment working models and the sense of trust: An exploration of interaction goals and affect regulation. *Journal of Personality and Social Psychology, 74*, 1209-1224.
Mikulincer, M., Birnbaum, G., Woddis, D., & Nachmias, O. (2000) Stress and accessibility of proximity-related thoughts: Exploring the normative and intraindividual components of attachment theory. *Journal of Personality and Social Psychology, 78*, 509-523.
Mikulincer, M., Florian, V., & Hirschberger, G. (2002a, January) *The dynamic interplay of global, relationship-specific, and contextual representations of attachment security*. Paper presented at the annual meeting of the Society for Personality and Social Psychology, Savannah, GA.
Mikulincer, M., Florian, V., & Tolmacz, R. (1990) Attachment styles and fear of personal death: A case study of affect regulation. *Journal of Personality and Social Psychology, 58*, 273-280.
Mikulincer, M., Gillath, O., Halevy, V., Avihou, N., Avidan, S., & Eshkoli, N. (2001) Attachment theory and reactions to others' needs: Evidence that activation of the sense of attachment security promotes empathic responses. *Journal of Personality and Social Psychology, 81*, 1205-1224.
Mikulincer, M., Gillath, O., & Shaver, P. R. (2002b) Activation of the attachment system in adulthood: Threat-related primes increase the accessibility of mental representations of attachment figures. *Journal of Personality and Social Psychology, 83*, 881-895.

Mikulincer, M., & Nachshon, O. (1991) Attachment styles and patterns of self-disclosure. *Journal of Personality and Social Psychology*, **61**, 321-331.

Mikulincer, M., & Orbach, I. (1995) Attachment styles and repressive defensiveness: The accessibility and architecture of affective memories. *Journal of Personality and Social Psychology*, **68**, 917-925.

Mikulincer, M., & Shaver, P. R. (2001) Attachment theory and intergroup bias: Evidence that priming the secure base schema attenuates negative reactions to out-groups. *Journal of Personality and Social Psychology*, **81**, 97-115.

Mikulincer, M., & Shaver, P. R. (2003) The attachment behavioral system in adulthood: Activation, psychodynamics, and interpersonal processes. In M. P. Zanna (Ed.), *Advances in experimental social psychology* (Vol.35, pp. 53-152). New York: Academic Press.

Morf, C. C., & Rhodewalt, F. (2001) Unraveling the paradoxes of narcissism: A dynamic self-regulatory processing model. *Psychological Inquiry*, **12**, 177-196.

Onishi, M., Gjerde, P. F., & Block, J. (2001) Personality implications of romantic attachment patterns in young adults: A multi-method, multi-informant study. *Personality and Social Psychology Bulletin*, **27**, 1097-1110.

Overall, N. C., Fletcher, G. J. O., & Friesen, M. (2003) Mapping the intimate relationship mind: Comparisons between three models of attachment representations. *Personality and Social Psychology Bulletin*, **29**, 1479-1493.

Pottharst, K. (Ed.) (1990) *Explorations in adult attachment*. New York: Peter Lang.

Priel, B., & Besser, A. (2001) Bridging the gap between attachment and object relations theories: A study of the transition to motherhood. *British Journal of Medical Psychology*, **74**, 85-100.

Raz, A. (2002) *Personality, core relationship themes, and interpersonal competence among young adults experiencing difficulties in establishing long-term relationships*. Unpublished doctoral dissertation, Haifa University, Haifa, Israel.

Rholes, W. S., Simpson, J. A & Oriña, M. M. (1999) Attachment and anger in an anxiety-provoking situation. *Journal of Personality and Social Psychology*, **76**, 940-957.

Roche, D. N., Runtz, M. G., & Hunter, M. A. (1999) Adult attachment : A mediator between child sexual abuse and later psychological adjustment. *Journal of Interpersonal Violence*, **14**, 184-207.

Rom, E., & Mikulincer, M. (2003) Attachment theory and group processes: The association between attachment style and group-related representations, goals, memories, and functioning. *Journal of Personality and Social Psychology*, **84**, 1220-1235.

Rorschach, H. (1942) *Psychodiagnostics: A diagnostic test based on perception* (P. Lenkau & B. Kroneberg, Trans.) New York: Grune & Stratton.

Rothbaum, F., Weisz, J., Pott, M., Miyake, K., & Morelli, G. (2000) Attachment and culture: Security in the United States and Japan. *American Psychologist*, **55**, 1093-1104.

Sagi, A., van IJzendoorn, M. H., Aviezer, O., & Donnell, F. (1994) Sleeping out of home in a kibbutz communal arrangement: It makes a difference for infant-mother attachment. *Child Development*, **65**, 992-1004.

Sampson, M. C. (2003, April) *Examining early correlates of self-report measures of adult attachment: A prospective longitudinal view*. Poster presented at the meeting of the Society for Research in Child Development, Tampa, FL.

Sharabany, R., Mayseless, O., Edri, G., & Lulav, D. (2001) Ecology, childhood experiences, and adult attachment styles of women in the kibbutz. *International Journal of Behavioral Development*, **25**, 214-225.

Shaver, P. R., Belsky, J., & Brennan, K. A. (2000) The Adult Attachment Interview and self-reports of romantic attachment: Associations across domains and methods. *Personal Relationships*, **7**, 25-43.

Shaver, P. R., & Brennan, K. A. (1992) Attachment styles and the "big five" personality traits: Their connections with each other and with romantic relationship outcomes. *Personality and Social Psychology Bulletin*, **18**, 536-545.

Shaver, P. R., & Clark, C. L. (1994) The psychodynamics of adult romantic attachment. In J. M. Masling & R. F. Bornstein (Eds.), *Empirical perspectives on object relations theories* (pp. 105-156).Washington, DC: American Psychological Association.

Shaver, P. R., & Mikulincer, M. (2002) Attachment-related psychodynamics. *Attachment and Human Development*, **4**, 133-161.

Simpson, J. A. (1990) The influence of attachment styles on romantic relationships. *Journal of Personality and Social Psychology*, **59**, 971-980.

Simpson, J. A., Rholes, W. S., Campbell, L., & Wilson, C. L. (2003) Changes in attachment orientations across the transition to parenthood. *Journal of Experimental Social Psychology*, **39**, 317-331.

Simpson, J. A., Rholes, W. S., & Nelligan, J. S. (1992) Support seeking and support giving within couples in an anxiety-provoking situation: The role of attachment styles. *Journal of Personality and Social Psychology*, **62**, 434-446.

Simpson, J. A., Rholes, W. S., Oriña, M. M., & Grich, J. (2002) Working models of attachment, support giving, and support seeking in a stressful situation. *Personality and Social Psychology Bulletin*, **28**, 598-608.

Simpson, J. A., Rholes, W. S., & Phillips, D. (1996) Confilct in close relationships: An attachment perspective. *Journal of Personality and Social Psychology*, **71**, 899-914.

Stroop, J. R. (1938) Factors affecting speed in serial verbal reactions. *Psychological Monographs*, **50**, 38-48.

Swanson, B., Mallinckrodt, B. (2001) Family environment, love withdrawal, childhood sexual abuse, and adult attachment. *Psychotherapy Research*, **11**, 455-472.

Tayler, L., Parker, G., & Roy, K. (1995) Parental divorce and its effects on the quality of intimate relationships in adulthood. *Journal of Divorce and Remarriage*, **24**, 181-202.

van IJzendoorn, M. H. (1995) Adult attachment representations, parental responsiveness, and infant attachment: A meta-analysis on the predictive validity of the Adult Attachment Interview. *Psychological Bulletin*, **117**, 387-403.

van IJzendoorn, M. H., & Sagi, A. (1999) Cross-cultural patterns of attachment: Universal and contextual dimensions. In J. Cassidy & P. R. Shaver (Eds.), *Handbook of attachment: Theory, research, and clinical applications* (pp. 713-734). New York: Guilford Press.

Waters, E., Crowell, J. A., Elliott, M., Corcoran, D., & Treboux, D. (2002) Bowlby's secure base theory and the social/personality psychology of attachment styles: Work(s) in progress. *Attachment and Human Development*, **4**, 230-242.

Waters, E., Merrick, S., Treboux, D., Crowell, J., & Albersheim, L. (2000) Attachment security in infancy and early adulthood: A twenty-year longitudinal study. *Child Development*, **71**, 684-689.

Wegner, D. M., & Smart, L. (1997) Deep cognitive activation: A new approach to the unconscious. *Journal of Consulting and Clinical Psychology*, **65**, 984-995.

Weinfield, N. S., Sroufe, L. A., & Egeland, B. (2000) Attachment from infancy to early adulthood in a high-risk sample: Continuity, discontinuity, and their correlates. *Child Development*, **71**, 695-702.

West, M. L., Sheldon, A. E. R., & Reiffer, L. (1987) An approach to the delineation of adult attachment: Scale development and reliability. *Journal of Nervous and Mental Disease*, **175**, 738-741.

Westen, D. (1991) Clinical assessment of object relations using the TAT. *Journal of Personality Assessment*, **56**, 56-74.

Whisman, M. A., & Allan, L. E. (1996) Attachment and social cognition theories of romantic relationships: Convergent or complementary perspectives? *Journal of Social and Personal Relationships*, **13**, 263-278.

Woike, B. A., Osier, T. J., & Candela, K. (1996) Attachment styles and violent imagery in thematic stories about relationships. *Personality and Social Psychology Bulletin*, **22**, 1030-1034.

Zayas, V., Shoda, Y., & Ayduk, O. N. (2002) Personality in context: An interpersonal systems perspective. *Journal of Personality*, **70**, 851-900.

3章

Ainsworth, M. D. S. (1972) Attachment and dependency: A comparison. In J. L. Gewirtz (Ed.), *Attachment and dependency* (pp. 97-137).Washington, DC: Winston.

Ainsworth, M. D. S. (1990) Some considerations regarding theory and assessment relevant to attachments beyond infancy. In M. T. Greenberg, D. Cicchetti, & E. M. Cummings (Eds.), *Attachment in the preschool years: Theory, research, and intervention* (pp.463-488). Chicago: University of Chicago Press.

Ainsworth, M. D. S., Blehar, M. C., Waters, E., & Wall, S. (1978) *Patterns of attachment: A psychological study of the Strange Situation*. Hillsdale, NJ: Erlbaum.

Andersen, S. M., & Berk, M. S. (1998) The social-cognitive model of transference: Experiencing past relationships in the present. *Current Directions in Psychological Science*, **7**, 109-115.

Andersen, S. M., & Glassman, N. S. (1996) Responding to significant others when they are not there: Effects on interpersonal inference, motivation, and affect. In R. M. Sorrentino & E. T. Higgins (Eds.) *Handbook of motivation and cognition: Vol. 3. The interpersonal context* (pp. 262-321). New York: Guilford Press.

Andersen, S. M., Reznik, I., & Chen, S. (1997) The self in relation to others: Cognitive and motivational underpinnings. *Annals of the New York Academy of Sciences*, **818**, 233-275.

Baldwin, M. W. (1992) Relational schemas and the processing of social information. *Psychological Bulletin*, **112**, 461-484.

Baldwin, M. W. (1994) Primed relational schemas as a source of self-evaluative reactions. *Journal of Social and Clinical Psychology*, **13**, 380-403.

Baldwin, M. W., Fehr, B., Keedian, E., Seidel, M., & Thomson, D. W. (1993) An exploration of the relational schemata underlying attachment styles: Self-report and lexical decision approaches. *Personality and Social Psychology Bulletin*, **19**, 746-754.

Baldwin, M. W., Keelan, J. P. R., Fehr, B., Enns, V., & Koh-Rangarajoo, E. (1996) Social-cognitive conceptualization of attachment working models: Availability and accessibility effects. *Journal of Personality and Social Psychology*, **71**, 94-109.

Bartholomew, K., & Horowitz, L. M. (1991) Attachment styles among young adults: A test of a four-category model. *Journal of Personality and Social Psychology*, **61**, 226-244.

Berlin, L. J., & Cassidy, J. (1999) Relations among relationships: Contributions from attachment theory and research. In J. Cassidy & P. R. Shaver (Eds.), *Handbook of attachment: Theory, research, and clinical applications* (pp. 688-712). New York: Guilford Press.

Bowlby, J. (1973) *Attachment and loss*: Vol. 2. *Separation: Anxiety and anger*. New York: Basic Books. 黒田実郎・岡田洋子・吉田恒子 (訳) 1977 母子関係の理論Ⅱ：分離不安 岩崎学術出版社

Bowlby, J. (1979) *The making and breaking of affectional bonds*. London: Tavistock. 作田 勉 (監訳) 1981 ボウルビイ母子関係入門 星和書店

Bowlby, J. (1982) *Attachment and loss*: Vol. 1. *Attachment* (2nd ed.). New York: Basic Books. (Original work published1969) 黒田実郎・大羽 蓁・岡田洋子・黒田聖一（訳） 1991 母子関係の理論Ⅰ：愛着行動（新版）岩崎学術出版社
Bowlby, J. (1988) *A secure base: Clinical applications of attachment theory*. London: Routledge. 二木　武（監訳） 1993 母と子のアタッチメント：心の安全基地　医歯薬出版
Brennan, K. A., & Shaver, P. R. (1995) Dimensions of adult attachment, affect regulation, and romantic relationship functioning. *Personality and Social Psychology Bulletin*, 21, 267-283.
Burlingham, D., & Freud, A. (1944) *Young children in wartime*. London: Allen & Unwin.
Cacioppo, J. T., Klein, D. J., Berntson, G. G., & Hatfield, E. (1993) The psychophysiology of emotion. In M. Lewis & J. M. Haviland (Eds.), *Handbook of emotions* (pp. 119-142). New York: Guilford Press.
Carpenter, E. M., & Kirkpatrick, L. A. (1996) Attachment style and presence of a romantic partner as moderators of psychophysiological responses to a stressful laboratory situation. *Personal Relationships*, 3, 351-367.
Carter, C. S. (1998) Neuroendocrine perspectives on social attachment and love. *Psychoneuroendocrinology*, 23, 779-818.
Carter, C. S., Lederhendler, I. I., & Kirkpatrick, B. (Eds.) (1997) *The integrative neurobiology of affiliation. Cambridge*, MA: MIT Press.
Collins, N. L., & Read, S. J. (1990) Adult attachment, working models, and relationship quality in dating couples. *Journal of Personality and Social Psychology*, 58, 644-663.
Crittenden, P. M. (1995) Attachment and psychopathology. In S. Goldberg, R. Muir, & J. Kerr (Eds.), *Attachment theory: Social, developmental, and clinical perspectives* (pp. 367-406). Hillsdale, NJ: Analytic Press.
Diamond, L. M. (2001) Contributions of psychophysiology to research on adult attachment: Review and recommendations. *Personality and Social Psychology Review*, 5, 276-295.
Eibl-Eibesfeldt, I. (1989) *Human ethology: Foundations of human behavior*. Hawthorne, NY: Aldine de Gruyter.
Ekman, P. (1994) Strong evidence for universals in facial expressions: A reply to Russell's mistaken critique. *Psychological Bulletin*, 115, 268-287.
Ekman, P., & Friesen, W. V. (1969) Nonverbal leakage and clues to deception. *Psychiatry: Journal for the Study of Interpersonal Processes*, 32, 88-106.
Feeney, B. C., & Kirkpatrick, L. A. (1996) Effects of adult attachment and presence of romantic partners on physiological responses to stress. *Journal of Personality and Social Psychology*, 70, 255-270.
Feeney, J. A. (1995) Adult attachment and emotional control. *Personal Relationships*, 2, 143-159.
Feeney, J. A. (1999) Adult romantic attachment and couple relationships. In J. Cassidy & P. R. Shaver (Eds.), *Handbook of attachment: Theory, research, and clinical applications* (pp. 355-377). New York: Guilford Press.
Fontana, A. M., Diegnan, T., Villeneuve, A., & Lepore, S. J. (1999) Nonevaluative social support reduces cardiovascular reactivity in young women during acutely stressful performance situations. *Journal of Behavioral Medicine*, 22, 75-91.
Fox, N. A., & Card, J. A. (1999) Psychophysiological measures in the study of attachment. In J. Cassidy & P. R. Shaver (Eds.), *Handbook of attachment: Theory, research, and clinical applications* (pp. 226-245).New York: Guilford Press.
Fraley, R. C., & Davis, K. E. (1997) Attachment formation and transfer in young adults' close friendships and romantic relationships. *Personal Relationships*, 4, 131-144.
Fraley, R. C., & Shaver, P. R. (1998) Airport separations: A naturalistic study of adult attachment dynamics in separating couples. *Journal of Personality and Social Psychology*, 75, 1198-1212.
Fraley, R. C., & Shaver, P. R. (2000) Adult romantic attachment: Theoretical developments, emerging controversies, and unanswered questions. *Review of General Psychology*, 4, 132-154.
Frijda, N. H. (1986) *The emotions*. Cambridge, UK: Cambridge University Press.
Frijda, N. H., & Mesquita, B. (1998) The analysis of emotions: Dimensions of variation. In M. F. Mascolo & S. Griffin (Eds.), *What develops in emotional development? Emotions, personality, and psychotherapy* (pp. 273-295). New York: Plenum Press.
George, C., Kaplan, N., & Main, M. (1985) *The Adult Attachment Interview* (2nd ed.). Unpublished manuscript, University of California at Berkeley.
Green, J. D., & Campbell, W. K. (2000) Attachment and exploration in adults: Chronic and contextual accessibility. *Personality and Social Psychology Bulletin*, 26, 452-461.
Gump, B. B., Polk, D. E., Kamarck, T. W., & Shiffman, S. M. (2001) Partner interactions are associated with reduced blood pressure in the natural environment: Ambulatory monitoring evidence from a healthy, multiethnic adult sample. *Psychosomatic Medicine*, 63, 423-433.
Hazan, C., & Shaver, P. (1987) Romantic love conceptualized as an attachment process. *Journal of Personality and Social Psychology*, 52, 511-524.
Hazan, C., & Shaver, P. R. (1994) Attachment as an organizational framework for research on close relationships. *Psychological Inquiry*, 5, 1-22.
Hazan, C., & Zeifman, D. (1994) Sex and the psychological tether. In K. Bartholomew & D. Perlman (Eds.), *Advances in personal relationships*: Vol. 5. *Attachment processes in adulthood* (pp. 151-177). London: Kingsley.

Hennessy, M. B. (1997) Hypothalamic-pituitary-adrenal responses to brief social separation. *Neuroscience and Biobehavioral Reviews*, **21**, 11-29.
Hofer, M. A. (1984) Relationships as regulators: A psychobiologic perspective on bereavement. *Psychosomatic Medicine*, **46**, 183-197.
Hofer, M. A. (1987) Early social relationships: A psychobiologist's view. *Child Development*, **58**, 633-647.
Hofer, M. A. (1994) Hidden regulators in attachment, separation, and loss. In N. Fox (Ed.), The development of emotion regulation: Biological and behavioral consideration. *Monographs of the Society for Research in Child Development*, **59**(2-3, Serial No. 240), 192-207.
Insel, T. R. (2000) Toward a neurobiology of attachment. *Review of General Psychology*, **4**, 176-185.
Izard, C. E. (1994) Innate and universal facial expressions: Evidence from developmental and cross-cultural research. *Psychological Bulletin*, 115, 288-299.
Kobak, R. (1999) The emotional dynamics of disruptions in attachment relationships: Implications for theory, research, and clinical intervention. In J. Cassidy & P. R. Shaver (Eds.), *Handbook of attachment: Theory, research, and clinical applications* (pp. 21-43). New York: Guilford Press.
Kraemer, G. W. (1992) A psychobiological theory of attachment. *Behavioral and Brain Sciences*, **15**, 493-541.
Levy, M. B., & Davis, K. E. (1988) Lovestyles and attachment styles compared: Their relations to each other and to various relationship characteristics. *Journal of Social and Personal Relationships*, **5**, 439-471.
Main, M. (1999) Epilogue: Attachment theory: Eighteen points with suggestions for future studies. In J. Cassidy & P. R. Shaver (Eds.), *Handbook of attachment: Theory, research, and clinical applications*. (pp. 845-887). New York: Guilford Press.
Marvin, R. S., & Britner, P. A. (1999) Normative development: The ontogeny of attachment. In J. Cassidy & P. R. Shaver (Eds.), *Handbook of attachment: Theory, research, and clinical applications* (pp. 44-67). New York: Guilford Press.
Mason, W. A., & Mendoza, S. P. (1998) Generic aspects of primate attachments: Parents, offspring and mates. *Psychon euroendocrinology*, **23**, 765-778.
McClintock, M. K. (1971) Menstrual synchrony and suppression. *Nature*, **229**, 244-245.
Mikulincer, M. (1998) Adult attachment style and individual differences in functional versus dysfunctional experiences of anger. *Journal of Personality and Social Psychology*, **74**, 513-524.
Mikulincer, M., Gillath, O., & Shaver, P. R. (2002) Activation of the attachment system in adulthood: Threat-related primes increase the accessibility of mental representations of attachment figures. *Journal of Personality and Social Psychology*, **83**, 881-895.
Moffitt, T. E., Caspi, A., Belsky, J., & Silva, P. A. (1992) Childhood experience and the onset of menarche: A test of a sociobiological model. *Child Development*, **63**, 47-58.
Parkes, C. M. (1972) *Bereavement: Studies of grief in adult life*. New York: International Universities Press. 桑原治雄・三野善央 (訳)2002 死別 : 遺された人たちを支えるために 吹田 : メディカ出版
Piaget, J. (1951) *Play, dream, and imitation in childhood*. New York: Norton.
Pietromonaco, P. R., & Feldman Barrett, L. (2000) The internal working models concept: What do we really know about the self in relation to others? *Review of General Psychology*, **4**, 155-175.
Polan, H. J., & Hofer, M. A. (1999) Psychobiological origins of infant attachment and separation responses. In J. Cassidy & P. R. Shaver (Eds.), *Handbook of attachment: Theory, research, and clinical applications* (pp. 162-180). New York: Guilford Press.
Reite, M., & Boccia, M. L. (1994) Physiological aspects of adult attachment. In M. B. Sperling & W. H. Berman (Eds.), *Attachment in adults: Clinical and developmental perspectives* (pp. 98-127). New York: Guilford Press.
Reite, M., & Capitano, J. P. (1985) On the nature of social separation and social attachment. In M. Reite & T. Field (Eds.), *The psychobiology of attachment and separation* (pp. 3-49). New York: Academic Press.
Robertson, J. (1953) *A two-years-old goes to hospital* [Motion picture]. London: Tavistock Child Development Research Unit.
Russell, J. A. (1994) Is there universal recognition of emotion from facial expression? A review of the cross-cultural studies. *Psychological Bulletin*, **115**, 102-141.
Shaver, P. R., Hazan, C., & Bradshaw, D. (1988) Love as attachment: The integration of three behavioral systems. In R. J. Sternberg & M. L. Barnes (Eds.), *The psychology of love*. (pp. 68-99). New Haven, CT: Yale University Press.
Shaver, P. R., & Hazan, C. (1988) A biased overview of the study of love. *Journal of Social and Personal Relationships*, **5**, 473-501.
Shaver, P. R., & Klinnert, M. (1982) Schachter's theories affiliation and emotions: Implications of developmental research. In L. Wheeler (Ed.), *Review of personality and social psychology* (Vol. 3, pp. 37-71). Beverly Hills, CA: Sage.
Simpson, J. A. (1990) Influence of attachment styles on romantic relationships. *Journal of Personality and Social Psychology*, **59**(5), 971-980.
Simpson, J. A., & Rholes, W. S. (1994) Stress and secure base relationships in adulthood. In K. Bartholomew & D. Perlman (Eds.), *Advances in personal relationships*: Vol. 5. *Attachment processes in adulthood* (pp. 181-204). London: Kingsley.

Simpson, J. A., & Rholes, W. S. (1998) Attachment in adulthood. In J. A. Simpson & W. S. Rholes (Eds.), *Attachment theory and close relationships* (pp. 3-21). New York: Guilford Press.
Simpson, J. A., Rholes, W. S., & Nelligan, J. S. (1992) Support seeking and support giving within couples in an anxiety-provoking situation: The role of attachment styles. *Journal of Personality and Social Psychology*, **62**, 434-446.
Sroufe, L. A., & Waters, E. (1977a) Attachment as an organizational construct. *Child Development*, **48**, 1184-1199.
Sroufe, L. A., & Waters, E. (1977b) Heart rate as a convergent measure in clinical and developmental research. *Merrill-Palmer Quarterly*, **23**, 3-27.
Surbey, M. K. (1990) Family composition, stress, and the timing of human menarche. In T. E. Ziegler & F. B. Bercovitch (Eds.), *Monographs in primatology*: Vol. 13. *Socioendocrinology of primate reproduction* (pp. 11-32). New York: Wiley-Liss.
Suomi, S. J. (1999) Attachment in rhesus monkeys. In J. Cassidy & P. R. Shaver (Eds.), *Handbook of attachment: Theory, research, and clinical applications* (pp. 181-197). New York: Guilford Press.
Trinke, S. J., & Bartholomew, K. (1997) Hierarchies of attachment relationships in young adulthood. *Journal of Social and Personal Relationships*, **14**, 603-625.
Uchino, B. N., Cacioppo, J. T., & Kiecolt-Glaser, J. K. (1996) The relationship between social support and physiological processes: A review with emphasis on underlying mechanisms and implications for health. *Psychological Bulletin*, **119**, 488-531.
Uvnäs-Moberg, K. (1994) Oxytocin and behaviour. *Annals of Medicine*, **26**, 315-317.
Uvnäs-Moberg, K. (1997) Physiological and endocrine effects of social contact. *Annals of the New York Academy of Sciences*, **807**, 146-163.
Uvnäs-Moberg, K. (1998) Oxytocin may mediate the benefits of positive social interaction and emotions. *Psychoneuroendocrinology*, **23**, 819-835.
Veith, J. L., Buck, M., Getzlaf, S., Van Dalfsen, P., & Slade, S. (1983) Exposure to men influences the occurrence of ovulation in women. *Physiology and Behavior*, **31**, 313-315.
Vernikos-Danellis, J., & Winget, C. M. (1979) The importance of light, postural, and social cues in the regulation of the plasma corticel rhythms in man. In A. Reinberg & F. Halber (Eds.), *Chronopharmacology* (pp. 101-106). New York: Pergamon
Vormbrock, J. K. (1993) Attachment theory as applied to wartime and job-related marital separation. *Psychological Bulletin*, **114**, 122-144.
Weiss, R. S. (1975) *Marital separation: Coping with the end of a marriage and the transition to being single again*. New York: Basic Books.
Zeifman, D., & Hazan, C. (1997) A process model of adult attachment formation. In S. Duck (Ed) *Handbook of personal relationships* (2nd ed., pp. 179-195). Chichester, UK: Wiley.

■ 4章

Ainsworth, M. D. S., Blehar, M. C., Waters, E., & Wall, S. (1978) *Patterns of attachment: A psychological study of the Strange Situation*. Hillsdale, NJ: Erlbaum.
Arend, R., Gove, F., & Sroufe, L. A. (1979) Continuity of individual adaptation from infancy to kindergarten: A predictive study of ego resiliency and curiosity in preschoolers. *Child Development*, **50**, 950-959.
Baldwin, M. W., & Fehr, B. (1995) On the instability of attachment style ratings. *Personal Relationships*, **2**, 247-261.
Baldwin, M. W., Fehr, B., Keedian, E., Seidel, M., & Thomson, D. W. (1993) An exploration of the relational schemata underlying attachment styles: Self-report and lexical decision approaches. *Personality and Social Psychology Bulletin*, **19**, 746-754.
Baldwin, M. W., Keelan, J. P. R., Fehr, B., Enns, V., & Koh-Rangarajoo, E. (1996) Social cognitive conceptualization of attachment working models: Availability and accessibility effects. *Journal of Personality and Social Psychology*, **71**, 94-104.
Barnes, M. (1991) *"I like your style": Effects of visualization and memory on relationship attachment styles*. Unpublished honors thesis, University of Winnipeg.
Benoit, D., & Parker, K. C. H. (1994) Stability and transmission of attachment across three generations. *Child Development*, **65**, 1444-1456.
Blanchard, P., Devaney, R. L., & Hall, G. R. (1996) *Differential equations*. Boston: International Thomson.
Bowlby, J. (1973) *Attachment and loss*: Vol. 2. *Separation: Anxiety and anger*. New York: Basic Books. 黒田実郎・岡田洋子・吉田恒子（訳） 1977 母子関係の理論Ⅱ：分離不安 岩崎学術出版社
Bowlby, J. (1980) *Attachment and loss*: Vol. 3. *Loss: Sadness and depression*. New York: Basic Books. 黒田実郎・吉田恒子・横浜恵三子（訳） 1981 母子関係の理論Ⅲ：愛情喪失 岩崎学術出版社
Bowlby, J. (1982) *Attachment and loss*: Vol. 1. *Attachment* (2nd ed.). New York: Basic Books. (Original work published 1969) 黒田実郎・大羽 蓁・岡田洋子・黒田聖一（訳） 1991 母子関係の理論Ⅰ：愛着行動（新版） 岩崎学術出版社
Brumbaugh, C. C., & Fraley, R. C. (2004) *Transference and attachment: How do attachment patterns get carried forward from one relationship to the next?* Manuscript submitted for publication.

Caspi, A., & Roberts, B. W. (1999) Personality continuity and change across the life course. In L. A. Pervin & O. P. John (Eds.), *Handbook of personality: Theory and research* (2nd ed., pp. 300-326). New York: Guilford Press.
Collins, N. L. (1996) Working models of attachment: Implications for explanation, emotion, and behavior. *Journal of Personality and Social Psychology*, **71**, 810-832.
Collins, N. L., & Read, S. J. (1990) Adult attachment, working models, and relationship quality in dating couples. *Journal of Personality and Social Psychology*, **58**, 644-663.
Collins, N. L., & Read, S. J. (1994) Cognitive representations of attachment: The structure and function of working models. In K. Bartholomew & D. Perlman (Eds.), *Advances in personal relationships*: Vol. 5. *Attachment processes in adulthood* (pp. 53-90). London: Kingsley.
Cozzarelli, C., Karafa, J. A., Collins, N. L., & Tagler, M. J. (2003) Stability and change in adult attachment styles: Associations with personal vulnerabilities, life events, and global construals of self and others. *Journal of Social and Consulting Psychology*, **22**, 315-346.
Davila, J., Burge, D., & Hammen, C. (1997) Why does attachment style change? *Journal of Personality and Social Psychology*, **73**, 826-838.
Davila, J., & Cobb, R. J. (2003) Predicting change in self-reported and interviewer-assessed adult attachment: Tests of the individual difference and life stress models of attachment change. *Personality and Social Psychology Bulletin*, **29**, 859-870.
Davila, J., Karney, B. R., & Bradbury, T. N. (1999) Attachment change processes in the early years of marriage. *Journal of Personality and Social Psychology*, **76**, 783-802.
Duck, S. (1994) Attaching meaning to attachment. *Psychological Inquiry*, **5**, 34-38.
Feeney, J. A., & Noller, P. (1992) Attachment style and romantic love: Relationship dissolution. *Australian Journal of Psychology*, **44**, 69-74.
Feeney, J. A., Noller, P., & Callan, V. J. (1994) Attachment style, communication and satisfaction in the early years of marriage. In K. Bartholomew & D. Perlman (Eds.), *Advances in personal relationships*: Vol. 5. *Attachment processes in adulthood* (pp. 269-308). London: Kingsley.
Fraley, R. C. (2002) Attachment stability from infancy to adulthood: Meta-analysis and dynamic modeling of developmental mechanisms. *Personality and Social Psychology Review*, **6**, 123-151.
Fraley, R. C., & Roberts, B. W. (2005) Patterns of continuity: A dynamic model for conceptualizing the stability of individual differences in psychological constructs across the life course. *Psychological Review*, **112**, 60-74.
Fraley, R. C., & Shaver, P. R. (2000) Adult romantic attachment: Theoretical developments, emerging controversies, and unanswered questions. *Review of General Psychology*, **4**, 132-154.
Fraley, R. C., & Spieker, S. J. (2003) Are infant attachment patterns continuously or categorically distributed? A taxometric analysis of Strange Situation behavior. *Developmental Psychology*, **39**, 387-404.
Fraley, R. C., & Waller, N. G. (1998) Adult attachment patterns: A test of the typological model. In J. A. Simpson & W. S. Rholes (Eds.), *Attachment theory and close relationships* (pp. 77-114). New York: Guilford Press.
Fraley, R. C., Waller, N. G., & Brennan, K. A. (2000) An item response theory analysis of self-report measures of adult attachment. *Journal of Personality and Social Psychology*, **78**, 350-365.
Frazier, P. A., Byer, A. L., Fischer, A. R, Wright, D. M., & DeBord, K. A. (1996) Adult attachment style and partner choice: Correlational and experimental findings. *Personal Relationships*, **3**, 117-137.
Fuller, T. L., & Fincham, F. D. (1995) Attachment style in married couples: Relation to current marital functioning, stability over time, and method of assessment. *Personal Relationships*, **2**, 17-34.
Geary, D. C., & Huffman, K. J. (2002) Brain and cognitive evolution: Forms of modularity and functions of mind. *Psychological Bulletin*, **128**, 667-698.
Griffin, D., & Bartholomew, K. (1994) Models of the self and other: Fundamental dimensions underlying measures of adult attachment. *Journal of Personality and Social Psychology*, **67**, 430-445.
Haefner, J. W. (1996) *Modeling biological systems: Principles and applications.* New York: International Thomson.
Hammond, J. R., & Fletcher, G. J. O. (1991) Attachment styles and relationship satisfaction in the development of close relationships. *New Zealand Journal of Psychology*, **20**, 56-62.
Horowitz, M. J. (1991) (Ed.) *Person schemas and maladaptive interpersonal patterns.* Chicago: University of Chicago Press.
Huckfeldt, R. R., Kohfeld, C. W., & Likens, T. W. (1982) *Dynamic modeling: An introduction.* Newbury Park, CA: Sage.
Kagan, J. (1996) Three pleasing ideas. *American Psychologist*, **51**, 901-908.
Keelan, J. P. R., Dion, K. L., & Dion, K. K. (1994) Attachment style and heterosexual relationships among young adults: A short-term panel study. *Journal of Social and Personal Relationships*, **11**, 201-214.
Kenny, D. A., & Zautra, A. (2001) Trait-state models for longitudinal data. In L. M. Collins & A. G. Sayer (Eds.), *New methods for the analysis of change: Decade of behavior* (pp. 243-263). Washington, DC: American Psychological Association.
Kirkpatrick, L. A., & Hazan, C. (1994) Attachment styles and close relationships: A four-year prospective study. *Personal Relationships*, **1**, 123-142.
Klohnen, E. C., & Bera, S. (1998) Behavioral and experiential patterns of avoidantly and securely attached women across adulthood: A 31-year longitudinal perspective. *Journal of Personality and Social Psychology*, **74**, 211-223.

La Guardia, J. G., Ryan, R. M., Couchman, C., & Deci, E. L. (2000) Within-person variation in security of attachment: A self-determination theory perspective on attachment, need fulfillment, and well-being. *Journal of Personality and Social Psychology*, **79**, 367-384.
Lemery, K. S., Goldsmith, H. H., Klinnert, M. D., & Mrazek, D. A. (1999) Developmental models of infant and childhood temperament. *Developmental Psychology*, **35**, 189-204.
Levy, M. B., & Davis, K. E. (1988) Love styles and attachment styles compared: Their relations to each other and to various relationship characteristics. *Journal of Social and Personal Relationships*, **5**, 439-471.
Lewis, M. (1997) *Altering fate: Why the past does not predict the future.* New York: Guilford Press.
Lewis, M. (1999) On the development of personality. In L. A. Pervin & O. P. John (Eds.), *Handbook of personality: Theory and research* (2nd ed., pp. 327-346). New York: Guilford Press.
Lewis, M., Feiring, C., & Rosenthal, S. (2000) Attachment over time. *Child Development*, **71**, 707-720.
Lopez, F. G., & Gormley, B. (2002) Stability and change in adult attachment style over the first-year college transition: Relations to self-confidence, coping, and distress patterns. *Journal of Counseling Psychology*, **49**, 355-364.
O'Leary, D. D. M., Schlaggar, B. K., & Tuttle, R. (1994) Specification of neocortical areas and thalamocortical connections. *Annual Review of Neuroscience*, **17**, 419-439.
Owens, G., Crowell, J. A., Pan, H., Treboux, D., O'Connor, E., & Waters, E. (1995) The prototype hypothesis and the origins of attachment working models: Adult relationships with parents and romantic partners. In E. Waters, B. E. Vaughn, G. Posada, & K. Kondo-Ikemura (Eds.), Caregiving, cultural, and cognitive perspectives on secure-base behavior and working models: New growing points of attachment theory and research. *Monographs of the Society for Research in Child Development*, **60** (2-3, Serial No. 244), 216-233.
Pierce, C. R., Sarason, B. R., & Sarason, I. G. (1992) General and specific support expectations and stress as predictors of perceived supportiveness: An experimental study. *Journal of Personality and Social Psychology*, **63**, 297-307.
Pierce, T., & Lydon, J. (2001) Global and specific relational models in the experience of social interactions. *Journal of Personality and Social Psychology*, **80**, 613-631.
Pietromonaco, P. R., & Carnelley, K. B. (1994) Gender and working models of attachment: Consequences for perceptions of self and romantic relationships. *Personal Relationships*, **1**, 63-82.
Pistole, M. C. (1989) Attachment in adult romantic relationships: Style of conflict resolution and relationship satisfaction. *Journal of Social and Personal Relationships*, **6**, 505-510.
Rakic, P. (1988, July 8) Specification of cerebral cortical areas. *Science*, **241**, 170-176.
Rumelhart, D. E., McClelland, J. L., & the PDP Research Group. (1986) *Parallel distributed processing., Explorations in the microstructure of cognition.* London: MIT Press.
Ruvolo, A. P., Fabin, L. A., & Ruvolo, C. M. (2001) Relationship experiences and change in attachment characteristics of young adults: The role of relationship breakups and conflict avoidance. *Personal Relationships*, **8**, 265-281.
Scharfe, E., & Bartholomew, K. (1994) Reliability and stability of adult attachment patterns. *Personal Relationships*, **9**, 51-64.
Senchak, M., & Leonard, K. E. (1992) Attachment styles and marital adjustment among newlywed couples. *Journal of Social and Personal Relationships*, **9**, 51-64.
Shaver, P. R., & Brennan, K. A. (1992) Attachment styles and the "Big Five" personality traits: Their connections with each other and with romantic relationship outcomes. *Personality and Social Psychology Bulletin*, **18**, 536-545.
Smith, E. R., Murphy, J., & Coats, S. (1999) Attachment to groups: Theory and measurement. *Journal of Personality and Social Psychology*, **77**, 94-110.
Smith, L. B., & Thelen, E. (Eds.) (1993) *A dynamic systems approach to development: Applications.* Cambridge, MA: MIT Press.
Sroufe, L. A. (1979) The coherence of individual development: Early care, attachment, and subsequent developmental issues. *American Psychologist*, **34**, 834-841.
Sroufe, L. A., Egeland, B., & Kreutzer, T. (1990) The fate of early experience following developmental change: Longitudinal approaches to individual adaptation in childhood. *Child Development*, **61**, 1363-1373.
Sroufe, L. A., & Jacobvitz, D. (1989) Diverging pathways, developmental transformations, multiple etiologies and the problem of continuity in development. *Human Development*, **32**, 196-203.
Tinio, E. J. (1992) *Career and relationship commitment in two university samples: The importance of self-efficacy.* Unpublished honors thesis, University of Winnipeg.
Troy, M., & Sroufe, L. A. (1987) Victimization among preschoolers: Role of attachment relationship history. *Journal of American Academy of Child and Adolescent Psychiatry*, **26**, 166-172.
van Geert, P. (1994) *Dynamic systems of development.* New York: Harvester Wheatsheaf.
van Geert, P. (1997) Time and theory in social psychology. *Psychological Inquiry*, **8**, 143-151.
van IJzendoorn, M. H. (1996) Commentary. *Human Development*, **39**, 224-231.
Waddington, C. H. (1957) *The strategy of the genes: A discussion of some aspects of theoretical biology.* London: Allen & Unwin.
Waters, E., Merrick, S., Treboux, D., Crowell, J., & Albersheim, L. (2000) Attachment security in infancy and early adulthood: A 20-year longitudinal study. *Child Development*, **71**, 684-689.

Waters, E., Wippman, J., & Sroufe, L. A. (1979) Attachment, positive affect, and competence in the peer group: Two studies in construct validation. *Child Development*, **50**, 821-829.
Westen, D. (1998) The scientific legacy of Sigmund Freud: Toward a psychodynamically informed psychological science. *Psychological Bulletin*, **124**, 333-371.
Wieselquist, J., Rusbult, C. E., Foster, C. A., & Agnew, C. (1999) Commitment, pro-relationship behavior, and trust in close relationships. *Journal of Personality and Social Psychology*, **77**, 942-966.

■ 5章

Ainsworth, M. D. S., Blehar, M. C., Waters, E., & Wall, S. (1978) *Patterns of attachment: A psychological study of the Strange Situation*. Hillsdale, NJ: Erlbaum.
Amato, P. R. (2000) The consequences of divorce for adults and children. *Journal of Marriage and the Family*, **62**, 1269-1287.
Baldwin, M. W., & Fehr, B. (1995) On the instability of attachment style ratings. *Personal Relationships*, **2**, 247-261.
Baldwin, M. W., Keelan, J. P. R., Fehr, B., Enns, V., & Koh-Rangarajoo, E. (1996) Social-cognitive conceptualization of attachment working models: Availability and accessibility effect. *Journal of Personality and Social Psychology*, **71**, 94-109.
Bartholomew, K. (1998) *The Family and Peer Attachment Interview*. Unpublished manuscript, Simon Fraser University, Canada.
Bartholomew, K., & Horowitz, L. M. (1991) Attachment styles among young adults: A test of a four-category model. *Journal of Personality and Social Psychology*, **61**, 226-244.
Bartholomew, K., & Shaver, P. R. (1998) Methods of assessing adult attachment: Do they converge? In J. A. Simpson & W. S. Rholes (Eds.), *Attachment theory and close relationships* (pp. 25-45). New York: Guilford Press.
Bolger, N., & Schilling, E. A. (1991) Personality and the problems of everyday life: The role of neuroticism in exposure and reactivity to daily stressors. *Journal of Personality and Social Psychology*, **59**, 355-386.
Bolger, N., & Zuckerman, A. (1995) A framework for studying personality in the stress process. *Journal of Personality and Social Psychology*, **69**, 890-902.
Bower, G. H. (1981) Mood and memory. *American Psychologist*, **36**, 129-148.
Bowlby, J. (1969) *Attachment and loss*: Vol. 1. *Attachment*. New York: Basic Books. 黒田実郎 他（訳）1976　母子関係の理論Ⅰ：愛着行動　岩崎学術出版社
Bowlby, J. (1973) *Attachment and loss*: Vol. 2. *Separation: Anxiety and anger*. New York: Basic Books. 黒田実郎・岡田洋子・吉田恒子（訳）1977　母子関係の理論Ⅱ：分離不安　岩崎学術出版社
Bridges, L., Connell, J. P., & Belsky, J. (1988) Similarities and differences in infant-mother and infant-father interaction in the Strange Situation. *Developmental Psychology*, **24**, 92-100.
Caspi, A., & Roberts, B. W. (2001) Personality development across the life course: The argument for change and continuity. *Psychological Inquiry*, **12**, 49-66.
Cobb, R. J., Davila, J., Rothman, A., Lawrence, E., & Bradbury, T. N. (2003) *Changes in marital satisfaction and attachment security over the transition to parenthood*. Manuscript submitted for publication.
Collins, N. L., & Read, S. J. (1994) Cognitive representations of attachment: The structure and function of working models. In K. Bartholomew & D. Perlman (Eds.), *Advances in personal relationships*: Vol. 5. *Attachment processes in adulthood* (pp. 53-90). London: Kingsley.
Crowell, J. A., Fraley, R. C., & Shaver, P. R. (1999) Measurement of individual differences in adolescent and adult attachment. In J. Cassidy & P. R. Shaver (Eds.), *Handbook of attachment: Theory, research, and clinical applications* (pp. 434-465).New York: Guilford Press.
Crowell, J. A., Treboux, D., & Waters, E. (2002) Stability of attachment representations: The transition to marriage. *Developmental Psychology*, **38**, 467-479.
Davila, J., Burge, D., & Hammen, C. (1997) Why does attachment style change? *Journal of Personality and Social Psychology*, **73**, 826-838.
Davila, J., & Cobb, R. J. (2003) Predicting change in self-reported and interviewer-assessed adult attachment: Tests of the individual difference and life stress models of attachment change. *Personality and Social Psychology Bulletin*, **29**, 859-870.
Davila, J., Karney, B. R., & Bradbury, T. N. (1999) Attachment change processes in the early years of marriage. *Journal of Personality and Social Psychology*, **76**, 783-802.
Davila, J., & Sargent, E. (2003) The meaning of life (events) predicts change in attachment security. *Personality and Social Psychology Bulletin*, **29**, 1383-1395.
Diamond, G. S., Brendali, F. R., Diamond, G. M., Siqueland, L., & Isaacs, L. (2002) Attachment-based family therapy for depressed adolescents: A treatment development study. *Journal of American Academy of Child and Adolescent Pshchiatry*, **41**(10), 1190-1196.
Egeland, B., & Farber, E. A. (1984) Infant-mother attachment: Factors related to its development and changes over time. *Child Development*, **55**, 753-771.
Egeland, B., & Sroufe, L. A. (1981) Attachment and early maltreatment. *Child Development*, **52**, 44-52.

Eiden, R. D., Edwards, E. P., & Leonard, K. E. (2002) Mother-infant and father-infant attachment among alcoholic families. *Development and Psychopathology*, **14**, 253-278.

Furman, W., & Shaffer, L. (2002, April) *Conflict and conflict resolution in adolescent romantic relationships*. Poster presented at the biennial meeting of the Society for Research on Adolescence, New Orleans, LA.

George, C., Kaplan, N., & Main, M. (1985) *Attachment interview for adults*. Unpublished manuscript, University of California, Berkeley.

Greenberg, L. S., & Johnson, S. M. (1988) *Emotionally focused therapy for couples*. New York: Guilford Press.

Hamilton, C. (2000) Continuity and discontinuity of attachment from infancy through adolescence. *Child Development*, **71**, 690-694.

Hammen, C., & Brennan, P. A. (2001) Depressed adolescents of depressed and nondepressed mothers: Tests of an interpersonal impairment hypothesis. *Journal of Consulting and Clinical Psychology*, **69**, 284-294.

Helson, R., Kwan, V., John, O. P., & Jones, C. (2002) The growing evidence for personality change in adulthood: Findings from research with personality inventories. *Journal of Research in Personality*, **36**, 287-306.

Johnson, S. M. (1996) *Creating Connection: The practice of emotionally focused marital therapy*. New York: Brunner/Mazel.

Johnson, S. M., Hunsley, J., Greenberg, L., & Schindler, D. (1999) Emotionally focused couples therapy: Status and challenges. *Clinical Psychology: Science and Practice*, **6**, 67-79.

Johnson, S. M., & Talitman, E. (1996) Predictors of success in emotionally focused marital therapy. *Journal of Marital and Family Therapy*, **23**(2), 135-152.

Keiley, M. K. (2002) The development and implementation of an affect regulation and attachment intervention for incarcerated adolescents and their parents. *Family Journal-Counseling and Therapy for Couples and Families*, **10**(2), 177-189.

Kirkpatrick, L. A., & Hazan, C. (1994) Attachment styles and close relationships: A four-year prospective study. *Personal Relationships*, **1**, 123-142.

Lamb, M. E. (1977) Father-infant and mother-infant interaction in the first year of life. *Child Development*, **48**, 167-181.

Lieberman, A. F., Weston, D. R., & Pawl, J. H. (1991) Preventive intervention and outcome with anxiously attached dyads. *Child Development*, **62**(1), 199-209.

Lewis, M., Feiring, C., & Rosenthal, S. (2000) Attachment over time. *Child Development*, **71**, 707-720.

Main, M. (1991) Metacognitive knowledge, metacognitive monitoring, and singular (coherent) vs. multiple (incoherent) models of attachment: Findings and directions for future research. In C. M. Parkes, J. Stevenson-Hinde, & P. Marris (Eds.), *Attachment across the life cycle* (pp. 127-159). London: Tavistock/Routledge.

Main, M., & Weston, D. R. (1981) The quality of toddler's relationship to mother and father: Related to conflict behavior and the readiness to establish new relationships. *Child Development*, **52**, 932-940.

McGuire, W. J., McGuire, C. V., Child, P., & Fujioka, T. (1978) Salience of ethnicity in the spontaneous self-concept as a function of one's ethnic distinctiveness in the social environment. *Journal of Personality and Social Psychology*, **36**, 511-520.

Mikulincer, M., & Arad, D. (1999) Attachment working models and cognitive openness in close relationships: A test of chronic and temporary accessibility effect. *Journal of Personality and Social Psychology*, **77**, 710-725.

Mikulincer, M., Gillath, O., & Shaver, P. R. (2002) Activation of the attachment system in adulthood: Threat-related primes increase the accessibility of mental representations of attachment figures. *Journal of Personality and Social Psychology*, **83**, 881-895.

Morse, S., & Gergen, K. J. (1970) Social comparison, self-consistency, and the concept of self. *Journal of Personality and Social Psychology*, **16**, 148-156.

Nisbett, R. E., & Wilson, T. D. (1977) Telling more than we can know: Verbal reports on mental processes. *Psychological Review*, **84**, 231-259.

Scharfe, E., & Bartholomew, K. (1994) Reliability and stability of adult attachment patterns. *Personal Relationships*, **1**, 23-43.

Segal, Z. V. (1988) Appraisal of the self-schema construct in cognitive models of depression. *Psychological Bulletin*, **103**, 147-162.

Shaver, P. R., Belsky, J., & Brennan, K. (2000) The Adult Attachment Interview and self-reports of romantic attachment: Associations across domains and methods. *Personal Relationships*, **7**, 25-43.

Simpson, J. A., Rholes, W. S., Campbell, L., & Willson, C. L. (2003) Changes in attachment orientations across the transition to parenthood. *Journal of Experimental Social Psychology*, **39**, 317-331.

Simpson, J. A., Rholes, W. S., Oriña, M. M., & Grich, J. (2002) Working models of attachment, support giving, and support seeking in a stressful situation. *Personality and Social Psychology Bulletin*, **28**, 598-608.

Teti, D. M., Gelfand, D. M., Messinger, D. S., & Isabella, R. (1995) Maternal depression and the quality of early attachment: An examination of infants, preschoolers, and their mothers. *Developmental Psychology*, **31**, 364-376.

Travis, L. A., Bliwise, N. G., Binder, J. L., & Horne-Moyer, H. L. (2001) Changes in clients' attachment styles over the course of time-limited dynamic psychotherapy. *Psychotherapy*, **38**, 149-159.

Vaughn, B. E., Egeland, B. R., Sroufe, L. A., & Waters, E. (1979) Individual differences in infant/mother attachment at twelve and eighteen months: Stability and change in families under stress. *Child Development*, **50**, 971-975.

Waters, E., Crowell, J. A., Elliott, M., Corcoran, D., & Treboux, D. (2002) Bowlby's secure base theory and the social/personality psychology of attachment style: Work(s) in progress. *Attachment and Human Development*, **4**, 230-242.
Waters, E., Merrick, S. K., Treboux, D., Crowell, J., & Albersheim, L. (2000) Attachment security in infancy and early adulthood: A twenty-year longitudinal study. *Child Development*, **71**, 684-689.
Wegner, D. M., & Bargh, J. A. (1998) Control and automaticity in social life. In D. T. Gilbert, S. T. Fiske, & G. Lindzey (Eds.), *The handbook of social psychology* (4th ed., Vol. 1, pp. 446-496). New York: McGraw-Hill.
Weinfeld, N. S., Sroufe, L. A., & Egeland, B. (2000) Attachment from infancy to early adulthood in a high-risk sample: Continuity, discontinuity, and their correlates. *Child Development*, **71**, 695-702.

6章

Aiken, L. S., & West, S. G. (1991) *Multiple regression: Testing and interpreting interactions*. Newbury Park, CA: Sage.
Ainsworth, M. D. S. (1973) The development of infant-mother attachment. In B. M. Caldwell & H. N. Ricciuti (Eds.), *Review of child development research* (Vol. 3, pp. 1-94).Chicago: University of Chicago Press.
Ainsworth, M. D. S., Blehar, M. C., Waters, E., & Wall, S. (1978) *Patterns of attachment: A psychological study of the Strange Situation*. Hillsdale, NJ: Erlbaum.
Allen, J. P., & Land, D. (1999) Attachment in adolescence. In J. Cassidy & P. R. Shaver (Eds.), *Handbook of attachment: Theory, research, and clinical applications* (pp. 319-335). New York: Guilford Press.
Alonso-Arbiol, I., Shaver, P. R., & Yarnoz, S. (2002) Insecure attachment, gender roles, and interpersonal dependency in the Basque Country. *Personal Relationships*, **9**, 479-490.
Andersen, S. M., & Chen, S. (2002) The relational self: An interpersonal social-cognitive theory. *Psychological Review*, **109**, 619-645.
Aron, A., Aron, E. N., & Norman, C. (2001) Self-expansion model of motivation and cognition in close relationships and beyond. In G. J. O. Fletcher & M. S. Clark (Eds.), *Blackwell handbook of social psychology: Interpersonal processes* (pp. 478-501). Malden, MA: Blackwell.
Baldwin, M. W. (1992) Relational schemas and the processing of social information. *Psychological Bulletin*, **112**, 461-484.
Baldwin, M. W., Keelan, J. P. R., Fehr, B., Enns, V., & Koh-Rangarajoo, E. (1996) Social-cognitive conceptualization of attachment working models: Availability and accessibility effects. *Journal of Personality and Social Psychology*, **71**, 94-109.
Baldwin, M. W., & Meunier, J. (1999) The cued activation of attachment relational schemas. *Social Cognition*, **17**, 209-227.
Bandura, A. (1986) *Social foundations of thought and action: A social cognitive theory*. Englewood Cliffs, NJ: Prentice Hall.
Bartholomew, K. (1990) Avoidance of intimacy: An attachment perspective. *Journal of Social and Personal Relationships*, **7**, 147-178.
Bartholomew, K., & Horowitz, L. M. (1991) Attachment styles among young adults: A test of a four-category model. *Journal of Personality and Social Psychology*, **61**, 226-244.
Berant, E., Mikulincer, M., & Florian, V. (2001) The association of mothers' attachment style and their psychological reactions to the diagnosis of infant's congenital heart disease. *Journal of Social and Clinical Psychology*, **20**, 208-232.
Berlin, L. J., & Cassidy, J. (1999) Relations among relationships: Contributions from attachment theory and research. In J. Cassidy & P. R. Shaver (Eds.), *Handbook of attachment: Theory, research, and clinical applications* (pp. 688-712). New York: Guilford Press.
Birnbaum. G. E., Orr, I., Mikulincer, M., & Florian, V. (1997) When marriage breaks up: Does attachment style contribute to coping and mental health? *Journal of Social and Personal Relationships*, **14**, 643-654.
Blatt, S. J., & Behrends, R. S. (1987) Internalization, separation-individuation, and the nature of therapeutic action. *International Journal of Psychoanalysis*, **68**, 279-297.
Bollas, C. (1987) *The shadow of the object*. New York: Columbia University Press.
Bowlby, J. (1973) *Attachment and loss*: Vol. 2. *Separation: Anxiety and anger*. New York: Basic Books. 黒田実郎・岡田洋子・吉田恒子（訳）　1977　母子関係の理論Ⅱ：分離不安　岩崎学術出版社
Bowlby, J. (1980) *Attachment and loss*: Vol. 3. *Sadness and depression*. New York: Basic Books. 黒田実郎・吉田恒子・横浜恵三子（訳）　1981　母子関係の理論Ⅲ：愛情喪失　岩崎学術出版社
Bowlby, J. (1982) *Attachment and loss*: Vol.1. *Attachment* (2nd ed.). New York: Basic Books. (Original work published 1969) 黒田実郎・大羽　蓁・岡田洋子・黒田聖一（訳）　1991　母子関係の理論Ⅰ：愛着行動（新版）　岩崎学術出版社
Bowlby, J. (1988) *A secure base: Clinical applications of attachment theory*. London: Routledge. 二木　武（監訳）　1993　母と子のアタッチメント：心の安全基地　医歯薬出版
Brennan, K. A., Clark, C. L., & Shaver, P. R. (1998) Self-report measurement of adult attachment: An integrative overview. In J. A. Simpson & W. S. Rholes (Eds.), *Attachment theory and close relationships* (pp. 46-76). New

York: Guilford Press.
Brennan, K. A., & Shaver, P. R. (1998) Attachment styles and personality disorders: Their connections to each other and to parental divorce, parental death, and perceptions of parental caregiving. *Journal of Personality*, **66**, 835-878.
Buckley, P. (Ed.) (1986) *Essential papers on object relations*. New York: New York University Press.
Cantor, N., Markus, H., Niedenthal, P., & Nurius, P. (1986) On motivation and the self-concept. In R. M. Sorrentino & E. T. Higgins (Eds.), *Handbook of motivation and cognition: Foundations of social behavior* (pp. 96-121). New York: Guilford Press.
Carpenter, E. M., & Kirkpatrick, L. A. (1996) Attachment style and presence of a romantic partner as moderators of psychophysiological responses to a stressful laboratory situation. *Personal Relationships*, **3**, 351-367.
Cassidy, J., & Kobak, R. R. (1988) Avoidance and its relationship with other defensive processes. In J. Belsky & T. Nezworski (Eds.), *Clinical implications of attachment* (pp. 300-323). Hillsdale, NJ: Erlbaum.
Chartrand, T. L., & Bargh, J. A. (2002) Nonconscious motivations: Their activation, operation, and consequences. In A. Tesser & D. A. Stapel (Eds.), *Self and motivation: Emerging psychological perspectives* (pp. 13-41). Washington, DC: American Psychological Association.
Collins, N. L., & Feeney, B. C. (2000) A safe haven: An attachment theory perspective on support seeking and caregiving in intimate relationships. *Journal of Personality and Social Psychology*, **78**, 1053-1073.
Collins, N. L., & Read, S. J. (1994) Cognitive representations of attachment: The structure and function of working models. In K. Bartholomew & D. Perlman (Eds.), *Advances in personal relationships*: Vol.5. *Attachment processes in adulthood* (pp. 53-90). London: Kingsley.
Deci, E. L., & Ryan, R. M. (1991) A motivational approach to self: Integration in personality. In R. Dienstbier (Ed.), *Nebraska Symposium on Motivation*: Vol.38. *Perspectives on motivation* (pp. 237-288). Lincoln: University of Nebraska Press.
De Wolff, M. S., & van IJzendoorn, M. H. (1997) Sensitivity and attachment: A meta-analysis on parental antecedents of infant attachment. *Child Development*, **68**, 571-591.
Feeney, B. C., & Kirkpatrick, L. A. (1996) Effects of adult attachment and presence of romantic partners on physiological responses to stress. *Journal of Personality and Social Psychology*, **70**, 255-270.
Fraley, R. C., & Shaver, P. R. (2000) Adult romantic attachment: Theoretical developments, emerging controversies, and unanswered questions. *Review of General Psychology*, **4**, 132-154.
Fraley, R. C., & Waller, N. G. (1998) Adult attachment patterns: A test of the typological model. In J. A. Simpson & W. S. Rholes (Eds.), *Attachment theory and close relationships* (pp. 77-114). New York: Guilford Press.
Fredrickson, B. L. (2001) The role of positive emotions in positive psychology: The broaden-and-build theory of positive emotions. *American Psychologist*, **56**, 218-226.
Furman, W. W., & Wehner, E. A. (1994) Romantic views: Toward a theory of adolescent romantic relationships. In R. Montemayor, G. R. Adams, & T. P. Gullotta (Eds.), *Personal relationships during adolescence* (pp. 168-195). Thousand Oaks, CA: Sage.
Gerstel. N., & Gross, H. (1984) *Commuter marriage: A study of work and family*. New York: Guilford Press.
Green, J. D., & Campbell, W. K. (2000) Attachment and exploration in adults: Chronic and contextual accessibility. *Personality and Social Psychology Bulletin*, **26**, 452-461.
Greenberg, J. R., & Mitchell, S. A. (1983) *Object relations in psychoanalytic theory*. Cambridge, MA: Harvard University Press.
Hazan, C., & Shaver, P. R. (1987) Romantic love conceptualized as an attachment process. *Journal of Personality and Social Psychology*, **52**, 511-524.
Hazan, C., & Shaver, P. R. (1990) Love and work: An attachment-theoretical perspective. *Journal of Personality and Social Psychology*, **59**, 270-280.
Hesse, E. (1999) The Adult Attachment Interview: Historical and current perspectives. In J. Cassidy & P. R. Shaver (Eds.), *Handbook of attachment: Theory, research, and clinical applications* (pp. 395-433). New York: Guilford Press.
Higgins, E. T. (1987) Self-discrepancy theory: A theory relating self and affect. *Psychological Review*, **94**, 319-340.
Higgins, E. T., & Bargh, J. A. (1987) Social cognition and social perception. In M. R. Rosenzweig & L. W. Porter (Eds.), *Annual review of psychology* (Vol. 38, pp. 369-425). Palo Alto, CA: Annual Reviews.
Hinkley, K., & Andersen, S. M. (1996) The working self-concept in transference: Significant-other activation and self-change. *Journal of Personality and Social Psychology*, **71**, 1279-1295.
James, W. (1890) *The principles of psychology* (Vol. 1) Cambridge, MA: Harvard University Press.
Kirkpatrick, L. A. (1998) Evolution, pair-bonding, and reproductive strategies: A reconceptualization of adult attachment. In J. A. Simpson & W. S. Rholes (Eds.), *Attachment theory and close relationships* (pp. 353-393). New York: Guilford Press.
Kohut, H. (1971) *The analysis of the self*. New York: International Universities Press.
Kohut, H. (1977) *The restoration of the self*. New York: International Universities Press.
Kunce, L. J., & Shaver, P. R. (1994) An attachment-theoretical approach to caregiving in romantic relationships. In K. Bartholomew & D. Perlman (Eds.), *Advances in personal relationships*: Vol. 5. *Attachment processes in adulthood* (pp. 205-237). London: Kingsley.

Larose, S., Bernier, A., Soucy, N., & Duchesne, S. (1999) Attachment style dimensions, network orientation, and the process of seeking help from college teachers. *Journal of Social and Personal Relationships*, **16**, 225-247.

Magai, C. (1999) Affect, imagery, and attachment: Working models of interpersonal affect and the socialization of emotion. In J. Cassidy & P. R. Shaver (Eds.), *Handbook of attachment: Theory, research, and clinical applications* (pp. 787-802). New York: Guilford Press.

Main, M. (1990) Cross-cultural studies of attachment organization: Recent studies, changing methodologies, and the concept of conditional strategies. *Human Development*, **33**, 48-61.

Main, M., Kaplan, N., & Cassidy, J. (1985) Security in infancy, childhood, and adulthood: A move to the level of representation. *Monographs of the Society for Research in Child Development*, **50**(1 & 2, Serial No. 209), 66-104.

Markus, H., & Nurius, P. (1986) Possible selves. *American Psychologist*, **41**, 954-969.

McGowan, S. (2002) Mental representations in stressful situations: The calming and distressing effects of significant others. *Journal of Experimental Social Psychology*, **38**, 152-161.

Medway, F. J., Davis, K. E., Cafferty, T. P., & Chappell, K. D. (1995) Family disruption and adult attachment correlates of spouse and child reactions to separation and reunion due to Operation Desert Storm. *Journal of Social and Clinical Psychology*, **14**, 97-118.

Meissner, W.W. (1981) *Internalization in psychoanalysis*. New York: International Universities Press.

Mikulincer, M. (1994) *Human, learned helplessness: A coping perspective*. New York: Plenum Press.

Mikulincer, M. (1995) Attachment style and the mental representation of the self. *Journal of Personality and Social Psychology*, **69**, 1203-1215.

Mikulincer, M. (1997) Adult attachment style and information processing: Individual differences in curiosity and cognitive closure. *Journal of Personality and Social Psychology*, **72**, 1217-1230.

Mikulincer, M., Birnbaum, G., Woddis, D., & Nachmias, O. (2000) Stress and accessibility of proximity-related thoughts: Exploring the normative and intraindividual components of attachment theory. *Journal of Personality and Social Psychology*, **78**, 509-523.

Mikulincer, M., & Florian, V. (1995) Appraisal of and coping with a real-life stressful situation: The contribution of attachment styles. *Personality and Social Psychology Bulletin*, **21**, 406-414.

Mikulincer, M., & Florian, V. (1998) The relationship between adult attachment styles and emotional and cognitive reactions to stressful events. In J. A. Simpson & W. S. Rholes (Eds.), *Attachment theory and close relationships* (pp. 143-165). New York: Guilford Press.

Mikulincer, M., & Florian, V. (1999) Maternal-fetal bonding, coping strategies, and mental health during pregnancy: The contribution of attachment style. *Journal of Social and Clinical Psychology*, **18**, 255-276.

Mikulincer, M., & Florian. V. (2000) Exploring individual differences in reactions to mortality salience: Does attachment style regulate terror management mechanisms? *Journal of Personality and Social Psychology*, **79**, 260-273.

Mikulincer, M., Florian, V., & Weller, A. (1993) Attachment styles, coping strategies, and posttraumatic psychological distress: The impact of the Gulf War in Israel. *Journal of Personality and Social Psychology*, **64**, 817-826.

Mikulincer, M., Gillath, O., Halevy, V., Avihou, N., Avidan, S., & Eshkoli, N. (2001a) Attachment theory and reactions to others' needs: Evidence that activation of the sense of attachment security promotes empathic responses. *Journal of Personality and Social Psychology*, **81**, 1205-1224.

Mikulincer, M., Gillath, O., & Shaver, P. R. (2002) Activation of the attachment system in adulthood: Threat-related primes increase the accessibility of mental representations of attachment figures. *Journal of Personality and Social Psychology*, **83**, 881-895.

Mikulincer, M., Hirschberger, G.. Nachmias, O., & Gillath, O. (2001b) The affective component of the secure base schema: Affective priming with representations of attachment security. *Journal of Personality aud Social Psychology*, **81**, 305-321.

Mikulincer, M., & Shaver, P. R. (2001) Attachment theory and intergroup bias: Evidence that priming the secure base schema attenuates negative reactions to out-groups. *Journal of Personality and Social Psychology*, **81**, 97-115.

Mikulincer, M., & Shaver, P. R. (2003) The attachment behavioral system in adulthood: Activation, psychodynamics, and interpersonal processes. In M. P. Zanna (Ed.), *Advances in experimental social psychology* (Vol. 35, pp. 53-152). New York: Academic Press.

Mikulincer, M., Shaver, P. R., & Pereg, D. (2003) Attachment theory and affect regulation: The dynamics, development, and cognitive consequences of attachment-related strategies. *Motivation and Emotion*, **27**, 77-102.

Mischel, W., & Shoda, Y. (1995) A cognitive-affective system theory of personality: Reconceptualizing situations, dispositions, dynamics, and invariance in personality structure. *Psychological Review*, **102**, 246-268.

Moretti, M. M., & Higgins, E. T. (1999) Internal representations of others in selfregulation: A new look at a classic issue. *Social Cognition*, **17**, 186-208.

Ognibene, T. C., & Collins, N. L. (1998) Adult attachment styles, perceived social support, and coping strategies. *Journal of Social and Personal Relationships*, **15**, 323-345.

Pierce, T., & Lydon, J. (1998) Priming relational schemas: Effects of contextually activated and chronically accessible interpersonal expectations on responses to a stressful event. *Journal of Personality and Social Psychology*, **75**, 1441-1448.

Rogers, C. (1951) *Client-centered therapy*. Boston: Houghton Mifflin.
Rubin, K. H., Bukowski, W., & Parker, J. G. (1998) Peer interactions, relationships, and groups. In W. Damon (Series Ed.) & N. Eisenberg (Vol. Ed.), *Handbook of child psychology*: Vol. 3. *Social, emotional, and personality development* (5th ed., pp. 619-700). New York: Wiley.
Sandler, J., & Rosenblatt, B. (1962) The concept of the representational world. *Psychoanalytic Study of the Child*, 27, 128-145.
Sarason, I. G., Sarason, B. R., Keefe, D. E., Hayes, B. E., & Shearin, E. N. (1986) Cognitive interference: Situational determinants and traitlike characteristics. *Journal of Personality and Social Psychology*, 51, 215-226.
Schafer, R. (1968) *Aspects of internalization*. New York: International Universities Press.
Shaver, P. R., & Mikulincer, M. (2002) Attachment-related psychodynamics. *Attachment and Human Development*, 4, 133-161.
Simpson, J. A., Rholes, W. S., & Nelligan, J. S. (1992) Support seeking and support giving within couples in an anxiety-provoking situation: The role of attachment styles. *Journal of Personality and Social Psychology*, 62, 434-446.
Solomon, Z., Ginzburg, K., Mikulincer M., Neria, Y., & Ohry, A. (1998) Coping with war captivity: The role of attachment style. *European Journal of Personality*, 12, 271-285.
Sroufe, L. A. (1996) *Emotional development: The organization of emotional life in the early years*. New York: Cambridge University Press.
Sroufe, L. A., Fox, N., & Pancake, V. (1983) Attachment and dependency in developmental perspective. *Child Development*, 54, 1615-1627.
Sullivan, H. S. (1953) *The interpersonal theory of psychiatry* (H. S. Perry & M. L. Gawel, Eds.) New York: Norton.
Thompson, R. A. (1999) Early attachment and later development. In J. Cassidy & P. R. Shaver (Eds.), *Handbook of attachment: Theory, research., and clinical applications* (pp. 265-286). New York: Guilford Press.
Tronick, E. Z. (1989) Emotions and emotional communication in infants. *American Psychologist*, 44, 112-119.
Weinfield, N. S., Sroufe, L. A., Egeland, B., & Carlson, E. A, (1999) The nature of individual differences in infant-caregiver attachment. In J. Cassidy & P. R. Shaver (Eds.), *Handbook of attachment: Theory, research, and clinical applications* (pp. 68-88). New York: Guilford Press.
Winnicott, D. W. (1965) *The maturational process and the facilitating environment*. London: Hogarth.
Zeifman, D., & Hazan, C. (1997) A process model of adult attachment formation. In S. Duck (Ed.), *Handbook of personal relationships* (2nd ed., pp. 179-195). Chichester, UK: Wiley.

7章

Ainsworth, M. D. S., Blehar, M. C., Waters, E., & Wall, S. (1978) *Patterns of attachment: A psychological study of the strange situation*. Hillsdale, NJ: Erlbaum.
Andersen, S. M., & Baum, A. (1994) Transference in interpersonal relations: Inferences and affect based on significant-other representations. *Journal of Personality*, 62, 459-497.
Andersen, S. M., & Chen, S. (2002) The relational self: An interpersonal social-cognitive theory. *Psychological Review*, 109, 619-645.
Baldwin, M. W. (1992) Relational schemas and the processing of social information. *Psychological Bulletin*, 112, 461-484.
Baldwin, M. W., Fehr, B., Keedian, E., Seidel, M., & Thomson, D. W. (1993) An exploration of the relational schemata underlying attachment styles: Self-report and lexical decision approaches. *Personality and Social Psychology Bulletin*, 19, 746-754.
Baldwin, M. W., & Kay, A. C. (2003) Adult attachment and the inhibition of rejection. *Journal of Social and Clinical Psychology*, 22, 275-293.
Baldwin, M. W., Keelan, J. P. R., Fehr, B., Enns, V., & Koh-Rangarajoo, E. (1996) Social-cognitive conceptualization of attachment working models: Availability and accessibility effects. *Journal of Personality and Social Psychology*, 71, 94-109.
Baldwin, M. W., & Meunier, J. (1999) The cued activation of attachment relational schemas. *Social Cognition*, 17, 209-227.
Bargh, J. A. (1984) Automatic and conscious processing of social information. In R. S. Wyer & T. K. Srull (Eds.), *Handbook of social cognition* (Vol. 3, pp. 1-44). Hillsdale, NJ: Erlbaum.
Bargh, J. A. (1997) The automaticity of everyday life. In R. S. Wyer, Jr. (Ed.), *Advances in social cognition* (Vol. 10, pp. 1-61). Mahwah, NJ: Erlbaum.
Barhg, J. A., Chen, M., & Burrows, L. (1996) Automaticity of social behavior: Direct effects of trait construct and stereotype activation on action. *Journal of Personality and Social Psychology*, 71, 230-244.
Bartholomew, K., & Horowitz, L. M. (1991) Attachment styles among young adults: A test of a four-category model. *Journal of Personality and Social Psychology*, 61, 226-244.
Berscheid, E. (1983) Emotion. In H. H. Kelley, E. Berscheid, A. Christensen, J. Harvey, T. Huston, G. Levinger, E. McClintock, L. A. Peplau, & D. Peterson (Eds.), *Close relationships* (pp. 110-168). San Francisco: Freeman.
Berscheid, E. (1994) Interpersonal relationships. *Annual Review of Psychology*, 45, 79-129.

Bowlby, J. (1973) *Attachment and loss*: Vol. 2. *Separation: Anxiety and anger*. New York: Basic Books. 黒田実郎・岡田洋子・吉田恒子 (訳) 1977 母子関係の理論Ⅱ：分離不安 岩崎学術出版社

Bowlby, J. (1979) *The making and breaking of affectional bonds*. London: Tavistock. 作田 勉 (監訳) 1981 ボウルビィ母子関係入門 星和書店

Bowlby, J. (1980) *Attachment and loss*: Vol. 3. Loss: *Sadness and depression*. New York: Basic Books. 黒田実郎・吉田恒子・横浜恵三子 (訳) 1981 母子関係の理論Ⅲ：愛情喪失 岩崎学術出版社

Brennan, K. A., & Bosson, J. K. (1998) Attachment-style differences in attitudes toward and reactions to feedback from romantic partners: An exploration of the relational bases of self-esteem. *Personality and Social Psychology Bulletin*, 24, 699-714.

Brennan, K. A., Clark, C. L., & Shaver, P. R. (1998) Self-report measurement of adult attachment: An integrative overview. In J. A. Simpson & W. S. Rholes (Eds.), *Attachment theory and close relationships* (pp. 46-76). New York: Guilford Press.

Brennan, K. A., & Morris, K. A. (1997) Attachment styles, self-esteem, and patterns of seeking feedback from romantic partners. *Personality and Social Psychology Bulletin*, 23, 23-31.

Bretherton, I. (1985) Attachment theory: Retrospect and prospect. *Monographs of the Society for Research in Child Development*, 50, 3-35.

Bretherton, I., Biringen, Z., Ridgeway, D., Maslin, C., & Sherman, M. (1989) Attachment: The parental perspective. *Infant Mental Health Journal*, 10, 203-221.

Bretherton, I., & Munholland, K. A. (1999) Internal working models in attachment relationships: A construct revisited. In J. Cassidy & P. R. Shaver (Eds.), *Handbook of attachment: Theory, research, and clinical applications* (pp. 89-111). New York: Guildford Press.

Clark, M. S., & Isen, A. M. (1982) Toward understanding the relationship between feeling states and social behavior. In A. Hastorf & A. Isen (Eds.), *Cognitive social psychology* (pp. 73-108). New York: Elsevier North-Holland.

Clore, G. L., & Tamir, M. (2002) Affect as embodied information. *Psychological Inquiry*, 13, 37-45.

Collins, N. L. (1996) Working models of attachment: Implications for explanation, emotion, and behavior. *Journal of Personality and Social Psychology*, 71, 810-832.

Collins, N. L., & Allard, L. M. (2001) Cognitive representations of attachment: The content and function of working models. In G. J. O. Fletcher & M. S. Clark (Eds.), *Blackwell handbook of social psychology*: Vol. 2. *Interpersonal processes* (pp. 60-85). Oxford, UK: Blackwell.

Collins, N. L., & Feeney, B. C. (2000) A safe haven: An attachment theory perspective on support seeking and caregiving in intimate relationships. *Journal of Personality and Social Psychology*, 78, 1053-1073.

Collins, N. L., & Feeney, B. C. (2004a) An attachment theory perspective on closeness and intimacy. In D. Mashek & A. Aron (Eds.), *Handbook of closeness and intimacy* (pp. 163-187). Mahwah, NJ: Erlbaum.

Collins, N. L., & Feeney, B. C. (2004b) Working models of attachment shape perceptions of social support: Evidence from experimental and observational studies. *Journal of Personality and Social Psychology*, 87, 363-383.

Collins, N. L., Ford, M. B., Guichard, A., & Allard, L. M. (2003) *Working models of attachment and social construal processes in romantic relationships*. Manuscript submitted for publication, University of California at Santa Barbara.

Collins, N. L., & Read, S. J. (1990) Adult attachment, working models, and relationship quality in dating couples. *Journal of Personality and Social Psychology*, 58, 644-663.

Collins, N. L., & Read, S. J. (1994) Cognitive representations of attachment: The structure and function of working models. In K. Bartholomew & D. Perlman (Eds.), *Advances in personal relationships*: Vol. 5. *Attachment processes in adulthood* (pp. 53-90). London: Kingsley.

Cook, W. L. (2000) Understanding attachment security in family context. *Journal of Personality and Social Psychology*, 78, 285-294.

Cozzarelli, C., Hoekstra, S. J., & Bylsma, W. H. (2000) General versus specific mental models of attachment: Are they associated with different outcomes? *Personality and Social Psychology Bulletin*, 26, 605-618.

Crittenden, P. M. (1990) Internal representational models of attachment relationships. *Infant Mental Health Journal*, 11, 259-277.

Crocker, J., & Wolfe, C. T. (2001) Contingencies of self-worth. *Psychological Review*, 108, 593-623.

Crowell, J. A., Fraley, R. C., & Shaver, P. R. (1999) Measurement of individual differences in adolescent and adult attachment. In J. Cassidy & P. R. Shaver (Eds.), *Handbook of attachment: Theory, research, and clinical applications* (pp. 434-465). New York: Guildford Press.

Crowell, J. A., & Owens, G. (1996) *Current Relationship Interview and scoring system*. Unpublished manuscript, State University of New York at Stony Brook.

Elliot, A. J., & Reis, H. T. (2003) Attachment and exploration in adulthood. *Journal of Personality and Social Psychology*, 85, 317-331.

Ellis, H. C., Thomas, R. L., & Rodriguez, I. A. (1984) Emotional mood states and memory: Elaborative encoding, semantic processing, and cognitive effort. *Journal of Experimental Psychology: Learning, Memory, and Cognition*, 10, 470-482.

Fazio, R. H., & Williams, C. J. (1986) Attitude accessibility as a moderator of the attitude-perception and attitude-behavior relations: An investigation of the 1984 presidential election. *Journal of Personality and Social Psychology*,

51, 505-514.
Feeney, B. C., & Cassidy, J. (2003) Reconstructive memory related to adolescent-parent conflict interactions: The influence of attachment-related representations on immediate perceptions and changes in perceptions over time. *Journal of Personality and Social Psychology*, 85, 945-955.
Feeney, B. C., & Collins, N. L. (2001) Predictors of caregiving in adult intimate relationships: An attachment theoretical perspective. *Journal of Personality and Social Psychology*, 80, 972-994.
Feeney, B. C., & Collins, N. L. (2003) Motivations for caregiving in adult intimate relationships: Influences on caregiving behavior and relationships functioning. *Personality and Social Psychology Bulletin*, 29, 950-968.
Feeney, J. A. (1999a) Adult romantic attachment and couple relationships. In J. Cassidy & P. R. Shaver (Eds.), *Handbook of attachment: Theory, research, and clinical applications* (pp. 355-377). New York: Guildford Press.
Feeney, J. A. (1999b) Issues of closeness and distance in dating relationships: Effects of sex and attachment style. *Journal of Social and Personal Relationships*, 16, 571-590.
Feeney, J. A., & Noller, P. (1990) Attachment style as a predictor of adult romantic relationships. *Journal of Personality and Social Psychology*, 58, 281-291.
Feeney, J. A., Noller, P., & Callan, V. J. (1994) Attachment style, communication and satisfaction in the early years of marriage. In K. Bartholomew & D. Perlman (Eds.), *Advances in personal relationships*: Vol. 5. *Attachment processes in adulthood* (pp. 269-308). London: Kingsley.
Fincham, F. D., Garnier, P. C., Gano-Phillips, S., & Osborne, L. N. (1995) Preinteraction expectations, marital satisfaction, and accessibility: A new look at sentiment override. *Journal of Family Psychology*, 9, 3-14.
Fishtein, J., Pietromonaco, P. R., & Feldman Barrett, L. (1999) The contribution of attachment style and relationship conflict to the complexity of relationship knowledge. *Social Cognition*, 17, 228-244.
Fiske, S. T., & Pavelchak, M. A. (1986) Category-based versus piecemeal-based affective responses: Developments in schema-triggered affect. In R. M. Sorrentino & E. T. Higgins (Eds.), *Handbook of motivation and cognition: Foundations of social behavior* (pp. 167-203). New York: Guilford Press.
Fitzsimons, G. M., & Bargh, J. A. (2003) Thinking of you: Nonconscious pursuit of interpersonal goals associated with relationship partners. *Journal of Personality and Social Psychology*, 84, 148-163.
Forgas, J. P., Bower, G. H., & Krantz, S. E. (1984) The influence of mood on perceptions of social interactions. *Journal of Experimental Social Psychology*, 20, 497-513.
Fraley, R. C., Davis, K. E., & Shaver, P. R. (1998) Dismissing-avoidance and the defensive organization of emotion, cognition, and behavior. In J. A. Simpson & W. S. Rholes (Eds.), *Attachment theory and close relationships* (pp. 249-279). New York: Guilford Press.
Fraley, R. C., Garner, J. P., & Shaver, P. R. (2000) Adult attachment and the defensive regulation of attention and memory: Examining the role of preemptive and postemptive defensive processes. *Journal of Personality and Social Psychology*, 79, 816-826.
Fraley, R. C., & Shaver, P. R. (1997) Adult attachment and the suppression of unwanted thoughts. *Journal of Personality and Social Psychology*, 73, 1080-1091.
Fraley, R. C., & Shaver, P. R. (1998) Airport separations: A naturalistic study of adult attachment dynamics in separating couples. *Journal of Personality and Social Psychology*, 75, 1198-1212.
Fraley, R. C., & Waller, N. G. (1998) Adult attachment patterns: A test of the typological model. In J. A. Simpson & W. S. Rholes (Eds.), *Attachment theory and close relationships* (pp. 77-114). New York: Guilford Press.
Gallo, L. C., & Smith, T. W. (2001) Attachment style in marriage: Adjustment and responses to interaction. *Journal of Social and Personal Relationships*, 18(2), 263-289.
George, C., Kaplan, N., & Main, M. (1984) *Attachment Interview for Adults*. Unpublished manuscript, University of California, Berkeley.
George, C., & Solomon, J. (1999) Attachment and caregiving: The caregiving behavioral system. In J. Cassidy & P. R. Shaver (Eds.), *Handbook of attachment: Theory, research, and clinical applications* (pp. 649-670). New York: Guildford Press.
Gilligan, S. G., & Bower, G. H. (1984) Cognitive consequences of emotional arousal. In C. E. Izzard, J. Kagan, & R. B. Zajonc (Eds.), *Emotions, cognition, and behavior* (pp. 547-588). Cambridge, UK: Cambridge University Press.
Graesser, A. C., & Nakamura, G. V. (1982) The impact of a schema on comprehension and memory. In G. H. Bower (Ed.), *The psychology of learning and motivation* (Vol. 16, pp. 60-109). New York: Academic Press.
Gray, J. A. (1987) *The psychology of fear and stress* (2nd ed.). New York: Cambridge University Press.
Green-Hennessy, S., & Reis, H. T. (1998) Openness in processing social information among attachment types. *Personal Relationships*, 5, 449-466.
Greenwald, A. G., & Banaji, M. R. (1995) Implicit social cognition: Attitudes, self-esteem, and stereotypes. *Psychological Review*, 102, 4-27.
Greenwald, A. G., McGhee, D. E., & Schwartz, J. L. K. (1998) Measuring individual differences in implicit cognition: The implicit association test. *Journal of Personality and Social Psychology*, 74, 1464-1480.
Griffin, D. W., & Bartholomew, K. (1994) Models of the self and other: Fundamental dimensions underlying measures of adult attachment. *Journal of Personality and Social Psychology*, 67, 430-445.
Hazan, C., & Shaver, P. R. (1987) Romantic love conceptualized as an attachment process. *Journal of Personality and*

Social Psychology, 52, 511-524.
Hazan C., & Shaver, P. R. (1990) Love and work: An attachment-theoretical perspective. Journal of Personality and Social Psychology, 59, 270-280.
Higgins, E. T., King, G. A., & Marvin, G. H. (1982) Individual construct accessibility and subjective impressions and recall. Journal of Personality and Social Psychology, 43, 35-47.
Holmes, J. G. (2002) Interpersonal expectations as the building blocks of social cognition: An interdependence theory perspective. Personal Relationships, 9, 1-26.
Holmes, J. G., & Rempel, J. K. (1989) Trust in close relationships. In C. Hendrick (Ed.), Review of personality and social psychology: Vol. 10. Close relationships (pp. 187-220). London: Sage.
Kelley, H. H. (1984) Affect in interpersonal relations. In P. R. Shaver (Ed.), Review of personality and social psychology (Vol. 5, pp. 89-115). Beverly Hills, CA: Sage.
Kernis, M. H., & Waschull, S. B. (1995) The interactive roles of stability and level of self-esteem: Research and theory. In M. P. Zanna (Ed.), Advances in experimental social psychology (Vol. 27, pp. 93-141). San Diego, CA: Academic Press.
Kihlstrom, J. F. (1981) On personality and memory. In N. Cantor & J. Kihlstrom (Eds.), Personality, cognition, and social interaction (pp. 123-149). Hillsdale, NJ: Erlbaum.
Kim, H., & Baron, R. S. (1988) Exercise and the illusory correlation: Does arousal heighten stereotypic processing? Journal of Experimental Social Psychology, 24, 366-380.
Klein, S. B., Babey, S. H., & Sherman, J. W. (1997) The functional independence of trait and behavioral self-knowledge: Methodological considerations and new empirical findings. Social Cognition, 15, 183-203.
Kobak, R. R., & Hazan, C. (1991) Attachment in marriage: The effects of security and accuracy of working models. Journal of Personality and Social Psychology, 60, 861-869.
Kobak, R. R., & Sceery, A. (1988) Attachment in late adolescence: Working models, affect regulation, and representations of self and others. Child Development, 59, 135-146.
La Guardia, J. G., Ryan, R. M., Couchman, C. E., & Deci, E. L. (2000) Within-person variation in security of attachment: A self-determination theory perspective on attachment, need fulfillment, and well-being. Journal of Personality and Social Psychology, 79, 367-384.
Lazarus, R. S., & Folkman, S. (1984) Stress, appraisal, and coping. New York: Springer.
Main, M. (1981) Avoidance in the service of attachment: A working paper. In K. Immelmann, G. Barlow, L. Petrinovich, & M. Main (Eds.), Behavioral development: The Bielefeld interdisciplinary project (pp. 651-693). New York: Cambridge University Press.
Main, M. (1991) Metacognitive knowledge, metacognitive monitoring, and singular (coherent) vs. multiple (incoherent) model of attachment: Findings and directions for future research. In C. M. Parkes, J. Stevenson-Hinde, & P. Marris (Eds.), Attachment across the life cycle (pp. 127-159). London: Tavistock/Routledge.
Main, M., Kaplan, N., & Cassidy, J. (1985) Security in infancy, childhood, and adulthood: A move to the level of representation. Monographs of the Society for Research in Child Development, 50 (1 & 2, Serial No. 209), 66-104.
Mikulincer, M. (1995) Attachment style and the mental representation of the self. Journal of Personality and Social Psychology, 69, 1203-1215.
Mikulincer, M. (1997) Adult attachment style and information processing: Individual differences in curiosity and cognitive closure. Journal of Personality and Social Psychology, 72, 1217-1230.
Mikulincer, M. (1998a) Adult attachment style and affect regulation: Strategic variations in self-appraisals. Journal of Personality and Social Psychology, 75, 420-435.
Mikulincer, M. (1998b) Attachment working models and the sense of trust: An exploration of interaction goals and affect regulation. Journal of Personality and Social Psychology, 74, 1209-1224.
Mikulincer, M., & Arad, D. (1999) Attachment working models and cognitive openness in close relationships: A test of chronic and temporary accessibility effects. Journal of Personality and Social Psychology, 77, 710-725.
Mikulincer, M., Gillath, O., & Shaver, P. R. (2002) Activation of the attachment system in adulthood: Threat-related primes increase the accessibility of mental representations of attachment figures. Journal of Personality and Social Psychology, 83, 881-895.
Mikulincer, M., Hirschberger, G., Nachmias, O., & Gillath, O. (2001) The affective component of the secure base schema: Affective priming with representations of attachment security. Journal of Personality and Social Psychology, 81, 305-321.
Mikulincer, M., & Horesh, N. (1999) Adult attachment style and the perception of others: The role of projective mechanisms. Journal of Personality and Social Psychology, 76, 1022-1034.
Mikulincer, M., & Nachshon, O. (1991) Attachment styles and patterns of self-disclosure. Journal of Personality and Social Psychology, 61, 321-331.
Mikulincer, M., & Orbach, I. (1995) Attachment styles and repressive defensiveness: The accessibility and architecture of affective memories. Journal of Personality and Social Psychology, 68, 917-925.
Mikulincer, M., Orbach, I., & Iavnieli, D. (1998) Adult attachment style and affect regulation: Strategic variations in subjective self-other similarity. Journal of Personality and Social Psychology, 75, 436-448.
Miller, J. B. (1996) Social flexibility and anxious attachment. Personal Relationships, 3, 241-256.

Miller, J. B. (2001) Attachment models and memory for conversation. *Journal of Social and Personal Relationships*, 18, 404-422.

Miller, J. B., & Noirot, M. (1999) Attachment memories, models and information processing. *Journal of Social and Personal Relationships*, 16, 147-173.

Mischel, W., & Shoda, Y. (1995) A cognitive-affective system theory of personality: Reconceptualizing situations, dispositions, dynamics, and invariance in personality structure. *Psychological Review*, 102, 246-268.

Moretti, M. M., & Higgins, E. T. (1999) Own versus other standpoints in self-regulation: Developmental antecedents and functional consequences. *Review of General Psychology*, 3, 188-223.

Murray, S. L., & Holmes, J. G. (1999) The (mental) ties that bind: Cognitive structures that predict relationship resilience. *Journal of Personality and Social Psychology*, 77, 1228-1244.

Murray, S. L., Holmes, J. G., & Griffin, D. W. (1996) The self-fulfilling nature of positive illusions in romantic relationships: Love is not blind, but prescient. *Journal of Personality and Social Psychology*, 71, 1155-1180.

Murray, S. L., Holmes, J. G., Griffin, D. W., Bellavia, G., & Rose, P. (2001) The mismeasure of love: How self-doubt contaminates relationship beliefs. *Personality and Social Psychology Bulletin*, 27, 423-436.

Niedenthal, P. A., Brauer, M., Robin, L., & Innes-Ker, A. H. (2002) Adult attachment and the perception of facial expression of emotion. *Journal of Personality and Social Psychology*, 82, 419-433.

Ognibene, T. C., & Collins, N. L. (1998) Adult attachment styles, perceived social support, and coping strategies. *Journal of Social and Personal Relationships*, 15, 323-345.

Overall, N. C., Fletcher, G. J. O., & Friesen, M. D. (2003) Mapping the intimate relationship mind: Comparisons between three models of attachment representations. *Personality and Social Psychology Bulletin*, 29, 1479-1493.

Pierce, T., & Lydon, J. (1998) Priming relational schemas: Effects of contextually activated and chronically accessible interpersonal expectations on responses to a stressful event. *Journal of Personality and Social Psychology*, 75, 1441-1448.

Pierce, T., & Lydon, J. E. (2001) Global and specific relational models in the experience of social interactions. *Journal of Personality and Social Psychology*, 80, 613-631.

Pietromonaco, P. R., & Feldman Barrett, L. (1997) Working models of attachment and daily social interactions. *Journal of Personality and Social Psychology*, 73, 1409-1423.

Pietromonaco, P. R., & Feldman Barrett, L. (2000) The internal working models concept: What do we really know about the self in relation to others? *Review of General Psychology*, 4, 155-175.

Rholes, W. S., Simpson, J. A., Campbell, L., & Grich, J. (2001) Adult attachment and the transition to parenthood. *Journal of Personality and Social Psychology*, 421-435.

Roskos-Ewoldsen, D. R., & Fazio, R. H. (1992) On the orienting value of attitudes: Attitude accessibility as a determinant of an object's attraction to visual attention. *Journal of Personality and Social Psychology*, 63, 198-211.

Rothbard, J. C., & Shaver, P. R. (1994) Continuity of attachment across the life span. In M. B. Sperling & W. H. Berman (Eds.), *Attachment in adults: Clinical and developmental perspectives* (pp. 31-71). New York: Guilford Press.

Rowe, A., & Carnelley, K. B. (2003) Attachment style differences in the processing of attachment-relevant information: Primed-style effects on recall, interpersonal expectations, and affect. *Personal Relationships*, 10, 59-75.

Sarason, I. G. (1975) Anxiety and self-preoccupation. In I. G. Sarason & C. D. Spielberger (Eds.), *Stress and anxiety*. (Vol. 2, pp. 27-44). New York: Wiely.

Shah, J. (2003) Automatic for the people: How representations of significant others implicitly affect goal pursuit. *Journal of Personality and Social Psychology*, 84, 661-681.

Shaver, P. R., Belsky, J., & Brennan, K. A. (2000) The adult attachment interview and self-reports of romantic attachment: Associations across domains and methods. *Personal Relationships*, 7, 25-43.

Shaver, P. R., & Clark, C. L. (1996) Forms of adult romantic attachment and their cognitive and emotional underpinnings. In G. G. Noam & K. W. Fischer (Eds.), *Development and vulnerability in close relationships* (pp. 29-58). Mahwah, NJ: Erlbaum.

Shaver, P. R., Collins, N. L., & Clark, C. L. (1996) Attachment styles and internal working models of self and relationship partners. In J. O. Fletcher & J. Fitness (Eds.), *Knowledge structures in close relationships: A social psychological approach* (pp. 25-61). Mahwah, NJ: Erlbaum.

Showers, C. J., & Kevlyn, S. B. (1999) Organization of knowledge about a relationship partner: Implications for liking and loving. *Journal of Personality and Social Psychology*, 76, 958-971.

Simpson, J. A., Ickes, W., & Grich, J. (1999) When accuracy hurts: Reactions of anxious-ambivalent dating partners to a relationship-threatening situation. *Journal of Personality and Social Psychology*, 76, 754-769.

Simpson, J. A., Rholes, W. S., Campbell, L., Tran, S., & Wilson, C. L. (2003a) Adult attachment, the transition to parenthood, and depressive symptoms. *Journal of Personality and Social Psychology*, 84, 1172-1187.

Simpson, J. A., Rholes, W. S., Campbell, L., & Wilson, C. L. (2003b) Changes in attachment orientations across the transitions to parenthood. *Journal of Experimental Social Psychology*, 39, 317-331.

Simpson, J. A., Rholes, W. S., & Nelligan, J. S. (1992) Support seeking and support giving within couples in an anxiety-provoking situation: The role of attachment styles. *Journal of Personality and Social Psychology*, 62, 434-446.

Simpson, J. A., Rholes, W. S., Orina, M. M., & Grich, J. (2002) Working models of attachment, support giving, and support seeking in a stressful situation. *Personality and Social Psychology Bulletin*, 28, 598-608.

Simpson, J. A., Rholes, W. S., & Phillips, D. (1996) Conflict in close relationships: An attachment perspective. *Journal of Personality and Social Psychology*, **71**, 899-914.
Spalding, L. R., & Hardin, C. D. (1999) Unconscious unease and self-handicapping: Behavioral consequences of individual differences in implicit and explicit self-esteem. *Psychological Science*, **10**, 535-539.
Sroufe, L. A., & Waters, E. (1977) Attachment as an organizational construct. *Child Development*, **48**, 1184-1199.
Srull, T. K., & Wyer, R. S., Jr. (1986) The role of chronic and temporary goals in social information processing. In R. M. Sorrentino & E. T. Higgins (Eds.), *Handbook of motivation and cognition: Foundations of social behavior* (pp. 503-549). New York: Guilford Press.
Tooby, J., & Cosmides, L. (1996) Friendship and the banker's paradox: Other pathways to the evolution of adaptations for altruism. *Proceedings of the British Academy*, **88**, 119-143.
Trinke, S. J., & Bartholomew, K. (1997) Hierarchies of attachment relationships in young adulthood. *Journal of Social and Personal Relationships*, **14**, 603-625.
Wais, D., Treboux, D., & Waters, H. S. (2003, April) *Current relationships attachment scripts: Correlates and partner-specific contributions*. Paper presented at the conference of the Society for Research in Child Development, Tampa, FL. Retrieved November 10, 2003, from "http://www.psychology.sunysb.edu/attachment/srcd2003/srcd2003.htm
Waters, E. (2003, April) *Script-like representations of secure base experience: Evidence of cross-age, cross-cultural, and behavioral links*. Paper presented at the conference of the Society for Research in Child Development, Tampa, FL. Retrieved November 10, 2003, from "http://www.psychology.sunysb.edu/attachment/srcd2003/srcd2003.htm
Waters, H.S., & Rodrigues-Doolabh, L. M. (2001) *Are attachment scripts the building blocks of attachment representations? Narrative assessment of representations and the AAI*. Paper presented at the meeting of the Society for Research in Child Development, Minneapolis, MN. Retrieved November 10, 2003, form "http://www.psychology.sunysb.edu/attachment/srcd2001/HSWscripts/index.htm
Weiner, B. (1986) Attribution, emotion, and action. In R. M. Sorrentino & E. T. Higgins (Eds.), *Handbook of motivation and cognition: Foundations of social behavior* (pp. 281-312). New York: Guilford Press.
Whitaker, D. J., Beach, S. R. H., Etherton, J., Wakefield, R. & Anderson, P. L. (1999) Attachment and expectations about future relationships: Moderation by accessibility. *Personal Relationships*, **6**, 41-56.
Wieselquist, J., Rusbult, C. E., Foster, C. A., & Agnew, C. R. (1999) Commitment, pro-relationship behavior, and trust in close relationships. *Journal of Personality and Social Psychology*, **77**, 942-966.
Zayas, V. (2003) *Personality in context: An interpersonal systems perspective*. Unpublished doctoral dissertation, University of Washington.
Zhang, F., & Hazan, C. (2002) Working models of attachment and person perception processes. *Personal Relationships*, **9**, 225-235.

■ 8章

Ainsworth, M. D. S., Blehar, M. C., Waters, E., & Wall, S. (1978) *Patterns of attachment: A psychological study of the Strange Situation*. Hillsdale, NJ: Erlbaum.
Berant, E., Mikulincer, M., & Florian, V. (2001) The association of mothers' attachment style and their psychological reactions to the diagnosis of infant's congenital heart disease. *Journal of Social and Clinical Psychology*, **20**, 208-232.
Berntson, G. G., Cacioppo, J. T., & Fieldstone, A. (1996) Illusions, arithmetic, and the bidirectional modulation of vagal control of the heart. *Biological Psychology*, **44**, 1-17.
Blascovich, J., & Tomaka, J. (1996) The biopsychosocial model of arousal regulation. In M. Zanna (Ed.), *Advances in experimental social psychology* (Vol. 28, pp. 1-51). New York: Academic Press.
Bornstein, M. H., & Suess, P. E. (2000) Child and mother cardiac vagal tone: Continuity, stability, and concordance across the first 5 years. *Developmental Psychology*, **36**, 54-65.
Bowlby, J. (1973) *Attachment and loss*: Vol. 2: *Separation: Anxiety and anger*. New York: Basic Books. 黒田実郎・岡田洋子・吉田恒子（訳） 1977 母子関係の理論Ⅱ：分離不安 岩崎学術出版社
Brindley, D. N., & Rolland, Y. (1989) Possible connections between stress, diabetes, obesity, hypertension and altered lipoprotein metabolism that may result in atherosclerosis. *Clinical Science*, **77**, 453-461.
Brosschot, J. F., & Thayer, J. F. (1998) Anger inhibition, cardiovascular recovery, and vagal function: A model of the link between hostility and cardiovascular disease. *Annals of Behavioral Medicine*, **20**, 326-332.
Cacioppo, J. T., Malarkey, W. B., Kiecolt Glaser, J. K., Uchino, B. N., SgoutasEmch, S. A., Sheridan, J. F., et al. (1995) Heterogeneity in neuroendocrine and immune responses to brief psychological stressors as a function of autonomic cardiac activation. *Psychosomatic Medicine*, **57**, 154-164.
Cacioppo, J. T., Uchino, B. N., & Berntson, G. G. (1994) Individual differences in the autonomic origins of heart rate reactivity: The psychometrics of respiratory sinus arrhythmia and preejection period. *Psychophysiology*, **31**, 412-419.
Carels, R. A., Blumenthal, J. A., & Sherwood, A. (2000) Emotional responsivity during daily life: Relationship to psychosocial functioning and ambulatory blood pressure. *International Journal of Psychophysiology*, **36**, 25-33.

Carter, C. S. (1998) Neuroendocrine perspectives on social attachment and love. *Psychoneuroendocrinology*, 23. 779-818.
Chorpita, B. F., & Barlow, D. H. (1998) The development of anxiety: The role of control in the early environment. *Psychological Bulletin*, 124, 3-21.
Coe, C. L., Rosenberg, L. T., & Levine, S. (1988) Immunological consequences of psychological disturbance and maternal loss in infancy. *Advances in Infancy Research*, 5, 97-134.
Cohen, S., & Herbert, T. B. (1996) Health psychology: Psychological factors and physical disease from the perspective of human psychoneuroimmunology. *Annual Review of Psychology*, 47, 113-142.
Cohen, S., Miller, G. E., & Rabin, B. S. (2001) Psychological stress and antibody response to immunization: A critical review of the human literature. *Psychosomatic Medicine*, 63, 7-18.
Collins, N. L. (1996) Working models of attachment: Implications for explanation, emotion, and behavior. *Journal of Personality and Social Psychology*, 71, 810-832.
Cooper, M. L., Shaver, P. R., & Collins, N. L. (1998) Attachment styles, emotion regulation, and adjustment in adolescence. *Journal of Personality and Social Psychology*, 74, 1380-1397.
Cruess, D. G., Antoni, M. H., Kumar, M., & Schneiderman, N. (2000) Reductions in salivary cortisol are associated with mood improvement during relaxation training among HIV seropositive men. *Journal of Behavioral Medicine*, 23, 107-122.
Depue, R. A., & Collins, P. F. (1999) Neurobiology of the structure of personality: Dopamine, facilitation of incentive motivation, and extraversion. *Behavioral and Brain Sciences*, 22, 491-569.
Diamond, L. M. (2001) Contributions of psychophysiology to research on adult attachment: Review and recommendations. *Personality and Social Psychology Review*, 5, 276-295.
Diamond, L. M., & Hicks, A. M. (2004) *Attachment style, current relationship security, and negative emotions.* Manuscript submitted for publication.
Diego, M. A., Field, T., Hernandez Reif, M., Shaw, K., Friedman, L., & Ironson, G. (2001) HIV adolescents show improved immune function following massage therapy. *International Journal of Neuroscience*, 106, 35-45.
El Sheikh, M., Harger, J., & Whitson, S. M. (2001) Exposure to interparental conflict and children's adjustment and physical health: The moderating role of vagal tone. *Child Development*, 72, 1617-1636.
Fabes, R. A., & Eisenberg, N. (1997) Regulatory control in adults' stress-related responses to daily life events. *Journal of Personality and Social Psychology*, 73, 1107-1117.
Feeney, J. A. (1995) Adult attachment and emotional control. *Personal Relationships*, 2, 143-159.
Feeney, J. A. (1999) Adult romantic attachment and couple relationships. In J. Cassidy & P. R. Shaver (Eds.), *Handbook of attachment: Theory, research, and clinical applications* (pp. 355-377). New York: Guilford Press.
Feeney, J. A. (2000) Implications of attachment style for patterns of health and illness. *Child: Care, Health and Development*, 26, 277-288.
Feeney, J. A., & Noller, P. (1990) Attachment style as a predictor of adult romantic relationships. *Journal of Personality and Social Psychology*, 58, 281-291.
Flinn, M. V., & England, B. G. (1995) Childhood stress and family environment. *Current Anthropology*, 36, 854-866.
Fox, N. A. (1989) psychophysiological correlates of emotional reactivity during the first year of life. *Developmental Psychology*, 25, 495-504.
Fox, N. A., & Card, J. A. (1999) Psychophysiological measures in the study of attachment. In J. Cassidy & P. R. Shaver (Eds.), *Handbook of attachment: Theory, research, and clinical applications* (pp. 226-245). New York: Guilford Press.
Francis, D. D., Caldji, C., Champagne, F., Plotsky, P. M., & Meaney, M. J. (1999) The role of corticotropin-releasing factor-norepinephrine systems in mediating the effects of early experience on the development of behavioral and endocrine responses to stress. *Biological Psychiatry*, 46, 1153-1166.
Fredrickson, B. L. (2001) The role of positive emotions in positive psychology: The broaden-and-build theory of positive emotions. *American Psychologist*, 56, 218-226.
Fredrickson, B. L., Mancuso, R. A., Branigan, C., & Tugade, M. M. (2000) The undoing effect of positive emotions. *Motivation and Emotion*, 24, 237-258.
Friedman, B. H., & Thayer, J. F. (1998) Autonomic balance revisited: Panic anxiety and heart rate variability. *Journal of Psychosomatic Research*, 44, 133-151.
Friedman, B. H., Thayer, J. F., & Borkovec, T. D. (1993) Heart rate variability in generalized anxiety disorder [Abstract]. *Psychophysiology*, 30, S28.
Friedman, E. M., & Irwin, M. R. (1995) A role for CRH and the sympathetic nervous system in stress-induced immunosuppression. *Annals of the New York Academy of Sciences*, 771, 396-418.
Futterman, A. D., Kemeny, M. E., Shapiro, D., & Fahey, J. L. (1994) Immunological and physiological changes associated with induced positive and negative mood. *Psychosomatic Medicine*, 56, 499-511.
Gendolla, G. H. E., & Kruesken, J. (2001) Mood state and cardiovascular response in active coping with an affect-regulative challenge. *International Journal of Psychophysiology*, 41, 169-180.
Glaser, D. (2000) Child abuse and neglect and the brain: A review. *Journal of Child Psychology and Psychiatry and Allied Disciplines*, 41, 97-116.

Glaser, R., Kiecolt-Glaser, J. K., Bonneau, R. H., Malarkey, W., Kennedy, S., & Hughes, J. (1992) Stress-induced modulation of the immune response to recombinant hepatitis B vaccine. *Psychosomatic Medicine*, **54**, 22-29.

Goodkin, K., Feaster, D. J., Asthana, D., Blaney, N. T., Kumar, M., Baldewicz, T., et al. (1998) A bereavement support group intervention is longitudinally associated with salutary effects on the CD4 cell count and number of physician visits. *Clinical and Diagnostic Laboratory Immunology*, **5**, 382-391.

Gottman, J. M., Katz, L. F., & Hooven, C. (1996) Parental meta-emotion philosophy and the emotional life of families: Theoretical models and preliminary data. *Journal of Family Psychology*, **10**, 243-268.

Grossman, P., Brinkman, A., & de Vries, J. (1992) Cardiac autonomic mechanisms associated with borderline hypertension under varying behavioral demands: Evidence for attenuated parasympathetic tone but not for enhanced betaadrenergic activity. *Psychophysiology*, **29**, 698-711.

Gunnar, M. R. (1998) Quality of early care and buffering of neuroendocrine stress reactions: Potential effects on the developing human brain. *Preventive Medicine*, **27**, 208-211.

Gunnar, M. R., Brodersen, L., Krueger, K., & Rigatuso, J. (1996) Dampening of adrenocortical responses during infancy: Normative changes and individual differences. *Child Development*, **67**, 877-889.

Gunnar, M. R., & Donzella, B. (2002) Social regulation of cortisol levels in early human development. *Psychoneuroendocrinology*, **27**, 199-220.

Hazan, C., & Shaver, P. R. (1987) Romantic love conceptualized as an attachment process. *Journal of Personality and Social Psychology*, **52**, 511-524.

Henry, J. P. (1983) Coronary heart disease and arousal of the adrenal cortical axis. In T. M. Dembroski, T. H. Schmidt, & G. Blumchen (Eds.), *Biobehavioral bases of coronary heart disease* (pp. 365-381). Basel, Switzerland: Karger.

Herbert, T. B., & Cohen, S. (1993) Depression and immunity: A meta-analytic review. *Psychological Bulletin*, **113**, 472-486.

Hertsgaard, L., Gunnar, M., Erickson, M. F., & Nachmias, M. (1995) Adrenocortical responses to the Strange Situation in infants with disorganized/disoriented attachment relationships. *Child Development*, **66**, 1100-1106.

Horsten, M., Ericson, M., Perski, A., Wamala, S. P., Schenck-Gustafsson, K., & Orth-Gomér, K. (1999) Psychosocial factors and heart rate variability in healthy women. *Psychosomatic Medicine*, **61**, 49-57.

Irwin, M., Hauger, R., & Brown, M. (1992) Central corticotropin-releasing hormone activates the sympathetic nervous system and reduces immune function: Increased responsivity of the aged rat. *Endocrinology*, **131**, 1047-1053.

Isen, A. M. (2003) Positive affect as a source of human strength. In L. A. Aspinwall & U. M. Staudinger (Eds.), *A psychology of human strengths: Fundamental questions and future directions for a positive psychology* (pp. 179-195). Washington, DC: American Psychological Association.

Kiecolt Glaser, J. K., McGuire, L., Robles, T. F., & Glaser, R. (2002) Emotions, morbidity, and mortality: New perspectives from psychoneuroimmunology. *Annual Review of Psychology*, **53**, 83-107.

Kirschbaum, C., & Hellhammer, D. H. (1994) Salivary cortisol in psychoneuroendocrine research: Recent developments and applications. *Psychoneuroendocrinology*, **19**, 313-333.

Kirschbaum, C., Prussner, J. C., Stone, A. A., Federenko, I., Gaab, J., Lintz, D., et al. (1995) Persistent high cortisol responses to repeated psychological stress in a subpopulation of healthy men. *Psychosomatic Medicine*, **57**, 468-474.

Kirschbaum, C., Wust, S., Faig, H. G., & Hellhammer, D. H. (1992) Heritability of cortisol responses to human corticotropin-releasing hormone, ergometry, and psychological stress in humans. *Journal of Clinical Endocrinology and Metabolism*, **75**, 1526-1530.

Kitagawa, E. M., & Hauser, P. M. (1973) *Differential mortality in the United States: A study in socio-economic epidemiology*. Cambridge, MA: Harvard University Press.

Knox, S. S., & Uvnas-Moberg, K. (1998) Social isolation and cardiovascular disease: An atherosclerotic pathway? *Psychoneuroendocrinology*, **23**, 877-890.

Krantz, D. S., & Manuck, S. B. (1984) Acute psychophysiologic reactivity and risk of cardiovascular disease: A review and methodologic critique. *Psychological Bulletin*, **96**, 435-464.

Kristal-Boneh, E., Raifel, M., Froom, P., & Rivak, J. (1998) Heart rate variability in health and disease. *Scandinavian Journal of Work and Environmental Health*, **21**, 85-95.

La Guardia, J. G., Ryan, R. M., Couchman, C. E., & Deci, E. L. (2000) Within-person variation in security of attachment: A self-determination theory perspective on attachment, need fulfillment, and well-being. *Journal of Personality and Social Psychology*, **79**, 367-384.

Lakey, B., McCabe, K. M., Fisicaro, S. A., & Drew, J. B. (1996) Environmental and personal determinants of support perceptions: Three generalizability studies. *Journal of Personality and Social Psychology*, **70**, 1270-1280.

LeDoux, J. E. (1995) In search of an emotional system in the brain: Leaping from fear to emotion and consciousness. In M. S. Gazzaniga (Ed.), *The cognitive neurosciences* (pp. 1049-1062). Cambridge, MA: MIT Press.

Lewis, M., Feiring, C., & Rosenthal, S. (2000) Attachment over time. *Child Development*, **71**, 707-720.

Lewis, M., & Ramsay, D. S. (1995) Stability and change in cortisol and behavioral response to stress during the first 18 months of life. *Developmental Psychobiology*, **28**, 419-428.

Liu, D., Diorio, J., Tannenbaum, B., Caldji, C., Francis, D., Freedman, A., et al. (1997) Maternal care, hippocampal glucocorticoid receptors, and hypothalamic-pituitary-adrenal responses to stress. *Science*, **277**, 1659-1662.

Luecken, L. J. (1998) Childhood attachment and loss experiences affect adult cardiovascular and cortisol function. *Psychosomatic Medicine*, **60**, 765-772.
Lupien, S., Lecours, A. R., Lussier, I., Schwartz, G., Nair, N. P., & Meaney, M. J. (1994) Basal cortisol levels and cognitive deficits in human aging. *Journal of Neuroscience*, **14**, 2893-2903.
Magai, C., & Cohen, C. I. (1998) Attachment style and emotion regulation in dementia patients and their relation to caregiver burden. Journals of Gerontology: Series B. *Psychological Sciences and Social Sciences*, **53**, P147-154.
Magai, C., Hunziker, J., Mesias, W., & Culver, L. C. (2000) Adult attachment styles and emotional biases. *International Journal of Behavioral Development*, **24**, 301-309.
McCraty, R., Atkinson, M., Tiller, W. A., Rein, G., & Watkins, A. D. (1995) The effects of emotions on short-term power spectrum analysis of heart rate variability. *American Journal of Chronology*, **76**, 1089-1093.
McCubbin, J. A. (1993) Stress and endogenous opioids: Behavioral and circulatory interactions. *Biological Psychology*, **35**, 91-122.
McEwen, B. S., & Stellar, E. (1993) Stress and the individual: Mechanisms leading to disease. *Archives of Internal Medicine*, **153**, 2093-2101.
Meaney, M. J. (2001) Maternal care, gene expression, and the transmission of individual differences in stress reactivity across generations. *Annual Review of Neuroscience*, **24**, 1161-1192.
Mickelson, K. D., Kessler, R. C., & Shaver, P. R. (1997) Adult attachment in a nationally representative sample. *Journal of Personality and Social Psychology*, **73**, 1092-1106.
Middleton, H. C., & Ashby, M. (1995) Clinical recovery from panic disorder is associated with evidence of changes in cardiovascular regulation. *Acta Psychiatrica Scandinavica*, **91**, 108-113.
Mikulincer, M. (1998) Adult attachment style and individual differences in functional versus dysfunctional experiences of anger. *Journal of Personality and Social Psychology*, **74**, 513-524.
Mikulincer, M., & Florian, V: (1998) The relationship between adult attachment styles and emotional and cognitive reactions to stressful events. In J. A. Simpson & W. S. Rholes (Eds.), *Attachment theory and close relationships* (pp. 143-165). New York: Guilford Press.
Mikulincer, M., Shaver, P. R., & Pereg, D. (2003) Attachment theory and affect regulation: The dynamics, development, and cognitive consequences of attachment-related strategies. *Motivation and Emotion*, **27**, 77-102.
Mikulincer, M., & Sheffi, E. (2000) Adult attachment style and cognitive reactions to positive affect: A test of mental categorization and creative problem solving. *Motivation and Emotion*, **24**, 149-174.
Nachmias, M., Gunnar, M., Mangelsdorf, S., Parritz, R. H., & Buss, K. (1996) Behavioral inhibition and stress reactivity: The moderating role of attachment security. *Child Development*, **67**, 508-522.
Nelson, E. E., & Panksepp, J. (1998) Brain substrates of infant-mother attachment: Contributions of opioids, oxytocin, and norepinephrine. *Neuroscience and Biobehavioral Reviews*, **22**, 437-452.
Orth-Gomer, K., & Unden, A. L. (1990) Type A behavior, social support, and coronary risk: Interaction and significance for mortality in cardiac patients. *Psychosomatic Medicine*, **52**, 59-72.
Petitto, J. M., Leserman, J., Perkins, D. O., Stern, R. A., Silva, S. G., Gettes, D., et al. (2000) High versus low basal cortisol secretion in asymptomatic, medication free HIV infected men: Differential effects of severe life stress on parameters of immune status. *Behavioral Medicine*, **25**, 143-151.
Pietromonaco, P. R., & Feldman Barrett, L. (1997) Working models of attachment and daily social interactions. *Journal of Personality and Social Psychology*, **73**, 1409- 1423 .
Pipp. S., & Harmon, R. J. (1987) Attachment as regulation: A commentary. *Child Development*, **58**, 648-652.
Plotsky, P. M., & Meaney, M. J. (1993) Early, postnatal experience alters hypothalamic corticotropin-releasing factor (CRF) mRNA, median eminence CRF content and stress-induced release in adult rats. *Molecular Brain Research*, **18**, 195-200.
Porges, S. W. (1991) Vagal tone: An autonomic mediator of affect. In J. Garber & K. A. Dodge (Eds.), *The development of emotion regulation and dysregulation* (pp. 111-128). New York: Cambridge University Press.
Porges, S. W. (1992) Autonomic regulation and attention. In B. A. Campbell, H. Hayne, & R. Richardson (Eds.), *Attention and information processing in infants and adults* (pp. 201-223). Hillsdale, NJ: Erlbaum.
Porges, S. W., Doussard-Roosevelt, J. A., & Maiti, A. K. (1994) Vagal tone and the physiological regulation of emotion. In N. Fox (Ed.), The development of emotion regulation: Biological and behavioral considerations. *Monographs of the Society for Research in Child Development*, **59**(2-3, Serial No. 240), 167-186.
Reis, H. T. (2001) Relationship experiences and emotional well-being. In C. D. Ryff & B. H. Singer (Eds.), *Emotion, social relationships, and health* (pp. 57-85). New York: Oxford University Press.
Repetti, R. L., Taylor, S. E., & Seeman, T. E. (2002) Risky families: Family social environments and the mental and physical health of offspring. *Psychological Bulletin*, **128**, 330-366.
Rholes, W. S., Simpson, J. A., & Oriña, M. M. (1999) Attachment and anger in an anxiety-provoking situation. *Journal of Personality and Social Psychology*, **76**, 940-957.
Richards, J. E., & Casey, B. J. (1992) Development of sustained visual attention in the human infant. In B. A. Campbell, H. Hayne, & R. Richardson (Eds.), *Attention and information processing in infants and adults* (pp. 30-60). Hillsdale, NJ: Erlbaum.
Ross, C. E. (1995) Reconceptualizing marital status as a continuum of social attachment. *Journal of Marriage and the*

Family, 57, 129-140.
Ryff, C. D., & Singer, B. H. (Eds.) (2001) Emotions, social relationships, and health. New York: Oxford University Press.
Ryff, C. D., Singer, B. H., Wing, E., & Love, G. D. (2001) Elective affinities and uninvited agonies: Mapping emotion with significant others onto health. In C. D. Ryff & B. H. Singer (Eds.), Relationship experiences and emotional well-being (pp. 133-174). New York: Oxford University Press.
Sakakibara, M., Takeuchi, S., & Hayano, J. (1994) Effect of relaxation training on cardiac parasympathetic tone. Psychophysiology, 31,223-228.
Sapolsky, R. (1996) Why stress is bad for your brain. Science, 273, 749-750.
Saul, J. P. (1990) Beat-to-beat variations of heart rate reflect modulation of cardiac autonomic outflow. News in Psychological Science, 5, 32-37.
Scarpa, A., & Raine, A. (1997) Psychophysiology of anger and violent behavior. Psychiatric Clinics of North America, 20, 375-394.
Schore, A. N. (1996) Effects of a secure attachment relationship on right brain development, affect regulation, and infant mental health. Infant Mental Health Journal, 22, 269-276.
Seeman, T. E. (2001) How do others get under our skin? Social relationships and health. In C. D. Ryff & B. H. Singer (Eds.), Emotion, social relationships, and health (pp. 189 -209). New York: Oxford University Press.
Seeman, T. E., Charpentier, P. A., Berkman, L. F., Tinetti, M. E., Guralnik, J. M., Albert, M., et al. (1994) predicting changes in physical performance in a high-functioning elderly cohort. MacArthur studies of successful aging. Journal of Gerontology, 49, M97-108.
Seeman, T. E., Singer, B. H., Rowe, J. W., Horwitz, R. I., & McEwen, B. S. (1997) Price of adaptation: Allostatic load and its health consequences. MacArthur studies of successful aging. Archives of Internal Medicine, 157, 2259-2268.
Simpson, J. A. (1990) Influence of attachment styles on romantic relationships. Journal of Personality and Social Psychology, 59(5), 971-980.
Simpson, J. A., Ickes, W., & Grich, J. (1999) When accuracy hurts: Reactions of anxious-ambivalent dating partners to a relationship-threatening situation. Journal of Personality and Social Psychology, 76, 754-769.
Sloan, R. P., Shapiro, P. A., Bagiella, E., Boni, S. M., Paik, M., Bigger, J. T. J., et al. (1994) Effect of mental stress throughout the day on cardiac autonomic control. Biological Psychology, 37, 89-99.
Snidman, N. (1989) Behavioral inhibition and sympathetic influence on the cardiovascular system. In J. S. Reznick (Ed.), Perspectives on behavioral inhibition (pp. 51-70). Chicago: University of Chicago Press.
Stack, S., & Eshleman, J. R. (1998) Marital status and happiness: A 17-nation study. Journal of Marriage and the Family, 60, 527-536.
Stansbury, K., & Gunnar, M. R. (1994) Adrenocortical activity and emotion regulation. In N. Fox (Ed.), The development of emotion regulation: Biological and behavioral considerations. Monographs of the Society for Research in Child Development, 59(2-3, Serial No. 240) 108-134.
Stifter, C. A., & Jain, A. (1996) Psychophysiological correlates of infant temperament: Stability of behavior and autonomic patterning from 5 to 18 months. Developmental Psychobiology, 29, 379-391.
Suomi, S. J. (1991) Up-tight and laid-back monkeys: Individual differences in response to social challenges. In S. Brauth, W. Hall, & R. Dooling (Eds.), Plasticity of development (pp. 27-56). Cambridge, MA: MIT Press.
Taylor, S. E., Dickerson, S. S., & Klein, L. C. (2002) Toward a biology of social support. In C. R. Snyder & S. J. Lopez (Eds.), Handbook of positive psychology (pp. 556-569). London: Oxford University Press.
Taylor, S. E., Klein, L. C., Lewis, B. P., Gruenewald, T. L., Gurung, R. A. R., & Updegraff, J. A. (2000) Biobehavioral responses to stress in females: Tend-and-befriend, not fight-or-flight. Psychological Review, 107, 411-429.
Taylor, S. E., Repetti, R. L., & Seeman, T. E. (1997) Health psychology: What is an unhealthy environment and how does it get under the skin? Annual Review of Psychology, 48, 411-447.
Tidwell, M. O., Reis, H. T., & Shaver, P. R. (1996) Attachment, attractiveness, and social interaction: A diary study. Journal of Personality and Social Psychology, 71, 729-745.
Truhan, A. P., & Ahmed, A. R. (1989) Corticosteroids: A review with emphasis on complications of prolonged systemic therapy. Annals of Allergy, 62, 375-391 .
Turner Cobb, J. M., Sephton, S. E., Koopman, C., Blake Mortimer, J., & Spiegel, D. (2000) Social support and salivary cortisol in women with metastatic breast cancer. Psychosomatic Medicine, 62, 337-345.
Uchino, B. N. (1995) Individual differences in cardiac sympathetic control predict endocrine and immune responses to acute psychological stress. Journal of Personality and Social Psychology, 69, 736-743.
Uvnäs-Moberg, K. (1998) Oxytocin may mediate the benefits of positive social interaction and emotions. Psychoneuroendocrinology, 23, 819-835.
Webster, E. L., Elenkov, I. J., & Chrousos, G. P. (1997) The role of corticotropinreleasing hormone in neuroendocrine-immune interactions. Molecular Psychiatry, 2, 368-372.
Weinfield, N. S., Sroufe, L. A., & Egeland, B. (2000) Attachment from infancy to early adulthood in a high-risk sample: Continuity, discontinuity, and their correlates. Child Development, 71, 695-702.
Wuest, S., Federenko, I., Hellhammer, D. H., & Kirschbaum, C. (2000) Genetic factors, perceived chronic stress, and

the free cortisol response to awakening. *Psychoneuroendocrinology*, 25, 707-720.
Young, L. J. (2002) The neurobiology of social recognition: Approach and avoidance. *Biological Psychiatry*, 51, 18-26.

9章

Arellano, C., & Markman, H. (1995) The Managing Affect and Differences Scale (MADS): A self-report measure assessing conflict management in couples. *Journal of Family Psychology*, 9, 319-334.
Bartholomew, K., & Horowitz, L. M. (1991) Attachment styles among young adults: A test of a four-category model. *Journal of Personality and Social Psychology*, 61, 226-244.
Bartholomew, K., & Shaver, P. R. (1998) Methods of assessing adult attachment: Do they converge? In J. A. Simpson & W. S. Rholes (Eds.), *Attachment theory and close relationships* (pp. 25-45). New York: Guilford Press.
Bouthillier, D., Julien, D., Dube, M., Belanger, I., & Hamelin, M. (2002) Predictive validity of adult attachment measures in relation to emotion regulation behaviors in marital interactions. *Journal of Adult Development*, 9, 291-305.
Bowlby, J. (1969) *Attachment and loss*: Vol. 1. *Attachment*. New York: Basic Books.
Bowlby, J. (1973) *Attachment and loss*: Vol. 2. *Separation: Anxiety and anger*. New York: Basic Books. 黒田実郎・岡田洋子・吉田恒子（訳） 1977 母子関係の理論Ⅱ：分離不安 岩崎学術出版社
Bowlby, J. (1979) *The making and breaking of affectional bonds*. London: Tavistock. 作田 勉（監訳） 1981 ボウルビイ母子関係入門 星和書店
Bowlby, J. (1980) *Attachment and loss*: Vol. 3. *Loss: Sadness and depression*. New York: Basic Books. 黒田実郎・吉田恒子・横浜恵三子（訳） 1981 母子関係の理論Ⅲ：愛情喪失 岩崎学術出版社
Brehm, S. S., Miller, R. S., Perlman, D., & Campbell, S. M. (2002) *Intimate relationships*. Boston: McGraw-Hill.
Bradbury, T. N., & Fincham, F. D. (1990) Attributions in marriage: Review and critique. *Psychological Bulletin*, 3, 3-33.
Canary, D. J., & Cupach, W. R. (1988) Relational and episodic characteristics associated with conflict tactics. *Journal of Social and Personal Relationships*, 5, 305-325.
Carnelley, K. B., Pietromonaco, P. R., & Jaffe, K. (1994) Depression, working models of others, and relationship functioning. *Journal of Personality and Social Psychology*, 66, 127-140.
Carnelley, K. B., Pietromonaco, P. R., & Jaffe, K. (1996) Attachment, caregiving, and relationship functioning in couples: Effects of self and partner. *Personal Relationships*, 3, 257-277.
Christensen, A., & Sullaway, M. (1984) *Communication Patterns Questionnaire*. Unpublished manuscript, University of California, Los Angeles.
Cohn, D. A., Silver, D. H., Cowan, C. P., Cowan, P. A., & Pearson, J. (1992) Working models of childhood attachment and couple relationships. *Journal of Family Issues*, 13, 432-449.
Collins, N. L. (1996) Working models of attachment: Implications for explanation, emotion, and behavior. *Journal of Personality and Social Psychology*, 17, 810-832.
Collins, N. L., & Feeney, B. C. (2000) A safe haven: An attachment theory perspective on support seeking and caregiving in intimate relationships. *Journal of Personality and Social Psychology*, 78, 1053-1073.
Collins, N., & Read, S. J. (1990) Adult attachment, working models, and relationship quality in dating couples. *Journal of Personality and Social Psychology*, 58, 644-663.
Collins, N. L., & Read, S. J. (1994) Cognitive representations of attachment: The structure and function of working models. In K. Bartholomew & D. Perlman (Eds.), *Advances in personal relationships*: Vol. 5. *Attachment processes in adulthood* (pp. 53-90). London: Kingsley.
Creasey, G. (2002) Associations between working models of attachment and conflict management behavior in romantic couples. *Journal of Counseling Psychology*, 49, 365-375.
Creasey, G., & Hesson-McInnis, M. (2001) Affective responses, cognitive appraisals, and conflict tactics in late adolescent romantic relationships: Associations with attachment orientations. *Journal of Counseling Psychology*, 48, 85-96.
Creasey, G., Kershaw, K., & Boston, A. (1999) Conflict management with friends and romantic partners: The role of attachment and negative mood regulation expectancies. *Journal of Youth and Adolescence*, 28, 523-543.
Cross, S. E., & Madson, L. (1997) Models of the self: Self-construals and gender. *Psychological Bulletin*, 122, 5-37.
Crowell, J. A., Fraley, R. C., & Shaver, P. R. (1999) Measurement of individual differences in adolescent and adult attachment. In J. Cassidy & P. R. Shaver (Eds.), *Handbook of attachment: Theory, research, and clinical applications* (pp. 434-465). New York: Guilford Press.
Dozier, M., & Kobak, R. R. (1992) Psychophysiology in attachment interviews: Converging evidence for deactivating strategies. *Child Development*, 63, 1473-1480.
Feeney, B. C., & Collins, N. L. (2001) Predictors of caregiving in adult intimate relationships: An attachment theoretical perspective. *Journal of Personality and Social Psychology*, 80, 972-994.
Feeney, B. C., & Kirkpatrick, L. A. (1996) Effects of adult attachment and presence of romantic partners on physiological responses to stress. *Journal of Personality and Social Psychology*, 70, 255-270.
Feeney, J. A. (1994) Attachment style, communication patterns, and satisfaction across the life cycle of marriage. *Personal Relationships*, 1, 333-348.

Feeney, J. A., & Noller, P. (1991) Attachment style and verbal descriptions of romantic partners. *Journal of Social and Personal Relationships*, 8, 187-215.
Feeney, J. A., Noller, P., & Hanrahan, M. (1994) Assessing adult attachment. In M. B. Sperling & W. H. Berman (Eds.) *Attachment in adults: Clinical and developmental perspectives* (pp. 128-152). New York: Guilford Press.
Fincham, F. D., & Beach, S. R. (1999) Marital conflict: Implications for working with couples. *Annual Review of Psychology*, 50, 47-77.
Fishtein, J., Pietromonaco, P. R., & Feldman Barrett, L. (1999) The contribution of attachment style and relationship conflict to the complexity of relationship knowledge. *Social Cognition*, 17, 228-244.
Fraley, R. C., & Shaver, P. R. (1997) Adult attachment and the suppression of unwanted thoughts. *Journal of Personality and Social Psychology*, 73, 1080-1091.
George, C., Kaplan, N., & Main, M. (1996) *Adult Attachment Interview protocol* (3rd ed.). Unpublished manuscript. University of California at Berkeley.
Gottman, J. M. (1994) *Why marriages succeed or fail*. New York: Simon & Schuster.
Gottman, J. M. (1996) *What predicts divorce: The measures* [Unpublished coding manuals]. Mahwah, NJ: Erlbaum.
Griffin, D. W., & Bartholomew, K. (1994) The metaphysics of measurement: The case of adult attachment. In K. Bartholmew & D. Perlman (Eds.), *Advances in personal relationships*: Vol. 5. *Attachment processes in adulthood* (pp. 17-52). London: Kingsley.
Hazan, C., & Shaver, P. R. (1987) Romantic love conceptualized as an attachment process. *Journal of Personality and Social Psychology*, 52, 511-524.
Hesse, E. (1999) The Adult Attachment Interview: Historical and current perspectives. In J. Cassidy & P. R. Shaver (Eds.), *Handbook of attachment: Theory, research, and clinical applications* (pp. 395-433). New York: Guilford Press.
Holmes, J. G., & Boon, S. D. (1990) Developments in the field of close relationships: Creating foundations for intervention strategies. *Personality and Social Psychology Bulletin*, 16, 23-41.
Julien, D., Markman, H. J., & Lindhal, K. M. (1989) A comparison of a global and a microanalytic coding system: Implications for future trends in studying interactions. *Behavioral Assessment*, 11, 81-100.
Kirkpatrick, L. A., & Davis, K. E. (1994) Attachment style, gender, and relationship stability: A longitudinal analysis. *Journal of Personality and Social Psychology*, 66, 502-512.
Kobak, R. R., Cole, H. E., Ferenz-Gillies, R., Fleming, W. S., & Gamble, W. (1993) Attachment and emotion regulation during mother-teen problem solving: A control theory analysis. *Child Development*, 64, 231-245.
Kobak, R. R., & Duemmler, S. (1994) Attachment and conversation: Toward a discourse analysis of adolescent and adult security. In K. Bartholomew & D. Perlman (Eds.), *Advances in personal relationships*: Vol. 5. *Attachment processes in adulthood* (pp. 121-149). London: Kingsley.
Kobak, R. R., & Hazan, C. (1991) Attachment in marriage: Effects of security and accuracy of working models. *Journal of Personality and Social Psychology*, 60, 861-869.
Laurenceau, J. P., Feldman Barrett, L., & Pietromonaco, P. R. (1998) Intimacy as an interpersonal process: The importance of self-disclosure, partner disclosure, and perceived partner responsiveness in interpersonal exchanges. *Journal of Personality and Social Psychology*, 74, 1238-1251.
Laurenceau, J. P., Rivera, L. M., Schaffer, A. R., & Pietromonaco, P. R. (2004) Intimacy as an interpersonal process: Current status and future directions. In D. Mashek & A. Aron (Eds.), *Handbook of closeness and intimacy* (pp. 61-78). Mahwah, NJ: Erlbaum.
Levinger, G., & Pietromonaco, P. (1989) *Conflict Style Inventory*. Unpublished scale, University of Massachusetts, Amherst.
Levy, M. B., & Davis, K. (1988) Lovestyles and attachment styles compared; Their relations to each other and to various relationship characteristics. *Journal of Social and Personal Relationships*, 5, 439-471.
Linville, P. W. (1985) Self-complexity and affective extremity: Don't put all your eggs in one cognitive basket. *Social Cognition*, 3, 94-120.
Main, M., Kaplan, N., & Cassidy, J. (1985) Security in infancy, childhood, and adulthood: A move to the level of representation. *Monographs of the Society for Research in Child Development*, 50 (1-2, Serial No. 209), 66-104.
Margolin, G. (1980) *The Conflict Inventory*. Unpublished manuscript.
Maushart, S. (2002) *Wifework: What marriage really, means for women*. New York: Bloomsbury.
Mikulincer. M. (1998) Adult attachment style and individual differences in functional versus dysfunctional experiences of anger. *Journal of Personality and Social Psychology*, 74, 513-524.
Mikulincer, M., Florian, V., Cowan, P. A., & Cowan, C. P. (2002) Attachment security in couple relationships: A systematic model and its implications for family dynamics. *Family Process*, 41, 405-434.
Mikulincer, M., & Shaver, P. R. (2003) The attachment behavioral system in adulthood: Activation, psychodynamics, and interpersonal processes. In M. P. Zanna (Ed.), *Advances in experimental social psycholog* (Vol. 35, pp.53-152).New York: Academic Press.
O'Connell Corcoran, K., & Mallinckrodt, B. (2000) Adult attachment, self-efficacy, perspective taking, and conflict resolution. *Journal of Counseling and Development*, 78, 473-483.
Paley, B., Cox, M. J., Burchinal, M. R., & Payne, C. C. (1999) Attachment and marital functioning: Comparison of

spouses with continuous-secure, earned-secure, dismissing, and preoccupied attachment stances. *Journal of Family Psychology*, **13**, 580-597.
Pietromonaco, P. R., & Carnelley, K. B. (1994) Gender and working models of attachment: Consequences for perceptions of self and romantic relationships. *Personal Relationships*, **1**, 63-82.
Pietromonaco, P. R., & Feldman Barrett, L. (1997) Working models of attachment and daily social interactions. *Journal of Personality and Social Psychology*, **73**, 1409-1423.
Pietromonaco, P. R., & Feldman Barrett, L. (2000) The internal working models concept: What do we really know about the self in relation to others? *Review of General Psychology*, **4**, 155-175.
Pietromonaco, P. R., & Feldman Barrett, L. (2003) *What can you do for me? : Attachment style and motives underlying esteem for partners*. Manuscript submitted for publication.
Pistole, M. C. (1989) Attachment in adult romantic relationships: Style of conflict resolution and relationship satisfaction. *Journal of Social and Personal Relationships*, **6**, 505-510.
Rahim, M. A. (1983) A measure of styles of handling interpersonal conflict. *Academy of Management Journal*, **26**, 368-376.
Rahim, M. A. (1990) *The Rahim Organizational Conflict Inventory-II*. Palo Alto, CA: Consulting Psychologists Press.
Reis, H. T., & Patrick, B. C. (1996) Attachment and intimacy: Component processes. In E. T. Higgins & A. W. Kruglanski (Eds.), *Social psychology: Handbook of basic principles* (pp. 523-563). New York: Guilford Press.
Reis, H. T., & Shaver, P. (1988) Intimacy as an interpersonal process. In S. W. Duck & D. F. Hay (Eds.), *Handbook of personal relationships* (pp. 367-389). Chichester, UK: Wiley.
Reis, H. T., & Wheeler, L. (1991) Studying social interaction with the Rochester Interaction Record. In M. P. Zanna (Ed.), *Advances in. experimental social psychology* (Vol. 24, pp. 269-318). San Diego, CA: Academic Press.
Rholes, W. S., Simpson, J. A., Campbell, L., & Grich, J. (2001) Adult attachment and the transition to parenthood. *Journal of Personality and Social Psychology*, **81**, 421-435.
Rholes, W. S., Simpson, J. A., & Stevens, J. G. (1998) Attachment orientations, social support, and conflict resolution in close relationships. In J. A. Simpson & W. S. Rholes (Eds.), *Attachment theory and close relationships* (pp. 166-188). New York: Guilford Press.
Ross, M. (1989) Relation of implicit theories to the construction of personal histories. *Psychological Review*, **96**, 341-357.
Schacter, D. L. (1996) *Searching for memory: The brain, the mind, and the past*. New York: Basic Books.
Senchak, M., & Leonard, K. E. (1992) Attachment styles and marital adjustment among newlywed couples. *Journal of Social and Personal Relationships*, **9**, 51-64.
Simpson, J. A., & Rholes, W. S. (1994) Stress and secure base relationships in adulthood. In K. Bartholomew & D. Perlman (Eds.), *Advances in personal relationships*: Vol. 5. *Attachment processes in adulthood* (pp. 181-204). London: Kingsley.
Simpson, J. A., Rholes, W. S., & Nelligan, J. S. (1992) Support seeking and support giving within couples in an anxiety-provoking situation: The role of attachment styles. *Journal of Personality and Social Psychology*, **62**, 434-446.
Simpson, J. A., Rholes, W. S., & Phillips, D. (1996) Conflict in close relationships: An attachment perspective. *Journal of Personality and Social Psychology*, **71**, 899-914.
Spanier, G. B. (1976) Measuring dyadic adjustment: New scales for assessing the quality of marriage and similar dyads. *Journal of Marriage and the Family*, **38**, 15-28.
Tidwell, M. O., Reis, H. T., & Shaver, P. R. (1996) Attachment, attractiveness, and social interaction: A diary study. *Journal of Personality and Social Psychology*, **71**, 729-745.

■ 10章

Allen, J. P., McElhaney, K. B., Land, D. J., Kuperminc, G. P., Moore, C. W., O'Beirne-Kelly, H., & Kilmer, S. L. (2003) A secure base in adolescence: Markers of attachment security in the mother-adolescent relationship. *Child Development*, **74**, 292-307.
Ainsworth, M. D. S., Blehar, M. C., Waters, E., & Wall, S. (1978) *Patterns of attachment: A psychological study of the Strange Situation*. Hillsdale, NJ: Erlbaum.
Barbee, A. P. (1990) Interactive coping: The cheering-up process in close relationships. In S. Duck (Ed.), *Social support in relationships* (pp. 47-65). Newbury Park, CA: Sage.
Bowlby, J. (1973) *Attachment and loss*: Vol. 2. *Separation: Anxiety and anger*. New York: Basic Books. 黒田実郎・岡田洋子・吉田恒子 (訳) 1977 母子関係の理論Ⅱ:分離不安 岩崎学術出版社
Bowlby, J. (1982) *Attachment and loss*: Vol. 1. *Attachment*. New York: Basic Books. (Original work published 1969) 黒田実郎・大羽蓁・岡田洋子・黒田聖一 (訳) 1991 母子関係の理論Ⅰ:愛着行動 (新版) 岩崎学術出版社
Bowlby, J. (1988) *A secure base: Clinical applications of attachment theory*. London: Routledge. 二木武 (監訳) 1993 母と子のアタッチメント:心の安全基地 医歯薬出版
Bretherton, I. (1987) New perspectives on attachment relations: Security, communication, and internal working models. In J. D. Osofsky (Ed.), *Handbook of infant development* (2nd ed., pp. 1061-1100). New York: Wiley.
Byng-Hall, J. (1999) Family and couple therapy: Toward greater security. In J. Cassidy & P. R. Shaver (Eds.), *Handbook*

of attachment: Theory, research, and clinical applications (pp. 625-645). New York: Guilford Press.

Carnelley, K., & Ruscher, J. (2000) Adult attachment and exploratory behavior in leisure. *Journal of Social Behavior and Personality*, 15, 153-165.

Carnelley, K. B., Pietromonaco, P. R., & Jaffe, K. (1996) Attachment, caregiving, and relationship functioning in couples: Effects of self and partner. *Personal Relatianships*, 3, 257-278.

Carpenter, E. M., & Kirkpatrick, L. A. (1996) Attachment style and presence of a romantic partner as moderators of psychophysiological responses to a stressful laboratory situation. *Personal Relationships*, 3, 351-367.

Cassidy, J. (2001) Truth, lies, and intimacy: An attachment perspective. *Attachment and Human Development*, 3, 121-155.

Collins, N. L., & Feeney. B. C. (2000) A safe haven: An attachment theory perspective on support-seeking and caregiving in intimate relationships. *Journal of Personality and Social Psychology*, 78, 1053-1073.

Collins, N. L., & Feeney, B. C. (2003) *Attachment processes in daily interaction: Feeling supported and feeling secure*. Unpublished manuscript, University of California, Santa Barbara.

Collins, N. L., & Feeney, B. C. (2004) Working models of attachment shape perceptions of social support: Evidence from experimental and observational studies. *Journal of Personality and Social Psychology*, 87(3), 363-383.

Collins, N. L., Ford, M. B., Guichard, A., & Feeney, B. C. (2003) *Responding to need in intimate relationships: The role of attachment anxiety*. Unpublished manuscript, University of California, Santa Barbara.

Crowell, J., Treboux, D., Gao, Y., Fyffe, C., Pan, H., & Waters, E. (2002) Assessing secure base behavior in adulthood: Development of a measure, links to adult attachment representations, and relations to couples' communication and reports of relationships. *Developmental Psychology*, 38, 679-693.

Cutrona, C. E. (1996) Social support as a determinant of marital quality: The interplay of negative and supportive behaviors. In G. R. Pierce, B. R. Sarason, & I. G. Sarason (Eds.), *Handbook of social support and the family* (pp. 173-194). New York: Plenum Press.

Emmons, R. A., & King, L. A. (1988) Conflict among personal strivings: Immediate and long-term implications for psychological and physical well-being. *Journal of Personality and Social Psychology*, 54, 1040-1048.

Feeney, B. C, (2003) *A secure base: Responsive support of goal strivings and exploration in adult intimate relationships*. Manuscript submitted for publication.

Feeney, B. C., & Collins, N. L. (2001) predictors of caregiving in adult intimate relationships: An attachment theoretical perspective. *Journal of Personality and Social Psychology*, 80, 972-994.

Feeney, B. C., & Collins, N. L. (2003) Motivations for caregiving in adult intimate relationships: Influences on caregiving behavior and relationship functioning. *Personality and Social Psychology Bulletin*, 29, 950-968.

Feeney, B. C., & Kirkpatrick, L. A. (1996) The effects of adult attachment and presence of romantic partners on physiological responses to stress. *Journal of Personality and Social Psychology*, 70, 255-270.

Feeney, J. A. (1996) Attachment, caregiving, and marital satisfaction. *Personal Relationships*, 3, 401-416.

Florian, V., Mikulincer, M., & Bucholtz, I. (1995) Effects of adult attachment style on the perception and search for social support. *Journal of Psychology*, 129, 665-676.

George, C., & Solomon, J. (1989) Internal working models of caregiving and security of attachment at age six. *Infant Mental Health Journal*, 10, 222-237

George, C., & Solomon, J. (1996) Representational models of relationships: Links between caregiving and attachment. *Infant Mental Health Journal*, 17, 198-216.

George, C., & Solomon, J. (1999a) Attachment and caregiving: The caregiving behavioral system. In J. Cassidy & P. R. Shaver (Eds.), *Handbook of attachment: Theory, research, and clinical applications* (pp. 649-670). New York: Guilford Press.

George, C., & Solomon, J. (1999b) The development of caregiving: A comparison of attachment theory and psychoanalytic approaches to mothering. *Psychoanalytic Inquiry*, 19, 618-646.

Hazan, C., & Shaver, P. R. (1990) Love and work: An attachment-theoretical perspective. *Journal of Personality and Social Psychology*, 59, 270-280.

Kunce, L. J., & Shaver, P. R. (1994) An attachment-theoretical approach to caregiving in romantic relationships. In K. Bartholomew & D. Perlman (Eds.), *Advances in personal relationships*: Vol. 5. *Attachment processes in adulthood* (pp. 205-237). London: Kingsley.

Main, M. (1995) Attachment: Overview, with implications for clinical work. In S. Goldberg, R. Muir, & J. Kerr (Eds.), *Attachment theory: Social, developmental, and clinical perspectives* (pp. 407-474). Hillsdale, NJ: Analytic Press.

Main, M., Kaplan, N., & Cassidy, J. (1985) Security in infancy, childhood, and adulthood: A move to the level of representation. In I. Bretherton & E. Waters (Eds.), Growing points of attachment theory and research. *Monographs of the Society for Research in Child Development*, 50(1-2, Serial No. 209), 66-l04.

Marvin, R., Cooper, G., Hoffman, K., & Powell, B. (2002) The Circle of Security Project: Attachment-based intervention with caregiver-pre-school child dyads. *Attachment and Human Development*, 4, 107-124.

Mikulincer, M., & Florian, V. (1995) Appraisal of and coping with a real-life stressful situation: The contribution of attachment styles. *Personality and Social Psychology Bulletin*, 21, 406-414.

Mikulincer, M., Florian, V., & Weller, A. (1993) Attachment styles, coping strategies, and posttraumatic psychological distress: The impact of the Gulf War in Israel. *Journal of Personality and Social Psychology*, 64, 817-826.

Ognibene, T. C., & Collins, N. L. (1998) Adult attachment styles, perceived social support and coping strategies. *Journal of Social and Personal Relationships*, **15**, 323-345.
Reis, H. T., & Shaver, P. (1988) Intimacy as an interpersonal process. In S. Duck & D. F. Hay (Eds.), *Handbook of personal relationships: Theory, research, and interventions* (pp. 367-389). Chichester, UK: Wiley.
Simpson, J. A., Rholes, W. S., & Nelligan, J. S. (1992) Support seeking and support giving within couples in an anxiety-provoking situation: The role of attachment styles. *Journal of Personality and Social Psychology*, **62**, 434-446.
Solomon, J., & George, C. (1996) Defining the caregiving system: Toward a theory of caregiving. *Infant Mental Health Journal*, **17**, 183-197.
Waters, E., & Cummings, E. M. (2000) A secure base from which to explore close relationships. *Child Development*, **71**, 164-172.
Westmaas, J. L., & Silver, R. C. (2001) The role of attachment in responses to victims of life crises. *Journal of Personality and Social Psychology*, **80**, 425-438.

11章

Ainsworth, M. D. S., Blehar, M. C., Waters, E., & Wall, S. (1978) *Patterns of attachment: A study of the Strange Situation*. Hillsdale, NJ: Erlbaum.
Alexander, R. P., Feeney, J. A., Hohaus, L., & Noller, P. (2001) Attachment style and coping resources as predictors of coping strategies in the transition to parenthood. *Personal Relationships*, **8**, 137-152.
Bartholomew, K. (1990) Avoidance of intimacy: An attachment perspective. *Journal of Social and Personal Relationships*, **7**, 147-178.
Bartholomew, K., Cobb, R. J., & Poole, J. A. (1997) Adult attachment patterns and social support processes. In G. R. Pierce, B. Lakey, I. G. Sarason, & B. R. Sarason (Eds.), *Sourcebook of social support and personality* (pp. 359-378). New York: Plenum Press.
Baxter, L. A., & Montgomery, B. M. (1997) Rethinking communication in personal relationships from a dialectical perspective. In S. Duck (Ed.), *Handbook of personal relationships* (pp. 325-349). New York: Wiley.
Bowlby, J. (1984) *Attachment and loss: Vol. 1. Attachment* (2nd ed.). Harmondsworth, UK: Penguin.
Byng-Hall, J. (1999) Family and couple therapy: Toward greater security. In J. Cassidy & P. R. Shaver (Eds.), *Handbook of attachment: Theory, research, and clinical applications* (pp. 625-645). New York: Guilford Press.
Cafferty, T. P., Davis, K. E., Medway, F. J., O'Hearn, R. E., & Chappell, K. D (1994) Reunion dynamics among couples separated during Operation Desert Storm: An attachment theory analysis. In K. Bartholomew & D. Perlman (Eds.), *Advances in personal relationships: Vol. 5. Attachment processes in adulthood* (pp. 309-330). London: Kingsley.
Campbell, L., Simpson, J. A., Kashy, D. A., & Rholes, W. S. (2001) Attachment orientations, dependence, and behavior in a stressful situation: An application of the Actor-Partner Interdependence model. *Journal of Social and Personal Relationships*, **18**, 821-843.
Carnelley, K. B., Pietromonaco, P. R., & Jaffe, K. (1996) Attachment, caregiving, and relationship functioning in couples: Effects of self and partner. *Personal Relationships*, **3**, 257-278.
Christensen, A., & Walczynski, P. T. (1997) Conflict and satisfaction in couples. In R. J. Sternberg & M. Hojjat (Eds.), *Satisfaction in close relationships* (pp. 249-274). New York: Guilford Press.
Collins, N. L. (1996) Working models of attachment: Implications for explanation, emotion, and behavior. *Journal of Personality and Social Psychology*, **71**, 810-832.
Collins, N. L., & Feeney, B. C. (2000) A safe haven: An attachment theory perspective on support seeking and caregiving in intimate relationships. *Journal of Personality and Social Psychology*, **78**, 1053-1073.
Feeney, J. A. (1994) Attachment style, communication patterns and satisfaction across the life cycle of marriage. *Personal Relationships*, **1**, 333-348.
Feeney, J. A. (1998) Adult attachment and relationship-centered anxiety: Responses to physical and emotional distancing. In J. A. Simpson & W. S. Rholes (Eds.), *Attachment theory and close relationships* (pp. 189-218). New York: Guilford Press.
Feeney, J. A. (1999a) Adult attachment, emotional control and marital satisfaction. *Personal Relationships*, **6**, 169-185.
Feeney, J. A. (1999b) Issues of closeness and distance in dating relationships: Effects of sex and attachment style. *Journal of Social and Personal Relationships*, **16**, 571-590.
Feeney, J. A. (2002) Attachment, marital interaction and relationship satisfaction: A diary study. *Personal Relationships*, **9**, 39-55.
Feeney, J. A. (2005) Hurt feelings in couple relationships: Exploring the role of attachment and perceptions of personal injury. *Personal Relationships*, **12**, 253-271.
Feeney, J. A., Alexander, R., Noller, P., & Hohaus, L. (2003) Attachment insecurity, depression, and the transition to parenthood. *Personal Relationship*, **10**, 475-493.
Feeney, J. A., & Hohaus, L. (2001) Attachment and spousal caregiving. *Personal Relationships*, **8**, 21-39.
Feeney, J. A., Noller, P., & Callan, V. J. (1994) Attachment style, communication and satisfaction in the early years of marriage. In K. Bartholomew & D. Perlman (Eds.), *Advances in personal relationships*: Vol. 5. *Attachment*

processes in adulthood (pp. 269-308). London: Kingsley.
Fraley, R. C., & Shaver, P. R. (1997) Adult attachment and the suppression of unwanted thoughts. *Journal of Personality and Social Psychology,* **73,** 1080-1091
Fraley, R. C., & Shaver, P. R. (1998) Airport separations: A naturalistic study of adult attachment dynamics in separating couples. *Journal of Personality and Social Psychology,* **75,** 1198-1212.
Gaines, S. O., Jr., Reis, H. T., Summers, S., Rusbult, C. E., Cox, C. L., Wexler, M. O., et al. (1997) Impact of attachment style on reactions to accommodative dilemmas in close relationships. *Personal Relationships,* **4,** 93-113.
Gallo, L. C., & Smith, T. W. (2001) Attachment style in marriage: Adjustment and responses to interaction. *Journal of Social and Personal Relationships,* **18,** 263-289.
Hazan, C., & Shaver, P. R. (1987) Romantic love conceptualized as an attachment process. *Journal of Personality and Social Psychology,* **52,** 511-524.
Keelan, J. P. R., Dion, K. K., & Dion, K. L. (1998) Attachment style and relationship satisfaction: Test of a self-disclosure explanation. *Canadian Journal of Behavioural Science,* **30,** 24-35.
Kirkpatrick, L. A., & Davis, K. E. (1994) Attachment style, gender, and relationship stability: A longitudinal analysis. *Journal of Personality and Social Psychology,* **66,** 502-512.
Kobak, R. R., & Duemmler, S. (1994) Attachment and conversation: Toward a discourse analysis of adolescent and adult security. In K. Bartholomew & D. Perlman (Eds.), *Advances in personal relationships*: Vol. 5. *Attachment processes in adulthood* (pp. 121-149). London: Kingsley.
Kobak, R. R., & Hazan, C. (1991) Attachment in marriage: Effects of security and accuracy of working models. *Journal of Personality and Social Psychology,* **60,** 861-869.
Kobak, R. R., & Sceery, A. (1988) Attachment in late adolescence: Working models, affect regulation, and representations of self and others. *Child Development,* **59,** 135-146.
Kunce, L. J., & Shaver, P. R. (1994) An attachment-theoretical approach to caregiving in romantic relationships. In K. Bartholomew & D. Perlman (Eds.), *Advances in personal relationships*: Vol. 5. *Attachment processes in adulthood* (pp. 205-237). London: Kingsley.
Leary, M. R., Springer, C., Negel, L., Ansell, E., & Evans, K. (1998) The causes, phenomenology, and consequences of hurt feelings. *Journal of Personality and Social Psychology,* **74,** 1225-1237.
Mikulincer, M. (1998) Adult attachment style and individual differences in functional versus dysfunctional experiences of anger. *Journal of Personality and Social Psychology,* **74,** 513-524.
Mikulincer, M., & Florian, V. (1998) The relationship between adult attachment styles and emotional and cognitive reactions to stressful events. In J. A. Simpson & W. S. Rholes (Eds.), *Attachment theory and close relationships* (pp. 143-165). New York: Guilford Press.
Mikulincer, M., Florian, V., Birnbaum, G., & Malishkewitz, S. (2002) The death-anxiety buffer function of close relationships: Exploring the effects of separation reminders on death-thought accessibility. *Personality and Social Psychology Bulletin,* **28,** 287-299.
Pistole, M. C. (1989) Attachment in adult romantic relationships: Style of conflict resolution and relationship satisfaction. *Journal of Social and Personal Relationships,* **6,** 505-510.
Pistole, M. C. (1994) Adult attachment styles: Some thoughts on closeness-distance struggles. *Family Process,* **33,** 147-159.
Rahim, M. A. (1983) A measure of styles of handling interpersonal conflict. *Academy of Management Journal,* **26,** 368-376.
Roberts, N., & Noller, P. (1998) The associations between adult attachment and couple violence: The role of communication patterns and relationship satisfaction. In J. A. Simpson & W. S. Rholes (Eds.), *Attachment theory and close relationships* (pp. 317-350). New York: Guilford Press.
Rholes, W. S., Simpson, J. A., Campbell, L., & Grich, J. (2001) Adult attachment and the transition to parenthood. *Journal of Personality and Social Psychology,* **81,** 421-435.
Shaver, P. R., Collins, N., & Clark, C. L. (1996) Attachment styles and internal working models of self and relationship partners. In G. J. O. Fletcher & J. Fitness (Eds.), *Knowledge structures in close relationships: A social psychological approach* (pp. 25-61). Mahwah: NJ: Erlbaum.
Shaver, P. R., Hazan, C., & Bradshaw, D. (1988) Love as attachment: The integration of three behavioral systems. In R. J. Sternberg & M. L. Barnes (Eds.), *The psychology of love* (pp. 68-99). New Haven, CT: Yale University Press.
Shaver, P., Schwartz, J., Kirson, D., & O'Connor, C. (1987) Emotion knowledge: Further exploration of a prototype approach. *Journal of Personality and Social Psychology,* **52,** 1061-1086.
Simpson, J. A., Rholes, W. S., & Nelligan, J. S. (1992) Support seeking and support giving within couples in an anxiety-provoking situation: The role of attachment styles. *Journal of Personality and Social Psychology,* **62,** 434-446.
Simpson, J. A., Rholes, W. S., & Phillips, D. (1996) Conflict in close relationships: An attachment perspective. *Journal of Personality and Social Psychology,* **71,** 899-914.
Sroufe, L. A., & Waters, E. (1977) Attachment as an organizational construct. *Child Development,* **48,** 1184-1199.
Sumer, N. (2000, June) *The interplay between attachment mental models and interpersonal schemas among married couples.* Paper presented at 2nd Joint Conference of International Society for the Study of Personal Relationships and International Network of Personal Relationships, Brisbane, Australia.

文 献

Vormbrock, J. K. (1993) Attachment theory as applied to wartime and job-related marital separation. *Psychological Bulletin*, 114, 122-144.

■ 12章────────────────────────────────■
Ainsworth, M. D. S., Blehar, M. C., Waters, E., & Wall,S. (1978) Patterns of attachment: A study of the Strange Situation. Hillsdale, NJ: Erlbaum.
Alexander, P. C. (1993) Application of attachment theory to the study of sexual abuse. *Journal of Consulting and Clinical Psychology*, 60, 185-195.
Anderson, P., Beach, S. R., & Kaslow, N. J. (1999) Marital discord and depression: The potential of attachment theory to guide integrative clinical intervention. In T. Joiner & J. C. Coyne(Eds.), *The interactional nature of depression* (pp. 271-298). Washington,DC: APA Press.
Barlow, D. H., O'Brien, G. T., & Last, C. G. (1984) The treatment of agoraphobia. *Behavior Therapy*, 15, 41-58.
Bartholomew, K., & Horowitz, L. M. (1991) Attachment styles among young adults: A test of a four-category model. *Journal of Personality and Social Psychology*, 61, 226-244
Berscheid, E. (1999) The greening of relationship science. *American Psychologist*, 54, 260-266.
Bertalanffy, L. von. (1968) *General system theory*. New York: Braziller.
Beutler, L. E., Williams, R. E., & Wakefield, P. J. (1993) Obstacles to disseminating applied psychological science. *Applied and Preventative Psychology*, 2, 53-58.
Bowlby, J. (1969) *Attachment and loss*: Vol.1. *Attachment*. New York: Basic Books.
Bowlby, J. (1973) *Attachment and loss*: Vol.2 *Separation: Anxiety and anger*. New York: Basic Books. 黒田実郎・岡田洋子・吉田恒子（訳）1977　母子関係の理論Ⅱ：分離不安　岩崎学術出版社
Bowlby, J. (1979) *The making and breaking of affectional bonds*. London: Tavistock. 作田　勉（監訳）1981　ボウルビイ母子関係入門　星和書店
Bowlby, J. (1988) *A secure base: Clinical applications of attachment theory*. London: Routledge. 二木　武（監訳）1993　母と子のアタッチメント：心の安全基地　医歯薬出版
Bradley, B., & Furrow, J. (2004) Toward a mini-theory of the blamer softening event: Tracking the moment-by-moment process. *Journal of Marital and Family Therapy*, 30, 233-246.
Bretherton, I., & Munholland, K. A. (1999) Internal working models in attachment relationships. In J. Cassidy & P. Shaver(Eds.), *Handbook of attachment: Theory, research, and clinical applications* (pp.89-111).New York: Guilford Press.
Cassidy, J., & Shaver, P. R. (Eds.). (1999) *Handbook of attachment: Theory, research and clinical applications*. New York: Guilford Press.
Cerny, J. A., Barlow, D. H.,Craske, M. D., & Himadi, W. G. (1987) Couples treatment of agoraphobia: A two-year follow-up. *Behavior Therapy*, 18, 401-415.
Clothier, P., Manion, I., Gordon Walker, J., & Johnson, S. M. (2002). Emotionally focused interventions for couples with chronically ill children: A two-year follow-up. *Journal of Marital and Family Therapy*, 28, 391-399.
Collins, N. L., & Allard, L. M. (2001) Cognitive representations of attachment: The content and function of working models. In G. J. O. Fletcher & M. S. Clark (Eds.), *Blackwell handbook of social psychology*: Vol.2. *Interpersonal processes* (pp.60-85). Oxford, UK: Blackwell.
Dessaulles, A.,Johnson, S. M., & Denton, W.(2003) The treatment of clinical depression in the context of marital distress: Outcome for emotionally focused interventions. *American Journal of Family Therapy*, 31, 345-353
Enright, R. D., & Fitzgibbons, R. P. (2000) *Helping clients forgive*. Washington, DC: APA Press.
Erdman, P., & Caffery, T. (2002) *Attachment and family systems: Conceptual, empirical and therapeutic relatedness*. New York: Springer.
Feeney, J. A. (1994) Attachment style, communication patterns, and satisfaction across the life cycle of marriage. *Personal Relationships*, 1, 333-348.
Fonagy, P., & Target, M. (1997) Attachment and reflective function: Their role in self-organization. *Development and Psychopathology*, 9, 679-700.
Fraley, R, C., & Shaver, P. (2000) Adult romantic attachment: Theoretical developments, emerging controversies, and unanswered questions. *Review of General Psychology*, 4, 132-154.
Fraley, R, C., & Waller, N. G. (1998) Adult attachment patterns: A test of the typological model. In J. A.Simpson & W. S., Rholes (Eds.), *Attachment theory and close relationships* (pp.77-114). New York: Guilford Press.
Gottman, J. (1994) *What predicts divorce?* Hillsdale, NJ: Erlbaum.
Gottman, J., Coan, J., Carrere, S., & Swanson, C. (1998) Predicting marital happiness and stability from newlywed interactions. *Journal of Marriage and the Family*, 60, 5-22.
Greenberg, L. S., & Johnson, S. M. (1988) *Emotionally focused therapy for couples*. New York: Guilford Press.
Gurman, A. (2001) Brief therapy and family and couple therapy: An essential redundancy. *Clinical Psychology: Science and Practice*, 8, 51-65.
Harvey, M. (1996) An ecological view of psychological trauma and trauma recovery. *Journal of Traumatic Stress*, 9, 3-23.

Hazan, C., & Shaver, P. (1987) Romantic love conceptualized as an attachment process. *Journal of Personality and Social Psychology*, 52, 511-524.
Hazan, C., & Zeifman, D. (1994) Sex and the psychological tether. In K.Bartholomew & D.Perlman(Eds.), *Advances in personal relationships*: Vol. 5. *Attachment processes in adulthood* (pp.151-177). London: Kingsley.
Herman, J. K. (1992) *Trauma and recovery*. New York: Basic Books.
Holmes, J. (1996) *Attachment, intimacy and autonomy: Using attachment theory in adult psychotherapy*. Northdale, NJ: Aronson.
Johnson, M. D., & Bradbury, T. N. (1999) Marital satisfaction and topographical assessment of marital interaction: A longitudinal analysis of newlywed couples. *Personal Relationships*, 6, 19-40.
Johnson, S. M. (1986) Bonds or bargains: Relationship paradigms and their significance for marital therapy. *Journal of Marital and Family Therapy*, 12, 259-267.
Johnson, S. M. (1996) *Creating connection: The practice of emotionally focused marital therapy*. New York: Brunner/Mazel.
Johnson, S. M. (2002) *Emotionally focused couple therapy with trauma survivors: Strengthening attachment bonds*. New York: Guilford Press.
Johnson, S. M. (2003a) Attachment theory: A guide for couples therapy. In S. M. Johnson & V. E. Whiffen(Eds.), *Attachment processes in couple and family therapy* (pp.103-123). New York: Guilford Press.
Johnson, S. M. (2003b) Introduction to attachment: A therapist's guide to primary attachments and their renewal. In S. M. Johnson & V. E. Whiffen(Eds.), *Attachment processes in couple and family therapy* (pp.3-17). New York: Guilford Press.
Johnson, S. M. (2003c) The revolution in couple therapy: A practitioner-scientist perspective. *Journal of Marital and Family Therapy*, 29, 365-384.
Johnson, S. M. (2005) Emotion and the repair of close relationships. In W. Pinsof & T. Patterson(Eds.), *Family psychology: The art of the science*. New York: Oxford University Press. Pp. 91-114.
Johnson, S. M., & Best, M. (2002) A systematic approach to restructuring adult attachment: The EFT model of couples therapy. In P. Erdman & T. Caffery (Eds.), *Attachment and family systems: Conceptual, empirical and therapeutic relatedness* (pp.165-189). New York: Brunner-Routledge.
Johnson, S. M., & Greenberg, L. S. (1985) The differential effects of experiential and problem solving interventions in resolving marital conflict. *Journal of Consulting and Clinical Psychology*, 53, 175-183.
Johnson, S. M., & Greenberg, L. S. (1988) Relating process to outcome in marital therapy. *Journal of Marital and Family Therapy*, 14, 175-183.
Johnson, S. M., Hunsley, J., Greenberg, L. S., & Schindler, D. (1999) Emotionally focused couples therapy: Status and challenges. *Clinical Psychology: Science and Practice*, 6, 67-79.
Johnson, S. M., & Lebow, J. (2000) The coming of age of couple therapy: A decade review. *Journal of Marital and Family Therapy*, 26, 9-24.
Johnson, S. M., Makinen, J., & Millikin, J. (2001) Attachment injuries in couple relationships: A new perspective on impasses in couples therapy. *Journal of Marital and Family Therapy*, 27, 145-155.
Johnson, S. M., & Whiffen, V. E. (1999) Made to measure: Attachment styles in couples therapy. *Clinical Psychology: Science and Practice*, 6, 366-381.
Johnson, S. M., & Whiffen, V. E. (Eds.). (2003) *Attachment processes in couple and family therapy*. New York: Guilford Press.
Jordan, J., Kaplan, A., Miller, J., Stiver, I., & Surrey, J. (1991) *Women's growth in connection: Writings from the Stone Center*. New York: Guilford Press.
Kirkpatrick, L. E., & Davis, K. E. (1994) Attachment style, gender, and relationship stability: A longitudinal analysis. *Journal of Personality and Social Psychology*, 66, 502-512.
Kunce, L. J., & Shaver, P. R. (1994) An attachment-theoretical approach to care-giving in romantic relationships. In K. Bartholomew & D. Perlman (Eds.), *Advances in personal relationships*: Vol.5. *Attachment processes in adulthood* (pp.205-237). London: Kingsley.
Lussier, Y., Sabourin, S., & Turgeon, C. (1997) Coping strategies as moderators of the relationship between attachment and marital adjustment. *Journal of Social and Personal Relationships*, 14, 777-791.
Mackay, S. K. (1996) Nurturance: A neglected dimension in family therapy with adolescents. *Journal of Marital and Family Therapy*, 22, 489-508.
McFarlane, A. C., & van der Kolk, B. A. (1996) Trauma and its challenge to society. In B. A.van der Kolk, A. C. McFarlane, & L. Weisaeth (Eds.), *Traumatic stress: The effects of overwhelming experience on mind, body, and society* (pp.24-45). New York: Guilford Press.
Mikulincer, M. (1995) Attachment style and the mental representation of the self. *Journal of Personality and Social Psychology*, 69, 1203-1215.
Mikulincer, M. (1997) Adult attachment style and information processing: Individual differences in curiosity and cognitive closure. *Journal of Personality and Social Psychology*, 72, 1217-1230.
Mikulincer, M., Florian, V., & Weller, A. (1993) Attachment styles, coping strategies, and posttraumatic psychological distress: The impact of the Gulf War in Israel. *Journal of Personality and Social Psychology*, 64, 817-826.

Pasch, L. A., & Bradbury, T. N. (1998) Social support, conflict and the development of marital dysfunction. *Journal of Consulting and Clinical Psychology*, 66, 219-230.
Pinsof, W., & Wynne, L. (1995) The efficacy of marital and family therapy: An empirical overview, conclusions, and recommendations. *Journal of Marital and Family Therapy*, 21, 585-613.
Roberts, T. W. (1992) Sexual attraction and romantic love: Forgotten variables in marital therapy. *Journal of Marital and Family Therapy*, 18, 357-364.
Schore, A. N. (1994) *Affect regulation and the organization of self.* Hillsdale, NJ: Erlbaum.
Senchak, M., & Leonard, K. (1992) Attachment styles and marital adjustment among newlywed couples. *Journal of Social and Personal Relationships*, 9, 51-64.
Shaver, P., & Clarke, C. (1994) The psychodynamics of adult romantic attachment. In J. M. Masling & R. F. Borstein (Eds.), *Empirical Perspectives on object relations theory* (pp.105-156). Washington, DC: American Psychological Association.
Shaver, P., & Hazan, C. (1993) Adult romantic attachment: Theory and evidence. In D. Perlman & W. Jones(Eds.), *Advances in personal relationships* (Vol.4, pp.29-70). London: Kingsley.
Simpson, J. A. (1990) The influence of attachment styles on romantic relationships. *Journal of Personality and Social Psychology*, 59(5), 971-980.
Simpson, J. A., Rholes, W. S. (1994) Stress and secure base relationships in adulthood. In K. Bartholomew & D. Perlman(Eds.), *Advances in personal relationships*: Vol.5. *Attachment processes in adulthood* (pp.181-204). London: Kingsley.
Simpson, J. A., Rholes, W. S., Campbell, L., & Wilson, C. L. (2003) Changes in attachment orientations across the transition to parenthood. *Journal of Experimental Social Psychology*, 39, 317-331.
Simpson, J. A., Rholes, W. S., & Nelligan, J. (1992) Support seeking and support giving within couples in an anxiety-provoking situation: The role of attachment styles. *Journal of Personality and Social Psychology*, 62, 434-446.
Uchino, B. N., Cacioppo, J. T., & Kiecolt-Glaser, J. K. (1996) The relationship between social support and physiological processes: A review with emphasis on underlying mechanisms and implications for health. *Psychological Bulletin*, 119, 488-531.
Worthington, E. L., & DiBlasio, F. A. (1990) Promoting mutual forgiveness within the fractured relationship. *Psychotherapy*, 27, 219-223.

13章

Ainsworth, M. D. S., & Eichberg, C. (1991) Effects of infant-mother attachment of mothers' unresolved loss of an attachment figure, or other traumatic experience. In C. M. Parkes, J. Stevenson-Hinde, & P. Marris (Eds.), *Attachment across the life cycle* (pp. 160-183). London: Routledge.
APA: American Psychiatric Association (2000) *Diagnostic and statistical manual of mental disorders* (4th ed., text rev.). Washington, DC: Author.
Bonanno, G., & Kaltman, S. (1999) Toward an integrative perspective on bereavement. *Psychological Bulletin*, 125(6), 760-776.
Bowlby, J. (1973) *Attachment and loss*: Vol.2. *Separation: Anxiety and Anger.* New York: Basic Books. 黒田実郎・岡田洋子・吉田恒子（訳） 1977 母子関係の理論Ⅱ：分離不安 岩崎学術出版社
Bowlby, J. (1980) *Attachment and loss*: Vol.3. *Loss: Sadness and depression.* New York: Basic Books. 黒田実郎・吉田恒子・横浜恵三子（訳） 1981 母子関係の理論Ⅲ：愛情喪失 岩崎学術出版社
Cassidy, J., & Mohr, J. (2001) Unsolvable fear, trauma, and psychopathology: Theory, research, and clinical considerations related to disorganized attachment across the lifespan. *Clinical Science and Practice*, 8, 275-298.
Coyne, J. C. (1976) Depression and the response of others. *Journal of Abnormal Psychology*, 85, 186-193.
Crawford, C. B., Salter, B. E., & Jang, K. L. (1989) Human grief: Is its intensity related to the reproductive value of the deceased? *Ethology and Sociobiology*, 10, 297-307.
Davis, C. G., Nolen-Hoeksema, S. N., & Larson, J. (1998) Making sense of loss and benefiting from the experience: Two construals of meaning. *Journal of Personality and Social Psychology*, 75, 561-574.
Diamond, G. S., & Stern, R. S. (2003) Attachment-based family therapy for depressed adolescents: Repairing attachment failures. In S. M. Johnson & V. E. Whiffen (Eds.), *Attachment processes in couple and family therapy* (pp. 191-212). New York: Guilford Press.
Ehlers, A., & Clark, D. M. (2000) A cognitive model of posttraumatic stress disorder. *Behaviour Research and Therapy*, 38, 319-345.
Foa, E. B., & Kozak, M. J. (1986) Emotional processing of fear: Exposure to corrective information. *Psychological Bulletin*, 99, 20-35.
Foa, E. B., & Riggs, D. S. (1993) Posttraumatic stress disorder in rape victims. In J. Oldham, M. B. Riba, & A. Tasman (Eds.), *American Psychiatric Press review of psychiatry* (Vol.12, pp. 273-303). Washington, DC: American Psychiatric Press.
Follette, V. M., Polusny, M. A., Bechtle, A. E., & Naugle, A. E. (1996) Cumulative trauma: The impact of child sexual abuse, adult sexual assault, and spouse abuse. *Journal of Traumatic Stress*, 9, 25-35.

Freedy, J. R. & Donkervoet, J. C. (1995) Traumatic stress: An overview of the field. In J. R. Freedy & S. E. Hobfoll (Eds.), *Traumatic stress: From theory to practice* (pp. 3-28). New York: Plenum Press.
George, C., Kaplan, N., & Main, M. (1996) *Adult Attachment Interview protocol* (3rd ed.). Unpublished manuscript, University of California at Berkeley.
Grych, J. H., & Fincham, F. D. (1993) Children's appraisals of marital conflict: Initial investigations of the cognitive-contextual framework. *Child Development*, 64, 215-230.
Halligan, S. L., Michael, T., Clark, D. M., & Ehlers, A. (2003) Posttraumatic stress disorder following assault: The role of cognitive processing, trauma memory, and appraisals. *Journal of Consulting and Clinical Psychology*, 71, 419-431.
Janoff-Bulman, R. (1992) *Shattered assumptions: Towards a new psychology of trauma*. New York: Free Press.
Johnson, S. M. (2002) *Emotionally focused couple therapy with trauma survivors: Strengthening attachment bonds*. New York: Guilford Press.
Johnson, S. M., Makinen, J., & Millikin, J. (2001) Attachment injuries in couple relationships: A new perspective on impasses in couples therapy. *Journal of Marital and Family Therapy*, 27, 145-155.
Kobak, R. (1999) The emotional dynamics of disruptions in attachment relationships: Implications for theory, research and clinical intervention. In J. Cassidy & P. R. Shaver (Eds.), *Handbook of attachment: Theory, research, and clinical applications* (pp. 21-43). New York: Guilford Press.
Kobak, R., Little, M., Race, E., & Acosta, M. (2001) Attachment disruptions in seriously emotionally disturbed children: Implications for treatment. *Attachment and Human Development*, 3, 243-257.
Lehman, D. R., Wortman, C.B., & Williams, A. F. (1987) Long-term effects of losing a spouse or child in a motor vehicle crash. *Journal of Personality and Social Psychology*, 52, 218-231.
Lyons-Ruth, K., Bronfman, E., & Atwood, G. (1999) A relational diathesis model of hostile-helpless states of mind: Expressions in mother-infant interaction. In J. Solomon & C. George (Eds.), *Attachment disorganization* (pp. 33-70). New York: Guilford Press.
Main, M., & Cassidy, J. (1988) Categories of response to reunion with parent at age six: Predictable from infant attachment classifications. *Developmental Psychology*, 24, 415-426.
Main, M., & Goldwyn, R. (1998) *Adult attachment scoring and classification system, Version 6.3*. Unpublished manuscript, University of California at Berkeley.
Main, M., & Hesse, E. (1990) Parents' unresolved traumatic experiences are related to infant disorganized attachment status: Is frightened and/ or frightening parental behavior the linking mechanism? IN M. T. Greenberg, D. Cicchetti, & E. M. Cummings (Eds.), *Attachment in the preschool years: Theory, research and intervention* (pp. 161-182). Chicago: University of Chicago Press.
Main, M., & Solomon, J. (1986) Discovery of an insecure-disorganized/ disoriented attachment pattern: Procedures, findings, and implications for classification of behavior. In T. B. Brazelton & M. Yogman (Eds.), *Affective development in infancy* (pp. 95-124). Norwood, NJ: Ablex.
Norris, F. (1992) Epidemiology of trauma: Frequency and impact of different potentially traumatic events on different demographic groups. *Journal of Consulting and Clinical Psychology*, 60, 409-418.
Parkes, C. M., & Weiss, R. S. (1983) *Recovery from bereavement*. New York: Basic Books.
Resnick, H. S., Kilpatrick, D. G., Dansky, B. S., Saunders, B. E., & Best, C. L. (1993) Prevalence of civilian trauma and posttraumatic stress disorder in a representative national sample of women. *Journal of Consulting and Clinical Psychology*, 61, 984-991.
Riggs, D. S., Byrne, C. A., Weathers, F. W., & Litz, B. T. (1998) The quality of intimate relationships of male Vietnam veterans: Problems associated with posttraumatic stress disorder. *Journal of Traumatic Stress*, 11, 87-101.
Silver, R. L., Boon, C., & Stones, M. H. (1990) The role of coping in support provision: The self-presentational dilemma of victims of life crises. In B. R. Sarason, I. G. Sarason, & G. R. Pierce (Eds.), *Social support: An interactional view* (pp. 397-426). New York: Wiley.
van der Kolk, B. A. (1996) The complexity of adaptation to trauma: Self-regulation, stimulus discrimination, and characterological development. In B. A. van der Kolk, A. C. McFarlane, & L. Weisaeth (Eds.), *Traumatic stress: The effects of overwhelming experience on mind, body, and society* (pp. 182-212). New York: Guilford Press.
van IJzendoorn, M. H., Schuengel, C., & Bakermans-Kranenburg, M. (1999) Disorganized attachment in early childhood: Meta-analysis of precursors, concomitants, and sequelae. *Development and Psychopathology*, 11, 225-249.
Wartner, U. G., Grossman, K., Frommer-Bombik, E., & Suess, G. (1994) Attachment patterns at age six in south Germany: Predictability from infancy and implications for preschool behavior. *Child Development*, 65, 1014-1027.
Wilson, A. E., Calhoun, K. S., & Bernat, J. A. (1999) Risk recognition and trauma related symptoms among sexually revictimized women. *Journal of Consulting and Clinical Psychology*, 67, 705-710.
Zisook, S., Chentsova-Dutton, Y., & Schuchter, S. R. (1998) PTSD following bereavement. *Annals of Clinical Psychiatry*, 10, 157-163.

14章

Ainsworth, M. D. S., Blehar, M. C, Waters, E., & Wall, S. (1978) *Patterns of attachment: A psychological study of the Strange Situation*. Hillsdale, NJ: Erlbaum.
Anton, W. D., & Reed, J. R. (1991) *The College Adjustment Scales: Professional manual*. Odessa, FL: Psychological Assessment Resources.
Arieti, S., & Bemporad, J. R. (1980) The psychological organization of depression. *American Journal of Psychiatry*, **137**, 1360-1365.
Beck, A. T., Rush, A. J., Shaw, B. R, & Emery, G. (1979) *Cognitive therapy of depression*. New York: Guilford Press.
Belsky, J., Lang, M. E., & Rovine, M. (1985) Stability and change in marriage across the transition to parenthood: A second study. *Journal of Marriage and the Family*, 47, 855-865.
Belsky, J., & Pensky, E. (1988) Marital change across the transition to parenthood. *Marriage and Family Review*, **13**, 133-156.
Belsky, J., Spanier, G. B., & Rovine, M. (1983) Stability and change in marriage across the transition to parenthood. *Journal of Marriage and the Family*, **45**, 553-556.
Bowlby, J. (1969) *Attachment and loss*: Vol. 1. *Attachment*. New York: Basic Books.
Bowlby, J. (1973) *Attachment and loss*: Vol. 2. *Separation: Anxiety and anger*. New York: Basic Books. 黒田実郎・岡田洋子・吉田恒子（訳）1977 母子関係の理論Ⅱ：分離不安 岩崎学術出版社
Bowlby, J. (1980) *Attachment and loss*: Vol. 3. *Loss: Sadness and depression*. New York: Basic Books. 黒田実郎・吉田恒子・横浜恵三子（訳）1981 母子関係の理論Ⅲ：愛情喪失 岩崎学術出版社
Bowlby, J. (1988) *A secure base: Clinical applications of attachment theory*. London: Routledge. 二木 武（監訳）1993 母と子のアタッチメント：心の安全基地 医歯薬出版
Brennan, K. A., Clark, C. L., & Shaver, P. R. (1998) Self-report measurement of adult attachment: An integrative overview. In J. A. Simpson & W. S. Rholes (Eds.), *Attachment theory and close relationships* (pp.46-76). New York: Guilford Press.
Brennan, K. A., & Shaver, P. R. (1998) Attachment styles and personality disorders: Their connections to each other and to parental divorce, parental death, and perceptions of parental caregiving. *Journal of Personality*, **66**, 835-878.
Burge, D., Hammen, C., Davila, J., Daley, S. E., Paley, B., Lindberg, N., et al. (1997) The relationship between attachment cognitions and psychological adjustment in late adolescent women. *Development and Psychopathology*, **9**, 151-167.
Campbell, L., Simpson, J. A., Boldry, J., & Kashy, D. A. (2003) *Perceptions of conflict and support in romantic relationships: The role of attachment anxiety*. Unpublished manuscript, University of Western Ontario, London, Ontario, Canada.
Caspi, A., & Bem, D. J. (1990) Personality continuity and change across the life course. In L. A. Pervin (Ed.), *Handbook of personality: Theory and research* (pp. 549-575). New York: Guilford Press.
Cassidy, J., & Berlin, L. J. (1994) The insecure/ambivalent pattern of attachment: Theory and research. *Child Development*, **65**, 971-991.
Chen, S., & Andersen, S. M. (1999) Relationships from the past in the present: Significant-other representations and transference in interpersonal life. In M. Zanna (Ed.), *Advances in experimental social psychology* (Vol.31, pp. 123-190). San Diego, CA: Academic Press.
Cole-Detke, H., & Kobak, R. (1996) Attachment processes in eating disorder and depression. *Journal of Consulting and Clinical Psychology*, **64**, 282-290.
Collins, N. L., & Allard, L. M. (2001) Cognitive representations of attachment: The content and function of working models. In G. J. O. Fletcher & M. S. Clark (Eds.), *Blackwell handbook of social psychology*: Vol. 2. *Interpersonal processes* (pp. 60-85). Malden, MA: Blackwell.
Collins, N. L., & Feeney, B. C. (2000) *Working models of attachment: Implications for the perception of partner behavior*. Paper presented at the International Conference on Personal Relationships, Brisbane, Australia.
Cooper, M. L., Shaver, P. R., & Collins, N. L. (1998) Attachment styles, emotion regulation, and adjustment in adolescence. *Journal of Personality and Social Psychology*, **74**, 1380-1397.
Cowan, C., Cowan, P., Core, L., & Core, J. (1978) Becoming a family: The impact of a first child's birth on the couple's relationship. In L. Newman & W. Miller (Eds.), *The first-child and family formation* (pp. 296-326). Chapel Hill, NC: Carolina Population Center.
Cowan, C. P., & Cowan, P. A. (2000) *When partners become parents:The big life change in couples*. Mahwah, NJ: Erlbaum.
Cowan, C. P., Cowan, P. A., Heming, G., Coysh, W. S., Curtis-Boles, H., & Boles, A. J. (1985) Transition to parenthood: His, hers, and theirs. *Journal of Family Issues*, **6**, 451-481.
Crockenberg, S. C, & Leerkes, E. M. (2003) Parental acceptance, postpartum depression, and maternal sensitivity: Mediating and moderating processes. *Journal of Family Psychology*, **17**, 80-93.
Crocker, J., & Wolfe, C. T. (2001) Contingencies of self-worth. *Psychological Review*, **108**, 593-623.
Derogatis, L. R., & Melisaratos, N. (1983) The Brief Symptom Inventory: An introductory report. *Psychological Medicine*, **13**, 595-605.
Downey, G., Freitas, A. L., Michaelis, B., & Khouri, H. (1998) The self-fulfilling prophecy in close relationships:

Rejection sensitivity and rejection by romantic partners. *Journal of Personality and Social Psychology,* **75**, 545-560.

Dozier, M., Stovall, K. C, & Albus, K. E. (1999) Attachment and psychopathology in adulthood. In J. Cassidy & P. R. Shaver (Eds.), *Handbook of attachment: Theory, research, and clinical applications* (pp. 497-519). New York: Guilford Press.

Drigotas, S. M., Rusbult, C. E., Wieselquist,J., & Whitton, S. W. (1999) Close partner as sculptor of the ideal self: Behavioral affirmation and the Michelangelo phenomenon. *Journal of Personality and Social Psychology,* **77**, 293-323.

Epstein, S. (1980) The stability of behavior: II. Implications for psychological research. *American Psychologist,* **35**, 790-806.

Feeney, J. A. (1999) Adult romantic attachment and couple relationships. In J. A. Cassidy & P. R. Shaver (Eds.), *Handbook of attachment: Theory, research, and clinical applications* (pp. 355-377). New York: Guilford Press.

Fonagy, P., Leigh, T., Steele, M., Steele, H., Kennedy, R., Mattoon, G., et al. (1996) The relation of attachment to status, psychiatric classification, and response to psychotherapy. *Journal of Consulting and Clinical Psychology,* **64**, 22-31.

Grich, J. (2001) *Earned secure attachment in young adulthood: Adjustment and relationship satisfaction.* Unpublished doctoral dissertation, Texas A&M University, College Station.

Griffin, D. W., & Bartholomew, K. (1994) Models of the self and other: Fundamental dimensions underlying measures of adult attachment. *Journal of Personality and Social Psychology,* **67**, 430-445.

Hammen, C. (1995) The social context of risk for depression. In K. D. Craig & K. S. Dobson (Eds.), *Anxiety and depression in adults and children* (pp. 82-96). Thousand Oaks, CA: Sage.

Hammen, C. (2000) Interpersonal factors in an emerging developmental model of depression. In S. L. Johnson, A. M. Hayes, T. M. Field, N. Schneiderman, & P. M. McCabe (Eds.), *Stress, coping, and depression* (pp. 71-88). Mahwah, NJ: Erlbaum.

Hammen, C. L., Burge, D., Daley, S. E., Davila, J., Paley, B., & Rudolph, K. D. (1995) Interpersonal attachment cognitions and prediction of symptomatic responses to interpersonal stress. *Journal of Abnormal Psychology,* **104**, 436-443.

Hazan, C, & Shaver, P. R. (1987) Romantic love conceptualized as an attachment process. *Journal of Personality and Social Psychology,* **52**, 511-524.

Heinicke, C. M. (1995) Determinants of the transition to parenthood. In M. H. Bornstein (Ed.), *Handbook of parenting, Vol. 3: Status and social conditions of parenting* (pp. 277-303). Mahwah, NJ: Erlbaum.

Ingram, R. E. (2003) Origins of cognitive vulnerability to depression. *Cognitive Therapy and Research,* **27**, 77-88.

Joiner, T., Coyne, J. C, & Blaylock, J. (1999) On the interpersonal nature of depression: Overview and synthesis. In T. Joiner & J. C. Coyne (Eds.), *Interactional nature of depression* (pp. 3-21). Washington, DC: American Psychological Association Press.

Kobak, R. R., & Duemmler, S. (1994) Attachment and conversation: Toward a discourse analysis of adolescent and adult security. In K. Bartholomew & D. Perlman (Eds.), *Advances in personal relationships*: Vol. 5. *Attachment processes in adulthood* (pp. 121-149). London: Kingsley.

Levy, K. N., Blatt, S. J., & Shaver, P. R. (1998) Attachment styles and parental rejection. *Journal of Personality and Social Psychology,* **74**, 407-419.

Levy-Shiff, R. (1994) Individual and contextual correlates of marital change across the transition to parenthood. *Developmental Psychology,* **30**, 591-601.

Main, M., & Goldwyn, R. (1994) *Adult attachment scoring and classification systems.* Unpublished manual, University College, London, United Kingdom.

Main, M., Kaplan, N., & Cassidy, J. (1985) Security in infancy, childhood, and adulthood: A move to the level of representation. *Monographs of the Society for Research in Child Development,* **50** (1 & 2, Serial No. 209), 66-104.

Mead, G. H. (1934) *Mind, self, and society.* Chicago: University of Chicago Press.

Mickelson, K. D., Kessler, R. C, & Shaver, P. R. (1997) Adult attachment in a nationally representative sample. *Journal of Personality and Social Psychology,* **73**, 1092-1106.

Mikulincer, M., Florian, V., & Weller, A. (1993) Attachment styles, coping strategies, and posttraumatic psychological distress: The impact of the Gulf War in Israel. *Journal of Personality and Social Psychology,* **64**, 817-826.

Murray, S. L., & Holmes, J. G. (1997) A leap of faith? Positive illusions in romantic relationships. *Personality and Social Psychology Bulletin,* **23**, 586-604.

Murray, S.L., Holmes, J.G., & Griffin, D.W. (1996) The self-fulfilling nature of positive illusions in romantic relationships: Love is not blind, but prescient. *Journal of Personality and Social Psychology,* **71**, 1155-1180.

Patrick, M., Hobson, R. P., Castle, D., Howard, R., & Maughan, B. (1994) Personality disorder and the mental representation of early social experience. *Development and Psychopathology,* **6**, 375-388.

Pearson, J. L., Cohn, D. A., Cowan, P. A., & Cowan, C. P. (1994) Earned- and continuous-security in adult attachment: Relation to depressive symptomatology and parenting style. *Development and Psychopathology,* **6**, 359-373.

Rholes, W. S., & Simpson, J. A. (2004) Ambivalent attachment and depressive symptoms: The role of romantic and parent-child relationships. *Journal of Cognitive Psychotherapy,* **18**, 67-78.

Rholes, W. S., Simpson, J. A., Campbell, L., & Grich, J. (2001) Adult attachment and the transition to parenthood. *Journal of Personality and Social Psychology,* **81**, 421-435.

Rholes, W. S., Simpson, J. A., & Oriña, M. M. (1999) Attachment and anger in an anxiety-provoking situation. *Journal of Personality and Social Psychology*, 76, 940-957.
Roberts, J. E., Gotlib, I. H., & Kassel, J. D. (1996) Adult attachment security and symptoms of depression: The mediating roles of dysfunctional attitudes and low self-esteem. *Journal of Personality and Social Psychology*, 70, 310-320.
Rosenstein, D. S., & Horowitz, H. A. (1996) Adolescent attachment and psychopathology. *Journal of Consulting and Clinical Psychology*, 64, 244-253.
Scott, R. L., & Cordova, J. V. (2002) The influence of adult attachment styles on the association between marital adjustment and depressive symptoms. *Journal of Family Psychology*, 16, 199-208.
Shaver, P. R., Belsky, J., & Brennan, K. A. (2000) The Adult Attachment Interview and self-reports of romantic attachment: Associations across domains and methods. *Personal Relationships*, 7, 25-43.
Shaver, P. R., & Mikulincer, M. (2002) Attachment-related psychodynamics. *Attachment and Human Development*, 4, 133-161.
Simpson, J. A., Ickes, W., & Grich, J. (1999) When accuracy hurts: Reactions of anxious-ambivalent dating partners to a relationship-threatening situation. *Journal of Personality and Social Psychology*, 76, 754-769.
Simpson, J. A., & Rholes, W. S. (1994) Stress and secure base relationships in adulthood. In K. Bartholomew & D. Perlman (Eds.), *Advances in personal relationships*: Vol. 5. *Attachment processes in adulthood* (pp. 181-204). London: Kingsley.
Simpson, J. A., Rholes, W. S., Campbell, L., Tran, S., & Wilson, C. L. (2003a) Adult attachment, the transition to parenthood, and depressive symptoms. *Journal of Personality and Social Psychology*, 84, 1172-1187.
Simpson, J. A., Rholes, W. S., Campbell, L., & Wilson, C. L. (2003b) Changes in attachment orientations across the transition to parenthood. *Journal of Experimental Social Psychology*, 39, 317-331.
Simpson, J. A., Rholes, W. S., & Nelligan, J. S. (1992) Support seeking and support giving within couples in an anxiety-provoking situation: The role of attachment styles. *Journal of Personality and Social Psychology*, 62, 434-446.
Simpson, J. A., Rholes, W. S., & Phillips, D. (1996) Conflict in close relationships: An attachment perspective. *Journal of Personality and Social Psychology*, 71, 899-914.
Sroufe, L. A., & Waters, E. (1977) Attachment as an organizational construct. *Child Development*, 48, 1184-1199.
Sund, A. M., & Wichstrom, L. (2002) Insecure attachment as a risk factor for future depressive symptoms in early adolescence. *Journal of the American Academy of Child and Adolescent Psychiatry*, 41, 1478-1485.
Swann, W. B., Jr. (1990) To be adored or to be known? The interplay of self-enhancement and self-verification. In E. T. Higgins & R. M. Sorrentino (Eds.), *Handbook of motivation and cognition: Foundations of social behavior* (Vol. 2, pp. 408-448). New York: Guilford Press.
Tidwell, M. O., Reis, H. T., & Shaver, P. R. (1996) Attachment, attractiveness, and social interaction: A diary study. *Journal of Personality and Social Psychology*, 71, 729-745.
Tucker, P., & Aron, A. (1993) Passionate love and marital satisfaction at key transition points in the family life cycle. *Journal of Social and Clinical Psychology*, 12, 135-147.
van IJzendoorn, M. H. (1995) Adult attachment representations, parental responsiveness, and infant attachment: A meta-analysis on the predictive validity of the Adult Attachment Interview. *Psychological Bulletin*, 117, 387-403.
van IJzendoorn, M. H., & Bakermans-Kranenburg, M. (1996) Attachment representations in mothers, fathers, adolescents and clinical groups: A meta-analytic search for normative data. *Journal of Consulting and Clinical Psychology*, 64, 8-21.
Waters, E., Merrick, S. K., Treboux, D., Crowell, J., & Albersheim, L. (2000a) Attachment security in infancy and early adulthood: A 20-year longitudinal study. *Child Development*, 71, 684-689.
Waters, E., Weinfield, N. S., & Hamilton, C. E. (2000b) The stability of attachment security from infancy to adolescence and early adulthood: General discussion. *Child Development*, 71, 703-706.
Weissman, A. N., & Beck, A. T. (1978) *Development and validation of the Dysfunctional Attitude Scale: A preliminary investigation*. Paper presented at the annual meeting of the American Educational Research Association, Toronto.

■ 15章

Arnett, J. J. (1999) Adolescent storm and stress, reconsidered. *American Psychologist*, 54, 317-326.
Asendorpf, J. B., & van Aken, M. A. (1999) Resilient, overcontrolled, and undercontrolled personality prototypes in childhood: Replicability, predictive power, and the trait-type issue. *Journal of Personality and Social Psychology*, 77, 815-832.
Bartholomew, K., & Horowitz, L. M. (1991) Attachment styles among young adults: A test of a four-category model. *Journal of Personality and Social Psychology*, 61, 226-244.
Baumrind, D. (1987) A developmental perspective on adolescent risk taking in contemporary America. *New Directions for Child Development*, 37, 93-125.
Blascovich, J. J., & Tomaka, J. (1991) Measures of self-esteem. In J. P. Robinson, P. R. Shaver, & L. S. Wrightsman (Eds.), *Measures of personality and social psychological attitudes* (pp. 115-160). San Diego, CA: Academic Press.
Block, J. H., & Block, J. (1980) *The California Child Q-set*. Palo Alto, CA: Consulting Psychologists Press.

Bowlby, J. (1969) Disruption of the affectional bonds and its effects on behavior. *Canada's Mental Health Supplement*, 59.
Bowlby, J. (1973) *Attachment and loss*: Vol. 2. *Separation: Anxiety and anger*. New York: Basic Books. 黒田実郎・岡田洋子・吉田恒子（訳） 1977 母子関係の理論Ⅱ：分離不安 岩崎学術出版社
Bowlby, J. (1982) *Attachment and loss*: Vol. 1. *Attachment* (Rev. ed.). New York: Basic Books. (Original work published 1969) 黒田実郎・大羽 蓁・岡田洋子・黒田聖一（訳） 1991 母子関係の理論Ⅰ：愛着行動（新版） 岩崎学術出版社
Brennan, K. A., Clark, C. L., & Shaver, P. R. (1998) Self-report measurement of adult attachment: An integrative overview. In J. A. Simpson & W. S. Rholes (Eds.), *Attachment theory and close relationships* (pp. 46-76). New York: Guilford Press.
Burge, D., Hammen, C., Davila, J., Daley, S. E., Paley, B., Herzberg, D. S., & Lindberg, N. (1997a) Attachment cognitions and college and work functioning two years later in late adolescent women. *Journal of Youth and Adolescence*, 26, 285-301.
Burge, D., Hammen, C., Davila, J., Daley, S. E., Paley, B., Lindberg, N., et al. (1997b) The relationship between attachment cognitions and psychological adjustment in late adolescent women. *Development and Psychopathology*, 9, 151-167.
Caspi, A. (1998) Personality development across the life course. In W. Damon (Series Ed.) & N. Eisenberg (Vol. Ed.), *Handbook of child psychology*, Vol. 3: *Social emotional and personality development* (pp. 311-388). New York: Wiley.
Collins, N. L., Cooper, M. L., Albino, A., & Allard, L. (2002) Psychosocial vulnerability from adolescence to adulthood: A prospective study of attachment style differences in relationship functioning and partner choice. *Journal of Personality*, 70, 965-1008.
Cooper, M. L., & Orcutt, H. K. (1997) Drinking and sexual experience on first dates among adolescents. *Journal of Abnormal Psychology*, 106, 191-202.
Cooper, M. L., Shaver, P. R., & Collins, N. L. (1998) Attachment styles, emotion regulation, and adjustment in adolescence. *Journal of Personality and Social Psychology*, 74, 1380-1397.
Cooper, M. L., Wood, P. K., Orcutt, H. K., & Albino, A. (2003) Personality and the predisposition to engage in risky or problem behaviors during adolescence. *Journal of Personality and Social Psychology*, 84, 390-410.
Crowell, J. A., Fraley, R. C., & Shaver, P. R. (1999) Measurement of individual differences in adolescent and adult attachment. In J. Cassidy & P. R. Shaver (Eds.), *Handbook of attachment: Theory, research, and clinical applications* (pp. 434-465). New York: Guilford Press.
Derogatis, L. R., & Melisaratos, N. (1983) The Brief Symptom Inventory: An introductory report. *Psychological Medicine*, 13, 595-605.
Duemmler, S. L., & Kobak, R. (2001) The development of commitment and attachment in dating relationships: Attachment security as relationship construct. *Journal of Adolescence*, 24, 401-415.
Eisenberg, N., & Fabes, R. A. (1992) Emotion, regulation, and the development of social competence. In M. S. Clark (Ed.), *Emotion and social behavior: Review of personality and social psychology* (Vol. 14, pp. 119-150). Newbury Park, CA: Sage.
Feeney, J. A. (1999) Adult romantic attachment and couple relationships. In J. Cassidy & P. R. Shaver (Eds.), *Handbook of attachment: Theory, research, and clinical applications* (pp. 355-377). New York: Guilford Press.
Fraley, R. C., Garner, J. P., & Shaver, P. R. (2000) Adult attachment and the defensive regulation of attention and memory: Examining the role of preemptive and postemptive defensive processes. *Journal of Personality and Social Psychology*, 78, 816-826.
Furman, W., & Buhrmester, D. (1992) Age and sex differences in perceptions of networks of personal relationships. *Child Development*, 63, 103-115.
Hammen, C. L., Burge, D., Daley, S. E., Davila, J., Paley, B., & Rudolph, K. D. (1995) Interpersonal attachment cognitions and prediction of symptomatic responses to interpersonal stress. *Journal of Abnormal Psychology*, 104, 436-443.
Hammond, J. R., & Fletcher, G. J. O. (1991) Attachment styles and relationship satisfaction in the development of close relationships. *New Zealand Journal of Psychology*, 20, 56-62.
Hart, D., Hofmann, V., Edelstein, W., & Keller, M. (1997) The relation of childhood personality types to adolescent behavior and development: A longitudinal study of Icelandic children. *Developmental Psychology*, 33, 195-205.
Hazan, C., & Shaver, P. R. (1987) Romantic love conceptualized as an attachment process. *Journal of Personality and Social Psychology*, 52, 511-524.
Hazan, C., & Shaver, P. R. (1990) Love and work: An attachment-theoretical perspective. *Journal of Personality and Social Psychology*, 59, 270-280.
Hazan, C., & Zeifman, D. (1994) Sex and the psychological tether. In K. Bartholomew & D. Perlman (Eds.), *Advances in personal relationships*: Vol. 5. *Attachment processes in adulthood* (pp. 151-177). London: Kingsley.
Herzberg, D. S., Hammen, C., Burge, D., Daley, S. E., Davila, J., & Lindberg, N. (1999) Attachment cognitions predict perceived and enacted social support during late adolescence. *Journal of Adolescent Research*, 14, 387-404.
Huselid, R. F., & Cooper, M. L. (1994) Gender roles as mediators of sex differences in expressions of pathology. *Journal of Abnormal Psychology*, 103, 595-603.

Kirkpatrick, L. A., & Davis, K. E. (1994) Attachment style, gender, and relationship stability: A longitudinal analysis. *Journal of Personality and Social Psychology*, **66**, 502-512.
Kirkpatrick, L. A., & Hazan, C. (1994) Attachment styles and close relationships: A four-year prospective study. *Personal Relationships*, **1**, 123-142.
Klohnen, E. C. (1996) Conceptual analysis and measurement of the construct of ego-resilience. *Journal of Personality and Social Psychology*, **70**, 1067-1079.
Marsh, H. W., & O'Neill, R. (1984) Self-Description Questionnaire III: The construct validity of multidimensional self-concept ratings by late adolescents. *Journal of Educational Measurement*, **21**, 153-174.
Mikulincer, M., Florian, V., & Weller, A. (1993) Attachment styles, coping strategies, and posttraumatic psychological distress: The impact of the Gulf War in Israel. *Journal of Personality and Social Psychology*, **64**, 817-826.
Mikulincer, M., & Nachshon, O. (1991) Attachment styles and patterns of self-disclosure. *Journal of Personality and Social Psychology*, **61**, 321-331.
Mikulincer, M., & Orbach, I. (1995) Attachment styles and repressive defensiveness: The accessibility and architecture of affective memories. *Journal of Personality and Social Psychology*, **68**, 917-925.
Mikulincer, M., & Shaver, P. R. (2003) The attachment behavioral system in adulthood: Activation, psychodynamics, and interpersonal processes. In M. P. Zanna (Ed.), *Advances in experimental social psychology* (Vol. 35, pp. 53-152). New York: Academic Press.
Moffitt, T. (1993) Adolescence-limited and life course persistent antisocial behaviour: A developmental taxonomy. *Psychological Review*, **100**, 674-701.
Moore, D. R., & Arthur, J. L. (1989) Juvenile delinquency. In T. H. Ollendick & M. Hersen (Eds.), *Handbook of child psychopathology* (2nd ed., pp. 197-217). New York: Plenum Press.
Petersen, A. C., Schulenberg, J. F., Abramowitz, R. H., Offer, D. E., & Jarcho, H. D. (1984) A self-image questionnaire for young adolescents (SIQYA): Reliability and validity studies. *Journal of Youth and Adolescence*, **13**, 93-111.
Robins, R. W., John, O. V. Caspi, A., Moffitt, T. E., & Stouthamer-Loeber, M. (1996) Resilient, overcontrolled, and undercontrolled boys: Three replicable personality types. *Journal of Personality and Social Psychology*, **70**, 157-171.
Rosenfeld, P., Booth-Kewley, S., & Edwards, J. E. (1993) Computer-administered surveys in organizational settings: Alternatives, advantages, and applications. *American Behavioral Scientist*, **36**, 485-511.
Schwartz, N. (1999) Self reports: How the questions shape the answers. *American Psychologist*, **54**, 93-105.
Seifer, R., Schiller, M., Sameroff, A., Resnick, S., & Riordan, K. (1996) Attachment, maternal sensitivity, and infant temperament during the first year of life. *Developmental Psychology*, **32**, 12-25.
Shadish, W. R., Cook, T D., & Campbell, D. T. (2002) *Experimental and quasi-experimental designs for generalized causal inference*. Boston: Houghton Mifflin.
Shedler, J., & Block, J. (1990) Adolescent drug use and psychological health: A longitudinal inquiry. *American Psychologist*, **45**, 612-630.
Simpson, J. A., Rholes, W. S., Campbell, L., Tran, S., & Wilson, C. L. (2003) Adult attachment, the transition to parenthood, and depressive symptoms. *Journal of Personality and Social Psychology*, **84**, 1172-1787.
Simpson, J. A., Rholes, W. S., & Nelligan, J. S. (1992) Support seeking and support giving within couples in an anxiety-provoking situation: The role of attachment styles. *Journal of Personality and Social Psychology*, **62**, 434-446.
Steinberg, L., & Morris, A. S. (2001) Adolescent development. *Annual Review of Psychology*, **52**, 83-110.
Vasquez, K., Durik, A. M., & Hyde, J. S. (2002) Family and work: Implications of adult attachment styles. *Personality and Social Psychology Bulletin*, **28**, 874-886.
Weiss, R. S. (1982) Attachment in adults. In C. M. Parkes & J. Stevenson-Hinde (Eds.), *The place of attachment in human behavior* (pp. 171-194). New York: Basic Books.
White, H. R., Bates, M. E., & Johnson, V. (1990) Social reinforcement and alcohol consumption. In M. Cox (Ed.), *Why people drink* (pp. 233-261). New York: Gardner Press.

<訳注文献>
詫摩武俊・戸田弘二　1988　愛着理論からみた青年の対人態度—成人版愛着スタイル尺度作成の試み—　東京都立大学人文学報, **196**, 1-16.

人名索引

■ A
Ainsworth, M. D. S.　　4, 5, 51, 52, 317, 368
Albino, A. W.　　12
Andersen, S. M.　　65, 160
Aron, A.　　173

■ B
Baldwin, M. W.　　63, 134, 138, 191
Bartholomew, K.　　17, 34
Beck, A. T.　　375
Block, J.　　417
Block, J. H.　　417
Bollas, C.　　173
Bouthillier, D.　　253
Bowlby, J.　　4, 7, 51, 54, 76, 80, 124, 133, 185, 221, 238, 304, 367
Brennan, K. A.　　17
Brumbaugh, C. C.　　10

■ C
Campa, M.　　10
Campbell, W. K.　　65
Carnelley, K. B.　　252
Carpenter, E. M.　　73
Carter, C. S.　　72
Cassidy, J.　　12
Chen, S.　　160
Cobb, R. J.　　128, 10, 135
Collins, N. L.　　11, 97, 188, 193, 198, 200, 202, 243, 385
Cooper, M. L.　　12, 398
Creasey, G.　　252
Crowell, J. A.　　128

■ D
Davila, J.　　128, 134, 136, 139
Diamond, L. M.　　11
Duemmler, S.　　239

■ E
Egeland, B.　　126

■ F
Farber, E. A.　　126
Feeney, B. C.　　11, 193, 200, 202, 385
Feeney, J. A.　　11
Fehr, B.　　134
Feldman Barrett, L.　　11, 239
Ford, M. B.　　11
Fraley, R. C.　　10, 58, 210

■ G
George, C.　　16
Green, J. D.　　65
Greenwood, D.　　11
Guichard, A. C.　　11
Gump, B. B.　　71, 73
Gur-Yaish, N.　　10

■ H
Hammen, C. L.　　371
Harlow, H. F.　　70
Hazan, C.　　10, 16, 55, 57, 62, 134, 186, 369
Hicks, A. M.　　11
Hofer, M. A.　　69
Horowitz, L. M.　　17

■ J
Johnson, S. M.　　12

■ K
Kirkpatrick, L. A.　　73, 134
Kobak, R.　　12, 239
Kohut, H.　　172, 182

■ L
Lorenz, K. Z.　　70

■ M
Main, M.　　8, 9, 16, 369
Mallinckrodt, B.　　251
Mason, W. A.　　71
Mendoza, S. P.　　71

Mikulincer, M.　　10, 11, 17, 19, 63, 194
Murray, S. L.　　392

■ O
O' Connell Corcoran, K.　　252
Orcutt, H. K.　　12

■ P
Pietromonaco, P. R.　　11, 239

■ R
Read, S. J.　　97, 188, 198
Rholes, W. S.　　12, 385

■ S
Sargent, E.　　136
Scharfe, E.　　134
Shaver, P. R.　　10, 11, 16, 17, 19, 58, 186, 369

Simpson, J. A.　　12, 58, 129, 134, 142, 239, 374
Sroufe, L. A.　　97

■ T
Travis, L. A.　　145

■ V
Vormbrock, J. K.　　59

■ W
Waddington, C. H.　　82
Waters, E.　　129
Williams, N.　　12

■ Z
Zeifman, D.　　55, 57, 62
Ziv, Y.　　12

事項索引

■あ

アタッチメント　269
アタッチメント・アンビヴァレンスの「活性化」レベル　372
アタッチメント・アンビヴァレンスの「基準」レベル　372
アタッチメント回避　17, 154
アタッチメント関係の内部から発生する脅威　265
アタッチメント関連性トラウマ　349, 352
アタッチメント軽視型（dismissive）　4
アタッチメント軽視型やとらわれ型の情報処理方略　27
アタッチメント形成期　54, 56, 62
アタッチメント行動　3, 4
アタッチメント行動システム　4, 152, 186, 192
アタッチメント作業モデルの階層的配列　48
アタッチメント志向性　3, 6
アタッチメント志向の情緒　331
アタッチメント・システム　152
アタッチメント・スタイル　3, 6, 154, 184, 187
アタッチメント・スタイルの自己評定における教示　49
アタッチメント・セキュリティ　124
アタッチメント組織の持続性　81
アタッチメント組織の変化　81
アタッチメント対象との関係における自己　165
アタッチメント対象の喪失　354
アタッチメント・トラウマ　12
アタッチメントに関する経験，あるいは関係性の積極的な蔑視・軽視　31
アタッチメントに関する行動についての組織的観察　38
アタッチメントの傷つき　345, 355
アタッチメントの絆　3
アタッチメントの絆が脅かされる状況　240
アタッチメントの作業モデル　238
アタッチメントの崩壊　353
アタッチメントの問題に関する語りの受動性やあいまい性　32
アタッチメント・パターン　95, 379

アタッチメント・パターンの個人内変動　117
アタッチメント不安　17, 154
アタッチメント理論　4, 150, 184, 367
アダルト・アタッチメント・インタヴュー（AAI）　3, 9, 16, 127, 189, 356, 369,
アロスタティック負荷（allostatic load）　233
安全基地スクリプト・アセスメント　196
安全な基地　54, 57, 152, 200, 271, 275, 335
安全な避難場所　54, 57, 200, 271, 273, 335
安全な避難場所行動　62
安定型（secure）　3, 51, 187
安定型のアタッチメント　305
安定自律型（secure/free/autonomous）　4
安定性を基盤とした自己表象　172
アンビヴァレンス　369
アンビヴァレント型（ambivalent）　51, 52, 305

■い

一貫した回答者　405
一貫しない回答者　405
一般的な葛藤行動　306
一般的不安　405
インクブロット・テスト　26

■え

AAI 研究者の批判　21
AAI 分類　16

■お

オキシトシン　72
恐れ・回避型（fearful-avoidant）　3, 187, 337
親の立場への移行　324

■か

外的観察者の評定　39
外的な輪（outer ring）　221
回避　3, 369
回避型（avoidant）　5, 51, 52, 305, 368
過活性化　153
過活性化方略　19
拡張・構築サイクル　163

獲得安定型　255, 379
語り　33
葛藤時の生理的な反応　257
葛藤に対する行動の差　245
カップルセラピー　12
カップルセラピー情緒焦点モデル（EFT）　331
関係固有作業モデル　203
関係固有モデル　199
関係スキーマ　217
関係性トラウマ　343
関係性の外部に由来する脅威　265
関係的な自己　160
関係剥奪の認知　375
関係複雑性課題　259
感受性減少モデル　101

■き
危険行動　406
危険な問題ある行動の始まり　401
傷つき　314
キブツ　46
鏡映機能　182
共制御　71
拒絶・回避型（dismissing-avoidant）　3, 187
拒否感受性　386
近接維持　54, 57

■く
組み合わせ効果　261

■け
ケア提供　321
現在の関係インタビュー（CRI）　196

■こ
語彙決定課題　23
語彙判断課題　194
交感神経系 (SNS)　226
攻撃－撤退　340
後成的地形　82
個人差モデル　139
個人と環境の相互作用　95
個人内適応　397
コンストラクト・アクセシビリティ　197
コンピュータシミュレーション　86

■さ
作業モデル（working models）　7, 85, 338, 374
差分方程式　97
サポート希求　265, 318

サポート提供　266
瑣末な葛藤　260

■し
自我コントロール　418
自我弾性　418
時間生物学　70
時間的変化パターン　400
思考抑制パラダイム　207
自己概念　406
自己成就　394
自己世話表象　173
自己の拡大　173
自己報告式測度　10
視床下部－下垂体－副腎皮質系　71, 224
持続安定型　254
持続性関数　88
持続性と変化のパターン　117
時点予測　107
社会的エントレインメント　70
社会的認知・対象関係尺度（SCORS）　36
社会的認知モデル　138
縦断研究　10, 43, 110
主観的解釈　45
主題統覚検査（TAT）　32
主たるアタッチメント対象についての理想化　28
主要な葛藤　260
情緒的な接近性と応答性　335
情動　77
情動焦点型対処　318
情動制御　76, 78
自律神経系（ANS）　71
心的外傷後ストレス障害（PTSD）　12
親密性の知覚　243
親密な対人関係体験尺度（ECR）　17
心理的苦痛　405

■す
水路づけ　82
推論モニタリングの誤り　357
ストループ・カラー・ネーミング課題　24
ストレンジ・シチュエーション法　5, 6, 126, 317

■せ
脆弱性　140
成人アタッチメント・スタイル　17
成人アタッチメントの比較文化的研究　49
成人期におけるアタッチメント行動システムの活性化およびダイナミクスに関する理論モデル

19
成人期における安全の環（circle of security in adulthood） 277
成人におけるアタッチメント志向 368
成人ロマンティックアタッチメント 127
成績不振 407
性的虐待 353
性的行動 406
性役割ステレオタイプ 256
生理学的覚醒 25
生理的共制御 69
世代間伝達仮説 8
接近−回避葛藤 309
絶望 55
世話 271
世話の探求 288
世話の提供 286
世話の動機 289
世話の認知 293
前アタッチメント期 54, 55, 62
潜在的・無意識的側面 22
潜在連想テスト（IAT） 25, 196
全体作業モデル 203
前頭葉眼窩皮質 224

■そ
素因−ストレス・アプローチ 371
素因−ストレスモデル 142
相互作用モデル 98

■た
対象としての自己（self as object） 173
ダイナミック均衡 105
ダイナミックシステムアプローチ 80
脱活性化 153
WHOTO 57
探索 270
探索行動 395, 416

■ち
秩序の対処方略 360
長期研究 399
調整モデル 205

■て
TAT（主題統覚検査） 35
抵抗 55
敵意 405
デフォルトモデル 199
転移 65

■と
独立モデル 203
トラウマ性の記憶 363
とらわれ型（preoccupied） 4, 187

■な
内在化 160
内的作業モデル 10, 151, 184
内的な輪（inner ring） 221

■に
認知・感情・行動反応パターン 206, 217
認知的アクセシビリティ 23, 189, 374

■は
媒介モデル 205
バソプレシン 72
発達経路 80
発達の起源 43
反応潜時パラダイム 196

■ひ
非機能的関係態度 375
非機能的な怒り 31
非行行動 406
非ゼロ漸近線 105
ビッグファイブ 42
否定的行動 314

■ふ
不安 3, 369
不安・アンビヴァレント・アタッチメント志向 368
不安・アンビヴァレント型 5, 187
不安型（anxious） 3
不安定な作業モデル 367
不安的アタッチメント 368
不安的作業モデル 374
不活性化方略 19
副交感神経系 (PNS) 226
副腎皮質刺激ホルモン放出因子 (CRF) 224
プロトタイプ 95
プロトタイプ仮説 8, 11
プロトタイプモデル 103
プロフィール 416
分離苦悩 54, 55, 57
分離不安テスト 35

■へ
弁別的妥当性 41

■成人のアタッチメント

変容性内在化　172

■ほ
ホメオスタシス　83
ホメオレーシス　83

■み
未解決型　357

■む
無秩序型　337, 354

■め
明確なアタッチメント期　54, 56, 62

■も
目標修正期　63
目標修正パートナーシップ　55, 56
問題焦点型対処　318

■や
薬物使用　406

■よ
養育・世話（caregiving）　12
幼少期の記憶の欠如　30
抑うつ　368, 405
予測的影響　399
4カテゴリー類型論　17

■ら
ライフイベント　133
ライフストレス・モデル　133
ランダムウォーク　100

■り
リスク・テイキング行動　12
理想化　182
離脱　55
領域固有モデル　199

■ろ
ロマンティック・アタッチメント　369

■わ
話法モニタリングの誤り　357

■ 訳者一覧 (担当章)

遠藤利彦	(監訳者)	1章
中尾達馬	(琉球大学)	2章
若尾良徳	(浜松学院大学)	3章
北川　恵	(甲南大学)	4章
岡島泰三	(関西学院大学大学院)	5章
本島優子	(上越教育大学)	6章
島　義弘	(鹿児島大学)	7章
小林信一	(京都大学大学院)	8章
石井佑可子	(藤女子大学)	9章
篠原郁子	(愛知淑徳大学)	10章
谷口弘一	(監訳者)	11章
串崎真志	(監訳者)	12章, 13章
望月直人	(浜松医科大学)	12章
永井知子	(宇都宮大学)	13章
金政祐司	(監訳者)	14章
工藤晋平	(京都大学)	15章

■ 監訳者紹介

遠藤利彦（えんどう・としひこ）
1962 年　山形県に生まれる
1992 年　東京大学大学院教育学研究科博士課程単位取得退学
現　在　京都大学大学院教育学研究科准教授
　　　　東京大学大学院教育学研究科併任准教授
主　著　喜怒哀楽の起源―情動の進化論・文化論―（単著）岩波書店　1996 年
　　　　アタッチメント―生涯にわたる絆―（共編著）ミネルヴァ書房　2005 年
　　　　発達心理学の新しいかたち（編著）誠信書房　2005 年
　　　　読む目・読まれる目―視線理解の進化と発達の心理学―（編著）東京大学出版会　2005 年
　　　　現代心理学総合事典（共編著）朝倉書店　2006 年
　　　　はじめての質的研究―生涯発達―（共編著）東京図書　2007 年
　　　　アタッチメントと臨床領域（共編著）ミネルヴァ書房　2007 年
　　　　アタッチメント障害とその治療（監訳）誠信書房　2008 年
　　　　愛着理論と精神分析（監訳）誠信書房　2008 年

谷口弘一（たにぐち・ひろかず）
1969 年　和歌山県に生まれる
2001 年　広島大学大学院生物圏科学研究科博士課程後期修了
現　在　長崎大学教育学部准教授　博士（学術）
主　著　学校心理学―社会心理学的パースペクティブ―（共編訳）北大路書房　2005 年
　　　　対人関係と適応の心理学―ストレス対処の理論と実践―（共編著）北大路書房　2006 年
　　　　カウンセリングとソーシャルサポート―つながり支えあう心理学―（共編著）ナカニシヤ出版　2007 年

金政祐司（かねまさ・ゆうじ）
1973 年　大阪府に生まれる
2004 年　大阪大学大学院人間科学研究科博士後期課程退学
現　在　追手門学院大学心理学部准教授　博士（人間科学）
主　著　パーソナルな関係の社会心理学（共訳）北大路書房　2004 年
　　　　男と女の対人心理学（共著）北大路書房　2005 年
　　　　イラストレート恋愛心理学（共著）誠信書房　2006 年
　　　　わたしから社会へ広がる心理学（共編著）北樹出版　2006 年

串崎真志（くしざき・まさし）
1970 年　山口県に生まれる
1999 年　大阪大学大学院人間科学研究科博士後期課程修了
現　在　関西大学文学部教授　博士（人間科学）
主　著　絆を深める親子遊び（単訳）風間書房　2004 年
　　　　短期遊戯療法の実際（共訳）創元社　2004 年
　　　　悩みとつきあおう（単著）岩波書店　2004 年
　　　　研究論文で学ぶ臨床心理学（共編著）ナカニシヤ出版　2006 年
　　　　地域実践心理学・実践編（共編著）ナカニシヤ出版　2006 年

成人のアタッチメント
― 理論・研究・臨床 ―

2008 年 3 月 20 日　初版第 1 刷発行　　定価はカバーに表示
2013 年 5 月 15 日　初版第 2 刷発行　　してあります。

|編　　者|W・スティーヴン・ロールズ|
|ジェフリー・A・シンプソン|

監訳者　遠　藤　利　彦
　　　　谷　口　弘　一
　　　　金　政　祐　司
　　　　串　崎　真　志

発行所　㈱北大路書房
〒603-8303　京都市北区紫野十二坊町 12-8
　　　　　　電　話　(075) 431-0361 ㈹
　　　　　　FAX　(075) 431-9393
　　　　　　振　替　01050-4-2083

© 2008　　　制作／T. M. H.　　印刷・製本／モリモト印刷㈱
　　　　　検印省略　落丁・乱丁本はお取り替えいたします。
　　　　　　ISBN 978-4-7628-2595-8　　Printed in Japan

・ JCOPY 〈㈳出版者著作権管理機構 委託出版物〉
本書の無断複写は著作権法上での例外を除き禁じられています。
複写される場合は，そのつど事前に，㈳出版者著作権管理機構
（電話 03-3513-6969, FAX 03-3513-6979, e-mail: info@jcopy.or.jp）
の許諾を得てください。